아도니람 저드슨의 생애

아도니람 저드슨의 생애

코트니 앤더슨 지음 | **이기섭** 옮김

To the Golden Shore:
The Life of Adoniram Judson

좋은씨앗

아도니람 저드슨의 생애

To the Golden Shore: The Life of Adoniram Judson
Originally published by Judson Press
as To the Golden Shore: The Life of Adoniram Judson
by Courtney Anderson
ⓒ 1987 by Courtney Anderson

Translated and printed by permission of Judson Press,
P. O. Box 851, American Baptist Churches, Valley Forge,
PA 19482-0851, USA

Korean Copyright ⓒ 2004
by GoodSeed Publishing Company

본 저작물의 한국어판 저작권은 Judson Press와 독점계약한
〈도서출판 좋은씨앗〉에 있습니다. 신저작권법에 의하여
한국 내에서 보호받는 저작물이므로 무단전재와 무단복제를
금합니다.

초판 1쇄 발행 / 2009년 6월 12일
초판 6쇄 발행 / 202년 3월 10일

지은이 / 코트니 앤더슨
옮긴이 / 이기섭
펴낸이 / 신은철
펴낸곳 / 좋은씨앗
출판등록 / 제4-385호(1999. 12. 21)
주소 / 서울시 서초구 바우뫼로 156(MJ빌딩, 402호)
주문전화 (02)2057-3041 / 주문팩스 (02)2057-3042
이메일 / good-seed21@hanmail.net
페이스북 / facebook.com/goodseedbook

ISBN 978-8905874-135-0 03230
printed in KOREA

미얀마 황금 해안을 복음으로 정복한
미국인 최초의 선교사

| 추천사 1 |

미국 선교의 출발, 아도니람의 눈물어린 생애

김승호 선교사 (한국오엠에프 대표)

세계 제1위의 선교대국인 미국도 첫 시작은 소수의 선교사로부터 시작했다. 그리고 아도니람 저드슨은 미국선교회가 보낸 첫 해외선교사였다. 그가 파송될 1812년 당시의 미국은 동부해안선 중심으로 인구 850만 명이 거하면서 농업과 상업만 발달된 나라였다. 해외선교에 대한 이해도 부족했고 오히려 선교에 헌신한 젊은이들이 무모하다는 비난까지 있었다. 이 책에는 이러한 선교 초창기의 미국 사회와 역사, 교회의 모습이 잘 나와 있다.

아도니람 저드슨은 버마를 사역지로 정하고 인도의 캘커타를 경유하여 랑군에 들어갔다. 당시 버마는 기독교를 무섭게 박해하던 닫힌 나라였다. 아무 것도 할 수 없는 상황 속에서도 오직 버마인들에 대한 사랑 하나로 모험적인 개척선교를 시작했다. 한 사람도 구원받기 힘든 나라에서 그는 만 6년 만에 소중한 한 명의 제자를 얻게 된다. 마침내 100명의 원주민이 침례(세례)를 받고, 또 그들을 통하여 원주민과 소수 민족들이 복음화 되며, 또 버마어 성경이 번역되기까지는 하나님의 예비하심과 인도, 보호하심이 있었다.

이런 사역적인 측면과 함께, 이 책은 성도가 겪는 고난에 담긴 탁월한 영적 유익을 잘 보여준다. 하나님은 그 영혼을 아름답게 하시고 영원한 사귐을 누리게 하시려고 이 땅에서 그를 순결하게 보존하고 깨끗하게 하신다. 저드슨이 경험한 투옥과 불같은 시련, 아내와 자녀들의 죽음, 동료 선교사들의 죽음은 선교지의 원주민들을 회심과 구원으로 이끌었고, 미국교회 전체에 많은 도전과 선교의 열정을 불러일으키며 그들 뒤를 이어 수많은 선교사들이 일어나는 계기가 되었다.

이 책은 또한 전설적인 선교사 아도니람 저드슨의 개척정신뿐만 아니라 그가 큰 고난과 아내·자녀들의 죽음, 동료 선교사들의 죽음을 체험하면서 한없이 약해지고 큰 우울증에 빠진 '인간' 아도니람의 모습과 그 침체에서 벗어나기 위한 몸부림이 잘 나와있다. 결국 그는 하나님의 방법으로 수렁에서 벗어난다.

나는 선교사 전기를 너무나 좋아한다. 때로는 밥도 잠도 거르며 읽을 정도다. 들인 노력과 시간에 비해 받는 은혜와 도전, 감동과 깨달음은 상상을 초월한다. 도전과 감동과 눈물로 이 책을 읽었다. 결코 짧지 않은 분량이지만 다 읽고 나서도 좀 더 있었으면 하는 아쉬운 마음이 가득할 정도다. 특히 낙심 중에 있는 선교사, 선교지망생, 모든 성도님들께 필독을 권한다. ⚜

|추천사 2|

주님께 진정으로 헌신된 한 사람의 가능성

한철호 선교사 (선교한국 상임위원장)

아도니람 저드슨은 1812년에 미국 최초로 해외 선교사로 나가 인도를 거쳐 버마(미얀마)에 도착하여 복음을 전했다. 초창기 선교사들은 지금 우리가 상상할 수도 없는 한계와 어려움을 경험했다. 그 당시 배를 타고 아시아로 건너온다는 것 자체가 도전이었다. 선교하는 것 자체에 대한 주위의 불신, 풍랑의 위협, 현지인들의 반대, 질병의 공격 등으로 고통했으며 심지어 옥에 갇히고 몇 번이나 죽음 근처에도 갔었다.

하나님께 대한 분명한 신뢰와 복음을 알지 못하는 자들을 향한 끊임없는 사랑이 이러한 난관을 뚫고 나가는 유일한 힘이었다. 지금도 미얀마에서 카렌족을 중심으로 교회가 존재하는 것은 저드슨의 선교로 인한 결과이다. 우리 주 예수 그리스도께서 이 땅에 선교사로 오신 성육신적 삶이 자신의 삶 속에서 재현되어야만 이런 인생이 가능한 것이다.

오늘날 우리는 당시와는 전혀 다른 환경 속에 있다. 여행길과 질병의 공격은 더 이상 심하지 않을 것이다. 그러나 우리에게는 넘어야 할 또 다른 도전이 앞에 있다. 세속화와 분쟁, 종교 간의 갈등과 전쟁의 위협은 우리가 복음을 전하는 데 여전히 넘어야 할 거대한 산과 같다. 아도니람의 삶은 우리가 이런 어려움에 처했을 때 헤쳐 나가는 근본 원리를 그림처럼 보여주기에 더욱 값지다.

아도니람 저드슨 선교사의 일생을 시간 순서대로 재구성한 이 책은 초창기 선교사들의 삶과 사역을 우리 눈앞에 생생하게 보여준다. 이제까지 여러 권의 저드슨 선교사 전기가 출간되었지만 본 저서는 이야기를 전달하는 방식으로 전개되어 독자들로 하여금 쉽고 드라마틱하게 그의 삶을 들여다 볼 수 있도록 돕는다.

선교사들의 전기를 읽을 때마다, 그분들의 삶이 이렇게 기록되어 남아 있다는 것이 얼마나 다행인지 모른다. 우리는 저드슨 선교사에 대한 기록을 통해 자신의 삶은 어떻게 기록되고 있을지 심각하게 고민하게 될 것이다.

이 책은 비록 한 선교사의 이야기이지만, 그에 앞서 주님께 진정으로 헌신된 한 사람의 그리스도인이 하나님께 어떻게 반응하며 살아야 하는지를 참되게 보여준다. 이런 점에서 모든 그리스도인들은 큰 도전을 받을 것이다. 하나님 나라에서 진정 큰 자가 되고 싶은 분들은 이 책을 읽으며 그 길을 발견하게 되리라 믿는다.

목차

서문 15

제1부. 배에 오르다 (1788-1812)

제1장. 아버지, 아도니람 저드슨 시니어 (1788) 19
제2장. 구름 (1789-1792) 27
제3장. 웬햄 (1792-1799) 37
제4장. 브레인트리, 플리머스, 그리고 브라운 (1800-1807) 49
제5장. 반항 (뉴욕 : 1807-1808) 65
제6장. 헌신 (앤도버 : 1808) 81
제7장. 아바로 간 사절단 - 결심 (1809) 89
제8장. 형제단과 미국선교회 (1810) 99
제9장. 낸시 (앤 하셀타인: 1810) 119
제10장. 무모하고 낭만적인 사역 (1810) 132
제11장. 프랑스와 영국 (1811) 144
제12장. 공식적이고 엄숙한 질책 (1811) 155
제13장. 임명식 (1812) 165
제14장. 배에 오르다 (1812) 183

제2부. 위험한 항해 (1812-1826)

제1장. 인도 (1812) 195
제2장. 유랑자 (1812) 223
제3장. 랑군 (1813) 242
제4장. 버마 (1813-1814) 262
제5장. 어린 로저 (1814-1816) 276
제6장. 추수할 때가 이르리니 (1816-1817) 298
제7장. 위험 신호와 짧은 여행 (1817-1818) 309
제8장. 첫 개종자 (1818-1819) 327
제9장. 황금 발에게로 가자 (1819) 349
제10장. 아바, 그리고 실패 (1819) 369
제11장. 위기 (1819-1820) 390
제12장. 황금 발에게 돌아가다 (1820-1822) 411
제13장. 황제의 접견 (1823) 424
제14장. 신약성경, 그리고 낸시가 돌아오다 (1823) 434
제15장. 외국인은 모두 스파이들 (1823-1824) 444
제16장. 감옥에 갇히다 (1824) 459
제17장. 죽음의 감옥에서 (1824) 477
제18장. 감옥 생활, 그리고 작은 마리아 (1824-1825) 493
제19장. "당신 자신이나 잘 지키시오" (1825) 504

제20장. 오웅펜라 (1825)   516

제21장. 석방, 그리고 승리 (1825-1826)   536

제22장. 까맣게 봉인된 편지 (1826)   556

제3부. 황금해안을 향하여 (1826-1850)

제1장. 그림자가 드리우다 (1826-1827)   569

제2장. "그 책을 우리에게 주세요" (1828-1831)   583

제3장. 버마어 성경, 그리고 사라 (1831-1834)   608

제4장. 평온한 세월들 그리고 가족 (1834-1839)   633

제5장. 하나님의 뜻이 이루어지이다 (1840-1845)   653

제6장. 미국 (1845)   675

제7장. 패니 포리스터 (1845-1846)   690

제8장. 우리가 함께 빛날 때 (몰메인, 랑군: 1846-1847)   713

제9장. 박쥐성 (랑군 : 1847)   730

제10장. 사전완성 (몰메인 : 1847-1849)   751

제11장. 황금해안을 향하여 (1850)   759

제12장. 이후의 일들   776

한눈에 보는 아도니람 저드슨의 생애   779

| 서문 |

몰든에서 태어나 바다에 묻히다

사랑하는 아이들에게,
그 황금해안에 닿기를 내가 얼마나 애타게 바랐는지 모른다.
- 아도니람 저드슨 -

몰든 중심가의 번잡한 도로를 바라보는 하얀 집. 그 앞의 잘 단장된 잔디 위, 눈에 잘 뜨이지 않는 기념비에는 그렇게 새겨져 있었다. 그렇다. 진실로 이것이 아도니람 저드슨이 살아온 자취였다. 북위 42도 25.75분, 서경 71도 04.4분에서 북위 13도, 동경 93도에 이르는 대장정. 지구 위에 거대한 궤적을 그린 그의 인생 여정에는 몇 개의 특별한 교차로가 있었다. 매사추세츠 서부에 있는 이름 모를 여인숙, 앤도버에 있는 대학교 뒤의 작은 숲, 브래드포드에 위치한 널찍한 집의 거실, 이라와디의 아바에 위치한 죽음의 감옥, 몰메인의 호랑이가 나오는 정글 속의 황폐해진 무덤 옆, 세인트헬레나 섬의 항구, 필라델피아 시내, 마타반 만에 위치한 암허스트 항구도시 등이 바로 그런 곳이다.

그리고 그의 마지막 여정의 항로와 교차로는 '전지 전능한 항해사'에 의해 정해졌다.

그는 '전지 전능한 항해사'로부터 다음과 같은 부름을 받았다.

하늘과 땅의 모든 권세를 내게 주셨으니 그러므로 너희는 가서 모든 민족을 제자로 삼아 아버지와 아들과 성령의 이름으로 세례를 베풀고 내가 너희에게 분부한 모든 것을 가르쳐 지키게 하라 볼지어다 내가 세상 끝날까지 너희와 항상 함께 있으리라.

그는 이 부르심에 순종했다. 왜 아도니람이 그 말씀을 따라갔는지 당신은 궁금하지 않은가?

✚ ✚ ✚ ✚
글읽기에 앞서

이 책은 소설이 아닌 실화다. 저자의 추측과 의견 정도가 첨가되었을 뿐이며, 이런 부분은 문맥상 쉽게 드러나리라 믿는다. 일부 철자 사용과 문맥 등에 있어 저자는 융통성을 발휘했다. 예를 들어 여러 사람에 의해 다른 식으로 인용되었거나, 한 사람이 다른 식으로 사용한 단어는 한 단어로 통일해 독자가 이해하기 쉽도록 했다.

글 중에는 일부 뜻하지 않은 잘못이 있을지도 모른다. 이러한 잘못된 견해가 저드슨 박사에게서 나왔더라도 저자는 그것에 대해 굳이 변명을 하거나 방어하려는 시도를 하지 않았다. 단지 능력껏 최선을 다해 위대한 한 인물을 충실하게 묘사하려 노력했을 따름이다.

제 1부.
배에 오르다
(1788~1812)

1. 아버지, 아도니람 저드슨 시니어 (1788)

아도니람 저드슨 시니어가 몰든 퍼스트교회의 목사 후보로 나선 것은 아마도 아비가일 브라운에 대한 사랑 때문이었을 것이다. 그것 말고는 따로 이유가 될 만한 것이 없었다.

사실 회중교회의 목사 특히 저드슨과 같은 성격을 지닌 성직자는 동의하지 않겠지만 대부분의 사람들은 몰든을 매사추세츠주의 여타 고장처럼 살기 좋은 곳이라고 생각했다. 몰든에는 약 200여 가구가 울창한 구릉 저지대의 옥토에서 농사를 지으며 견실하고 행복한 삶을 살고 있었다. 주민은 약 1,000여 명 정도로 그리 많지는 않았지만 교회와 목사를 충분히 지원할 정도는 되었다. 규모와 발전 정도로 볼 때 콩코드나 렉싱톤 정도는 되었고, 보스턴에서 북쪽으로 8킬로미터 정도밖에 떨어져 있지 않기 때문에 지리적인 이점도 있었다. 보스턴은 급성장하는 문화와 부의 중심지로 인구가 2만에 달하는 발전하는 도시였다. 몰든에서 보스턴으로 가려면 미스틱 강과 찰스 강을 배로 건너야 했고, 이미 다리를 놓는 공사가 계획 중이었다.

결혼생활을 마음에 둔 목사에게 몰든의 목사관은 말할 나위 없이 매력적이었다. 사각의 2층집으로 경사진 지붕에 1700년대 초기의 복고풍으로 지어진 목사관은 커다란 굴뚝이 넓은 홀 양편으로 한 개씩 있고 이 두 굴뚝으로 집이 앞뒤로 나뉘어져 있었다. 1786년 여름, 저드슨 목사가 자기 아이들이 목사관 문 앞 계단에서 뛰노는 상상을 할 때만 해도, 이 집은 지은 지 최소한 60년을 넘기고 있었다. 그렇지만 워낙 견고하게 지은 집이라 낡았다는 느낌은 거의 들지 않았다. 수십 년 동안 거대해진 느릅나무와 상록수들은 잔디 마당을 지나 거친 돌담을 넘어 길가까지 그 그늘을 드리우고 있었다. 이 길 맞은편으로 100미터 정도 거리에 교회가 자리잡고 있었다. 교회에서 그리 멀지 않은 벨 록에는 삼각형으로 세운 거대한 나무틀에 마을 종이 수 세대에 걸쳐 달려 있었다. 그 아래에는 차갑고 깨끗한 물이 콸콸 솟아 나오는 샘물이 있었는데 다른 우물은 몰라도 이 샘은 마른 적이 없었다.

목사 후보 자격으로 여름 매주 일요일에 설교하러 교회에 올 때마다 저드슨은 이런 정경을 보았다. 그는 아비가일 브라운과 결혼해 아이를 낳아 기르고 죽음이 그들을 갈라놓을 때까지 서로 사랑하면서 목사관에서 평생을 행복하게 보내는 상상을 하며, 더욱 이 교회의 목사가 되고 싶었다.

이 사람은 이 책의 주인공인 아도니람 저드슨의 아버지인 36세의 아도니람 저드슨 시니어이다. 그는 중간 정도의 키에 다부진 체격이었다. 그는 1776년 예일대를 졸업한 후 많은 연단에서 설교를 해왔다. 회중교회로부터 담임목사가 되어달라는 요청이 많았지만 그는 한 번도 수락하지 않았다. 보스턴에서 남쪽으로 16킬로미터 정도 떨어진 곳에 몰든보다 세 배 정도 큰 시츄에트 퍼스트 교회가 1784년 저드슨에게 담임목사가 되어달라는 부탁을 한 적도 있었다. 그러나 그때도 거절했다. 또 몰든보다 두 배정도 큰 우스터의 하드윅에서 1785년 봄 두 번이나 그를 담임 목사로 청했을 때도 역시 거절했다. 보스턴에서 남서쪽으로 48킬로미터 떨어진 렌댐에서 요청이 들어왔을 때도 그는 마찬가지로 거절했다.

그가 이렇게 담임목사 청빙을 모두 거절한 이유는 만장일치의 초빙이 아니기 때문이었다. 다시 말해 저드슨은 교회 신도 모두가 교리에 있어 자신의 견해에 찬동하는 교회를 원했던 것이다. 독립전쟁 후 그런 교회를 찾기란 결코 쉽지 않았다. 왕권신수설을 부정하고 영국으로부터 독립하게 되면서 청교도에게 있는 엄격한 칼빈주의에 대한 반감이 깊어졌다. 세속적인 보스턴 시에는 부유한 권력층을 기반으로 성장하는 유니테리언 교회가 많았고, 저드슨이 보기에 이들은 이교도들과 다를 바 없었다. 그리고 캠브리지 근처의 하버드에서 가르치는 회중교회주의는 안타깝게도 점점 느슨해지고 있었다. 뿐만 아니라 하드윅, 렌댐, 몰든 같은 시골 교회의 교인들조차 점차 하나의 결론으로 치닫고 있었다. 즉 하나님은 자신의 영광을 위해서만이 아니라 인간의 행복을 위해 이 세상을 창조했으며 죄인을 벌하는 것은 하나님이 원래 계획하신 것이 아니라는 것이다.

한 때 그 유명한 조셉 벨라미의 제자였으며 사무엘 홉킨스 이론의 신봉자였던(이 둘 모두 조나단 에드워드 학파다) 저드슨에게는 그러한 주장이 논리와 성경에 모두 위배되는 이단과도 진배없었다. 그는 논쟁에 휘말려들고 싶지 않았다. 그래서 그는 그런 논쟁이 촉발될 만한 교회의 목사직을 거절해온 것이었다. 하지만 그의 고집은 점차 누그러지기 시작했다.

저드슨이 모처럼 목사 후보로 신청서를 낸 몰든 교회는 과거에 그가 거절했던 다른 교회들보다도 훨씬 더 심각한 논쟁으로 분열되어 있었다. 몰든의 퍼스트교회는 하나도 아닌 두 가지 문제에 직면해 있었다.

첫 번째는 늘 그래왔듯이 신앙고백의 문제였다. 상당수의 중산층 시민들은 저드슨의 보수적 회중교회주의를 구역질이 나도록 혐오스러워 했다. 1786년 여름 내내 저드슨의 설교를 들으며 이들의 회의는 더욱 깊어졌다. 그러나 7월 7일 금요일, 교인들의 투표 결과 저드슨은 목사로 뽑혔다. 저드슨은 선조들의 순수한 믿음을 그대로 전달했고 교회는 목사가 몹시 필요했다. 또 저드슨은 다른 어떤 후보 못지않게 능력이 있었다. 반대파들은 강력하게 반발했지만 별 도리가 없었다. 물론 끝까지 반대하는 이들도 있었다. 이것은 교회의 기록에 아직까지도 남아 있다.

또 다른 문제는 훨씬 더 심각하게 퍼스트교회를 분열시켰다.

이 문제는 과거부터 늘 말썽이었는데, 바로 교회의 위치에 관한 것이었다. 찰스타운 주민들이 미스틱 강을 건너 북쪽에 몰든을 세우며 정했던 교회는 강 쪽에 정착한 주민들에게 지나치게 북쪽에 자리를 잡았다는 불만을 들어왔다. 모두에게 추앙 받던 조셉 에머슨이 교회를 세웠던 1721년에서 1767년까지 반세기 동안은 별 문제가 없었다. 목사관도 1724년 그를 위해 세워진 것이었다. 모두의 존경을 받았기 때문에 조그만 불씨가 될 만한 논쟁의 소지도 그의 입김으로 모두 무마될 수 있었다. 그의 아들조차도 자신의 아버지에 대해 "불법을 행하는 자들에게는 천둥의 아들 보아너게였고, 시온의 애통하는 자들에게는 위로의 아들 바나바였다"라고 썼다. 교회는 그가 죽고 3년이 되서야 후임자로 피터 대처를 찾아냈다. 대처는 약관 18세에 이미 목사 안수를 받았고 유명한 복음 설교자 휫필드에 못지않은 "젊은 엘리야"라는 평을 받았다. 대처는 모두를 만족시켰지만 시대의 흐름과 교인들의 불만까지는 막을 수 없었다. 남부 교구에 자신들만의 교회를 세우고 싶어하는 사람들의 목소리가 거세지기 시작했다.

  1785년 대처 목사의 명성이 보스턴까지 알려지면서 규모가 큰 브래틀 스트리트 교회로부터 초빙을 받았다. 그는 이를 수락했다. 이는 아마도 미스틱 강 근처 남부 교구에 이미 독립된 교회가 세워졌고, 그는 몰든을 떠나고 싶었기 때문이리라. 이렇게 해서 에머슨 밑에 있던 하나의 교회는 두 개로 쪼개지게 되었다.

  바로 이 때, 퍼스트 교회 교단의 공석에 저드슨이 후보로 지명된 것이었다. 1786년 여름, 당시 그는 교회의 신도 일부가 자신의 교리에 상당한 반감이 있음을 알고 있었다. 이들은 저드슨이 찢어진 두 교회를 합칠 인물이 못 된다고 말하고 다녔다. 당시 저드슨을 목사로 초빙하는 일에 앞장서 반대하던 덱스터는 "저드슨이 교회의 목사가 되면 주민 모두가 갈망하는 두 교구의 통합은 물 건너갈 뿐 아니라 두 교회 모두 망하고 말 것"이라고 공식적으로 떠들고 다녔다.

그때 저드슨의 생각은 어땠는지에 대해서는 알 수 없다. 그를 잘 아는 사람은 저드슨에 대해 "믿는 것과 인격이 동일했고 금욕적이며 검소하고 다가서기 힘든 사람"이라고 표현했다. 그의 판단은 철저하게 공정했다. 반대자들이 볼 때는 고집스럽다고 할 만큼 강한 의지가 있었다.

서른여섯이 되도록 그는 결혼을 하지 않았다. 아비가일은 그보다 열 살이 어렸는데, 결혼하면 순회 목사의 불확실한 삶을 그대로 지속할 수 없다고 생각했을지도 모른다. 그는 정착할 필요를 느꼈다. 밖에서는 폭풍이 몰아치더라도 목사관 안에서는 아내와 아이들과 함께 평화와 안정을 찾고 싶었다. 그러므로 아비가일 브라운과의 행복한 목사관 생활을 꿈꾸며, 평소라면 주저했을 상황을 못 본 척 했을지도 모르겠다. 그는 목사직을 수락했다. 10월에 교인들이 모였을 때 자신의 취임식을 11월 15일로 정했다. 그와 아비가일의 결혼식은 그로부터 일주일 후인 11월 23일로 잡혔다.

교회는 소수 반대자들의 반발심을 달래기 위해 '저드슨을 지지하지 않는 사람은 교회를 모독하지 않는 범위 내에서 무엇이든 할 수 있는 양심의 자유를 갖는다'고 발표했다(저드슨의 담임 목사 임명 철회만 제외하고). 그러나 이 화해의 제스처는 전혀 소용 없었다. 반대론자들은 저드슨의 임명은 막지 못했지만 취임식을 실력 저지할 생각은 있었다. 그를 취임시킬 교단 회의가 윌리암 웨이트의 집에서 열렸을 때 이런 논쟁이 다시 불거져 나왔고 저드슨은 모임을 해산시켜야 했다. 취임식은 12월 7일로 다시 잡혔다.

상황이 이렇게 복잡하게 돌아가는 중에 아비가일은 '저드슨 부인'이 되었고, 저드슨 부부는 불편한 심기로 그저 모든 일이 잘 해결되기를 바라며 목사관으로 입주했다. 날씨도 그들을 돕지 않았다. 12월 7일, 몰든이 위치한 지역 전체가 엄청난 눈보라 폭풍에 묻히게 되어 교회 교단 위원들은 집안에 발이 묶이게 되었다. 말은커녕 걸어서도 외출을 못할 정도였다. 목사 부임식은 다음해 1787년 1월 23일이 되어서야 가능했다. 이 날은 큰 문제없이 행사가 진행되었다.

교단은 임명 과정에서 교회와 교구 상황을 충분히 이해할 수 있었지만, 부임에 대한 일부 반대의견이 제시되었으므로 목사 당선자에 대한 조사를 실시하기로 했다. 그의 종교적 신념이나 경험 등을 신중하게 검토한 결과, 교단은 만장일치로 저드슨에게 자격이 있음을 인정했다. 그에 따라 24일, 교단은 저드슨을 담임 목사로 임명했다.

패배한 불만 세력들은 마지막까지 잠자코 있지 않았다. 취임이 끝나자마자 교회에서 지명도 있는 20여 명의 신도들이 남부 교구로 적을 옮겨 버렸다. 그래서 저드슨의 퍼스트 교회는 시작부터 부피가 줄어버린 불안한 출발을 했다. 비록 저드슨은 목회 사역에서는 실망과 고통스런 일들을 겪었지만 목사관 담장 안에서는 사랑과 위안을 찾을 수 있었다. 그리고 때맞춰 아비가일은 1788년 8월 9일 토요일, 한 사내 아이를 낳았다. 아기는 아버지의 이름을 그대로 따 '아도니람'이라 지어졌다.

요람에서 곤히 잠들어 있는 아기를 바라보며, 여느 아버지와 마찬가지로 저드슨은 '이 아이는 나보다는 나아야지' 하고 중얼거렸다. 자기는 적들의 비웃음을 샀지만 자신의 아들만큼은 모든 사람들의 칭찬을 받았으면 했다. 그는 작은 마을의 한 교회에서 평생을 보내야 했지만, 아들은 널리 알려지기를 원했다. 아마도 마음 깊은 곳에서는 전에 겪었던 거부와 비웃음에 대한 반발심이 치밀어 올랐을지 모른다. 이제 아들을 통해 그는 새로운 삶을 다시 시작할 전기를 마련했고 아들의 인생을 통해 그가 포기해야 했던 야망에 다시 불을 지필 수 있게 되었다.

2. 구름 (1789-1792)

갓난아기였던 아도니람은 당시 아버지가 몰든의 퍼스트교회에서 어떤 시련을 겪고 있는지 알 리 없었다. 자다 깨다 울고 웃기를 반복하고, 요람에 누워 동그란 아기의 눈으로 바깥 세상을 살펴볼 뿐이었다. 아기는 건강하게 잘 자랐다. 아기는 자신과 타인을 구별하고 사람은 무엇이고 사물은 무엇인가 하는 등의 기초적인 것을 배우느라 바빴다.

쌀쌀한 가을이 가고 겨울이 본격적으로 시작되었다. 1779년에서 1799년은 유난히도 추웠던 20년이었다. 주일 예배 때면 발 보온기를 착용하고도 떨어야 했고, 아기의 아버지는 "신의 복수는 신의 정의의 일부이며, 신의 가호와 애정은 모든 지능 있는 생명체에게 언제나 함께한다"는 홉킨스주의에 충실한 하나님을 가뜩이나 움츠린 신도들에게 열심히 설명하느라 추위에도 아랑곳하지 않았다. 완벽한 하나님은 그가 창조할 세상에 대한 무한한 선택권을 가지고 계셨다. 그 하나님이 현 세상을 창조하셨고 이 세상은 하나님 최상의 선택임에 분명하다. 그에 의하면 하나님은 오직 자신에게만 영광을 돌리는 존재로 인간을 창조했다. 우리 눈에는 명백하게 불완전하게 보임에도 불구하고, 하나님이 창조하신 이 세계는 가장 훌륭한 세상이다. 이런 논리로 아기의 아버지는 열띤 설교를 했다.

2월의 매서운 바람은 틈새가 벌어진 교회 첨탑을 타고 교회 안으로 들어 왔고, 얼어붙은 교회 앞마당 위로 지붕의 눈을 쓸어 내렸다. 예배보던 사람들은 밖의 환경에 신경 쓰이지 않을 수 없었다. 그들은 허연 입김을 내뿜으며 이 혹독한 겨울 자체가 사무엘 홉킨스가 말하는 신의 '보복과 정의'에 대한 증거로 충분하지 않을까 생각했을지 모른다. 그러나 따뜻한 여름의 주일에는 교회의 열린 창을 넘어 상큼한 풀 향기를 실은 바람이 들어왔고, 예배당 뒤편에 앉은 사람들은 축 늘어져 졸기 일쑤였다. 그도 그럴 것이 일주일 내내 농장에서 육체노동에 시달리다가 편안한 교회 의자에 앉아 희미하게 윙윙거리는 벌 소리와 멀리 풀 뜯는 가축들의 목에 걸린 종소리, 목사의 단조롭고 딱딱한 설교—음울하고, 너무 들어서 귀에 딱지가 앉을 것 같은 하나님의 저주, 막연하고 희미한 하나님의 '보편적 사랑'에 대한 역설—들이 자장가처럼 들렸을 것이다.

봄이 와 눈이 녹고 새싹이 돋아나고 새들이 다시 지저귀고 있었지만 묻든 교회 안의 과거 불만 세력들의 분위기는 보편적 사랑과는 거리가 멀었다. 특히 저드슨 목사에 대해서는 더욱 그랬다. 아직도 목사관에서 놀고 있는 아기 아도니람은 수백 야드 떨어진 교회에서 무슨 일이 벌어지고 있는지 알 턱이 없었다. 아도니람은 항상 뭔가를 배웠다. 부엌 바닥에 깔린 줄무늬 요에 앉아 벽난로에서 요란스럽게 타오르고 있는 불길을 보고 있었다. 이 불에서 맛있는 고기가 구워질 때면 먼저 맛을 보곤 했다. 좀 더 자라서는 야채수프를 한 국자씩 맛보곤 했다. 다른 볼거리와 먹을거리들도 많았다. 어머니가 나무 절구에 옥수수를 넣고 빻을 때도 있었고, 벌겋게 타는 석탄 위에 꼬치에 꿰어진 사과가 탁탁거리며 이글거릴 때도 있었다. 때론 어머니가 바닥에 모래를 뿌릴 때도 있었다.

보통 아기들보다 훨씬 어린 시기에 그는 '소리'를 인식했다. 사람들이 내는 소리는 일정한 형식이 있다는 것도 알았다. 소리에는 어떤 의미가 담겨 있는 것 같았는데, 그것이 무엇인지 아직 이해하지는 못했다. 하지만 아기는 무엇인가 힌트를 얻으려고 귀를 기울였다. 사람들의 소리를 따라해 보려고 처음으로 시도했을 때 즉각적인 반응이 왔다. 사람들은 상당히 칭찬하는 듯했고, 웃어주며 안고 다독거렸다.

아기는 두 번째 여름까지 기다리다 곧 걸음마를 시작했다. 세상은 더 넓어졌다. 목사관의 경사진 마당에서 여름 풍경과 분주한 도로변을 관찰할 수 있었다. 사람들이 걷는 모습, 마차 타는 모습, 그리고 소 떼를 몰고 가는 아이들도 보였다. 소 덩치가 얼마나 크던지 목에 씌워진 무거운 나무 멍에가 아무렇지도 않게 보였다. 목사관 마당에는 개나 닭 같은 동물들도 보였다. 돼지는 한 마리도 볼 수 없었는데, 8~10월에는 돼지를 풀어놓아서는 안 되고 우리 안에 가둬놓아야만 한다고 1788년 여름 보건당국에서 발표했기 때문이었다. 그래도 그는 아버지의 팔에 안겨 우리 안에 갇혀 있는 돼지나 소를 보러 갈 수 있었다. 저드슨 목사는 다른 목사들처럼 돼지나 소를 기르고 곡물도 직접 재배했다. 당시에 목사들은 농사일을 겸했고, 그런다고 주업무가 방해 받지는 않았다.

아기 때에는 어머니가 인생의 중심 위치를 차지했다. 다음으로는 검은 옷을 입은 사람(아버지)이었다. 아버지는 '목사님', '선생님', '저드슨 씨' 그리고 어쩌다가 '아도니람' 등 여러 가지 이름으로 불렸다. 이 마지막 호칭이 아기에게는 여간 헷갈리는 것이 아니었다. 왜냐하면 사람들이 자신도 '아도니람'이라 부르고 있었기 때문이다. 아버지는 자기에게 친절하기는 했지만 왠지 거리감이 있었다. 사람들 역시 그를 사랑하는 것 같으면서도 어딘가 모를 두려움 같은 것도 있는 듯했다.

세 번째 겨울이 거의 다 가고 그가 '눈'에 익숙해져 있을 때였다. 아버지, 어머니 그리고 일을 도와주던 세 명의 여자 외에 사람 하나가 집에 더 늘었다. 자기보다도 더 작았고 요람 안에서 대부분의 시간을 보내는 동생이었다. 그가 보기에 이 여자아기는 지나치게 많은 관심을 받는 것 같았다. 그렇게 여자아기에 대한 관심이 늘수록 자기에게 쏟아지는 관심은 상대적으로 줄었다. 그렇지만 아기는 다른 사람들과 달리 자기와 크기가 비슷했기 때문에 그는 이 아기를 좋아했다. 이 아기가 조금 더 자라 걸을 수 있게 되자 귀여운 강아지처럼 졸졸 따라다녔다.

그의 여동생은 이렇게 1791년 3월 21일에 태어났다. 이름은 어머니와 할머니 이름을 따 아비가일 브라운 저드슨이라 지어졌다. 그러나 아도니람은 여동생을 부를 때 자주 듣던 대로 '애비' 또는 '내비'라고 불렀다.

이때쯤 아도니람은 교회 예배에 많이 참석했다. 예배시간은 꽤 길게 느껴졌지만 일요일에 교회 가는 것은 참 흥미로운 일이었다. 그의 마음속에는 길 건너편 목사관에서 멀찍이 떨어져 있었던 교회의 모습이 항상 자리잡았다. 밖에서 볼 땐 그냥 큰 상자처럼 보였다. 안에서 신도들은 긴 의자에 나란히 앉아 있었다. 좌석 등받이가 자기 키보다도 높았기 때문에 아도니람은 다른 아이들처럼 의자를 따로 가져와 앉아야 했다. 제대로 연단을 보기 위해서는 발가락 끝으로 서서 올려다봐야 했는데 이 일은 허락되지 않았다. 그렇지만 아도니람은 앞자리에 앉은 여인들과 뒷자리에 앉은 남자들을 보기 위해 일어나 두리번거리곤 했다. 한참 앞쪽에는 성가대 자리가 마련되어 있었고, 맨 앞쪽에는 귀와 눈이 어두운 노인들을 위한 자리가 따로 있었다. 성가대 자리는 접었다 폈다 할 수 있었다. 성가대가 일어나 찬송가를 불러야 할 때는 의자를 접어 올렸다가, 자리에 앉을 때는 의자가 다시 덜컹 하고 리듬감 있게 내려왔다.

교회 안에서 가장 중요해 보이는 사람은 아도니람의 아버지인 듯했다. 강단에 혼자 서서 매우 큰 소리로 사람들에게 얘기했다. 아도니람도 그의 아버지가 중요한 사람이란 생각에 가슴이 뿌듯했다. 아버지는 교회에 온 모든 사람들의 주인인 것 같아 보였다. 매주 교회에 와서 아버지가 하는 말을 들어야 했기 때문이다.

때로 아버지는 교인들에게 얘기하는 것이 아니라, 그의 눈에는 보이지도 않는 누군가에게 얘기할 때도 있었다. 아버지의 이야기를 듣는 사람은 교회 천장에 있는 것도 같았고 그 위, 아니면 아예 없는 것처럼 느껴졌다. 아버지는 '여호와', '하나님', '주님' 등으로 '그'를 불렀다. 아도니람은 '그'를 본 적은 없지만 누구냐고 물었을 때 언젠가 천국이라 불리는 즐거운 곳에서 '그'를 만날 것이라는 대답만을 들을 수 있었다.

아버지는 "하늘에 계신 아버지"라는 분을 볼 수 있는 것이 분명했다. 교회에서나 집에서나 '그분'에게 말을 하기 때문이었다. '그분'은 무서운 분임에 틀림없었다. 아버지 말을 어겼을 때 받는 벌보다 '그분'을 거역했을 때 받을 벌이 훨씬 무섭다고 들었기 때문이었다. '그분'은 대부분의 사람들을 좋아하지만, 자신을 좋아하지 않거나 화나게 하는 사람들은 목사관 벽난로의 불보다 훨씬 크고 뜨거운 불 속에 던져버릴 거라고 했다.

아버지가 중요한 사람이 될 수 있었던 것은 아마도 책 때문인 것 같았다. 특히 그가 교회에 들고 가는 책은 목사관 안에서도 몇 시간이 넘도록 들여다보곤 하셨다. 이것은 성경책이었고 아도니람의 아버지와 어머니는 매일 자기 전에 성경의 일부분을 큰소리로 읽어주셨다. 그리고 또 아버지는 책상에 앉아 거위 깃으로 만든 날카로운 펜으로 무언가 글자들을 쓰시고는 하셨다. 한 페이지가 끝나면 그 위에 모래를 뿌리고 앞뒤로 흔들다가 모래를 다시 모래상자에 담곤 했다. 설교를 준비하는 과정이라고 한다. 아버지의 힘이 나오는 과정과도 무관하지 않다고 생각했다. 너무나도 중요한 과정이었기 때문에 아도니람의 아버지는 서재 문을 잠갔고, 그래서 아도니람은 아버지가 거위 깃펜을 쓰는 장면을 못 볼 때가 많았다. 때로는 하나님이라는 분이 아버지를 도와주고 있다고 생각했다. 왜냐하면 안에서 아버지가 '하나님'을 부르며 얘기하는 것을 들은 적이 있기 때문이었다.

불행히도 아도니람이 느끼는 아버지의 권위는 실제로는 전혀 달랐다. 아버지의 반대자들은 아버지를 몰아내려는 시도를 계속했고 결국 성공의 기미가 보이기 시작했다. 1790년 봄, 세일럼에 있는 동부 교회의 윌리암 벤틀리 목사는 "홉킨스주의 '책략가' 중 하나인 저드슨 목사는 몰든에서 상당히 불편한 위치에 놓여 있다"고 공공연히 발언할 정도였다.

그 다음해 저드슨은 자신의 지위를 지킬 수가 없었다. 1791년 4월, 딸아이 아비가일이 태어난 지 두 주도 채 안 돼 그는 교회로부터 해고통지서를 받았다. 완곡하게 표현된 교회 공식 결의안은 다음과 같이 쓰여 있었다. "저드슨 목사가 우리의 곁을 떠나야 한다는 제안이 통과되었기에 이에 따라 다음과 같은 사실을 공개적으로 밝히는 것이 우리의 의무라고 사료됩니다. 저드슨 목사는 우리 교회의 임기 동안 기독교인으로서 그리고 성직자로서 훌륭히 의무를 수행했음을 모든 동료 크리스천들과 함께 인정합니다."

결국 저드슨이 설계한 가족과 함께 평생을 목사관에서 행복하게 보내는 꿈은 수포로 돌아갔다. 그렇지만 농장 임금 노동자들처럼 목사를 하루아침에 길거리로 내몰 수는 없었다. 특히 저드슨 같은 경우는 확고한 신념과 원칙을 가지고 있었고 두 아이와 아내를 부양해야 했기에 목사로서의 권리를 주장할 수밖에 없었다.

아무리 반대하더라도 애초에 목사로 초빙됐던 이유인 그의 확고한 원칙주의를 비난할 수는 없었다. 변한 것은 그가 아니라 교회였던 것이다. 또한 첨예한 논쟁의 발단도 교구의 단순한 지정학적 세력다툼에서 비롯된 것이었다. 그렇기 때문에 그는 교회와의 계약 하에 9월까지는 목사직을 그만 두되, 해고된 날로부터 1년 동안은 목사관에서 살 수 있게 되었다. 이 계약은 아도니람이 세 살이 되던 8월에 체결되었고, 교무 위원인 세일럼의 서드 교회와 보스턴의 브래틀 스트리트 교회, 스톤햄 교회에 의해 비준되었다. 결국 저드슨이 새 교회를 찾을 동안 최소한 1년간은 길거리에 나앉을 일은 없게 되었다.

새 교회를 찾기는 쉽지 않았다. 새 교단과 접촉하기 위해 한 번 나가면 아버지는 며칠씩이나 목사관에 안 들어오곤 했다. 그리고 번번이 성공하지 못한 채 지치고 걱정스러운 얼굴로 집으로 돌아왔다.

이런 식으로 아버지가 자주 출장을 다닌 지 꽤 시간이 흐른 후에 어머니 아비가일은 아버지를 가장 즐겁게 해줄 만한 깜짝 선물을 준비했다. 아버지가 돌아오셔서 말을 마구간에 넣고, 한숨 돌리고 저녁을 먹은 다음 벽난로 옆 의자에 앉아 쉬려는 순간 어머니는 세 살 박이 아도니람에게 성경책을 펴서 건네주었다. 아이는 한 페이지를 큰 소리로 다 읽었고, 아버지는 놀라움에 입이 떡 벌어질 수밖에 없었다. 어머니는 아도니람에게 1주일 만에 글을 가르친 것이었다. 그것도 세 살밖에 안된 아도니람에게!

눈물이 글썽해진 채 아이를 자신의 무릎 위에 올려놓은 저드슨 목사는 확신에 찬 자랑스런 목소리로 "너는 언젠가 훌륭한 사람이 될 꺼야"라고 힘주어 말했다. 세 살 때 읽는 법을 배운 사람이라면 나중에 큰 일을 성취하는 것도 문제가 없을 터였다. 자신의 미래에 대한 확신은 없을지 몰라도 아들은 아도니람이란 이름을 빛내주리라. 언젠가 세상을 호령하는 날이 오리라.

아도니람은 아버지 무릎 위에 앉아 아버지의 칭찬을 진지하고도 자랑스럽게 듣고 있었다. 못 알아듣는 말도 많이 있었으나, 앞으로 많이 노력할수록 칭찬을 더 많이 들을 거라고 생각했다. 아이는 아버지보다 더 성공할 수 있는 길이 자신에게 열려 있다는 것을 일찍부터 예감하고 있었는지 모른다.

하지만 저드슨 목사는 자신을 원하는 새 교회를 찾지 못했다.

3. 웬햄 (1792-1799)

저드슨 목사는 거의 1년 간 수입원이 없었다. 1792년 말이 되서야 그를 원하는 교회를 찾았다는 기쁜 소식을 듣고 집으로 돌아왔다. 이 교회는 케이프 앤에서 가깝고, 에섹스 군의 세일럼에서 북쪽으로 8킬로미터 떨어진 웬햄이라는 곳에 있었다. 담임목사였던 스웨인 목사가 40년 넘게 집무하다가 사망하자 새 목사가 필요했던 것이다.

11월 마지막 날, 교회는 저드슨을 초청하기로 만장일치로 결정했다. 그리고 이 모임에서 교회는 과거부터 목사들에게 불리했던 중간계약 제도를 없애기로 했다. 또 신도들이 더 이상 하나님을 믿는다고 말하거나 윤리적으로 깨끗하다는 이유만으로는 교회의 정식 회원이 되기 어려워졌다. 이제부터는 뉴잉글랜드 지역의 과거 전통에 따라 '구원의 은총'을 경험했다는 것을 목사와 교회 앞에 증언하고 그 시험을 통과해야 했다. 또한 앞으로는 정식 회원의 자녀들만이 세례를 받을 수 있게 되었다. 정식 회원들은 교회에 참석할 수는 있었다. 이런 결정은 결국 새 목사의 승리였다.

웬햄에서는 교회가 목사를 고르지만, 마을이 그를 고용하고 보수를 지급했다. 교회가 저드슨을 목사로 지정하자마자 마을 공청회가 열렸다. 공청회에서 주민들은 교회의 결정을 투표로 승인했고 목사관과 더불어 자발적인 기부와 함께 정착금으로 60파운드를 제공하기로 했다. 보수는 연간 95파운드로 결정이 되었다. 새 법정화폐가 발행되어 돈의 가치가 변동할 우려가 있을 때는 파운드 대신 그에 해당하는 다른 화폐로 받을 수 있도록 했다. 저드슨은 곧바로 교회와 주민의 제의를 받아들였다. 2주 정도가 더 지나 저드슨은 교회의 첫 회의를 주재했다. 1792년 12월 26일 그는 정식으로 담임목사에 취임했다. 벤틀리 박사는 근처 세일럼에서 이를 지켜보며 일기에 이렇게 평했다. "오늘 몰든에서 온 저드슨이 목사 취임식을 가졌다. 그의 교구는 클리블랜드와 올리버 그리고 패리쉬. 몰든에서의 수난으로 미루어 그는 새로운 사조에 물든 성직자는 믿지 않을 것이다."

며칠이 지난 1793년 1월 10일, 저드슨은 가족을 썰매에 태우고 애증을 뒤로한 채 말고삐를 움켜쥐고 웬햄을 향해 눈길을 달렸다.

웬햄은 몰든의 절반 크기도 채 되지 않았다. 75가구에 5백여

주민이 전부였고, 이들은 베벌리에서 북쪽으로 입스위치 그리고 해안가에서 다시 메리맥 강까지 지그재그로 거슬러 올라가는 매사추세츠 주에서 가장 오래된 도로인 올드 베이 스테이트 로드를 따라 거주하고 있었다. 그러나 네 살배기 꼬마에게 웬햄은 몰든과 별 차이가 없었다. 목사관도 비슷하게 도로변에 위치해 있었다. 교회도 길 건너 수백 미터 북쪽이었다. 첨탑과 종 크기 모두 몰든 교회와 비슷했다. 예배당 좌석도 직사각형이었고 등받이 또한 마찬가지로 높았다. 아이의 눈으로 보았을 때 다른 점이 있다면 성가대가 1층 앞쪽에 있는 것이 아니라 특별석이 따로 마련되어 있다는 정도일 것이다.

그러나 아버지에게는 많은 차이가 있었다. 웬햄은 인구가 점점 줄어들고 있었고 교회는 1748년 세워진 이후 보수가 제대로 되어 있지 않았다. 이런 단점에도 불구하고 교회 신도 전체가 한마음이라는 것이 큰 위안이 되었다. 최소한 몇 년 동안 저드슨은 평화로운 환경 속에서 일할 수 있을 터였다.

예상대로 저드슨 가족은 이곳에서 평화로운 나날을 보냈고, 1794년 5월 28일에는 사내아이가 또 하나 태어났다. 할아버지 이름을 따 엘나단이라 이름지었다. 할아버지는 엘나단 저드슨 씨로 코네티컷 주 우드버리 교회의 지도자였다. 저드슨 목사는 그가 일곱 번째로 낳은 여섯 번째 아들이었다.

아도니람이 웬햄에서 무럭무럭 잘 자라면서 차츰 독특한 개성이 드러나기 시작했다. 네 살부터 동네아이들을 모아놓고 아버지 흉내를 내며 설교를 했다. 그가 아이들에게 가르친 찬송가는, 부모가 기억한 바에 의하면, "주님께서 나의 복음을 전파하라 하시니"로 시작했다고 한다. 예닐곱 살이 되어 매스터 닷지 학교를 다니기 시작하면서 그는 근처 아이들과는 사뭇 다른 능력과 흥미를 나타내기 시작했다.

성격 또한 남달랐다. 뭔지 모를 독특한 생기가 넘쳤다. 그는 항상 자신에 차 있었고 모든 일에 적극적이고 최선을 다했다. 그러나 전반적으로 볼 때 놀기보다는 책읽기를 더 즐겼다. 아버지의 종교서적에서부터 이웃집에서 빌린 벤 존슨의 희곡에 이르기까지 손에 닿는 대로 읽었다. 당시 베스트셀러였던 리차드슨과 필딩의 소설도 빼놓지 않았다.

글이라면 가리지 않고 읽어대는 아이는 웬햄 같은 작은 마을에서는 모두의 이야깃거리가 되었을 것이다. 아도니람은 글 외에도 퍼즐 풀기와 추리, 여러 테스트에서 남달리 뛰어났다. 오늘날 이런 아이를 키운다면 부모들은 자기 아이가 타고난 천재과학자라고 믿었을 것이다.

매스터 닷지 학교에서 그는 어려운 수수께끼를 쉽게 풀어 보이며 학교 아이들을 놀라게 했다. 퀴즈로는 아무도 그를 이길 수 없었다. 그는 어려운 퀴즈 모음집을 갖고 다니며 학교 친구들을 곤혹스럽게 했다.

여덟 살인가 아홉 살 때쯤에는 자기능력에 대한 자신감이 지나쳐 자신과 아버지를 곤경에 처하게 할 뻔한 사건이 있었다. 신문에 일반 독자 수준으로는 풀기 힘든 '불가해한 수수께끼'라는 난이 있었다. 전에도 어려운 수수께끼를 모두 풀어냈기에 도전의식을 갖고 풀기 시작했다. 곧 답이 나왔고 그는 답을 깨끗이 적어 편집부장에게 보내는 편지봉투에 넣어 우체국으로 달려갔다. 그러나 그는 돈을 지불하는 것을 잊고 우체국장에게 편지를 건넸다. 당시에는 우표를 사용하기 전이라 돈을 지불하지 않으면 신문사가 약 4펜스(지금 우리 돈으로 약 3,000원 정도—편집자)를 대신 내야 했다. 우체국장은 편지를 발송하지 않고 나중에 아도니람의 아버지에게 전해주었다.

아도니람이 가장 무서워했던 사람은 바로 아버지였다. 단순히 목사여서가 아니었다. 그렇다고 아버지가 아들을 엄하게 교육시키는 시대였기에 무서워 한 것도 아니었다. 아버지는 유머감각이라고는 찾아볼 수 없었다. 매우 엄격하고 사소한 것 하나 그대로 넘어가는 성격이 아니었다.

아도니람이 그날 오후 늦게 집에 차를 마시러 돌아왔을 때, 신문사에 보내려던 편지는 어느새 차 테이블 위에 놓여 있었다. 아도니람은 순간 창백해졌다.

"이게 네 것이냐?" 저드슨 목사가 물었다.

"예, 아버지." 아도니람은 당황하며 대답했다.

"무슨 연유로 편지를 쓰게 됐지?"

"읽어보시면 아실 겁니다, 아버지."

"난 다른 사람의 편지는 읽지 않는다. 뜯어서 네가 직접 읽어 봐라."

아도니람은 손을 떨며 봉투를 뜯고 편지를 꺼내 우물우물 읽어 내려갔다. 다 읽고는 아버지에게 편지를 건넸고 아버지는 아무 말 없이 눈으로 편지를 훑어 내려갔다. 예상했던 호통은 떨어지지 않았고 아버지는 아도니람에게 문제의 발단이 된 퍼즐이 담긴 신문을 가져오라고 시켰다. 아도니람은 얼른 신문을 건네고 벽난로 뒤 구석으로 뒷걸음질쳤다. 떨어져서 아버지 얼굴을 지켜보면서 어떤 생각을 하시나 읽어보려 했지만 헛수고였다. 아버지는 무표정하게 신문의 수수께끼와 아도니람의 답을 번갈아 읽으며 둘을 비교하고 있었다. 결국 아버지는 둘 모두를 테이블 위에 놓더니 무릎 위에 손을 올려놓고 벽난로 속의 불을 한참이나 물끄러미 바라보며 생각에 잠겼다. 잠시 후 아버지는 대화의 주제를 묘하게 바꿨다. 그날 밤 아도니람은 아버지의 판결을 듣지도 못하고 왠지 모를 죄의식 속에서 잠이 들었다.

다음날 아침 식탁에서 아버지가 말했다. "아도니람, 널 위해 수수께끼 책을 하나 샀다. 다 풀면 더 어려운 것으로 사주마." 아도니람의 얼굴에는 금세 생기가 돌았다. 칭찬에 인색한 아버지가 머리를 따뜻하게 쓰다듬어 주며 "너는 아주 총명한 애야. 이 다음에 아주 위대한 사람이 될 거란다"라고 말하자 그의 얼굴은 한층 더 빛났다. 그러나 책을 펴는 순간 아도니람의 얼굴에는 실망의 표정이 역력했다. 자기 학교 상급생들의 산수 교과서였기 때문이었다. 그래도 아버지에게 칭찬을 받아 기분이 좋았고 산수책 속에 어려운 문제가 있다면 재미있게 풀 생각이었다.

실제로 그는 문제 푸는 것을 즐겼고 '숫자의 바다'에서 돌고래처럼 헤엄을 치고 다녔다. 문제풀이 신동이라는 소문은 이웃 베벌리까지 퍼졌다. 한 남자가 그에게 아버지가 하루에 버는 것보다 더 많은 상금을 걸고 퍼즐 하나를 보내왔다. 신문에 나는 수수께끼보다 훨씬 어려웠다. 첫 날은 아도니람도 손을 못 댔다. 그렇지만 다음날 아침 네 살짜리 동생 엘나단을 돌보다가 힌트가 떠올랐고 다시 한번 승리를 맛보았다.

열 살이 되어 그는 문법학교에 다녔는데 수학적 재능 뿐 아니라 라틴어나 그리스어 같은 언어에서도 탁월한 능력을 보였다. 학우들은 그를 로마 시인 버질 혹은 '되살아난 버질'이라 불렀다. 수학과 퍼즐을 푸는 능력이 뛰어나 모튼 선장이 가르치는 학교에서 항해술을 배울 수도 있게 되었다. 당시에는 항구도시마다 은퇴한 선장이 가르치는 항해 학교가 있었다. 숫자에 강한 아이를 둔 집 부모들은 누구나 아이들을 항해학교에 보내 화물 관리인이나 항해사 그리고 선장까지 시켜볼 생각을 한 번쯤은 해 봤을 때였다. 당시는 20대에 배를 지휘하고 30대에 은퇴해 부유한 삶을 살던 시대였고, 항해의 시대이기도 했다. 현대 항해의 아버지라고 불리는 나다니엘 보우디치도 이웃 세일럼 출신이었다. 1799년, 보우디치는 26세의 나이에 항해사로 이미 전설적인 명성을 얻고 있었고 『실제적인 항해』라는 책을 미국에서 출간했다.

이제 아도니람은 열한 살이었다. 야심에 찬 아버지가 아들을 항해사로 키울 준비를 하고 있었는지는 알 길이 없다. 그러나 그럴 가능성은 있었다. 웬햄은 쇠퇴해가는 고장이었지만 이웃 베벌리나 세일럼은 총 인구만 만 2천 명이 넘고 뉴잉글랜드 역사상 가장 눈부시게 성장하고 있었다.

세일럼 쪽으로 몇 킬로미터만 가도 베벌리 거리를 지나면서 확연히 드러나는 성장의 증거들을 눈으로 확인할 수 있었다. 세일럼으로 가는 다리를 건너기 훨씬 전부터 밧줄로 거미줄을 걸친 듯한 높은 돛대가 하늘을 찌를 듯이 여기저기 솟아 있고 멀리 지평선 쪽으로는 세일럼 항구의 경계를 나타내는 듯, 돛대들이 울타리 말뚝처럼 늘어서 있었다.

상인들이 사는 화려한 저택을 보면 이 항구도시가 얼마나 번영하고 있는지를 금방 알 수 있었다. 중국 광동 지방에서 온 크레이프 비단 숄, 터키 산 비단옷을 입고 있는 상인과 항해사의 가족들만 봐도 이곳의 부유함을 어느 정도 짐작할 수 있었다. 저드슨 목사와 아도니람은 이곳 여러 부자들에게 자주 초청을 받았다. 이들의 집에서 아도니람은 인도산 티크나무 조각품, 비취와 산호, 중국산 도자기 그리고 심지어 세계 여러 나라말로 재잘거리는 초록, 빨강, 노랑색으로 현란한 앵무새도 볼 수 있었다.

이곳의 부유함은 귀로도 확인할 수 있었다. 세일럼 주택가 창가에 놓인 새장 안에서는 이국적인 노래를 지저귀는 새들과 앵무새 소리가 일 년 내내 끊이지 않았고, 선창가마다 선체의 틈새에

뱃밥을 메우는 나무망치 소리가 요란했다. 아도니람과 그의 아버지가 부둣가를 산책할 때면 닻을 감아 올리는 선원들의 뱃노래가 가득했다. 아는 사람을 만나 이야기를 나눌 때면 그들은 열두세 살 때부터 배를 타던 흥미진진한 얘기를 늘어놓기 시작했다. 곧 지구를 한 바퀴 정도 도는 것은 대수롭지도 않은 일이 되어버렸다는 얘기부터 홍콩을 하루 정도 항해 거리에 있는 도시쯤으로 여긴다는 얘기, 그리고 선거할 만한 나이가 되기도 전에 자기들이 어떻게 선장이 되었는가 등등의 성공담을 늘어놓았다.

그들의 부유함은 냄새로도 느낄 수 있었다. 바다 냄새 자체가 달랐다. 부두 근처에서는 향료, 생강, 후추 냄새가 났다. 말레이, 싱가폴, 광동, 자바 등지에서 항해를 마치고 돌아온 대형 선박들이 백단 재목들을 쏟아냈다. 시골목사와 호기심 많은 아이에게 세일럼 항은 동양의 신비를 쏟아내는 풍요의 상징처럼 보였을 것이다.

아도니람 아버지의 야망을 그가 부추겼을까? 마나세 커틀러 목사가 아도니람의 아버지에게 아이에게 항해술을 가르치라고 권유했던 것일까? 누가 알겠는가? 커틀러 목사의 교회는 웬햄 북쪽에 인접한 해밀톤에 있었다. 1765년 예일대를 졸업하고 1771년부터 그는 해밀톤의 목사였다. 그러나 독립 전쟁 군목으로 참전했고, 오하이오 중대를 창설했으며, 정착민들을 서부로 안내했다. 거기서 그는 오하이오 주 마리에타 시 건설을 도왔다. 나중에는 의원직까지도 거쳤다. 키가 크고 풍채가 당당했으며 검은 벨벳 옷을 즐겨 입었다. 그는 모험심 있는 열린 마음을 가지고 있었고 여러 학문에 능했다. 의학도 공부해 천연두 주사를 놓아주고, 망원경과 별자리를 이용해 별의 거리를 측정하고, 목성의 위성도 관찰했으며, 식물연구에도 관심이 있었다. 또한 당시로서는 생소했던 현미경을 가지고 연구하기도 했다. 그는 저드슨 목사와 아는 사이였고 아도니람의 소문은 익히 들어 알고 있었을 것이다.

커틀러 같은 사람이 옆에 있고, 부유한 세일럼 시의 성장하는 모습을 지켜보면서, 게다가 복잡한 항해술을 단순한 놀이 정도로 여길만한 능력 있는 아이를 둔 아버지의 머릿속에 황금빛 꿈이 스며들지 말라는 법은 없다.

하지만 그런 꿈이 있었더라도 곧 사라질 위기에 놓였다. 저드슨이 다시 한 번 목사직을 잃을 위기를 맞은 것이다. 주민 공청회 기록과 저드슨 목사가 직접 친필로 남긴 교회기록을 통해 그 이유를 알 수 있는데, 저드슨 목사의 나빠지는 건강과 금전적인 필요 그리고 목사 결정권을 놓고 교회와 주민 사이의 갈등 및 그의 경직된 사고방식 등이 복합적으로 작용했던 것으로 보인다.

1799년 6월 저드슨 목사는 건강상의 이유를 들어 3~4주간 쉴 것을 교회에 요청했으나 교회는 이를 거절했다. 저드슨은 사임할 뜻을 밝혔고 교회는 이 또한 거절했다. 저드슨 목사 역시 불만이 있었다. 주민들이 그의 보수를 지불했는데 웬햄에 온 후로 한 번도 오른 적이 없었다. 처음 계약했던 95파운드는 미 달러로 지불되었는데 연간 316.66달러정도였다. 그렇지만 달러는 평가절하되었고 세 아이들이 커가면서 가계 지출은 늘어나고 상대적으로 점차 빠듯한 생활을 하게 되었다.

불행히도 웬햄은 활발하게 성장하는 고장이 아니었다. 주민들 또한 점차 조세 부담에 시달리고 있었다. 상당수의 교회 투표위원들은 교회의 정식 회원이 아니었다. 그리고 '중간 계약' 제도가 철폐됨에 따라 상당수는 정식 회원이 되려 하지 않았다. 7월 공청회가 열려 저드슨의 평가절하된 보수에 대해 논의하게 되었을 때 주민들은 그의 보수를 올려주지 않기로 만장일치 결정했다. 저드슨은 다시 자신의 사임을 요청하지 않을 수 없었고, 8월 아도니람의 열한 번째 생일을 이틀 앞두고 사임을 공식 신청하게 되었다. 교회는 다시금 이를 만장일치로 거부했다. 그의 건강은 점점 악화되었고 주일 예배가 끝난 후 그는 휴양을 위해 사라토가 스프링스로 그를 보내주든지 즉각 사임을 받아주든지 결정하라고 교회에 통보했다. 결국 교회는 그가 휴양지에서 돌아올 때까지 기다린 후 모든 문제를 처리하기로 결정했다

그는 6주간 떠나 있었다. 웬햄으로 돌아온 지 며칠도 채 되지 않아 사임서를 제출했고 교회는 이를 또 받아들이지 않았다. 교회는 주민 공청회를 다시 열어 평가절하된 목사 보수에 대해 다시 논의하기로 했다. 주민들이 동의할 경우 불확실한 기부금 대신 연간 5파운드를 고정적으로 지급하고 땔감용 나무 열 두 무더기와 1년에 4~5주의 휴가를 주자는 것이었다. 주민들은 공청회에서 이를 거부하고 목사의 사임 신청을 10월에 받아들이기로 결

정했다. 주민들은 또 목사의 사임 조건을 승인하기 위해 패티 루이스 모텔에 모이는 교단 회의비용을 대기로 했다. 1799년 10월 22일 교단회가 열렸고 이 중에는 마나세 커틀러 목사도 끼어 있었다. 결국 승인이 났다. 이런 회의는 보통 호화스런 음식과 와인이 주민들의 비용 부담으로 준비가 되는데, 회의가 끝나고 참석 위원들은 결정 사항을 다음과 같이 글로 남겼다.

> 위원들은 주민들이 저드슨 목사의 특유한 성격에 대한 존경심에 있어 변함이 없음과, 그의 보수주의 신앙관의 좋은 점도 인정하고 있음을 알게 되었다. 총회 전의 일정을 주관한 마을 신사분들의 관대함과 솔직함에 감사드린다.

위원들은 웬햄의 주민들에게 호화로운 저녁식사에 대한 감사를 하고 있는 것일까? 아니면 저드슨 목사의 경직성이 주민들과의 불협화음을 초래했다는 것일까?

그 답은 아무도 모른다. 그러나 우리는 아도니람이 이제 어떤 일이 벌어지고 있는지 알 만한 나이가 되었다는 것과 아버지가 겪었던 상황에서 나름대로의 교훈을 이끌어 냈다는 것을 알 수 있다. 그가 아버지로부터 배운 교훈이란 '결코 타협하지 말라'가 아니었을까?

4. 브레인트리, 플리머스, 그리고 브라운 (1800-1807)

1799년 가을, 웬햄에서의 저드슨 가의 생활은 끝났다. 그 다음해 봄 저드슨 가는 보스턴에서 남쪽으로 몇 킬로미터 떨어진 브레인트리로 이사를 갔다. 불확실한 시기였다. 건강이 호전되자 저드슨은 닥치는 대로 벌어 가족을 부양해야 했다. 7월 초 '매사추세츠 가정선교협회'는 그를 고용해 버몬트 주로 보냈다. 버몬트 주에서 3개월을 머무르는 동안 그는 약 40회의 설교를 했고 협회는 그에게 108달러(현재가치로 대략 2~3만불에 해당됨—편집자)를 지불했다. 이것은 웬햄에서 1년간 버는 돈의 3분의 1에 해당했다.

때론 다른 형식의 목회 활동도 했는데, 인근 교회에 공석이 생겼을 때 잠깐 메워주는 일이었다. 한 번은 사업에 손을 댄 적도 있었다. 그것은 저드슨이 윌슨 마쉬에게 마차 레이스를 청색으로 염색하는 특허를 노아 폰드의 대리인 자격으로 양도한 기록으로부터 알 수 있다. 마차 레이스란 2~3인치 정도 되는 밝은 색의 띠인데 마차 내부를 장식하는 데 쓰였다. 당시 윌슨 마쉬는 브레인트리 북쪽에 인접한 퀸시에서 급성장하는 마차 레이스 제조업을 경영하고 있었다.

이렇게 새롭고 불안정한 상황에서 아도니람은 어떻게 지내고 있었을까? 네 살에서 열한 살까지 아도니람은 웬햄의 목사관에서 안정된 삶을 살아왔다. 갑작스런 이사는 그를 혼란스럽게 했을 것이다. 그러나 그는 여전히 어머니의 사랑과 아버지의 신임, 여동생 애비와 남동생 엘나단의 존경을 받고 있었다. 전혀 새로운 주변 환경에 내던져졌음에도 불구하고 그는 어느 때보다도 책 속에 파묻혀 있었을 것이다.

아도니람에 대한 아버지의 기대는 변하지 않았다. 우울한 시기일수록 더욱 그랬던 것 같다. 브레인트리에서 퀸시로 가는 길에는 농부이자 변호사, 외교관 그리고 1800년 당시 미 대통령이 된 존 애덤스의 집이 있었다. 만약 저드슨이 특허 건으로 윌슨 마쉬를 만나러 길을 가는 도중에 이 집을 들렀다면 그는 틀림없이 아도니람에게 존 애덤스 얘기를 하며 배울 점을 가르쳤을 것이다. 같은 나이 때의 존 애덤스처럼 아도니람은 천부적인 재질이 있었고 집안 환경도 비슷했다. 아들은 애덤스 같은 훌륭한 위인이 될 능력이 있었다. 아도니람은 훌륭한 인물이 될 것이고 그렇게 돼야만 했다.

그러나 저드슨 가족은 브레인트리에서 2년밖에 살지 못했다. 사실 그들이 웬햄을 떠날 때부터 플리머스에서는 저드슨 목사를 초빙할 계기가 될 사건이 벌어지고 있었다. 그를 초빙하게 된 계기 역시 진보주의와 보수주의간의 갈등으로부터 야기되었다.

대망의 1800년이 시작되면서 제임스 켄달 박사가 플리머스의 회중교회 목사가 되었다. 그는 진보성향이 뚜렷했고 교회 신도들 중 상당수가 그의 진보성향을 적극 반대했다. 그런 감정의 골은 계속 깊어져 결국 1801년 가을, 전체 교인의 거의 절반인 18명의 남자신도와 34명의 여자신도가 탈퇴를 선언했다. 1802년 3월 말이 되자 탈퇴자 수는 더욱 늘어 154명에 이르렀고 이들은 플리머스 서드 교회를 설립해 독립한 후 타운 부룩 동쪽의 항구를 바라보는 언덕 위에 교회를 세웠다. 그들은 즉시 저드슨 목사를 초청했다. 저드슨 목사는 5월 12일에 정식 취임했고 27일 가족들을 모두 플리머스로 데려왔다. 목사 사임 후 2년 만에 느끼는 쾌거였다.

1800년대 초 당시 플리머스는 인구 3천 5백 명의 도시였다. 저드슨 가족이 살아온 곳 중 가장 큰 마을이었다. 그렇지만 저드슨 목사가 살집은 이웃 주민이 별로 많지 않았다. 주로 케이프 코드로 향하는 도로변에 변화가가 집중되어 있었다. 또 타운 부룩 항과 청교도들이 플리머스에 첫 발을 내딛었던 레이덴 가에도 주민들이 많았다. 레이덴 가는 항구와 '묘지 언덕' 또는 '요새 언덕'이라고 불리는 언덕에 연결되어 있었다. 그 언덕 꼭대기에 청교도들이 그들의 첫 요새를 건설했다고 한다. 저드슨 가족이 이사를 올 때도 그 요새의 흔적을 뚜렷하게 볼 수 있었다. 그 후 언덕은 이 고장의 장지로 사용되었다. 나중에 아도니람의 여동생 아비가일이 어머니 옆에 묻히게 되었을 때 그녀의 무덤을 파던 인부들이 과거 청교도 요새 초소를 발견해 냈다. 이곳은 과거 2세기 동안 땅에 묻혀 잊혀졌던 곳이었다.

그러나 저드슨은 타운 부룩 옆에 정착하지 않았다. 타운 부룩 동쪽 교회방향으로 언덕이 하나 솟아 있었고 이 언덕은 '와슨 언덕'이라 불렸다. 그 전에는 '밀 언덕', 그보다 전에는 '스트로베리 언덕'이라 불렸다. 이 언덕 위에서 인디안 추장 마사소이트는 1621년 4월 그의 부하들과 진영을 갖춘 후 그의 전령 사모세트와 스콴토를 타운 부룩으로 보내 청교도들에게 그들의 존재를 알렸다. 추장과 청교도들은 조약을 맺어 인디언들은 보호를 받게 되고 청교도 개척민들은 평화를 보장받게 되었다.

와슨 언덕에서는 아직도 농사가 지어졌고 저드슨은 바다 쪽으로 향한 부분을 정원과 집을 지을 부지용으로 매입했다. 그가 지은 집은 항구를 바라보게 되었다. 집 앞의 마차 한 대가 지나갈 정도의 좁은 길은 '새로운 만남의 집으로 가는 길'로 알려지게 되었고 나중에 이 길은 '저드슨 목사 집으로 가는 길', 그 후 '저드슨 스트리트' 등으로 불리다가 오늘날에는 '플래즌트 스트리트'로 불리고 있다. 그의 집은 아직도 플래즌트 스트리트 17번지에 남아 있다.

저드슨 목사는 집 주변 땅을 더 샀다. 플리머스가 성장하면서 이 땅의 일부를 팔았고 그 돈과 평소 저축해 놓은 돈을 합쳐 보스턴 지역 은행 주식에 투자했다. 지금 기준으로 봤을 때 주식배당금은 상당히 높은 편이었다. 주가는 상승했다. 그 후로 저드슨 목사는 목사 봉급에 전적으로 의존하지 않게 되었다. 그가 죽게 되었을 때에는 중소 교회에만 있었던 목사치고는 상당한 재산이 있었다. 그러나 이것은 한참 뒤의 얘기이고 아도니람과는 상관없는 일이었다.

가족이 플리머스로 이사했을 때 아도니람의 나이는 14살이었다. 웬햄에 있었을 때처럼 다시 평화와 안정이 찾아들었다. 그는 든든한 사회적 지위라든가 사는 곳이 일정한 것은 사람 사는 데 필수적인 요소가 아니라는 것을 배웠다. 막 싹트던 항해사와 선장에 대한 야망은 웬햄을 떠나면서 잊혀졌다. 플리머스에는 그들을 자극할 만한 것들이 부족했다. 항구 도시로 본다면 플리머스는 세일럼에 비해 보잘 것 없었다. 배들은 많았지만 크기가 작았고 해안 무역이나 대구잡이를 주로 했으며, 해변은 대구 말리는 냄새로 진동했다. 바다 사람들은 대구가 잘 잡히는 곳이나 카리브해에서 나는 당밀 가격은 알고 있었지만 싱가폴이나 광동, 봄베이의 상황이나 커피나 후추 등의 톡 쏘는 맛에 대해서는 아는 바가 없었다.

아도니람은 이제 자신의 운명은 웅변가나 시인 아니면 존 애덤스 같은 정치인이 되는 것이라고 믿었다. 뭔가 책이나 학업에 관련된 것, 사람들의 가슴과 마음을 움직이는 것이 힘든 해상무역보다 나을 듯 보였고 사후에까지 명성과 존경을 받을 것으로 믿었던 것이다.

책을 가까이 하고 지적 능력도 뛰어났지만 아도니람은 항상 활동적이었다. 몇 시간이나 걷는 것을 좋아했고, 운동과 일 모두 쉬지 않고 열심히 했다. 그는 원래 자기 성찰적이기보다는 대외 지향적이었고, 지도자가 되겠다는 막연한 꿈속에서 다른 사람들을 지휘하는 자신을 떠올리곤 했다.

그러나 가족이 플리머스로 이사오자마자 아도니람은 심각할 정도로 아팠다. 죽느냐 사느냐의 고비를 넘나들을 정도였다. 비록 위독한 상황을 넘겼지만 건강을 회복하는 데는 1년 이상이 걸렸다. 수개월 동안 아무 것도 하지 못하고 병상에 누워 있으면서 그는 자신의 내면을 조용히 관조할 수 있었다. 그리고 그의 야심 위에 불길하고 무시무시한 섬광이 비치면서 새로운 생각들이 떠오르기 시작했는데 그것들은 지금까지의 야망과는 아주 다르고, 낯설고, 특별하고, 섬뜩한 것이었다.

그는 자기 나라에서 가장 유명하고 존경 받는 인물이 되었다고 가정해 보았다. 하지만 자신이 죽은 후에 그것이 무슨 상관이 있겠는가. 아도니람은 과거의 여러 유명한 인물에 대한 글을 많이 읽었다. 시저, 버질, 키케로, 데모스테네스 등등 그들의 이름은 잘 알려져 있고 추앙을 받았지만 그들 자신은 한 줌의 먼지가 되어 버렸고 그 후에 얻은 명성조차 그들은 모르고 있었다.

푹신한 이불 속에 누워 있는 아도니람에게 다른 생각들이 서서히 일어나기 시작했다. 갑자기 떠오른 생각은 아니었는데도 그 생각은 아주 새롭고 강력하게 머릿속에 자리잡았다. 인생에는 두 개의 세상과 두 개의 삶이 있다. 하나는 짧고 가늘고 유한하다. 또 다른 하나는 사후의 삶과 세상인데 영원하고 무한하다. 진정한 명성은 이생뿐 아니라 바로 내세까지 이어져야 하며 그곳에서도 영원히 즐거워야 했다.

그리고 그런 명성은 선함, 거룩함, 종교 등에서 나온다고 생각했다. 아도니람은 자신이 갖고 있던 야망을 수정하기 시작했다. 대도시 가장 큰 교회의 유명한 담임목사가 되는 것도 괜찮을 것 같았다. 보스턴 교회 같은 곳에서 그의 한마디 한마디에 귀를 기울이는 천 명이 넘는 잘 차려 입은 남녀 신도들 앞에서 설교를 한다면, 생전과 생후에 명성이 드높을 것이다. 이런 달콤한 백일몽을 꾸면서 예배당 안의 수많은 경외심에 가득 찬 얼굴들을 그려보았다. 그러다 갑자기 불편한 심기가 느껴졌다. 자신의 영욕에 관계없이 성도들과 자신이 구원받는 일을 위해 헌신하는 무명의 시골 목사들과 대도시 큰 교회 목사들을 비교하게 되었다. 그가 꿈꿨던 후자를 생각해보면 명성만을 좇는 평범한 야심가와 별 다를 바가 없었다. 꿈을 달성했을 경우 다음 세상에서 어떻게 평가될까? 설사 천국에 가게 되더라도 그곳에서 명예롭지는 못할 것이다. 하지만 현세에서 명성과 거리가 멀었던 시골 목사는 천국에서 영원한 영예를 안고 살게 될 것이다. 현재의 세상은 영웅에 대한 정의가 잘못되어 있었다. 무명의 시골 목사가 단연코 더 명예로워야 했다. 세상의 어떤 세속적 위업도 그 시골 목사에 비하면 보잘 것이 없지 않은가. 그의 명성만이 죽은 후에도 영원히 이어질 수 있는 것이다.

"우리가 아닌, 우리가 아닌, 주님께 영광을." 스스로에게 무의식적으로 던진 이 말이 머릿속에서 고동치는 순간 깨달음을 얻은 아도니람은 누웠던 침대에서 벌떡 일어났다. 그는 항상 진정한 종교인이 되고 싶었다. 말을 배우는 단계에서부터 종교적 가르침을 배웠던 그였다. 그러면 어떻게 종교에 충실하면서 속세에서의 야망도 성취할 수 있을까?

지독한 모순이 아닐 수 없었다. 그는 잠시 내적 갈등을 겪으면서 자신은 진정한 의미에서의 그리스도인이 되고 싶어하지 않는다는 것을 알아차렸다. 그렇게 되려면 '위대한' 인물이 되는 일을 포기해야 했기 때문이었다. 그러나 헌신적인 무명의 시골 목사로 살던 아버지는 아도니람이 위대한 인물이 될 것이라고 예견한 바 있고 그에게 야망을 가지라고 독려해왔다. 하지만 이 모순 자체는 풀기 힘든 문제였다. 자기뿐만 아니라 아버지와도 관계되어 있었기 때문이다. 이 난제를 해결할 수 있는 유일한 길은 머릿속에서 빨리 지워버리는 것이었다. 그렇지만 잠시 동안의 이런 갈등은 평생 생생한 기억으로 남아 그를 따라다니며 괴롭혔다.

결코 유쾌하지 않았던 내적 갈등은 건강을 회복하고 공부에 열중하면서 사라졌다. 학교공부가 1년이나 뒤쳐졌으나 곧 따라잡았고 오히려 1년을 앞서게 되었다. 그래서 16살이 되던 1804년에는 대학에 갈 수 있었다.

예일대 출신이었던 아버지는 예일을 권하지 않았다. 아마도 뉴 헤이븐이 플리머스에서 너무 멀리 떨어져 있어서 그랬을 것이다. 그리고 캠브리지에서 80킬로미터밖에 떨어져 있지 않은 하버드대는 느슨한 신학과정 때문에 고려대상에서조차 제외되었다. 대신에 아버지는 프로비던스에 있는 로드아일랜드 대학을 택했다. 프로비던스는 북쪽의 캠브리지나 남쪽의 플리머스에서 비슷한 거리에 있었다. 그리고 교리적으로도 예일과 큰 차이가 없었다. 그는 아사 메서 총장의 신학적 견해를 알고 있었으며 대체로 동감했다. 형식상 침례교 학교였지만 저드슨 목사는 자신을 진보성향의 회중교회주의보다는 침례교 쪽에 더 가깝다고 느꼈다. 또한 위안이 되었던 것은 졸업생 중 3배 이상이 침례교회보다는 회중교회 목사가 된다는 것이었다. 저드슨은 이런 생각 끝에 아도니람을 로드아일랜드 대학에 보내도 괜찮다는 결정을 내렸다

아도니람은 16세 생일이 지난 6일 후 바로 대학에 진학했다. 대학 캠퍼스에 첫 모습을 드러냈을 때 그는 그저 평범해 보이는 학생 중 하나였다. 대학 캠퍼스도 정돈되지 않은 1만 평 정도의 들판에 삼면이 돌담으로 둘러싸여 있었고, 앞면에는 나무울타리가 쳐 있었다. 캠퍼스 안에는 8월의 폭염 속에서 짙은 녹색 잎으로 덮인 나무 몇 그루가 그늘을 드리우고 있었다. 중간키 정도밖에 안 되는 호리호리한 소년은 겉으로 볼 때 평범했다. 여학생이라면 그의 밤색 곱슬머리를 다시 힐끗 쳐다보거나 경쾌한 발걸음에서 비범한 생기를 느꼈을 법도 했다. 미소에서 부드러움과 총

명함을 느꼈을지도 모르겠다. 그렇지만 코는 남자답다고 하기에도 좀 큰 편이었다. 옷은 언뜻 보기에도 그리 값나가지 않은 재질이었다. 깔끔하고 깨끗하기는 했지만 많이 낡아 보였다. 어머니는 아도니람에게 바느질하는 법을 오래 전에 가르쳐 주었는데, 아마도 다 닳아서 버릴 때까지 어머니가 다른 소지품과 함께 챙겨 준 바느질 도구로 몇 번이고 꿰매야 할 것이었다.

이처럼 외적으로만 봐선 결코 특별한 관심을 끌지 못할 것 같았다. 그러나 돈이나 체격, 장래를 보장해주는 명성은 없었어도 아도니람은 곧 많은 사람들의 주목을 받았다. 교수와 학생들뿐 아니라 프로비던스의 젊은 아가씨들로부터도. 그는 입학하자마자 주목을 받았다. 시험에서는 논리, 웅변, 수사법 및 도덕철학과 함께 필수 교과과정인 라틴어, 그리스어, 수학, 지리, 천문학에 이미 탄탄한 지식을 갖췄다고 인정받았기 때문에 1학년을 다닐 필요가 없었다. 바로 2학년으로 입학이 가능했다.

교수들 또한 그의 재능을 금방 알아보았다. 항상 완벽한 준비와 침착성을 보였고 암송시간에는 한 번도 더듬거나 실수한 적이 없었다. 학기를 마칠 때쯤에는 메서 브라운 대학 총장이 손수 아도니람의 아버지에게 다음과 같은 편지를 써서 보낼 정도였다. (아도니람이 입학한 직후 로드아일랜드 대학 이름이 '브라운 대학'으로 바뀌었는데 이것은 니콜라스 브라운이라는 부호 무역상인이 엄청난 기부를 하면서 그렇게 된 것이다.)

… 학업 성취뿐 아니라 예의범절 면에서도 타의 모범이 됩니다. 부모님의 기대에 충분히 부응할 수 있으리라 사료됩니다. 온순하고 장래가 촉망되는 아드님을 두신 것을 진심으로 축하드립니다. 아울러 자비로운 하나님 아버지께서 그를 청년 시절에 영적인 아들로 그리고 빛 가운데 성인들의 뒤를 잇는 열렬함을 주시기를 진심으로 기도합니다.

대학 총장으로부터 아들에 대한 극찬을 담은 내용의 편지를 받은 저드슨 목사는 실로 자랑스러움에 감격하지 않을 수 없었을 것이다. 그러나 기쁘기는 했지만 그렇게 놀라지는 않았다. 아도니람이 그가 항상 원하고 예견했던 대로 되어가고 있을 뿐이었다.

아도니람이 놀라게 한 것은 교수들만이 아니었다. 브라운 대학에서는 150명 정도 되는 학생이 함께 생활하며 공부하고 지금은 '대학 홀'로 알려진 4층짜리 건물에서 수업을 받고 예배를 보았다. 학생들은 그가 기존의 '책벌레'와는 정반대라는 것을 알게 되었다. 또한 목사의 아들임에도 불구하고 일주일에 두 번 있는 기도모임에 거의 흥미를 보이지 않았다. 대신 아도니람은 항상 밝고 자신감에 차 있었으며 친절하고 남들과 어울리기를 좋아했다. 아도니람 학년의 학생회 임원 중에는 나중에 성공한 인물이 많았다. 하원의원, 매사추세츠 대법원 판사, 뉴욕 주지사, 상원의원, 국방 장관, 국무 장관 등등 후일 유명인사가 될 이들 학생들 중에서도 아도니람이 가장 뛰어났다.

훗날 하원의원이 된 아도니람의 학업 경쟁자였던 존 베일리는 곧 가장 친한 친구 중 하나가 되었다. 베일리는 그에게 45명 회원제였던 필러메니안 모임에 들어올 것을 제의했다. 이 모임은 지금의 남학생 사교클럽 같은 것인데 그들은 주로 토론이나 연설, 문학 활동 등에 초점을 맞추었다.

제일 가까운 친구로 그에게 더 많은 영향을 미친 학생은 상급학년에 있었다. 몇 년 동안 그의 이름은 'E——'라고 표시되어 있었지만 아마도 메인 주 벨파스트 출신의 제이콥 임스였을 것이다. 그는 착하고 재주 많고 위트 있으며 예의바른 학생이었지만 이신론자(理神論者: 신의 존재와 근거를 인간 이성이 인식할 수 있는 자연적인 것에서 구하는 이론으로 신을 세상의 창조자로 인식하나 인격적이면서 직접적인 개입은 부정한다—편집자)였다. 둘 사이의 우정은 비슷한 기호와 사상을 바탕으로 깊어갔다. 그리고 아도니람은 얼마 되지 않아 자신의 친구와 마찬가지로 공공연한 이신론자가 되었다.

아들의 뛰어난 학업성취를 자랑스러워하긴 했지만 만약 아도니람이 이신론으로 가벼운 장난을 하고 있다는 낌새만 챘더라도 아버지는 급행열차를 타고 프로비던스로 달려와 그를 대학에서 끌어냈을 것이다. 아버지에게 진보주의적 회중교회는 저주스러운 것이었고 유니테리언주의나 유니버살리즘은 입에도 담지 못할 것들이었다. 저드슨 목사의 교리는 철저하게 성경적 논리를 바탕으로 한 것이었다. 반면 이신론자들은 모든 계시 종교를 거부했다. 그래서 구약이든 신약이든 성경의 신성을 부정하고, 마호메트나 부처의 제자들이 신성하게 따르는 말과 동급으로밖에 취급하지 않았다. 이신론자들이 인정하는 것은 나름대로 해석한 인격적인 신의 존재 하나뿐이었다. 볼테르도, 톰 페인도 이신론자였으며 벤자민 프랭클린도 그랬다. 프랑스 혁명의 괴물들 또한 이신론자였다. 만약 사랑하는 아들이 이신론자임을 선언하기라도 하는 날엔 야곱이 받은 시련과 고통에 열 배를 더하더라도 그가 받을 고통에 비하면 벼룩에 물린 정도밖에는 안 될 것이었다.

다행히 아도니람은 그렇게 하지 않았다. 모르는 게 약이라고 아버지는 메서 총장의 축하 편지를 읽고 또 읽으며 자기 아들이 자신이 바라던 대로 되어가고 있다며 좋아했다. 한편 아도니람과 제이콥 임스, 존 베일리와 그들의 친구들은 프로비던스의 젊은 아가씨들 집에서 파티를 열고, 함께 걷고, 이야기하고 즐겼다. 그 모든 학생들 중에서도 임스가 아도니람과 가장 가까웠다. 그 둘은 졸업 후에 무엇을 할 것인가를 논의했다. 법을 좋아할 때도 있었는데 하원이나 상원, 잘하면 대통령까지 넘볼 수 있었기 때문이었다. 문학을 즐길 때도 있었다. 미국은 자기만의 문학을 정립할 필요가 있었다. 미국의 셰익스피어가 되어도 보고 벤 존슨이 되어보기도 했다. 희곡을 써서 무대에 올리기도 했다. 매력적인 무대 위의 배우들, 물론 여배우들과도 사귐을 가졌다. 목사로 살아가는 것에 대해선 생각조차 하지 않았다. 금방이라도 세상에서 유명해질 수 있어 보였다. 천국과 지옥은 과연 존재하기라도 한

단 말인가.

아버지에 의해 조심스럽게 주입되며 쌓아올려진 아도니람의 믿음은 카드로 만든 집처럼 쉽게 무너지고 말았다. 그러나 어릴 적에 뿌려지고 교육된 믿음이란 식물의 깊은 뿌리처럼 인성의 기반까지 뚫고 들어가는 것일까? 그래서 겉으로는 잘 드러나지 않고 기억도 안 나는 것 같지만 가장 강한 힘으로 지탱해주는 게 아닐까?

어쨌든 젊은 아도니람은 일종의 안도감을 느꼈다. 임스가 자신 있게 휘두르는 논리의 낫은 어둠 속에서 엉켜 자라나고 있던 낡은 교리의 줄기를 끊어버렸고 밝은 햇빛을 비췄다. 이제 모든 것은 훨씬 간단해 보였다. 명예를 얻는 것이 그의 인생 목표가 되었고 야망은 고무되었다. 이 야망이야말로 아버지가 그에게 심어준 것이 아닌가. 아들의 영광이 아버지 최고의 목표였고 그런 목표 추구가 이제 아버지에 의해 승인된 것이다. 이제 그는 자신의 목표를 거리낌없이 추구할 수 있게 되었다. 아버지를 이기고 정복하려는 욕망 같은 것이 충족되는 것 같았다.

하지만 아직도 한 구석에는 편치 못한 죄의식이 자리잡고 있었다. 아버지의 하나님을 거부하는 것은 아버지를 거부하는 것과 마찬가지였다. 엄격한 아버지의 호통을 머리에 떠올리는 순간 뭔가 설명할 수 없는 어릴 적 기억과 감정으로 인한 공포심으로 부르르 몸을 떨었다. 다행히도 아도니람은 자신의 새 믿음에 대해 집에 말할 필요는 없었다. 그렇다고 내적 갈등이 해소되지는 않겠지만 최소한 외적 갈등으로 확산되는 것은 막을 수 있었다. 대신 그는 단기목표 달성을 위해 최선을 다했다. 눈앞의 목표는 반에서 1등을 하고 졸업도 수석으로 하는 것이었다. 이것이 바로 그의 아버지와 자신 모두가 원하고 갈망하는 것이 아닌가. 이 목표를 위해 그는 모든 정열을 쏟아 부었다. 한 가지 문제가 있었다면 4학년 때 학비 조달을 위해 플리머스에서 6주간 강의를 해야 했다는 것이었다. 그럼에도 불구하고 그는 수석졸업의 영광을 안았다. 자신의 수석졸업 소식을 듣자마자 아도니람은 자기 방으로 달려가 다음과 같이 짧은 편지를 썼다.

아버지..
해냈습니다.
당신의 사랑하는 아들 올림.

편지를 봉투에 담으면서 그의 이런 벅찬 감정이 다른 친구들에게 어떻게 비춰질까 생각해 보았다. 제이콥 임스와 함께 그의 절친한 친구인 베일리는 1년 전에 졸업을 했는데 반에서 서로 수석을 다투었다. 베일리는 결국 수석을 놓치고 졸업했다. 베일리가 지금 아도니람을 봤으면 되게 뻐긴다고 했을 것이다. 필러메니안 모임의 다른 회원들도 같은 얘기를 했을지 모른다. 지금 아도니람은 아무리 태연한 척 하려 해도 저절로 벌어지는 입을 어쩔 수가 없었다.

그는 방문을 조금 열고 복도에 누가 있나 살펴보았다. 아무도 없음을 확인한 후 우체국으로 미끄러지듯이 달려가 편지를 부치고 돌아왔다. 이제 그는 동료들의 슬픔을 고려해 자신의 기쁨을 적당히 표현하면서 축하 인사를 받을 준비가 되어 있었다.

졸업식은 1807년 9월 2일에 열렸다. 지루한 졸업식은 청중들에게는 고통스러울 정도로 길게 느껴졌다. 그러나 자랑스런 아들을 둔 아도니람의 어머니와 아버지에게는 전혀 그렇지 않았다. 졸업반 학생 28명 중 18명이 연설을 했다. 주제는 '마음의 준비', '인간의 존엄성', '문학적 탁월성', '기독교의 영구성', '떠오르는 미국의 영광' 등 당시 흔히 회자되는 것들이 대부분이었다.

마지막 연사는 졸업식 최고의 영예를 한 몸에 안은 아도니람이었다. 그가 연설할 차례가 되었을 때 땀에 젖은 청중들은 끊임없이 이어지는 17명의 연설에 의해 감각이 거의 마비될 정도였다. 심지어 아버지조차도 아도니람이 정확히 무슨 얘기를 하고 있는지 집중해 들을 수가 없었다. 게다가 아도니람은 너무나 능숙한 말솜씨로 자신의 연설을 포장해 정확하게 무슨 생각을 전달하려는지 귀에 금방 들어오지 않았다. 그렇지만 안내 책자에 나온 연설 제목을 통해 힌트를 얻을 수 있었다.

18. "자유로운 탐구에 관한 연설." 졸업생 대표 고별사
   아도니람 저드슨

5. 반항 (1807-1808)

그리하여 19세 되던 해에 아도니람은 자신의 인생을 바칠 일을 시작할 준비가 끝났다. 그러나 그 일이 무엇인지에 대해서는 아직 불투명했다. 뾰족한 묘안이 떠오르지 않은 채 그는 졸업식 후 두 주가 지나지 않아 '플리머스 인디펜던트 아카데미'를 열었다. 남는 시간에 그는 교과서 한 권을 썼고 그 책은 『영문법의 원리』라는 제목으로 2월에 완성되었다. 그는 원고를 자신의 선생인 메서 교장과 스승 중 한 사람이었던 칼빈 파크에게 보냈다. 그들은 "작가의 독창적이고 문학적인 기획과 노력이 돋보이는 신선한 작품이다. 만약 이 글을 출판한다면 좋은 후원자를 만날 수 있을 것이다"며 만족스러운 반응을 보였다. 그는 보스턴의 '쿠싱과 링컨'이라는 출판사를 만났고, 곧바로 『젊은 숙녀들을 위한 산수』라는 책을 7월 안으로 완성했다.

그는 1808년 여름, 자신의 성과를 보면서 꽤나 만족스러웠을 것이다. 그도 그럴 것이, 갓 스무 살도 안 된 대학 졸업 초년생이 두 권의 책을 썼으니 말이다. 그럼에도 불구하고 그는 만족하지 못했다. 그런 일은 시간 떼우는 것 이상의 의미는 없어 보였다.

더욱 나쁜 것은 그가 거짓된 삶을 살고 있었다는 것이었다. 그는 매일 가족 예배에 의무적으로 참여했다. 일요일에는 열심히 교회를 다녔다. 부모님은 물론이거니와 누구도 그의 믿음에 대해 의심하지 않았다. 그의 은밀한 개인적인 신조는 도덕과 윤리를 통한 신의 구원을 부정하지 않았지만, 정직하지 못한 것 또한 용납하지 않았다. 그렇게 살면서 매번 가족예배에 참석할 때마다 그는 자기 안의 위선을 의식하지 않을 수 없었다.

시간이 지남에 따라 그는 점점 더 초조해졌다. 문법책이나 쓰고 젊은 여자들을 위한 산수 책을 쓰는 것이 도대체 무슨 직업이란 말인가? 학교에서 플리머스의 아이들이나 가르치는 것이 도대체 인생에 무슨 의미가 있단 말인가? 우울한 채로 그는 불과 몇 해 전에 제이콥 임스와 함께 나눈 야망들을 떠올렸다. 그것들은 모두 어떻게 된 것인가? 그것은 모두 꿈에 불과했었나?

그 해 여름, 『젊은 숙녀들을 위한 산수』를 마치면서 그는 집을 떠나 뉴욕으로 가기로 마음먹었다. 극단 사람들을 만나 연극 각본을 쓰는 법을 배워야겠다고 결심했다. 부모님들은 미국에서 가장 죄악이 만연한 도시로 뉴욕을 꼽았고 그 중에서도 연극무대는 죄악의 소굴로 여긴다는 것을 그는 잘 알고 있었다. 그리고 자신도 그런 사실을 아주 부정하지는 않았다. 그러나 그와 같은 스무 살짜리 철학적 이신론자에게 있어 연극무대 사람들의 부도덕성은 훌륭한 비극 작품들의 도덕성과 위대함의 균형을 맞추어주는 것으로 이해했다. 그리고 그런 좋은 작품을 쓰기 위해서는 그 특성을 잘 꽃피워낸 연극무대를 배워야 했다. 어쩌면 남녀 배우들은 그가 생각한 만큼 그다지 부패하지 않을 수도 있었다. 그의 부모님은 모든 것을 너무 좁은 시각으로 바라보는 경향이 있었다. 연극계 사람들에 대해서도 마찬가지였다.

그럼에도 불구하고 그는 마음속에 있는 생각을 부모님에게 전하는 것에 조심스러웠다. 20회 생일인 8월 9일, 그는 자기가 세운 학교의 문을 닫으면서 단지 세상 구경 차 여행하기 위해서라고 이유를 댔다. 그는 서쪽으로 240킬로미터가량 떨어진 셰필드의 한 교회에 목사로 계시는 이프레임 삼촌을 만나리라 생각했다. 서쪽으로 그만큼 간 이상 올바니까지 보고 올 작정이었다. 새롭게 만들어진 클레몽이라는 기선이 1년가량 운행 중이었다. 어쩌면 그것을 타고 뉴욕까지 가서 견문을 넓힐까도 생각했다.

부모님은 그가 마치 아무렇지도 않게 달나라 여행을 다녀오겠다고 말한 것 같은 반응을 보였다. 처음에 그들은 믿어지지 않는다는 눈치였다. 그러나 아도니람의 결심이 굳은 것을 안 후에는 당혹감을 감추지 못했다. 플리머스에서의 단란한 가족생활에 무슨 문제라도 있냐고 어머니는 물었다. 아버지는 그에게 왜 전망 좋은 직업을 갑자기 그만 두냐고 다그쳤다. 아도니람은 할 말이 없었다. 그들은 그가 이제는 부모의 영향권에서 벗어나 스스로 생각하고 행동해야 할 때가 되었다는 것을 깨닫지 못했다. 그는 그것을 설명할 수가 없었다. 그리고 굳이 그래야만 하는 걸까? 부모님이 계속 타이르는 소리를 들으며 그의 마음속에는 알 수 없는 분노가 일기 시작했다. 고집 세고 다른 이의 감정에는 아랑곳하지 않는 아버지는 결국 아들을 너무 과하게 다그치고 말았다. 저드슨 목사는 아도나람이 가르치는 것이 적성에 맞지 않다는 것을 알았다면 왜 목회 공부를 하지 않느냐고 물었다.

목사? 아도니람의 분노는 순식간에 끓어 넘쳤다. 그는 매섭게 진실을 토해냈다. 아도니람의 말이 쏟아져 나오면서 그의 부모님은 얼음짝처럼 몸이 얼어붙었다. 플리머스 서드 교회 하나님은 그의 하나님이 아니라고 아도니람은 실토했다. 그는 성경이 단지 인간들의 작품이 아니라는 사실을 믿을 수가 없었다. 코란이나 불교 경전과 다를 바가 뭐란 말인가. 예수님마저도…. 모든 인간이 하나님의 자식이라고 볼 때 그저 인간의 아들일 수밖에 없지 않은가.

아버지 저드슨은 격분했다. 이 아이가 제정신인가? 그는 브라운 대학이라면 아들의 영혼에 나쁜 영향을 미치지 못하리라고 확신했었다. 분명히 그런 파괴적인 발상은 선생들로부터 받은 영향 때문은 아닌 것 같았다. 최근 몇 년 동안 프랑스에서 불어오는 과격한 공화주의 바람에 영향을 받은 몇 학생들로부터 온 것이 틀림없었다. 만일 그렇다면 건실하고 진지한 대화를 나누다보면 이 아이가 정신 차리겠지.

저드슨은 분노를 삼키면서 아도니람을 설득시키고자 마음먹었다. 그러나 아들은 자기가 내놓는 말 한 마디에 두 마디로 맞받아치고 있었다. 아도니람은 괜히 학년 수석이 아니었다. 아버지의 그럴 듯한 주장에서 허점을 꼬집어내는 것은 식은 죽 먹기였다. 그는 아버지가 늘어놓는 주장들을 확고한 태도로 하나하나 다 깨뜨렸다. 해질 녘, 아도니람은 완전한 승세에 있었다. 논리와 증거에 있어 아도나람이 모든 면에서 우월하다는 사실을 아버지 저드슨도 인정할 수밖에 없었다. 아버지는 자기가 옳다는 것을 알면서도 그것을 입증할 수가 없었다. 그는 우울한 침묵 속으로 빠져들었다.

그에게 더욱 치명적인 무기인 어머니의 눈물, 기도 그리고 간언이 아니었다면 아도니람은 승리감에 푹 젖은 채 잠자리에 들었을 것이다. 그녀는 울면서 이 방 저 방 그를 따라다녔다. 그녀는 애써 설득하려 들지 않았다. 단순히 자신의 사랑스런 아도니람이 자기 꾀에 넘어가 하나님 대신 악마를, 그리고 천국 대신에 지옥을 택함으로써 그녀를 상처 입혀 불행하게 만들었다고 생각했다. 자기 아들이 지옥에 있다는 사실을 알면서도 어떻게 천국에서 기뻐할 수 있단 말인가?

아도니람이 자기의 의지를 굽히지 않으리라는 것을 알았을 때 결국 그녀는 기도에 매달렸다. 그가 고개를 돌릴 때마다 그는 어머니가 고개 숙이고 울먹이며 하나님께 아들의 고집스런 마음을 돌려 멸망으로부터 구원해 달라고 애원하는 모습을 보았다. 아도니람에게 그것은 작은 지옥과도 같았다. 그는 6일을 그렇게 견디다가 8월 15일에 아버지가 유산의 일부로 물려준 말을 타고 드디어 서부로 향했다. 플래즌트 거리의 가파른 비탈길을 지나 타운부룩을 거쳐서 보스턴, 우스터와 셰필드를 향해 천천히 발길을 옮겼다.

그는 자유를 손에 넣었으나 마냥 기쁘지만은 않았다. 스프링필드 마을의 넓은 코네티컷 강을 건넌 그는 8월의 푸르른 산들에 둘러싸인 자신이 마치 바다의 거센 물결에 휩쓸린 것만 같았다. 그곳은 그가 한번도 보지 못한 고장이었다. 앞에 놓인 새로운 인생을 생각하며 주위의 언덕들과 덩달아 자신의 들뜬 기분을 느낄 수 있었다. 그럼에도 불구하고 왠지 모를 불편함이 마음 한 구석에서 떠나지 않았다.

셰필드에서 이제는 70의 나이인 이프레임 삼촌이 그를 따뜻하게 맞아 주었다. 그러나 아도니람은 하룻밤만 목사관에서 머물렀다. 아침이 되자 그는 말을 삼촌에게 맡기고 올바니를 향해 언덕에 올랐다. 올바니에 도착한 그는 클레몽을 타고 뉴욕으로 향했다.

강을 건너는 배 위에서의 여행은 너무나도 순탄해서 세월이 지난 후에도 그는 이 여행을 영원히 잊지 못했다. 작은 선박은 외륜을 정신없이 움직이고 짙은 나무 훈연을 굴뚝에서 내뿜으며 힘차게 파도를 헤치며 나아갔고, 아도니람은 최초의 기선 승객이 된 짜릿한 기쁨을 맛보았다. 허드슨 밸리는 웅장했다. 그는 클레몽이 강줄기를 헤치고 나가는 동안 베어 마운틴이 갑판 위를 거의 덮칠 듯이 위협한 일, 그리고 이따금씩 낡은 네덜란드 유령선이 출몰한다고 전해지는 타판 지의 망망대해와 팰리세이즈의 높이 치솟은 방어벽을 잊을 수가 없었다. 그는 난간에 빈둥거리며 기대어 서있는 몇 명의 남자들과도 자연스런 친분을 맺기도 했다. 그들은 아마도 그에게 반 랜셀러의 광활한 영지에 대해 알려주었으리라. 넓이는 수백 평 단위가 아니라 수만 평 단위로나 측정 가능하고, 농장 정도가 아니라 화려한 도시들로 그 부요함을 가늠할 수 있는 그런 영지 말이다. 어쩌면 그들 중 몇 명이 그에게 강에 얽힌 전설에 대해 들려주었는지도 모른다. 강 위의 배들이 단더버그와 썬더 마운틴을 지키는 괴물 곁을 지날 때마다 닻혀를 내리곤 했던 이야기 말이다.

그들은 저드슨을 존슨 씨라고 불렀다. 그들이 이름을 물었을 때 아마도 그렇게 웅얼거렸던 모양이다. 어쩌면 시끄러운 기계들과 내뿜는 증기 소리 때문에 그렇게 들렸는지도 모른다.

재와 연기 그을음으로 뒤덮인 그는 흥분으로 뛰는 가슴을 안고 클레몽에서 내려 그가 꿈꾸던 연극 무대를 향해 자갈길 위를 바쁜 걸음으로 내딛었다. 어쩌면 그는 보통 사람들 보다 더 잘 생기고, 재치 있고, 재능 있는 비극 배우들로 가득 찬 기쁨의 전당을 상상했는지 모른다. 만일 그랬다면, 그는 틀림없이 실망했을 테다. 상업의 발전으로 뉴욕은 보스턴이나 필라델피아보다 더 인구가 밀집하고 번창해갔고, 지구상 그 어느 곳보다 이곳에서 더욱 예술이 꽃을 피운 것은 사실이었다. 불과 2년 전만 해도 아도니람보다 더 어린 존 하워드 페인이라는 소년이 연극을 시작했고, 그는 짧지만 성공적인 연기 생활을 펼쳤었다. 페인은 원래 뉴욕의 제법 내력 있는 집안 출신이었다. 당시 사회는 미천한 가문 출신의 젊은이들에게 냉담했다. 하물며 오로지 극작가가 되기 위한 꿈 하나만을 갖고 나타난 20세의 젊은이에게는 애초 따뜻한 환영 따위는 기대할 수 없었다.

설상가상으로 아도니람이 도착한 시기는 극장가가 비교적 쓸쓸한 해였고 그 중에서도 가장 조용한 달이었다. 단지 몇몇 극장만이 영업을 하고 있었다. 대부분의 연극 무대는 버라이어티 쇼의 성격을 띠고 있었다. 보스턴에서 온 페핀과 브레샤트의 서커스, 요술, 마술, 그리고 공중 곡예 등('의사의 구애'라고 하는 어릿광대 극으로 확실한 흥을 돋구었다)이 강당에서 열리곤 했다. 다소 이익은 있었으나 얼굴이 제법 알려진 배우들도 경기가 좋을 때 주당으로 받던 약 6달러라는 액수에도 못 미치는 돈을 벌고 있었다. 이와 비교해 볼 때 저드슨 목사의 월급은 풍족한 수준이었다.

젊은 이방인에게는 한 마디로 전망이 어두웠다. 그러나 아도니람은 버텼고, 얼마 후 소규모의 초라한 떠돌이 악단에 합류할 수 있었다. 몇 주 동안 그는 그들과 떠돌아다니며 생활했는데 훗날 그 생활을 묘사하기를, 아무 데서나 자고 기회가 있을 때마다 집주인의 돈을 떼어먹고 달아나는 무모하기 짝이 없는 부랑자 생활이라고 했다.

어떤 사람들에게는 그런 삶이 멋지게 느껴졌을지도 모르겠다.

그러나 아도니람의 기대와는 완전히 어그러지는 것이었다. 만약 어딘가에 그의 꿈을 채워줄 더 좋은 극장이 있었다 해도 그는 어디에서 어떻게 찾아야 할지를 알 수 없었다. 혐오감과 비탄에 빠진 채, 어느 날 밤 그는 말도 없이 그곳을 떠났다. 아픈 마음을 달래면서 그는 셰필드에 있는 삼촌 집으로 되돌아갔다.

뉴욕에서의 경험은 아도니람을 속수무책으로 만들었다. 다시 고향으로 돌아가고 싶지 않은 그는 삼촌으로부터 말을 돌려받은 후 계속해서 떠돌아다닐 수밖에 없었다. 그러나 그는 마음이 편치 못했다. 이제 무엇을 위해 살아가야 한단 말인가? 목표를 상실했다. 그는 신선하고 번뜩이는 아이디어와 인간관계로 한데 어우러진 좀 더 진실 되고 자유로운 세상을 기대했었다. 그러나 그가 실제로 맞닥뜨린 세상은 과장과 호언으로 가득 찬 비속한 곳이었다. 그 세상에서의 정직함은 마치 도둑들간의 의리와도 같은 것이었다. 이와 비교해 볼 때 아버지의 고집 세고 완고한 성격은 위대하리만큼 두드러져 보였다. 아버지는 설사 잘못 되었다 하더라도—실제로 잘못한 것도 있었다— 끝까지 깨끗하게 밀고 나가는 부분이 있었다.

이러한 당혹스러운 마음으로 아도니람은 이프레임 저드슨 목사관으로 돌아갔다. 그의 삼촌은 외출 중이었고 젊은 목사 하나가 그 자리를 대신하고 있었다. 아도니람은 그가 자기 아버지와 같은 위엄을 풍기고 있었음에도 불구하고 어투에서 느껴지는 따뜻함과, 단호하면서도 부드러운 진지함에 놀라지 않을 수 없었다. 충실한 목회자가 되기 위해서 아버지 저드슨 목사처럼 반드시 엄격하고 독재적일 필요는 없을 듯싶었다.

아도니람은 깊은 감명을 받고 이튿날 아침에 길을 떠났다. 아마도 그 젊은 목사는 아도니람이 추구하는 그러한 명성은 얻지 못할지도 모른다. 아도니람이 겪는 심적 갈등으로 인한 고통 또한 경험해 보지 못하리라. 그러나 그 젊은 목사에게는 마음속에 평화가 있었다. 아도니람은 그런 생각을 하면서 말을 타고 플리머스로부터 멀어지고 있었다. 9월의 서리는 벌써부터 녹색 산중턱을 붉게 물들게 했으나 아도니람은 그것도 거의 모른 채 지나쳐 갔다. 그는 자기보다 나이도 많지 않은 그 사람이 어떻게 마음속에서 욕심을 비운 채, 그다지도 내적인 평온함을 누릴 수 있는지에 대해 깊이 생각에 잠겨 있었다.

날은 저물어가고 그는 작은 마을을 지나고 있었다. 초라한 여관 하나를 발견한 그는 자기 말을 묶어놓고 주인에게 방을 하나 달라고 했다. 여관 주인은 방이 가득 찼다며 미안해했다. 그러나 다 죽어가는 병에 걸린 남자가 묵고 있는 옆방에 빈 곳이 하나 있다고 했다. 아도니람은 여전히 자기 생각에 빠진 채 쾌히 승낙했다. 옆방의 사소한 소음 때문에 잠자리를 포기할 수는 없었다. 식사를 차려준 후에 주인은 아도니람을 방까지 안내해주고 갔다. 곧바로 아도니람은 잠자리에 들었고 잠을 청했다.

밤은 고요했으나 그는 잠을 이룰 수가 없었다. 옆방의 칸막이 너머로 여러 가지 나지막한 소리들이 들려왔다. 왔다갔다 하는 발자국 소리, 마룻바닥이 삐거덕거리는 소리, 낮은 목소리들, 신음소리와 헐떡거리는 소리 등등. 그러나 이런 소리들은 그를 그다지 심하게 방해하지는 못했다. 심지어 사람이 죽어가고 있다는 사실조차도 말이다. 아도니람의 고향인 뉴잉글랜드에서 죽음이라는 것은 일상적인 일에 지나지 않았다. 아무에게나, 또 아무 때나 닥칠 수 있는 것이었다.

그의 수면을 방해한 것은, 옆방의 남자가 아직 죽음을 맞이할 준비가 안 됐을지도 모른다는 생각이 들었기 때문이었다. 그러면 아도니람 자신은 어떠한가? 가을 날씨의 냉기가 산으로부터 내려와 온 집안 틈 사이로 스며 들어오는 동안, 반쯤 잠에서 깬 채 누워서 복잡하게 얽힌 생각의 실타래가 스르르 풀리는 것을 느꼈다. 자기도 어떻게 죽음을 맞이해야 할 것인지 의문이 들었다. 아버지는 아마도 죽음을 무한한 영광으로 통하는 문쯤으로 여기고 반갑게 맞이할 것이다. 그만큼 아버지의 신앙심은 확고했다. 그러나 이불 밑에서 움츠리고 있는 자유사상가이자, 이신론자, 그리고 무신론자인 아도니람에게 있어서 죽음은 입구가 아닌 출구에 불과했다. 그것은 텅 빈 구덩이로 이어지는 문이었고, 그곳은 밤보다 짙은 어둠이 깔려 있으며, 기껏해야 완전소멸일 터이고, 최악의 경우는 …… 어찌될까? 이 문제에 관해서 그의 철학은 침묵을 지켰다. '누가 알겠는가?'라는 답 이외에는.

그는 항상 깔끔하고 차림새가 단정했다. 어머니는 그를 까다롭게 키웠다. 그는 자기 몸을 아껴왔다. 그런데 그역시 죽어야 했고 무덤은 어둡고 차가운 장소였다. 살이 근질거렸다. 축축한 흙으로 덮인 채 꼼짝 못하고 누워 있는 육체, 서서히 소멸해 가는 근육과 힘줄, 그보다 더디게 부서지는 뼈, 그리고 토양의 막대한 무게. 이 모든 것들은 과연 영원토록 진행되는 것인가? 그러면 '나'라고 하는 아도니람 저드슨이란 존재는 어떻게 되는 것인가? 촛불 꺼지듯이 순식간에 사라지는가? 아니면 저 땅 밑에서 육체와 함께 머무는가?

이렇듯 이상야릇하게 이어지는 생각들로 공포에 사로잡혔다. 그러나 그런 와중에서도 한편으로는 우습기도 했다. 이런 심야에 공상이라니! 수석 졸업자이면서 학자이자 교사요 또한 야심가인 이 아도니람 저드슨의 자유 철학은 어찌도 이렇게 피상적일 수 있을까? 그를 제법 분방한 정신의 소유자로 여겼던 브라운 대학의 급우들이 이 심야의 공포 이야기를 들으면 뭐라고 할까? 누구보다도 명석하고, 회의론자이며, 재치 있고, 재능 있는 임스는 과연 뭐라고 할까? 그는 임스의 웃음소리를 상상해 보고 수치심이 들었다.

아도니람이 눈을 떴을 때 창문에는 햇살이 가득했다. 그의 걱정은 어두움과 함께 사라졌다. 자신이 그토록 약한 모습을 보였다는 사실이 믿어지지 않을 정도였다. 재빨리 옷을 입고 계단을 뛰어 내려가 여관 주인을 찾았다. 벌써 아침을 먹고 방세를 내고 떠났어야 할 시간이었다. 그는 여관 주인에게 돈을 지불하고는 주인의 얼굴빛이 다소 어두워 보여 옆방 남자의 상태가 어떤지 무심코 물었다.

"그는 죽었습니다."

죽어요? 아도니람은 깜짝 놀랐다. 그는 가슴이 덜컥했다. 순간적으로 지난밤의 공포가 다시금 되살아났다. 아도니람은 누가 상을 당했을 때 흔히 따라다니는 판에 박힌 수식어를 더듬거리며 말한 후에 그 피할 수 없는 질문을 던졌다.

"그가 누구인지 아세요?"

"물론이지요. 프로비던스에 있는 대학에서 온 젊은이요. 이름은 임스, 제이콥 임스."

그 후 몇 시간을 어떻게 보냈는지 아도니람으로서는 도저히 기억이 나지 않았다.

후에 그가 기억할 수 있었던 것은 몇 시간 동안이나 그가 여관을 떠나려 하지 않았다는 사실이었다. 임스의 사체를 보았는지, 자신이 임스의 친구라는 사실을 알렸는지, 임스의 친척 또는 가족이 왔었는지, 혹은 자기가 울었는지 등에 대해서는 항상 침묵으로 일관했다.

얼마 후, 그는 갈 곳도 모른 채 여행을 계속했다. 그리고 마음속에는 한 단어가 종소리처럼 울려 퍼지고 있었다. '소멸!' 소멸. 죽음으로 인해 제이콥 임스는 완전히, 돌이킬 수 없이 사라져버렸다. 친구들과 이 세상과 미래로부터 없어진 것이다. 한 모금의 연기가 무한한 공기 속으로 사라지듯이 말이다. 만일 임스 자신의 견해가 사실이라면 그에게 있어 삶이나 죽음은 아무런 의미도 없는 것이었다. 그러나 아도니람과는 겨우 칸막이 하나를 사이에 둔 옆방에서, 그것도 멀리 떨어진 한적한 시골 여관에서 그가 죽었다는 사실은 보통 사람에게 흔히 생기는 일이 아니었다. 그 의미는 너무 크고 너무 특별했다.

하지만 만약 임스가 틀렸다면? 성경이 글자 그대로 사실이고 하나님이 정말로 실존한다면? 만약 그렇다면 제이콥 임스는 이미 가장 절망적인 의미에서 소멸된 것이다. 아마도 지금쯤 임스는 돌이키기에는 너무 늦은 자신의 잘못을 알고 그 어떤 사람조차도 상상할 수 없는 괴로운 심정으로 후회하고 있을 것이고, 이미 지옥의 끔찍한 괴로움을 겪고 있을 것이다. 다시 되돌아가 치유 받고 잘못을 고칠 수 있는 기회마저 상실한 채로 말이다.

아도니람의 혼돈스러운 마음속에는 이렇듯 생각의 고리가 줄을 이었다. 그날 밤의 사색이 좀 더 무시무시한 형태로 또다시 되살아났다. 9월의 따스한 햇살이 오솔길 수준을 겨우 벗어난 평범한 먼지투성이 시골길을 따스하게 비췄다. 안장 가죽은 여느 때처럼 삐꺽거렸고, 말은 거의 고삐를 놓인 채 터벅터벅 걸어가고 있었다. 그러나 사방에는 뭐라 설명하기 힘든 막연한 공포가 맴돌았다. 심지어 언덕 중턱의 울창한 상록수에 반사된 타는 듯한 햇빛마저도 지옥의 불길이 마치 굶주린 혓바닥처럼 저 밑바닥의 화강암으로부터 숲을 거쳐 핥아 올라가는 것으로 여겨졌다.

그날 밤, 지옥이 그 여관에서 입을 쩍 벌려 사랑하는 친구이자 안내자였던 제이콥 임스를 옆 침대에서 앗아갔다는 사실은 결코 단순한 우연일 리가 없었다. 아도니람은 자기 아버지의 하나님을 잘 알았다. 그는 전지하신 분으로 모든 것을 아셨다. 또한 그분은 전능하여 무엇이든지 하실 수 있었다. 그는 아도니람이 그날 밤 어디에 있을 것인지도 예견할 수 있었고, 그가 언제 그리고 왜 뉴욕을 떠났는지도 미리 내다보셨다. 제이콥 임스가 어디서 병들어 죽으며, 지옥에 떨어진다는 사실도 아셨을 것이다.

차라리 전능하신 존재가 이 모든 것을 고의로 진행했다는 것이 맞을 것이다. 그분은 충분히 상황을 다른 식으로 전개시킬 수도 있었기 때문이었다. 아도니람은 성경의 하나님은 노하고 징벌하시는 하나님이라고 배워왔다. 그분은 공의로운 하나님이시다. 하지만 사랑의 하나님이기도 했다. 어떤 일을 하기 전에 충분히 경고를 주신다. 만일 이런 하나님이 진짜라면 아도니람이 부랑자들 사이에 끼어 돌아다니다가 환멸을 느끼고 헤어진 것이 단순한 우연이 아니었다. 그 경건한 젊은 남자가 이프레임 삼촌댁에서 아도니람과 만난 것도 우연이 아니었다. 아도니람이 그 특정한 여관에서 밤을 보냈고, 그러한 특별한 생각들에 잠긴 것도 우연이 아니었던 것이다. 그는 경고를 받은 것이었다. 그것도 충분히.

이것이 진짜 하나님이란 말인가? 만일 그렇다면, 아도니람은 하나님이 자신에 대해 갖고 계신 목적을 반드시 알아야만 했다. 성경의 하나님이 진짜 하나님이라는 느낌이 한꺼번에 아도니람의 뼛속 깊이 스며들었다. 그것이 논리적인지 아닌지는 중요하지 않았다. 아도니람은 절망과 불안에 빠졌다. 이신론적인 논리와 증거에 따르면 이럴 수는 없는 것이기 때문이었다. 그는 느닷없이 말을 세웠다. 잠시 결단의 시간을 갖기 위해 안장을 고쳐 앉았다. 그렇다. 그는 이 문제를 꼭 해결해야만 했다. 그는 방향을 바꾼 후 말이 속도를 내도록 채찍질을 해서 자신의 집이 있는 쪽으로 달렸다.

플리머스를 향하여.

6. 헌신 (앤도버 : 1808)

아도니람이 플리머스의 집에 도착했을 때는 1808년 9월 22일이었다. 그의 여행은 겨우 5주 정도밖에 걸리지 않았다. 부모님의 구속을 벗어 던지고 진정한 성인으로 발돋움하려고 시작했던 사건은 결국 그의 영혼을 뒤흔드는 내적 변동으로 이어졌다. 그는 자기 영혼을 염려하며 죽음의 공포에 떨고 있었다.

  부모님은 고향으로 돌아온 그의 내적 갈등이 얼마나 심각한지 알았지만 별반 큰 도움이 되지는 못했다. 유년 시절에 주입된 모든 무의식적인 개념들로 인해 그는 아버지의 신조를 받아들여야 함을 직감적으로 알았다. 그러나 어린 시절부터 대학에 이르는 동안 받아온 교육으로 빈틈없고 예민한 통찰력을 갖게 된 그의 마음은 만족할 수 없었다. 부정할 수 없는 증거에 의거한 사실이 아닌 이상 논리와 이론을 앞세울 수밖에 없었다.

  아버지는 자신이 할 수 있는 일을 이미 다했다. 누군가가 기독교 신앙의 근원적인 전제에 대해 의문을 갖는 것조차 상상할 수 없었기에 아들의 갈등을 해소하기에는 자신이 역부족이라는 사실을 알고 있었다. 아도니람의 어머니와 누이에게는 예전에 사용했던 눈물과 기도라는 무기가 있었으나 그것들은 아도니람에게 괴로움만 더할 뿐이었다. 아도니람이 믿음을 확신하기 위해서는 좀 더 다른 뭔가가 필요했다.

한 동안 목사관의 모든 사람들은 아도니람의 고뇌와 이런저런 형태로 엮어 있었다. 단지 열네 살이 된 엘나단만 이 일에서 제외였다. 그는 자신에게 맡겨진 집안일은 충실하게 했지만, 왜 사람들이 그토록 당황해하는지 알아차리지 못했다. 그러나 그역시 조용히 가족 간의 갈등을 관찰하면서 저드슨 가의 사람으로서는 이례적인 진로(의학과 해군)를 선택하기 시작했다.

이 중대한 때에, 두 명의 방문객이 아도니람의 아버지를 찾아왔다. 그들은 모세 스튜어트 박사와 에드워드 도어 그리핀 박사였는데, 그들은 모두 회중교회의 보수파 계열의 지도자들이었다. 아직 서른이 안 된 스튜어트 박사는 이미 유명한 뉴헤이븐 제일 교회의 목사였고, 10년 정도 연상으로 보이는 그리핀 박사 또한 뉴저지에 있는 뉴어크 제일 장로 교회에서 목사직을 맡고 있었다. 저드슨 목사와 마찬가지로 그들은 모두 예일대학 출신이었고 둘 다 뉴헤이븐에서 신학을 공부했다.

상의하려던 일은 그들이 교수직을 맡기로 되어 있는 새로운 신학교에 관한 것이었다. 하버드 대학이 자유주의파의 손에 들어가 있는 상황에서 정통파는 자기들만의 신학교가 필요했다. 1년 전에 이러한 학교 설립 계획이 세워졌고 이제 문을 열 준비가 되었다. 이 학교는 보스턴 북서쪽으로 약 40킬로미터가량 떨어진 앤도버에 있는 필립스 아카데미 안에 위치할 예정이었다. 세일럼의 존 노리스, 그리고 뉴 베리포트의 윌리엄 바틀렛과 모세 브라운이라는 세 명의 재력 있는 상인들이 4만 달러를 기부했고 앤도버의 사무엘 에봇은 신학과 교수를 채용하는 목적으로 2만 달러를 기증했다. 그 결과로 창립자인 앤도버의 필립스 가족은 그에 걸맞는 적당한 건물을 세운 것이다.

저드슨 목사는 새로운 신학교의 설립 과정에 대해 처음부터 관심이 컸으나 지금 그가 이 방문객들을 두 팔 벌려 환영한 데에는 그보다 더 직접적인 동기가 있었다. 이토록 저명한 분들이라면 그도 어찌 해보지 못한 그의 아들을 도와 줄 수 있을 듯싶었다. 두 목사는 아도니람을 매우 인상 깊게 보았다. 그의 인간성은 거짓 겸손이란 게 없어 더욱 호감이 갔다. 무엇보다도 그의 정신이 가장 돋보였다. 그는 이미 신학생들보다 신학에 더 박식해 있었다. 그는 신앙에 대해서도 열린 마음을 갖고 있었다. 믿음과 구원의 단계에 이르기 위해서는 내적인 거듭남을 체험해야 한다는 점도 그는 이해했다. 그러나 이 문제는 몇 시간의 토론으로 해결될 것은 아니었다. 이 청년을 구원할 만한 가치가 있게 만드는 장점들이 그가 구원받기 어려운 이유이기도 했다. 그럼에도 불구하고 이 방문객들은 거의 동시에 이 청년에게 믿음만 있다면 훗필드와 조나단 에드워드 이후로는 보기 드문 훌륭한 목사가 되리라고 확신했다.

한 동안 대화를 나눈 후, 그들은 아도니람에게 새 신학교에 등록해서 마음을 정리할 수 있도록 도와 줄 자료를 찾아보고, 또 국내 최고 신학자들의 자문도 구해 보라고 제안했다. 아도니람은 명확히 거절하지 않은 채 머뭇거렸고 그들은 그의 결정을 들어보지 못한 채 떠났다.

하루가 지나지 않아 아도니람은 보스턴의 한 사립학교에서 조교 자리를 제안 받았다. 그는 승낙했고 플리머스로 돌아온 지 겨우 일주일 만에 보스턴으로 떠났다. 여전히 마음속에 고통을 간직한 채였다.

새로운 일을 막 시작하기도 전에 그는 토마스 보스턴이 쓴 『4중상태』라는 오래된 신학서적을 읽게 되었다. 다른 때 같았으면 그 책은 그다지 인상에 남지 않았을 것이다. 그러나 지금은 작은 자극도 필연적이었다. 당장 그는 스튜어트 박사와 그리핀 박사가 제안했던 대로 신학교에 입학하기로 결심했고, 그곳에서 그동안 절실히 갈구해왔던 내적 확신을 찾아보기로 했다.

그는 10월 12일에 앤도버 신학교에 입학했다. 그는 신앙적인 믿음에 대해서는 서약하지 않은 채 목사 후보가 아닌 특별 학생으로 등록했다. 브라운 대학에서처럼 그는 우수한 학력 배경 덕택에 2학년으로 월반해서 입학할 수 있었다. 아도니람이 머물게 된 마을은 비교적 보스턴에 가까웠지만 거의 은둔지라고 불릴 만큼 외딴 곳이었다. 우편물은 일주일에 세 번씩 배달됐다. 수령인은 각 우편물 당 24센트씩 지불했다. 그리고 누군가가 보스턴으로부터 가지고 오지 않는 한 신문은 구경하기 힘들었다.

그곳은 경건함이 물씬 풍기는 곳이었다. 주일날 무슨 연유에서든지 여행하는 사람은 체포되었고 벌금까지도 예상해야 했다. 마을 내에서 벌어지는 모든 일은 토요일 해지기 전에 끝났다. 그때부터 월요일 해 뜰 때까지 모든 일상은 정지 상태에 놓였다. 오직 교회 종소리만 들렸고, 유일한 교통량은 교회를 오가는 것, 유일한 식사준비는 식탁에 차가운 음식을 차리는 것, 그리고 유일한 독서는 성경, 설교문 혹은 교리 문답책 정도였다.

학교 운동장에는 나지막한 언덕 같은 산마루가 있었는데, 앤도버로 통하는 주요 도로로부터 몇 백 미터가량 동쪽에 위치한 이 언덕을 학생들은 흔히 비스가 산 혹은 시온 산이라 불렀다. 이 산 기슭에 학교 중앙건물인 필립스 홀이 아도니람이 도착하기 직전에 세워졌고, 그는 이곳에서 방을 하나 배정 받았다. 브라운 대학 건물과 마찬가지로 이곳 또한 장식이나 기타 여유 공간을 배제한 붉은 벽돌과 슬레이트 지붕으로 지어진 실용적인 건물이었다. 방 하나는 예배실로 사용되었다. 필립스 홀은 월귤나무 숲의 가장자리에 있었다. 이곳은 비가 많이 오면 물이 범람해서 그때마다 학생들과 교수들은 징검돌을 딛고 다녀야 했다. 이럴 때면 들판과 초원은 마치 얕은 호수처럼 보였다.

신학교에서의 생활은 스파르타식 단순함 그 자체였다. 학생들은 자기들이 직접 잘라온 장작들로 방을 지폈고, 물은 가까운 우물에서 물주전자에 길어다 썼다. 그러나 아도니람은 힘든 줄 몰랐다. 그는 이런 것에 익숙해 있었다. 그리고 생활비도 적게 들었다. 등록금도 필요 없었다. 방세는 1년에 2달러에서 4달러였다(현재 가치로 약 500~1000달러—편집자). 그 외에 유일하게 드는 경비는 음식이었는데, 이것은 사이런스 스미스 부인이 조달했다. 그녀는 하숙생들을 2층짜리 조그만 갈색 오두막집에 머물게 하도록 '긴급사태 대처위원회' 이사회로부터 인가 받은 사람이었다.

교수진들은 뉴잉글랜드 전역에서 볼 수 있는 시골 목사들처럼 자신의 채소밭을 가꾸고 소젖을 짜며 건초를 베면서 생활했다. 그러나 아도니람이 도착했을 때는 성서문학 교수인 엘리파렛 피어슨과 기독신학 교수인 레오나드 우즈 두 명밖에 없었다. 아도니람의 아버지와 비슷한 연령인 피어슨 박사는, 아도니람이 이미 플리머스에서 만났던 모세 스튜어트가 오기까지 1년 동안만 가르칠 계획이었다. 피어슨은 이전에 앤도버에서 필립스 학교의 초대 교장으로 일했고, 1786~1806년까지는 하버드대학에서 히브리어와 동양언어학 교수로 일했었다. 그보다 훨씬 연하인 우즈는 30대 중반이었는데 그는 앤도버에 오기 전에 앤도버 동쪽으로 15킬로미터 정도 떨어진 웨스트 뉴베리에서 10년 간 목사직에 있었다.

적어도 아도니람이 보기에는 두 명으로 이루어진 교수진은 남부럽지 않게 잘 운영되고 있었다. 그는 항상 언어에 관심이 많았다. 그리스어와 라틴어 외에 히브리어도 조금 알고 있었다. 이제 그는 피어슨 박사 밑에서 성서 문학을 원본으로 읽게 되었다. 동시에 그는 논증가로서 자신과 충분히 호적수가 되는 우즈 교수와 함께 신앙적 의문점들을 하나하나 짚어나가기 시작했다. 그는 얼마 안 가 평범한 생활과 고독한 사색이라는 새로운 삶에 완전히 빠져들었다. 몇 시간은 자기 방에서 신학적인 문제를 놓고 씨름을 하거나 번역 작업에 몰두했고, 또 몇 시간은 두 교수들과 함께 보냈다. 나머지는 혼자 학교 뒤의 숲을 거닐며 자신이 공부한 것을 검토하곤 했다.

어느덧 11월이 성큼 다가왔다. 10월에 비하면 숲은 그다지 아늑한 장소는 못 되었다. 땅은 가을비로 인해 질퍽했고 날씨는 으스스했다. 벌거벗은 나뭇가지에는 잎사귀 몇 개만 겨우 매달려 있었다. 그러나 나무의 뼈대가 드러남에 따라 그는 더 멀리까지 볼 수가 있었다. 그리고 생각에 잠긴 채 숲을 거닐면서 그는 자신의 문제와 관련해서도 더 멀리 볼 수 있다는 사실을 알게 되었다. 그는 점차 자신이 나무를 보기 위해 숲을 본 것이 아니고, 또 나뭇잎을 보기 위해 나무를 바라본 것이 아니었다는 생각이 들기 시작했다. 그달 들어 자기 안에서 조금씩 의심이 떠나기 시작했다. 순식간에 어떤 변화가 일어났다거나 혹은 번뜩이는 통찰력이 생긴 것이 아니었다. 하지만 그는 자신이 모든 것을 새롭게 변화시키는 성령을 받았다는 희망을 마음속에 품기 시작했다.

12월 2일(그는 이 날을 영원히 잊지 못했다), 그는 엄숙하게 자기 자신을 하나님께 바쳤다. 문제가 해결되고 평안을 찾은 그는 오로지 공부에만 전념했다. 이듬해 그는 기쁨에 들뜬 아버지, 어머니 그리고 애비의 환영을 받으며 플리머스 교회에 합류했다. 그때 이후로 그는 글자 그대로 새사람이 되었다. 그는 이전에 그가 집착했던 문학적 그리고 정치적 야망을 영원히 떨쳐버리고 오직 미래에 어떤 형태로 하나님을 기쁘게 해드려야 하는지에 대해 스스로에게 묻기 시작했다.

7. 아빠로 간 사절단 - 결심 (1809)

아도니람이 문학과 정치에 두었던 옛 꿈은 떨쳐버렸으나 과연 야심 그 자체까지 버린 것일까? 기억나지 않는 유아 시절에 삽입된 충동들은 성인이 된 후에도 이따금 무의식 속에서 은밀한 형태로 이어지곤 한다. 아무리 나이를 먹어도 주름진 피부 속에는 여전히 우리의 옛 모습이 남아 있듯이 말이다. 유아기, 유년기 그리고 청소년기는 우리의 지식이나 의지와 무관하게 그 본연의 잠재된 목적을 영원히 간직한 채 여전히 우리 속에서 함께 거한다. 그것은 한 쪽이 막히면 다른 쪽을 찾아가는데, 마치 캄캄한 다락방에 놓인 화분의 어린 가지가 자기 몸을 비비꼬면서 좁은 틈새로 흘러 들어오는 불빛을 향해 손을 뻗는 것과 같다.

한 가지 야심만 남기고 아도니람은 모든 것을 정리했다. 1809년 6월, 아버지의 교회에 합류했을 무렵, 그는 브라운 대학에서 교수 자리를 제의 받았다. 1년 전만 해도 그 자리를 놓치지 않았을 것이다. 그러나 지금은 거절했다. 그의 미래가 어디에 있건 대학에 있지 않으리라는 것은 확실했다. 그럼에도 불구하고 그는 자기에게 여전히 뭔가 평범하지 않은 것이 예비 되어 있으리라는 느낌을 떨치지 못했다. 다른 이들이 성취한 단순히 위대한 업적이 아닌 뭔가 독특하고 판이한 것 말이다. 그가 세살 때 책 읽는 법을 처음 배웠던 순간, 아버지가 무릎에 앉혀 놓고 처음으로 자신에게 분명히 위대한 사람이 될 것이라고 말했던 때부터 주입된 생각이었다.

그러나 하나님께 대한 봉사와 자신의 야망을 실현하는 것을 어떻게 조화시킬 수 있단 말인가? 그가 지금 가고 있는 길은 기껏해야 큰 교회의 목사로밖에는 끝나지 않을 터였다. 더군다나 플리머스의 유년 시절에 몸이 아파 누워 있을 때, 천국에서는 무명의 시골 목사의 명성이 번듯한 도시 교회의 저명한 목사보다 더 오래 더 크게 울려 퍼지리라는 사실을 번쩍이는 통찰력을 통해 순간적으로 깨닫지 않았던가? 무의식적으로 그는 명확한 응답을 기다리며 자기 인생의 향방을 모색했다.

앤도버에서 머문 지 1년쯤 지난 9월에 그는 드디어 응답을 받게 되었다. 그 달 그는 당시 미국 내에서 화제가 됐던 설교지 한 장을 우연히 받아 보게 되었다. 그 설교지 제목은 '동방의 별'이었고, 클로디어스 뷰케넌 박사가 불과 얼마 전에 영국 브리스톨 교회에서 설교한 것이었다. 뷰케넌 박사는 영국 국교회의 복음주의 학교에 소속되어 있었고 인도에 있는 동인도회사 소속 목사로 수년 동안 일했다. 그는 마태복음 2장의 한 구절인 "우리가 동방에서 그의 별을 보고 그에게 경배하러 왔노라"를 인용했다. 뷰케넌은 복음이 인도에 어떻게 들어왔고 또 어떻게 전파되었는지에 대해 자세히 열거해 놓았다. 그는 동방 사람들에게 기독교를 더욱 열심히 전파하기에 지금보다 더 적절한 시기는 없을 것이라고 강조했다. 아도니람이 가장 인상 깊게 읽은 것은 존경스러운 독일 선교사 슈바르쯔의 업적이었다. 그는 거의 50년에 걸쳐 인도의 이교도들에게 복음을 전파했다.

조그마한 자기 방에 앉아 뷰케넌의 감동적인 이야기에 점차 매료되면서 아도니람의 마음속에는 다른 개척자들의 이야기가 떠올랐다. 1715년으로 거슬러 올라가 보면 바돌로뮤스 지겐바그가 신약을 인도의 타밀어로 번역했다. 영국인으로 신발 고치는 직업을 가졌던 윌리엄 캐리는 인도로 가서 캘커타로부터 몇 킬로미터 떨어진 세람포에서 아도니람이 지금까지 살아온 생애 동안 선교 단체를 설립해 일하고 있었다. 1800년에 그는 마태복음을 벵갈어로 옮겼다. 벤자민 웍스 선장 덕택에 캐리의 세람포 침례교 선교단은 미국인들 사이에서 제법 널리 알려져 있었다. 웍스 선장은 캐리의 동료인 마쉬맨과 와드를 1799년에 인도로 데려다 준 후 1805년에 필라델피아에 도착해 그 단체에 관해 너무도 호소력 있게 전한 탓에 모든 종파의 신교도 목사들은 세람포 선교사들을 원조하기 위해 수천 달러의 기금을 조달했었다.

광동에서는 로버트 모리슨이 정부의 눈을 피해 상인 사무원 겸 통역사로 가장해 중국어로 성경을 번역하고 있었다. 그와 동료들은 자기 일이 발각되었을 경우에 당할 죽음의 위협도 감수하고 있었다. 불과 2년 전인 1807년만 해도(아도니람은 정확히 기억했다) 동인도회사가 동양으로는 어떤 선교사도 보내지 않으려 했기에 모리슨은 보스턴을 거쳐 중국으로 가려고 애쓰고 있었다. 모리슨의 선교 계획은 당시 국무장관으로 조만간 대통령에 오를 매디슨 같은 저명인사로부터 격려를 받았다. 항해하게 될 배 주인으로부터 받았던 회의적인 질문에 대해 모리슨이 했던 대답을 아도니람은 놓치지 않았다. "그래, 모리슨 씨. 당신이 정말로 우상숭배가 만연한 중국 제국을 감화시킬 수 있으리라 보시오?"라는 질문에 모리슨은 지금은 너무나도 유명해진 답변을 했던 것이다. "아니오. 그 일은 하나님이 하실 겁니다."

그러나 선교사들 중에 미국인은 한 명도 없었다. 뉴잉글랜드에서는 서부의 북아메리카 원주민과 허드슨 서쪽 드문드문 정착한 지역에 선교단을 보낸 적은 있다. 1800년에는 아도니람의 아버지가 버몬트 주의 내부 지역에 여름 선교여행을 갔었다. 북쪽 해안에 위치한 주에서는 가난한 사람들을 열심히 돕는 선교 단체가 많았다. 그러나 아도니람이 아는 한 미국인은 단 한 명도 북아메리카를 벗어나려는 시도를 하지 않았고, 국내의 어느 선교단체도 해외로 미국인 선교사를 보낸 사례도 없었다.

순간, 그의 상상력이 발동했다. 놀랍고, 눈부시고, 훌륭한 발상이 떠올랐던 것이다. 아직 복음이 전파되지 않은 세계의 소외된 지역들로 자신이 선교 활동을 나가면 어떨까. 그는 최초의 회중

교회 소속 해외선교사가 되는 것이었다. 그것도 미국인 최초로 말이다! 최초의 미국 해외선교사라는 생각은 묘하게도 그 안에서 갈등하던 많은 갈망들을 동시에 채워 주었다. 명예, 명성, 겸양, 자기 희생, 무명, 모험, 독특함, 그리고 하나님을 위한 봉사, 이 모든 것들을 갖추었던 것이다.

수많은 어두운 영혼들이 구원의 유일한 열쇠인 복음 듣기를 기다리고 있었다. "땅이여, 땅이여, 땅이여, 여호와의 말을 들을 지니라"라고 예레미야가 말하지 않았던가? 마태복음에도 "그러므로 너희는 가서 모든 민족을 제자로 삼아 아버지와 아들과 성령의 이름으로 세례를 베풀라"고 쓰여 있지 않은가? 아버지 아도니람의 영적 은사였던 홉킨스는 "기독교가 전 세계에 전파돼서 … 인간들을 보다 높은 차원의 박애와 만민에 대한 사랑으로 끌어 올려 … 전 인류를 하나의 행복한 가족으로 맺어, 서로를 형제처럼 사랑하도록 가르치고 모두가 공의와 개인의 행복을 추구하고 누리는" 때에 대해 쓰지 않았던가?

그리고 해외로 파견된 모든 선교사들은 번역가가 되어야 하지 않은가? 복음을 그들 언어로 번역하지 않으면 그들이 어찌 그것을 읽을 수 있겠는가? 그리고 아도니람 저드슨보다 더 언어에 소질 있는 사람이 어디 있는가? 그 외에도 스스로 밝히지 않은 다른 동기들이 있었을 것이다. 해외선교사라는 직책은 아버지가 그 다지도 혼란스러워 했던 당시의 신랄한 종교 논쟁으로부터 그를 자동적으로 피하게 할 수 있었다. 아도니람은 자신의 신조에 관한 한 의심의 여지가 없었다. 그러나 형이상학적인 신경전을 피하고 그 대신 성경 자체를 번역해서 믿음 없는 이들에게 전하는 작업이 더 낫지 않을까? 그뿐 아니라, 그가 자기 아버지에게 복종하면서도 동시에 선의의 도전을 할 수 있는 직업이 이것 외에 더 있겠는가?

아도니람은 훗날, "나는 한 동안 수업에도 참석하지 않은 채 지난날의 어리석음을 떠올리기도 하고, 선교사 생활의 낭만적인 장면을 그려보기도 하며, 대학 강의실을 배회하면서 선교사에 대해 연설을 하고 다녔다"라고 술회했다. 그는 심지어 자신을 선교사로 파견할 미국 단체가 없다면 영국 선교사 단체에 등록할 것이라고 여기저기 말하고 다니기까지 했다.

그의 열정은 다른 학생들에게 별다른 자극을 주지 못했다. 모두가 그의 생각을 비난했고, 조롱과 힐책도 쏟아졌다. 이러한 냉랭한 분위기 속에서 그는 자신의 생각을 점차 혼자만 간직하기 시작했다. 한편 그는 동양 국가들과 관련된 모든 정보들을 큰 갈급함으로 읽어 나갔다. 그러한 과정에서 그는 『아바 왕국으로 간 사절단의 보고서』라는 제목의 책 한 권을 우연히 읽게 되었다. 책의 저자는 마이클 사임스라는 영국 군인인데, 그는 1795년 인도 총독에 의해 신비한 제국 버마에 파견되었다. 그 책은 다음과 같이 자극적인 문구로 시작한다. "지구상에서 살아가는 어떤 문명이라도 그곳에 인간이 살아간다면 어느 정도 이해되는 부분이 있다. 그러나 인도에 있는 영국 점령지들과 버마 제국에 대해서는 너무도 제한된 지식만이 있다." 책의 많은 부분은 과거 전쟁에 관한 세세한 이야기와 사임스와 버마 왕실과의 무익한 협상들로 이루어져 있다. 그러나 그런 지루함 속에도 그는 이 지구상 어디에서도 찾을 수 없을 정도로 묘하고, 화려하고, 인구가 많고, 부강한 봉건 제국의 모습을 선명히 엿볼 수 있었다.

그 사람들은 문명화 되어 있었다. 읽고 쓸 줄 알았으며 폭넓은 문학과 엄청난 국가적 자부심을 겸비하고 있었다. 중국의 군주처럼, 아바의 국왕은 자기와 대등한 자를 인정하지 않았다. 실제로, 외국의 외무장관들에 대해서는 대표자가 아닌 안전을 구걸하는 탄원자로 여겼고, 또 동등한 대우를 받을 권한이 있는 사람이라기보다는 오히려 굽신거려야 하는 아랫사람 정도로 여기는 것이 벵갈 동부 모든 국가들의 고정된 원칙이었다.

버마 군주와 관련된 모든 것은 '황금'과 직결되었다. 그를 뵈러 가는 것은 '황금 발아래 무릎을 꿇기 위해 초대되는 것'이었다. 국왕은 어떤 것도 듣지 않았다. 다만 소식이 '황금 귀에 닿는 것'이라고 여겨졌다. 그가 아직까지 다른 지역에 손을 뻗치지 않은 이유는 단지 그런 수고를 할 만한 가치가 없다고 여겼기 때문이라는 사실로도 그 절대적 군주성이 충분히 증명된다. 신하들과 유복한 사람들은 꽃이 수놓여진 공단이나 우단 옷을 발목까지 내려오게 입었고 스카프를 너풀거리며 어깨에 걸치고 다녔다. 머리에는 황금 꽃이 수놓인 화려한 우단 모자를 쓰고 다녔다. 그들의 귀에는 8센티미터가량 되는 확성기 모양의 순금 귀걸이가 걸려 있었다.

그 나라에는 군사적 분위기가 물씬했는데, 특히 전쟁 선박이 잘 갖추어져 있었다. 어떤 것은 30미터에 달하는 길이에 2.5미터 미만의 너비로 50에서 60명가량의 노 젓는 이들이 운행했다. 이런 날씬한 선박들은 뱃머리에 대포를 싣고 다녔으나, 전투 방식은 주로 드잡이 전투와 접전이었다. 적을 향해 돌진해 나가면서 선원들은 이상야릇한 전쟁 노래를 불러댔다.

그 나라는 헤아릴 수 없을 정도의 부를 지녔다. 영국인들이 배를 만들기 위해 그토록 욕심냈던 울창한 티크나무 숲 외에도 금, 은, 철광, 루비, 사파이어, 자수정, 석류석, 귀감람석, 벽옥과 호박 등이 있었다. 심지어는 과학자들이 말하는 석유 유정도 있었는데 이는 배럴 단위로 모아져 왕국 전역의 석유등에 사용되었다.

사임스는 그곳 사람들이 완전히 이교도적이라고 적었다. 그들은 석가모니를 우상 숭배했고 모든 사람은 윤회를 거듭하면서 때로는 개, 고양이 심지어는 곤충으로 다시 태어난다고 믿었다. 그러나 국왕은 모든 종파에 대해 자유를 허용하는 아량을 베풀었다(아도니람은 이 부분에 특히 흥미가 있었다). 이태리 출신의 상겔마노라고 하는 가톨릭 선교사가 한 명 있었는데, 그의 교인들은 대부분 옛 포르투갈 이주민들의 후손들이었다. 그들은 인구가 많았지만 전반적으로 매우 빈곤했다.

선교사에게 이런 상황은 얼마나 안성맞춤인 그림인가! 아도니람은 사임스의 책장을 넘기면서 생각했다. 이러한 사람들에게는 그야말로 진정한 하나님의 말씀 외에 무엇이 필요하랴. 복음이 그들에게 주어지기만 한다면, 그만한 교육을 받고 문명화된 그들은 당장 복음을 받아들일 것이다. 지구상 어느 곳에서 이토록 수많은 영혼의 수확을 확실히 보장해 줄 수 있겠는가? 또한 가톨릭 신자이면서 버마인들보다는 오히려 유럽인을 위한 성직자였던 상겔마노만 빼고는 한 명의 선교사도 이 나라에는 없지 않은가.

그 순간부터 아도니람의 머릿속에는 버마 생각뿐이었다. 1809년 가을 내내 그는 이 문제를 놓고 자신과 씨름했다. 성탄절이 지나고 새해가 왔다. 땅 위에는 아직 눈이 소복이 쌓여 있었다. 1년 중 가장 추운 2월 어느 날, 숲을 지나던 그에게 응답이 내려왔다. 그는 벌거벗은 채 유령처럼 늘어진 나무를 사이로 난 눈 덮인 길 위를 차가운 공기 속으로 숨을 내쉬면서, 장갑 낀 양손은 외투 주머니 속에 푹 넣은 채 터벅터벅 걷고 있었다. 때는 느지막한 오후였던 것 같다. 창백한 태양이 서쪽으로 가라앉아 있고 필립 홀 처마 밑으로 어스레한 빛이 새어나오고 있었다. 그는 그날과 시간에 대해 한 번도 적어 놓지 않았다. 우리가 알고 있는 것은 오직 이 사실뿐이다. "나는 대학 뒤의 숲에서 생각하고 기도하며 혼자 걷고 있었다. 거의 끝나갈 즈음에 '온 천하에 다니며 만민에게 복음을 전파하라' (막 16:15)는 예수 그리스도의 명령이 명확하고 강력히 내게 와 닿았다. 순간 나는 완전한 결론에 도달했다. 그리고 아무리 어려운 일이 방해할지라도 항시 주의 명령에 복종할 것을 결심했다."

그의 인생 전반부의 모든 고민과 방황은 결국 이 결심을 하는 데 한 몫 했다.

이후로 그는 자신의 운명에 대해 다시는 의심하지 않았다.

8. 형제단과 미국선교회 (1810)

결심을 한 후, 아도니람은 겨울 방학을 보내기 위해 플리머스의 집으로 돌아왔다. 그가 알기로 자신은 앤도버의 학생 중에 처음이자 유일하게 해외선교에 가담한 사람이었다. 그러나 그는 교수들과 동료들로부터 명백한 반대에 부딪힐 것을 예상했다. 부모로부터도 마찬가지였다. 확실히 그는 불가능한 일을 선택했다. 그는 아버지가 찬성하지 않을 유일한 길을 택했지만, 이 일에 대해 아버지의 승인을 받아야만 했다. 그 안에서 도전과 복종의 마음이 한 데 어우러졌다.

가족은 그를 평소처럼 따뜻이 맞아 주었고(옛날보다 더 따뜻한 듯했다), 그는 며칠 동안 마음속에 그 비밀을 간직한 채 말하기 가장 좋은 때를 기다렸다. 그러나 얼마 안 가서 자기만이 비밀을 간직한 것이 아님을 알게 되었다. 아버지, 어머니, 누이도 뭔가를 숨기고 있었다.

어느 날 저녁 그들이 모두 벽난로에 모여 앉아 있을 때, 아버지 저드슨은 아도니람에게 뭔가 매우 좋은 일이 일어나게 될 것을 넌지시 암시하기 시작했다. 어머니와 아비가일은 미소를 머금은 점박이얼굴채 은밀한 어투로 그것이 아도니람의 직업과 관련이 있고 무척 좋아할 만한 일이라고 말했다. 자신이 간직한 비밀에 비추어 볼 때 이 모든 것은 그를 불편하게 했다. 그들의 말을 들으면서 마음은 점점 불안해졌고, 아도니람은 마침내 아버지에게 무슨 말씀인지 자세히 설명해 달라고 말했다. 그리고 미리 경고해 두는 셈으로 자기에게는 나름대로의 계획이 있고 이는 '그 좋은 일'과 차질을 빚을 수도 있다고 덧붙였다.

아버지 저드슨은 개의치 않았다. 자신들이 숨기고 있는 비밀에 대해 아도니람도 매우 기뻐할 것이라고 확신했기 때문이었다. 아버지는, 그리핀 박사가 곧 보스턴에 있는 제일 큰 교회인 파크 스트리트 교회에서 목회를 맡을 예정이었고, 그리고 (이것이 바로 비밀의 내용이었다) 아도니람이 신학교를 졸업하자마자 자신의 보좌역으로 와 주었으면 했다는 것이었다. 아도니람은 물론 그리핀 박사를 잘 알고 있었다. 그는 스튜어트 박사와 함께 자기를 앤도버로 가도록 영향을 끼쳤고 지금은 종교 수사학 과목에서 자신의 지도 교수가 아닌가? 그는 아도니람이 다른 곳으로 가지 않도록 저드슨 씨에게 서둘러 말을 해둔 것이었다.

아도니람의 아버지가 이보다 더 자랑스럽게 느낄 수는 없었다. 어머니는 남편이 말하는 동안 자신을 억누르지 못한 채 "게다가 집에서 매우 가깝다는구나!"라며 끼어들었다. 아비가일이 뒤를 이었다. 그녀는 아도니람이 뉴잉글랜드에서 가장 훌륭한 목회자가 될 것을 확신한다고 했다는 그리핀 박사의 말을 전했다. 그리고 이 보좌역이 그 사다리의 첫 단계였다. 세 명은 기쁨에 넘쳐 있었다.

하지만 아도니람은 거의 공포에 가까운 감정에 휩싸였다. 그들의 한 마디 한 마디가 그의 가슴에 비수처럼 꽂혔다. 그의 결심이 그들에게 상처를 주리라고 예상은 했으나 지금처럼 심하게 상처를 입히게 될 줄은 생각지도 못했었다. 잠시 동안 그는 말문을 열지도 못했다. 그리고 나서 갈라지고 떨리는 목소리로 자기 미래에 대해 누이가 구구절절이 늘어놓는 얘기들을 가로막았다. "아니야, 아비가일. 나는 보스턴에서 살지 않을 거야. 나는 갈 길이 멀어."

격렬했던 그의 감정은 순간 가라앉았다. 아도니람은 그들에게 자신의 결심과, 어떻게 그런 결심을 하게 되었는지에 대해 더듬거리며 말하기 시작했다. 이야기가 거의 끝나가자 어머니와 아비가일은 놀란 눈으로 서로 마주 보기만 했다. 그들의 눈에는 눈물이 가득했고 마침내 제어하기 힘든 통곡이 이어졌다. 마음을 조금 추스르려는 순간 또 다시 눈물로 범벅이 된 채 호소하는 모습을 보니 아도니람이 처음 뉴욕으로 간다고 했을 때가 생각났다. 왜 자신을 그런 무식하고 결코 환영하지 않을 지구 반대편의 야만인들에게 내팽개치려고 하는 거지? 보스턴에서 얼마나 잘해

나갈지 생각해 보라고. 뉴잉글랜드에도 구해야 할 많은 영혼들이 있지 않느냐 등등…. 그러나 아무 소용이 없었다.

아도니람의 아버지만은 유독 침묵을 지켰다. 목사로서 이런 결심에 뭐라고 항변하겠는가? 벽난로 옆 흔들의자에 굳은 표정으로 앉은 채 그는 생애 최고로 씁쓸한 이 순간에, 산산이 부서진 자기의 희망조각들을 조용히 속으로 삭히고 있었다.

아도니람의 남은 방학 기간은 심란했다. 어머니와 아비가일은 자기들이 계속 눈물로 호소한다면 결국 그가 포기할 것이라고 생각했다. 아버지는 손을 뗀 상태였다. 자기 아들은 한 번 결심하면 아무리 대단한 힘으로도 꺾을 수 없다는 것을 너무나도 잘 알았기 때문이다. 아도니람은 우울한 마음을 안고 앤도버로 되돌아갔다. 엄청난 어려움을 각오하긴 했지만 어머니와 누이의 반응은 그 예상을 훨씬 뛰어넘었다. 반면, 놀랍게도 그는 예상하지 못한 곳에서 격려를 받게 되었다.

아도니람은 몰랐지만 당시 적어도 네 명 정도의 학생이 이미 그보다 먼저 해외선교사를 고려하고 있었던 것이다. 그들은 아도니람이 선교 문제에 대해 열변을 토하는 것을 들었으나 여러 이유로 자기 마음을 숨기고 있었다. 그것은 마지막 모험에 대한 막연한 두려움, 외국으로 나가야 할지 아니면 미국 서부로 갈지에 대한 불확실함, 혹은 아도니람의 신실함에 대한 의심이었을 것이다.

네 명 중 한 명은 사무엘 뉴엘(Samuel Newell)이었는데, 그는 하버드 대학 학부 시절에 이미 선교사가 되려고 생각했었다. 또 한 명은 사무엘 노트(Samuel Nott)인데, 그는 1년 전 11월에 앤도버에 왔다. 그는 20살에 유니온 대학을 졸업한 뒤 코네티컷의 프랭클린 교회의 목회자로 있는 그의 아버지와 신학 공부를 했다. 아도니람이 1808년에 신학교에 입학했을 무렵, 그는 이미 자신의 미래를 선교사역에 바쳐야겠다고 결심했다. 그리고 그 해 봄에 아도니람에게 처음 접근한 것도 사무엘 노트였다. 그는 1년 넘게 선교사가 되어야 한다는 의무감을 안고 있으면서도 선뜻 실행에 옮기지 못하고 있었다. 이제 그의 의심은 아도니람의 열정으로 쉽게 녹아 내렸다. 사무엘 뉴엘은 그 다음에 그들에게 합류했다. 만일 뉴엘이나 노트 중 어느 하나라도 미국 대륙에서 선교사역을 시작할 마음을 품고 있었다면 아도니람은 아시아가 최적의 장소라고 즉각 설득했을 것이다. 그는 개인적으로 버마에 관심이 있었으나 많은 선교사들에게 아시아는 기회의 땅이었다. 중요한 것은 의지를 실행에 옮기는 것이었다. 세 사람은 모두 졸업반이었다. 졸업 이후 곧바로 일에 착수하려면 시간이 얼마 없었다.

선교사를 지향하는 세네 번째 학생들은 1806년으로 거슬러 올라가 윌리엄스 대학 신입생 시절에 지금까지도 기억되고 있는 '건초더미 모임'에서 이미 마음을 바친 사람들이었다. 그들의 이름은 제임스 리차드(James Richards)와 사무엘 밀스(Samuel J. Mills)였다. 밀스가 주동자였는데 그는 겸손하고 조용하지만 엄청난 추진력을 가진 내성적인 청년이었다. 코네티컷의 토링포드 교회 목사의 아들인 그는 대학도 들어가기 전에 어머니로부터 상당한 영향을 받아 선교사역을 결심했다. 그는 학생들 사이에 일어난 종교 부흥 운동(당시 많은 뉴잉글랜드 대학과 학원들을 휩쓸었다) 초기에 윌리엄스 타운에 도착해 곧바로 그 운동의 주동인물이 되었다.

1808년 8월의 어느 무덥고 습한 토요일 오후, 사무엘 밀스는 대학과 후삭 강 사이에 있는 "슬로언의 초원"이라고도 불리는 단풍나무 숲에서 다섯 명으로 구성된 기도 모임을 이끌고 있었다. 그들이 다 모이기도 전에 서쪽 하늘에 떠 있던 구름이 몰려오면서 폭풍우가 몰아쳤다. 그들이 비를 피할 수 있는 곳이라곤 숲 속 개간지에 있는 건초더미뿐이었다. 그들은 그 밑에서 쏟아져 내리는 비를 피하면서 윌리엄스 대학의 필수인 지리 과목에서 배웠던 아시아에 관해 토론하기 시작했다. 그곳은 아직 기독교에 대해 아무 것도 모르는 광활한 제국이었다. 동인도회사의 반대에도 불구하고 인도가 복음이 유일하게 전달된 곳이었다. 머리 위로 천둥 번개가 치는 중에도 다섯 명 중 네 명이 적극적으로 "모하메트의 신봉자들과 아시아의 이교도들에게 복음을 전파할 것"을 지지했다. 밀스가 "어둡고 미개한 땅으로 복음을 전파하자고 제안"했고, "우리는 하려고 마음만 먹으면 할 수 있다"라고 말했다고 그 중 한 명이 후에 술회했다. 밀스는 이렇게 썼다. "'자, 건초더미 밑에서 그 주제를 놓고 기도하자'고 했고 우리는 모두 기도했다. 그리고 나는 마지막으로 … 하늘나라의 붉은 대포로 십자가에 대항하는 그들의 군사력을 무너뜨려 달라고 하나님께 기도했다."

건초더미 모임은 2년 후 수년간 비밀리에 운영될 '형제단'(the Brethren)이라는 단체로 재조직되었다. 또다시 밀스는 그 단체의 설립과정에서 선도자 역할을 했다. 그리고 제임스 리차드는 동료들과 다음과 같은 규약에 서명했다. "이 단체의 목표는 이교도들에게 나아가 선교사역을 완수하는 것이다. … 각 단원들은 충분한 기도시간과 동료들과의 상의 후에 본 단체의 지향하는 바와 모순된다고 판단되는 일체의 용무로부터 마음을 비워야 하며, 언제 어디서든지 우리를 필요로 하는 곳에 선교사역을 떠날 준비가 되어 있어야 한다."

리차드는 그전 해 9월에 앤도버에 도착했는데, 그때는 아도니람이 선교사역에 대해 막 목청을 높이기 시작했을 무렵이었다. 그는 아도니람보다 나이가 많았지만 새로운 학생 입장에서 상급생에게 접근하는 것이 내키지 않았고, 아도니람의 그러한 격정적인 열정에 회의적이었을 것이다. 그러나 그는 보고 들으면서 기록한 것을 윌리엄스에서 온 형제들에게 보냈다. 점차 그는 마음을 열었으나 여전히 침묵을 지켰다. 밀스는 예일 대학에서 신학을 공부했다. 리차드에게 전해들은 내용 때문에 밀스는 앤도버에 갔으면 했을지도 모른다. 그는 12월 말에 코네티컷의 우드베리 교회에서 목회를 하는 같은 형제단 동료인 고든 홀(Gordon Hall)에게 자기가 4-5주 이내로 앤도버로 떠날 것이라고 편지를 썼다. "전에 저드슨에 대해 전에 들어본 적이 있어. 자네에 의하면 그는 동인도 소속 런던 선교회 선교사로도 나갈 수 있다 했네. 그게 웬 말인가! 영국은 자기들의 선교사들뿐만 아니라 우리들까지 신경을 써야 한단 말인가? 나는 다른 나라에 의지하려는 자세가 마음에 안 드네. 특히 한쪽에서만 일방적으로 베푸는 경우는 더욱 그렇다네."

그러나 밀스는 연말에 세상을 떠난 어머니 때문에 계획을 지체할 수밖에 없었다. 그는 아도니람이 최종적으로 결심을 했던 1810년 1월 말부터 2월 초 이후에 앤도버에 왔다. 리차드와 미들베리 학교출신인 에드워드 워렌과 함께 밀스는 드디어 아도니람 저드슨에게 다가갔다. 이 모임의 창립위원이면서 또 어떤 의미에서 정치가이기도한 밀스는 새로운 친구에게 있는 문제점을 금방 알아봤다. 아시아로 선교사역을 떠난다고 하는 것은 다 좋은데, 문제는 누가 그를 보내준단 말인가? 먼저 해외선교 단체와 해외선교 기구가 설립되어야만 했다. 저드슨은 무조건 가는 것에만 치중해 있었다. 어떻게, 누구에 의해 가게 될지에 대해서는 신경 쓰지 않았다.

그럼 생각해보자. 아도니람 저드슨, 사무엘 노트 그리고 사무엘 뉴엘은 모두 졸업반 학생들이었다. 그들에게는 바로 코앞에 닥친 문제였다. 사무엘 밀스, 제임스 리차드 그리고 에드워드 워렌은 앞으로 졸업까지 2년이 남아 있었다. 그들은 세 상급생들이어서 길을 떠날 수 있도록 뒤를 밀어주어야 했다. 그 다음에는 좀 수월해 지리라.

아도니람은 형제단 단원으로 등록했고 다른 단원들과도 연락을 했다. 봄이 되면서 형제단 규약에 서명한 또 다른 단원이 도착하면서 6명에서 7명으로 늘었다. 그는 1810년에 윌리엄스를 졸업한 루터 라이스라는 졸업생이었다. 그는 밀스, 리차드 그리고 워렌과 함께 저드슨을 비롯한 두 상급생을 후원하는 일에 참여했다.

3월과 4월 초에 걸쳐 그들은 방법과 수단에 관해 논의했다. 그들은 그 중에서도 그리핀 박사에게 조언을 많이 구했다. 그는 이미 아도니람을 파크 스트리트 교회의 보좌역으로 맞이하려는 생각을 단념한 듯했다. 아도니람은 여전히 영국의 원조를 받고자 했고 그리핀 박사가 학생들을 대표해 편지를 띄우기로 했다. 그런데 무슨 연유에선지 그가 이 일을 지체하자 아도니람이 4월에 런던 선교회의 보그 박사에게 편지를 썼다. "…… 즉시 귀하의 답장을 받기를 마음으로부터 고대하며…" 편지의 서두를 이렇게 시작한 그는 "현재 인도, 타타르 혹은 그 외 동부 대륙 어디에서든지 선교사를 필요로 하는 지역이 있는지" 또 "그〔보그 박사〕가 런던 선교회의 이사들에게 새로운 선교사들을 고용하도록 권유할 수 있는지"를 알고 싶어했다.

영국으로부터의 응답은 몇 달씩 기다려야 했다. 그동안 학생들은 고향 근처에서 그들의 계획을 진척시킬 방법을 찾았다. 가까운 동네에서 기회가 나는 대로 설교를 했고, 그때마다 거기서 가장 영향력 있는 목사들을 찾아 자신들의 뜻을 설명하는 것을 잊지 않았다. 아도니람은 보수주의자들의 신앙 잡지인 《파노플리스트 앤드 미셔너리 유나이티드》(*Panoplist and Missionary Magazine United*)에 기고하기도 했다. "이교도들의 구원에 관하여"라는 제목하의 기사에서는 기존의 상황에 만족하며 해외선교를 방관하는 교회 사회를 꼬집었다. "어떻게 기독교인들은 자신들에게 맡겨진 기대를 저버릴 수 있는가? … 그들은 구세주가 그들을 위해 죽었다는 진리를 무시한 채, 지구상의 4분의 3이 죽음의 잠 속으로 빠져드는 것을 모른 척하고 있다. 자기들의 좁은 교제 범위 내에서 봉사하는 것으로 만족하며 전 세계가 하나님에 대한 무지로 말미암아 멸망해 가는 것을 조용히 방관하고 있다."

이런 모든 열정은 가시적인 결과를 맺었다. 지난해 1809년 가을, 아도니람은 혼자였다. 학생들과 교수들은 그를 비현실적인 환상에 집착하는 위험한 인물로 여겼다. 그러나 6개월 후인 1810년 봄, 그는 모든 이들로부터 가장 모범적인 신학생으로 인정받은 일곱 명의 학생들 중에서 지도자가 되었다. 비난은 존경으로 바뀌었다. 망상에 가까운 계획은 현실적으로 받아들여지기 시작했다. 나머지 학생들은 점차 자신들의 운명도 해외선교 사역에 있는 것은 아닌가 하는 의문을 갖기 시작했다. 교수들도 그러한 사심없는 헌신은 지지를 받아 마땅하다고 생각하기에 이르렀다.

그 봄에 일곱 명은 아도니람이 2월에 홀로 결심을 했던 필립스 홀 뒤쪽 숲을 자주 거닐며 이야기를 나누었다. 숲 속의 작은 연못은 얼음이 녹았고 발밑의 잔디는 민들레와 미나리아제비꽃이 어우러져 마치 밤하늘의 별처럼 장식되어 있었다. 뜨거운 토론을 거치면서 그들 안에는 단순히 봄기운에 취한 낙관이 아닌 새로운 희망이 샘솟았다. 이대로 계속해서 열심히 뛴다면 조만간 진정한 기회가 찾아올 것을 확신했다.

6월 말에 그 기회가 찾아왔다. 일요일이던 24일에, 사무엘 노트는 앤도버의 동쪽으로 30킬로미터 정도 떨어진 번창하는 항구도시 뉴베리 포트의 세컨드 교회에서 설교를 하고 있었다. 그 교회의 담임 목사는 뉴잉글랜드에서 가장 유명한 보수주의자이자 앤도버 신학교의 감찰위원회 위원이던 사무엘 스프링 박사였다. 그의 아들인 가디너는 아도니람의 가장 친한 친구이자 앤도버의 동급생이었다. 스프링 박사는 직접 선교사가 될 마음은 없었으나 일곱 명의 따뜻한 후원자였던 아들 가디너에게 친구들의 선교 계획을 들을 수 있었다. 1806년 그는 필라델피아의 국제연합총회에서 이교도인들의 구원을 주장하는 강렬한 설교를 했는데 이는 훗날까지도 잊혀지지 않았다. 그는 대담한 계획을 선호하는 인물이었다. 프린스턴 대학을 졸업한 지 4년이 지난 1775년 그는 혁명군인 베네딕트 아놀드 부대에서 군목으로 재직하면서 퀘벡을 향해 뻗어 있는 북 뉴욕의 황야를 가로지르는 역사적인 원정에 동참했었다. 이를 통해 그는 어떠한 험난한 장애물도 인간의 용감하고 맹렬한 기상 앞에서는 무너진다는 사실을 경험으로 잘 알고 있었다.

노트가 설교를 한 다음 날, 스프링 씨는 앤도버에 약속이 있어 노트와 동행하게 되었다. 노트는 일곱 명의 계획을 설명하기에 그보다 더 좋은 기회와 더 좋은 대상은 없다고 생각했다. 시기도 너무 완벽했다. 그 주 수요일에는 지역 복음주의 회중 교인들이 새롭게 결성한 매사추세츠 특별 총회가 뉴베리포트와 앤도버의 중간 위치인 브래드포드에서 열릴 예정이었다. 스프링 박사는 그리핀 박사에 의해 마련된 일종의 집회 전 간부회의에 참석하기 위해 가는 길이었다. 앤도버 내에서 두각을 나타내기 시작한 선교운동에 뉴잉글랜드 회중 교인들이 적극 참여하기를 원한다면 이번 총회야말로 최적의 장소였다. 이만큼 좋은 기회는 적어도 1년 내에는 오지 않으리라 여겨졌다.

천천히 강변로를 달리며 이야기하는 노트는 흥분이 되었다. 서로의 이야기에 열중해 있던 두 사람은 말들이 이따금씩 도로변의 기름진 풀을 뜯기 위해 몇 분씩 발걸음을 멈추는 것조차 모를 정도였다. 신학교 운동장으로 이어지는 긴 비탈길의 막바지에 이르렀을 때, 그는 스프링 박사에게 황급히 작별을 고하고 필립스홀로 힘껏 달려가서 아도니람을 비롯한 그 동료들에게 새로운 소식을 전했다.

간부회의는 그날 밤 스튜어트 박사의 거실에서 열렸다. 그리핀과 스프링 박사 그리고 세일럼의 유명한 태버나클 교회 목사인 사무엘 우스터 박사도 참석했다. 스프링과 마찬가지로 우스터 목사 또한 1년 전 매사추세츠 선교회에서 전했던 설교로 유명했다.

다른 사람들은 대부분 목사였는데 평신도도 한 명 있었다. 그는 제레미야 에바츠라고 하는 1802년 예일대 졸업생이며 매사추세츠의 찰스타운으로 갓 이사온 뉴헤이븐 출신 변호사였다. 동급생인 존 킵 목사와 함께 온 그는, 앤도버로 오는 길목에서 우연히 만난 본 회의의 대표단 중 하나였다. 우연히 그곳에 참석하게 된 킵 목사야말로 50년 후에 그날 밤에 대한 기억을 떠올려 유일하게 기록을 남긴 장본인이었다.

학생들은 초대를 받아 이들 앞에서 연설을 하도록 되어 있었다. 그들은 뉴엘을 대변인으로 결정했다. 날씬하고 침착하며 겸손한 그가 가장 호감을 살 것이라고 판단한 것이었다. 왜 아도니람을 고르지 않았는지는 설명하기 어렵다. 불과 1,2년 차이지만 그들 중 가장 어렸기에 그랬는지도 모르겠다. 아도니람은 또한 뭔가에 열중해 있을 때면 남의 감정을 무시하는 경향이 있었다. 치밀한 성격의 밀스가 자신을 제외시킨 것은 분명했다. 그는 스스로 자신이 괴짜인 데다가 볼품없는 외모에 "융통성이 없고, 쉰 목소리를 가졌다"는 사실을 인정했다.

뉴엘은 속으로 떨면서 자신들의 목표를 짧게 말했고, 이런 결심을 하기까지 생각과 감정은 어떠했는지를 설명했다. 청중들은 거기에 좋은 반응을 보냈지만 이것은 이제 시작에 불과했다. 수많은 질문과 토론이 길게 이어졌다.

장년 중 한 사람인 리딩의 산본 목사는 그들의 연설 내용에 회의적이었다. 젊은이들의 용기는 높이 샀으나, 그들의 해외선교사역에 대한 열정은 단지 눈먼 집착에 불과하다고 했다. 국내에도 그들에게 넘칠 만큼 일이 있었다. 왜 엉뚱하게 지구 반대편으로 가서 고생을 한단 말인가? 그리고 그들의 제안은 장년층들에게 가볍지 않은 부담이 되었다. 비용만 해도 분명 엄청날 것이었다. 또한 과연 이토록 중대한 안건으로 인해 영향을 받을 젊은이들에 대해서는 생각해 보았는가? 선교지 사람들에 대해 얼마나 알고 있다는 말인가? 그 결의는 또 얼마나 굳은 것인가?

산본 목사의 질문에 우스터 박사는 몇 개의 사실들을 체계적으로 분류하며 답변했다. 그리핀 박사가 그들의 안건에 대해 "뜨겁게 호소"하며 말을 이었다. 그렇게 토론은 진행되었다. 다양한 의견들을 듣고 난 후 에바츠는 젊은이들의 계획은 현실적으로 실행에 옮길 가치가 있다고 여겼다. 스튜어트 박사도 이 계획안이 가능하다고 믿었다. 오직 산본 목사만이 회의적이라는 것이 명확해지자 윌밍톤의 레이놀즈 목사가 더 이상의 이론을 일축하고 "우리는 하나님의 뜻을 막으려 해서는 안 됩니다"라며 강하게 밀어붙였다. 마지막으로 위원회는 학생들이 자신들의 계획안을 서면으로 작성한 후에 총회에 제출하는 데 동의했다.

회의가 해산된 후, 기세등등해진 일곱 명은 작별을 고하고 스튜어트 교수의 거실에서 서둘러 나갔다. 밤늦도록 책상 앞에 앉아 있는 학생들의 방에서 흘러나오는 촛불이 어두운 밤을 비추는 가운데, 길을 가로질러 네모난 형체의 필립스 홀로 뻗어 있는 언덕을 걸어 올라가면서 그들은 누가 계획안을 쓰고 제출할 것인지를 의논했다. 그들은 만장일치로 아도니람을 지목했다. 각기 제방으로 돌아갔으나 그들은 잠이 올 것 같지가 않았다.

화요일, 종일토록 아도니람은 동료들에게 조언을 구하면서 종이에 계획안을 옮기기에 바빴다. 다 마친 후 여섯 명은 하단에 자신들의 이름을 서명했다. 저드슨, 노트, 밀스, 뉴엘, 라이스 그리고 리차드. 그 종이를 들고 다 함께 스튜어트 교수 집으로 갔다. 대표자들은 흡족해 했으나 아무리 낙관적인 사람에게도 여섯 명의 서명은 너무 많다 싶었다. 재정적 후원이 힘들면 협회가 뒷걸음질 칠 것이 뻔했다. 한동안 논의한 후 라이스와 리차드의 이름은 삭제되었다.

수요일 이른 아침, 대표단은 브래드포드를 향해 떠났다. 우스터 박사는 스프링 박사와 함께 마차를 타고 떠났다. 이따금씩 비가 내리는 우중충한 날씨였다. 마차의 바퀴살이 경쾌한 소리를 내면서 길가에 핀 미나리아재비와 국화를 스치고 지나가는 동안 두 성직자들은 지난 며칠 동안에 일어난 일들에 관해 이야기를 나누었다. 해외선교 사역이 구체화되려면 그 일을 홍보하고, 해외선교 지사를 설립하고, 자금을 모으고, 선교사들을 선발하고, 그들을 파견하고, 사역을 지도하면서 후원하는 일은 필수적이었다. 한 생각이 꼬리를 물고 다른 생각으로 이어졌다.

마차가 브래드포드 컴몬의 작은 교회로 뻗어 있는 내리막길의 꼭대기에 다다랐을 때는 이미 두 사람이 한 단체의 구도를 완벽히 세운 후였다. 구성 형태와 단원의 규모, 그리고 이름까지 말이다. "해외선교 후원회"(The Board of Commissioners for Foreign Missions) 와 '미국'이라는 단어를 덧붙여 "미국선교회"(the American Board) 라는 이름으로 친숙한 느낌이 들도록 했다. 이 단체가 구체화된다면 한 세기 동안, 어쩌면 그 이후까지도 모든 회중교회의 해외선교 사역을 이끌어 나갈 사명을 지니게 될 것이었다.

다음날인 6월 28일 목요일 아침, 다른 학생들과 어울려 일곱 명은 브래드포드를 향해 걸어갔다. 조심스럽게 베껴 쓴 그들의 청원서는 아도니람의 낡은 검정색 외투 안쪽 주머니에 있었다. 회의는 오전 7시부터 브래드포드 학교의 두 교실 중 한 곳에서 진행되었다. 과학자 겸 정치인이면서 아도니람과 그의 아버지에게는 웬햄 시절부터 얼굴이 익은 해밀턴의 마나세 커틀러 목사가 사회를 맡았다.

커틀러는 교회 위원회에서 두 번의 임기를 맡았는데 그 위원회는 1799년 아도니람의 아버지를 웬햄 교회로부터 면직시키는 약정에 승인했었다. 그는 어느덧 노인이 되었으나, 큰 키에 풍채 좋은 모습이 인상 깊었다. 특히 옛날부터 끈질기게 입고 다니는 검정색 우단 양복과 검정색 비단 스타킹 그리고 무릎과 신발에 달린 혁대 장식이 눈에 띄었다. 그런 구식 옷차림을 한 사람은 커틀러만이 아니었다. 브래드포드 제일교회의 알렌 목사도 유사한 복장을 했고 심지어 구식 삼각모까지 쓰고 있었다. 알렌 목사도 그날 회의의 손님으로 참석한 아홉 명의 목사 중 한 명이었다. 그들은 열아홉 명의 대표단과 함께 중앙 회의장의 나무걸상에 자리했다. 청중들은 복도를 꽉 채웠다. 브래드포드의 거주민들에게 이러한 전국적인 총회는 오랫동안 기억에 남을 사건이었다.

더군다나 이번 목요일 오후가 관심을 더 끄는 이유가 있었다. 대표단과 손님들이 회의장에 들어서자 그 뒤를 네 명의 젊은이가 따라 들어와 엄숙하고 긴장된 표정으로 나란히 맨 앞자리에 앉았기 때문이었다. 한동안 브래드포드에서는 이웃한 앤도버의 신학교에서 새로운 움직임이 일어나고 있다는 소문이 나돌았었다. 그것은 몇 명의 학생들이 미국 최초로 해외선교사가 되려 한다는 것이었다. 그리고 오늘, 그와 관련된 뭔가 중대한 일이 일어날 예정이었다. 복도의 군중들은 서로의 등 뒤로 수군거렸다. '맞아, 분명히 그런 것 같아. 저 네 젊은이들은 신학생이고 저들이 앞장서고 있다고 하네. 특히 저 날씬하고 밤색 곱슬머리에 코가 긴 젊은이를 보라구. 저드슨이라고 했지, 아마.'

오후 회의는 뉴햄프셔 중서부 지역의 종교와 교회 상황에 관한 길고 지루한 설명으로 이어졌다. 보고가 막바지에 다다르자 관중들의 수군거림이 그쳤다. 이제야 저 신학생들에 대해 뭔가 들을 수 있다고 생각한 듯싶었다. 커틀러 박사는 위엄 있게 회중을 제압하며 다음 순서로 시선을 돌렸다. 앤도버 신학교에서 온 네 명의 신학생들이 청원서를 읽을 차례였다.

회중이 침묵을 지키는 가운데 아도니람은 설교단 앞으로 걸어

나갔다. 손에는 종이를 쥔 채 군중들을 냉정하게 훑어본 후, 완전한 침착함을 찾은 듯 명료하고 강렬한 목소리로 청원서를 읽어 내려가기 시작했다. 그가 입을 열자마자 나머지 세 명은 내심 아도니람을 대표로 뽑은 것을 기뻐했다. 그가 회중을 사로잡는 보기 드문 재능을 갖추었다는 사실이 명백해졌기 때문이었다. 그는 "여기 서명한 우리 신학원생들은 이곳 브래드포드의 총회에 모여 주신 성직자 여러분께서 부디 다음 내용을 관심 있게 귀 기울여 주시기를 바랍니다"라고 읽어 내려갔다. 그날 스튜어트 교수의 집에서 회의에 참석했던 존 킵에게, 그 장면은 50년이 지난 후에도 생생한 것이었다. 무엇이 올지 알고 있던 터라 "우리들 중 몇 명은 숨을 죽였다"고 회상했다.

"저희들은 오랜 시간 동안 이교도들을 위한 선교사역의 중요성과 그 의무감으로 감동을 받아 왔음을 감히 고백합니다. 그동안 저희들은 선교 사역의 다양한 측면, 특히 예상되는 성공과 어려움을 진지하고 경건하게 숙고했습니다. 그 결과 하나님의 섭리 안에서 그분이 허락하시는 한 저희들은 이 사역에 모든 것을 바칠 각오가 되어 있습니다."

복도의 군중들로부터 겨우 들릴 듯한 가쁜 숨소리가 들려왔다. 젊은이들이 해외선교사가 되려 한다는 소문은 사실이었던 것이다! 아도니람은 계속했다.

"저희는 다음과 같은 질문에 관해 본 단체의 의견과 조언을 구하는 바입니다. 과연 저희들이 현재의 시각과 감정만을 가지고 우리 앞에 놓인 선교사역을 실현 불가능하고 공상에 가득찬 것으로 돌리고 단념해야 할지, 아니면 우리나라의 선교 단체들로부터 후원과 지지를 구해야 할지, 그렇지도 않으면 유럽 사회로 방향을 틀어야 할지에 대해서 말입니다. 그리고 이 모든 계획을 실행에 옮기기 전에 밟아야 할 준비 절차는 무엇인지에 대해 우리에게 알려주십시오. 본 서명인들은 저희들의 미숙함과 경험 부족을 깊이 공감하기에, 교회에 속하신 선배들의 지도 편달과 기도를 정중히 부탁드립니다."

아도니람은 잠시 멈추었다가 각서에 서명한 네 명의 이름을 천천히 읽었다. "아도니람 저드슨 2세, 사무엘 노트 2세, 사무엘 밀스, 사무엘 뉴엘." 말을 마친 그는 종이를 사회자인 커틀러 목사 앞에 있는 나사 천으로 덮인 성찬 테이블 위에 놓고 자리에 앉았다. 종이를 들고 자리에서 일어난 시간부터 종이를 다시 책상 위에 놓기까지는 채 5분도 지나지 않았다.

이제 4명은 각자 한 명씩 자신이 왜 그리고 어떤 과정을 통해 해외선교사가 될 결심을 하게 되었는지를 말했고 대표단들의 질문을 받았다. 이즈음이 되자, 침묵은 온데 간데 없고 회중의 뺨에는 눈물이 흘러내렸다. 아예 손으로 얼굴을 가린 채 우는 사람도 있었다. 대표단조차도 마음의 평정을 유지하기 힘들었을 것이다.

총회는 그 자리에서 어떤 조치도 취하지 않았다. 세 명으로 구성된 위원회가 추천장을 작성해 다음날 보고하라는 지시를 받았다. 그 중에는 사무엘 스프링과 사무엘 우스터가 포함되어 있었다. 그들은 이미 마음속으로 선교단체에 대한 뚜렷한 계획을 갖고 있던 터였고, 나머지 위원인 본 회의의 서기인 헤일도 그들의 뜻을 따라줄 것으로 예상되었으므로 추천서 내용이 호의적이라는 것은 기정사실이었다. 4시에 회의가 끝났고 정기집회는 공공예배로 인해 연기되었다.

학생들은 앤도버로 향한 우중충한 하늘 밑을 터벅터벅 걸으면서 모든 문제가 해결되었다는 사실을 미처 깨닫지 못한 듯했다. 사무엘 노트는 이같이 기억했다. "우리들의 온 몸과 마음은 모두 초조와 긴장으로 가득했다. 청원서와 관련해 단체가 어떠한 결정을 내릴지 전혀 예측할 수 없었기 때문이었다."

아도니람에게는 회중들 앞에 섰을 때의 침착함이라곤 찾아 볼 수 없었다. 동료들보다도 더 멍한 상태였다. 그러나 그가 그런 데는 다 이유가 있었다.

아침과 오후 사이에 누군가에게 사랑에 빠진 것이었다.

9. 낸시 (앤 하셀타인 : 1810)

그날 점심에 아도니람은 정기집회 기간 중 대표단을 자기 집에 묵게 해준 존 하셀타인 집사에게 식사 초대를 받았다. 하셀타인의 크고 편안한 집은 신학교 운동장에서 서쪽으로 약간 떨어진 곳에 있었다. 서쪽 앞방에는 식탁이 차려져 있었다. 호의적인 주인 집사에게 떠밀려 손님들이 방안으로 들어섰을 때 아도니람은 스무 살가량 된 처녀가 허리를 굽힌 채 커다란 파이를 푸짐하게 써는 것을 보았다. 그는 생전 이토록 아름다운 자태를 본 적이 없었다. 까만 곱슬머리에 깨끗한 올리브색 피부, 그리고 빛나는 눈동자는 어디서 보더라도 한눈에 띄는 외모였다. 살짝 말려 올라간 입가에 머금은 억제 할 수 없는 미소와 어떻게 보면 건방져 보이는 춤추는 듯한 눈은 관습적인 예의범절에 가려지긴 했으나 어딘지 모르게 발랄하면서도 심지어 장난기마저 느끼게 했는데, 이런 것들이 아도니람에게는 신선한 매력으로 다가왔다.

그는 수줍음을 타는 성격이 아니었으나 알렌 목사가 그를 소개하고 그녀가 그의 얼굴을 똑바로 쳐다보자 그만 정신이 희미해졌다. 그 순간부터 그녀가 손님들을 대접하면서 왔다갔다하는 움직임 하나하나를 모두 의식했지만 앞에 놓인 접시로부터 눈을 떼지는 못했다. 신학교에서의 선교운동에 관한 질문을 받았을 때조차 제대로 대답하기 힘들 지경이었다. 이 질문을 한 사람들은 그가 몇 시간 뒤에 회의석상에서 해야 할 연설 때문에 긴장해서 그런 것이라고 생각했다. 그러나 사실 그는 주머니 속의 청원서 보다는, 자신의 의지와는 상관없이 자꾸 떠오르는 이 미녀를 위한 시에 몰두해 있었다.

그녀의 이름은 앤 하셀타인이었으나 평상시에 사람들은 그냥 '낸시'라고 불렀다. 그녀는 하셀타인 집사의 네 딸 중 막내였다. 그녀는 아도니람과 그가 종교계에 몰고 온 태풍에 대해 들은 바가 있었기에 과연 어떤 모습일지 궁금해 했다. 하지만 그를 보고난 지금 그녀는 적잖이 실망했다. 물론 그는 제법 잘 생긴 편이었으나 키가 너무 작았고 가냘파 보였다. 갈색의 곱슬머리는 멋졌지만 코는 다소 커 보였다. 그리고 무엇보다, 그동안 들려오던 재치와 생기발랄함은 다 어디로 갔는가? 그의 답변들은 퉁명스럽고 간단했다. 더군다나 그는 시간 내내 앞에 있는 접시만 물끄러미 내려다보았다. 식사가 끝난 후 젊은 저드슨이 고맙다는 말을 얼버무리고 문을 나서자 그녀는 그동안 사람들이 왜 그에 대해 그토록 떠들어댔는지 의아할 정도였다.

그러나 그날 오후 교회에서 그가 일으킨 감동의 물결에 대해 들은 후, 그녀는 아마도 생각을 바꾸었을 것이다. 낸시 하셀타인은 아도니람보다 1년 반 어렸다. 그녀는 1789년 12월 브래드포드에서 태어났다. 위로 세 명의 언니와 오빠 하나가 있었기에 그녀는 가족의 귀염둥이였다. 덕분에 약간 버릇이 없기도 했다. 그녀에게는 자기 뜻대로 하고 싶어하는 고집이 분명 있었다. 그러나 그녀의 밝은 천성과 발랄함 앞에서는 누구도 오랫동안 화를 내기 힘들었다. 그녀는 도무지 무서워하는 것이 없어 보였다. 벌을 주어도 그녀를 슬프게 하고 화나게 할 뿐 변화되지는 않았다. 발밑을 꽁꽁 묶어 놓지 않으면 그녀는 금세 어디론가 사라져 결국 화가 난 어머니는 "앤, 넌 나중에 커서 싸돌아다니기만 할거다"라고 소리치곤 했다.

아버지에게 그녀는 기쁨 그 자체였다. 특히 이웃들은 그녀가 "자신의 목적을 성취하기 위해 책략을 고안해 내는 독창성"이 있다고 잊지 않고 상기시켜주었다. 하셀타인 씨는 자신도 즐겁게 살고 남도 즐겁게 살게 해주고 싶어하는 사람이었다. 메리맥 강을 향해 있는 농장의 위쪽 끝 부분에 집을 지었을 때, 그는 집 뒤쪽 널찍한 2층짜리 방을 여흥과 춤추는 장소로 마련했다. 모두 그곳을 하셀타인 '댄스홀'이라 불렀는데, 브래드포드의 원기 왕성한 많은 젊은이들에게 이곳은 금세 문화공간으로 자리잡았다. 하셀타인의 자녀들은 모두 브래드포드 학교를 거쳐갔고, 그 학교의 모든 남녀학생들은(낸시가 십대 때 약 80명가량 되었다) 하셀타인 댄스홀을 다녔다. 근방 어느 마을에서도 이런 즐거움과 흥분은 찾아볼 수 없었다. 댄스홀은 에섹스 군의 소박하고 단조로운 시골 생활에서 유일한 양지였다. 심지어 교회도, 품행이 바른 알렌 목사까지도 영향을 받았다. 알렌은 아도니람의 삼촌인 이프레임 저드슨 밑에서 신학공부를 하던 시절 배웠던 보수적인 홉킨스주의에 걸맞게 보수적인 의복을 입고 다니는 사람이었다. 그는 기독교적인 의무에 대해 누구보다 진지했지만 자신의 설교에 비하면 덜 근엄한 편이었다. "알렌 목사가 집사를 불러 댄스홀에서 저녁시간을 보내는 것은 일상적인 일이었다." 알렌 목사의 활달한 딸 벳시가 브래드포드 학교 학생이었고 하셀타인 딸들의 친한 친구였던 탓도 있었지만 말이다.

물론 어떤 이들은 이를 비난했다. 심지어 알렌 목사도 어떤 면으로는 공격 대상이 되기도 했다. 한 익명의 책자는 가까운 에섹스에서 출판되어 강 건너 해버힐에 배포되었는데, 거기에서는 그를 "복음과 도덕의 진정한 기준에 훨씬 못 미치는 아리우스와 소치니언(Socinians: 16세기 이탈리아의 신학자 소치니가 주장한 삼위일체, 그리스도의 신성, 인간의 원죄 등을 부정하는 설을 따르는 사람들—옮긴이)"이라고 몰아세웠다. 더 심한 경우도 있었다. 목사회의라는 모임에서는 그가 "시끄러운 법석과 춤추는 것을 열심히 옹호했다"고까지 주장했다. 실제로 지난 몇 달 동안 알렌 목사는 젊은이들과 시끌벅적하게 춤을 추러 다니느라 심지어는 새벽 1시까지도 밤을 지새우곤 했다.

낸시는 모범생이며 독서를 좋아했으나 훗날 후회하며 적었듯이 십대 때는 노는 데 열중하느라 공부를 소홀히 했다. "나는 늘 파티에 몰려다니면서 즐겼고, 내 마음속에는 '천진무구한 여흥'이라는 말이 가득했다. 내 주위에는 나처럼 열광적이고 들뜬 사람들로 우글거렸고, 나는 내 자신이 이 지상에서 가장 행복한 사람이라고 여겼다." 물론 그녀는 어머니로부터 거짓말하지 말고 도둑질하지 말고 부모에게 불순종하지 말며 항상 기도하라는 가르침을 받아왔다. 그녀는 이런 사항들을 지켜야 "죽음이 닥쳐올 때 불안과 공포를 떠올리게 하는 지옥으로부터 벗어날 수 있으리라"고 믿어왔다. 그래서 착한 소녀들이 하듯 그녀도 밤낮으로 기도를 했고 일요일에는 놀이를 금했다. "의심의 여지없이 그렇게 옳은 행동을 해야만 구원이 보장된다고 믿었다." 그러나 십대에 접어들면서 그녀의 신앙생활은 뒷걸음치기 시작했다. 밤에 파티에서 돌아온 후에도 기도하지 않았고 성경도 읽지 않았다. 이따금씩 그녀의 양심이 그녀를 괴롭혔지만 "파티에 다닐 정도가 되었으니 기도를 하기에는 너무 나이가 먹었다고 생각하며" 스스로를 위로했다.

이것이 15세가 될 때까지의 앤 하셀타인의 모습이었다. 그녀의 친구들이 말했듯이 "앤이 있는 곳에는 우울이나 불행이 없었다." 낸시와 그녀의 친구들은 이렇듯 즐거운 인생이 변화되기를 원하지 않았다.

낸시가 아도니람을 만나기 5년 전인 15살이 되던 1805년 5월, 브래드포드 학교에 새 교장으로 아브라함 버햄이 부임해왔다. 그는 뉴햄프셔 던버톤 출신의 농부의 아들로 힘든 노동과 엄격한 금욕으로 교육받은 사람이었다. 1804년 다트머스에서 졸업했을 때는 이미 서른이 가까웠지만 그는 목사가 되려고 굳게 결심했다. 그는 돈을 모으기 위해 브래드포드에서 가르치는 것 외에도 방학을 이용해 뉴햄프셔 콩코드에서 학생들을 가르쳤다. 그는 자신의 교장직을 활용해 학생들에게 기독교적인 삶을 살도록 도와주었다. 그는 정말 좋은 선생님이었다. 그리고 이 신앙 교육을 세속 교육만큼 중요하게 여겼다.

낸시를 포함한 학생들은 곧 버햄의 영향력을 느낄 수 있었다. 처음에는 그것이 너무나도 희미했기 때문에 그녀는 자신에게 무슨 일이 일어나고 있는지 감지하지 못했다. 어느 일요일 아침, 그녀가 교회에 가기 위해 옷을 입고 있을 때 그 영향력이 처음으로 본모습을 드러냈다. 그녀의 옷장에는 한나 모어의 유명한 책 『여성교육에 대한 비난』이 한 권 놓여 있었다. 무심코 책을 펴자 한 이탤릭체 문장이 눈에 들어왔다. "쾌락 속에 사는 여인은 살아 있는 동안 죽은 것이나 마찬가지다." 그 문장이 너무 급작스럽게 튀쳐나왔기 때문에 그녀는 초자연적인 힘에 의해 그것이 자신의 눈에 띈 것처럼 느껴졌다. 이로 인한 영향은 얼마 안 지나서 퇴색했지만 결코 잊지는 못했다. 며칠 후 존 번연의 『천로역정』을 읽고 있을 때 "기독교인들은 좁은 길을 고수했기에 모든 고난을 안전하게 극복하고 결국에는 천국에 도달하리라"는 글귀가 여운을 남기며 그녀의 가슴을 파고들었다.

낸시는 곧바로 자기 방으로 가 자신의 신앙생활을 인도해 달라고 기도했다. 기도를 마친 뒤에 구원을 받으려면 어떻게 해야 하는지 생각했다. 그러나 좋은 방법이 떠오르지 않았다. 그녀는 결국 파티를 멀리하고 "얌전하게 있으면서 다른 학생들 앞에서 진지한 자세를 보이는 것"이 올바른 행동거지라고 스스로 결론을 내렸다.

그러나 낙천적인 낸시 하셀타인은 어떠한 결심도 굳게 지키지 못했다. 바로 다음날 그녀는 파티에 초대를 받고 거절했으나 다른 곳에서 또 초대를 받게 되자 단순한 가족모임이라고 단정하고 응했다. "춤은 곧 시작되었고 나의 신앙계획은 잊혀졌다. 나는 무리에 어울렸고 그 중에서도 가장 명랑했고, 새롭게 시작한 삶에 대해서는 더 이상 생각하지 않았다."

그날 밤 늦게 집에 돌아온 후 그녀의 양심은 자신의 "가장 굳은 결심"을 깨뜨린 것에 대해 그녀를 꾸짖기 시작했다. 조그마한 유혹에도 다시금 그것을 깨뜨릴 것이라는 사실을 너무도 잘 아는 그녀로서는 더 이상 결심을 하기가 겁났다. 변하기 힘들다면 차라리 양심을 억누르는 편이 낫겠다는 결론을 내렸다. "1805년 12월부터 1806년 4월까지 나는 이성적인 시간을 거의 갖지 못했다. 공부에는 별로 신경을 쓰지 않고 무슨 옷을 입고 저녁 시간을 어떻게 재미있게 보낼까 연구하는 등 하찮고 덧없는 일들에만 열중했다.

나의 쾌활 명랑함은 친구들을 능가했다. 친구들 중 몇몇은 내가 이런 바보짓을 계속할 시간을 줄이던가, 이런 생활을 갑작스럽게 끊게 될까봐 우려했다." 그럼에도 불구하고 그녀가 열광적으로 즐기면 즐길수록, 낮 시간 동안 양심을 부정하는 데 성공하면 할 수록, 조용한 밤이 되면 그녀의 마음은 불안과 불길한 예감으로 가득 찼다.

한편, 버햄 교장의 영향 아래 마을에는 신앙 부흥이 일어나기 시작했다. 그해 봄, 낸시도 신앙 모임에 참석하기 시작했다. 내적 갈등으로 인해 그녀는 갈기갈기 찢긴 기분이었다. "흥겨운 친구들 사이에서" 기독교인이 되기란 힘들다는 것을 알았으나 그것을 포기하기 싫었다. 그녀의 행동은 마음과 반대로 나타났다. 모임에서 그녀는 남들이 눈물을 보지 못하게 방 맨 구석에 앉아 본심을 숨긴 채 명랑한 척하기 일쑤였다.

하지만 계속 그렇게 행세할 수는 없었다. 얼마 지나지 않아 그녀는 "오락에 완전히 흥미를 잃어버렸고, 새로운 마음을 갖지 않으면 영원히 멸망하리라는 사실을 직시"하지 않을 수 없었다. 버햄 교장은 종종 하셀타인 가를 방문했다. 하루는 토론의 주제가 성령님이 죄인의 마음을 움직인다는 내용으로 흘러갔다. 낸시는 이러한 주제에 대해 한 번도 생각해 본 적이 없었다. 거기서 버햄 씨는 사탄이 하는 일 중 하나가 "혹시라도 우리의 믿음이 자라는 것이 두려워 자기의 마음을 남들로부터 숨기도록" 유혹하는 것이라고 말했다. 순간, 낸시는 이 말이 가슴에 와 닿았다. 그녀는 조용히 방에서 나와 정원으로 가서 정신없이 통곡했다. 자신이 사탄이 원하는 대로 움직이는 포로처럼 느껴졌다. 그러나 그 순간에도 그녀는 자신이 신앙에 대해 심각하게 생각한다는 사실을 친구들에게 알리고 싶지 않았다.

일주일 후 낸시는 신앙이 깊다고 알려진 이모를 만나러 갔다. 이모는 신앙 잡지를 읽고 있었다. 낸시는 자신의 마음 상태를 들켜서는 안 된다고 생각하면서도 속으로는 이모가 자신의 신앙 이야기를 들려주었으면 하고 바랐다.

이모는 낸시에게 책을 읽어달라고 부탁했다. 책을 읽기 시작한 지 몇 분이 지났을 때 그녀는 터져 나오는 울음을 참지 못했다. 마음속에 있는 것을 더 이상 숨길 수 없었다. 낸시는 그렇게 흐느끼면서 자신의 고통을 이모에게 털어놓았다. 이모는 더 늦기 전에 마음이 원하는 대로 따르라고 일렀다. 만일 낸시가 "성령으로 말미암은 생각들을 경홀히 여기면" 그녀에게는 "쓰라린 가슴과 눈먼 영혼만이 남게 될 것"이기 때문이었다.

드디어 마음을 털어놓자 낸시의 영혼이 되살아나기 시작했다. "모든 것을 포기해야 한다는 굳은 결의가 생겼고 하나님과 하나 되기를 원했다. 내가 느꼈던 공포는 이제 사라졌고 자신이 길 잃은 양이며 멸망해 가는 죄인이라는 사실을 온 우주가 다 알기를 바랐다."

이후 2,3주 동안 그녀는 자기 방에서 근신하며 독서했고, "자비를 구하며 통곡"하는 것으로 시간을 보냈다. 놀랍고 원통하게도 그녀는 이전보다 마음이 더 안 좋았다. 마음에 평화를 주지 않는 하나님이 원망스러워졌다. "그가 주권적인 하나님이라는 생각이 견딜 수가 없었다. 하나는 선택하면서 다른 하나는 멸망하도록 놔두는 권한을 가졌다는 사실에 참을 수가 없었다." 하나님이 잔인하다고 여겨질 뿐만 아니라 그렇게도 전적으로 깨끗하고 성스러운 하나님이 미웠다. 그러한 하나님에 대한 생각이 그녀를 혐오스럽게 했고 "그때의 생각들을 지닌 채 만일 천국에 가게 된다면 지옥에 떨어진 것만큼이나 절망스러울 것이다"는 생각도 들었다.

이러한 적개심에 불타는 마음으로 며칠이 지나자, 예수님의 성품을 곰곰이 생각해 보면서 그녀의 마음은 변하기 시작했다. "하나님께서 그분을 통해 죄인을 구원한 것을 보면 공의로우시다"는 생각이 들기 시작했다. 『진정한 신앙』이라는 벨라미의 글을 읽으며 하나님의 미움이 죄인에 대한 것이 아닌 죄를 향한 미움이며, '모든 인류'에 대한 사랑이라는 사실을 받아들이기 시작했다. 그녀 안에는 새로운 형태의 느낌과 욕구가 생기기 시작했고 점차 "죽음으로부터 생명으로 옮겨왔다는" 깨달음이 왔다.

짧은 시간동안 그녀는 완전히 변했다. "나는 죄를 피하기 위해 부단히 노력했다. 지옥이 두려워서가 아니라 하나님을 실망시키고 성령을 상심케 하는 것이 두려웠다. 이전과 달리 전혀 다른 감정과 동기로 학교수업에 참여했다. 내가 가진 모든 것을 하나님의 영광을 위해 향상시켜야 할 의무감을 느꼈다. 그의 섭리 가운데 나의 실력을 향상할 수 있도록 특권을 주셨기 때문에, 그것을 무시한다면 게으른 종들과 같이 된다고 생각되었다. 그러므로 나는 학교에서 부지런히 공부하면서 유용한 지식을 습득했고 저녁과 밤 시간 동안에는 영적인 행복감에 젖어 지냈다."

낸시의 변화는 가족에게 영향을 미쳤다. "체험적 신앙심"에 대한 경험이 전혀 없었던 그녀의 아버지는 버햄 씨의 말에 신중하게 귀를 기울이기 시작했다. 그해 여름 어느 날 밤 브래드포드의 전설은 시작되었다. 그는 들판을 가로질러 집을 향해 가고 있는데 낸시가 무릎을 꿇고 눈물로 기도하는 것을 본 것이다. 순간 그는 자신의 가장 사랑스러운 막내딸이 하나님 앞에서 눈물을 흘리는 장면을 보았다. 그는 돌아서 농장을 가로질러 커다란 참나무를 향해 걸어갔다. 넓은 나뭇가지 밑에 몸을 던지며 그는 "고통스런 기도 가운데 영혼을 쏟아 내었다."

1806년 8월 11일, 존 하셀타인과 그의 아내는 브래드포드 교회에 갔고, 낸시와 그녀의 스무 살 난 오빠 존은 세례를 받았다. 한 달 후 낸시는 교회에 등록되었으나 존은 아니었다. 그 전날 그가 바다에서 실종되었던 것이다. 낸시가 교회에 등록한 그 일요일, 그녀의 언니 메어리도 세례를 받았다. 그 이듬해 봄이 가기 전에 레베카와 아비가일도 거기에 참여했다.

자신의 회심으로 인해 낸시는 급격히 성숙했다. 그해 겨울 그녀는 생애 어느 때보다 더 열심히 공부했다. 봄에는 학기 사이에 학생들을 가르치기 시작했다. 낸시는 기도로 브래드포드에 자기의 첫 학교를 열었다. 그녀는 "작은 창조물들이 이러한 시작에 놀라는 것 같았다"고 열일곱 살의 당당함으로 일기장에 적었다.

이후 몇 해 동안 근처 몇몇 마을, 강 건너 해버힐과 뉴베리에서 교편을 잡았고 세일럼에서도 이따금씩 가르쳤다. 그녀의 언니 레베카는 브래드포드에서 그다지 멀지 않은 바이필드에서 가르쳤고 낸시도 그곳에서 언니와 한 학기를 가르쳤다.

세일럼에서 낸시는 절친한 친구 리디아 킴벌과 함께 생활했는데 킴벌의 아버지 엘리파렛은 몇 년 전 브래드포드에서 이사와 에섹스 가에 솜, 플란넬, 포플린, 공단, 토시와 목도리, 비단 장갑 등등 자질구레한 실용품을 파는 '유럽과 인도 상품점'이라는 가게를 열고 있었다.

킴벌 가에서 낸시는 바다선장들과 배 주인들을 만났을 것이다. 물론 더비 거리를 따라 있는 부두에서 그들의 배를 보았을 것이고 드높은 흰 돛이 당당히 나아가며 베이커스 섬과 크고 작은 미저리를 지나가는 것을 보았을 것이다. 그녀는 어쩌면 자신이 남자가 되어 말로만 듣던 먼 곳들로 항해하고 싶은 덧없는 소망을 가졌었는지도 모르겠다. 그러나 자기가 아는 한도 내에서 그녀의 운명은 에섹스 군에서 가르치고 결혼해야만 했다.

어쩌면 언니 레베카가 1810년 베벌리에 있는 데인 스트리트 교회의 학식 있는 조셉 에머슨 목사의 세 번째 아내로 결혼한 것처럼 낸시도 목사와 결혼하고 싶어했는지도 모르겠다. 1810년 봄 낸시는 에머슨 부부를 몇 번 방문했고 구부정한 어깨를 한 상냉한 목사에게 진정한 존경심을 갖게 되었다. 그러나 이러한 문제와 관련해 그녀의 본심이 어떠했는가 하는 것은 알 수 없다. 우리가 알 수 있는 것은 1810년 6월 28일, 스물한 살 된 낸시 하셀타인은 브래드포드의 자기 집에 있었고, 그날 낮에 아도니람 저드슨이 그녀가 손님 접대하는 모습을 보고 즉각 사랑에 빠졌다는 사실뿐이다.

10. 무모하고 낭만적인 사역 (1810)

다음날 부모님에게 편지를 쓸 때 아도니람은 낸시 하셀타인에 대해 언급하지 않았다. 대신에 영국의 보그 박사에게 띄운 편지와 브래드포드에서 발표한 각서에 대해서만 사무적으로 언급했다. 편지를 써내려 가던 중 그는 아직 총회의 결정을 듣지 못했음을 알고는 쓰기를 중단했다. 한편 브래드포드에서는 세 명의 위원들이 아침 7시에 개회한 협회의 1차 회의에서 보고문을 발표했다. 위원회는 학생들을 후원하는 것에 동의했고 "본 총협회 주관 하에 외국으로 복음을 전파하기 위한 방법과 수단을 고안하고 그것을 적용하고 실행할 목적으로 해외선교사 파송 위원회를 설립해야 한다"고 제안했다. 그들은 더 나아가 학생들이 해외선교사 파송 위원회의 후원과 지도 아래 본 단체의 훌륭한 뜻과 관련해 하나님의 계시와 인도함을 겸손히 기다리는 자세를 요구했다.

아도니람은 하나님의 계시와 인도하심을 겸손히 기다릴 인물이 아니었다. 편지 쓰기를 중단한 지 약 2주일이 지난 후 다시 펜을 들었을 때 그는 부모님에게 선교단체가 곧 설립될 예정이라고 말하고 "나는 아직 이 위원회로부터 그들의 목표가 정확히 무엇이며, 언제 모임을 갖는지에 대해서도 듣지 못했어요"라며 초조하게 덧붙였다. 학생들은 선교사역을 미국 내에서 가능한 한 최대로 활성화시키고 싶었으나 그렇지 못할 경우 "영국의 원조를 간청하는" 길까지 가로막는 것은 원치 않았다. 곧 선교사로 떠날 수만 있다면 누가 보내주건 별로 상관하지 않았다.

아도니람은 부모님에게 학생들에 대한 중요한 보고사항이 있다고 썼다. 바로 윌리엄스 대학 졸업생인 고든 홀이었다. 밀스의 친구인 홀은 코네티컷의 우드베리에서 목회를 해왔고 얼마 전 교회로부터 600달러의 고정직을 제안 받은 상태였다. 그러나 홀의 선교에 대한 관심이 밀스를 통해 아도니람에게 알려졌고 아도니람은 그에게 편지를 썼다. 홀은 즉각 조사 차 앤도버로 향했다. 그가 우드베리에 고정직을 거절한다는 소식을 통보한 것은 앤도버에 도착한 지 며칠이 지나지 않아서였다. 해외선교 업무를 준비하기 위해 그는 신학교 1811년 졸업반에 등록했다. 아도니람은 그에 대해 "사리분별이 정확하고 현명하며 학식이 있고 믿음이 좋은 사람입니다"고 썼으며, "근 1년 동안의 목회를 통해 우드베리 주민을 통합시켰습니다. 이제 홀, 뉴엘, 노트와 나, 우리 네 명은 석 달 후에는 세계 어느 곳으로든지 떠날 준비가 되어 있습니다. 하급반에는 선교사들을 어디로 파견하던지 지원할 준비가 되어 있는 학생이 적어도 네 명은 더 있습니다"라고 이었다.

그는 자신의 미래 사업을 위해 나름대로 여러 측면으로 준비하고 있었다. 이웃 마을에서 설교를 할 때면 원고도 거의 사용하지 않았다. "나는 더 이상 설교문을 쓸 생각이 없다. 매일같이 야만인들을 상대로 저속한 표현을 일삼아야 할 내가 왜 정확하고 고상한 영문학을 위해 시간을 투자해야 하는가?" 그는 늘 촛불을 켜 놓고 책을 읽었기 때문에 눈이 나빠져서 밤에는 공부를 하기 힘든 것만 빼고는 건강한 편이었다. 몇 달 동안 그는 심호흡, 꾸준한 냉수욕 그리고 걷기 운동으로 체력 단련을 했다.

낸시 하셀타인에 대해서는 아무 언급도 하지 않았으나 아직 플리머스의 교회에 나가지 않는 자신의 누이 아비가일을 염려하는 마음속에 그의 애틋한 감정이 다소 반영되고 있다. "가끔 아비가일이 플리머스에서 외톨이라는 생각이 듭니다. 한 친구가 있는데 그녀의 우정은 아비가일이 지키는 한 결코 배신하지 않을 것입니다."

한편, 그 자신도 낸시와의 우정을 지키기 위해 시간을 낭비하지 않았다. 그녀를 만난 지 한 달 후 그는 정식으로 그녀와 "교제를 시작"했는데 이는 정식 구혼자로서 자신의 입장을 밝힌 것이었다. 그는 편지로 이것을 전했는데 관습에 따라 그녀는 며칠 동안 답변을 하지 않았다. 편지의 내용은 하셀타인 가에서는 공공연한 비밀이었다. 드디어 언니 중 한 명이 낸시가 계속 답장을 늦추면 자신이 직접 답장을 보내겠다고 협박했다.

그녀의 응답은 승낙은 아니었으나 명확한 거절 또한 아니었다. 핵심을 회피하면서 자기가 아도니람을 고려해 보기 이전에 그녀의 부모님이 승낙을 해야 한다고 했다. 은밀히, 그녀는 일기장에 자신이 과연 "하나님의 원하는 대로 전적으로 자기를 내 맡길 수 있는 자신이 있는지"에 대해 심사숙고했다. 그리고 "그래, 나는 멀고 미개한 이교도들에게 복음을 전해야 하는 상황에 기꺼이 들어갈 것이며 거기에서 나의 최선을 다 할 것이다"고 다짐했다. 아도니람은 곧 책상 앞에 앉아 낸시의 아버지에게 편지를 썼다.

내년 봄 일찍 선생님이 따님과 헤어지고 이 땅에서는 더 이상 만날 수 없게 되는 것을 승낙하실 수 있는지 여쭈어 보아야 할 것 같습니다. 그녀가 선교 생활의 고난과 고통을 향해 떠나는 것을, 그리고 바다에 도사리고 있는 위험에 노출되는 것을, 인도의 남부 기후가 미치는 치명적 영향을, 모든 결핍과 슬픔을, 모욕과 박해와 심지어 비참한 죽음까지도 감수하고 승낙하시는지 말입니다. 선생님은 이 모든 것을 본향인 하늘나라를 떠나 그녀와 선생님을 위해 죽으신 분을 위해, 죽어 가는 불쌍한 영혼들을 위해, 그리고 시온과 하나님의 영광을 위해 승낙해 주실 수 있으신지요. 이 모든 것을 찬양의 환호성(이는 낸시로 인해 영원한 고뇌와 절망으로부터 구원받은 이교도들로부터 그녀의 구주에게까지 미칠 것입니다)으로 빛나는 정의의 왕관을 쓴 채 영광의 나라에서 곧 따님을 만날 수 있다는 희망을 위해 승낙하시겠습니까?

이 편지의 내용은 분명 존 하셀타인의 눈을 튀어나오게 할 정도였다. 그는 "자기 딸이었다면 그러한 경솔한 모험에 보내주느니 차라리 침대기둥에 꽁꽁 묶어두는 편이 나을 것"이라고 단호히 선언한 자기 친구와 같은 심정이었다. 그러나 존 하셀타인은 그렇게 하지 않았다. 많이 염려했지만 그는 낸시가 스스로 결정하도록 맡겼다. 어떠한 선택을 하든지 그는 낸시를 축복할 것이지만 돌이킬 수 없는 결정인 만큼 신중히 고려하도록 했다. 낸시의 어머니는 그녀가 가지 않기를 바랐지만 반대는 하지 않았다. 자신에게 모든 부담이 돌아오자 낸시는 어찌해야 좋을지 몰랐다. 그녀는 아도니람을 사랑하기 시작했다. 어떤 여자가 그런 격렬함과 부드러움을 겸비한 남자를 거부할 수 있겠는가? 그리고 먼 나라에서의 모험을 함께 한다는 사실이 어딘지 모르게 무척 매력적으로 느껴졌음이 분명했다. 그러나 위험 요소를 생각해보면 섬뜩했다. 언젠가는 아이들도 낳을 것이다. 그들은 어떻게 되겠는가? 한편으로는 더 이상 어떻게 하나님을 더 잘 섬길 수 있을까 하는 생각이 들었다.

이런저런 생각에 시달리다가 9월 초가 되자 낸시는 조언을 구하러 베벌리로 갔다. 레베카 외에도 아비가일 언니도 그곳에서 교편을 잡고 있었다. 그녀는 언니들보다 에머슨 씨와 상담을 원했는지도 모르겠다. 모두에게 호감을 사는 온화함과 점잖은 유머 감각에도 불구하고 그는 부드럽지만은 않았다. 상황에 따라서는 굉장히 솔직했다. 낸시가 그에게 자신의 희망과 염려를 털어놓자

에머슨 씨는 이 문제가 그녀가 생각하는 것처럼 그다지 복잡한 것은 아니라고 말했다. 만일 그녀가 진정으로 아도니람을 사랑하고 주님께 헌신할 마음이 있다면 그의 뜻을 받들기에 이보다 더 좋은 방법은 없을 것이었다.

힘을 얻은 그녀는 세일럼의 리디아 킴벌에게 자신만만하게 편지를 썼다.

> 저는 하나님의 섭리가 가로막지 않는 한 기꺼이 이 땅에서의 시간을 이교 국가에서 보낼 마음이 있습니다. 네, 그래요, 리디아. 저는 이곳에서의 모든 안락함과 즐거움을 포기하고, 친척들과 친구들에게 애정을 바치는 대신 하나님이 섭리 가운데 이끄시는 곳으로 가리라고 마음 먹었습니다.

어쩌면 그녀는 아도니람처럼 자신의 선택을 극적으로 표현하는 데서 묘한 즐거움을 느꼈는지도 모르겠다. 그러나 그녀는 이런 결정에 아도니람을 향한 사랑이 많이 작용했다는 사실을 스스로도 인정할 수 없었다. 그녀는 리디아에게 덧붙여 강조했다. "저의 결심은 세상적인 동기에 얽매인 결과 생긴 것이 아니고 하나님을 향한 의무감과 함께 그것이 섭리 가운데서 의무라는 전적인 믿음에 의거한 것입니다."

그럴지도 모르겠다. 적어도 사랑이건 의무감이건 브래드포드에 돌아오자마자 그녀는 아도니람에게 그의 아내가 되겠다고 말할 준비가 거의 되어 있었다.

아도니람은 그녀가 베벌리에서 돌아온 즈음인 9월 24일 신학교를 졸업했다. 그는 앤도버에 계속 머물면서 기회가 닿을 때마다 설교를 했고 자주 낸시를 만났다. 자신의 사랑에 관해서는 낸시보다 더 함축적이고 객관적이며 남자다운 태도로 친구인 노트에게 편지를 썼다. "자네를 만난 이후로 별로 한 일이 없다네. 단 … 낸시와 말을 타고 시골길을 달리는 것 외에는. 선교사 생활을 준비하는 것치고는 예쁜 풍경이지. 안 그런가?"

사실 그 이상 할 일이 별로 없었다. 그 달 5일(브라운 대학에서 문학석사 학위를 받은 날이었다), 이제는 "미국선교회"로 더 잘 알려진 감독위원회가 코네티컷 파밍톤에서 모임을 가졌다. 그 결과는 선교사 후보들에게 "선교사역과 관련된 다른 정보가 생길 때까지는 학업에 몰두할 것" 뿐이었다.

구애에 몰두했던 아도니람은 진전이 더뎠지만 단 한 번도 초조해 하지 않았다. 낸시의 언니인 메어리 하셀타인은 당시의 그를 이렇게 기억했다. "그는 첫사랑의 열병을 앓고 있었다. 그는 글자그대로 한 가지 생각밖에 할 줄 모르는 사람이었는데, 그것은 바로 예수님에 대한 사랑과 그것을 다양한 형태로 표출하려는 욕구였다. 동시에 그는 선천적으로 다혈질에다 성급하고 야심만만했으며 자신의 판단에 대해 확고한 신념이 있어서 연장자들의 조언은 귀담아 듣지 않았다."

이러한 구애자를 얼마나 오래 거부할 수 있겠는가? 그녀가 정확히 언제 '네'라고 했는지는 기록되어 있지 않다. 그러나 10월 중순이 되자 브래드포드의 주민 대부분은 낸시 하셀타인이 아도니람 저드슨과 결혼해서 동양으로 갈 것을 아는 듯했다.

의견이 분분했다. 브래드포드의 부인들은 길가에서 아는 사람들과 인사를 나누며 "하셀타인 양이 인도로 간데요. 그런데 왜 가는 거죠?" 식의 말을 건네곤 했다. 그러면 상대 주민은 이렇게 조용히 말을 받는다. "자신의 사명으로 생각하기 때문이죠. 당신이 그런 사명을 받았다면 가지 않겠어요?" 브래드포드의 보수적인 사람의 절반은 단호하게 대답했다. "그야 그렇지요. 그러나 그런 일은 내 사명은 아닌 것 같군요."

다른 이들은 강 건너 해버힐에 사는 열일곱 살 난 해리엣 앳우드와 뜻을 같이했다. 그녀는 낸시의 절친한 친구였고, 4년 전 브래드포드 학교에서 처음 만난 이래 계속 그녀를 존경해 왔었다. 낸시와 마찬가지로 해리엣도 1806년에 신앙 부흥의 소용돌이에 휘말렸다. 낸시처럼 격렬하지는 않았지만, 그 후로 계속해서 신앙문제에 몰두해 왔었다. 마르고 연약한 그녀는 2년 전에 아버지의 목숨을 앗아간 결핵 병력이 있는 집안에서 자랐으며 무척 내성적인 성격이었다.

해리엣이 낸시에게 직접 소식을 접했을 때 그녀는 자신의 놀라움을 일기장에 이렇게 담아놓았다.

한 여자 친구가 오늘 아침 우리를 방문했다. 그녀는 자기의 모국 땅을 등지고 고달픈 이교도 국가에서(특히 인도의 무더운 기후에서) 기독교인으로 살아갈 것을 동참하기로 결심했다. 이 소식이 내 마음을 얼마나 설레게 했는지! 그녀는 이 모든 것을 오직 하나님을 위해 할 마음이 있단 말인가. 그렇다면 나도 그러한 성스러운 계시의 빛줄기가 해맑게 내리비치는 땅에 나의 보잘것없는 도움을 줄 수는 없겠는가?

낸시는 그럼에도 불구하고, 마음속 깊은 곳의 두려움 때문에 이따금씩 결심이 흔들리는 것을 느꼈다.

예수님은 신실한 분이다. 그분의 약속은 소중하다. 그 믿음이 없었더라면 나는 현재 심정으로 절망의 늪에 빠져들었을 것이다. 특히 내가 알기로는 어떤 여성도 아직까지 모국인 미국 땅을 떠나 이교도 국가에서 일생을 보낸 일이 없기 때문이다. 게다가 나는 아직 앞으로 좋은 여성 동료를 만나게 될지 어쩔지도 모르고 있다. 그러나 하나님은 나의 증인이시고, 나는 그분이 나에게 원하시는 것을 감히 거부할 생각조차 하지 않는다. 많은 사람들이 이것을 '무모하고 낭만적인 사역'이라고 할지라도 말이다.

그러나 결국 그 '무모하고 낭만적인 일'이 시작되기도 전에 아도니람과 낸시는 거의 1년 동안 떨어져 지내게 되었다.

미국선교회는 사무엘 스프링, 사무엘 우스터, 그리고 평신도인 윌리엄 바틀렛을 자문 위원회로 임명해 선교사역 후원 방안을 모색해왔다. 12월이 되었을 때 위원회의 자금 조달 상황은 9월과 한 치의 변화도 없이 아무 것도 준비가 안 돼 있었다. 위원회는 다급한 마음에 결국 런던 선교사회와 공동제도 같은 것을 마련하는 방안을 강구하기로 했다. 즉 미국의 자문위원회가 적당한 인품과 자격 조건을 갖춘 선교사들을 추천 및 보증하고, 런던 측은 자금을 조달해 주는 식이었다.

1810년 성탄절 날, 아도니람, 뉴엘, 노트 그리고 고든 홀은 위원회에 참석해서 검사와 증명서 발급 절차를 밟았다. 이것이 끝난 후 아도니람은 미국선교회의 대표로 선발되어 런던 선교사회에 안건을 제출하기로 했다. 일주일 뒤인 1811년 1월 1일, 그는 보스턴 발 리버풀 행인 패킷 호를 탈 계획이었다.

위원회의 자금 사정은 너무나도 심각해 그 대표자의 교통비조차 해결해 줄 수 없었다. 아도니람은 신학교의 두 명의 후원자인 바틀렛 씨와 노리스 씨로부터 몇 백 달러를 조달 받았고, 위원회는 그가 미국으로 돌아온 후 비용을 보상하기로 약속했다. 그는 지시 사항이 적힌 편지 한 장과 런던 선교사회의 조지 버더 목사에게 전달할 편지 한 장을 쥐고 떠났다. 그 내용은 아주 구체적이었다.

첫째, 그는 미국과 런던 선교회가 함께 일하기 위해 어떠한 절차를 밟아야 하는지, 또한 영구적으로 런던 선교회에 완전히 예속되게 하지 않고 런던 측이 미국 출신의 선교사들을 한 동안 후원해줄 의향이 있는지 알아보아야 했다. 또 런던 선교회의 입장에서 미국과 영국의 후원 부담을 반반씩 분담해야 한다면 어느 쪽이 주도권을 잡아야 할 것인가? 이런 문제들이 아도니람의 주요 관심사였다.

둘째, 그는 선교사에게 필요한 여러 준비 과정과 선교사역을 이행해 나가는 올바른 방법들에 대해 가능한 한 많은 정보를 입수해야 했다.

떠날 준비를 하기에는 시간이 너무 촉박했기 때문에 아도니람은 낸시를 자주 만나지는 못했지만 필립 홀에 있는 방에서 그는 자기의 마음을 편지에 쏟아 내었다. 한 장은 12월 13일에, 또 한 장은 31일에, 그리고 나머지 한 장은 (패킷 호 운행이 지연되었기에) 새해 첫 날 아침에 썼다.

처음 두 장은 사랑의 속삭임과 다소 무거운 철학(당시 그가 감기에 걸렸기 때문인 것 같다)의 혼합체였으나 새해 아침에 쓴 편지는 감정이 격해진 대서사시였다.

나의 사랑, 나의 온 충심과 마음을 다해 새해를 맞은 것을 축하하오. 부디 새해에는 당신이 하나님과 더 가깝게 동행하는 해가 되길 빌겠소. 차분하고 고요한 마음으로, 예수님을 향해 뻗어 있는 길은 더욱 맑은 빛으로 장식된 채 말이오. 부디 새해에는 더 큰 성령의 능력을 입어, 지상의 모든 것을 초월한 찬양을 받으실 하나님의 뜻 가운데 이 세상에서 기꺼이 자기 몸을 버릴 수 있길 바라오. 한 순간 한 순간이 당신을 순례길의 마지막으로 이끄는 가운데, 부디 그것이 당신을 하나님께 더 가까이 나아가게 하기를 바라며, 당신이 죽음의 사신을 인도자 겸 친구로 맞을 마음의 준비를 더욱 굳건히 할 수 있게 되길 바라오. 이제 나는 소망을 품기 시작한 이상, 앞으로 나아갈 것이오. 올해가 부디 당신의 이름을 바꾸는 해가 되길 바라오. 그런 가운데 친척과 모국을 떠나 넓은 바다를 건너 지구 반대편 이교도인들 사이에서 살게 되기를 빌겠소.

아도니람은 편지를 끝마치고, 내년 새해에는 자기와 낸시가 힌두 혹은 버마의 낯선 언어로 어떻게 서로 새해 인사말을 나눌지 상상하면서 종이를 접고 등기 우편으로 편지를 부쳤다. 그리고는 보스턴으로 가서 패킷 호의 출항을 기다렸다.

11. 프랑스와 영국 (1811)

영국 선박인 패킷 호는 1811년 1월 11일이 되어서야 보스턴 항구를 떠났다. 아도니람과 두 명의 스페인 상인만이 승객으로 승선했다. 영국과 프랑스는 전쟁 중이었고 미국은 전쟁 직전에 있었기에 배는 텅 비어 있었다.

처음 며칠 동안 여행은 평온했다. 그러던 어느 날 아침, 낯선 선박들이 수평선 위로 아련히 나타났다. 그것들은 프랑스 민간 무장선(전시에 적선을 나포하는 면허를 가지고 있는 배―옮긴이)으로 '무적의 나폴레옹'이라는 장엄한 이름을 가지고 있었다. 패킷 호는 그들에게 멋진 전리품이었다.

패킷 호의 선원, 승객, 승무원들은 '무적의 나폴레옹' 호로 옮겨 타야 했다. 불어를 할 줄 알고 자산가인 스페인 상인들은 좋은 대우를 받고 방도 하나 얻었다. 아도니람은 그다지 운이 좋지 않았다. 그는 프랑스어를 몰랐고, 평범한 검정색 의복은 프랑스 해군들 눈에 그다지 중요한 인물로 비치지 않았다. 패킷 호의 승무원들과 함께 그는 프랑스인들의 화물칸으로 무례하게 떠밀려 내려갔다. 그곳은 어둡고 더러웠으며 사람들로 북적거렸다. 마침 전형적인 1월의 태풍이 몰아치는 때라 배 밑의 사람들은 뱃멀미에 시달리고 있었고 아도니람도 그 중 한 명이었다. 얼마 안 가 화물칸은 구역질나는 난장판이 되었다.

그것은 분명 아도니람이 예상치 못한 경험이었다. 깔끔한 것을 좋아하고 더러운 것을 참지 못하는 그의 성격은 거의 강박관념에 가까웠다. 그는 상냥했고 다른 이들을 위한 예우가 몸에 밴 사람이었다. 그런데 지금 그는 오물 더미에서 뒹굴며 패킷 호의 승무원들과 마찬가지로 거친 대우를 받고 있었다. 그가 예상했던 최악의 선교사 생활도 이처럼 역겹고 자존심 상하지는 않았다. 배에 소속된 의사는 화물칸을 매일 방문했다. 아도니람은 그에게 자신의 처지를 알리려 했으나 불어를 못하는 상태에선 속수무책이었다.

우울해진 그는 집 생각이 났다. 낸시와 브래드포드, 플리머스에 있는 가족, 심지어 그리핀 박사가 제안했으나 거절했던 보스턴의 파크 교회의 보좌역까지도 생각났다. 그는 이미 그 모든 것들로부터 등을 돌렸다. 하지만 향수병과 뱃멀미를 심하게 앓으며 과연 자기가 옳은 일을 선택했는지에 대해 점차 의문을 갖기 시작했다.

절망의 밑바닥에 이르렀을 때 그에게는 새로운 생각이 떠올랐다. 어쩌면 하나님이 자신에게 선교사역의 고통을 미리 맛보게 해서 그의 믿음과 결의를 시험하고 계실지 모른다는 생각이 들었다. 앞뒤로 흔들리는 화물칸 안에서 가까스로 무릎을 꿇고 앉아 자신의 나약함을 극복할 수 있는 능력을 구했다. 얼마 후 그는 기분이 좀 좋아졌고 깜깜한 방안을 더듬거리다가 자신의 히브리어 성경책을 찾았다. 그것을 손에 들고 책을 읽을 수 있을 정도의 희미한 불빛이 스며드는 장소를 찾은 그는 히브리어를 라틴어로 번역하면서 즐거움을 찾았다.

열심히 번역을 하던 어느 날 선의(船醫)가 회진 시간에 그를 찾아왔다. 의사는 호기심에 성경을 집어들고 문 쪽의 다소 환한 곳에서 그것을 살펴보았다. 교육을 받은 사람답게 그는 아도니람을 향해 라틴어로 질문을 했다. 라틴어는 매우 효과적인 대화 수단이었다. 추측컨대, 마음속으로 자신이 한 때 '되살아난 버질'이라고 불렀던 것을 감사하며 아도니람은 자기가 누구이며 왜 패킷호를 타게 되었는지 설명했다. 순간 (프랑스 사제와는 상당한 차이가 있었지만 자기와 비슷한 부류임에 틀림없어 보이는) 젊은 성직자를 향한 동정심이 발동한 의사는 아도니람의 숙소를 화물칸으로부터 옮길 수 있도록 해주었다. 해가 저물기 전에 그의 선실에는 침대가 놓였고, 그 이후로는 선장의 식탁에서 선원들 및 두 명의 스페인 상인들과 함께 식사를 하게 되었다.

아도니람의 남은 여행은 이전에 비해 쾌적했다. 선체가 더 크고 더 철저한 대포 장비를 갖춘 영국 범선이 '무적의 나폴레옹'

호를 조준하는 흥미로운 사건도 갑판에서 목격했다. 그러나 프랑스 선박은 더 빨랐고, 생포되어 영국으로 갈 수 있다는 아도니람의 희망은 좌절되었다. 결국 '무적의 나폴레옹'호는 스페인의 르파사쥬에 기항했고, 그곳에서 아도니람은 패킷 호의 승무원들과 함께 권총으로 위협받으면서 바요네 감옥으로 끌려갔다.

감옥으로 가는 도중에 그는 거리에 서 있는 군중에게 불어로 몇 마디 외쳐대는 것으로 자신의 분노를 터뜨렸다. 구경꾼들은 그런 불평에 더 포복절도할 뿐이었다. 그들 가운데 영어를 할 줄 아는 사람들이 있을지 모른다는 생각에 그는 용감하게 그런 억압에 항거하며 격렬한 비방을 하기 시작했다.

앤도버에서 아도니람의 목소리가 유명했던 만큼 영어로 터져 나오는 외침은 호송병들의 신경을 건드리기 충분했다. 그들은 위협적인 몸짓으로 아도니람을 막으려 했으나 그는 실제로 자신에게 폭력을 가할 사람이 없음을 보고는 관중들의 늘어나는 환호에 맞추어 목소리를 더 높였다. 그러나 잠시 후, 관중 속에서는 친숙한 미국식 억양을 지닌 목소리가 들려왔다. "목소리를 낮추시오!" 아도니람은 즉각 그 말을 따랐다. "나는 내 말을 혹시라도 알아듣는 이가 없을까 해서 떠들어 댄 것뿐이오"라고 설명한 후 그는 짧은 몇 마디로 어떻게 해서 여기까지 오게 되었는지 말했다.

그 목소리의 주인공은 필라델피아 출신으로, 영국 측의 봉쇄를 뚫기 위해 애쓰는 미국 함선의 선원이었고 아도니람을 돕겠다고 약속했다. "하지만 당신은 지금 조용히 가야하오"라며 그를 조심시켰다. "이제 원하는 것을 얻었으니 양처럼 그렇게 하리라"고 아도니람은 약속했다.

감옥은 배의 화물칸에 비하면 흔들리거나 너울거리지 않는다는 이유만으로도 대단한 발전이었다. 포로들은 넓고 어두운 지하 감옥에 갇혔는데, 그곳은 습하고 쌀쌀했으며 빛이라곤 중앙 돌기둥에 유일하게 걸려 있는 전등에서 나오는 희미한 빛줄기뿐이었다. 벽을 따라 뻗은 마룻바닥에 흩뿌려진 밀짚더미가 침대였다.

넓은 교도소에 갇히자마자 아도니람은 자신의 구조자를 기다리며 초조하게 서성거렸다. 몇 시간 후 감방 문이 삐걱거리며 열리자 그 필라델피아 인이 거대한 군복을 걸친 채 간수의 허락 하에 들어왔다. 그 친구가 들어왔을 때 아도니람은 중앙 기둥에 기대어 서 있었다. 초조한 기색을 숨기고 아무런 내색도 하지 않고 그는 즉각 전등 밑으로 움직였다.

아도니람을 무시한 채 그 미국인은 기둥 쪽으로 걸어가서 전등을 선반에서 들어올리고는 "이 중에 아는 사람이 있나 좀 보자"라고 말했다. 전등을 손에 든 채 그는 아도니람으로부터 떨어져, 밀짚더미 속에서 웅크리고 있는 남자들을 하나씩 살펴보았다. 다시 한번 방안을 둘러 본 후 역겨워서 그만 두는 것처럼 행동했다. "아니오 내 친구는 없소"라고 웅얼거리며 그는 아도니람의 머리맡에 있는 선반 위로 전등을 다시 올려놓았다. 그와 동시에 그는 자기 외투로 아도니람을 감싸안았다.

외투 밑에 웅크린 채, 칭칭 감긴 옷에 눈이 가려진 아도니람은 친구 뒤를 바싹 따라서 그와 발 보조를 맞추려고 최대한 애쓰며 살금살금 문 쪽으로 걸어갔다. 그 필라델피아 사람은 매우 키가 큰 편이어서 외투는 천막만큼 부피가 컸고 방안은 어두웠다. 하지만 가장 멍청한 교도관이라도 방문객의 몸이 더 커진 것과 다리가 두 개나 더 생긴 사실은 놓치지 않을 것이었다.

그러나 그 미국인은 덤으로 생긴 두 다리를 안 보이게 하는 마술을 알고 있었다. 감방 문이 활짝 열리자 그는 교도관의 펼쳐진 손바닥 위로 돈 몇 푼을 쥐어주었다. 그렇게, 필라델피아 인이 앞서서 걸어가고 아도니람은 외투 밑으로 웅크린 채 교도소 울타리를 지나갔다. 바깥으로 나가자 필라델피아 인은 아도니람의 어깨에서 외투를 벗겨버리고 퉁명스럽게 "자, 뛰어!"라고 호령하고는 아도니람을 숨겨줄 미국 선박이 있는 부두를 향해 전속력으로 앞장서 달렸다. 며칠 후 그는 가석방 용지를 받았고 그때부터는 마음대로 다닐 수 있는 자유인의 몸이 되었다.

그는 생의 대부분을 프랑스에서 보낸 한 미국 여인과 함께 숙식을 제공하는 거처를 마련했다. 그곳에서 6주 동안 지냈다. 그녀는 아도니람이 목사인 것을 알았지만 다른 사람들에게는 직업을 숨겼다. 옛날에 뉴욕에서 존슨 씨로 지냈던 사건과 흡사했다. 그는 평신도로서 동료 하숙생들과 함께 다양하고 즐거운 장소들을 찾아 다녔다. 단순한 구경꾼이 되어 일부러 이 나라의 언어와 문화에 대해 무지함을 보였다. 그리고 지나친 관심을 끌지 않으려고 일반적으로 둘러대는 답변들만 할 뿐이었다.

'즐거운 장소들'은 대충 고상하게 표현한 것이었다. 바요네는 마르세이유와 마찬가지로 혁명과 전쟁의 소용돌이 속에서 부랑자들과 군대에서 면직된 군인들이 넘쳐흘렀고 무척 초라했다. 잠시 머무는 선원들을 위한 문란한 여흥은 공공연한 비밀이었고 미국 선장들을 위해 베푼 연회에 얽힌 이야기들은 후손들이 여러 대에 걸쳐 조심스럽게 속삭일 정도였다.

드디어 극도의 불쾌감이 그의 호기심을 압도했다. 그가 가 본 마지막 유희의 장소는 가면 무도회였다. 순간 강렬한 감정으로 그는 신중함을 잃어버렸고, 자기의 모습을 드러냈다. 그는 다소 당황한 동료들을 향해 지옥조차도 지금 이곳에서 보고 있는 광경보다 더 완벽히 타락하지는 않았을 것이라고 단언했다. 그는 거기서 멈추지 않고, 불신앙이 프랑스와 전 세계에 퍼트린 악에 대해 열거하며 이러한 악으로부터 구원받는 유일한 길은 비록 멸시받았으나 진정으로 존귀하신 예수 그리스도께 대한 신앙임을 영어로 역설했다. 그의 목소리는 점점 커졌고 결국 제법 많은 수의 관중이 모였다. 대부분의 관중들은 그의 말을 알아듣지 못했기 때문에 그저 흥겨운 구경거리를 보는 것으로 여겼다. 그러나 가면으로 얼굴을 가렸지만 적지 않은 수가 그의 말을 알아들었으며, 신분을 숨긴 미국인들의 행동에 대해 그가 환멸을 토로했을 때 양심의 가책을 받는 듯했다.

얼마 지나지 않아 아도니람은 바요네를 떠나 파리로 향했는데, 어떤 이에 의하면 나폴레옹 호의 선원들 몇 명과 함께 군용 마차를 타고 갔다고 한다. 파리에서 그는 영국 안전 통행증을 발급 받기 전까지 그들과 시간을 보냈는데, 바요네와 같은 장소들을 방문했다는 말도 들렸다. 사실이건 아니건, 그가 본의 아니게 바요네에 머무른 기간은 조용한 뉴잉글랜드에서는 상상조차 하기 힘든 현실에 확실히 눈을 뜨는 계기가 되었다. 그는 그 경험이 선교사역을 위해 매우 값지다고 여겼고, 프랑스에서의 감금 사건은 매우 중요하면서도 훗날 그에게 맡겨질 임무를 준비하는 단계로써 필수적이었다고 생각했다.

중요하건 그렇지 않건, 프랑스에서의 일화는 그의 실제 목표와는 무관한 것이었다. 그가 영국에 도착한 것은 보스턴을 떠난 지 4개월이 지난 5월이었고, 곧바로 런던 선교회 위원들을 찾아갔다. 본회의 정기 회의가 막 시작되기 전이었기에 그들의 자문을 구하기에는 시의적절했다. 그는 자신의 질문에 대한 즉각적인 응답을 받을 수 있다는 사전 정보를 갖고 거기에 참여할 수 있었다.

위원들은 이미 미국선교회의 자문위원회를 대표하는 우스터 박사의 편지를 받았었다. 이제 그들은 아도니람이 가져 온 편지와 그 외 자료들을 훑어보고 즉시 위원회를 결성했다. 이 위원회의 상냥하면서도 현실적인 질문들을 통해 아도니람은 미국위원회 측이 자신에게 했던 제의가 얼마나 빈약한 것인지 깨닫게 되었다. 영국 위원회는 "저드슨 씨는 현재 매우 적은 장려금 밖에는 제공받을 수 없습니다. 선교사역을 향한 열정은 알겠습니다만, 전부는 아니더라도 개인적으로 비용을 조달해야 할 것입니다"라고 말했다. 미국에서 어느 정도의 자금 조달 전망만 있었더라도 그는 영국에 오지 않아도 됐다. 그러나 미국에 있는 선배들은 그에게 이렇게 지시했다. "자네와 자네 동료들이 런던 선교회의 자금으로 때를 불문하고 선교사역을 후원 받을 수 있는지 알아보게. 단 런던 측에 완전히 예속되지 않는 조건으로 말일세. 아니면 미국과 영국이 분담해서 후원하는 것은 가능할지도 봐야겠군. 만일 그것이 가능하다면 이런 경우에는 어느 쪽이 감독권을 갖게 되는지도 알아보게." 이 말은 결국, 미국 측이 합동 후원은 하지 않고 감독권만 요구하고 있다는 것이 명백했다. 런던 측에서 보기에 서로가 대서양 반대편에 위치한 형편에서 합동 감독은 불가능했다. 합동 후원이 이루어지지 않는다면 본 안건 자체가 우스워질 수밖에 없었다.

미국 측의 제안은 너무 순진했다. 적어도 아도니람이 보기에는 그랬다. 그는 런던 선교회가 돌아오는 해에만 선교사역에 1만 파운드를 쓸 계획이라는 사실을 알게 되었다. 그들은 그 분야에서만 몇 세대에 걸친 경험이 있었다. 그러나 미국선교회는 아도니람의 영국 행 뱃삯조차 줄 수 없는 형편이었다. 그러면서 자신들이 기여하지도 않은 것을 나누어달라고 요구하는 것이다. 자신이 처해 있는 수치스러운 위치를 생각했을 때 그의 불같은 성격이 거의 폭발 직전까지 갔음에 틀림없다. 미국 선교운동의 실체는 과연 무엇인가? 자기와 앤도버에 있는 적은 수의 학생들뿐이지 않은가? 미국선교회는 도대체 무엇을 해왔는가? 런던 선교회에 참석하겠다는 1년 전 그의 생각에 제동을 건 것 외에는 아무 것도 없었다. 그는 결론을 내려야 했다.

아도니람은 미국선교회와 연관된 모든 책임에서 벗어나 즉각 런던 선교회에 참여해야겠다고 생각했다. 그는 뉴엘, 노트 그리고 홀에 관해서도 두 가지 조건만을 런던 선교회에 제시했다. 하나는 네 명이 모두 한 데 모여 새로운 선교 기지국을 세운다는 것이었다. 그리고 낸시를 떠올리면서 다른 세 명도 해외에 나가기 전에 결혼을 하는 것이 좋을 것이라는데 의견을 같이 했기에 그는 새로운 선교사들이 부부동반으로 참여하는 것을 허락해 달라고 요청했다. 부부 동반 문제를 놓고 위원회는 고민을 했으나 결국 승인했다. 한 지국을 설립하는 데 네 명 모두 참여한다는 안건에 대해서는 더 많은 고민이 있었다. 동인도회사와 선교사들 간에는 이미 적의가 많이 있었다고 보기에 위원회는 두 명 씩 다른 지국으로 배정하는 편이 나을 것이라고 판단했다. 그러나 이 문제에 있어서도 방법이 없지는 않았다. 그들의 의견을 최대한 고려해서 위원회는 감독관들에게 네 명 모두 선교사 자격으로 동인도회사에 고용되도록 했다.

이 계획은 물론 조건부였다. 뉴엘, 노트와 홀은 동의하지 않을 수도 있었다. 혹은 미국 위원회가 갑자기 자금이 생길지도 모르는 일이었다. 실제로 남편과 함께 아도니람의 교통비를 대주었던 노리스 부인이 세상을 떠났는데 선교 사역을 위해 많은 재산을 남겼다는 소식이 들려왔다. 그렇게 해서, 어떤 경로로 이루어졌던 간에, 최초의 미국인 해외선교는 확실히 보증된 셈이었다. 그리고 이것이 바로 아도니람이 영국에 온 목표이기도 했다.

주된 임무를 완수한 뒤 그는 영국에서의 나머지 시간을 고스포트의 선교 신학교를 방문해 선교 경험이 풍부한 그 학교 교장인 보그 박사에게서 많은 자문을 구했다. 그는 이곳저곳의 교회 예배에 참석했으며, 사람들은 가냘픈 체구에 비해 우렁찬 그의 목소리에 놀라움을 금치 못했다. 런던의 한 교회에서 그는 찬송가를 하나 낭송했는데, 목사는 이 젊은이가 선교사가 될 예정이라고 소개한 후 청중에게 말했다. "그의 믿음이 그의 목소리와 비례한다면 그는 인도 전역에서 마귀를 모두 물리칠 것입니다!"

아도니람은 영국에서 6주 동안 머문 후, 6월 8일에 아우구스투스 호를 탔고 8월 7일 뉴욕 항구에 도착했다. 그는 8개월 넘게 집을 떠나 있었으나, 자기가 가지고 온 소식이 그 공백 기간을 메우고도 남을 만한 가치가 있다고 확신했다.

12. 공식적이고 엄숙한 질책 (1811)

뉴욕에서 집으로 떠나기 전에 아도니람은 자신이 범한 과거의 과오를 바로잡아야 했다. 3년 전, 그가 떠돌이 악단과 돌아다닐 때 음식과 숙박비를 내지 않고 도망가는 바람에 피해를 입었던 집주인을 그는 한 번도 잊은 적이 없었다. 그는 여행을 잠시 멈추고 자신의 빚을 갚았다. 덕분에 보스턴과 집으로 향하는 그의 발걸음은 훨씬 가벼웠다.

노리스 부인이 선교사역을 위해 남긴 유산에 대한 이야기는 사실이었다. 아도니람이 프랑스에 있었던 3월에 노리스 부인이 세상을 떠났는데 그녀는 미국선교회 앞으로 3만 달러의 유산을 남겨놓았다. 그것은 네 명의 선교사가 아내들과 함께 세계 어느 곳이든 선교 지국을 설립하고도 남을 만한 충분한 액수였다. 몇 명의 다른 상속자들이 법적 소송 중에 부동산을 압류시켜서 자금을 금방 손에 넣을 수는 없었으나 존 노리스와 그의 아내가 오랜 동안 선교사역에 애착을 가졌던 점을 감안할 때, 그 문제는 결국 해결될 것이라고 사람들은 낙관했다.

실제로 1806년, 사무엘 스프링이 세일럼에 있던 노리스 씨를 방문해서 신학교 건립 문제를 놓고 지원을 요청했는데 노리스 씨는 선교사들에게 직접 돈을 주고 싶은 생각에 그를 냉정하게 돌려보낸 적이 있다. 그러나 그 문제를 놓고 아내와 상의한 후 그는 마음을 바꾸고 다음 날 아침에 스프링에게, "내 아내가 신학교 설립을 돕는 것과 선교사업을 지원하는 것은 전혀 다를 바가 없다고 하는군요. 선교사들을 파견하려면 목사들을 많이 배출해야 하니까요"라고 말했다. 그는 즉시 은행으로 가서 은화로 1만 달러를 인출해서 신학교 측에 건넸는데, 은화로 보낸 이유인즉슨 "자고로 성전에 지폐로 헌금했다는 얘기는 들어 본 적이 없다"는 것이었다.

노리스 씨는 자신의 선교사역에 관한 꿈이 실현되는 것을 보지 못하고 죽었으나 그의 아내는 그것을 잊지 않았다. 노리스 씨의 헌금과, 그 부인이 아도니람에게 영국행 뱃삯을 대준 것 그리고 이 유산은 같은 목적을 위해 사용되었다. 3만 불이 눈앞에 있는 이상 아도니람과 사무엘 노트는 런던 선교사회의 제안을 굳이 받아들이지 않아도 된다고 확신했다.

돌아오는 길에 아도니람은 노리스가 남긴 유산의 의미에 대해 사무엘 뉴엘 및 고든 홀과 상의할 기회가 없었다. 그들은 앤도버에 있지 않았고 여름과 다가오는 겨울 동안 의학을 공부할 목적으로 필라델피아로 떠났다. 선교사에게 있어 성경 지식만큼이나 중요한 것이 의학 기술이라고 판단했기 때문이었다. 그렇게 해서 그들은 훗날 확실히 자리 잡은 의료 선교라는 독특한 분야로 전례를 만들었다.

필라델피아로 떠나기 전에 뉴엘은 낸시의 소꿉친구인 해버힐의 해리엇 앳우드와 약혼을 했다. 낸시에게 이 소식은 선교 사업의 전망이 확실해졌다는 소식보다 더 반가웠다. 선교사 일행 중 자기 외에도 여성이 한 명 더 생긴다는 것을 의미했고, 게다가 그녀가 낯선 인물이 아니고 자기와 어린 시절부터 알고 지낸 친구라는 사실에 한층 더 기뻤다.

그들의 사랑은 아도니람이 영국으로 떠나기도 전에 시작되었다. 낸시가 그녀에게 아도니람과의 결혼 계획을 밝히고 겨우 이틀이 지난 후였다. 그들 양쪽을 다 아는 한 친구가 뉴엘을 해버힐에 있는 앳우드 농가로 데리고 갔었다. 두 사람은 내성적인데다 심각하고 수줍음을 타며 몸도 허약하다는 공통점 때문에 서로에게 친근감을 가졌다. 일주일도 안 되어 뉴엘이 먼저 연락을 했고 해리엇은 일기장에 다음과 같이 적었다. "복음전파를 위해 자기 몸을 바치고 가장 힘난한 포도밭에서 봉사할 계획을 안은 채 오로지 신앙을 위해 세상적인 행복을 포기하려는 이 사람이 만약 하나님의 사랑을 의심한다면 나 같은 사람은 어떻게 될까?"

뉴엘에게는 아도니람이 가진 열렬함이 없었다. 해리엇은 6개월가량이 지난 봄에 그의 편지를 받았다. "나는 편지 봉투를 개봉했다. 그 이름을 보았을 때의 심정이란. 이것은 그렇게 고대하던 편지는 아니었다. 오히려 오랫동안 두려워하던 편지였고, 나를 갈등, 불안, 그리고 고통에 빠지게 할 만한 것이었다. 심지어 응답을 오래 끌 수도 없고 당장 답장을 요하는 내용이었다. 나는 이제 뭐라고 답해야 하지? 이렇듯 중요하고 어려운 문제를 어떻게 결정해야 할까? 나의 부모님과 평생 동안의 친구들, 어린 시절의 소중한 추억과 나의 모국을 떠나 먼 낯선 나라에 무엇이 나를 기다리고 있는지도 모른 채 가야 할 것인가?"

해리엣의 아버지 모세 앳우드는 몇 해 전 세상을 떠났다. 그녀는 이 문제로 어머니에게 갔다. 내심 반대하시기를 바라면서. 앳우드 부인은 해리엣이 뉴엘과 결혼하는 것을 반대할 충분한 이유가 있었다. 그녀는 아직 다른 사람을 판단하기에는 미숙한, 17세도 안 된 나이였고, 두통도 자주 앓았다. 그녀의 가족에게는 결핵이라는 병력이 있어 아버지와 삼촌 한 명도 잃었다. 그러나 아홉 남매를 둔 앳우드 부인은 그 중 한 명을 가장 이상적인 신랑으로 꼽히는 목사에게 시집 보낼 수 있다는 점에 솔깃했을 것이다. 비록 이 목사가 위험한 모험에 노출되어 있기는 했지만 말이다. 더군다나 유능한 낸시 하셀타인이 함께 할 것이 아닌가. 그녀는 많은 고민과 기도 후에 딸을 불러 이야기했고 해리엣이 한 친구에게 편지로 쓴 내용은 이랬다. "내가 너를 사랑하는 것만큼, 네 임무에 대한 신념과 멸망해 가는 이교도들의 영혼에 대한 사랑이 너를 인도로 이끈다면, 해리엣, 나는 너를 보낼 수밖에 없구나."

낸시와 같이 자기 스스로 결정해야 할 상황에 처한 해리엣은 5월 내내 망설이느라 시간을 다 보냈다. 뉴엘은 그녀를 설득하려 하지 않았다. 그녀의 가장 큰 두려움은 자신이 고된 선교사 생활을 견뎌낼 수 있는가 하는 것이었다. 이 문제에 대해서 그는 한 친구가 그에게 해준 말로 대신했다. "작고 연약한 여자라 할지라도 사도들만큼이나 기쁘고 용감하게 실패와 고통을 극복할 수 있을 거야." 어쩌면 그녀에게는 이 말 한마디로 충분했는지도 모르겠다. 5월 말에 뉴엘이 필라델피아로 떠나기 직전에 그녀는 여전히 많은 염려 가운데 결혼을 승낙했다.

9월 18일에는 우스터에서 위원회 모임이 열릴 예정이었다. 그곳을 향해 아도니람과 사무엘 노트는 여유 만만한 심정으로 떠났다. 드디어 그들은 위원회의 축복을 받으면서 순조롭게 떠날 수 있게 된 것이다.

위원회의 첫 날 회의는 아도니람의 영국 출장에 대한 자문 위원회의 보고 형식으로 진행했다. 그 보고서에는 위원회의 서기관인 사무엘 우스터와 런던 선교사회 서기관 조지 버더 간에 오고 갔던 모든 서신과 아도니람이 가지고 떠났던 편지, 그리고 그가 미국으로 가지고 온 버더의 최종 답신 등이 포함되어 있었다.

위원회는 영국 측이 자기들의 질문에는 직접적인 응답을 하지 않고 대신 아도니람과 그의 동료들을 영국 선교회로 소속시키려는 속셈이고, 미국 쪽에서 자금 협조를 받더라도 총지휘권은 포기하지 않겠다는 결론으로 받아들였다. 위원회가 보기에 그것은 이치에 맞았다. 영국 선교회는 이듬해에만 만 파운드에 달하는 예산을 세웠고 그것을 모두 할당했다. 네 명의 미국선교사들을 후원하는 데 겨우 6백 파운드밖에 들지 않을 것이다. 만약 미국 측이 이만큼도 조달하지 못한다면 무슨 권한으로 지휘권을 운운할 수 있겠는가? 특히 미국 측은 선교사업에 관해 아무 경험도 없는데 반해 영국 측은 그 방면에서 풍부한 경험이 있지 않은가?

그러나 겨우 6백 파운드 때문에 네 명의 선교사들을 런던 선교회에 넘긴다는 것은 수치스러웠다. 조만간 노리스 부인의 3만 달러도 조달될 것이고 그 외에도 이미 다른 기부자들에 의해 1,400달러가 모금되어 있는 상황에서는 더욱 그랬다. 결국, 위원회는 네 명의 선교사들을 자기들 산하에 머물도록 했고 하루빨리 자금을 조달하는 데 전력을 다해야 할 필요성을 역설했다.

위원회의 몇몇 주요 위원들은 냉담했다. 위원장직은 코네티컷의 네 번째 주지사인 존 트레드웰이 맡고있었다. 또 다른 위원인 윌리엄 바틀렛은 앤도버 신학교 설립에 실질적인 자금을 대준 인물로 아도니람의 영국 행 교통비를 선불해 준 사람이었다. 그러나 그는 다른 두 명의 위원인 스프링과 우스터와는 달리 트레드웰과 함께 보수적 상인의 입장을 고수했다. 그들은 당장은 신중을 기해 아무 것도 하지 않는 정책이 최선이라고 여겼다. 영국과 프랑스 간의 전쟁으로 내려진 출입항 금지령은 미국 해상무역을 거의 마비시켰다. 2~3년간 이 분야의 사업은 사실상 정지 상태였다. 트레드웰과 바틀렛의 입장에서 볼 때, 네 명의 선교사와 그 아내들을 동양으로 보내는 일을 위해 자금을 모으기에는 때가 좋지 않았다. 60대 후반에 접어든 트레드웰은 특히 이 문제에 대해 주관이 강했다.

아도니람과 노트는 정반대였다. 그들이 보기에는 지금이 최적기였다. 만약 영국과의 전쟁이 시작되면 그들은 몇 년 동안 꼼짝도 못 할 것이다. 그들은 자기들이 곧바로 떠나야 한다고 주장했다. 가능하면 몇 주 내로 당장.

이러한 논쟁은 위원회의 평신도들만 성가시게 했다. 그들은 전쟁이 임박했다는 말에 콧방귀를 뀌었다. 심지어 트레드웰은 맹세까지 하면서 전쟁은 일어나지도 않을 것이라고 했다. 상황이 여기까지 오자 아도니람은 노트의 지지에 힘입어, 자기와 뉴엘 두 사람은 미국선교회에서 그들을 선교사로 보내주지 않는다면 런던의 후원으로 첫 배를 타고 떠날 것이라고 위원회 측에 솔직하게 입장을 밝혔다. 아도니람은 특히 더 단호했다. 그의 어투가 너무도 퉁명스러워서 마치 최후통첩 같았다.

감정이 순간적으로 격렬해졌다. 손윗사람들 앞에서 마음대로 원칙을 규정해 버리다니, 이런 건방진 젊은이들이 있단 말인가? 위원회의 몇몇 위원들은 그가 지시를 따르지 않았다는 이유로 이미 격앙돼 있었다. 그는 런던 선교회 측에 자기를 영국으로 보내준 후원자들을 따돌리고 거의 애걸하다시피 해서 런던 선교회에 가담하려 했었다. 귀국한 후에 그는 미국선교회 측에 서면 보고

조차 하지 않았다. 그리고 이제는 그들에게 "이렇게 안 해주려면 그만 두시지요" 식으로 뻔뻔스러움마저 보이고 있었다. 첫날 회의가 끝나갈 무렵 일부 위원들은 아도니람을 그 자리에서 해고하는 데에 뜻을 모았다.

둘째 날이 되자, 위원 중에 가장 경악을 금치 못했던 이들을 스프링 박사가 잘 다독거려준 덕분에 격해진 감정들은 다소 가라앉은 듯했다. 아도니람이 알기로는 스프링은 그를 친아들처럼 사랑했다. 그는 동료 위원들에게 이러한 언쟁을 불러일으킨 원인은 아도니람의 넘치는 자신감이라고 설명하면서, 낯선 나라와 낯선 사람들 사이에서 아무에게도 의지할 데 없이 살아나가야 할 선교사가 갖춰야 할 자격 중에 하나가 아니겠냐고 그를 변호하고 나섰다.

그는 또 노리스 씨의 유산이 있는 이상, 이제 1년 전 만해도 무모해 보였던 정책들을 위원회가 수행해 나갈 수 있을 것이라고 덧붙였다. 유산에 대해서는 모두 알고 있었다. 만약 위원회가 당장 선교사들을 해외로 파견하지 않는다면 그들이 뭐라고 하겠는가? 이 모든 활동을 처음으로 시작했고, 또 스스로 선교사로 지원한 젊은이들을 파견하지 않는다면 모두들 어떻게 생각하겠는가?

스프링 박사의 노력은 효과가 있었다. 둘째 날 위원회는 공식적으로 아도니람, 뉴엘, 노트 그리고 홀을 선교사로 임명했다. 그러나 아도니람의 행실을 눈감아 준 것은 아니었다. 스프링 박사가 변호와 동시에, 위원회의 이름으로 그에게 훗날 "공식적이고 엄숙한 질책"으로 기억될 만한 책망을 했기 때문이었다. 특별히 스프링 씨의 책망이었기에 아도니람은 깊은 감동을 받았다. 자신의 격렬함과 완고함을 잘 알고 있었기에 아도니람은 그의 질책을 인정하고 앞으로는 더 나은 모습을 보이겠다고 눈물로 약속했다.

위원회의 결정은 정식으로 기록되었다. "본 위원회는 아도니람 저드슨 2세와 사무엘 노트 2세를 런던 선교사의 관리 하에 머무르게 하지 않고, 해외선교에 필요한 지원을 그들에게 어떻게 제공할 것인지에 관해 더 구체적인 하나님의 인도하심을 기다릴 것을 제안한다. … 아도니람 저드슨 2세, 사무엘 노트 2세, 사무엘 뉴엘, 그리고 고든 홀은 본 위원회의 지휘 하에 버마 왕국이나 수라트 혹은 웨일즈공 섬 기타 등등 자문위원회의 견해를 고려해 하나님께서 가장 이상적인 관문으로 인도하시는 곳에서 봉사하도록 선교사로 임명한다."

뒤이은 투표로 선교사들의 봉급이 결정되었다. 기혼인 경우에는 연봉 $666.66, 미혼인 경우는 $444.45. 더불어 연봉과 같은 금액의 여비와 선교사 모두를 위한 책값 3백 달러가 추가로 편성되었다.

의기양양해진 아도니람은 노트와 함께 앤도버로 돌아갔다. "공식적이고 엄숙한 질책"도 이미 잊은 채…. 그것도 너무나 깨끗하게 잊은 탓에 몇 년이 흐른 뒤에는 그런 사실조차 부인할 정도였다. 이와 함께 한 달 뒤에 또 한 번 책망을 받게 되는데 그가 더 나이를 먹고 현명해지고 겸손해지기 전까지는 이것을 기억하지 못했다. 그러한 질책은 아무런 효과 없이 그에게서 다시 돌아나왔다. 그는 자신의 뜻을 굽힐 줄 몰랐다. 이제는 자금조달과 타고 갈 선박을 알아보는 일 등의 실제적인 준비만이 남아 있었다.

13. 임명식 (1812)

아도니람이 우스터로부터 되돌아오는 길에 앤도버에 들렀더라도 몇 시간밖에는 할애하지 않았을 것이다. 브래드포드에 있는 낸시에게 달려가 그들이 곧 떠나게 될 것이라는 소식을 알리는 일에 더 바빴기 때문이었다. 그는 22일 일요일에 브래드포드에서 동남쪽으로 8~9킬로미터가량 떨어진 로울리에 있는 교회에서 설교를 했기 때문에 주말은 하셀타인 가에서 머물렀다. 낸시가 그와 동행했을 것이다. 두 사람은 이른 아침에 오붓한 시간을 보낼 수 있었고 그녀는 그의 설교를 자랑스러운 마음으로 경청했을 것이다.

한편 1811년도 어느덧 가을로 치닫고 있었고, 아도니람과 낸시는 뉴잉글랜드에서 계절의 변화를 맞는 것도 이번이 마지막이라는 생각이 부쩍 들었다. 그들은 하루빨리 떠나고 싶은 마음에 들떠 있었으나 동시에 다시 보지 못할 얼굴과 풍경들로 인해 슬픔에 잠겼다. 그것은 마치 죽는 것과도 같았다. 그들은 영광스러운 불멸의 세계를 갈망하면서도 그들과 함께 해왔던 모든 친숙한 것들을 두고 떠나야 한다는 슬픔에 젖었다.

시간은 쏜살같이 흘렀으나 인도로 향하는 배는 찾을 길이 없었다. 뉴욕은 이미 영국의 봉쇄 하에 있었다. 존 트레드웰의 의견과는 반대로 영국과의 전쟁이 임박했음은 명백한 사실이었다. 잔뜩 오그라든 잎사귀들이 떨어지고 그 해 첫 눈보라를 예고하는 빗줄기에 온 대지가 젖어들자 선교사들 사이에서는 다급한 기색이 역력했다. 분명 배는 있을 테고 그들은 그것을 찾아야만 했다. 1812년 새해가 밝았으나 배 소식은 없었다. 이제 네 명의 선교사 중 세 번째로 사무엘 노트가 약혼을 했다. 그의 아내가 될 사람은 록산나 펙으로 그와는 어린 시절부터 알고 지낸 사이였다. 록산나는 해리엣 앳우드에게 편지를 써서 그들이 함께 "동양 언어에 능숙해지기 위해 새로운 언어를 공부하자"고 제안했다. 해리엣은 1월에 긴 답변을 띄우면서 록산나를 "나의 짧은 여생동안 알고 지낼 얼마 안 되는 '소수의 선택받은 소중한 이들' 가운데" 들어온 것을 환영했다. 그녀와 뉴엘은 석 달 후에는 떠나게 될지도 모르기 때문에 지금 새 언어를 배우는 것은 별 도움이 되지 못할 것이라고 결론 내렸다.

결국 그 시기는 훨씬 앞당겨졌다. 1812년 1월 말에 홀과 뉴엘이 예고도 없이 앤도버에 나타났다. 그들은 의학공부를 모두 중단하고 브라운 선장이 인솔하는 선박 '하모니'가 연방정부의 특별 승인 하에 캘커타를 향해 약 2주 후에 선교사들을 태우고 출항한다는 소식을 갖고 필라델피아로부터 달려온 것이었다.

충격적인 소식이었다. 순간 그들은 할 일은 여전히 많은데 시간은 턱없이 부족하다는 것을 깨달았다. 1월 27일 뉴베리포트에서 모임을 가진 자문위원회는 별안간 자금문제에 봉착하게 되었다. 조만간 1,200달러가 조달될 예정이었으나 수중에 있는 금액은 5백 달러에 불과했다. 선교사들을 1년 동안 해외로 파견하자면 아무리 간소한 예산이라 해도 적어도 그의 네 배는 더 들었다. 전쟁이 터진 후에는 동양권과 교통할 수 있는 기회는 많지 않을 것이고, 지금 떠날 때 적어도 1년 동안 필요한 자금을 가지고 가지 않는 이상 선교사들은 이국 땅에서 곤경에 처할 것이 뻔했다.

그러나 자문위원회의 소견으로는 선교사들에게 1년 치 봉급을 미리 지급해서 내보내는 것이 거의 불가능에 가까웠다. 위원회는 그들에게 아내들은 두고 떠나던가 아니면 반 년 치 봉급만을 가지고 가고 나머지는 나중에 인도로 송금하면 어떻겠냐고 물었다. 이에 동의하지 못하면 그들 중 두 명은 런던 선교회 후원 하에 떠나라고 했다.

이러한 결정은 자문위원인 바틀렛 씨의 마음을 반영한 듯했다. 그러나 이와 상관없이 우스터 박사는 대담무쌍한 계획으로 선교사 후원금을 모으기 시작했다. 하모니 호의 출항시간에 맞추어 선교사들의 임명식 장소로 지목된 곳은 세일럼에 있는 그의 태버나클 교회였다. 우스터 박사는 자문위원회의 이름으로 침착하게 여기저기에서 돈을 빌렸다.

"우스터 형제, 나는 당신이 너무 서두르는 것 같소. 우리가 빌린 돈을 갚을 방법이 있을지 의문이오." 그는 이렇게 우려를 표하는 스프링 박사에게도 겁을 주었다.

"교회에 돈은 충분히 있소." 우스터는 단언했다.

"나도 그건 알아요." 스프링은 답했다. "하지만 그것을 어떻게 꺼낸다는 말이오?"

"열쇠는 주님께 있소." 우스터는 침착하게 대답했다. 그는 장애물을 전혀 개의치 않았다.

선교 원정의 다섯 번째 후보가 즉시 출두했고 자문위원회의 임명을 요청했다. 그는 루터 라이스였다. 그는 큰 체구에 엄청난 열정을 지녔으며 언변에 능했고 재치까지 겸비한 재능 있는 음악가였다. 라이스는 벌써 오래 전에 해외선교사로 지원하려 했으나 그의 약혼녀가 선교사 생활을 탐탁해 하지 않았다. 그는 그녀가 마음을 바꾸기를 꾸준히 기다려왔다. 결국 희망이 없다고 판단한 그는 혼자 떠나기로 흔쾌히 마음먹었다. 그러나 자문위원회는 고민이 많았다. 그들이 제시할 수 있는 최선책은 그가 자기 교통비를 스스로 해결하는 것이었다. 그에게는 6일밖에 시간이 없었다. 라이스의 사전에는 조심성과 소심함(어떤 이들은 신중함이라고도 표현하지만)이라는 단어가 없었다. 그는 즉시 말에 올라타고 뉴잉글랜드 구석구석을 휘젓고 다니면서 자금줄을 찾아 나섰다.

분주했던 그 한 주가 채 지나기 전에 이번에는 캘커타로 향하는 또 다른 선박에 대한 소식이 세일럼에서 들려왔다. 그 소식에 의하면 카라반 호의 선주인 피커링 닷지가 얼마 전에 정부로부터 항해인가를 받았다는 것이다. 그 배는 서너 명의 승객을 태울 수 있었고 잠정 출항일자는 임명식으로부터 나흘 후인 2월 10일로 잡혀 있었다. 지구 반 바퀴를 도는 장거리 여행에 흔히 있는 전반적인 위험을 줄이기 위해 자문위원회는 즉각 선교사들 중 절반을 카라반 호에 태우기로 결정했다.

선교사들의 임박한 출발소식이 퍼지자 갑자기 사람들의 흥미가 집중되었다. 세일럼에서 오랜 바다 여행은 흔한 일이었다. 그러나 그들은 1,2년 후에는 짭짤한 수입을 안고 고향으로 돌아왔다. 반면 선교사들의 경우는 돌아오지 않는 편도 여행이었다. 그들은 영영 돌아오지 않는다. 그들을 기다리고 있는 것은 순교였고, 수입이라면 자기 영혼의 영광과 몇몇 이교도들의 구원이 전부였다. 그들 중에는 여자들도 끼어 있었다. 그것도 아주 젊은 나이의 여자들 말이다. 그들 중 한 명은 겨우 열일곱 살이었다. 어떤 이는 "그 얼마나 사심없는 행동인가!"라고 했고, 또 어떤 이는 "참 어리석구나!"라고 비꼬았다.

한편, 지칠 줄 모르는 우스터 박사는 갖은 수단을 총동원해 대중의 관심을 부채질했다. 《세일럼 가제트》지와 《에섹스 레지스터》지에 실린 다음의 공고도 그 중 하나였다.

선교사 임명식

다음 주 목요일인 2월 6일, 해외선교를 도모하는 미국선교회의 자문위원회는 아도니람 저드슨, 사무엘 뉴엘, 사무엘 노트 그리고 고든 홀을 이교도국가에 구원의 복음을 전파하는 기독교 선교사로 엄숙히 임명할 계획입니다. 공개 행사는 본 고장 태버나클 교회에서 오전 11시에 시작됩니다. 선교사 후원 차원에서 헌금 모금이 그날 있을 예정이며, 그들은 예상보다 빨리 마련된 인도로의 항해에 대비해 현재 신속한 준비를 하고 있습니다.

사무엘 우스터
자문위원회 서기관

세일럼에 있는 동부교회의 윌리엄 벤틀리 박사도 이 공고를 보았다. 그는 아도니람의 아버지가 몰든과 웬햄을 떠났을 때, 일기장에 은밀히 자신의 기쁨을 남겼었다. 진보주의자인 그는 민주주의자로서 보수주 신학을 열렬히 반대했다. "홉킨스 주의자들이 이번 주에 태버나클 교회에서 조만간 인도로 파견될 네 명의 후보들에게 선교사 임명장을 수여한다고 알리고 있다. … 우리는 그들의 재능이나 경험에 관해 아무런 장점도 아는 바가 없다. 세일럼 상인 피커링 닷지가 그들 각 개인 당 (그중 몇몇은 부부 동반인데) 3백 달러씩 받고 인도까지 교통편을 제공해준다고 한다."

벤틀리 박사의 의견은 대강 그러했다. 그러나 많은 이들이 그와는 다른 견해를 보였다. 선교 사업계획의 대담함은 그들의 상상력을 자극시켰고 동정심을 자아냈다. 각 계층에서 기부금이 모이기 시작했다. 처음에는 드문드문 오기 시작하다가, 얼마 안 가서는 연이어 오고, 나중에는 그야말로 홍수처럼 밀려왔다.

이러한 움직임이 진행되는 동안 브래드포드의 낸시 하셀타인과 해버힐의 해리엇 앳우드는 결혼식과 여행 준비에 여념이 없었다. 아도니람은 플리머스로 가서 아버지, 어머니, 누이 그리고 남동생에게 작별을 고했다. 저드슨 부인과 아비가일이 작별을 고하면서 느꼈을 슬픔과 저드슨 목사의 착잡한 심정은 충분히 상상이 간다. 아도니람이 떠나면서 자신의 희망과 야망도 함께 사라진 것이었다. 아도니람은 그가 제일 사랑하는 아들이었고 그 안에서 자신이 이루지 못한 승리감을 대신 맛보고 싶었다.

얄궂은 운명의 장난과도 같이 결국 아들은 아버지 자신이 해온 설교를 실행에 옮기기 위해 자기 몸을 내던지려는 셈이었다. 그는 어떠한 반대의 말도 할 수가 없었다. 두 아도니람은 자기들이 알고 있는 것보다 훨씬 더 서로를 닮아 있었다. 믿음에 관해서 그들은 외골수였다. 그들에게 타협이란 없었다.

아도니람은 2월 3일 월요일 이른 아침에 플리머스를 떠났다. 그는 작별에 대해 묘한 공포심을 가지고 있었는데, 이는 아마도 지난번 작별 때에 오고간 비참했던 감정 때문이었던 것 같다. 그래서 그는 식구들이 잠들어 있을 때 살짝 빠져나갔다.

열여덟 살이 된 남동생 엘나단만 그와 보스턴까지 동행해 주었다. 아도니람은 엘나단이 아직 한 번도 신앙고백을 한 적이 없다는 사실을 알고 있었다. 얼마쯤 가다가 두 사람은 말에서 내려 도로 옆 눈 덮인 땅에 무릎을 꿇고 앉았다. 그곳에서 아도니람은 남동생의 영혼을 위해 열렬히 기도했다. 보스턴에서 밤을 보내고 다음 날 아침 아도니람 혼자 브래드포드에 갔다. 밤새 비가 억수같이 쏟아졌으나 낮에는 질퍽해진 땅 위로 하얀 눈이 소복이 쌓이기 시작했다.

1812년 2월 5일 수요일 따뜻한 날, 아도니람과 낸시는 알렌 목사의 주례로 하셀타인 저택 서쪽 방에서 결혼식을 올렸다. 그 방은 그들이 처음 만난 곳이었다. 같은 날 그들은 해버힐의 교회에서 열린 큰 모임에 참석했다. 교회는 구경꾼들로 꽉 차 있었다. 그중 일부는 단지 최초의 미국인 해외선교사를 직접 보기 위해 왔으나, 대부분의 사람들에게는 그동안 친 가족과도 같았던 이들과의 가슴 뭉클한 작별 시간이었다.

설교는 알렌 목사가 맡았다. 이 선량하고 나이 지긋한 목사는 그 두 사람을 유년시절부터 알고 지내왔다. 하셀타인의 댄스홀에서 그는 두 사람이 정신없이 마루 위를 휘젓고 다니면서 자신들의 미래는 전혀 개의치 않은 채 즐기는 것도 보았었다. 그래서 그는 많은 군중들 앞에서 마치 사랑하는 아버지처럼 그들에게 말했다.

"내 사랑하는 자녀들이여, 여러분은 이제 가장 가치 있는 대의에 참여하게 되었습니다. 하나님의 아들 예수 그리스도께서도 그 목적을 위해 이 땅에 오셔서 고통 받다가 돌아가셨습니다. 여러분은 예수 그리스도와 그의 나라를 전파하기 위해 부모와 형제들까지 버린 것입니다."

그는 이교도 여인들에 대한 여자들의 의무에 관해 특별히 해주고 싶은 말이 있었다. 그 여인들을 개종시키는 것이 "여러분이 해야 할 일입니다. 내 사랑하는 자녀들이여. 남편들은 그들을 직접 가르칠 수 없을 것입니다. 접근조차도 할 수 없을지 모릅니다. 이제 가서 온 힘을 다해 그들의 영혼을 밝혀주고 진리에 대해 눈을 뜨게 해주십시오. … 그들이 열등한 피조물이 아니라 남자와 동등한 존재라는 것을 깨닫게 해주십시오. 그들에게는 영원불멸의 영혼이 있고 더 이상 죽은 남편과 함께 화장당하지 않아도 된다는 사실을 가르치십시오."

그는 낸시와 해리엣을 향해 울먹이는 목소리로 끝을 맺었다. "교회의 위대한 머리이신 그리스도의 손에 나는 여러분을 맡깁니다. 부디 그분이 여러분을 하나 되게 하시기를 빕니다. 그리고 부디 여러분 모두 끝없는 영광의 외침과 찬양 속에서 시온에 들어가게 되기를 빕니다." 그것으로 예배는 끝을 맺고 축도 전에 찬양을 불렀다. 찬송가는 알렌 목사가 그날 예배를 위해 특별히 손수 작곡한 것이었다. 사람들은 찬양을 하면서 남의 눈을 아랑곳하지 않은 채 울었다.

구원의 사자들이여 나아가라.

가서 이교도 국가에 전파하라.

모든 나라에 우렁차게 알려라.

우리의 생명 되신 주의 말씀을.

자매들과 그들의 짝은 나아가라.

그들의 마음을 달래주고 눈물을 닦아주어라.

눈부신 대군 사이에서 천사들이

너희 발걸음과 두려움을 지켜주리라.

머나먼 땅에 무사히 도착해서,

버마인들에게 예수님이 죽었다고 말하라.

사탄과 그의 군대 또 자기들이 십자가에 못 박은 분.

그분께 고개를 숙이는구나.

힘찬 갠지스 강 물줄기를 지나,

우리 밑으로 엄청난 홍수가 밀어닥쳐도,

예수께서 어떻게 땅끝에서 땅끝까지

온 나라들을 뻗어나가게 했는지 생각해 보라.

이교도국가들로부터 빛과 평화의

줄기가 뻗어 나오면서,

땅에서 너희 시간이 끝났을 때,

주님은 너희를 하늘로 맞아들일 것이다.

그의 영광 속으로 지금 우리는 너희를 맡기노라.

오로지 너희는 그분께 속해 있으니,

인도의 모든 기독교인들과 함께 너희는,

결국 천사의 무리들과 만나리라.

그러나 해버힐의 이 모임은 다음 날 세일럼에서 선교사들이 임명될 훨씬 더 큰 행사에 비하면 임시로 열리는 이웃사촌 모임 정도에 지나지 않았다. 5일 밤에 폭설이 내렸다. 6일 새벽은 상쾌하나 몹시 추운 날씨였고(1년 중 가장 추운 날이었다), 크고 하얀 태버나클 교회 건물로 향하는 사람들은 뽀드득 소리를 내며 갓 내린 파삭파삭한 눈을 밟으며 갔다. 그들은 보스턴, 브래드포드, 로울리, 앤도버, 웬헴, 베벌리, 글로스터, 맨체스터, 해버힐 그리고 뉴베리포트와 같은 수많은 지역에서 썰매와 말을 타고 혹은 그냥 걸어서 모여들었다. 어떤 이들은 아이들을 동반했는데 이는 자기들이 최초의 미국 해외선교사의 임명식을 보았다고 평생 자랑하기 위해서였다. 앤도버의 필립스 학교와 신학교에서는 학생 대표단이 오전 11시에 시작되는 태버나클 교회의 행사 전에 도착하기 위해, 눈 덮인 고개를 넘고 26킬로미터에 달하는 먼 길을 향해 새벽 동이 트기 한참 전에 길을 떠나야 했다.

외양간을 연상시키는 구조에 천막 형태의 지붕을 한 거대한 태버나클 교회는 그 많은 사람을 수용하기가 벅찼다. 추측에 의하면 그 수는 2천 명에 육박했다(최소한 1,500명은 되었다). 예배당은 너무 꽉 차서 "통로에 모여 서 있는 군중의 등이나 틈새 사이로만 겨우 잠깐씩 보일 뿐이었다." 높게 위치한 하얀 설교단 주위의 교단에는 목회자와 평신도를 포함한 교회 위원들과 각계 각층의 고위 성직자들로 가득했다.

이런 엄청난 인파의 맨 앞쪽에는 다섯 명의 후보들이 설교단을 향한 채 딱딱한 나무 걸상에 앉아 있었다. 낸시는 새 모자를 쓴 채 눈부신 모습으로 그들 바로 뒤에 앉아 있었다. 그녀의 머릿속에 온통 임명식만 있는 것은 아니었다. 그날 아침 그녀의 남편은 형식적인 작별인사 치레에 대해 반감을 표했다. 그는 날이 밝기도 전에 다른 사람들에게 작별 할 기회도 주지 않은 채 서둘러 그녀를 브래드포드에서 떠나게 했다. 그러나 그의 전략은 곧 드러났고 새 신랑 신부는 이미 얼마쯤 길을 떠난 뒤에 다시 불려와 정식으로 모두와 악수를 하게 되었다. 아도니람의 행동은 다소 별난 구석이 있었고 무조건 좋다고는 볼 수 없었다. 예배 중에 이따금씩 낸시는 그녀의 남편이 왜 그리도 남들의 감정 따위는 무시하는지, 그리고 그녀가 어떻게 그를 변화시킬 수 있을지에 대해 생각했다. 그러나 얼마 안 가서 이러한 생각들은 의식 분위기가 고조됨에 따라 자취를 감췄다.

미국에서는 아직까지 해외선교사 임명식이라는 전례가 없었기에 관례적인 절차는 생략한 채 일반 회중교회 목사 임명식의 형식을 빌어 진행되었다. 관중들은 항상 임명식이라는 것에 어느 정도 흥분되곤 했다. 이는 목회자들이 하나님 안에서 봉사하기 위해 자신을 헌신하고 세상과 결별하여 성스러운 길로 들어가는 것을 정식으로 인정하는 의식이었기 때문이었다. 그러나 태버나클 교회의 임명식은 보기 드문 것이었고 참을 수 없을 만큼 감동적이었다. 선교사 지원자들의 "기독교적 지식 및 신앙심 그리고 이교도 국가에서 선교사로 봉사하려는 동기"에 대해 알기 위해 교회회의가 주관한 형식적인 절차가 진행되는 동안에도 그 감동의 물결은 확연히 드러났다. 그리고 그리핀 박사의 중간 기도가 시작되자 감동은 더욱 고조되었다. 다음 날《세일럼 가제트》지의 기사에 의하면 "그 분위기에 꼭 맞는 베이스 비올(바이올린의 전신─옮긴이)의 좋은 연주가 있은 직후였기 때문이었다"라는 평이 실려 있었다.

아도니람에게 있어 임명장을 수여하는 목사들 중에 그리핀 박사가 있다는 사실은 특별한 감정으로 다가왔다. 그는 신학교에서 아도니람의 은사였고, 이제는 아도니람이 한 때 목사 보조가 될 뻔했던 보스턴에 있는 파크 스트리트 교회의 목사였다. 그러나 임명식을 주관하는 다섯 명의 목사들 역시 어떤 경로로든 선교 운동에 밀접하게 관련되어 있었다. 그 중에는 우즈 박사가 있었는데 그는 기독교 신학 교수로 아도니람을 가르쳤다. 아도니람이 큰 교회 목사가 될 기회를 거절한 것과 그리핀 박사가 연관되어 있다면, 우즈 박사는 아도니람이 불신에서 회심한 것을 상징했다. 그 중에는 제데디아 모스도 있었는데 그는 찰스타운에 있는 제일 교회의 목사였다. 그는 앤도버 신학교와 미국선교회에서 각각 이사와 위원직을 맡고 있었다. 다른 두 명은 사무엘 스프링과 사무엘 우스터였는데 그들은 선교 사업 전체를 대표한다고 볼 수 있었다. 그 두 사람은 미국선교회를 결성했고, 미국 측이 선교 사업을 총괄할 수 있도록 그 누구보다 더 적극적으로 추진했기 때문이었다.

한편, 그리핀 박사가 기도를 시작하자 청중들은 또 다른 감동이 밀려드는 것을 느꼈다. 그 당시 어느 목격자에 의하면 강당에는 '죽음과도 같은' 정적으로 가득했다. 의도적이건 우연이건 그 이후의 모든 언행에는 '작별'의 정신이 깃들어 있었다. 청중은 그들이 다섯 명에게 작별을 고하는 것을 보며 그것이 마치 무덤 한 구석에서 죽은 이가 부활하기를 기대하는 모습과도 흡사하다고 생각했다.

우즈 박사는 기도를 끝낸 후 계속된 설교 중에 다섯 명에게 다음과 같은 말을 직접 전해 그러한 분위기를 더 확실히 했다. "친애하는 젊은이들, 나는 이런 작별의 애처로운 분위기에 젖어 나 자신과 자네들의 마음을 아프게 할 생각은 전혀 없네. 이 후에 하나님 아들의 영광스런 임재 가운데, 그리고 여러분의 노력으로 불신의 구렁텅이에서 구제될 많은 이들이 지켜보는 가운데 다시 만나게 될 것이네. … 이러한 행복한 기대감 속에서 나는 사랑하는 자네들에게 기쁘게 그리고 애정을 다해 작별을 고하는 바이네."

임명식 중 가장 인상적인 부분은(어떻게 보면 가장 핵심적인) "손을 얹고" 성직 수임의 기도를 하는 것이었다. 그 순서가 되자 다섯 명의 선교사들과 청중은 무릎을 꿇었다. 낸시도 통로로 나가 맨 앞좌석 모퉁이에서 무릎을 꿇고 앉았다. 진행을 맡은 목회자들이 다섯 명의 선교사들 앞에 각각 한 명씩 섰고 모스 박사가 기도를 하는 동안 양손을 그들 머리 위에 얹었다.

청중들로서는 그 순간을 감당하기가 벅찰 정도였다. "자기도 모르게 흘러나오는 한숨과 흐느낌"이 여기저기서 터져 나왔다. "청중들은 한꺼번에 감동을 받은 듯했고, 마치 숲속의 나무들이 거센 바람에 의해 흔들리는 것과도 같았다. 그들은 마음속에 눌려 있던 감정을 더 이상 절제할 수 없었던 것이다."

스프링 박사는 새롭게 임명된 선교사들에게 임무를 부여했다. 그는 "미국 교회 역사상 이와 같은 진취적 기상은 없었습니다. 그대 선배들은 해가 뜨기 전의 별들처럼 그 빛을 잃었습니다." 임무와 책임에 대한 명목상의 성명임에도 불구하고 그 어투에는 다시금 작별에 대한 여운이 배어 나왔다.

그들을 동지로 받아들여 성직자의 길로 인도한 사무엘 우스터도 결국 같은 주제로 되돌아갔다. "오늘의 의식을 통해 여러분 저드슨 및 노트, 뉴엘, 홀, 라이스는 이교도들에게 복음을 전파하는 하나님의 사역을 위해 공적으로 임명되었습니다. 그러므로 고향에 남아 하나님과 천사와 세상 가운데에서 이들이 지켜보는 가운데 같은 복음 전파에 힘써야 할 우리들은 그대 형제들을 동지로서 받아들이는 바입니다. … 이제 가서 가엾은 이교도들에게 용서와 평화와 영원한 삶에 대한 좋은 소식을 전하시오. 그리고 우리들이 소망하는 영광의 나라에 대해 전하시오. … 우리는 그대들이 치르는 희생과 앞으로 만나게 될 위험과 고난에 대해 결코 수수방관하지 않겠습니다. 오늘로서 그대들은 '하나님과 천사와 사람의 눈'의 역할을 맡게 되는 겁니다. 그대들은 부모와 친구 그리고 모국을 떠날지라도 … 사랑하는 형제들이여, 그대들을 우리의 기억 저 깊은 곳에 애틋하게 간직할 것이며 그대들을 위한 기도를 멈추지 않을 것입니다."

더 있었다. 당시의 목사들과 연설자들은 시간에 구애받지 않고 자신이 하고 싶은 말을 하나도 빼놓지 않고 일일이 다하곤 했다. 그러나 우스터 박사의 맺는 말에는 모든 사람들의 감정이 녹아 있었다.

"그대들은 그대들의 뒤를 따라 험하고 영광스런 길을 걷게 될 수많은 이들의 선구자가 되었음을 잊지 마시기 바랍니다. 복음은 모든 나라에게로 전파될 것이고 모든 이들은 하나님의 구원을 보게 될 것입니다."

"사랑하는 형제들이여, 담대하게 나아가시오. 평온한 가운데에서 나아가시오. 부디 성스런 전도자와 예언자의 하나님께서 그대들과 함께 하기를 빕니다. 우리는 그대들을 그분과 그의 은혜의 말씀에 온전히 맡깁니다. 그리고 주 예수님이 다시 오시는 그 날, 그대들의 넘치는 기쁨 가운데에서 수많은 이교도들을 영광의 보좌 앞에 인도하는 광경을 보게 되기를 열심히 기도하겠습니다. 아멘."

모든 의식 순서가 끝난 것은 스프링 박사가 마지막 기도를 마친 이른 오후였다. 많은 관중들은 너무도 감동을 받아 자신들이 죽는 날까지 그 목격한 광경을 되씹으리라 마음먹었다. 한편 그들은 매서운 추위를 무릅쓰고 집으로 돌아가야만 했다. 임명식을 지켜 본 청중의 한 명인 신학도 이프레임 뉴턴은 앤도버까지 걸어 되돌아가야 했는데, 이틀이 지난 후에도 긴 여행의 피로가 덜 풀렸다고 기록했다. 또 다른 신학도인 윌리엄 구델은(그는 훗날 터키에 선교사로 갔다) 너무도 지치고 추운 나머지 해질녘에 앤도버로부터 제법 떨어진 곳에서 쓰러졌는데, 마침 무리를 지어 귀가하는 신학생들에게 발견되지 않았더라면 얼어 죽을 뻔했다. 그들은 번갈아 가며 그를 업어서 겨우 앤도버 변두리에 있는 집으로 데려가 이글거리는 불 앞에 매트리스를 펼치고 담요 위에 뉘였다.

많은 인파가 질척거리는 땅 위로 우르르 몰려 귀가하는 동안 아도니람과 낸시는 베벌리로 가서 그녀의 언니인 레베카와 그녀의 남편이 있는 교회 목사관에서 나흘 후로 예정된 카라반 호의 출항 때까지 머물렀다. 낸시의 또 다른 언니인 아비가일이 브래드포드로부터 내려와 그들과 함께 머물면서 떠날 채비를 거들었다. 한편 조셉 에머슨 목사는 거의 집을 비웠다. 그는 여기저기 정신없이 돌아다니면서 선교사들을 위해 자금을 모으러 다녔다.

너나 할 것 없이 모두 분주했다. 임명식 다음날 아침, 아도니람은 보스턴으로 가서 누이 애비와 남동생에게 작별인사를 고했는데, 그가 남동생을 본 것은 그것이 마지막이었다. 그 다음 날인 8일, 사무엘 노트와 록산나 펙은 결혼식을 올렸고 홀과 라이스와 함께 하모니 호에 승선하기 위해 필라델피아로 떠났다. 일요일 저녁인 9일에는 태버나클 교회에서 또 다른 큰 모임이 열렸다. 이것은 일상적인 주일 예배였으나 사실은 두 번째의 이별 의식이었다. 그러나 당시 너무 모임이 잦은 탓에 그 모임은 훗날 그다지 기억에 남지 않았다.

이렇듯 분주한 가운데 사무엘 뉴엘과 해리엇 앳우드는 하루 날을 잡아 해버힐의 크고 하얀 앳우드 저택에서 결혼식을 올렸다. 저택 옆 마당에는 오래되어 울퉁불퉁한 사과나무 한 그루가 자라고 있었다. 해리엣은 그 해 봄에 나무 가지에서 꽃이 피는 것을 보았으나 지금은 가지가 메말라 있었다. 그것을 바라보면서 그녀는 다시는 사과나무에서 꽃이 피는 것을 보지 못하리라는 슬픔에 빠졌을지도 모른다.

그러나 그런 명상에 잠길 시간은 많지 않았다. 얼마 안 남은 카라반 호의 출항 날까지 할 일이 너무나도 많이 있었기 때문이었다.

14. 배에 오르다 (1812)

한편, 자금은 물밀듯이 몰려왔다. 임명식 날 아침 미국선교회의 금고에는 1,200달러가 있었고 거기에 220달러의 기부금이 가산되었다. 그러나 그것은 시작에 불과했다. 여기저기서 목사들과 신도들이 모금 운동을 벌였다. 앤도버에서는 교수진과 학생들이 가세해서 수 킬로미터에 달하는 거리 곳곳에서 모금을 했다. 그들의 호소력은 대단했다. 심지어 믿음이 없는 사람들까지 헌금을 했다. 어느 날 밤 낸시와 아도니람이 에머슨 부부와 베벌리의 목사관 난롯가에 둘러앉아 있을 때 현관문이 갑자기 열리며 무거운 물체가 안으로 던져졌고 문이 다시 쾅 닫혔다. 에머슨 부부가 밖을 둘러보았으나 아무런 인기척도 발견할 수 없었다. 그것은 가방이었다. 거기에는 "저드슨 씨의 사비로 써주십시오"라고 써 있었으며 속에는 동전 50달러가 들어 있었다(1810년대의 1달러는 현재 약 200달러에 달함. 우리돈 20만 원 정도로 생각하면 무방함―편집자).

카라반 호와 하모니 호가 출항하기 전에 6,000달러 이상의 자금이 모였다. 돈 이외에도 옷가지와 심지어 음식 선물도 있었다. 그 중 뉴잉글랜드 생강 빵이 너무 많이 들어와 선교사들은 석 달 후까지도 그것을 먹었을 정도였다.

그러나 모든 사람에게 이런 열성적인 동정심이 있던 것은 아니었다. "해버힐의 저명한 한 시민"은 포르투갈 리스본에 있는 친구에게 보낸 2월 12일자의 편지에서 소수의 시각을 표출했다. "여기에 덧붙일 흥미로운 이야깃거리는 없네. 이곳에는 여전히 종교적 광신이 만연하고 있다는 것 말고는 말일세. 자네는 이상하게 들릴지 모르지만 지금부터 내가 하는 말은 사실이네. 일전에 죽은 모세 앳우드의 딸 해리엣과 하셀타인 가의 하셀타인 양이―17살이나 18살밖에 안 돼 아직 어리고 세상물정도 전혀 모른다네―자기 남편들과(겨우 엊그제 식을 올렸지) 먼 길을 떠난다네. 그렇다네. 나는 지금 이 네 명의 어리석고 경험 부족한 젊은이들이 만리타국 힌두스탄으로 가서, 어처구니없게도 수많은 원주민에게 천국으로 가는 길을 가르치려 한다고 말하고 있네."

그러나 낸시와 아도니람, 해리엣과 사무엘은 그러한 혹평가들의 트집에 신경쓰지 않았다. 그들은 너무 바빴고, 너무 흥분해 있었고, 또 너무 행복했다. 저드슨 부부는 특유의 낙천적 기질로, 그리고 뉴엘 부부는 그들 나름대로의 "침착하고 명상적인 방법으로" 남은 날들을 보냈다.

10일의 출항에 맞추어 카라반 호에 짐을 다 싣는 것은 결국 불가능해졌다. 배는 13일까지 세일럼의 부두 중 바다와 가장 인접한 크라우딘쉴즈 항 끝에 정박해 있었다. 그러나 항구 중앙까지 옮겨 나간 이후에도 배는 계속 화물만 실을 뿐 움직일 생각을 하지 않았다. 곧 닥칠 전쟁이 끝나기까지 동양 행으로는 아마도 세일럼의 마지막 배인 만큼 그 선주와 선장은 길이 27미터와 적재량 267톤의 배를 화물로 가득 채울 각오를 단단히 한 탓이었다.

한편, 아도니람, 뉴엘, 낸시 그리고 해리엇은 그들이 사용하게 될 선실을 미리 살피고 화물을 배에 싣는 것을 지시하기 위해 종종 배에 들리곤 했는데 어느새 이 배의 선장인 어거스틴 허드와 친하게 되었다. 허드는 갖가지 상자의 화물들을 보면서 이렇게 한마디 했다. "이 친구들에 대한 인기의 구체적 증거가 다양한 크기의 상자 형태로 실리고 있군. … 이 속에는 여행에 도움이 될 만한 것은 전부 들어 있는 것 같소."

입스위치 출신인 허드는 선교사들보다 그리 많지 않은 27살이었는데 이번 여행은 선장으로서 첫 항해였다. 그러나 카라반 호의 주인 피커링 닷지는 이 젊은 선장을 전적으로 신임했다. 침착하고 예의바르며 유능한 그는 훗날 에섹스에서 전설로 사람들 입에 오르내리게 될 만큼 용감했다. 그의 배는 약 4만 달러에 해당하는 물품과 현금 4만 달러 그리고 환어음 등 고가의 화물을 운반했다. 게다가 허드는 붙임성 있는 태도로 고액의 개인 수수료를 받고 승객을 태웠다. 수많은 친척들과 입스위치의 은퇴한 선장들이 각각 그에게 20달러부터 시작해서 100달러에 달하는 금액을 투자했다. 프란시스의 세 아이들도 캘커타에서 그들 대신 투자해 달라며 그에게 각각 1달러씩 맡겼다.

그 이외에도 그에게는 친구와 친척들을 위해 구입해야 할 물건 목록이 가득했다. 마치 세일럼에서 이웃에게 길모퉁이 상가를 지나는 길에 작은 물건 하나만 사다 달라고 부탁하는 것처럼 보였다. 헨리 피커링을 위해서는 산스크리트어로 된 성경책을, 다른 사람들을 위해서는 캐시미어와 낙타털로 만든 숄, 큰 침대 덮개로 사용할 두 개의 '팔롬퐁'과 그물천, 보드라운 무명 옷감, 곱고 얇은 모슬린, 밀짚 카펫, 붉은 홍옥수 목걸이, 생강 통조림 등등 너무 많아 일일이 나열하기 힘든 품목들을 사야 했다.

카라반 호의 갑판 분위기는 한 마디로 독특했다. 꼬꼬댁거리는 닭들과 울부짖는 돼지들로 가득 찬 닭장과 우리들이 즐비했는데, 그것은 모두 긴 여행을 위해 비축한 신선한 양식들이었다. 이러한 항해용 농가와 그 외의 것들과 관련해 피커링 닷지는 편지 형식으로 기록했다. 예를 들면 "… 노란 옥수수는 닭들의 모이고, 하얗게 바랜 옥수수는 돼지들의 먹이다"라는 식이었다.

선교사들은 선실에서 식사를 했다. "그들이 좋은 길동무가 되기를 빌겠소. 일주일에 한 번 이상 새 음식으로 바꿔주고 가능하다면 푸딩과 쌀 등도 좋을 것 같소. 이 배에서 먹여 살릴 가축의 수가 엄청나기 때문에 물을 아껴 쓰는 일에 관해서는 최대한 신경 써주시오. 그 이상은 시간이 지나면서 차차 알게 되리라 믿소. 그리고 여행 중에는 그 어떤 선박과도 연락하지 마시오." 허드 선장은 말했다.

동물과 닭들의 승선, 쉴새없이 오르락내리락하는 선교사들과 친구들 그리고 피커링 닷지의 옛 항해 친구들, 장비의 막판 재정비 등으로 빚어진 소란은 매시간 변하는 기후와 바람과 함께 더 심해졌는데 출항을 하려면 이 두 가지 모두 순탄해야 했다.

13일이 되자 카라반 호는 항구 수면 위로 옮겨졌고 아도니람과 낸시는 거처를 베벌리의 조셉 에머슨의 목사관으로부터 의류 상인인 엘리파렛 킴벌(킴벌의 딸인 리디아는 낸시의 절친한 친구이며 브래드포드의 동급생이다)의 세일럼 집으로 옮겼다. 이는 출항 날짜에 맞춰 가능한 한 가까운 곳에 머물기 위함이었다. 그럼에도 불구하고 카라반 호의 출항은 여전히 지연되었다. 14일과 15일에는 비가 내렸고 태풍이 불었다. 16일 일요일에도 비와 태풍은 계속 되어 아도니람과 낸시는 베벌리로 되돌아 갈 수밖에 없었다. 17일에는 엄청난 눈보라가 쳤고 "마을 전체가 거의 눈에 뒤덮였다."

18일 이른 아침, (그날은 춥고 찬바람이 몰아치는 날이었다) 그들은 킴벌 가로 다시 돌아갔다. 그때는 이미 세일럼의 두 젊은이들에 의해 선교사들이 제 시간에 승선할 수 있도록 철저한 준비가 되어 있었다. 선교사들에게 특별한 관심을 가진 두 사람은 모금 운동에도 적극 참여했으며 임명식 이후 일종의 자원 후원회 집행위원을 맡기 위해 자신의 생업을 거의 포기하고 있었다. 한 명은 이스라엘 푸트남으로 그는 다트머스 대학으로 편입하기 전 하버드에서 뉴엘과 2년 간 함께 지냈었다. 이제 그는 세일럼에서 법학을 공부하고 조만간 앤도버 신학교에 입학해 목사와 이사로서 보장받은 직분을 영위해 나갈 계획이었다. 다른 한 명은 잉거솔이라는 전직 선장으로 회심하고 난 후 바다를 떠났고 이제 슈루베리에서 목사가 될 예정이었다. 푸트남은 뉴엘 부부를 특별히 책임졌고 잉거솔은 저드슨 부부를 맡았다.

아도니람과 낸시가 킴벌 가로 돌아간 지 불과 몇 시간 안 되어 허드 선장으로부터 즉각 카라반 호로 승선하라는 연락이 왔다. 서쪽에서 순탄한 바람이 불어와 당장 그날 오후 밀물을 타고 출항할 계획이라는 것이었다. 이 소식은 사람들을 마침내 흥분의 도가니로 몰아넣었다. 아도니람은 방금 전에 풀어놓았던 짐 가방을 곧바로 다시 꾸려 간편한 컨테이너 속에 집어넣고 그것을 썰매로 실어 크라우닌쉴즈 부두까지 운반했다.

그가 킴벌 가로 돌아왔을 때 그곳은 친구들로 가득했다. 그들은 흥분 가운데서 웃기도 하고 얘기도 하면서 이별의 슬픔으로 눈물을 흘렸다. 그들은 킴벌 씨가 출항이 이렇게 일찍 닥칠지 예상 못한 채 그날 아침 사업차 보스턴으로 떠난 사실을 아쉬워했다. 사실 아무도 그날 떠나게 되리라고 예상하지 못했다. 그토록 적극적인 옹호자였던 우스터 박사도 미국선교회 사업차 출장 중이었고, 조셉 에머슨마저도 모금 운동을 위해 집을 떠나 있어 연락할 방법이 없었다. 형식적인 작별 의식을 싫어하는 아도니람의 입장에서 보면 차라리 잘된 일이었다. 아무에게도 알리지 않은 채 그는 집밖으로 조용히 나가 부두를 향해 홀로 눈 덮인 길을 걸어 카라반 호에 올라탔다. 그리고 그곳에서 낸시를 기다렸다.

킴벌의 집에서는 아도니람이 슬그머니 사라진 사실을 알고는 놀라움과 실망스러움에 어수선한 분위기였다. 낸시는 속이 상했지만 그것은 임명식 날 아침 브래드포드에서 그녀가 목격한 광경의 재현에 불과했다. 어찌됐건 교통수단만큼은 완벽하게 준비되어 있었다. 잉거솔은 출항 소식을 접하자마자 곧바로 썰매를 킴벌 가로 몰고 갔다. 그는 마지막 짐 가방과 낸시 그리고 네 명의 숙녀들을 태우고 서둘러 부두로 갔다. 그곳에는 푸트남의 도움을 받아 뉴엘이 이미 도착해 있었다.

그날은 바람이 사납게 불어닥쳤다. 차가운 서풍이 항구 주변에 칼날처럼 몰아치는 가운데 한가하게 작별 인사나 하고 있을 시간이 없었다. 거기다가 세관 배가 대기 중이었다. 짧은 인사말이 오고가는 가운데 짐 가방이 황급히 배에 옮겨졌다. 낸시, 해리엇 그리고 뉴엘이 부축을 받아 배에 올랐다. 그 뒤를 푸트남과 잉거솔이 뒤따랐고 나머지 사람들이 빈자리를 마저 메웠다. 노 젓는 이들은 과중하게 짐을 실은 배를 힘겹게 카라반 호를 향해 저어갔다. 부둣가의 군중들은(그 수는 시간이 지남에 따라 출항 소식을 듣고 온 이들로 점차 늘어났다) 세관 배가 물결의 움직임에 따라 위아래로 오르내리면서 점점 작아지다가 이윽고 범선에 다다르는 모습을 지켜보았다. 군중의 대부분은 자리를 떠났으나 끈기 있는 몇몇 이들은 끝까지 남아 부두의 휘몰아치는 추위 속에서 발을 구르며 얼어붙은 손가락에 입김을 불고 있었다.

날은 점차 어두워졌고 카라반 호는 아직 항해를 시작하지 않았다. 부두에 아직 남아 있던 이들도 슬슬 따뜻한 저녁 식사와 거실 벽난로의 타오르는 장작불을 떠올리기 시작했다. 그들은 삼삼오오 짝을 지어 집으로 돌아갔고, 이따금씩 뒤를 돌아보며 카라반 호로부터 검은 바다 위로 새어나오는 불빛을 바라보았다.

한편 카라반 호에서는 계획의 변동이 있었다. 그날 오후에 출항하려는 허드 선장의 의지에도 불구하고 바람이 죽은 탓에 그 계획을 바꿔야 했다. 그는 이른 새벽에 다음 번 조류를 타고 나가기로 했다. 밤이 깊어지자 선교사들과 함께 배에 남아 있던 방문객들은 육지로 돌아갔으나 잉거솔과 푸트남은 배에서 밤을 보내면서 저드슨과 뉴엘 부부의 말동무가 되겠다고 자청했다. 얼마 후 허드 선장도 육지로 되돌아가고 네 명의 선교사들과 두 명의 방문객들만이 배에 덩그러니 남게 됐다.

그들은 그 시간을 마음껏 즐겼다. 푸트남이 기록에 남겼듯이 "사방은 어두움에 깔려 있었으나 배 안에서의 저녁 시간은 즐거운 대화와 흘러간 노래 책에 실려 있는 노래들로 흥겹게 보냈다." 추운 2월의 밤, 항구 앞 바다 위에서 파도가 선체를 철썩철썩 내려치는 가운데 "선실 안의 우리들은 선교사들과 노래하고 기도하며 흥겨웠으니 이는 실로 대조되는 그림이 아닐 수 없었다."

그러나 그 흥은 다소 억지로 일으킨 감이 없지 않았다. 낸시가 그날 밤 일기장에 기록한 바에 의하면 "이별의 순간을 너무도 오래 기다렸었기에 실제로 그 시간은 걱정했던 것보다 훨씬 견딜만 했다"고 썼다.

> 여전히 나의 마음은 아프다. 오 미국, 나의 모국이여, 진정 내가 너를 떠나야하는가? 행복한 어린 시절을 보낸 브래드포드 나의 사랑스런 고향이여, 내가 너를 떠나야하는가? 그곳에서 나는 어머니의 이름을 처음 불러보았고, 우정에 대해 배웠고, 이 세상 모든 행복을 만끽했다. 또 구주가 흘린 피에 대한 소중함을 배웠고, 그와 비교해 볼 때 이 세상 모든 것은 부질없다는 것을 배웠다. 안녕, 행복했던 순간들이여. 결코 영원히 잊지 않으리.

동이 터 오기 전에 허드 선장은 카라반 호로 돌아왔다. 밀물이 밀려오고 서풍이 서서히 불어와 그들이 케이프코드 반도 북쪽 끝을 떠나기에는 모든 것이 순탄해 보였다. 날씨는 여전히 맑고 싸늘했다. 해가 뜨자마자 선박은 부두를 떠났다. 11킬로미터가량 나아가자 배는 미저리와 베이커 섬을 벗어났고 잉거솔과 푸트남은 도선사와 함께 작은 수로 안내선으로 옮겨 탔다. 아도니람, 낸시, 사무엘 뉴엘과 해리엇은 난간에 기대서서 뒤뚱거리며 점차 사라져 가는 안내선을 향해 손을 흔들었다.

네 명은 안내선이 부두로 들어서는 광경을 물끄러미 지켜보았다. 얼마 뒤 그 배는 완전히 사라졌고 하얀 눈이 덮인 어두운 해안선만이 보일 뿐이었다. 그것 역시 눈앞에서 멀어져갔고 카라반 호는 망망대해의 파도에 휩쓸려 오르락내리락했다. 피부를 꿰뚫는 것 같은 추위에 떨며 선교사들은 갑판을 떠나 선실로 내려갔다.

다음 도착지는 인도였다.

제 2부.
위험한 항해
(1812~1826)

1. 인도 (1812)

카라반 호가 육지의 시야에서 멀어지기도 전에 해리엣과 낸시는 곧 배가 출렁이면서 거북함을 느꼈다. 몇 시간도 안 돼 그들은 뱃멀미를 하기 시작했다. 아마 그들 남편들도 그랬을 테지만 그들은 자기 항해일지에 이러한 느낌을 적지 않았다. 해리엣은 며칠 동안 완전히 무력해졌다. 낸시는 좀 더 나았다. 첫날 밤 그녀는 "죽음에 대한 불안한 감정이 많았다." 그리고 "바다에서 죽고 싶지 않았다. 죽음 이후의 상황 때문이 아니라 파도들 사이에서 죽어 가는 것에 대한 두려움 때문이었다." 그러나 실제로는 예상했었던 것보다 증상이 덜했다. "전체적으로 구토제를 복용한 것보다 더 심하지는 않았다." 한편 5일째 되는 날 카라반은 배에 물이 새는 심각한 상황이 발생했다. 모두들 물을 퍼내기 위해 펌프질에 가담했고, 배가 거의 가라앉으려는 순간 마침내 구멍을 찾아내어 막게 되었다. 모두는 공포에 떨었다. 그러나 일주일쯤 지나자 일행은 여행을 즐기기 시작했다.

허드 선장과 선원들은 승객들을 존중하며 매우 친절했다. 바다 위에서 보낸 첫 주일에는 거친 날씨와 뱃멀미로 인해 어떤 예배도 드릴 수 없었지만, 다음 주일 1812년 3월 1일에는 승객들이 선실 안에서 예배를 드릴 것을 제안했다. 허드는 곧바로 찬성했고, 그 후부터 그와 최소한 2명의 선임 선원들이 매주 주일 예배에 동참했다.

카라반 선상에서의 기독교인들의 행동에 대해서는 낸시가 "나는 이 배에 승선한 이후 어떠한 모욕적 언어를 듣지 못했으며, 이는 매우 특이하다"라고 놀라며 적을 정도였다. 심지어 배가 침몰하려고 할 때도 '오로지 하나님의 손길만이 우리를 구할 수 있다'는 선장의 냉철한 말보다 더 힘 있는 말은 없었다.

날이 지나자 날씨가 따뜻해졌다. 책을 읽는 것 외에는 할 일이 없었다. 저녁은 "종교적인 대화"를 하는 데 보냈다. 가끔 다른 배가 목격되어 그 단조로움이 깨지기도 했다. 때론 다른 배 위에 있는 사람들도 볼 수 있었지만, 허드 선장은 절대 다른 배와 대화를 하지 않는다는 원칙을 철저히 지켰다.

처음 얼마 동안 선교사들은 식성이 좋지 않았다. 낸시는 "여기서 먹는 것은 육지에서 먹는 것과 모두 맛이 달랐다. 그리고 집에서 좋아했던 음식들을 여기서는 이상하게 가장 싫어하게 되었다"고 기록했다. 그들은 문제가 운동부족이라는 결론을 내렸다. 그들은 걷기 운동을 시도했지만 혼잡한 갑판은 공간이 부족했다.

그때 누군가 줄넘기를 생각해 냈다. 매일 몇 시간씩 두 쌍의 부부는 즐겁게 뛰었다. 마침내 그들은 춤이 더 좋은 운동이고 더 재미있다는 것을 발견했다. 그 이후로 그들은 종종 춤을 추었고, 건강과 식욕이 원상회복 되었다. 하지만 해리엇은 항해 내내 자신의 음식에 까다로웠고 우유 없이는 커피나 차를 소화해 낼 수 없었다. 여기에는 해리엇 나름의 이유가 있었다. 그녀는 임신 중이었고 11월 정도에 출산할 예정이었기 때문이다. 그녀 생각에 아이는 인도나 버마에서 태어날 것 같았다. 그곳에서 남편 이외에는 아무도 도움이 되지 않을 것 같았다.

그래도 네 명의 젊은이들은 자신들의 기다란 신혼여행이 즐거웠다. 낸시는 아도니람을 "이 세상 남편들 중에서 가장 친절하고 가장 믿음직스럽고 다정다감한 사람이라고 생각했으며" 해리엇도 같은 생각이었다. "사랑하는 어머니, 저는 가장 훌륭한 사람을 남편으로 주신 하나님을 찬양해요. 아, 만일 뉴엘을 그저 차갑고 무뚝뚝한 동역자로만 알았더라면 내 삶이 얼마나 비참했을까요. 그러나 그는 내가 바랄 수 있는 최고의 남편입니다."

이윽고 카라반은 열대로 들어갔다. 선교사들은 소금물 목욕으로 기운을 북돋았다. 처음으로 소금물 목욕을 해본 해리엇은 "나는 상당히 기분이 좋아졌다. 앞으로 이틀에 한번 씩 규칙적으로 해야겠다"고 기록했다. 그러나 대부분의 시간은 "무기력한 상태에 있었다. … 지금 집에서는 어머니와 형제, 자매들이 커다란 불 앞에서 추워 떨고 있겠지만, 나는 창문과 방문을 모두 열고 앉아 있어도 땀에 흠뻑 젖는다. 내가 글을 쓰는 지금도 저드슨 형제와 부인은 침대에서 자고 있고, 내 남편은 다른 침대에서 축 늘어져 있다."

카라반이 느릿느릿 끝없는 대양을 횡단하는 동안은 그렇게밖에 살 수 없었다. 하나님께 대한 신앙과 선교를 향한 믿음으로 정신을 놓지 않을 수 있었다. 물론 남편과 아내가 서로에게서 풍성한 사랑을 발견한 것도 도움이 되었다. 그러나 그 와중에도 향수를 떠올릴 만한 순간들은 있었다. "종종 H선장이 우리 고향인 해버힐이 있는 곳이라고 말해주는 방향을 쳐다보았지만, 슬프게도 우리는 끝없이 너른 바다와 푸른 하늘을 볼 뿐이었다."

5월 1일쯤 그들은 적도를 통과했고, 희망봉을 돌기 시작했을 때는 춥고 비가 왔다. 이 날 해리엇은 자신의 감정을 다음과 같이 설명하고 있다.

언제쯤 캘커타에 도착해서 우유 한 주발과 인도산 빵 조각을 가지고 조용한 방에 있게 될까 연연해하지 않습니다. 이렇게 소박한 음식을 생각하는 것조차 제게는 너무 호강스럽게 느껴집니다. 배의 심한 출렁거림과 비 온 후의 참을 수 없는 냄새에 몹시 지쳐 며칠 동안 침대에 누워 있는 것 외에는 아무 것도 할 수 없었어요. 그러나 아마도 제가 정신력 하나는 출중한가봅니다. 오늘은 갑판 주위를 달렸고 예전처럼 운동 삼아 방에서 춤도 추었습니다. 병들어 누워 있을 때 불친절한 남편을 둔 여자들은 어떻게 살까요? 내가 하나님께 받은 수많은 은혜들 중에서 가장 큰 것은 최고로 다정다감한 동반자가 있다는 거예요. 사랑하고, 또 사랑받고 있다는 행복 가운데서 우리는 즐겁게 살아가고 있습니다. 그와 함께 살아가는 것이 만족스럽고, 죽어서도 그럴 것입니다. 어머니, 이것이 저의 마음입니다.

반면 아도니람은 신학적 연구에 몰두하다가 기대하지 않았던 결과에 봉착했다. 그는 배 안에서 앤도버에서 하던 헬라어 신약 번역을 계속했다. 4월부터 그는 일반적으로 '세례'로 번역되는 헬라어에 흥미를 가졌다. 그는 회중교회 방식으로 머리에 물 몇 방울이 뿌려지는 유아세례를 받았다. 그러나 신약 성경을 본격적으로 연구하면서는 물방울로 세례를 받았다는 증거를 찾을 수가 없었다. 성경에 나타나는 세례 의식은 모두 강에서 이루어졌으며 실제로 세례를 받는 사람은 물속으로 들어갔다. 단어 자체를 연구하면서 그는 세례가 침례 이외의 다른 것을 의미하는 경우를 발견할 수 없었다.

여러 번 그는 낸시에게 자신이 발견한 바를 이야기했다. 물론 그는 회중교회주의자였다. 하지만 그는 최소한 이 경우는 침례교도가 옳고 회중교회가 옳지 않은 것 같다고 했다. 그 의미가 다소 확대되었다 치더라도 정신이 온전한 사람이라면 어떻게 그 헬라어 단어를 '뿌림'을 의미하는 것으로 바꿀 수 있는지 그는 이해할 수 없었다.

선교사인 그는 마음이 불편해졌다. 왜냐하면 미국선교회에서 받은 교육에 따르면 그는 "신뢰할 수 있는 신자들과 그 가족"에게 세례를 줄 수 있었다. 신뢰할 수 있는 신자들이 세례를 받는 것은 당연했지만, 이에 따르면 그 가족들도 세례를 받을 수 있었고, 또 반드시 받게 해야 했다. 뉴잉글랜드에서 가족이란 그들의 아기들을 의미했지만, 동양에서는 다 큰아들이나 딸들, 나아가서는 종들도 포함될 수 있었다. 아도니람이 그들에게 복음을 말하기 전까지 그들은 그리스도에 대해 한 번도 들어보지 못했을 것이기 때문이다. 이것은 교회 구성원의 자녀들이 새롭게 태어날 때마다, 하나 하나 세례를 주는 뉴잉글랜드 방식과는 차이가 있어야 했다. 새롭게 교인이 된 이방인에게 있는 30살 된 아들은 이런 세례를 어떻게 생각하겠는가? 그가 동의할까? 만일 동의해서 세례를 받더라도 그가 불신자로 계속 남아 있다면 세례가 무슨 소용이 있겠는가?

아도니람이 염려하는 데에는 또 다른 이유가 있었다. 그는 우스터 박사로부터 캘커타 외곽에 있는 세람포에 있는 캐리 박사 및 선교사들에게 충고와 도움을 요청하는 한 통의 편지를 지니고 있었다. 세람포에 있는 선교사들은 침례교도였다. 이들은 단지 신자들에게만 침례를 베풀었지 그들의 자녀들과 종들에게는 침례를 주지 않았다. 침례(세례)의식은 개인적으로 개종한 사람을 "교회에 가입시키는 의식"이었다.

뉴잉글랜드 침례교도들과 회중교회 교인들은 항상 친하게 지내왔다. 실제로 아도니람은 카라반의 출발 전에 세일럼 제일 침레교회의 목사인 루시어스 보울즈 박사를 만났으며, 미국의 침례교도들도 영국의 본을 받아 선교사 파송 조직을 만들어야 한다고 주장했었다. 그러나 아도니람은 세람포에 있는 침례교도들과 잘 지낼 확신이 없었다. 만일 그들이 회중교회의 세례에 대한 입장을 공격한다면 어떤 논리로 방어할 수 있겠는가? 그것보다 더 두려운 것은 만일 원주민들이 그에게 이 두 가지 세례 방식의 차이를 설명해달라고 하면 얼마나 난처할 것인가? 심지어 원주민들은 서로 자신이 진정한 기독교라 부르는 두 개의 경쟁적 종교가 있다고 결론을 내릴 것이며, 이것 때문에 기독교로 개종하는 데 큰 방해가 될 것 같았다.

아도니람은 그 문제에 대해 꾸준히 연구해 들어갔고, 마침내 결론을 내렸다. 회중교회가 행하는 유아와 개종하지 않은 가족에 대한 세례는 구약의 교회에서 나온 것으로 보았다. 아브라함의 경우처럼, 아브라함의 남자 자손들과 종들은 출생 시부터 자동적으로 교회의 구성원이었다. 그들은 개인적으로 선택의 여지가 없었다. 왜냐하면 당시의 교회는 전체 백성 모두로 이루어져 있었기 때문이었다. 그들이 교회로부터 벗어나려면 그 '백성들로부터 끊어지는 것'이 유일한 방법이었다. 그러나 자신이 아는 한, 신약에서 교회의 구성은 "그리스도의 제자라는 믿을 만한 증거를 보여주는" 개인들에게 제한되어 있었다. 신약에서 세례(침례)는 "언제나 믿음과 연결되어" 있어야만 했다.

이것이 침례교회의 입장이었다. 그는 낸시에게 말했다. "내가 두려운 것은 침례주의자들이 옳을 수 있다는 것이오." 그를 괴롭힌 것은 바로 이 점이었다. 낸시는 더욱 괴로웠다. 그녀는 '세례'를 어떻게 보는가는 그다지 중요하다고 느끼지 않았다. 그러나 걱정스러웠던 것은 타협이란 것을 모르는 아도니람이 이런 의문을 계속 갖고 있다 보면 세례 문제 이외의 다른 것까지도 침례교가 옳다고 믿을 수 있다는 것이었다. 그때 그들은 어디에 있어야 하는가? 그녀는 열심히 그와 논쟁했지만 금세 자신이 헛수고하고 있음을 알았다. 그는 이 문제를 계속해서 다루었고, 이것은 그를 끊임없이 괴롭혔다.

한편 카라반은 인도에 도착했다. 6월 초에 허드 선장은 그들이 실론으로부터 150킬로미터 내에 있다고 생각했다. 따뜻하면서도 맹렬한 바람이 뭍에서부터 불어왔다. 이쯤 오자 해리엣은 더욱 힘들어했다. "나는 바깥 상황이 어떤지 잘 모른다. 그러나 천둥의 으르렁거리는 소리를 듣고 번갯불이 번쩍이는 것을 보며 그리고 배를 집어삼킬 것 같은 파도를 본다. 그럼에도 불구하고 모두는 침착했다."

선교사들은 소지품을 꾸리기 시작했다. 이때쯤 아도니람은 세례에 대한 집착에서 벗어났고 낸시는 안심했다. 육지에서 첫 방문객들이 왔다. 두 마리의 새와 나비 한 마리였다. 6월 20일, "오늘 아침 우리는 '육지다, 육지'라는 즐거운 함성을 들었다. 우리는 114일 동안 하늘과 물 외에는 아무 것도 볼 수 없었다. 그 땅은 대략 30킬로미터 떨어진 오릿사 해안이었다."

첫날 그들이 식별할 수 있었던 것은 "골콘다의 뾰족한 산들"이었다. 그러나 다음날 아침에는 뭍에 충분히 접근했기 때문에 나무들도 구별할 수 있었다. 그들은 서로서로 "저게 오렌지나무고 저게 야자나무야"하며 환호했다. 그들은 다른 배들에 말을 걸기도 하고 새로운 목소리를 들으며 즐거워했다. 해질 무렵, 허드 선장은 수로 안내인을 구할 때까지 위험하고 얕은 뱅갈 만에 정박했다.

선원들은 여기서 거의 10일 정도 수로 안내인을 기다릴 생각이었지만 이 배는 운이 좋았다. 다음날 아침 한 배가 영국인 수로 안내인과 측연사(測鉛士)인 한 영국인 청년, 그리고 힌두인 하인을 태우고 나타났다. 선교사들은 처음 보는 힌두 사람 외에는 아무에게도 눈길을 주지 않았다. 그는 작은 키에 검은 구리빛 피부를 가졌으며 20살 정도로 보였는데 옥양목 바지와 하얗고 짧은 무명 셔츠를 입고 있었다. 그는 회교도였다. 해리엇의 생각으로 그의 표정은 완벽한 "무관심과 게으름"을 보여줬고 그가 어떤 일이나 할 수 있는지에 대해서도 의문스러웠다. 낸시 역시 "너도 저 사람이 여자 같다고 생각하지? 저런 열등한 창조물에게 기독교의 믿음이 어떤 변화를 일으킬 수 있을까?"라고 속삭였다.

그 힌두인이 비실거려 보였다면, 영국인 수로 안내인은 족히 10명을 합친 힘을 가진 것 같았다. 해가 질 때까지 그는 온갖 지독한 욕설을 해댔는데, 마치 그 힘으로 카라반을 얕은 여울 사이의 복잡한 길 사이로 빨리 빠져나가게 이끄는 듯했다.

저녁 때 배는 닻을 내리고 정박했지만, 거대한 파도들이 세차게 밀려와 배에 부딪히는 바람에 물이 선교사들의 숙소까지 범람했고 닻줄도 끊어져 카라반은 얕은 물위에서 파도와 조수에 휩싸이며 위험하게 표류하기 시작했다. 그날 밤 내내 카라반은 서서히 움직였으며, 수로 안내인의 독설은 캄캄한 밤에 추측으로 항해한다는 부담감 때문인지 최고조에 달했다. 낸시는 "지속적인 소음과 갑판에서 들려오는 비속한 언어 때문에 한 잠도 잘 수가 없었다. 허드 선장은 우리와 함께 지내는 동안 저속한 언어를 사용한 적이 없다. 그러나 그 수로 안내인은 우리가 지금까지 들어왔던 것보다 훨씬 심했다."

태양이 뜨자 카라반은 갠지즈 델타의 잔잔한 물로 들어왔다. 그 수로 안내인은 카라반을 조심스럽게(아마도 자신이 무사히 위험스러운 만에서 배를 끌어냈으니까 현재는 덜 저속하게) 작은 섬 사이로 잘 지휘하여 캘커타로 향하는 갠지즈 강 입구의 하나인 후글리 강 위로 이끌었다.

수개월 동안 바다에서 생활한 뒤에 접해보는 육지라서 선교사들은 아침 내내 배의 난간에서 난간으로 달리며 그 새롭고 경이로운 풍경에 감탄했다. 그리고 선실로 급히 내려가 그 감동을 글로 남겼다. 해변가에 펼쳐진 이국적인 광경들과 선상으로 밀려오는 그 달콤한 향기는 인도에 대한 그들의 모든 기대를 채워주었다. 낸시는 그 장면들이 너무 벅차서 무엇을 말하거나 읽을 수도 없었다.

우리가 현재 배를 타고 가는 후글리 강 양옆에는 우리 항구 도시의 가옥들처럼 서로 밀집한 힌두의 오두막집들이 있다. 이 집들은 매우 작고 굴뚝이나 창문도 없이 마른 건초로 지어졌다. 이 집들은 나무들 가운데 걸쳐 있어 정말 로맨틱했다. 초원과 논은 완전히 녹색이었고, 소 떼들이 강둑 근처에서 먹이를 뜯고 있었다. 원주민들은 낚시를 하거나 소를 몰았고 아니면 강둑에 한가롭게 앉아 있었다. 우리가 지나쳐간 탑들은 가옥들보다 더 컸다.

이런 사람들 사이에서 출산을 기다리는 해리엇은 "황갈색의 작은 어린이들을 데리고 손에는 과일과 우산을 가지고 걷는 원주민들을" 좋아했다. 지금까지 그녀가 예상했던 고생거리는 아직 없었다. 결국 그녀는 "이것은 내가 경험해왔던 것 중에서 가장 즐거운 시련이다"고 결론지었다. 정오쯤에 일부 원주민들이 배 위로 올라왔다. 편지를 수거하기 위해 항구를 오가는 배의 선원들이 카라반을 방문한 것이었다. 해리엇은 다소 충격을 받았다. 놀랍게도 그들은 "가운데 부분을 한 조각의 무명천으로 감은 것을 제외하고는 벌거벗은 상태였다." 그러나 그들의 "외관은 현재 우리와 같이 승선해 있는 힌두인보다 더욱 흥미로웠다. 그들은 가르치기만 하면 기독교에 대한 지식을 금방이라도 받아들일 것처럼 활발하고 이야기를 좋아했다. 그들의 머리색은 검었다. 어떤 사람은 머리의 앞부분을 민 상태에서 뒤는 한 다발로 묶었고 다른 사람들은 모두 뒤로 넘겼다."

그들은 캘커타에 도착해서 오후 세 시간 정도 정박해 있었다. 지금까지 보았던 전원적인 강둑은 완전히 사라지고 아주 색다른 풍경이 펼쳐졌다. 이곳은 하얀색의 벽돌 건물로 이루어진 도시로 그 중 어떤 것은 지금까지 보던 것 중에서 가장 크고 단연 우아했다. 배의 돛대들이 해안가 수 킬로미터를 따라 마치 말뚝을 박아놓은 것처럼 촘촘히 정박해 있었다. 부두와 강가의 거리에는 벌떼처럼 수백의 원주민들이 끊임없이 뱅갈어로 시끄럽게 떠들면서 배 주위에 몰려들었다. 그 소음 때문에 두 여인은 귀가 멍멍했다.

그러나 여기에는 충분한 보상이 있었다. 허드 선장의 친구가 육지로부터 이국적이고 신선한 음식들, 파인애플이나 바나나(잘 익은 배 맛이 난다) 같은 것을 보내왔기 때문이다. 그 중에서 제일 맛있었던 것은 해리엇이 바다에 있었던 몇 개월 내내 꿈꾸어왔던 신선한 빵과 우유였다. 선실에서 낸시와 해리엇은 이런 음식들을 푸짐하게 먹었다. 한편 아도니람과 사무엘은 허드 선장과 함께 동인도회사 소유지 안에 들어오는 모든 방문객들에 부여되는 첫 번째 의무를 이행하기 위해 뭍으로 갔다. 그 일은 경찰서에 보고하는 것이었다.

도중에 그들은 허드 선장과 잘 아는 사람들을 통해 버마에 관한 직접적인 정보를 얻을 수 있었다. 그들도 아도니람이 앤도버에서 읽었던 사임의 책을 잘 알고 있었다. 사실 20년 전인 1793년에 아스트라 호의 존 지보트 선장이 불운한 일을 겪은 후로 세일럼의 배들은 버마를 방문하지 않았다. 지보트의 배는 랑군 근처 페구(현재 지명은 버고—옮긴이)로 들어가자마자 징발되어 이라와디(현재의 명칭은 에야와디—옮긴이)로 끌려갔다. 비록 그는 배는 돌려받을 수 있었지만 장사의 측면에서는 아무 것도 얻은 것이 없었다. 단지 세일럼에 있는 동인도 박물관에 진기한 물건 몇 개를 기탁한 것이 전부였다. 1년 후 하지즈 선장이 버마에서 상당량의 수지 옻칠을 배에 실었으나, 돌아와 보니 그것을 살 사람이 아무도 없었다. 이러한 두 번의 경험 이후 세일럼의 배들은 버마와는 교류하지 않았다.

아도니람과 뉴엘은 현재의 버마 상황이 사임의 책에 나온 미사여구가 가득한 설명보다는 오히려 지보트와 하지즈의 경험과 비슷하다는 것을 알게 되었다. 버마인들의 풍습에 무지했던 사임은 자신이 특별한 방문객으로 접대 받는 줄 알았지만 실제로는 묘한 놀림의 대상이었으며, 깍듯한 예의 뒤에 숨어 있는 일련의 계산된 모욕들을 깨닫지 못했다. 버마의 신하들은 그의 임무 기간 내내 은근히 그를 보고 웃어댔던 것이다.

아바 왕조는 서양과 교류할 의도도 없고 영국이 가진 힘에 대해서도 무지하다. 비록 캐리 박사의 아들 펠릭스가 아직도 랑군에서 버티고 있지만 버마로 간 두 선교단은 이미 실패했다. 사실 버마에 장기 체류하는 외국인들은 모두 독재적인 관리들의 자비에 전적으로 의존하고 있다. 모든 것이 그들의 변덕스런 기분에 달려 있다. 관료조직은 말할 수 없이 부패해 있고 조약은 아무 의미가 없다. 버마인들에게는 무역에 대한 개념이 없고 단지 외국인에 대한 경멸만이 있다. 선교사들은 마치 쥐구멍에서 살아가듯 해야 하며 복음을 가르칠 수도 없다. 만일 발견되면 포악한 고문이나 사형집행을 당한다. 남자들도 살기 어려운 곳이고, 더구나 여자들이 살기에는 거의 불가능하다.

허드 선장의 친구들은 고개를 설설 저으며 버마 선교에 뜻을 두고 있는 미국인 초행자들에게 그들의 생각을 버리는 게 낫다고 경고했다. "그들을 다시 미국으로 돌아가게 하든지 아니면 다른 지역으로 가게 하고, 버마는 잊도록 하시오." 이러한 불안한 소식으로 머릿속이 복잡했지만 아도니람과 뉴엘은 검은 피부의 사람들로 붐비고 짐수레들이 바삐 움직이는 거리를 침착하게 걸어서 경찰서까지 갔다. 불친절한 사무원이 귀찮다는 듯 그들에게 질문했다.

"저드슨 씨과 뉴엘 씨는 동인도회사 측으로부터 인도에서 살 수 있는 허가증을 받으셨나요?"

"아니오. 우리들은 미국인으로서 이교도들에게 복음을 전하는 것 외에는 다른 목적이 없습니다. 버마로 가는 배를 찾을 때까지만 캘커타에 머물 예정입니다. 그러나 지금 막 얻은 정보 때문에 계획보다는 약간 더 길게 인도에 체류해야 할 것 같습니다."

"체류하도록 허가될 것 같지 않은데요. 그것은 관계당국 소관입니다." 사무원은 그들에게 이렇게 말하면서 보고 의무를 이행했다는 증명서를 주었다.

그들은 배에 돌아가기 전에 다른 곳을 방문해야 했다. 영국 침례교 선교회의 개척자이자 세람포에 있는 선교단의 책임자인 윌리엄 캐리였다. 아도니람은 그에게 전해 줄 편지가 있었다. 미국인 선교사들을 될 수 있는 한 도와주기를 바란다는 우스터 박사의 편지였다.

캐리는 지금은 주로 캘커타에서 지내고 있었다. 인도 정부는 캐리에게 선교는 허락하지 않았지만, 그의 학식은 인정해서 포트 윌리엄에 있는 대학의 동양언어 교수로 그를 채용했다. 그리고 상당한 봉급과 거대한 석조 건물을 주었다. 캐리는 세람포에서 선교의 자유를 얻기 위해서 또 동료인 마쉬맨과 와드를 위해 이 자리를 받아들였다.

그는 천장이 높은 이층 서재에서 이런 이야기들을 그들에게 들려주었다. 그들은 조용하고, 나이가 지긋하며 체구가 작지만 가식 없는 캐리를 살펴보면서 측량할 수 없을 만큼 거대한 선교 의지를 느낄 수 있었다. 그들은 캐리 박사가 고향인 영국에서 가난에 찌든 문맹의 구두 수선공으로 시작해서 지금의 이 거대한 귀족의 집까지 오게 된 것을 잘 알고 있었다. 캐리는 인도에 인디고 농장의 감독원으로 들어와 마침내는 선교사로서의 자신의 본역할을 수행할 수 있었다. 그가 해낸 벵갈어 복음서 번역은 대단한 업적이었다. 그리고 그의 동양언어에 대한 지식은 타의 추종을 불허했다.

캐리는 버마나 인도에 대해 미국 선교사들이 기대하는 바를 음울한 빛으로 그려냈다. 사실 이미 미국선교사들의 마음에도 버마는 실망스런 그림으로 그려져 있었다. 캐리의 아들 펠릭스가 버마에서 4년을 있었지만, 그는 다른 선교회 출신인 4명의 선교사 중 유일하게 남아 있는 정도였다. 그것은 그가 유럽계 혈통의 버마 여인과 결혼했다는 사실로 인해 적게나마 관리들의 호의를 얻었기 때문이었다. 버마는 지금 시암(태국의 옛 지명—옮긴이)과의 격렬한 전쟁에 휩싸여 있는 무정부 상태의 전제 군주국이었다. 적군의 습격과 정부의 폭정, 세금으로 시달리는 사람들의 끊임없는 반란들이 생활을 불안하게 만들어 결국 아침에 일어났던 사람이 저녁까지 살 수 있을지의 여부를 전혀 알지 못할 정도였다. 선교의 자유는 전혀 헤아릴 수도 없었다. 랑군의 총독은 선교사들이 버마인들을 개종시키러 왔다고 생각하지는 못했다. 그는 선교사들이 단지 랑군에 있는 소수의 유럽인들을 목회하고 있다고 여겼다. 모든 선교사들의 노력이 지금까지 어디에도 드러나지 않았던 이유가 여기 있었다. 런던 선교회로부터 파송되었던 프리체트와 브레인은 실패했다. 브레인은 버마에서 죽었고, 프리체트는 포기하고 비자가파탐으로 갔다. 캐리의 아들 펠릭스의 동료인 채터 또한 포기하고 실론으로 갔다. 그러나 현재 그는 캘커타에 있었기에 그들에게 직접적인 정보를 줄 수 있었다. 펠릭스 자신은 단지 성경을 번역하는 것 외에는 아무 것도 할 수 없었다고 했다. 사실 이 일은 그가 버마인 학자를 데리고 오면 세람포에서도 할 수 있었던 일이었다.

그러나 캐리는 버마에서의 선교 전망이 참담하듯이 인도 역시 어려울 것이라고 했다. 심지어 현지에서 태어난 영국계 국민인 세람포 선교사들도 이곳에 남아 있기가 무척 어려웠다. 동인도회사가 선교사들의 활동을 저지하기 위해 온갖 수단을 사용하고 있었기 때문이었다. 이 회사는 자국민들이 서구의 사상, 특히 성경 속의 혁명 사상을 배우는 것을 원치 않았다. 이러한 사상은 사회적인 불안과 폭동 심지어는 반란까지도 부추길 수 있다고 보았다. 캐리는 저드슨과 뉴엘이 이곳에 남을 수 있도록 자신이 힘을 다하겠지만 아무 것도 약속할 수는 없다고 했다. 아도니람과 뉴엘은 이런 달갑지 않은 조언과 그 도시에 같이 있는 그의 동료인 마쉬맨과 와드를 소개받고 난 후 카라반으로 돌아왔다.

다음날 낸시와 해리엣을 선상에 남겨둔 채 그들은 허드 선장과 같이 다시 한 번 경찰서로 향했다. 그들은 도착하자마자 동인도회사로부터 어떤 대접을 받게 되어 있는지 그 실상을 체험했다. 경찰서장인 마틴은 정부의 허가나 통보도 없이 인도에 선교사들을 데리고 왔다고 즉시 허드 선장을 호되게 꾸짖었다.

캘커타의 신문들은 카라반 호에 있는 선교사와 승객들의 이름을 보도했지만 서기가 어제 신문들을 경찰 서장에게 전해주지 않은 것으로 밝혀졌다. 이 혼란을 해결하는 데는 시간이 걸렸고 담당서기는 고스란히 그 질타를 다 받아야 했다. 그렇다고 경찰과 그들의 입장이 달라진 것은 아니었다. 마틴 서장은 그들의 인도 체류를 허락하기 힘들다고 했다.

그 밤은 선교사들이 카라반에서 보낸 마지막 밤이었다. 다음 날 오후 그들은 캐리 박사와 허드 선장으로부터 숙소를 제공하겠다는 제의를 받았다. 허드 선장의 초대는 그들을 감동시켰다. 그는 끝없는 호의와 친절을 베풀었다. 그러나 선교사들은 자신들이 그에게 계속 짐이 될 수는 없다고 느껴 결국에는 세람포 선교 단체 사람들과 같이 머무르기로 했다. 그날 오후 늦게, 카라반의 선장에게 극진한 감사를 표한 후 그들은 배를 떠났다.

아도니람과 사무엘 뉴엘은 캐리 박사의 집으로 가는 길이 익숙했지만, 지금까지 땅에 발을 내려본 적이 없는 낸시와 해리엇에게는 모든 것이 어색했고 놀라왔다. 그 두 부인들은 각각 원주민들이 끄는 1인승 인력거를 탔다. 거리의 떠들썩함, 시끄러운 원주민 무리들, 알 수 없는 언어들의 왁자지껄한 소리, 달리는 영국의 마차들, 세일럼이나 보스턴과 같은 것은 하나도 없었다. 그들은 왜 거리에서 걸어가는 영국 숙녀들을 여기서는 한 명도 볼 수 없는지 이해하기 시작했다. 남자들은 걸어서 캐리 박사의 집으로 향했다. 낸시의 1인승 인력거를 끌고 달리는 사내는 너무 빨라서 아도니람은 곧 시야에서 사라졌다. 다소 겁에 질린 채로 그녀는 자신이 어디로 가고 있는지 궁금했다. 마침내 인력거꾼들이 어떤 커다란 석조 건물 앞에 있는 해리엇의 인력거 옆에 자신을 내려놓았을 때, 놀라움에 커져버린 그녀의 눈에는 그것이 마치 궁전처럼 보였다.

그 집은 낸시와 해리엇이 처음 들어와 보는 인도의 집이었다. 그녀들은 약 6미터 높이의 천장이 있는 거대한 방들을 보며 위압당했다. 방들 중에는 브래드포드나 해버힐의 집 전체가 들어갈 만한 곳도 있었다. 벽난로나 굴뚝같은 것은 없었다. 대신 유리창이 없는 커다란 창문들이 자유로운 공기 순환이 이루어 질 수 있도록 이 방 저 방 열려 있었다.

그리고 시종들! 이들은 어디에서나 고분고분했다. 인도에서 백인들은 집안일을 하려고 손가락 하나 까딱할 필요가 없었다. 수많은 종들에게 각자 할 일이 있었기 때문이다. 그들의 종교는 한 사람이 한 가지 일 외에는 다른 것을 할 수 없도록 정했기 때문에 예를 들어 방을 쓰는 하인에게 먼지를 떨어내라고 설득할 수 없었다.

서재에서 자기들을 반기는 캐리 박사가 그들은 좋았다. 그는 자기 부담으로 그들을 초청했으며, 하모니 호에 타고 있는 라이스, 홀 그리고 노트 부부가 도착할 때까지 세람포 선교단에 체류할 수 있는 특별한 호의까지 받을 수 있었다.

아도니람과 뉴엘이 놀라움에 가득 찬 자신의 아내에게 캐리 박사의 저택 주위 광경을 득의양양하게 보여주는 광경을 우리는 그리 어렵지 않게 상상할 수 있다. 그날 저녁 그들은 영국 성공회의 예배에 참석했다. 낸시는 그녀가 옛날부터 좋아했던 '뱅고'가 오르간으로 연주되는 것을 듣고 즐거워했다. 음악과 예배는 익숙했지만 동양적인 모습도 있었다. 특히 펑커(그녀는 이것을 punkies 라고 썼다)라고 불리는 커다란 야자 잎 부채가 교회 안에 걸려 있었는데 원주민들이 밖에서 줄을 당겨야 작동했다. 그녀는 우아하게 흔들거리는 부채에서 눈을 뗄 수가 없었다.

다음날 아침에 그녀는 캐리 박사 집의 바로 옆에 있는 최초의 선교학교를 들렀다. 여기에는 2백 명가량의 남녀학생들이 있었는데 대부분이 계급 없는 토착민들과 포르투갈 부모를 가진 아이들이었다. 그녀는 또한 가마에 겨우 열 살 정도의 신랑이 탄 결혼식 행렬을 보았다. 그것은 그녀가 처음으로 본 어린이 결혼식이었다.

그날 오후, 저드슨 부부와 뉴엘 부부는 이제 다시는 볼 수 없는 카라반 호의 허드 선장에게 고마움을 전하는 글을 썼다. 그들은 "당신의 친절에 정말 무엇으로 보답하고 싶지만, 우리의 역량이 이에 미치지 못해 단지 이렇게 우리의 마음을 표현합니다"며 아쉬움을 덧붙였다. 그들은 작은 보트에 옮겨 타고 24킬로미터를 강을 거슬러 올라가 세람포에 도착했다.

마쉬맨과 와드가 물가에 마중 나와 있었다. 세람포의 선교단은 정말 경이로웠다. 거의 모든 것을 완벽하게 갖춘 공동체였다. 주거지는 방이 널찍한 네 개의 석조 건물로 아름다운 강이 바라보이는 전망 좋은 곳에 있었다. 건물 하나는 심각한 병을 앓고 있는 캐리 박사의 아내가 쓰고 있었고, 마쉬맨 부부와 와드 부부가 각각 다른 건물을 썼고 네 번째 건물은 공동으로 사용하는 집이었는데 저드슨과 뉴엘 부부가 둘로 나누어 두 방 씩 쓰기로 했다. 그곳에는 그들이 원했던 편리한 용품들이 다 갖추어져 있었다.

미국인들의 방 4개 외에도 백 명 이상의 좌석이 있는 연회장이 있었고, "크고 우아한 예배당과 두 개의 커다란 도서관도 있었다." 네 개의 가옥 외에도 많은 외곽건물들, 요리하는 곳, 심지어 종이 만드는 공장까지 있었다. 몇 개월 전만 해도 인쇄 기계가 있는 건물이 있어 선교사들에 의해 번역된 복음서들이 인쇄되었다. 그러나 화재로 소실된 후 아직까지 재건되지 않았다.

미국인들은 선교단에 있는 그렇게 멋진 정원을 전에는 본 적이 없었다. 이 정원은 아름답고 규모가 대단히 컸다. 그 안에는 모든 것이 자라고 있는 것 같았다. 과실수, 꽃, 갖가지 식물들…. 모르는 것이 태반이었다. 농장에서 자라난 낸시는 이렇게 썼다. "이 정원은 미국의 어떤 정원보다 월등히 훌륭하다. 미국 최고의 정원도 여기에 비하면 보통 농장 밖에는 안 된다."

이 즐거운 공간에서 네 명의 미국인들은 재빨리 바쁜 일상으로 돌아갔다. 두 여성에게는 집안 일이 없다는 것이 특별한 즐거움이었을 것이다. 가사 일은 많은 하인들이 맡고 있었다. 거의 매시간 마다 정해진 일이 있었고 그때마다 벨이 울렸다. 처음 하는 일은 아침 5시에 아이들을 깨워 등교를 준비시키는 일이었다. 마쉬맨 부인은 선교사 자녀들과 유럽계 젊은 숙녀들을 위한 학교를 운영했고, 그녀는 뜨개질과 수, 실용 공예와 언어를 가르쳤다. 언어공부는 결코 겉핥기식으로 하지 않았다. 마쉬맨 부인의 14살짜리 큰딸은 "벵갈어와 영어로 읽고 쓰며, 라틴어, 헬라어, 그리고 히브리어도 꽤 수준이 있었다"고 낸시는 기록했다. 또한 아침 기도에서부터 성경 강해까지 거의 하루 종일 다양한 종교적 모임이 있었다. 일요일은 온전하게 지켜졌다. 저녁에는 영어예배가 있었다. 아도니람은 벵갈식 예배를 특별한 관심으로 지켜보았다. 자신이 곧 그렇게 하고 싶었다. 영어로 드리는 예배에서는 그가 설교했다.

그러나 미국인들이 자신들의 선교활동을 잊어버린 것은 아니었다. 그들은 세람포로부터 몇 킬로미터 떨어진 곳으로 힌두교의 크리슈나 신 숭배식을 보기 위해 보트를 탔다. 그 우상은 "단순히 나무덩어리였고 얼굴은 커다란 검은 눈과 큼직한 붉은 입으로 색칠되어 있었다." 원주민들은 그 신을 "탑 밖으로 꺼내어 자신들이 신성하다고 여기는 갠지스 강의 물로 씻겼다. 그들 역시 강에서 씻으면서, 손가락으로 세며 길게 기도했고, 자기 자식들 목 안으로 더럽고 혼탁한 물을 부어 넣으면서 이 어리석고 미신적인 의식들을 행했다." 이런 충격적인 광경을 보면서 아도니람, 낸시, 뉴엘 그리고 해리엣은 "기독교의 탁월한 우수성으로 인해 전보다 더 축복 받았음을 느꼈다."

하지만 7월 1일에 아도니람과 뉴엘이 캘커타 경찰서로부터 소환 명령을 받고 나서 세람포에서의 평온한 생활은 갑자기 산산이 깨어졌다. 명령서에 의하면 그들은 즉시 캘커타를 떠나 카라반 호로 다시 미국으로 돌아가야 했다. 또 허드 선장에게는 선교사들과 같이 있다는 확인서를 제출하지 않고는 출항 허가를 받을 수 없다는 경고를 했다. 일이 이렇게 되자 허드는 잠시 동안 캘커타를 떠나지 않기로 했다. 게다가 그는 영국과 미국 간의 전쟁에 대한 소문으로 어음들을 현금으로 바꿀 수 없었고(실제로 전쟁은 6월에 선포되었지만 그 소식은 아직 캘커타까지 도달하지 않았다), 그의 화물들은 보관 상태가 좋지 않아 파는 것조차 힘들었다.

저드슨 부부와 뉴엘 부부는 허드 선장이 처한 상황이 안쓰러웠지만, 그들이 할 수 있는 일이라곤 총독인 민토 경에게, 자신들은 벵갈이나 인도에 정착할 의도가 전혀 없음을 설명하는 간청서를 제출하는 것뿐이었다. 간청서에는 그들을 하모니 호가 도착할 때까지만 캘커타에 체류할 수 있게 해주면 그 후에는 서둘러 다른 지역으로 갈 것이라고 썼다.

그 간청서는 약간의 효력이 있었다. 7월 15일, 그들은 다시 경찰본부로 소환되어 자바와 모든 동부 섬을 포함한 어떤 영국령이나 영국의 동맹국 영토에서 선교를 할 수 없다는 명령을 정식으로 받았다. 그리고 만일 그들이 더 멀리 갈 수 있다는 것을 증명한다면 카라반에 승선해 미국으로 돌아가지 않아도 되었다. 아이러니칼하게도 그들이 명령서를 받기 위해 경찰서에 있는 동안, 동인도회사 소속 토마슨 목사는 뉴엘에게 캘커타의 선교단 형제들이 모금한 5백 루피(이 당시 1루피는 현재 한화로 약 8천 원이다. 하지만 당시 버마인 노동자 평균 삯이 8만 원 정도라는 점을 감안하면 큰돈이다. 우리 피부에 와닿는 실질 가치는 1루피를 약 20만 원으로 생각하면 될 것이다. 하지만 당시 미국인이 이 정도 금액을 어느 정도의 가치로 느꼈는지는 알기 어렵다. 아마도 8천 원 정도, 혹은 그 이하로 여겼을 것이다―편집자)를 전해주었다.

그러나 그들이 가야 할 곳은 어디란 말인가?

마침내 그들은 생각에서 버마를 지우기로 했다. 버마에 대한 예상치도 못했던 것들을 이제 알았기 때문이었다. 채터는 버마에 가면 절대 폭군인 왕과 믿기 어려울 만큼 부패한 지방 통치자들 밑에 있어야 한다고 되풀이해서 말했다. 법은 지상에서 가장 잔인했다. 목을 베는 것, 십자가에 못 박는 것, 그리고 "적은 양의 끓는 납을 목에 붓는" 것이 보편적인 사형 방법이었다. 아편을 씹었다든지 알코올이 든 술을 마셨다든지 하는 경범죄에도 이러한 처벌을 내렸다. 캐리 박사는 최근에 한 버마 장군이 오백 명의 자기 군사들을 모두 생매장했다는 소식도 덧붙였다. 단지 자신이 싫어하는 장교로부터 보내진 신병이라는 이유 때문이었다. 펠릭스 조차도 어려움에 처했었다. 랑군에 있는 다른 영국 사람들과 함께 그는 학살을 피해 강에 정박 중인 영국 군함으로 피신했다. 버마 총독은 군함의 선장에게 펠릭스와 그의 처자식을 내줄 것을 요구했다. 그러나 선장은 펠릭스 가족을 보호해 줄 것이라는 문서 보증을 받기 전까지는 그 제안을 수용할 수 없다고 거절했다. 후에 랑군에 거주하는 부자들이 많은 돈을 총독에게 뇌물로 주고 그들이 떠나도 좋다는 허락을 받아냈다. 해리엇은 다음과 같이 결론을 내렸다. "우리가 버마로 가는 것이 하나님 뜻인지 모르겠군요. 이 비열하고 야만스러운 나라를 보면 그곳에서 복음을 전파할 길이 없다는 사실이 분명해지는 것 같아요." 비록 이러한 반대가 없다고 해도 펠릭스 캐리는 침례교인이었다. 어떻게 회중교인이 침례교인과 연합하여 선교를 할 수 있을까?

중국도 버마와 마찬가지로 접근할 수 없었다. 그곳 선교사인 모리슨은 마카오에서 통역자로 일하고 있으며 단지 그 직업으로 그곳에 머무르고 있었다. 거기에서 기독교 선교를 하다 잡히면 죽음의 형벌에 처해졌다. 그들은 아라비아, 터키, 페르시아 등을 생각해 봤다. 그러나 회교도들의 완강한 통치를 고려할 때 실질적으로 이러한 나라들은 제외될 수밖에 없었다.

캘커타에 있는 친구들은 그들에게 동양을 포기하고 미국으로 돌아가 황량한 미시시피 지역에 있는 서부 인디언들이나 오하이오의 황야나 테네시 또는 아칸소 등으로 가라고 조언했다. 그러나 그들은 그렇게 할 수 없었다. 그토록 많은 기도와 환송 속에서 출발했다가 같은 배로 불명예스럽게 돌아가는 것이 두렵기도 했을 것이다. 그러면 도대체 그들은 어디로, 정말 어디로 가야한다는 말인가? 그들은 미친 듯이 가야 할 곳을 찾았다.

며칠 후 하늘이 청명한 날이었다. 자신이 알고 있는 캘커타의 모든 관리들에게 간청을 했던 마쉬맨 박사가 기쁜 소식을 가지고 세람포로 돌아왔다. 그것은 리켓트라는 이름의 회사 사무관이 비공식적으로 말하기를, 만일 미국인들이 다른 배편으로 동인도회사의 영역을 떠나겠다고 정식으로 약속한다면 미국 선교사를 태우지 않은 카라반에게 출항 허가증을 허락하도록 주선하겠다는 것이었다. 이렇게 되면 그들은 하모니가 도착할 때까지 체류할 수 있게 되며 '프랑스 섬'이나 또는 마다가스카르로 갈 수 있는 문이 열리게 된다. 비록 영국 통치 하에 있었지만 프랑스 섬은 동인도회사의 영토가 아니었다.

주말이 되자 이러한 제의가 더욱 좋게 느껴졌다. 프랑스 섬에 도착했던 한 하모니 호의 승객으로부터 그 섬의 총독이 선교에 우호적이라는 소식이 적힌 편지 한 장을 받았기 때문이었다. 그 총독은 프랑스 섬과 마다가스카르에 있는 선교사들을 만나보기를 좋아하며 심지어 런던 선교회에 선교사 한 명을 요구하는 편지를 썼다고 했다. 그 편지를 가지고 아도니람과 뉴엘은 그들이 프랑스 섬으로 갈 수 있는 공식 허가를 받을 수 있는지 알기 위해 즉시 캘커타로 갔다. 다음날 뉴엘은 세람포에 돌아와 낸시와 해리엣에게 허락을 받았다는 소식을 전했다. 진지한 사람인 취미넌트 선장의 질레스피 대령 호가 나흘 안으로 출항할 것이라고 했다. 그러나 그는 승객들을 받아들이지 않았다. 아도니람은 취미넌트의 마음을 돌려보려고 캘커타에 남아 있다고 했다.

다음날 화요일 아침에 아도니람은 대단히 흥분해서 세람포로 돌아왔다. 설득에 설득을 더한 후에 취미넌트는 단 두 명의 선교사만을 태워다주기로 동의했지만 더 이상은 안 되었다. 그 선장은 토요일에 배를 출항시킬 것이다. 누가 가야만 하는 것인가?

토론이 있은 후 뉴엘 부부가 가기로 결정했다. 해리엣은 3개월

내로 출산을 해야 했다. 해리엣은 될 수 있는 한 빨리 육지로 가서 아이를 낳고 회복하는 것이 나았다. 지체할 시간이 없어 뉴엘 부부는 당장 짐을 꾸렸다. 그들은 돈이 부족했다. 개인 당 뱃삯은 600루피였다. 캐리 박사가 뉴엘에게 프랑스 섬에 있는 한 상점을 상대로 신용장을 써주었다. 그는 이를 통해 미국선교회로부터 자금을 받을 때까지 비용을 쓸 수가 있었다.

다음날 아침, 해리엣과 낸시는 이별의 슬픔으로 눈물이 가득했다. 수 없이 작별 인사를 나눈 후 뉴엘 부부는 작은 보트에 승선해 캘커타의 강으로 내려갔다. 해리엣과 남편은 하모니 호에 있는 친구들을 그리워했다. 만일 하모니의 선교사들이 다른 곳으로 선교지를 택한다면 그들은 이제 다시는 만나보지 못할 것이다. 해리엣의 생각 중에 가장 끔찍한 것은 길고 위험한 항해 중에 해산을 맞는 것과 그녀를 도와줄 여성이 한 명도 없이 출산하는 상황에 처하는 것이었다. 그렇다면 어디서 도움을 얻을 수 있을 것인가.

결과적으로 말하자면 질레스피 대령 호는 8월 4일 화요일까지 항해를 시작하지 못했다. 출항하기 전 날까지는 마지막 순간까지 기억해낸 끝도 없이 많은 사소한 필수품들을 구입하는 일들로 대단히 바빴다. 거기에 또 초대한 사람들과 함께 차를 마시고, 점심과 저녁을 먹는 일은, 좋게 말하면 즐거운 사교였으나, 한편으로는 거절하는 것이 더 지혜로울지도 모르는 에너지 소모였다. 배가 강으로 나왔을 때 해리엇은 완전히 탈진해 있었다. 그녀는 스스로 사리를 분별하여 그렇게 많은 일을 하지 말았어야 했다. 그러나 그녀는 이제 겨우 열여덟이었다. 그리고 다음 생일날이 그녀의 최후가 되었다.

2. 유랑자 (1812)

캘커타의 롤트 씨가 아도니람과 낸시를 초대해서, 뉴엘의 뒤를 따라갈 수 있는 배를 찾는 동안 머물 수 있게 해주었다. 롤트 씨는 영국 침례교 선교사의 미망인과 결혼한 사람이었다. 아도니람과 낸시가 머물던 곳은 제법 큰 서재였는데 세례(침례)에 관한 좋은 책도 찾을 수 있었다. 아도니람에게는 행운이었다. 세례라는 말이 어릴 적에 머리에 물을 뿌리는 것인지, 아니면 분별력이 생긴 나이에 자발적인 결정에 의해 완전히 물에 잠기는 것인지에 대한 의문은 아도니람의 생각 속에서 떠나지 않고 있었다. 세람포 선교사들은 그가 이러한 고민을 하고 있다는 사실을 전혀 몰랐고, 손님에 대한 예의로 두 교파 사이의 차이점에 대해서는 전혀 언급하지 않았다. 그는 부지불식간에 영향을 받았다. 가장 대표적인 예가 겸손한 캐리 박사였다. 그는 아도니람이 만난 누구보다도 업적과 능력에 있어서 탁월한 사람이었다.

하모니 호를 기다리는 일 이외는 할 일이 없는 아도니람에게 그 서재의 책들은 아도니람이 품고 있던 의문들을 확실히 연구할 수 있는 좋은 기회였다. 낸시는 걱정이 되었다. "나는 그에게 포기하기를 계속 요구했고 만약 그가 침례교도가 되더라도 나는 되지 않을 것이라고 경고도 했다. 그러나 그는 자신이 의심하고 있는 그 문제를 확실히 해결하는 것이 의무라고 했다." 그리고 "…아무리 치러야 할 대가가 크고 괴로울지라도 정직한 마음과 기도하는 마음으로 책을 읽어 오직 진리만을 붙잡고 진리만을 받아들일 것을 결심했다."

자신을 변호하기 위해 낸시 역시 성경을 연구했다. 분명히 성경 어딘가에 유아세례가 타당하다는 증거가 있을지도 몰랐다. 2~3일 동안 신약과 구약을 대조해가며 그녀가 평생 동안 받아들여 왔던 회중교회의 전통을 뒷받침할 만한 근거를 찾아보았다. 실망스럽게도 그녀는 아무 것도 찾을 수가 없었다. 그리고 아도니람의 영향으로 그녀는 이 문제가 단순히 형식상의 문제가 아니고 훨씬 더 중요한 것임을 깨달았다.

뉴엘 부부가 떠난 지 나흘이 지나 하모니 호는 고든 홀, 루터 라이스, 사무엘 노트, 그리고 록산나 노트를 태우고 나타났다. 즐거운 재회였다. 남자들은 7개월 전 태버나클 교회에서 선교사 안수를 받은 후 처음 만나는 셈이었다. 낸시 또한 미국 여성 한 명이 동행하는 것이 기뻤다. 그러나 아도니람에게는 그 전과는 달리 생각을 어지럽히는 문제가 있었다. 아도니람은 우선 노트에게 그 말을 했고 몇 시간 후에는 선교사들 모두 그 문제를 논의하게 되었다.

선교사들은 우선 낸시와 아도니람이 생각하지 못했던 문제를 제기했다. 만일 그들이 두 개의 경쟁적인 교파로 나뉜다면 어떻게 함께 선교 사역을 할 수 있을 것인가? 그것은 불가능한 일이었다. 낸시는 소름끼치도록 무서웠다. "만약 그가 예전의 입장에서 달라진다면 고향에 있는 친구들은 감정이 상할 것이다. 그의 명예도 손상될 것이고, 아직 결론이 나지는 않았지만, 가장 어려운 일은 이 선교단에서 떨어져 나오게 될 수도 있었다."

그러나 아도니람과 논쟁하는 것은 아무런 소용이 없었다. 몇 주 후 그녀는 이 같은 상황을 인정할 수밖에 없었다. "아도니람은 성경에 비추어 볼 때 자신이 세례(침례)를 받은 적이 없으며 또한 양심적으로도 유아세례를 줄 수 없다고 했다. 이 입장의 차이는 필연적으로 분리를 가져올 것이다. 이 문제 외에는 형제들과 완전히 일치하고 있으며 완벽한 연합을 이루고 있다. 그들을 떠나 우리만 홀로 다른 사역지로 향한다는 것은 말할 수 없이 고통스럽다."

그녀 자신 또한 롤트 씨의 집에서 성경을 깊이 파고드는 한편 서재에 있는 장서들을 읽었다. "나는 … 성경이 침례교의 입장을 편들고 있음을 인정하지 않을 수 없었다. 나는 끝까지 이 문제를 연구해 무엇이 진실인지 알고 싶다. 결론이 어떻게 나던 간에, 내가 아기였을 때부터 가르침 받고 지켜왔던 것을 버리고 내가 경멸하도록 가르침을 받은 다른 편의 입장에 선다는 것은 인간적인 감정으로는 너무도 고통스럽다. 하나님, 성령께서 저를 밝히 인도해 주셔서 제가 잘못된 입장에 계속 서있는 것을 막아 주시든지 아니면 새롭게 깨달은 바를 받아들이게 하소서."

불쌍한 낸시! 실제 상황은 "고통스러운 감정"보다 훨씬 끔찍했다. 롤트 씨의 거대한 집과 많은 하인들은 그녀를 편안하게 하지 못했다. 한가한 백인 여자로 집안에 있어도, 다양한 복장과 피부색과 언어로 복잡하게 뒤엉킨 거리를 인력거를 타고 다녀도 그녀는 외로운 이방인이었다. 이제 고향과의 관계를 끊고 그들의 지원도 더 이상 받을 수 없다고 생각하자 그녀는 더욱더 고향 브래드포드가 그리웠다. "내가 정말 사랑했던 나의 친구들이 곁에 없어 너무도 슬프다. 그들의 사랑과 내 마음은 강하게 묶여 있다. 내 조국이여! 어찌 너를 잊을까? 내 어린 시절을, 그보다 더 행복했던 젊은 나날들을 잊을 수 있을까? 나의 부모와 자매와 친구들을 잊을 수 있을까? 아니, 절대로 그럴 수 없다! 이 심장이 멎을 때까지, 이 마음에서 감정이 더 이상 느껴질 수 없을 때까지 절대로 잊을 수 없다."

그러나 어쩔 수 없었다. 며칠 후 아도니람의 생각은 정리되었다. 그는 침례를 받고 침례교도가 되기로 했다. 낸시는 더 많은 고민 끝에 그와 함께 하기로 했다. 8월 말 아도니람은 두 사람의 변화에 대해 세람포에 편지를 썼다. "신앙 고백을 하는 성도의 침례만이 진정한 세례라고 생각하며, 제 아내도 비슷한 연구를 거친 후 같은 결론을 내렸습니다. 그러므로 우리가 침례를 받지 않았다고 생각되니 그의 거룩한 명령에 순종하여 침례를 받으므로 예수 그리스도에 대한 믿음을 확증하고 싶습니다."

아도니람의 편지는 세람포 선교사들에게 아주 놀라운 것이었다. 어찌 보면 반드시 환영할 만한 일이 아닐 수도 있었다. 미국 회중교회 측에서는 침례교회가 그들을 설득하여 침례교도가 되게 했다고 생각할 것이다. 그러나 이런 혼란은 미국 침례교회가 예상치도 못했던 해외선교사를 얻었다고 생각하자 쉽게 정리될 수 있었다. 마쉬맨은 아도니람의 변화에 많은 영향을 끼친 글들의 저자인 보스턴 세컨드 침례교회의 볼드윈 목사에게 편지를 썼다. "하나님께서 직접 이 젊은이를 인도하시는 것을 볼 때, 당신도 회중교회과 형제들의 선교에 대한 열심을 본받도록 하라는 뜻이 아닌가 생각합니다. 그러므로 그들을 후원해 줌으로써 이 영광스러운 일에 동참하기를 바랍니다. 하나님께서는 인간의 지식이나 도움이 없이 당신의 나라에 같은 믿음을 가진 같은 교파의 선교사를 세워주셨습니다. 따라서 메서 박사님과 볼레스, 모리아티 형제들에게 겸손히 이 선물을 받으시기를 권합니다."

아도니람도, 볼드윈 목사와 세일럼 제일 침례교의 볼레스 목사에게 편지를 썼다. 아도니람은 떠나기 전 볼레스 목사를 만난 적이 있었다. "그때 저는 당신에게 침례교단도 해외선교를 지원하는 단체를 만들었으면 좋겠다고 제의한 적이 있었는데 제가 이렇게 그 일에 직접적으로 관련이 되리라고는 조금도 예상하지 못했습니다."

미국의 첫 선교사가 이제는 침례교도가 되었다는 소식, 그리고 침례교도들이 자신들의 뜻과는 무관하게 예상 밖의 선교사를 얻었다는 소식은 전쟁통에 아마 몇 달이 지나서야 회중교회에 닿게 될 것이다. 후원금, 선교 사역지, 지원, 조직, 이 모든 것이 공중에 붕 뜨게 되었다. 그러나 아도니람은 그런 문제에 대해 고민하지 않았다. 그는 단지 침례로서 세례를 받는 것이 옳다는 것에 대해서만 만족하고 있었다. 그에게는 이교도들에게 선교하려는 불타는 열의가 있었고, 그 외의 것에 대해서는 다른 사람들이 고민할 문제였다.

아도니람과 낸시는 1812년 9월 2일에 침례를 받았다. 캘커타의 랄 바자르 교회의 와드 목사가 식을 거행했다. 낸시는 이렇게 적어갔다. "이렇게 함으로써 우리는 확실한 침례교도가 되었다. 우리가 원해서가 아니라 진리가 그렇게 하도록 만들었다. 우리는 이로 인해 치러야 할 대가를 잘 인내하고 있고 앞으로 있을 많은 고난들을 이겨낼 준비가 되어 있다. 우리는 명예를 잃었고, 고국의 많은 친구들의 자랑과 존경도 잃게 될 것이다. 그러나 가장 힘든 일은 이 일로 인해 사랑하는 선교사들과 갈라설 수밖에 없다는 것이다. 이제 하나님 외에는 우리가 의지할 사람도 그리고 동료들도 없다."

이 새로운 변화로 인해 그들의 사역지에 대해 다시 생각해보게 되었다. 사무엘과 해리엣 뉴엘은 지금쯤 프랑스 섬에 도착해 있을 것이다. 노트 부부와 홀과 라이스는 마다가스카르를 사역지로 생각하고 첫 배가 오는 대로 뉴엘 부부의 뒤를 따라가려고 마음먹고 있었다. 그들 역시 인도 정부로부터 타고 온 배로 되돌아가라는 명령을 받았다. 단 프랑스 섬으로 가는 배를 찾을 수 있다면 그곳으로 가는 것은 허락되어 있었다. 아도니람과 낸시도 같은 허락을 받았다. 그렇지만 이제 그들이 침례교도가 되었으니 어떻게 할 것인가?

그들은 다른 방향을 생각해보았다. 스파이스 섬에 있는 암보이나, 일본, 페르시아, 남미. 아도니람은 만일을 대비해서 포르투갈어를 공부하기 시작했다. 그러나 모든 어려움에도 불구하고 여전히 버마가 아도니람의 마음을 끌었다. 그가 앤도버에 있을 때에 사임이 쓴 『아바로 간 사절단』을 읽은 후부터 그 이상한 나라에 대한 생각을 지울 수가 없었다. 그의 마음을 가장 사로잡았던 것은 성경책이 버마어로 번역된 적이 없다는 사실이었다. 캘커타에서 듣기로는 버마의 인구는 1,700만 명이었다. 그것은 미국의 두 배였다. 버마 사람들이 예수님을 믿으려면 먼저 버마어 성경이 있어야 했다. 아도니람은 바로 그런 사람이 되고 싶었다. 선교 개척자보다는 이 거대한 나라에 최초로 성경을 선사하는 그런 선교사 말이다.

한편 랑군으로부터 펠릭스 캐리 선교사가 9월에 도착했다. 아도니람은 즉시 그에게 갔다. 펠릭스는 아도니람을 좋아했고 그가 돌아갈 때에 동행하기를 제의했다. 그는 이미 버마어 성경 번역에 착수하고 있었지만 아도니람과 같은 유능한 사람에게 그 일을 넘기는 것을 더욱 좋게 생각했다.

그러나 10월이 되자 아도니람과 낸시는 그러한 생각을 포기했다. 어려움이 너무 많았다. 펠릭스도 원주민 아내가 있다는 사실 외에는 모든 것이 불안한 상황이었다. 그는 선교사라기보다는 버마 정부에 고용된 관리로써 일할 수밖에 없었다. 낸시의 말대로 "독재자의 결정에 따라 목숨이 좌지우지되는" 곳에서 사역하는 것은 불가능했다.

내키지는 않았지만 결국 자바로 가기로 결정했다. "그곳에는 현재 선교사가 아무도 없으며 선교 사역의 전망이 밝다. 우리는 버마 왕국에 갈 수 있는 새로운 길이 열리지 않는 한 그곳에 가기로 하고 통행증을 신청했다. 라이스 형제가 우리와 동행할 예정이다. 우리들만 외롭게 떠날 것이라고 생각했는데 이것은 하나님의 은혜로우신 역사인 것 같다."

라이스 또한 생각의 변화를 겪고 있었다. 아도니람과 낸시는 그가 다른 선교사들보다 침례교의 입장에 대해 더 강하게 반대하고 있다고 생각했었다. 왜냐하면 그들이 영국인 침례교 선교사들과 같은 배를 타고 가다가 열띤 토론을 벌이게 되었을 때 라이스가 가장 열심히 회중교회의 입장을 대변했기 때문이었다. 그러나 사실 그가 이렇게 강하게 반발하게 된 것은 그가 윌리엄스 신학교 때부터 가지고 있었던 회의를 숨기기 위해서였다.

아도니람과 낸시가 침례를 받은 뒤에도, 라이스는 여전히 공격적인 태도로 아도니람에게 자꾸만 침례 논쟁을 걸어왔다. 아도니람은 더 이상 이 문제에 대한 토론을 거절하고 라이스에게 성경을 직접 공부하라고만 했다. 만약 그래도 아도니람의 입장에 대해 더 알고 싶다면, 아도니람이 랄 바자르 교회에서 9월에 했던 설교를 읽어보라고 했다. 캐리 박사는 그 설교가 자신이 들었던 침례에 대한 어떤 설교보다 훌륭했다고 한 바 있었다.

라이스는 아도니람의 충고를 받아들였다. 10월 하순 어느 날 아침, 라이스는 캐리 박사를 깨워서 그의 헬라어 성경을 가지고 질문을 했다. 라이스의 질문들 속에서 캐리는 "무엇인가를 눈치 챌 수 있었다." 11월에 라이스는 침례를 받았다. 이제 아도니람과 낸시와 라이스 세 명은 함께 선교를 생각하게 되었다.

한편, 사무엘과 록산나 노트 부부, 그리고 고든 홀은 프랑스 섬으로 갈 수 있는 허락을 받은 후 병을 앓게 되어 거의 한 달이 지연되었다. 회복된 후 그들은 9월 중순에 떠나기로 되어 있던 아델레 호를 예약했지만, 그 배는 10월이 되도록 떠나지 못했다. 이렇게 기다리는 동안에 누군가가 그들이 실론으로 갈 수 있을 거라고 귀띔을 해주었다. 경찰도 아무런 문제가 없다고 했다. 그들은 아델레 호의 예약을 취소시키고 실론으로 향하는 배를 찾았다. 그러나 내년 1월에 있을 군 수송 작전 이전에는 그곳으로 가는 배가 없다는 것을 알았다. 그러나 이미 아델레 호는 떠난 상태였다. 그들은 어떻게 해야 할지를 몰랐다.

새로운 소식이 들려와서 그들의 계획을 또 다시 수정하게 되었다. 봄베이에 새 총독으로 부임하는 에반 네핀 경은 "영국인과 외국인 성경 협회"의 부의장이었고 선교에 대해 호의적이라고 알려져 있었다. 그렇다면 봄베이에서 선교를 시작하는 것은 어떻겠는가? 11월 초순, 그들은 봄베이로 가는 배를 찾았다. 아부드놋이 선장으로 있는 커머스라는 배였다. 그들은 출국허가 신청서를 경찰서에 냈고 짐을 옮기기 시작했다.

불행하게도 그들이 커머스 호에 타기 위해 발급 받은 통행증은 "일반 통행증"이 아니었다. 더군다나 그들이 여러 번 계획을 변경하는 동안 정부의 의혹을 사게 되었다. 그들 눈에는 회중 교파인 노트 부부와 홀이나 침례교파인 저드슨 부부와 라이스가 전부 똑같이 보였다. 전부 다 미국인들이었고 선교사였다. 그들은 프랑스 섬에 가는 첫 배를 타겠다고 약속했지만 지금까지 계속 목적지가 바뀌며 이 배, 저 배에 예약만 하고 있었다. 관리들의 눈에는 그들이 이러한 수법으로 인도에 남으려는 것처럼 보였고, 최악의 경우, 미국에서 온 스파이일 수도 있다고 생각했다. 이렇게 법 집행을 교란시키는 자들은 스파이처럼 다루어야 했다. 감정이 상해버린 관료들은 즉각 조치를 취하기로 했다.

캘커타에서 영국으로 가는 함대가 있었다. 11월 17일 노트와 홀은 그 함대에 승선해서 영국으로 가라는 강제적인 명령을 받았다. 저드슨 부부와 라이스의 이름은 물론 캘커타에 있는 모든 선교사들의 이름이 "영국 행 승객"으로 서류에 모두 올라 있었다.

노트와 홀은 민토 총독에게 직접 탄원하려고 했지만 관리들은 그 문제가 먼저 추밀원의 승인을 받아야하기 때문에 탄원서를 총독에게 전달할 수 없다고 했다. 그러나 추밀원 회의가 열릴 때쯤이면 그들은 이미 함대와 함께 영국으로 가고 있을 때였다. 정부는 그 문제에 대해 별 관심이 없었다. 노트와 홀은 그들이 갈라서려고 하던 아도니람과 라이스와 함께 영국 땅을 밟게 될 운명에 처했다.

그들은 포기할 수 없었다. 다행히도 커머스를 타기 위해 발급받았던 통행증이 아직 취소되지 않은 상태였고, 짐도 그 배 위에 이미 실려 있었다. 아부드놋 선장은 그들을 승객으로 보고했고 출항 허락도 받아놓은 상태였다. 그냥 커머스 호에 올라타면 어떨까? 성공한다면 좋은 것이고, 실패한다면 예정대로 함대와 함께 영국으로 추방당하는 것이었다. 아부드놋 선장은 그들의 의견에 전혀 반대하지 않았다. 그에게는 모든 서류들이 정확하게 준비되어 있었으므로 일이 잘못되어도 그의 잘못이 아니었다.

11월 20일 노트와 그의 부인 그리고 홀은 커머스 호에 탔다. 공권력의 눈에는 그들이 그냥 사라진 것처럼 보였다. 정부 관리들은 화가 나서 그들을 찾기 위해 도시를 샅샅이 뒤졌다. 그러나 이상하게도 경찰들은 커머스 호에는 오지 않았다. 오늘날에도 정부 부서들끼리 관할구역에 대한 혼선으로 일을 그르치듯 그 비슷한 일이 일어났던 것 같다. 아도니람과 낸시 그리고 라이스는 그리 운이 좋지 않았다. 그들 역시 경찰에 불려가서 함대와 함께 영국으로 가라는 명령을 받았다. 한 까다로운 경찰관이 동행하는 가운데 그들은 롤트 씨의 집에 돌아왔고 허락 없이 그곳을 떠나서는 안 된다는 말을 들었다.

그러나 아도니람과 라이스는 자신들의 계획과 어긋나는 명령에 순종할 사람들이 전혀 아니었다. 그들은 곧 라 벨레 크레올레 호가 이틀 후 프랑스 섬을 향해 떠난다는 사실을 알았다. 프랑스 섬에 가려는 계획은 아니었지만 최소한 그곳은 동인도회사의 세력이 닿지 않는 곳이었다. 그들은 경찰서장인 마틴 씨에게 부탁을 해봤지만 그는 이미 미국 선교사 문제로 골머리를 앓고 있는 상태였다. 다른 그룹—전에는 같은 그룹이었겠지만— 하나가 이미 잠적해버린 상태였다. 아마도 통행증이 불법적인 방법으로 주어져서 그랬을 가능성이 높았다. 그러므로 그는 더 이상 통행증을 내주지 않겠다고 했다.

통행증을 거부당한 그들은 크레올레 선장에게 자신들의 처지를 설명하고 혹시 통행증 없이 배를 타게 해줄 수 있느냐는 부탁을 했다. 선장은 캘커타의 다른 사람들보다 공권력에 대한 적대감이 있었기에 애매하게 원하는 대로 하라고 대답했다.

이 정도면 아도니람과 라이스에게는 충분한 대답이었다. 그러나 어떻게 사람들의 눈에 띄지 않고 배에 탈 수 있을까? 롤트 씨가 도움을 주었다. 부둣가의 철문들은 항상 밤이 되면 잠겨 있었고, 허락 없이 이 철문을 여는 것은 큰 죄가 되었다. 그래도 상관없었다. 11월 21일, 롤트 씨는 낸시와 아도니람과 홀이 배에 탈 수 있게 정해진 시간에 문이 열리도록 영향력을 행사했다(아마도 약간의 돈이 적당한 곳에 주어졌을 것이다). 밤에 그들은 짐을 지는 짐꾼들과 함께 배로 몰래 들어갔다. 다음날인 일요일 아침, 배는 강을 따라 내려갔고 그들은 성공적인 탈출을 자축했다. 한편 커머스 호는 아직도 부둣가를 떠나지 못했고, 그 안에는 노트 부부와 홀이 혹시 발각될까봐 불안한 마음으로 숨어 있었다.

일요일, 크레올레는 후글리 강을 따라 내려가고 있었고 세 명의 선교사들은 배 위의 승객들─선장 부인을 제외하고 4명이 더 있었다─과 사귀게 되었다. 그들의 행동을 보아서는 아무도 안식일을 지키지 않았고 종교를 전혀 가지지 않은 것으로 보였다. 월요일이 되자 탈출한 일행은 동인도회사의 영향권에서 확실히 벗어났다고 느꼈다.

그러나 그것은 착각이었다. 그날 밤 새벽 한시쯤, 크레올레는 갑자기 멈추었다. 최악의 소식이 전해졌다. 항해사에게 "배에 영국으로 추방되어야 할 대상들이 승객으로 타고 있으므로" 닻을 내리고 다음 명령이 있을 때까지 기다리라는 명령이 전달되었던 것이다. 세 명은 곧바로 선장과 회의를 했다. 아마 내일쯤 경찰들이 배를 수색할 것이다. 만약 선교사들이 발각된다면 그들은 캘커타로 후송되어 영국으로 가게 될 것이다. 수색이 있기 전에 그 배를 떠나야만 했다.

배에서 1.5킬로미터 정도 떨어진 강변에 영국인이 경영하는 여관이 하나 있었다. 아도니람과 라이스는 수색이 끝날 때까지 그곳에서 숨어 있기로 했다. 낸시는 선장의 충고에 따라 그냥 배 위에서 짐과 함께 있게 되었다. 그는 두 명의 남자들만 없다면 그녀가 있다 해도 수색하는 경찰관들은 신경 쓰지 않을 것이고, 캘커타의 정부기관들은 서로 비협조적이므로 수색하러 온 사람들은 그저 보이는 것만 확인하고 돌아갈 것이라고 생각하고 있었다.

다음날 라이스와 아도니람은 하루 종일 여관에서 지내고 낸시는 한가롭게 흔들거리는 배 위에서 초조하게 보냈다. 저녁이 되자 캘커타에 있는 배의 주인이 보낸 보트 하나가 가까이 와서 이미 알고 있던 소식을 다시 전해 왔다. 항해사는 배에는 그런 사람이 탑승하지 않았다는 말과 함께 승객 명단을 주인에게 보내는 것으로 일을 해결해보려고 했다. 그러나 정부쪽은 이미 많은 것을 눈치채고 있었고 이런 노력이 성과가 있을 것 같지 않았다.

저녁이 되자 낸시도 여관으로 가야겠다는 생각을 했다. 그녀는 약간 더 큰 보트에 여섯 명의 원주민들을 태우고 어둠 속에서 조용히 강변으로 향했다. 여관에 도착하여 그녀는 아도니람과 라이스에게 그날 있었던 일을 이야기했다. 그들은 통행증 없이는 절대로 배에 타서는 안 되겠다는 결론을 내렸다. 더 심각한 것은 크레올레 호의 주인이 그들로 인해 배가 3일씩이나 후글리 강에 묶여 있다는 것에 대해 대단히 화가 났다는 것이다. 그는 그들에게 등을 돌렸고 이제 선교사들은 스스로 자기 앞길을 헤쳐나가야 했다.

세 명은 초조한 마음으로 어떻게 대처해야 할지를 고민했다.

그들은 강변을 따라 25킬로미터 정도 더 내려가면 풀타라는 곳에 영국인이 운영하는 여관이 또 하나 있다는 이야기를 들었다. 그곳으로 가면 무슨 수가 있을까? 그런데 짐은 어떻게 할 것인가? 아도니람과 라이스가 배에 다시 돌아간다는 것은 매우 위험했다. 낸시가 짐을 맡아야 했다.

낸시가 크레올레에 다시 도착했을 때, 보트에는 짐을 다 실을 수가 없다는 생각이 가장 먼저 떠올랐다. 그녀는 선장에게 짐을 풀타까지 운반해줄 수 없느냐고 간청했다. 인내심이 많은 선장은 그렇게 해주기로 했을 뿐 아니라 그녀가 풀타까지 갈 동안 배를 타고 있어도 좋다고 했다.

그녀는 다시 여관으로 돌아와서 두 사람에게 새 계획을 알렸다. 낸시가 짐 문제를 해결했으니 이제 라이스는 캘커타로 돌아가서 실론으로 가는 통행증을 발급 받기 위해 힘써보기로 하고 아도니람은 보트에 그들의 작은 짐을 싣고 풀타로 가기로 했다.

그런데 그들이 이런 말을 하고 있을 동안에 강한 바람이 불어왔고 크레올레 호의 선장은 이 기회를 놓치지 않고 돛을 올렸다. 선교사들이 여관을 나왔을 때 배는 이미 강 하구까지 내려가 거의 보이지 않았다. 다행히 낸시의 보트는 아직도 그녀를 기다리고 있었다. 그녀는 재빨리 보트에 올라 배를 뒤따라갔다. 매우 무서운 경험이었다. 태양은 타는 듯이 작렬했고 양산이 없는 그녀는 그 빛을 피할 수 없었다. 그리고 거센 바람에 몰아치는 풍랑은 이 작은 보트가 감당하기엔 너무 위험했다. 빨리 달리기 위해 선원들은 돛을 올렸고 그로 인해 배가 한 쪽으로 기울어져 낸시는 보트가 뒤집어지는 줄 알았다. 그녀는 무서운 표정을 감추지 못했다. 선원들은 원주민어로 "쿠쵸 포, 아나 사힙, 쿠쵸 포"라고 거듭 말했는데, 그 뜻은 "무서워 마세요. 부인, 무서워 마세요"라는 뜻이었다. 그들은 다행히 배에 도착했고 선교사들의 짐을 쌀 수 있는 충분한 시간도 있었다.

크레올레 호가 풀타에 도착했을 때에도 아직 바람이 강하게 불고 있었다. 다행히 그녀는 해변에 이르러 큰 배를 구한 후, 빠르게 진행하는 크레올레 호의 뒤를 쫓아가서 짐을 가져오도록 보냈다. "나는 여관으로 들어갔다. 나는 이방인에, 여자이고, 아무런 보호도 받지 못하는 상태였다. 방을 잡고 나의 어려운 형편을 돌아보았다. 나는 현재 몇 루피밖에 가진 것이 없었다. 크레올레 호를 따라잡으라고 보낸 배가 무사히 짐을 가져올 것인지 혹시 그 짐을 받아서 도망치지는 않겠는지, 또 남편이 이곳을 쉽게 찾을 수 있을지 등등 모든 것이 불확실했다. 집이 생각났다. 그러나 내 자신에게 '이런 일들은 선교사의 삶 속에서 있는 수많은 고난 중 하나일 뿐이야'라고 말했다." 만약 그녀가 고든 홀과 사무엘 노트, 록산나 노트 이 세 사람이 타고 있는 커머스 호가 그때 이미 크레올레 호를 앞질러 지나갔다는 사실을 알았다면 더 우울했을 것이다. 커머스는 이미 강 하구에 도달해서 봄베이로 향하는 중이었다.

다행히 낸시는 얼마 기다리지 않았다. 몇 시간 후에 아도니람은 약속했던 대로 작은 짐을 가지고 도착했다. 그리고 저녁때쯤 크레올레 호를 향해 보냈던 배가 그들의 무거운 짐을 다 가지고 도착했다. 이제 그들은 최소한 함께였고 짐도 같이 있었다.

그러나 이제부터 어떻게 할까? 그들은 캘커타에 간 라이스에게 성과가 있기를 기대하며 기다려야 했다. 그냥 포기하고 캘커타로 가야 하나? 모든 기회를 다 시도해보기 전에는 절대 그럴 수 없었다! 아도니람은 친절해 보이는 여관 주인에게 부탁해보았다. 그가 실론에 갈 수 있도록 도와줄 수 있을까? 주인은 자기 친구가 바로 다음날 아침에 떠나는 마드라스 행 배의 총지휘를 맡고 있다고 했다. 그는 친구에게 부탁해보겠다고 했다.

마드라스는 실론까지 가는 길의 3분의 2 정도 되는 지점이었다. 그들은 낙관적으로 기대하면서 잠이 들었다. 최근 몇 주 중에 가장 희망이 솟는 순간이었다. 마드라스 행 배는 여관 바로 앞에 닻을 내렸고 주인은 선장을 만나러 배에 올랐다. 그때 이미 라이스는 아무 소득 없이 캘커타에서 돌아와 있었다. 주인의 친구라는 사람이 그들의 마지막 희망처럼 보였다. 그러나 그것도 실패였다. 주인은 선장이 그들을 마드라스로 데리고 갈 수 없다는 대답을 전해왔다.

늦은 오후, 셋은 또 대책을 강구했다. 아직 단 하나의 희미한 희망만 있었다. 그들이 저녁 식사 후에 직접 배에 올라가서 설득하고 간청하고 눈물을 흘리고 약간의 돈도 주면 배 주인이 그들을 태워줄 수 있을지 몰랐다. 이 계획을 세우고 그들은 저녁식사를 했다. 그리고 그 순간, 그들이 항상 믿던 대로, 하나님의 도우심이 있었다. 식사를 막 시작하려는데 편지가 하나 도착했다.

우리는 급히 그 편지를 열었다. 그리고 놀라움과 기쁨 가운데 발견한 것은 치안 판사로부터 온 통행증이었다. 우리는 며칠 전에 떠난 크레올레 호에 탈 수 있는 허가를 받았다. 누가 이 일을 가능하게 만들었는지는 아직도 모른다. 다만 하나님의 도우심이란 것을 부인할 수 없었고 이에 놀라움을 금치 못했다.

순간, 모든 상황이 뒤바뀌었다. 그러나 그 즐거움은 통행증이 너무 늦게 도착했을지도 모른다는 생각을 하자 실망으로 바뀌었다. 크레올레가 떠난 지 이미 3일이 지났고 벌써 바다로 나가 있을 확률이 높았다. 그 배를 따라잡을 수 있는 방법이 있을까? 한 가지 방법이 있을지도 모른다는 이야기를 들었다. 풀타에서 110킬로미터 더 내려가면 사우가 항구가 있었다. 그곳은 뱅갈 만에 들어가기 전에 배들이 최종 점검을 하기 위해 자주 들러 며칠 씩 정박한다고 했다. 크레올레는 어쩌면, 어쩌면 그곳에 아직 있을지 모른다. 그들이 시도해 볼 수 있는 마지막 기회였다. 그들은 급히 돈을 지불하고 배에 올라 어둠 속의 풍랑을 헤치며 사우가를 향해 갔다.

나에게는 가장 힘들었던 밤이었지만 저드슨은 태평스럽게 자고 있었다. 다음날 아침 우리는 순풍을 만났고 밤이 되기 전에 사우가에 도착할 수 있었다. 그곳에는 많은 배들이 있었는데 우리는 기쁘게도 크레올레 호를 찾을 수 있었다. 배는 그곳에서 이틀째 머무르며 몇몇 승객들을 기다리는 중이었다. 크레올레 호를 보는 순간, 그때가 내 생애에서 가장 달콤했던 순간이었다.

3. 랑군 (1813)

사우가에 닻을 내리고 있던 라 벨레 크레올레 호에 세 명의 지친 선교사들이 힘겹게 올라탔다. 배가 선원들을 모집하고 돛을 올리고 벵갈 항을 떠나 인도양으로 출발하기까지 며칠 동안 그들은 오직 쉴 수밖에 없었다. 낸시는 고백하기를 "정도를 넘어선 지루함과 비활동적인 생활 속에서 신앙생활을 했지만 그리 열심은 없었다"고 했다.

점차적으로 그들은 활기를 되찾았고 카라반 호에서처럼 선상 예배를 보고자 했지만 곧 실망했다. 그들 이외는 아무도 신앙생활에 관심을 가지지 않았다. 배 위의 사람들은 주일에도 카드놀이나 체스를 하든지 아니면 경박한 대화─선교사들은 이것을 가장 견딜 수 없었다─를 나누며 안식일을 더럽혔다. 그러나 뉴잉글랜드에서의 주일 법은 이곳에서는 아무런 효력이 없었기에 그들로서는 이런 행위들을 금할 도리가 없었다. 낸시는 사람들이 선교사들을 겉으로는 존경하는 척 했지만 뒤에서는 "미신적이고 사회성이 부족한 녀석들"이라고 손가락질 한다는 것을 알고 많이 놀랐다. 그러나 그녀는 선교사가 되려면 "세상의 눈에는 한심하게 보이는 방법으로 사는 것"이 필요하다고 생각하며 자신을 위로했다.

세 명의 선교사들은 모리셔스라고 부르는 프랑스 섬에 가면 필요하게 될 불어를 공부하며 시간을 보냈다. 그리고 매일 밤 그들끼리 예배를 드리고, 일요일에는 두 번 드렸다.

크레올레 호는 느릿느릿 진행해갔다. 바람이 약해 배가 겨우 떠다닐 때가 많았고 역풍이 불거나 날씨가 안 좋을 때도 많았다. 아도니람은 낙관적인 생각과 우울한 생각을 번갈아가며 했다. 우울증에 빠져 있는 동안엔 자신의 선교가 과연 언제나 시작될 수 있을지 낙심이 되었다. 과연 그들은 전설의 유령선 선장처럼 일곱 바다를 누비며 자신들의 목적지를 향해 가면서도 절대로 거기 도달하지는 못하는 그런 운명이란 말인가? 낸시도 이런 아도니람의 비관적인 생각들과 비슷할 때가 있었다. 독특하게도 낸시에게는 그것이 자기 비판적인 형태로 나타났다. "나는 파도 속에서 배가 침몰해 가라앉는 생각을 하며 두려움에 빠지곤 한다. 이것은 내가 어떤 끔찍한 죽음도 기뻐하는 거룩한 순교자들과는 얼마나 다른지 보여주는 증거다."

그러나 대부분의 시간은 그들이 선택한 선교사의 길을 즐거워하며 또 서로 사랑하는 가운데 젊음과 건강을 누리면서 활기차 있을 때가 더 많았다. 다만 자기 자신들의 신앙이 하나님을 섬기기에 너무 부족한 것은 아닌가 하고 느낄 뿐이었다. 그러나 그들은 '육체적인 사랑'에 관해서는 조금도 죄책감이나 거리낌이 없었다. 오히려 아도니람은 이 세상에서의 육체적인 사랑은 하나님에 대한 사랑의 일부분으로 생각했다. 그 기쁨과 만족이란, 세상에서 죽을 수밖에 없는 인생들이 이 방법을 통하지 않고는 상상할 수도 없는 하늘나라의 신성한 기쁨을 미리 맛보는 것이었다. 낸시도 아도니람에 대해 "모든 면에서 나를 기쁘게 해주고 존재 가치를 느끼게 해주는, 내가 알던 어떠한 사람들보다 가장 나에게 알맞은 사람"이라고 확신했다.

드디어 여행이 끝났다. 크레올레 호는 1813년 1월 17일 토요일 늦게 프랑스 섬의 루이스 항구에 도착했다. 그들은 7주 동안 바다에 있었고 세일럼에서 출발한 지 11개월이 되었다.

육지를 다시 보게 되어서 좋았다. 아도니람과 라이스, 특히 낸시에게 가장 좋았던 것은 뉴엘 부부를 다시 볼 수 있게 된 것이었다. 아무 것도, 심지어 교단을 바꾼 것조차도, 그녀와 해리엇 사이를 멀어지게 할 수 없었다. 그리고 이제 아기도 있을 터였다. 생후 두 달쯤 되는 그 아이는 남자아이일까 여자아이일까? 뉴잉글랜드 혈통을 가지고 조상들의 고향에서 멀리 떨어진 바다 한가운데의 작은 섬에서 태어난 그 아기를 낸시는 오래 전부터 보고 싶었다.

그러나 배가 겨우 닻을 내리기도 전에 보트 하나가 해변에서부터 와서 놀라운 소식을 전했다. 해리엣이 죽었다. 아기도 죽었다. 보트를 타고 있던 남자로부터 알 수 있는 것은 이게 전부였다. 더 질문해 보았지만 둘 다 죽었다는 사실 외에는 아무 것도 알 수 없었다.

당황하고 놀란 그들은 무슨 일이 있었을까 하는 별 소득 없는 추측을 하며 밤을 새웠다. 낸시는 눈물이 조금 가라앉자 한 번도 경험해보지 못한 하나님에 대한 분노가 일기 시작했다. "죽음아," 그녀는 비통하게 적어내려 갔다. "가족의 행복을 파괴하는 자, 너 죽음아, 이 세상의 수많은 사람들의 희생도 너의 욕심을 채우기 부족했는가? 왜 이 세상에서 오직 하나뿐인, 서로의 존재에 자신들의 행복이 걸려 있는 이 작은 가정에 너는 찾아오는가?" 그러나 그녀는 생각을 깊게 하면서 더 체념적이 되었다. "그러나 너는 더 큰 권세에 순종했을 뿐이라는 것을 안다. 너는 그냥 너의 평소의 모습대로 인자하신 하나님에게 보냄을 받아 그녀를 고통에서 해방시켜준 것뿐이리라. 잠잠하라. 그리고 하나님께서 하신 일임을 알지어다."

다음 날 일요일 아침에 뉴엘은 위로 받지 못하고 슬픔으로 찢어진 가슴을 안고 크레올레 호에 올라왔다. 그는 해리엣의 죽음을 쉽사리 이야기하지 못했다. 미친 듯이 고통스러워하는 가운데 이야기는 두서없이 조각조각 이어졌다. 조금 지나자 그 조각들이 모아져 어떤 일이 일어났었는지 알게 되었다.

해리엇은 캘커타에서 질레스피 호에 승선하기 전에 준비할 것이 많아 이미 매우 피곤해 있었다. 배가 출발할 즈음 그녀는 열병으로 인해 침대 신세를 져야 했다. 일주일이 지나 일어날 수 있었지만 몇 주 후, 그녀는 "위와 장이 심하게 아픈 그 지방 풍토병"에 걸렸다. 질레스피 호는 벵갈 만에서 불어오는 역풍으로 인해 아주 느린 속도로 운행했다. 코로만델 해안에서 선장은 배에 물이 새는 것을 발견했는데, 이것이 생각보다 심각하자 비자가파탐 남쪽에 있는 코링가라는 작은 마을에 배를 임시로 대고 수리를 해야 했다.

해리엇은 육지로 내려왔다. 질레스피가 다시 떠날 준비가 된 두 주쯤 후에 그녀는 거의 다 나았다. 그러나 늦어진 일정 때문에 캘커타를 떠난 지 두 달 정도 되던 날 해리엇은 여자아이를 선실 바닥에서 출산했다. 10월 8일, 그녀의 19번째 생일 이틀 전이었다. 그녀 곁에는 "사랑하는 뉴엘 외에는 아무도 없었다." 딸을 얻은 것에 대한 뉴엘의 기쁨은 잠시였다. 하루 정도 지나 매우 심한 폭풍이 배를 덮쳤고, 모두 물에 젖어서 추위에 떨어야 했다. 해리엇과 아기는 감기에 걸렸다. 아기의 감기는 폐렴으로 발전했고 닷새 후 아기는 엄마 품에서 죽었다.

슬픔, 탈진, 폭우와 병이 해리엇을 매우 쇠약하게 만들었다. 뉴엘과 해리엇은 그녀가 폐결핵에 걸렸음을 알게 되었다. 그녀의 아버지도 그 병으로 돌아가셨고, 친척들 중 많은 이가 그것으로 사망했기 때문에 그녀 역시 자신이 죽게 될 것을 알았다. 뉴엘은 희망을 버리지 않고 해리엇이 육지에 내리게 되면 나을 수 있을 거라고 말했지만, 그녀는 그에게 포기하고 그녀가 죽음에 대해 마음을 준비할 수 있도록 도와 달라고 했다.

11월 초 질레스피 호는 루이스 항구에 닻을 내렸다. 해리엇은 그곳에서 뉴엘이 구한 집으로 옮겨졌다. 뉴엘은 두 명의 의사를 찾을 수 있었지만 그들이 할 수 있는 것은 없었다. 그녀는 조금씩 기력을 잃어갔다. 11월 중순이 되자 뉴엘마저도 희망을 버렸다. 30일 오후 4시쯤 그녀는 시력을 잃었고 한 시간쯤 지나 세상을 떠났다. 다음날 뉴엘은 그녀를 루이스 항구 공동묘지의 외딴 모퉁이에 서 있는 상록수 그늘 밑에 묻어주었다.

해리엇의 병과 죽음은 그게 전부였다. 그동안 뉴엘이 받을 수 있었던 위로는 단 한 가지, 오직 천국에서 그녀와 다시 만날 수 있을 것이라는 기대뿐이었다. 아기가 죽은 후 며칠 동안의 비통했던 때를 제외하고는 해리엇은 항상 자기가 여기보다 더 좋은 곳으로 가고 있다는 확신을 가지고 있었다. 그녀는 영광뿐인 그곳을 기대했고 남편과 잠깐 동안 헤어진다는 슬픔 이외에는 전혀 후회나 두려움이 없었다.

크레올레가 루이스 항에 도착한 지 일주일이 지났지만 선교사들은 거의 한 일이 없었다. 섬에서의 고난과 쓸쓸함은 뉴엘의 목표 의식도 가져가 버렸다. 슬픔에 잠긴 아도니람, 라이스와 낸시는 뉴엘을 위로하기 위해 할 수 있는 것을 다 했지만 실상은 그들 자신들도 위로가 필요한 존재였다.

그들이 선택한 길의 냉혹한 현실이 서서히 그 낭만적인 베일을 벗고 모습을 드러내고 있었다. 앤도버와 세일럼에서 그들은 앞으로 닥칠 고난과 위기 혹은 순교에 대해 이야기한 적이 있었지만, 그곳을 떠날 때의 기분은 오히려 축제 분위기 같았다. 그러나 지금은 마치 전쟁에 처음 참가하는 지원병들이 용기 있게 출전했다가 처음으로 부상을 당하고 첫 사상자가 난 후 같았다. 이것은 그들이 기대했던 바가 아니었다. 해리엣과 아기의 죽음이 영광스러운 죽음이었는지도 의문이었다.

이제 세일럼을 떠난 지 1년이 되었지만 그들이 도착한 곳은 생각지도 못했던 프랑스 섬이었다. 그리고 처음 4명의 회중교인 중 지금은 3명이 침례교도가 되었다. 그들은 버마로 가려고 했던 애초의 계획을 포기했다. 동인도회사는 그들이 가는 곳곳마다 그들을 쫓아내려는 것 같았다. 그리고 언제나, 그들 중 가장 어렸던 해리엣에 대한 생각으로 다시 돌아갔다. 바다에서 불었던 역풍과 물이 새던 배, 온통 물에 젖게 했던 폭풍, 감기, 폐렴, 결핵. 새로 아기를 낳은 젊은 어머니에게 이렇게 심술궂고, 불공평하고, 비열하고, 마치 악의에 찬 듯한 일이 일어나게 하신 하나님의 뜻은 어디에 있다는 말인가?

그들에게 벌을 내리신 것일까? 아니면 앞으로 있을 고난에 대비한 하나님의 단련이신가? 만약 그런 이유라면 이것은 참 예상 밖의 방법이었다. 더 심해지면 아예 선교 자체를 못하게 될 것 같왔다. 뉴엘의 상처는 깊었다. 그에게는 이제 의지가 없었다. 라이스는 간이 다시 안 좋아졌다. 낸시는 자신이 임신 중이라는 사실을 알고 있었다. 그녀는 해리엣을 생각하며 우울하게 적었다. "나는 뒤에 남겨져 선교의 모든 고난들을 직면해야 한다. 이 가혹한 하나님의 섭리가 내 영혼의 죄를 씻어주시고 사랑하는 자매 해리엣의 뒤를 따라가는 준비를 하게 해주시기를…" 아도니람만이 건강하게 지냈지만 그도 루이스에서 처음 며칠 동안은 무엇을 해야 할지 몰랐다.

그들은 차차 선교활동을 어떻게 진행할 수 있을지 찾아보기 시작했다. 파쿠아 시장은 우호적이었다. 그는 벵갈에서 이 "미국 선교사들을 감시하라"라는 명령을 받았지만, 선교사들은 이 섬 안에서 어디든지 갈 수 있었다. 프랑스 섬의 어려움은 루이스 항구에 있는 병원이나 군부대를 제외하고는 사역할 만한 곳이 없다는 데 있었다. 선교사들은 군인들과 환자들에게 설교를 했지만 그것은 그들이 생각했던 선교가 아니었다. 노예들이 인구의 대부분을 차지했고 노예 주인들은 그들에게 전도하는 것을 허락하지 않았다. 그렇지만 노예들에게는 정말 복음이 필요했다. 사실 복음이 더 필요한 쪽은 노예들보다 훨씬 더 비인간적인 노예 주인들이었지만 말이다.

낸시가 자매들에게 보낸 편지를 보면 이에 대한 생생한 증거가 있다.

어젯밤 옆집과 연결된 우리 마당에서 시끄러운 소리가 났다. 우리들이 나가보았더니 어떤 여자 노예가 손이 뒤로 묶인 채 여주인으로부터 아주 잔인하게 방망이로 맞고 있었다. 나는 소름이 끼쳐서 더 이상 그 장면을 볼 수가 없었다. 나는 여주인에게 서투른 불어로 그만하라고 하고 그 종이 무슨 잘못을 했는지 물어보았다.

낸시는 그 노예가 최근 도망치려고 했던 사실을 알게 되었고, 그 주인에게 용서해줄 것을 애원했다.

그녀는 분노가 조금 가라앉은 듯이 보였고 마지막으로 방망이로 그 종의 머리를 치는 것으로 끝냈다. 종의 머리에서는 피가 흘러 옷에 피가 묻었다.

… 그 종은 그렇게 손이 뒤로 묶인 채 밤을 지냈고 다음날 아침 풀려나서 일을 했다. 나는 이제 그녀가 더 이상 징계를 받지 않을 것이라고 생각했다. 그러나 오늘 저녁 나는 긴 쇠사슬이 뜰에 있는 것을 보았다. 쇠사슬 한쪽에는 동그란 고리가 있었는데 그 종의 목에 두르기에 적당한 크기였다. 이 고리에는 가로 1인치 세로 4인치 정도 되는 철판이 두 개 달려 있었는데 이것이 그녀의 얼굴을 가려서 아무 것도 먹지 못하게 되어 있었다. 쇠사슬은 소를 묶는 데 쓰는 아주 무거운 것이었고, 고리에는 자물쇠가 달려 있었다. 그 불쌍한 여자는 사람들이 그녀에게 고리를 씌우려 하는 동안 떨고 있었다. 어제 그 여주인이 나타났는데 그녀를 보자 다시 화가 나는지 전날처럼 마구 때렸다.

나는 여주인에게 다가가서 제발 그만 해달라고 애원했다. 잠시 뒤에 조금 진정되자 나는 다시 여주인에게 그 종이 나빴지만 한 번만 용서해줄 수 없느냐고 물었다. 주인은 그녀가 매질을 멈춘 이유가 내가 부탁해서이지 여종이 불쌍해서 그런 것이 아니라는 것을 확실히 했다. 또 나의 부탁 때문에 여종을 용서해준다고 말했다. 그 여종은 내 발에 엎드려 입을 맞추며 '감사합니다. 부인'이라고 계속 되풀이했다. 나는 그녀의 감사를 들으며 눈물을 참을 수 없었다. 모든 종들이 주인들만큼 자유를 누리고 이런 끔찍한 광경을 볼 수 없는 뉴잉글랜드 지방 사람들은 얼마나 행복한가.

그러나 프랑스 섬에 있는 노예들과 그 주인들은 접근하기조차 쉽지 않았다. 선교가 가능한 다른 사역지로는 가까운 마다가스카르가 있었는데 그곳은 원주민들이 외부인을 잡아 죽이는 습관이 있어서 역시 포기해야 했다. 선교사들이 새로운 곳을 찾아가기 위해서는 먼저 인도로 되돌아가야 했다.

뉴엘은 회중교회 소속 선교사들과 합류하기로 했다. 노트와 힐에게서 온 편지에는 그들이 실론으로 가려고 하는 것인지 봄베이로 가려 하는 것인지가 불분명했다. 뉴엘은 실론으로 먼저 가보기로 결정했다. 1813년 2월 24일, 크레올레 호가 섬에 도착한 지 5주 째 되는 날에 그는 실론을 경유해 봄베이로 향하는 포르투갈 배 제네로소 알마이다 호에 올라탔다.

라이스의 간 질환은 더 심해져 갔다. 그가 더 좋은 기후의 땅을 찾아가지 않는다면 곧 해리엇의 뒤를 잇게 될 것 같았다. 그들은 라이스가 고향으로 돌아가 간 치료를 하는 동시에 침례교 선교 운동을 일으키는 것이 좋겠다고 생각했다. 지금쯤이면 미국에서도 동양에 있는 침례교 선교사들의 존재에 대해 알고 있을 것이었다.

그들은 재빠르게 계획을 실천했다. 전쟁 때문에 미국으로 직접 가는 배는 없었고 3월에 산살바도르로 가는 배가 루이스 항구에 도착했다. 거기서 미국으로 가기는 쉬울 것이다. 라이스는 곧바로 표를 사서 3월 중순에 떠났다. 라이스가 떠나고 나니 아도니람과 낸시는 "완전히 홀로 남았다. 이쪽 세상에는 이제 동지가 남아 있지 않다." 낸시는 그렇게 일기에 기록했다.

어떤 면에서 이것은 아도니람이 원하던 바였다. 그는 모든 일을 혼자서 하기 좋아했다. 앤도버에서 그는 혼자서 선교사가 되기로 결정했다. 다른 사람들이 그를 따른 것이지 그가 다른 사람들의 계획에 합류한 것이 아니었다. 때때로 남들과 함께 사역하고 사람들에 둘러싸인 것을 즐겼지만, 그는 아주 독립적인 사람이었다. 개척자가 칼을 휘두르며 길을 만드는 것과 유사한 외로운 사역이 이런 성격에는 맞았다. 자신이 속한 단체에 문제를 일으킬 수도 있고, 또 자신을 지원하는 많은 회중교회 사람들에게 상처를 주게 됨에도 불구하고 침례교로 바꾼 것은 그의 이러한 성격 때문에 가능했다. 이제 라이스도 갔으니 아도니람과 낸시는 아무에게도 신경 쓸 필요 없이 그가 가고 싶은 어느 곳에라도 갈 수 있었다.

낸시의 경우는 약간 달랐다. 그녀는 이제 곧 출산하게 될 아기를 위해서 다른 사람들의 도움이 필요했다. 그녀는 루이스 항구에서 이미 두세 번 병을 앓았다. 그녀는 다른 사람의 형편에 무관심한 아도니람의 성격을 닮지는 않았지만 아도니람처럼 독립심 있는 여인이었다. 그녀는 어쩔 수 없는 현실을 받아들이고 아도니람과 같이 목적지에 대해 의논했다.

그들은 말라카 해협에 있는 페낭으로 가기로 했지만 루이스 항구에서 거기로 가는 배는 없었다. 그들은 우선 마드라스에 가서—물론 동인도회사의 탄압에 대한 위험을 무릅쓰고— 페낭으로 가는 배를 찾아야했다. 마드라스로 가는 배는 찾기 쉬웠다. 할코트 백작부인 호였다.

그들이 프랑스 섬을 떠나기 전 낸시는 상록수 아래 묻혀 있는 해리엣을 찾아갔다.

> 그곳에 가니 슬픔과 아픔이 되살아났다. 얼마 전까지도 그녀는 우리와 함께 배 위에서 같이 기도하고 찬송을 불렀었다. 이제 그녀의 몸은 이 낯선 땅에서 흙으로 변하고 있다.

그러나 낸시는 해리엣의 영혼이 이미 하늘에 있을 것을 확신했다. 그녀는 "예수 그리스도 자신이 직접 무덤에 오셔서 영원한 영광으로 향하는 길을 그녀를 위해 열어놓으셨을 것"이라는 생각으로 위로를 얻었다. "그분은 그의 제자들과 함께 무덤에 오셨다. 그분은 이제 세상을 떠난 나의 사랑하는 자매, 해리엇과 같이 계실 것이다. 오, 부디 그분이 나와 함께 하시기를."

1814년 5월 7일, 그들은 할코트 백작부인 호를 타고 6월 4일에 마드라스에 도착했다. 그곳에 거주하는 영국인 선교사인 러블레스 부부는 그들을 따스하게 맞이해 주었다. 다른 사람들은 친절했지만, 동인도회사의 태도는 냉혹했다. 그들의 존재는 이미 경찰에 알려졌고 영국으로의 추방 명령이 떨어지는 것은 시간문제였다. 아도니람은 페낭으로 떠나는 배를 찾아 돌아다녔지만 며칠이 흘러도 찾지 못했다. 급한 나머지 그는 아무 데나—그들이 추방 명령을 받기 전에 떠날 수 있는 곳이라면 어디든지— 떠나는 배를 찾았다. 그가 찾을 수 있는 배는 낡고 허름한 조지아나 호 하나 뿐이었다.

그런데 조지아나 호의 목적지는 바로 버마의 랑군이었다! 그들은 당장에 랑군으로 가서 사역을 시작하던지 아니면 영국으로 돌아가 언제 올지도 모르는 다른 기회를 기다려야 했다. 다른 가능성은 없었다.

낸시와 아도니람은 버마에서 선교한다는 것에 "두려움을 느꼈다." 그러나 차차 그 끔찍한 '황금의 나라'로 가는 것이 마치 그들의 운명인 것처럼 느껴졌다. 아도니람이 앤도버에서 사임이 쓴 『아바로 간 사절단』(버마를 아름답게 묘사한 오직 단 한 권의 책이었다)을 읽게 된 것이 우연이었을까? 그들이 캘커타에서 들었던 버마에 대한 모든 소식은 아주 끔찍했다. 그러나 침례교인인 펠릭스 캐리가 그곳에 머무르고 있었고 이제 아도니람과 낸시 또한 침례교도가 되었으므로 그와 연합하여 사역하는 데 아무런 문제가 없었다. 그리고 이제 마드라스를 떠나는 유일한 배는 버마를 향해 가는 것이었다. 이 모든 것이 단지 우연일까? 아니면 하나님께서 그들에게 만약 선교를 하고 싶다면 모든 위험과 공포에도 불구하고 버마로 가라고 부드럽고 세미하게 말씀하시는 것일까?

그들은 러블레스 부부나 마드라스에 있는 다른 친구들과 이 문제를 상의했다. 그들의 대답은 전부 똑같았다. "버마에는 가지 마세요. 일단 영국으로 가서 몇 년 기다리세요. 당신들과 이제 갖게 될 아이들을 위해서 또 당신의 선교를 위해서 말입니다. 지옥 같은 버마에 가서 모두 다 잃는 것보다 영국에서 몇 년 잃는 것이 낫습니다."

그러나 그들의 이런 논리들은 아도니람을 설득시킬 수 없었다. 그는 버마에서 선교를 할 수 있는지를 알아보기 위해 어쨌든 랑군으로 가야 한다고 생각했다. 랑군은 강 하구에 있는 항구도시였다. 외래 선박들이 그곳을 자주 드나들었고, 몇몇 유럽인들은 거기 정착할 수 있었다. 만약 그곳에 가서 선교의 가능성이 없다고 판단되면 그들은 페낭이나 말레이시아로 가면 되는 것이었다.

낸시는 동의했다. 그들은 펠릭스 캐리와 함께 "예수님의 사랑과 복음에 대해 그들의 언어로는 듣지도 읽지도 못한 민족"에게 복음을 전하는 일을 최소한 시도라도 해야 한다고 생각했다.

불쌍한 버마인들은 우리가 가진 행복의 근원인 위로와 기쁨에 대해 전혀 아는 바가 없다. 그들이 우리와 함께 영원한 천국의 기쁨과 영생을 나눌 수 있는 이 기회를 얻을 수 있다면 덧없는 안락함을 기꺼이 버리지 못할 이유가 무엇이 있겠는가! 이 척박한 땅에서 많은 열매를 얻는다는 것을 기대할 수 없겠지만, 만약 우리가 장애물을 조금 치워주고 우리 뒤에 올 선교사들을 위해 길을 열어놓을 수만 있다면 그것 자체도 충분한 상급을 받을 만한 일일 것이다. 이전에 나는 이렇게 개척하는 일에 두려움을 가지고 있었지만 이제는 나의 여생을 이러한 일에 바치기로 결심했다.

결론은 내려졌다. 아도니람은 "마드라스에 있는 모든 친구들의 만류에도 불구하고 우리 자신을 오직 하나님께 내어 맡긴 채 6월 22일 배에 올라탔다"고 썼다.

낸시의 출산일이 얼마 남지 않아 어쩌면 아기는 배 위에서 태어나게 될 것 같았다. 낸시는 하녀 겸 간호사로 키가 크고 건장해 보이는 유럽인 여자를 채용했다. 그러나 아도니람과 낸시가 탄 배가 출발하자마자 그 여자는 선실 바닥에 쓰러져서 발작 증세를 보였다. 그녀를 살려보려고 모든 방법을 다 동원했지만 그녀는 숨을 몇 번 헐떡거리다가 죽었다. 다른 하녀를 찾기에는 시간이 없었다. 배는 벵갈 만에 들어섰고, 낸시는 하녀의 생명을 구하려고 애쓰다가 얻은 충격에 휩싸여 있었다. 배는 작고 더러웠다. 바람은 거칠었고 풍랑도 거셌다. 선실 안에 누워 있는 것조차도 힘들었다.

바다 위에서 이렇게 생활한 지 며칠이 못돼 낸시는 출산을 했다. 해리엇처럼 "내 주위에는 의사도, 도와주는 사람도 없었고 단지 남편만 옆에 있었다." 아기는 죽은 채로 태어났다. 배의 계속되는 출렁거림 때문에 점점 기진맥진해가는 낸시도 아기와 함께 바다에 묻혀야 될 것처럼 보였다.

그것으로 고난은 끝나지 않았다. 악취나고 삐걱거리는 조지아나 호는 예정 항로를 벗어났다. 선장이 코코넛을 실어 오기 위해 수마트라 끝에 위치한 니코바 섬을 경유하려고 배를 남동쪽으로 돌렸기 때문이다. 그곳은 랑군에서 수백 킬로미터 남쪽에 위치했다. 그러나 배는 더 북쪽으로 흘러가버려 선장이 한 번도 와 본적이 없는 대 안다만과 소 안다만 사이에 있는 위험한 해역으로 갔다. 그곳 원주민은 사람을 잡아죽이고 먹는다는 소문이 있었다.

이런 불상사가 오히려 낸시를 도왔다. 해협에 들어서자 암초와 날카로운 돌들이 수면 위로 올라와 있어 선원들을 질리게 했다. 그러나 그곳의 물은 연못처럼 잔잔했고 낸시는 휴식을 얻을 수 있었다. 선장은 암초들 사이에서 겨우 배를 빠져나오게 해 안다만 바다로 나왔다. 남풍이 불어와서 선장은 코코넛 열매를 포기하고 랑군으로 향했다.

1813년 7월 13일 목요일, 마드라스를 떠난 지 3주 후, 조지아나는 이라와디 강의 많은 뱃길 중 랑군으로 가는 강 입구를 찾았다. 조지아나는 수로 안내인을 구해 넓은 강을 천천히 올라갔다. 아도니람은 내내 갑판 위에 머물러 있었다. 그가 버마에서 처음 본 것들은 늪이 많은 저지대의 땅과, 강과 맞닿은 부분에서 높게 자란 갈대와 관목 숲들이었다. 인구가 많고 개간이 잘 된 캘커타의 후글리 강변 도시들과는 달리 썩 좋은 인상은 아니었다. 강 자체는 장관이었다. 넓이가 1.2평방킬로미터는 족히 될 것 같았고 모래톱도 없고 어떤 배도 지나갈 수 있도록 충분히 깊은 물이었다. 그러나 이 축축하고 고요한 낮은 강변의 늪지대에는 위협적인 그 무엇인가가 소리 없이 서서히 미끄러져 나가는 듯한, 마치 뱀이 무엇을 덮치기 전에 꼼짝 않고 노려보며 기다리는 것 같은 무섭고도 음산한 정적이 감돌았다. 아도니람은 이런 묘하고도 불안한 느낌들을 선실에 있는 낸시에게 이야기했다.

조지아나가 천천히 강을 올라갈 때에 아도니람은 이곳에도 사람이 산다는 것을 알았다. 여기저기 강둑을 따라 아무렇게나 지은 듯한 비참하고 작은 마을들을 지나치기도 했고, 강 위에는 고기잡이배들도 있었기 때문이다. 그러나 여전히 그 황량한 인상은 지울 수가 없었다. '여기는 국경 근처의 땅이기 때문에 군대와 적들이 여러 번 거치면서 거의 생활할 수 없는 곳이 되었고 사람들의 자취도 흐릿해졌을 것이다. 랑군은 이보다는 나을 거야.' 아도니람은 이런 식으로 스스로를 위로했다.

오후 늦게 그는 도시를 볼 수 있었다. 멀리 정글 숲 위로 석양에 반사되어 황금빛이 찬란하게 빛나는 어떤 물체가 있었다. 배

아도니람 저드슨은 1813년 7월 13일 랑군에 도착했다.

가 가까이 가자 그 번쩍이는 것은 더 높이 보였고 지평선 위로 우뚝 솟아오른 것 같았다. 마침내 뾰족한 꼭대기가 타오르듯 빛나는 높은 탑 전체가 드러났다.

아도니람은 그 탑에 대해 들어 본 적이 있었다. 그것은 세계의 불가사의 중에 하나인 거대한 황금 슈웨다공 탑이었다. 슈웨다공은 버마에서 가장 숭배되는 대상이었다. 이 불탑은 원래 수세기 동안 지하에 봉인되어 있던 세 개의 성물들을 보관하기 위해 지어진 것으로 몇 세대에 걸쳐 조금씩 조금씩 쌓아올린 것이다. 세 개의 성물은 고타마 석가모니 이전의 세 명의 부처를 상징하는 지팡이, 물 여과기, 그리고 옷 한 벌이며, 이것들과 함께 가장 신성하게 여겨지는 석가모니의 머리카락 여덟 개가 같이 보존되어 있었다. 이런 이유로 120미터 높이로 공중에 솟아 있는 이 탑의 빛나는 둥근 지붕은 매 3년마다 순금으로 덧입혀지고 있으며, 또한 봄에 벌어지는 큰 연례행사 기간에 수만 명이 몰려와서 참배하기도 했다.

그러나 아도니람은 전에도 그런 탑을 본 적이 있었다. 그에게 있어 슈웨다공은 단지 좀 더 크고 사치스런 탑일 뿐이었고, 도리어 그 거대한 탑은 앞으로 자신의 사역이 얼마나 힘들 것이라는 것을 미리 말해주는 상징으로 보였다.

그는 탑보다 도시 자체에 더 관심이 많았다. 탑이 한없이 높이 솟은 모습을 거의 다 드러냈을 때 그는 도시를 볼 수 있었다. 그가 본 광경은 대나무 이엉을 얹은 초라한 티크나무 집들이 강을 따라 1.5킬로미터 정도 펼쳐 있었고, 해변으로부터 역류된 몹시 더러운 개울물이 운하처럼 고여 있어 썩은 냄새가 코를 찔렀다. 랑군은 캘커타와 아주 달랐다. 강둑 가까이 도시의 중심에는 사각형 모양의 성곽이 있었고, 그 주위 400평방미터 정도에 만 명 이상의 인구가 과밀하게 살고 있어 더럽고 지저분했다.

마을 바로 아래, 몇 개의 오두막집을 지나 부둣가가 있었는데 세 개의 큰 선창과 짐을 내리기 위한 시설물들이 있었다. 가운데 선창에는 열 개에서 열두 개 정도의 대포 구멍이 뚫린 성채가 있었다. 이것으로 미루어 이곳은 포위될 것에 대비해 늘 준비하고 있는 군사 요새 같았다.

해가 저물 무렵 조지아나는 선창 가까이 닻을 내렸다. 아도니람은 선교관이 어디 있는지 금방 알 수 있었다. 도시 성벽 밖에 커다랗게 서 있는 그 건물은 눈에 쉽게 띄었다. 그러나 그는 해변에 오래 머무를 수도, 가까이 있는 그 집에 가 볼 수도 없었다. 모든 것이 "어둡고, 기운 빠지게 하고, 가망 없어" 보였다. 그는 곧 배로 돌아가서 낸시에게 자신이 지금까지 본 것을 말해주었다.

아직도 지쳐 있고 병든, 그리고 아기를 잃은 슬픔에서 벗어나지 못한 낸시는 그녀의 선천적인 낙천성을 잃어버린 상태였다. 그녀는 랑군에 대해 얘기하는 아도니람의 목소리가 우울하다는 것과 그의 어두운 표정을 보았다. 그들은 이제 충분히 랑군이 어떤 곳인지 알 수 있었다. 그날 밤은 그들에겐 가장 불행한 날이었다. 아도니람은 3년 동안이나 헤매다가 여기까지 왔다. 마침내 그가 선한 야망을 이룰 곳으로 꿈꿔 왔던 곳에 도착했지만, 그것은 지금까지의 삶 가운데 가장 후회되는 순간이 되었다.

그러나 최선을 다해야 했다. 자포자기 속에서 그들이 할 수 있는 일은, 고통과 근심과 악이 없고 쉴만한 평화로운 곳으로 속히 인도해 주시기를 소망하면서 하나님께 자신을 내어맡기는 것이었다. 이런 슬픔 속에서 그들은 불안하게 잠들었다.

4. 버마 (1813-1814)

다음 날 아침 밝은 햇살 속에서 하선 준비를 하면서 그들은 기분이 한결 나아졌다. 낸시는 아직 걷는 것이 무리였기에 다른 방법을 찾은 뒤 시내를 통과해야 했다. 결국 안락의자 팔걸이 양쪽에 대나무 막대기를 하나씩 끼워 임시로 가마를 만들었다. 네 명의 버마 남자들은 구릿빛 맨 다리가 움직이는 데 성가시지 않도록 긴치마 같이 허리에 두르는 천을 앞에서 묶어버렸다. 그들은 막대기 끝을 어깨에 메고 아도니람 옆에서 걸어갔다.

아도니람과 낸시는 이미 동양의 도시에 익숙해져 있었지만 랑군 같은 도시는 본 적이 없었다. 캘커타와 마드라스는 곳곳에 영국 식민지의 자취가 있었다. 그런데 랑군은 머리부터 발끝까지 철저히 버마였다. 좁고 더러운 거리는 골목길 같았고 가장 좋다는 곳도 낡은 벽돌로 거칠게 포장되어 있을 뿐이었다. 집들은 대부분 아무렇게나 지은 대나무 오두막이었다.

시내는 어딜 가나 탑들로 가득 차 있었다. 우뚝 서서 장엄하게 빛나는 슈웨다공에 이르는 거리는 전체가 탑으로 줄을 이었고, 탑 꼭대기의 우산 모양의 덮개 달린 종은 바람에 흔들릴 때마다 갖가지 음으로 소리를 냈다. 거리에는 아도니람과 낸시가 알아들을 수 없는 언어로 이야기하고, 싸우고, 웃고, 소리치는 사람들로 들끓었다. 어른들처럼 담배를 피우는 아이들은 밝은 색의 팔찌, 목걸이, 발찌만 하고 아담과 이브처럼 벌거벗은 채 돌아다니고 있었다. 손과 발이 떨어져나간 문둥병자들은 구석에 앉아 구걸을 했다. 밝은 노란색의 긴 옷을 입은 승려들은 시주단지를 들고서 야하게 차려입은 여자들의 눈길을 점잖게 피하며 거리를 엄숙하게 걸어다녔다.

시내로 들어가다가 가마꾼들은 잠시 쉬기 위해 낸시의 의자를 그늘에 내려놓았다. 순식간에 영국여자라는 희귀한 구경거리를 보기 위해 사람들이 몰려들었다. 버마인들은 수줍어하는 성격이 아니었다. 여성들은 남자들보다도 오히려 더 대담했다. 몇 분이 안 되어 여자들이 개미떼처럼 낸시 주위에 몰려들어 그녀의 하얀 피부에 놀라고 특이한 옷과 신발을 보며 수군거렸다. 심지어는 옷을 만지작대기도 했다.

피로와 병으로 지쳐있던 낸시는 고개를 숙이고 있어 얼굴이 보이지 않았다. 곧 얇은 진홍색 비단 옷에 그려진 나비들처럼 활달하고, 밝은 색의 스카프에 금귀고리를 달고, 기름 발라 땋은 검은머리에 꽃을 꽂은 호기심 많은 여인들이 모자 속의 낸시 얼굴을 보기 위해 허리를 구부리며 그녀를 밀쳤다. 자신의 얼굴을 자세히 들여다보는 갈색 얼굴들을 본 낸시는 갑자기 머리를 쳐들고 그녀들을 보면서 빙그레 미소를 지었다.

순간 몰려 있던 사람들 사이에서 와 하고 웃음이 터져 나왔다. 낸시와 아도니람도 서로 바라보며 즐거워했다. 랑군의 도시 모습은 좋은 인상을 주지 못했지만, 그곳에 사는 사람들의 어린아이 같은 솔직함에 그들은 이미 호감을 갖기 시작했다.

잠시 후 가마꾼들이 관중들의 박수와 환호 속에서 낸시의 의자를 들고 종종 걸음으로 세관까지 걸어갔다. 세관이라야 천장이 없는 조그만 오두막에 돗자리를 깔고 세관 공무원인 몇 명의 원주민들이 앉아 있을 뿐이었다.

버마의 세관 검사는 철저했다. 배에 있는 모든 짐의 십분의 일은 왕의 몫으로 떼어졌다. 그들은 여행자들의 가방을 하나도 빠짐없이 열었고, 그 안의 물건들을 일일이 끄집어내 검사하고 평가하며 이런저런 잔소리를 해댔다. 그 과정에서 물건이 파손되는 경우도 있었다. 여행자들의 몸도 샅샅이 수색을 당했는데 밀수품에 대한 우려라기보다는 이방인의 옷과 주머니에 무엇이 있는지에 대한 세관원들의 호기심 때문이었다. 그러다가 혹시 금지된 물건이 나오면 이를 무마시켜주는 구실로 더 큰 뇌물을 요구하기 마련이었다.

남자들은 아도니람의 피부까지 조사했고, 한 여성은 남자보다는 덜하지만 그래도 철저하게 낸시를 검사했다. 아도니람과 낸시에게는 큰 선물을 요구할 수 있는 금지 물품이 발견되지 않았다. 그러나 다음 날 이 사람들의 가방과 짐이 육지에 내려지면 보다 큰 선물을 기대할 수도 있을 것이다. 수색이 끝난 후 아도니람은 선교관에 가도 좋다는 허락을 받았다.

선교관은 "랑군에서 가장 넓고 멋있는 집"이었다. 아직 내부는 완성되지 않아 들보와 장선(長線)이 보이기는 했지만 티크로 지은 견고한 구조였다. 펠릭스는 버마 왕가의 아이들에게 천연두 예방 접종을 해주기 위해 아바에 가 있었다. 캐리 부인이 집안일과 두 살배기 아이를 돌보는 하인들을 유능하게 지휘하고 있었다. 포르투갈 혈통으로 그리스도인 부모를 둔 캐리 부인은 버마에서 태어나고 자라 영어를 거의 못했다. 비록 말은 더듬거렸지만 저드슨 부부를 환대하고 대접하는 그녀의 착한 마음은 더욱 따뜻했다.

며칠이 지나서 아도니람은 선생을 구할 수 있었다. 그는 힌두인 학자로서 매우 너그러운 성품을 지닌 사람이었다. 그는 자신의 사회적인 계급에도 불구하고 저드슨 부부와 함께 의자에 앉았고, 같이 식사도 했으며 심지어 낸시에게 버마어를 가르쳐주기도 했다. 낸시를 가르치는 일은 그도 처음에는 꺼려했다. 왜냐하면 "버마에서 여자는 극도로 낮은 위치에 있기 때문에 여자를 가르친다는 것은 품위가 떨어지는 일이었다. 그러나 그는 내〔낸시〕가 열심히 배우려는 각오가 되어 있는 것과 저드슨이 자신과 함께 나도 가르쳐주기를 원하자 훨씬 친절하게 대해주었다."

버마어를 배우는 일은 생각보다 훨씬 어려웠다. 낸시도 아도니람도 선생의 언어를 한 마디도 알아듣지 못했고 교사도 역시 마찬가지였다. 그들은 어쩔 줄 몰라 한동안 서로 웃기만 하면서 앉아 있었다. 마침내 아도니람이 한 가지 방법을 생각해냈다. 그는 방에 있는 물건을 손으로 가리켰다. 선생은 그 의도를 알고 버마어로 그것을 말해주었고 낸시와 아도니람은 반복해서 그를 따라했다. 그런 식으로 그들은 집 주위의 물건들, 음식이나 나무, 식물 등의 이름을 익혀나갔다. 매일 열두 시간씩이나 공부를 했음에도 불구하고 진도는 느렸다.

몇 마디씩 귀에 들리게 되자 그들은 글자를 공부하기 시작했다. 버마인들의 종이에 해당하는 야자나무 잎 위에 동그라미와 동그라미의 한 부분 같은 곡선이 길게 이어진 글자는 생각보다 쉬워 보였다. 그러나 읽기는 여전히 요원했다. 버마어와 같은 문법구조는 아도니람과 낸시가 전에 공부해본 어떤 언어에서도 찾아볼 수 없었다. 버마인들의 사고 방식도 이처럼 유럽인들과 다른 것은 아닐까 생각되었다. 최악의 사실은 버마 문자는 구두점이 없고 심지어 단어 사이에 띄어쓰기도 없다는 것이었다. 문단과 문장과 단어와 글자에 쉼표도 마침표도 없이 끝까지 계속 이어져 있었다.

저드슨 부부는 전에 몇 주일 동안 불어를 배워 간단한 의사소통을 할 수 있었는데, 그만한 정도의 버마어를 배우려면 몇 년이 걸려야 할 것 같았다. 펠릭스 캐리가 알려주는 간단한 문법 외에는 도움을 받을 다른 책도 없고 통역도 없는데, 이 어려운 언어를 얼마나 배워야 기독교의 추상적인 개념들을 표현할 수 있게 될 것인가? 그들은 절망했지만 그럼에도 불구하고 인내하면서 조금씩 앞으로 나아갔다. 선생은 대단한 발전이라고 했지만 그들 자신은 "우리가 과연 발전하고 있는지 거의 알 수가 없었다"고 고백했다.

그들은 버마인들의 일상생활에도 익숙해갔다. 물론 뉴잉글랜드와는 판이하게 달랐고 인도하고도 비슷한 점이 거의 없었다. 우선 빵, 버터, 치즈, 감자가 없었으며 소나 양, 돼지와 같은 육류 역시 보기가 어려웠는데 그것은 식용을 위한 도살은 법으로 금지되어 있기 때문이었다. 대신 수명이 다했거나 병들어 죽었거나 혹은 가끔 있는 '사고'로 죽은 짐승의 고기는 먹을 수 있었다. 아도니람과 낸시는 주로 쌀과 카레 가루로 조리한 닭 요리나 오이를 넣어 끓인 닭을 먹었다. 그들은 곧 이 요리에 맛을 들였다. 그들은 무엇보다 이 나라의 빈곤한 삶을 보며 심히 놀라고 가슴 아파했다.

이 나라를 겉으로 볼 때는 풍요롭고 아름답다. 어딜 가나 녹지가 있어서 가꾸기만 한다면 세계에서 가장 좋은 나라가 될 수도 있을 것이다. 그러나 이 나라의 가난한 사람들은 무엇을 하겠다는 노동의 동기가 없는 것 같다. 어차피 가혹한 지배자들에게 다 빼앗기기 때문일 것이다. 많은 사람들은 저절로 자라는 나뭇잎과 야채를 먹고 살아가며 그중 몇몇은 정말 굶어 죽어간다. 물가는 지독하게 비싸서 사람들은 남의 것을 훔치지 않을 수 없다. 강도와 살인도 흔해서 집이 강탈당하거나 도둑이 들지 않는 밤이 거의 없을 정도다.

그러나 사람들은 매력적이었다. 아이들조차도 담배를 피우고 여자들도 빈랑나무 열매를 씹어 입은 새빨갛고 치아는 검게 물들었지만 술을 먹거나 아편을 하는 사람들은 거의 없었다. 생활은 불안하고 관리들은 가혹하고 부패했지만 인도와 같은 카스트 제도는 없었다. 그리고 사람들은 매우 독립적이고 가식이 없었다. 여성들은 남편의 노예가 아니었으며 아시아의 어느 여성들보다 활기차고 기백 있고 어느 정도 드세기까지 했다. 그러나 사람들 사이에서 정직함은 찾기 힘들었다. "거짓말은 그들 생활 속에 널리 퍼져 있는 일상적인 것이라 '거짓말 없이는 살아갈 수 없다'고 말할 정도였다."

거리와 시장은 사람들로 붐볐으며 숨이 막힐 정도로 화려했다. 키가 아담하고 터번을 두른 남자들은 머리 꼭대기에 매듭을 지어 놓은 머리카락의 길이에 큰 자부심을 가지고 있었다. 귓불에는 여자들과 마찬가지로 큰 구멍을 뚫어서 손가락 굵기의 금귀고리를 달고 있었다. 부유한 사람들은 거기에 보석을 달기도 했다. 가난한 사람들은 금귀고리 대신 담배를 끼워놓기도 했다. 몸에 푸른 문신을 새긴 남자들은 앞자락을 허리 위에서 끈으로 묶을 수 있는 헐렁한 흰색 조끼를 입고, 아랫도리는 치마 비슷한 천을 둘렀다.

남자들 옷 중에서 가장 현란한 색깔의 복장은 '빠소'라고 하는 허리에 두르는 천이다. 부드럽고 다양한 색깔의 비단 천에 밝은 레몬 색부터 진홍빛에 이르는 체크무늬나 지그재그 줄무늬로 음영을 넣은 7미터 정도의 긴 천은 허리에서 발뒤꿈치까지 닿아 있는데 각 다리 앞에서 매듭을 지어 마치 한 장으로 이어지는 바지 같았다. 천의 다른 한 쪽 끝은 어깨위로 넘겼다.

매우 작은 키를 가진 여자들은 곧게 뻗은 기름 바른 검은머리를 사원 쪽을 피해서 빗질을 했다. 그리고 남자들과 비슷한 모양으로 머리 꼭대기에 묶고 꽃으로 장식을 했다. 상의는 얇은 금박이나 검은 레이스 혹은 노란색 망사의 가벼운 옷을 입었고 그 위에 얇은 스카프나 비단 수건, 작은 숄을 둘렀다. 그들의 치마나 페티코트(서양 사람은 이름 붙이기가 마땅치 않다)는 가슴 주변이 진홍빛의 좁은 주름으로 잡혀 있고 밑으로 내려갈수록 넓어지는 밝은 비단 천으로 만든 것이다. 그들은 귀고리와 목걸이, 반지들로 장식하고 다녔는데 재산을 안전하게 보관해줄 은행 같은 안전한 장소가 마땅하게 없기 때문에 자신의 보물을 이렇게 장신구로 직접 지녀야 했다.

유럽인의 기준으로 볼 때 버마 여성들의 옷차림은 다소 야한 편이었다. 그러나 낸시는 그 아름다움에 매혹되어 얼마 되지 않아 종종 그 옷을 입게 되었다. 그러나 아무리 해도 그녀들이 신고 다니다가 집에 들어와서는 문 밖에 벗어놓는 신발에는 익숙해 질

수가 없었다. 그래서 결국 버마 여인처럼 차려 입더라도 발에는 그녀가 태어난 곳인 매사추세츠 산의 튼튼한 검은 신발을 신을 수밖에 없었다.

아이들은 예닐곱 살까지는 목걸이와 팔찌, 발찌를 제외하고는 아무 것도 입지 않았고 이 사이로는 담배를 물고 다녔다. 좀 더 나이를 먹어야 어른처럼 옷을 입었다.

랑군에는 아직 영국인과 미국인 사회가 형성되어 있지 않았다. 단지 몇 명의 프랑스 사람들이 영어를 쓸 뿐이었다. 낸시는 그들 중에 영어를 쓰는 부인들이 없어 "같이 대화를 나눌 여성이 없는 것"을 아쉬워했다. 그러나 이것은 낸시가 더욱 열심히 버마어를 배우는 계기가 되었다.

버마어는 여전히 어려웠다. 한 번은 버마어 선생이 그녀에게 자신이 죽으면 미국에서 환생할 것이라고 말했다. 낸시는 머리를 저으며 그렇게 될 수 없다고 했지만, 그 선생은 웃으면서 반드시 그곳에서 환생할 것을 계속 주장했다. "나는 버마어가 능숙하지 못해 그가 죽으면 어디로 갈 것이며 구원받기 위해서는 어떻게 해야 하는지를 말할 수가 없었다"고 낸시는 그 좌절감을 기록했다.

비록 그들이 종교에 대해 논할 수는 없어도 일상생활에 관계되는 말들은 빠르게 배워갔다. 너덧 달이 지나자 아도니람은 랑군의 총독인 미야데이멘을 방문해도 될 만큼 언어를 습득했다는 자신감을 갖게 되었다. 랑군에서의 생사가 총독의 뜻에 달려 있기 때문에 그의 호의를 얻는 것은 중요한 일이었다.

그러나 그 시도는 실패했다. 낸시에 의하면 총독은 자신과 버마의 위대함에 도취되어 "그의 알현을 허락해주지 않았다. 왜냐하면 영어를 쓰는 남자들은 이 나라에서 더 이상 진귀한 구경거리가 아니었기 때문이었다." 하지만 영어를 쓰는 서양 여자는 "꽤 신기한" 부류에 속했다. 낸시는 그 사실을 이용해 총독부인을 알현하기로 했다. 그녀의 호의는 총독의 호의와 같은 효력이 있었고, 그녀로부터 작은 선물이라도 받으면 안전을 보장받을 수 있었다. 하루 날을 잡아서 낸시는 전에 총독부인을 만난 적이 있는 프랑스 부인과 함께 알현을 시도했다.

관저에 도착했을 때, 총독부인은 아직 일어나지 않은 상태였다. 그러나 총독의 다른 작은 부인들이 우리가 가진 모든 것을 일일이 살펴보고 모자나 장갑 등은 직접 착용도 해보면서 호기심을 갖고 대해주어 기다리는 시간은 지루하지 않았다.

마침내 총독부인이 모습을 나타냈다. 버마 식으로 화려하게 차려입고 입에는 은으로 만든 긴 파이프를 물고 담배를 피우고 있었다. 그녀 앞에서 다른 부인들은 경의를 표하면서 멀찍이 떨어져 조용히 웅크리고 앉았다.

총독부인은 나를 매우 정중히 환대하면서 내 손을 잡고 방석 위에 앉게 했다. 그녀는 기다리게 해서 미안하다면서 몸이 좋지 않다고 했다. 여인 한 명이 꽃다발로 그녀의 모자를 장식했다. 그녀는 내가 남편과 자식이 있는지 또 내가 첫 번째 부인인지도 물었다. 이것은 나의 남편도 버마 사람들처럼 부인이 여러 명 있다는 것을 전제하고 내가 그들 중에서 가장 높은 지위인 것을 확인하려는 것이었다. 또 내가 이 나라에 오래 머물 것인지도 물었다.

총독이 들어왔을 때 나는 몸이 떨렸다. 나는 그렇게 야만스럽게 생긴 사람을 본 적이 없었다. 그가 입고 있는 긴 옷이나 들고 있는 거대한 창은 별로 두렵지 않았다. 그러나 그는 친절하게 나에게 말을 걸어왔고 럼주나 와인을 마시겠느냐고 묻기도 했다. 가려고 일어났을 때 부인은 다시 한 번 손을 잡아주었고 만나서 반가웠다며 앞으로 자매같이 지내자고 했다. 그녀는 나를 문까지 배웅했으며 나는 이마에 손을 대고 절을 하고 돌아왔다.

얼마 뒤 펠릭스가 아바에서 돌아왔다. 그는 아버지인 캐리 박사에게 흥분하여 편지를 썼다. "저드슨 부부는 이런 선교에 적임자들입니다. 만나는 순간 그걸 알 수 있었습니다. 6개월 만에 저드슨 씨는 버마어를 잘 구사하고 있습니다. 제가 바라던 바로 그런 동역자들입니다." 그러나 펠릭스는 그 즈음에 선교를 그만둘 채비를 하고 있었다. 아바에서 정부의 관리로 일해달라는 요청을 받았기 때문이었다. 그는 캘커타로 가서 아버지와 다른 선교사들과 상의하기 위해 몇 주 후 배를 타고 강을 내려갔다.

그가 출발한 후 저드슨 부부는 곧 선교관을 떠나 도시 안으로 이사하기로 했다. 이제 어느 정도 의사소통이 가능했고 지금 있는 선교관은 전도하기에 너무 고립되어 있었기 때문이었다. 사람들이 북적대는 시내가 원주민들과 더 친해지기가 쉬웠다. 최근 들어 시골을 돌아다니는 떼강도들이 점점 대담해지고 그 수도 나날이 늘어나는 것이 또 다른 이유였다.

1814년 1월 초순에 그들은 이사를 했다. 세일럼에서 선교사 임명을 받은 지 2년만의 일이었다. 그 후 일주일이 지났다. 그들은 자신들의 옳은 판단에 축하를 보내야 했다. 15~20명 정도의 무장 떼강도들이 선교관 바로 옆집까지 습격해와 약탈해간 것이다. 총독은 재발 방지를 위해 일곱 명의 도둑을 본보기로 처형했다. "그들은 손과 발이 묶이고 내장은 밖으로 흘러나온 채 매달려 있었다. 3일 동안 그렇게 구경거리가 된 후 아마도 매장되었을 것이다(이 점은 확실하지 않다)."

얼마 후 그들은 버마 상류 계층의 장례식에 참석할 기회가 있었다. 코끼리를 동원한 거대하고 시끌벅적한 행렬이 있었고, 시체를 화장하는 곳에서는 돈과 선물과 음식을 풍성하게 나누어주었다. 그런데 지방의 한 관리가 그 장례식에 참석하고 집으로 돌아가는 길에 "갑자기 나타난 어떤 남자에 의해 단번에 머리가 잘린 사건"이 생겼다. 이 암살 사건의 주범은 죽은 관리의 시종장으로 밝혀졌다. 고문 끝에 그는 주인을 죽인 다음 그의 재산을 가로채 왕에게로 가서 주인의 관직을 살 생각이었다고 자백했다. "그는 가장 잔인한 방법으로 처벌받았다. 온 몸의 뼈를 다 부러뜨린 후 비참한 고통을 당하도록 쇠사슬로 묶어 감옥에 버려두었고 5~6일 동안 이런 끔찍한 상태로 있다가 죽었다. 이 암살 사건에 연루된 사람들은 여러 가지 방법으로 처벌을 받았다. 죽은 관리의 막대한 재산은 모두 왕에게 귀속되었다. 부인은 여러 명 있었지만 자식이 없었기 때문이었다."

그들이 시내에서 산 지 3개월이 되어가던 3월 어느 주일이었다.

주일을 좀 더 조용히 보내기 위해 선교관에 갔다. 도착하자마자 하인 하나가 시내 근처에 불이 났다고 알려주었다. 서둘러 불이 난 곳으로 달려갔다. 몇 집은 이미 화염에 휩싸여 있었고 불은 곧 시내로 번질 것 같았다. 우리는 가재도구라도 건지기 위해 시내에 있는 집을 향해 급히 갔다. 그러나 시내로 들어가는 문은 닫혀 있었다. 공포에 질린 불쌍한 사람들이 문을 닫으면 불도 막을 것이라는 생각을 한 것이었다. 문과 벽이 모두 나무로 만들어져 있는데 말이다. 얼마 기다리자 문이 열렸고 우리는 물건들을 안전하게 선교관으로 옮길 수 있었다. 불은 하루 종일 타올라서 시내의 모든 집과 벽, 문, 그밖의 많은 것을 태워버렸다. 우리는 머리카락 한 올도 상하지 않은 것과, 수천 명이 화재로 집을 잃어버려 뜨거운 태양 아래 피할 곳도 없이 지내는데 우리에게는 편안한 집과 생필품을 허락하신 하나님께 감사드렸다.

그들은 선교관에서 캐리 부인과 함께 머물렀다. 그녀에게는 세 살배기 아들과 갓난아이가 하나 더 있었다. 그녀에게 부담을 주게 되어 저드슨 부부는 미안했지만 어쩔 도리가 없었다. 펠릭스 캐리는 그 다음 달 캘커타에서 돌아왔다. 그는 결국 선교일을 그만두고 보도폐야 왕을 위해 일하기로 결정했다. 8월에 캐리 가족은 선교관을 떠났다. 정부가 내준 범선에 짐과 하인들 그리고 가족까지 모두 싣고 수도를 향해 강을 거슬러 올라갔고, 그렇게 아도니람과 낸시의 인생에서도 떠나갔다.

저드슨 부부는 캐리 가족이 떠나는 모습을 복잡한 심정으로 지켜보았다. 그들은 "큰집에 홀로 남겨지게 되자 마치 세상에서 혼자가 된 것 같이" 외로웠다. 사실 캐리는 선교사의 일에 힘을 쏠 수가 없었다. 그는 랑군에서 선교사로 일하는 것보다는 권력의 중심부인 아바에서 관리로 일하는 것이 선교를 위해 더 많은 일을 해줄 수 있을 것이었다.

캐리 가족이 떠난 것은 아도니람과 낸시에게 있어 선교사 견습 기간이 끝난 것을 의미했다. 이제 모든 일을 스스로 해나가야 했다. 그들이 스스로 주인의식을 갖고 일해야 했다. 그들은 이제 버마를 개종시키는 무거운 짐이 그들에게 지워졌음을 예민하게 느끼고 있었다.

5. 어린 로저 (1814-1816)

아도니람과 낸시는 떠나간 캐리 가족을 다시는 못 볼 운명이었다. 강을 거슬러 몇 킬로미터 못 가 캐리 가족이 탄 배가 강한 소나기로 뒤집혔다. 펠릭스는 몇몇 남자 하인들과 함께 살아서 해변에 도착할 수 있었다. 그러나 바로 전에 그는 자기 눈앞에서 아내와 갓난아이, 아들이 물에 빠져가는 것을 보아야 했다. 그는 그들을 구하려고 미친 사람처럼 애를 썼지만 아무 소용이 없었다. 펠릭스는 그런 끔찍한 일을 당했음에도 불구하고 강을 거슬러 아바로 가야 했다. 통신 수단이 너무 안 좋아서 저드슨 부부가 그 사고를 알게 된 것은 2주나 지난 후였다.

한편 저드슨 부부는 자신들이 앞으로 몇 년 동안 지속시켜야 할 차근차근히 다져나갔다. 낸시는 이렇게 썼다.

우리가 베란다라고 부르는 개방된 커다란 방을 들여다보면, 버마어

책이 가득한 책상 위로 저드슨이 몸을 굽히고 버마어 선생에게 글을 배우는 것이 보인다. 덕망 있어 보이는 선생은 예순이 다 된 인물로 머리에 수건을 쓰고 허리를 감은 옷을 입고 있다. 그들은 하루 종일 쉬지 않고 말을 한다.

나의 아침은 하인들에게 지시를 하고 식구들을 위한 음식 재료를 내주는 등 이런저런 일로 바쁘다. 나는 가정 전체의 경영을 맡고 있기 때문에 남편보다 신경 쓸 일이 많다. 이것은 저드슨이 언어공부에 몰두할 수 있도록 스스로 선택한 일이다. 그러나 거의 1년이 지나다보니 잡일을 많이 한 내가 오히려 버마어를 직접적으로 더 잘 배울 수 있게 되었다. 온종일 버마어를 해야 할 때가 많은 나는 저드슨보다 버마어를 더 자유롭고 유창하게 구사할 수 있다. 물론 버마어의 문법이나 본질에 대한 것은 그가 더 잘 알기는 하지만.

사실 그랬다. 낸시는 아도니람보다 더 편안하게 버마어를 구사할 수 있었다. 그러나 아도니람은 자신이 어떤 유럽인들이라도 버마어를 쉽게 배울 수 있게 하는 기반을 세우고 있으며 성경을 버마어로 옮기는 기초를 쌓는다는 것으로 위안을 삼았다. 그는 어느 한 가지도 소홀할 수 없는 여러 가지 일을 동시에 하고 있었다. 그 중 하나는 버마어 문법책과 함께 버마어 사전을 만드는 것이었다. 단어 목록이 증가하면서 문제점이 발견되었다. 버마어에는 신약 성경을 번역하는 데 필수적인 추상적이고 윤리적인 개념들을 표현하는 단어가 별로 없었다. 최고의 교육을 받은 사람들은 그런 단어들을 발리어를 차용해서 이해했는데 일반 버마인들은 그렇지 못했다. 이 발리어는 인도-유럽언어와 산스크리트어와 밀접한 관계가 있는 언어이다.

이 발리어는 약 2천 년 전 불교가 버마에 들어왔을 때 경전에 기록된 문자였다. 버마 사람들은 중국어와 비슷한 언어를 사용하지만 발리어로 경전을 배운 승려들은 아직도 이 언어를 중요한 문자로 이용하고 있었다. 발리어는 현재 부분적으로는 죽은 언어가 되었지만 아도니람의 생각으로는 신약 성경을 번역하려면 거기서 꽤 많은 양의 단어를 빌어 와야 할 것 같았다. 아도니람은 즉시 발리어 문법책과 단어집을 만들기 시작했다. 동시에 그는 마태복음으로 버마어 번역이 어느 정도 이루어질 수 있는지 시험하기로 했다.

몇 달 동안 아도니람은 매일 그의 선생과 함께 하루 종일 발리어와 버마어 문법책과 사전을 만들면서 보냈다. 가끔 낸시가 정원에 나타난 코브라나 박쥐, 엄청 큰 바퀴벌레, 딱정벌레, 거미, 도마뱀, 쥐, 빈대 등 랑군의 집안에서 극성을 부리는 해로운 생물들의 출현 때문에 도움을 청할 때만 이 작업은 잠시 지연되었다. 낸시는 하루 종일 집안일을 통솔했으므로 그렇지 않아도 유창하던 그녀의 버마어는 날로 더 늘었다. 그리고 오후에는 아도니람과 함께 선생 밑에서 공부를 했다.

때때로 그들은 아침 일찍 일어나 냄새나고 더럽지만 재미있는 도시로 산보를 나가 일상의 지루함에서 벗어나기도 했다. 그들은 나무로 막아서 인공적으로 만든 연못에서 정기적으로 목욕을 했는데 영국인들은 그것을 '탱크'라고 불렀다. 그들은 노란색 긴 옷을 입은 승려들이 먼지 많은 거리를 슬슬 다니는 것을 구경했고, 슈웨다공의 환상적인 장식들과 줄지어 있는 석조물들도 자세히 관찰했다. 또 쉴새없이 쨍그랑 쨍그랑 하거나 절거덕거리며 불협화음을 일으키는 사원의 종소리를 듣기도 했다. 그들은 버마 사람들과 조금씩 사귀기 시작했다. 곧 그들은 "저녁 시간을 버마인 친구들과 함께 재미있는 대화를 하며 보낼 수 있었다."

랑군에 새로운 태수가 왔다. 그 전에 창을 들고 험상궂게 사람들을 위협하듯이 돌아다니던 미야데이멘과는 달리 그는 사람들에게 "존경받고 사랑을 받았다." 그는 선교관에 들러서 그들에게 자신을 자주 찾아오라고 말해주기까지 했다. 그는 첩이 많고 자식들도 2~30명이나 되는 노인이었다. 그의 첫째 부인은 낸시를 좋아했다. 한 번은 부인의 파티에서 낸시에게 "영국식 춤을 춰 보라"고 부탁할 정도로 둘은 친했다. 다행히도 낸시는 목사의 아내로서 자신은 춤을 출 수가 없다는 것을 설명할 수 있을 정도로 버마어를 구사할 수 있어서 위기를 넘길 수 있었다. 버마인들은 이런 설명을 이해해줬다. 자신의 문화권에서도 종교 종사자들과 그들의 아내는 무엇인가 특별한 사람들임을 알고 있었다.

그러나 낸시와 아도니람은 버마어를 배워가면서 자신들의 평생을 바쳐도 이들에게 선교를 시작하는 것조차 어려울 수 있다는 사실을 조금씩 깨달아갔다. 이제 일상적인 주제로는 하인들과 아무 지장 없이 말을 할 수 있는 정도가 되었음에도 불구하고 말이다.

우리는 종교적인 대화를 할 때 이들의 언어가 종교 용어를 표현하기에는 단어가 부족하여 아주 힘들다는 것을 알게 되었다. 그들에게는 처음과 끝이 없는 영원하신 하나님에 대한 개념이 없었다. 그들의 신들은 짐승에서부터 여러 단계의 윤회를 거쳐 신이 된다. 버마인들에 의하면 그 신들이 하늘에 가게 되면 더 이상 존재하지 않는다고 한다. 그리고 그런 해탈에 이르는 것이 그들이 생각하는 가장 완전하고 지고한 상태였다. 이제 불교의 마지막 신인 고타마가 열반에 들은 지 2천 년이 되었고 그는 이제 더 이상 존재하지 않는다. 그럼에도 불구하고 그들은 아직도 매달 8일에 거대한 탑에 모셔 있는 고타마의 머리카락 여덟 개를 숭배한다. 또 그들은 승려들이 지키는 탑에 예물을 드리는 것 외에는 죄 사함의 다른 방법을 알지 못했다. 신에 대한 개념이 이렇게 낮은 그들에게 진정한 하나님과 예수 그리스도에 의한 구원의 방법을 알게 하기란 보통 어려운 일이 아니었다.

그래도 그들은 무언가 해야 했다. 그들은 인내하며 계속 사역을 해나갔지만 너무나도 외롭게 느껴질 때가 있었다. 미국에서는 —특별히 라이스로부터— 어떠한 소식도 듣지 못했다. 미국의 침례교도들이 그들을 후원하기로 했는지에 대해서도 알 수 없었다.

저드슨 부부를 찾아오는 외국 방문객들은 영국인 선장들이었고 그들로부터는 어떠한 정보도 얻을 수 없었다.

1815년, 그들이 랑군에서 산 지 1년 반이 지났지만 여전히 문제들은 그 자리를 맴돌 뿐이었다. 그런데 낸시가 동양에서는 흔한 '몸이 쇠약해지는 병'으로 쓰러졌다. 랑군에는 의사가 없었고 아도니람이 가지고 있던 몇 개의 의학 서적에서는 그 병을 어떻게 고칠지 어떤 약을 써야 할지에 대한 정보를 전혀 찾을 수 없었다. 그들은 낸시가 저절로 쾌유되기를 바랄 뿐이었다. 낸시는 또한 자신이 임신을 했다는 것을 직감하고 있었다.

한 가지 해결책밖에 없었다. 좋은 의사들이 많이 있는 마드라스로 가는 배에 타는 것이었다. 아도니람은 그녀와 동행하길 원했으나 그녀는 거절했다. 낸시는 자기가 떠나 있는 동안 아도니람의 공부가 지체되어서는 안 된다고 생각했다. 아도니람은 할 수 없이 동의했다. 여종을 한 명 데리고 나갔으면 했지만, 버마에는 여성들이 국외로 가는 것을 허락하지 않는 법이 있었다. 그들은 선물을 들고—버마인들에게는 부탁을 할 때 반드시 선물을 들고 가는 관례가 있었다— 태수를 찾아가 부탁을 했다. 놀랍게도 그는 그 부탁을 곧바로 들어주었다.

낸시는 1월에 나가서 마드라스에서 6주 간 머문 후 4월 중순경에 많이 좋아져서 마드라스로부터 돌아왔다. 그녀는 에밀리 밴 소머렌이라는 일곱 살짜리 고아를 가족 중 하나로 키울 요량으로 데리고 왔다. 그 해 가을쯤 태어날 아기의 친구로 삼을 생각이었던 것 같다. 에밀리는 다시 마드라스로 돌아갈 때까지 선교관에서 7년을 보내게 된다. 아도니람과 낸시가 아주 가끔 그녀 이야기를 적어놓은 것 외에는 그녀에 관해서 알려진 것은 거의 없다.

그들은 신속하게 언어를 배우고 있었다. 그들의 새로운 선생— 버마에 온 후 네 번째 선생으로 황금 발(황제)이 있는 도시에서 승려로 있었으며 아주 지식이 풍부한 사람이었다— 덕택에 그들은 종교에 대한 이야기도 잘 할 수 있게 되었다. 그러나 그곳 사람들을 개종시키려는 그들의 노력은 성공적이지 못했다. 그들에게는 이미 종교가 있었다. 그들이 새로운 종교를 가지려면 이전 종교를 버려야 했다. 아도니람이 예수님을 통한 죄 사함에 대해 말하자 그들은 예의바르게 "자신들의 생각은 변함없다"고 밝혔다. 낸시가 한 여성에게 전도를 하자 그녀는 "당신의 종교는 당신을 위해, 우리 것은 우리를 위해 좋은 것입니다. 당신이 행한 선행에 대해서는 당신네 방식으로 정당한 보상을 받을 것이고, 우리는 우리 식대로 받습니다"라고 대답했다. 한번은 그들에게 영어를 배우는 태수의 아들을 가르치며 "아주 심각하게 주의를 기울이며 듣는" 그에게 희망을 걸기도 했다. 그는 가끔 진지하고 호기심 섞인 질문을 던졌다.

1815년 여름, 태수는 다시 사람들이 두려워하는 미야데이멘으로 교체되었다. 아버지가 관직을 잃게 되자 아들도 "품위를 잃고 그의 하인들과 같이 생활하며 진지함을 모두 잃어버리고" 말았다. 그러나 아도니람과 낸시는 적어도 종교에 대해 토론할 수 있었다는 것으로 위안을 삼았다. 1년 전만 해도 그마저도 할 수 없었다.

곧이어 가슴 훈훈한 좋은 소식이 들려왔다. 9월 5일 미국에서 편지가 온 것이다. 라이스가 프랑스 섬을 떠난 뒤 처음으로 보낸 편지였다. 그 편지의 내용은 그들의 용기를 한껏 북돋워주었다. 뉴잉글랜드의 침례교도들이 저드슨 부부가 침례교인이 되었다는 것을 듣자 이 선교사들을 후원하기 위해 지역단체를 구성하기 시작했다는 것이다. 라이스는 미국에 도착하자마자 더 많은 후원단체가 생기도록 여기저기 뛰어다니며 거의 모든 주에 침례교단 선교회를 조직했다. 1814년 5월, 필라델피아에서 전국 규모의 "미국 침례교단 해외선교회"를 세웠다. 보스턴에 있는 토마스 볼드윈 목사가 의장에, 필라델피아의 윌리엄 스토튼 박사가 연락담당 간사를 맡게 되었다. 처음 그 위원회가 한 일은 아도니람을 정식 선교사로 임명하는 것이었다. 라이스 또한 선교사로 임명되었지만 미국에서 다른 선교 후원단체를 세우는 것과 후원자금을 모으는 일을 주로 맡게 되었다. 몇 달이 지난 후 위원회는 조지 하크라는 인쇄공을 새 선교사로 임명했다. 그는 아도니람의 책자들을 인쇄할 예정이었다. 그와 부인 피비는 벌써 캘커타로 떠날 준비를 한다고 했다.

편지를 받고 난 후 며칠 동안 아도니람과 낸시는 하던 일을 그만 둘 만큼 기쁨에 젖어 살았다. 그들은 잊혀진 존재가 아니었다. 이제 후원하는 사람들이 생겼다. 그리고 가장 좋은 소식은 그들이 더 이상 혼자가 아니라는 것이다. 하크가 오면 선교활동은 두 배로 효과가 있을 것이다. 그가 책을 인쇄해 나간다면 복음 진리를 버마 전역에 뿌릴 수 있게 될 것이다.

편지를 받은 지 엿새 후에 낸시가 출산을 했다. 1815년 9월 11일, 아도니람만이 지켜보는 가운데 그녀는 로저 윌리엄 저드슨을 낳았다. 아들이었다. 아기는 처음부터 매우 건강하고 활기가 있었다. 그는 잘 먹었고 아플 때를 빼놓고는 거의 울지 않았다. 엄마 아빠의 눈에는 주변 사물들에 대한 관찰력이 매우 뛰어나 보였다. 낸시는 최근 몇 년 동안 경험하지 못한 "전혀 새로운 삶"을 살고 있었다.

여기에 또 기쁜 소식이 있었다. 로저가 태어난 지 3주쯤 되었을 때, 아도니람이 어떤 사람과 대화를 하는데 그는 불교에서 기독교로 개종할 가능성이 높아 보였다. 그는 아도니람의 선생이었다. 이제 마흔일곱 살이 된 그는 아도니람에 의하면 "버마인들 중 가장 지식이 풍부하고 센스 있고 솔직한 사람"이었다. 그의 이름은 우 옹 멩이었다.

그 대화는 책으로 뒤덮인 책상에서 그들이 공부하고 있을 때 일어났다. 항상 종교에 대해 말할 기회를 찾고 있던 아도니람은 두 사람 모두 알고 있는 최근에 죽은 사람의 이야기를 꺼냈다.

"그의 영혼은 이제 지옥으로 갔을 겁니다." 아도니람이 말했다.

"왜 그렇지요?"

"그는 예수의 제자가 아니기 때문이지요."

"어떻게 알지요? 당신도 그의 영혼을 보지 못하지 않습니까?" 선생은 회의적이었다.

"어떻게 망고 나무의 뿌리가 좋은지 나쁜지를 압니까? 볼 수는 없지만 가지에 달린 그 열매로 알 수 있습니다. 나는 그 사람의 말과 행동이 예수님의 제자와 같지 않다는 것을 보았기 때문에 그가 제자가 아니라는 사실을 알았습니다."

"그렇다면 예수의 제자가 아닌 사람은 전부다 지옥으로 가는군요!" 선생은 놀랐다.

"그렇습니다. 버마인이든 외국인이든 전부 해당됩니다."

"이것은 어렵습니다." 선생은 이 낯선 사상을 소화라도 시키듯 잠시 생각을 하고는 대답했다.

"맞아요. 정말 어렵습니다. 그렇지 않다면 제가 당신에게 그리스도에 대해 이야기 해주기 위해 저의 부모를 떠나 이곳까지 오지는 않았을 겁니다."

선생은 잠시 조용해졌다. 그가 읽은 어떠한 책에서도 이런 종교를 설명한 부분이 없었다. 그러나 아도니람의 마지막 말에서는 힘이 느껴졌다. 결국 우 선생은 정말 목숨이 걸린 시급하고 중요한 일이 아니라면 왜 이 사람이 굳이 자기 나라와 집을 떠나 이곳까지 왔을까 생각하지 않을 수 없었다. 정말 이상한 분위기가 느껴지는 순간이었을 것이다. 터번을 두른 이 지혜롭고 학식 있는 버마 사람이 자기를 마주보는 서른도 안 된 검은 양복의 백인 젊은이가 온 마음을 다해 믿고 있는 사실, 즉 이 지구에서 어떤 믿음을 갖느냐에 따라 영원한 지옥에 갈 수도 있고 천당에 갈 수도 있다는 그의 말을 생전 처음으로 이해하려는 순간이었다. 그의 생각은 한 가지 질문으로 귀결되었다. "어떻게 그리스도의 사람들만이 다른 사람들보다 더 특혜를 얻는 것입니까?"

아도니람은 그가 자신의 말에서 깊은 인상을 받았다는 것을 알아챘다. 그는 조심스럽게 준비한 논리를 펼치기 시작했다. 대답이 하나밖에 나올 수 없는 질문부터 했다. "모든 사람들이 죄를 지었으며 후세에는 이에 대해 징벌을 받게 되는 것은 아십니까?"

"그렇습니다." 선생은 곧바로 그 사실을 인정했다. "모든 사람들은 죄의 대가로 후세에는 형벌을 받습니다. 마치 마차가 소의 뒤를 따르듯이 범죄 뒤에는 형벌이 따릅니다." 이것이 아도니람의 시작이었다.

"버마의 종교에는 거기서 벗어날 길이 없습니다. 그러나 그리스도의 종교에는 길이 있습니다. 예수 그리스도께서 나면서부터 죄인인 우리 대신에 죄를 담당하시고 죽으셨습니다. 이제 그를 믿고 그의 제자가 되면 앞으로 받게 될 형벌을 면제받을 수 있고, 죽게 되면 하늘에 올라가서 영원한 기쁨 가운데 살게 됩니다."

그는 복음의 핵심인 인간의 죄성과 그리스도의 속죄, 그리고 천국과 지옥을 있는 그대로 그에게 전했다. 그러나 선생이 받아들이기에 이것은 너무 벅찼다. "나는 결코 그런 것을 믿을 수 없습니다. 제 생각은 이미 모든 존재가 고통과 파멸이라는 법칙에서 벗어날 수 없다는 것으로 굳어져 있습니다." 선생은 단호했다. 그러나 아도니람이 버마의 지식인인 선생의 갈색 얼굴을 자세히 볼 때 적어도 자신이 설교하고자 하는 내용이 무엇인지는 그가 알았음을 느낄 수 있었다. 그렇다면 다른 방법으로 이야기를 전개하면 어떻게 될지 궁금했다. 아도니람은 큰 소리로 이어갔다.

"선생님, 우리에게는 두 가지 나쁜 미래와 한 가지 좋은 미래가 있습니다. 미래를 고통 속에서 보내야 하는 것은 무서운 일입니다. 그리고 아예 소멸되어 버리는 것과 열반도 역시 끔찍한 악입니다. 가장 좋은 미래는 영원히 행복하게 살 수 있는 것이겠지요."

이것에 대해 선생은 동의했다. "만약 행복한 것이 영원할 수 있다면 그것이 최선이라는 것을 인정합니다. 그러나 행복이 영원할 수는 없습니다. 모든 존재는 변화하고 고통당하고 소멸됩니다. 최후의 신이 된 고타마처럼 열반에 들어 존재하지 않는 것이 영원한 선입니다."

"만약 영원한 존재가 없다면 우리 주위에 보이는 이 많은 것들과 이 세상은 어디에서 온 것이라고 설명하시겠습니까?"

"운명이지요." 선생은 대답했다.

"운명? 모든 결과에는 항상 그것과 동등한 원인이 있지는 않을까요." 아도니람은 책이 가득 쌓여 있는 책상을 약간 들었다. "보세요. 내가 이 책상을 들었습니다. 그리고 이 아래에 있는 개미를 보세요. 만약 내가 보이지 않는다면 선생님은 이 책상을 저 개미가 들었다고 말하시겠습니까? 운명은 저 개미만도 못합니다. 운명이란 그저 단어일 뿐입니다. 그것은 대리인도 아니고 물체도 아닙니다. 운명이 무엇인가요?"

"생명체의 운명이란 그가 미래에 어떤 존재가 될 것인지 결정하는 모든 선한 일들과 악한 일들에 미치는 영향력입니다."

"만약 어떤 영향력이 미치고 있다면 누군가 그 영향력을 작용하는 존재가 있어야 되지 않겠습니까? 운명이 결정된다면 결정을 하는 이가 있어야 합니다."

선생은 고개를 저었다. "아니오, 결정하는 자는 아무도 없습니다. 영원한 존재란 있을 수 없습니다."

"이렇게 생각해보시지요. 어떤 일이 실행되려면 실행하는 자가 반드시 존재해야 합니다." 다시 말해서 아도니람은 결과가 있으면 반드시 원인이 있어야 한다고 말하고 있었다. 그러나 이러한 개념은 버마인들의 사고와는 달랐다. 그들에게는 결과와 원인이라는 개념이 없었다. 모든 것은 운명이었고, 운명에는 이유가 없었다. 최소한 동양사상이 서양에게 말하려는 바가 그와 같았다.

"저의 생각은 이미 확고하게 정해져 있습니다. 당신이 더 적합한 설명을 해주지 못하면 나는 영원히 믿을 수 없을 것입니다." 선생은 말했다.

"선생님, 당신이 믿게 되었으면 좋겠습니다. 나의 이익을 위해서가 아니라 당신의 이익을 위해서입니다. 나는 매일 하나님께서 당신에게 빛을 비추시도록 기도하고 있습니다. 당신이 이 세상에서 그 사실을 믿지 않을지도 모르겠습니다만 아마 죽어서는 믿게 될 것입니다. 그러나 그때는 당신이 지금 부인하던 그 하나님 앞에 서 있게 될 것입니다."

"그것에 대해서는 모르겠습니다." 선생이 다시 예의바르게 대답했다. 대화에서 졌다고 생각한 아도니람은 더 담대하게 토론을 전개시키기 위해 말을 바꿨다.

"몇 해 전 버마인 한 명이 포르투갈 종교를 받아들였으며 그가 당신의 친척이었다고 들었습니다."

"그는 제 할아버지의 동생이었습니다."

"아바에서요? 아니면 여기서요?"

"아바에서 그는 포르투갈 사람이 되었습니다. 그 후 그는 포르투갈 신부 한 명과 함께 떠났다가 아바로 돌아왔습니다."

"그가 그 종교로 인해 죽임을 당했다고 들었습니다."

"아닙니다. 그는 붙잡혀서 감옥에 감금된 후 왕의 명령에 의해 고문을 당했습니다. 그는 겨우 도망쳐서 랑군으로 왔다가 벵갈로 갔습니다. 거기서 그는 죽었습니다."

"가족 중에 그를 따른 사람이 있었습니까?"

"아니오, 다들 그를 외면했습니다. 그는 떠돌아다녔고 미움과 멸시를 받았습니다."

"당신은 그가 확고한 그리스도인이 되었다고 생각됩니까?"

"그렇다고 생각합니다. 고문을 당했을 때 그는 자기 종교를 부인하지 않았습니다." 선생은 말했다.

"그가 당신에게 그의 종교에 관해서 말한 적이 있나요?"

"예." 선생이 털어놓았다.

"왜 그의 말을 듣지 않았죠?"

질문은 너무 깊은 곳을 찔렀다. 선생은 애매하게 "그냥 듣지 않았습니다"라고 짧게 대답했다.

"버마인들 중에 또 다른 그리스도인이 있다는 이야기를 들어 보셨습니까?"

"랑군에 포르투갈인이 된 사람이 한 명 있다고 들었지만 그는 자기 신분을 숨기고 산다고 합니다. 저는 그를 직접 본적은 없습니다."

그렇게 대화는 끝이 났다. 아도니람은 실망하지 않았다. 그는 비록 실패했지만 그것은 원인과 결과라는 불가피한 연관성이 선생에게는 낯설었기 때문이었다. 그리고 더 희망적인 사실은 버마인들도 기독교인이 된 적이 있었다는 것이다. 우 옹 멩 선생은 고위급 가족에서 태어났다. 그의 이름 앞에 붙은 "우"는 그가 고위직이나 존경을 받는 위치에 있다는 것을 의미했다. 그의 할아버지의 동생은 분명히 정부의 관리였다가 개종한 것임에 틀림없었다. 만약 그가 고문을 견뎌내며 자기 신앙을 지켰다면 다른 이들도 가능할 것이다. 버마인들은 닫혀진 문이 아니었다. 비록 지금 문은 열릴 기미가 없어 보였지만 아도니람이 만약 인내를 가지고 덤벼든다면 희망이 없는 것은 아니었다. 이번 대화에서 그는 한 번 강하게 나가 봤고 상대편이 약간의 반응을 보이는 것을 느낄 수 있었다. 언젠가 그는 그 문의 열쇠를 얻을 것이고 마침내 빗장이 벗어지고 버마인에게 개종의 문을 활짝 열게 될 것이었다.

그 열쇠는 바로 언어였다. 그는 계속 공부하고 또 공부하고, 공부해야 했다. 그는 그 일에 전보다 더 힘을 쏟았다.

1816년 새해가 되었다. 아도니람은 계속 자기 자신을 채찍질하며 노력하고 있었다. 작은 로저는 총명하게 자랐고 그의 유일한 휴식이 되어주었다. 그 아기는 유달리 부모와 같이 있고 싶어 했다. 가끔 엄마 아빠가 자신을 안아주지 않고 아기 침대 옆을 그냥 지나치면 "로저는 나가려고 하는 우리를 뚫어지게 쳐다보다가 눈물을 흘렸다. 비록 소리 없이 슬픔을 표시하고 있었지만 그 힘은 대단하여 우리를 다시 돌아오게 했다. 그러면 아이의 조그만 가슴은 전의 슬픔과 비교될 만큼 기쁨으로 동당동당 뛰었다."

"로저는 아버지가 공부하는 책상이나 의자 옆 매트에서 몇 시간이고 가만히 아버지를 바라보며 지냈다. 하루 일과와 공부가 끝나면 우리들의 낙은 로저를 데리고 집안이나 정원을 거니는 것이었다. 비록 우리들은 홀로 있었지만 로저 때문에 그 쓸쓸함이 모두 사라졌다."

그들이 알기로는 로저는 랑군에서 처음으로 태어난 백인 아이였기에 많은 사람들의 입에 오르내렸다. 하루는 낸시가 로저를 데리고 태수의 부인에게로 갔다. 태수 부인은 너무나도 신기해했다. 그녀는 아기를 자신의 벨벳 쿠션 위에 뉘여 놓고 몇 번이고 감탄하며 소리를 질렀다. "어머나 세상에 저 아기 좀 봐! 얼마나 하얀지." 그녀가 아기와 함께 노는 것을 너무 즐거워하여 시간이 많이 흐르자 낸시는 너무 오랫동안 있는 것 같다며 자리를 뜨려 했다. 그러나 부인은 태수가 와서 볼 때까지 기다려달라고 했다.

태수가 들어오자 그녀는 아기를 보여주었다. "이 아기 좀 봐요! 발 좀 봐요! 손도!" 험상궂게 생긴 미야데이멘이었지만 아이를 보자마자 그의 표정은 웃음으로 변하고 포동포동하고 핑크빛 나는 로저의 손과 발을 매만지다가 갔다.

6개월 동안 로저는 건강하고 통통하게 살이 올랐다. 그런데 1816년 3월 초 낸시는 아기가 열이 있고 밤이 되면 식은땀을 많이 흘린다는 것을 발견했다. 그녀는 걱정이 되었지만 낮이 되면 먹기도 잘하고 괜찮아 보였다. 몸무게도 계속 늘었다. 그래서 그녀는 이가 나기 전에 앓는 가벼운 병으로 결론을 내렸다.

낸시는 갑자기 아도니람의 건강이 악화되어서 더 이상 로저에 대해 신경 쓸 수가 없었다. 아도니람은 격렬한 두통을 앓았다. 그는 너무 아파서 읽거나 글을 쓰는 것 외에 어느 것도 할 수 없었다. 그는 이제 자신이 선교사로서의 경력이 마감되는 것 같아 의기소침해 있었다. 그래도 자신이 버마어 문법을 정리해서 소책자로 만들어 놓았기 때문에 자신이 없어도 후에 오는 선교사들에게 도움을 줄 수 있음을 다행스럽게 여겼다.

그렇게 지내며 5월이 왔다. 아도니람은 여전히 병들고 우울한 상태였고, 아기는 낮에는 괜찮다가 밤이 되면 열이 올랐다. 어느 날 아침 낸시가 아기를 안자 거의 30분 동안 아기는 쉬지 않고 기침을 했다. 한 시간 지나자 열이 많이 올라갔지만 서서히 가라앉았다. 목요일 아침, 아기는 기침과 열이 다시 재발했다. 이번에는 더 심했다. 랑군에서 의학을 아는 사람은 포르투갈 신부 한 명뿐이었다. 아기를 그에게 급히 데리고 갔지만 약초 몇 개를 갈아 만든 가루밖에는 줄 수 있는 것이 없었다. 그러나 그것은 기침을 멈추게 하거나 숨을 잘 쉬게 하는 데 전혀 효력이 없었다.

그날 밤, 그리고 그 다음 날까지 로저는 낸시의 품에 안겨 있었지만 전혀 차도가 없었다. 이튿날 밤 새벽 2시 정도에 낸시는 너무 피곤한 나머지 병중에 있는 아도니람에게 로저를 맡겼다. 아기는 우유를 열심히 먹었다. 아도니람은 아기가 배가 불렀으니 이제 잠을 잘 수 있을 것이라고 생각해서 아기를 요람에 눕혔다. "로저는 한 30분 정도 새근새근 잠을 잤다. 그러다가 아무 뒤척임도 없이 숨을 멈추고 말았다."

랑군의 기후 특성상 장례를 빨리 치러야만 했다. 정원의 한쪽 끝에 망고 나무로 둘러싸인 대나무 오두막 하나가 있었다. 바로 그날 오후 아도니람과 낸시가 주로 편지를 쓰던 이 작은 오두막 옆에 무덤을 팠다. 그날은 5월 4일이었고 저드슨 부부를 위로하러 온 4~50명 되는 버마와 포르투갈 친구들이 지켜보는 가운데 로저는 땅에 묻혔다.

아도니람과 낸시가 슬퍼할 겨를도 없이 아기의 죽음과 매장은 순식간에 진행되었다. 그러나 그 후 며칠 동안 짧은 생을 살다간 로저가 남긴 자취들, 아기 침대와 옷, 그리고 장난감들을 정리하면서 이제는 로저가 없다는 사실과 망고 나무 사이의 작은 무덤이 생각나 그들의 마음은 서서히 찢어지기 시작했다. 일주일 이상 그들은 슬픔으로 꼼짝할 수가 없었다. 태수의 부인이 뒤늦게 그 소식을 듣고 2백여 명의 수행원들을 데리고 위로하러 찾아왔다.

"왜 나에게 그 소식을 전하지 않았소? 장례식에 참석했어야 했는데." 그녀는 가슴을 치며 말했다.

낸시는 너무 큰 슬픔 가운데 있어서 생각조차 못했다고 사과했다. 태수 부인은 그녀가 할 수 있는 한 최대로 그들을 위로해주려고 애썼다. 특히 슬픔으로 인해 아도니람의 병이 더 나빠지지 않았으면 좋겠다는 말과 함께 이제 그만 울라고 그들을 토닥였다. 어찌된 일인지 그녀의 위로가 효과가 있었고, 낸시는 기운을 차려 그녀에게 "차와 쿠키와 케이크를 대접하자 그녀가 아주 좋아했다." 태수 부인의 사려 깊은 위로는 거기서 끝나지 않았다. 며칠 후에 그들을 그녀의 코끼리 산책에 초청했다. 그들의 건강뿐 아니라 정신적인 평온함까지 생각한 것이었다.

태수 부인이 제의한대로 그들의 슬픔이 있는 곳에서 벗어나는 것보다 더 좋은 약은 없었다. 부인은 그들에게 타고 올 코끼리도 한 마리 보냈다. 그들이 코끼리의 등으로 올라가니 화려하게 장식된 가마가 줄로 묶여 있었다. 이 거대한 짐승을 몰고 안내자가 그들을 태수 부인이 있는 곳까지 데리고 갔다.

길을 떠나 어슬렁어슬렁 가는 그들은 마치 정글에서 길을 잃은 서커스단처럼 보였을 것이다. 제일 앞에 창과 총을 든 경비대 서른 명 정도가 어깨까지 덮는 빨간 모자를 쓰고 걸어가고, 그 뒤에 두 마리의 코끼리가 따라갔다. 한쪽에는 아도니람과 낸시가 타고 있었고 다른 쪽 더 큰 코끼리의 금박 가마에는 빨간 색과 흰색 비단의 화려한 의상을 입은 키 크고 품위 있는 태수부인이 타고 있었다.

뒤에는 서너 마리의 코끼리들이 더 따라왔다. 거기에는 태수의 아들과 고위 관리들이 타고 있었고 그 뒤로 2~300명의 남, 여 수행원들이 행렬을 지며 따라왔다.

일행은 천천히 깊은 정글 속으로 5~6킬로미터 정도를 들어갔다. "때로는 작은 나무들이 너무 촘촘히 있어 앞으로 나가는 것이 불가능했지만 코끼리를 모는 사람의 간단한 명령 한마디에 코끼리가 그것을 간단하게 부서뜨리면서 쉽게 진행할 수 있었다."

산책길은 풍성하고 다양한 과일 나무들이 자연스럽게 자라서 태수 부인이 가꾼 매우 아름다운 정원으로 끝나도록 계획되어 있었다. 그곳에 도착하자 커다란 보리수나무 그늘 아래 하인들이 방석을 깔아놓고 그 위에 주인과 손님이 앉도록 했다. 낸시는 다음과 같이 썼다.

우리의 산책을 즐겁게 해주기 위해 태수부인은 온갖 정성을 다해주었다. 그녀는 과일을 깎아주고 꽃을 따다 엮어서 손수 겸손하게 우리에게 선사해주었다. 저녁 식사 때에 그녀는 같은 상에 앉아서 우리가 그녀에게 주는 모든 음식을 거절하지 않고 다 받아먹었다.

저녁이 되어 집에 돌아왔을 때에는 코끼리를 탄 것으로 인한 피곤함과 버마인들의 친절함, 멋진 자연 경관을 구경하면서 얻은 즐거움과 함께 우리의 참 하나님을 알지 못하는 그들의 답답한 미신과 우상숭배 관습으로 인해 우울해진 마음들이 섞여 있었다.

코끼리를 타고 가는 산책은 그들의 슬픔을 잠시나마 잊게 해주었다. 그러나 선교관으로 돌아오고 코끼리가 돌아갔을 때 낸시의 눈은 로저의 작은 새 무덤으로 향하고 있었고, 다시 슬프게 울기 시작했다. 낸시는 이때를 회상하며 비통한 마음으로 이렇게 썼다.

우리의 마음은 이 아이 곁을 떠날 수가 없다. 그는 우리의 전부였고, 이 이방 땅에서 우리가 가진 유일하고 순수한 즐거움이었다. 그러나 하나님께서는 우리의 잘못을 깨우쳐주시기 위해 우리의 이 작은 전부를 다 내어놓게 하셨다. 하나님께서 하신 이 일이 헛되지 않기를…. 그리고 그분이 '이제 되었다' 말씀하시며 그의 손으로 우리를 쓰다듬어 주실 때까지 우리가 부디 진보하기를.

그리고 몇 주가 지났지만 "… 그 일이 다시 기억나고, 그 상처가 다시 아프며, 피가 또다시 흘렀다. 그리고 우리는 여전히 이렇게 말을 했다. '주의 뜻이 이루어 지이다.'"

6. 추수할 때가 이르리니 (1816-1817)

로저가 죽은 지 약 한 달 후, "독실한 신앙인"인 키드 선장이 저드슨 부부와 함께 선교관에 와서 살게 되었다. 이때까지도 아도니람은 머리와 두 눈에 통증이 심해 낸시가 그에게 읽어주는 소리조차 참고 들을 수 없을 정도였다. 키드는 아도니람에게 함께 캘커타를 여행할 것을 제안했다. 아도니람은 하크 부부가 캘커타에 와 있으며 이제 곧 랑군으로 떠날 예정이라는 소식을 담은 편지를 막 받은 참이었다. 세람포 선교사들이 기증한 인쇄기와 조판기들은 이미 선적된 상태였다. 그는 기다리기로 했다.

선장은 아도니람에게 승마를 해볼 것을 권유했다. "이 운동이 처음에는 힘이 들었지만" 아도니람은 계속 했고 몸이 점점 더 좋아짐을 알았다. 얼마 후 그는 스스로 말을 한 필 구입해서 매일 동이 터오기 전에 승마를 했다.

그 여름이 지났다. 이런저런 활동을 하면서 로저를 조금씩 잊어 가던 낸시는 어린 소녀들을 위한 작은 학교를 운영했고, 버마어로 된 간단한 교리 문답을 쓰기 시작했다. 아도니람은 "랑군에서 인쇄기를 오랫동안 갖고 있는 것은 불가능하다. 이렇게 신기한 것을 가지고 있다는 소식이 왕의 귀에 전해지면 아바(버마의 수도)로 불려갈 것이다"라고 생각했다. 그가 바라는 대로 그렇게만 된다면 인쇄기로 인해 선교사들이 복음을 전파할 수 있도록 버마 전역을 개방하도록 왕의 허락을 받아내게 될 수도 있었다.

두 아이들을 동반한 하크 부부는 1816년 10월 중순까지도 도착하지 않았다. 그들은 6월 말에 캘커타를 떠났지만 배가 항해할 수 없는 상태인 것으로 알려졌다. 게다가 술고래인 선장과 항해사들은 후글리 강을 따라 늘어서 있는 선술집마다 정박했다가 등에 업혀서 배로 돌아오곤 했다. 이렇게 며칠이 지난 후 놀란 하크 부부는 다른 배를 수소문하기 위해 캘커타로 돌아왔다. 그들이 랑군으로 가는 빠른 배를 찾아서 다시 여행을 할 수 있게 되었을 때는 이미 9월이 지났다. 배를 잘못 선택한 까닭에 3개월을 허비한 것이다.

하크 부부는 선교관에 신속히 정착했다. 하크의 짐이 세관을 통과하는 지루한 작업이 끝난 후에 아도니람과 하크는 함께 앉아서 그들의 활동과 선교회와의 관계를 총괄하게 될 규칙을 작성했다. 세람포 선교사들은 여러 가지 뼈아픈 경험을 통해 문서로 작성되고 날인이 된 규칙을 제정해야 할 필요성을 알고 있었다. 예를 들면 선교사들이 선교지 정부에 임시직으로 일을 하게 되는 경우가 있었다. 그런 일을 해주는 것은 선교사역에도 도움이 될 뿐만 아니라 꽤 많은 양의 수입이 들어온다. 그렇다면 이렇게 번 돈은 어디에 속해야 하는가? 이러한 문제들이 생겼을 때의 처리 방법을 미리 약속해 두어야 혹시 미래에 생길 괜한 마음고생을 피할 수 있는 것이었다.

아도니람과 하크는 "개인적 이익을 위한 비종교적인 사업에는 선교사역에 큰 이익이 있다는 형제들의 견해가 있지 않는 한 절대로 관여하지 않기로" 합의했다. 어떠한 물질적인 보상금이나 선물들도 원칙적으로는 선교 기금에 속해야 하지만, 단지 선교활동에 대한 보상이 아닌 사적인 유산이나 개인적 호의로 받은 물질은 각자에게 소유권이 있도록 했다. 선교사 가족에 관한 원칙으로는, 선교사인 가장의 죽음으로 인해 남은 가족들이 최소한의 어려움을 겪지 않도록 선교자금을 지급하도록 했다. 지출은 이 협약에 가입된 선교회원들 대다수의 의견에 의해 투표로 정하기로 했다.

이 협상 이후 선교사들은 전력을 다해 일했다. 인쇄기를 들여놓기 위한 건물이 하나 지어졌고, 하크는 인쇄를 시작하기 전에 버마어를 배워야 했기 때문에 아도니람이 손으로 쓴 버마어 문법 원고를 가지고 공부했다. 아도니람은 낮에는 마태복음 번역을 계속했고, 저녁에는 버마 사람들을 만났다. 낸시는 2~30명으로 그 수가 증가한 버마 소녀들을 위한 학교를 계속 운영했고, 기회가 닿는 대로 어머니들에게 기독교에 대해 알렸다. 또한 그녀는 구약성서 가운데 요나서를 번역했는데, 성서에서 그 부분이 가장 중요하다고 여겨서가 아니라 번역하기가 보다 수월했기 때문이었다. 하크 부인은 아이들을 돌보고 버마의 가정을 꾸리는 법을 배워나갔다.

하크는 몇 개월 안 되어 인쇄에 필요한 준비를 모두 마쳤다. 그가 해야 할 일은 아도니람이 비뚤비뚤 써놓은 마치 동그라미들이 연결된 것 같은 기묘한 모양의 버마어 글자들을 자기가 가지고 있는 깔끔한 조판기 활자들과 대조해보는 것이 전부였다. 그는 그 여름에 아도니람이 완성했던 소책자부터 인쇄에 착수했다.

일곱 페이지의 그 소책자에는, 기독교가 무엇이며 선교사들이 왜 그것을 전하고 있는지에 대한 개요가 설명되어 있었다. 그 글은 아도니람이 예상하기로는 버마인들을 깜짝 놀라게 할 사상으로 시작되고 있었다. "영원히 존재하는 유일한 존재가 있다. 그는 병과 늙음, 죽음으로부터 자유로우며, 또 과거나 현재나 미래에도 시작도 끝도 없이 존재한다. 진정한 신이신 그분을 제외하고 다른 신은 없다."

그리고 백 개 남짓한 단어로 천지창조와 아담과 이브, 또 그들이 죄를 범함으로 병과 죽음의 지배를 받게 되어 "지옥의 무시무시한 형벌 속에서 영원히 고통받을 운명에 처하게 되었으나," 약 4천 년 후에 하나님은 그들을 불쌍히 여기셔서 지상으로 예수를 보냈다는 사실과 예수 그리스도의 말씀을 요약해 놓았다. 이 참된 종교가 이제 동방으로 전파되었고 미국 출신의 종교선생들이 기쁜 소식을 전하기 위해 버마까지 왔다는 것, 그리고 몇 백 년 후에는 "그리스도의 종교가 전 세계에 전파될 것이고 모든 싸움과 전쟁은 그칠 것이며 인류의 모든 종족들은 서로 사랑하는 형제처럼 될 것이다"라고 아도니람은 긍정적으로 덧붙이고 있다.

또 내적으로 거듭난 그리스도의 제자들을 소개한 뒤, 선행을 실천함으로써 천국을 얻을 수 있다는 교리를 공격했다. "자만심 때문에 거듭나지 못한 자들은 예수 그리스도의 겸손한 종교를 증오한다. 그리고 공포에 사로잡혀 있을 때만 자신의 죄를 보상하고 구원을 얻기 위해 칭찬 받을 만한 행실을 하려 노력한다. 그러나 인간이 하나님을 거역하는 큰 죄를 범했음을 아는 거듭난 사람은 죄사함이나 구원을 위해 선행을 행하지 않는다. 오직 하나님이자 인간이신 예수 그리스도 한 분만을 통해 죄를 사함 받고, 하늘나라의 행복을 얻을 수 있다고 확실히 믿는다. 따라서 그리스도인의 선한 행동은 예수 그리스도를 향한 최고의 사랑 때문에, 또 그분의 뜻에 따라 행하려는 갈망과 하나님의 명령에 따라 악한 행동을 피하려는 노력을 통해 자연스럽게 완성되어 간다."

소책자의 마지막 부분은 계명들로 구성되어 있었다. 여기에는 우리에게 익숙한 십계명 대신에 스물다섯 개의 규례가 소개되고 있다. 이것은 아도니람이 신약 성서에 나온 모든 행동 규범들을 포함시키고, 또 다른 교단과 침례교도들을 구분하는 것 즉 "예수 그리스도의 제자가 될 때는 물에서 침례를 받는다"는 내용까지 덧붙였기 때문이었다.

여기에 아도니람은 버마에서의 자신의 위치를 설명하기 위해 약간의 설명을 더했다.

이 글을 쓴 선생은 버마에 넘치는 거대한 죄악을 보면서 깊은 동정심을 품고 그의 조국을 떠나 배를 타고 멀고 먼 이 버마 땅에 도착했다. 그는 명예도 부도 바라지 않는다. 제물과 선물을 얻으려는 것도 아니다. 그리스도의 제자들은 자신의 나라에서 버마인들을 위해 열정을 품고 이곳에 왔으며 그에게 필요한 비용은 헌금으로 넉넉하다. 그가 이 나라에 온 이유는 오직 이것뿐이다. 버마 사람들이 그리스도의 제자가 되어 자신과 같은 선을 추구하고, 지옥의 끔직한 징벌로부터 구원받고 천국의 행복을 누릴 수 있도록 수고하려고 온 것 이외에 다른 동기는 없다.

그리스도의 연도 1816년, 버마력으로는 1178년, 사땅(Saddan) 코끼리의 주인이자 사키야 무기의 주인의 967번째 날, 그리고 그가 빼슈를 분할하고 지배한 지 33번째 해, 와고웅 달이 이지러지는 12번째 날, 화요일, 두 번의 북이 울린 후에 이 글의 제목을 「천국으로 가는 길」로 붙였다. 이 글을 읽는 자는 광명을 얻으리라. 아멘.

1817년 초까지 하크는 천 부가량의 소책자를 인쇄했다. 그가 이 일을 끝낸 후에는 낸시의 교리문답을 손보았고 그 후에 아도니람의 마태복음서 번역본 인쇄 작업에 들어갔다.

하크는 아도니람이 글을 쓰는 것보다 훨씬 빨리 인쇄 일을 할 수 있었기 때문에 선교회와 이 도시 주변에서 어떤 일들이 일어나는지를 관찰할 수 있을 만큼 넉넉히 시간이 남았다. 비록 그는 인쇄 업무를 성실하게 감당했으나 과연 무엇이 버마인들의 가슴을 감동시킬 수 있을지 회의를 느끼기 시작했다. 그들의 법과 도덕, 관습, 토속 종교들은 너무 단단히 자리잡고 있어 변할 것처럼 보이질 않았다. 그는 버마인들이 과연 서양의 사상을 이해할 수 있을지 걱정이 될 정도로 두 문화는 현격히 달랐다.

하크는 선교관에서 일하는 사람들과 함께 버마 승의 장례식에 참석했던 적이 있었다. "화장은 고함소리, 손뼉치기, 북, 징, 풍경소리, 그리고 구역질나는 여성의 춤 공연과 함께 벌어졌다. 그러나 흐느낌이나 울부짖음 같은 것은 찾아 볼 수 없었다."

그는 사형집행도 보았다. 불탑 아래의 보물을 도굴하려다가 잡힌 도둑들은 산채로 배를 갈라 죽였고, 다른 죄로 잡힌 범인들은 총살했다. 그러나 그는 총살당하는 현장에서 사형 집행자들이 네 번이나 범인들을 향해 총을 쏘았지만 매번 빗나가는 장면을 보았다. "총을 쏠 때마다 구경꾼들의 비웃음이 터져 나왔다." 사람들은 그 빗나가는 총알이 뇌물 때문임을 알고 있었다. 총살당하기로 되어 있는 범인은 형제였는데 그 중 형은 만약 총알이 네 번 빗나가면 사형을 면제받을 수 있도록 정부와 협의가 된 상태였다. 동생은 두 번째 총알에 죽었고, 형은 네 번 다 빗나갔으므로 약속한대로 풀려났다. 그는 그 전에도 사형선고를 두 번 받았으나 각각 여섯 번씩 연속으로 불발이 된 적도 있었다. "그는 총알도 죽일 수 없을 정도로 경이로운 사람으로 여겨졌고, 지금 정부에서 고위직을 맡고 있다"라고 하크는 혐오스럽다는 듯이 기록하고 있다.

"버마인들은 강도나 사기를 잘 치며 도벽이 있고 돈을 밝혀서, 진실하고 정직하다는 것이 그들 사이에서는 미덕으로 여겨지지 않는다는 것"을 하크는 확실히 알았다. "그들의 종교는 선행을 장려하지만 그들은 더 악해질 수 없을 정도로 악하다."

그러나 하크도 이들 중에는 문맹이 별로 없고 또한 "거룩한 책"에 대한 관심이 많다는 것을 인정했다. "그러나 내가 여기서 지낸 이래로 저드슨 형제가 개종시킨 자들은 진리에 다가가는 것처럼 보이지 않았다. 그들은 애정 없이 앉아 있다가 들었던 것에 대해 감동 없이 가버렸다. 그들은 논쟁으로 설득할 수 없으며, 사랑으로도 감동시킬 수가 없다. 버마인의 개종, 아니 진리에 대한 관심이 조금이라도 생기는 것만도 하나님의 역사가 없이는 가능하지 않을 것이다."

하크는 너무 비관적이었다. 그러나 최초의 하나님의 역사가 버마의 달력으로 마지막 달인 "다바웅"(서양력으로는 3월)에 일어났다. 이 달은 버마의 가장 큰 종교 축제가 절정에 달한 달이었다. 본 행사를 예비하는 축제들은 1월부터 시작되었다. 버마 전역에서 온 수많은 순례자들은 황금 슈웨다공 불탑에서 밤낮으로 수만 번의 절을 드렸다. 불탑에 참배할 때를 제외하고 그들은 총독이 이끄는 거대한 행진을 지켜보거나, 권투, 춤, 노래, 연극, 폭죽을 즐겼다.

하크가 아도니람이 쓴 책의 인쇄를 끝낸 것은 축제가 시작할 즈음이었다. 그 후부터 몇 달 동안 그 책자들은 "거룩한 책"을 찾는 버마인들의 손에 조금씩 조금씩 쥐어졌다. 하크의 눈에는 책들이 그들의 정서나 감정에 전혀 영향을 주는 것 같지 않았다. 그러나 분명 그들 중 일부는 책을 읽었으며 또 몇몇은 친구나 주위 사람들에게 책을 주었음에 틀림없었다.

3월의 어느 날, 축제가 절정에 이르렀을 때 한 버마인이 하인을 데리고 아도니람이 공부하고 있는 선교관의 베란다 앞에 나타났다. 그는 잘 차려 입고 있었고 상당히 지체 높은 집안 사람임을 알 수 있었다. 그의 이름은 마웅 야였다. 아도니람은 그가 낯선 버마인과 대화를 시작할 때 늘 쓰듯 "어디서 오셨습니까?"라고 물었다. 그 남자는 조금 애매하게 대답했다. 아도니람은 사소한 청탁을 하기 위해 온 공무원이라고 생각했다. 그 청탁은 이미 아침에 거절된 것이었다. 그러나 그가 형식적인 예를 표한 뒤 무뚝뚝하게 "내가 예수를 배우려면 얼마나 시간이 걸리겠소?"라고 묻는 바람에 그가 공무원이 아니고 신앙에 관심 있는 사람임이 밝혀졌다. 놀라움을 감추며 아도니람은 "그 질문에는 대답 드리기가 어렵습니다. 하나님께서 빛과 지혜를 주신다면 예수를 믿는 종교는 곧 알게 됩니다. 그러나 하나님이 인도하지 않으시면 평생 공부해도 아무런 진전이 없습니다"라고 대답했다. 그리고 호기심에 가득 찬 채 물어보았다. "왜 예수에 대해 알고 싶으십니까? 전에 여기 와 보신 적이 있습니까?"

"없습니다."

"예수에 대한 글을 보신 적은 있으십니까?"

"그는 인간을 가엾게 여겨 이 세상에 오시고, 그들 대신 고통스럽게 죽으신 하나님의 아들입니다"라고 그 남자는 대답했다.

"하나님이란 누구입니까?"

"하나님은 시작도 끝도 없는 존재이며, 늙지도 죽지도 않는 늘 살아있는 존재입니다." 아도니람은 그 대답이 자신이 쓴 책자에 있는 말임을 즉시 알아차렸다. 그는 이루 표현할 수 없는 경외와 기쁨으로 휩싸였다. 이것이 그가 버마인에게 최초로 듣게 된 영원한 하나님의 존재에 대한 인정이었다. 말없이 그는 그 남자에게 낸시가 번역한 교리문답 책을 한 권 주었다. 그 남자는 책장을 넘기면서 이곳저곳을 소리내어 읽었고, 이따금씩 그의 하인에게 "이분이 진정한 신이며 이 길이 바른 길이야"라고 말했다.

개종을 유도하며 아도니람은 그 남자에게 기독교에 대해 더 많은 말을 들려주려 했지만, 그는 더 이상 귀를 기울이지는 않았다. 아도니람이 만났던 다른 버마인과는 다르게 그는 아도니람의 의복이나 영국인의 특별한 관습, 예절 따위에 관심을 가지지 않았다. 그가 원하는 것은 더 많은 "거룩한 책"들이었다. 이런 그에게 아도니람은 인쇄된 다른 책은 더 없지만 만약 몇 달만 더 기다려준다면 지금 번역하고 있는 조금 더 큰 책을 줄 수 있다고 두세 번 말했다.

"그렇다면 당신이 지금 나에게 줄 수 있는 책이 전혀 없습니까? 아무 거라도 감사히 받겠습니다"라고 남자는 계속 버텼다. 결국 아도니람은 "하나님의 때가 인간의 때보다 낫다"라고 생각하면서 마태복음의 처음 다섯 장이 인쇄된 두 장의 종이를 접어서 그에게 건네주었다. 그 남자는 곧 일어섰고 아도니람의 "다시 오십시오"라는 말에 어정쩡하게 고개를 끄덕이며 하인들과 함께 떠났다.

한 달 후에 아도니람은 마웅 야의 친지를 만나 "그가 하루 종일 우리가 펴낸 책을 읽고 그를 방문하는 사람들마다 그 책을 보여준다"라는 소식을 들었지만, 그는 다시 선교관을 찾아오지 않았고 더 이상 아도니람의 책들도 원하지 않았다.

몇 주 지나자 아도니람의 처음의 기쁨은 사라졌다. 그러나 희망은 남아 있었다. 책자와 교리문답으로 전파된 씨앗은 적어도 한번은 싹이 튼 것이었다. 시간이 흐르면 반드시 추수할 때가 이를 것이라고 그는 믿었다.

7. 위험 신호와 짧은 여행 (1817-1818)

1817년 5월, 아도니람은 마태복음 번역을 마쳤고 하크가 그것을 인쇄하는 동안 버마어 사전 작업에 착수했다. 그가 문법책과 사전을 미리 만들어놓으면 이후에 오는 선교사들은 그처럼 많은 시간을 허비하지 않고 언어를 배우고 설교할 수 있을 것이다.

서양인이 버마어를 배우기는 거의 불가능할 정도로 힘들었다. 하크는 버마어로 된 활자를 구별할 수는 있었지만, 그것을 이해할 수 있는 날이 과연 올 것인가에 대해서는 비관적이었다. 마침내 그는 서른 살 이상 먹은 사람이 버마어를 배우려는 시도는 헛수고라고 결론을 내리고, 버마 선교사를 만들기 위해서는 뉴잉글랜드에서 열 살 먹은 소년들을 데려와 아직 굳어지지 않은 머리로 버마어를 배우게 해야 된다고 말하기도 했다.

물론 하크의 생각은 실현 불가능하다는 것을 두 사람은 다 알고 있었다. 계속해서 선교사는 올 것이지만 그들은 모두 다 큰 어른일 것이다. 활달한 성격의 라이스는 곧 이곳에 도착할 것이고, 분명히 다른 사람들도 함께 데리고 올 것이었다. 그러나 아도니람은 라이스가 그 달에 열린 위원회에서 자신을 버마로 보내줄 것을 요청했으나, 위원회는 그에게 미국에 더 남아 있으면서 해외선교를 지원하라고 통보했다는 사실을 모르고 있었다.

결국 라이스는 버마나 그 외 어느 선교지에도 파송되지 못했다. 그러나 라이스에게 미국에 머물라고 결정한 위원회는 선교사 지원자 두 명을 받아들였다. 제임스 콜맨과 에드워드 휠락, 둘 다 보스턴 출신이었다. 한편 아도니람의 아버지는 중요한 결정을 했다. 4년 전 아도니람이 침례교로 바꾼 사실은 아버지로 하여금 그의 입장을 다시 한 번 생각하게 했다. 결국 그 비타협적이고 솔직한 노인은 자신의 아들이 내린 결론과 같은 결론에 도달했다. 67세의 나이로 그는 플리머스의 회중교회 목사직을 버리고 아내와 그의 딸 아비가일과 함께 1817년, 보스턴 세컨드 침례교회의 닥터 볼드윈 목사로부터 침례를 받았다.

이런 소식들은 멀리 떨어진 랑군에 1년 이내에 도착하기는 매우 힘들었다. 그동안 아도니람은 사전을 만들었고 하크는 인쇄를 하면서 언어를 배웠다. 아도니람과 낸시는 호기심을 가지고 물어오는 이들에게 복음을 전하고 기독교를 소개하는 소책자와 교리가 설명된 요리문답, 마태복음서를 나누어주었지만 아무런 회심자도 얻지 못했다. 그 해 여름 아도니람은 버마 사람 중 한 두 명이 기독교로의 개종을 심각하게 고려한다는 인상을 받았지만 매번 실망으로 끝이 났다.

낸시도 매 주일마다 만나는 15~20명 정도의 여인들에 대해 비슷한 경험을 했다. 그들은 낸시가 전하는 복음을 인정했지만 불교를 버리려고 하지는 않았다. 어떤 이들은 천국에 혼자 가는 것보다 지옥에서 그들의 가족과 조상들과 함께 있는 게 낫다고 말했다.

하크는 선교의 열매로 버마인이 세례(침례) 받는 것을 보게 될 수 있을지에 대해 대단히 회의적이었다. 그의 이러한 불신은 어쩌면 그의 역할에서 비롯된 것이었다. 버마 선교에서 지금 그의 위치는 아도니람의 글들을 인쇄하는 데만 국한되어 있었다. 또한 아도니람과 낸시의 성격상, 자신들의 일을 옳다고 여기면 다른 사람들이 그와 다른 의견을 가지고 있을지도 모른다는 생각은 아예 고려하지 않기 때문이기도 했다. 또한 하크는 저드슨 부부가 경험도 더 많고, 언어도 훨씬 잘 구사했기 때문에 자신의 반대 의견을 말할 자신이 없었다. 그의 아내는 두 아이들을 돌보는 데 여념이 없었다. 아마 하크 부부는 열대의 고온과 불결한 환경 속에서 자기 자녀들의 건강을 더 염려했을지도 모른다.

아도니람은 희망을 잃지는 않았지만 만족하지는 못했다. 그는 선교관이 랑군의 다른 구역들로부터 너무 동떨어져 있다고 느꼈다. 그는 버마인들이 '자얏'이라고 부르는 작은 건물을 도시 안 번화가에 세워 공개적으로 설교를 하고 더 많은 사람들의 관심을 모을 수 있게 되기를 원했다. 그러나 그 계획은 자금 문제로 현재로서는 불가능했다. 버마 선교단은 이미 세람포 선교단에서 많은 비용을 쓰고 있었다. 그리고 더 중요한 것은 아직 버마인들이 이 외국인의 종교에 대해 의심을 하고 있었고, 또 이 종교에 대해 너무 많은 관심을 가지게 될 경우 그들에게 어떤 일이 일어날지에 대해 두려움을 가지고 있다는 사실이었다. 종종 아도니람은 베란다에 앉아서 두세 명의 버마 친구들과 함께 복음에 대해 활발하게 토론을 하곤 했는데, 갑자기 낯선 사람들이 나타나면 곧바로 조용해지고 모두들 자리를 떴다. 한번은 그의 버마어 선생이 외국인이 불건전한 종교서적을 만드는 것을 도와주었다는 혐의로 공개적인 협박을 받았다. 그러나 사태는 일축되었다. 그 선생은 단지 버마어를 가르쳤을 뿐 그 책과 자신은 아무 관계가 없다고 답변했다. 사실 그는 아바에 든든한 배경을 가지고 있었다. 그리고 이 외국인들이 태수와 그의 부인의 호의를 얻고 있다는 사실과 태수 부인이 매번 낸시를 코끼리 산책에 데리고 간다는 것이 잘 알려져 있었기 때문에 큰 문제가 되지는 않았다.

아도니람은 여름 내내 선교의 자유를 좀 더 인정받을 수 있는 계획에 대해 고심했다. 그는 아바에 가서 황제에게 이 문제를 완곡한 표현으로 차근차근 알게 해야겠다고 생각했다.

나는 황제가 이 새로운 종교가 그의 백성들에게 전파되려고 한다는 사실을 모르고 있다고 확신한다. 내가 가서 이런 말을 한다면 과연 그가 어떤 반응을 보일지는 정말 알 수가 없다. 어쩌면 그는 매우 노하여 관계자의 목을 모두 베라고 할 수도 있다. 그러나 그가 외국인에 대해 신사적이고, 현재의 불교 승려들의 지위체계에 대한 불만으로 불교를 미워하고 있다는 사실을 고려해 볼 때 이런 가정은 현실성이 없다. 만약 그가 개의치 않아 하고 또 적대감도 없고 특히 그가 선교사들에게 호의를 베푼다면 그것은 매우 큰 수확이 된다. 왕실과 친하다는 것이 알려지면 버마의 어느 지방 정부도 이 새로운 종교에 동조하는 사람들을 처벌할 수 없을 것이다.

아도니람이 이렇게 생각할수록 이 방법이 좋게 보였다. 그러나 연말에 그는 태수에게 아바에 가기 위한 허가를 얻지 않았다. 또 다른 가능성이 보였던 것이다. 그는 치타공에서 잠시 행한 선교 사역으로 인해 원주민 몇몇이 침례교인이 되었다는 소식을 들었다. 치타공은 벵갈에 있었고 그곳은 동인도회사의 영역 안에 있었지만 이들 개종자들은 '머그'족이었다. '머그'족은 버마의 황제가 1784년에 정복한 해안 지방 아라칸에 사는 버마어를 쓰는 버마인들이었다. 아도니람은 그들 중 몇이라도 랑군으로 데리고 올 수만 있다면 버마인들이 생각하는 것처럼 기독교가 백인들만의 종교가 아니라는 것을 보여줄 수 있을 거라고 생각했다.

치타공은 랑군에서 배로 10~12일 정도 걸리는 곳이었으나 일반적으로 다른 곳으로 가는 길에 잠시 들르는 경유지였다. 랑군에서 치타공까지 갔다가 당장 되돌아오는 왕복 운행을 하는 배는 없었다. 그러나 12월에 '두 형제들'이라는 배가 그런 왕복 운행을 하려고 계획한다는 소식을 들었다. 아도니람은 이번이야말로 한두 명의 아라칸인 침례교도들을 데리고 올 수 있는 더없이 좋은 기회라고 생각했다. 그는 또한 사전을 만드는 데 너무 열심히 일해서 극심한 피곤을 느꼈다. 이 여행으로 그의 건강도 회복될 것이다. 그는 12월 24일에 "두 형제들"호에 탔다. 크리스마스날 배는 닻을 올리고 강을 따라 내려갔다.

그 이후의 여정은 그가 영원히 잊을 수 없는 것이었다. "두 형제"이 강을 타자마자 그는 오래 전의 눈의 통증과 두통이 다시 찾아와 침대에 누워 있어야만 했다. 배가 파고다 포인트를 돌아 치타공을 향해 북쪽으로 막 가려는 차에는 감당할 수 없는 강풍이 불어 닥쳤다. 아라칸 해변에 도착하기까지 전진과 후퇴를 거듭하느라 한 달이 걸렸다. 이런 속도로 치타공까지 가려면 몇 달이 더 걸려야 했다. 선장은 치타공 행을 포기하고 배를 남쪽으로 돌렸다. 며칠 뒤 배는 서쪽으로 돌려 벵갈 만을 가로질러 마드라스를 향했다. 아도니람은 난간에 기대어 침통하게 "버마를 나타내는 마지막 지표인 아라칸의 산맥이 수평선 너머로 사라지는 것을 보았다. 그리고 배는 내가 가려고 하지도 않았고 아무런 목적도 없는 인도의 외딴 곳으로 향하고 있었다."

마드라스는 치타공만큼이나 도착하기가 힘들었다. "두 형제들"은 벵갈 만을 신속히 지나갔지만 코로만델 해안에서 불어오는 맞바람과 해변에서부터 오는 해류에 의해 줄곧 배가 요동치고 어디로도 갈 수 없게 되었다. 아도니람이 이미 무능력하다고 눈치

챈 선장은 며칠 뒤에는 마드라스의 북쪽에 있는 마설리피탐이라는 곳에 도착할 수 있을 것이라고 낙천적인 결론을 내렸다. 그러나 여전히 항구에서 몰아치는 바람과 해류에 의해 식량과 물이 다 떨어질 때가 되었는데도 배는 움직이질 못했다.

아도니람은 열병에 걸려 눕게 되었다. 굶주리고, 목마르고, 불결한—그는 단지 두 주 동안 입을 옷을 가져갔고, 지금은 배 위에서 두 달이 지난 상황이었다— 상태에서 아도니람은 반쯤 죽은 채 침상에 누워 있었다. 가끔 그 지역의 배들을 만나서 물 몇 통과 곰팡이가 낀 한 포대의 쌀을 구걸했다. 아도니람은 도저히 그 쌀을 먹을 수 없었고 물은 충분하지 않았다. 물은 숟가락으로 공급되었는데, 그의 열병에는 물 한 바가지 정도가 필요한 상황이었다.

두 형제들 호가 랑군을 떠난 지 12주가 지나서 마설리피탐에서 몇 킬로미터 떨어진 해안에 닻을 내릴 수 있었다. 선장이 아도니람에게 뭍으로 데려가 주기를 원하느냐고 물었을 때 아도니람은 의식이 거의 없는 상태여서 그 말이 꿈속의 환상처럼 들렸다. 결국 그는 "마설리피탐에 거주하는 아무 영국인"을 대상으로 육지에서 죽을 장소를 찾아달라는 쪽지를 쓸 수 있었다.

얼마 후에 선원들 중 하나가 배가 이쪽으로 오고 있다고 전했다. 아도니람은 배의 둥근 창으로 겨우 기어가서 다가오는 배를 볼 수 있도록 몸을 끌어 올려 밖을 보았다. 그가 본 것은 영국 군인들의 빨간 제복과 영국인들의 하얀 코트였다. 그는 바닥에 엎어지면서 얼굴에서는 눈물이 주르륵 흘러 내렸다. 면도를 하지 못해 초췌하고 더러운 까마귀 같고 너무 힘이 없어서 해변에까지 실려 내려가야 하는 그를 발견하며 놀라는 영국인들의 얼굴을 보는 순간, 아도니람은 천사의 얼굴이 따로 없다고 생각했다.

그는 옷과 음식, 심지어 간호사까지 지원해주는 어느 장교의 집에서 빠르게 원기를 회복해 갔다. 그러나 그의 눈은 오랜 동안 나쁜 상태 그대로 있었다. 한편 그는 "두 형제들"이 화물을 마설리피탐에 내려놓고 몇 달 동안은 랑군으로 돌아가지 않을 것이라는 소식을 들었다. 그는 480킬로미터 정도 떨어진 마드라스에 가서 배를 구해야 했다. 그는 가마와 짐꾼을 고용해서 4월 8일 마드라스에 도착했지만, 아마도 몇 달 동안은 랑군으로 가는 배가 없을 것이라는 사실을 알았다.

배를 찾아 헤매는 3개월 동안 그는 친구인 러블레스 가족들과 함께 얼마간 동인도회사 소속 톰슨 목사의 집에 머물렀다. 7월 말경, 그는 배를 하나 찾았다. 이번에는 다행히 별다른 사건 없이 여행할 수 있었다. 배가 8월 2일에 랑군의 강 하구에 닻을 내릴 때 그는 안도의 한숨을 쉬었다. 그는 7개월 동안 버마를 떠나 헤맸고 치타공에는 가지도 못했다. 그의 여행은 완전히 실패작이었지만 이제는 집에 거의 다 와 있었다.

그러나 다음 날 아침, 배를 인도해서 랑군까지 데리고 갈 조정사가 아도니람의 얼굴을 새파랗게 질리게 할 소식을 가지고 왔다. 조정사는 랑군에서의 선교 활동이 종결되었다고 했다. 하크 가족들과 낸시는 벵갈로 가게 되었지만 마지막에 낸시는 아도니람을 기다리겠다며 떠나지 않기로 했으며 하크 가족들도 선교관에 남아 있기는 했는데 그것은 단지 그들이 타려던 배가 항해하기 적합하지 않다는 판정을 받아 수리 중이며 항해 준비가 될 때까지 기다린다는 것이었다.

배가 조정사의 지시에 따라 강을 따라 올라가는 동안, 아도니람은 온 종일 초조했다. 슈웨다공의 뾰족한 금탑이 녹색 수풀의 지평선 위로 반짝였을 때 아도니람은 안도감보다는 염려로 가득했다. 그의 생각은 오직 한 가지 걱정밖에 없었다. "도대체 무슨 일이 일어났지?"

낸시와 하크는 곧 무너질 것 같이 낡은 부둣가에서 그를 맞이했다. 낸시는 그녀가 좋아하는 화려한 버마 의상을 입고 기쁜 안도감에 젖어 있었다. 그의 짐이 샅샅이 검사 받는 동안 그들은 그동안 무슨 일이 있었는지를 말해주기 시작했다. 선교관 침대에서 잠자리에 들 때쯤 모든 사건의 전말을 알게 되었다.

.

아도니람이 떠난 후 몇 주 동안은 별 일 없었다. 태수의 부인은 그들을 코끼리 산책에 계속 초청했고 낸시에게 소책자와 교리문답 그리고 마태복음을 받았다. 때때로 그녀는 낸시가 "개인적으로 종교에 대해 이야기하는 것"을 허락하기도 했다. 낸시의 이러한 노력이 효과를 보진 않았지만 이렇게 권력층에서 호의를 보여주고 있다는 표시들은 선교활동을 편하게 할 수 있는 환경을 조성해 주었다.

이 좋은 분위기 위에 더 좋은 일이 일어났다. 아도니람에게 심각하게 접근해왔던 사람이 다시 찾아온 것이다. 아도니람이 쓴 종교 책자 이외에는 바라던 것이 없었던 그 사람이었다. 그는 그동안 랑군의 동쪽에 있는 페구라는 지역의 시리암 강변 마을들을 담당하는 관리로 임명되어 다시 찾아오질 못했다고 말했다. 낸시가 그에게 그리스도인이 되었느냐고 묻자 그는 이렇게 대답했다. "아직은 아니지만 되기 위해서 차근차근 책을 읽어나갈 계획입니다. 하지만 아직 나의 이전 생각들을 없앨 수가 없습니다. 좋은 버마 의복이나 터번을 볼 때면 아직도 가지고 싶어집니다. 위대한 선생에게 전해주십시오. 제가 아직 그리스도의 제자는 아니지만 그를 보고 싶어한다고 말입니다."

낸시는 마태복음의 남은 부분과 소책자와 교리 문답을 그를 호위하는 시종에게 주었다. 그는 낸시에게 자신은 약 천 가구들을 다스리고 있으며 만약 아도니람이 자신의 마을에 한번 찾아와 줄 수 있다면 아도니람이 설교를 할 수 있도록 사람들을 불러 모으겠다고 말했다.

물론 모든 일이 다 좋은 것은 아니었다. 아도니람이 치타공으로 떠난 지 한 달이 못 되어 낸시는 '머그' 족 기독교인의 지도자이며, 다른 이들의 선생인 자가 선교사 드 브루인을 죽였다는 소식을 들었다. 만약 다른 개종자들도 그와 다를 바 없다면 그들의 존재는 랑군에서의 선교에 별 도움이 될 수 없었다.

그러나 아도니람이 돌아올 것으로 예상했던 3월이 되었을 때 선교의 진짜 위기가 닥쳐왔다. 우선 태수와 호의적이었던 그의 부인은 황실로부터 아바로 돌아오라는 명령을 받았고, 낸시가 모르는 다른 사람이 그의 자리에 부임하게 되었다. 새로 온 태수는 부인을 데리고 오지 않았기 때문에 낸시는 그의 거처에 있는 사람들에게 호의적으로 접근할 수 없었다. 게다가 치타공에서 온 원주민 배가 소식을 전해오기를 아도니람도, '두 형제들' 호도 치타공에 도착한 적이 없다고 했다. 또 낸시는 벵갈에 있는 친구들로부터 그 배를 어디서도 발견하지 못했다는 소식을 전해 들었다. 물론 벵갈 만에 불어닥치는 역풍은 배를 별별 희한한 곳으로 보낸다는 것이 상식이었지만 그 소식은 절망적이었다. 그녀는 혹시 아도니람이 바다에서 사라졌을 수도 있다는 사실을 완강하게 부인했지만, 우울할 때면—실제로 시간이 갈수록 그런 경우가 많아졌다— 그녀는 두려움을 억누를 수가 없었다.

며칠이 지나자 이번에는 하크에게 "협박으로 가득 찬 말로 즉시 재판소에 나타나 보고를 하라"는 명령이 떨어졌다. 이제까지 선교사들 중 아무도 이런 명령을 받은 적이 없었기에 모두들 간담이 서늘했다. 하크는 당장에 출두했고, 아바의 황실이 버마에 있는 모든 외국인 선생들은 버마를 떠나라고 명했다는 소식을 하급 관리들로부터 들었다. 관리들은 하크에게 다음 날 아침 다시 출두하도록 명하고 그가 버마에서 무슨 일을 하는지 전부 사실대로 말하지 않으면 "그의 심장의 피로 글을 쓰겠다"고 협박했다.

그날 밤은 아도니람의 공백이 가장 아쉬웠던 시간이었다. 하크는 태수에게 간청할 만한 언어능력이 없었고 낸시는 여자의 신분으로 태수의 거처에 나타날 수 없었다. 낸시와 하크 일가는 해결책을 강구하느라 잠도 몇 시간 못 잤다. 하크는 다음 날부터 이틀 동안 수 천 가지의 질문에 답변을 해야 했다. 그가 랑군에서 하는 일이 무엇인가, 옷을 몇 벌 가지고 있는지, 부모 이름은 무엇인지 등의 질문이었다. 대답하는 동안은 물이나 음식을 먹을 수 없었고 방을 떠나서 쉬는 것도 허락되지 않았다. 모든 대답은 종이에 정확히 기재되었다.

이틀째 되는 날 밤이 되자 낸시와 하크는 이런 질문들 뒤에 숨은 의도가 있다는 것을 알게 되었다. 하크를 심문하는 이들은 버마어에 능숙한 아도니람이 없고 태수에게 직접 하소연할 수 없는 선교사만 남아 있는 이 기회를 틈타 많은 양의 뒷돈을 챙기기 위해 이런 일을 꾸민 것이었다. 낸시는 태수가 일하는 방식을 알고 있었다. 중요한 사건들만이 그에게 보고되고 처리되었는데, 그녀는 하크가 당하고 있는 일들을 태수가 알지 못한다고 확신했다.

이제 탐욕스러운 관리들의 의도를 알아차렸지만 어떻게 그들을 물리칠 수 있는가에 대해서는 일요일 아침에야 해답을 찾았다. 재판부로 출두하라는 명령이 다시 내려진 가운데 낸시의 버마어 선생이 집을 찾아왔다. 낸시와 하크, 그리고 선생은 탄원서를 하나 만들었다. 선생은 정중하게 써 내려갔다. "우리가 지키는 '거룩한 날'에 공적인 자리에 출두할 것을 명령받은 데에 유감을 표시하며 태수님께서 이런 사태를 중재해 주시길 바랍니다."

낸시와 하크는 태수가 사람들의 의견을 듣는 관사로 갔다. 낸시는 탄원서를 높이 들었고 그것을 본 태수는 부하를 시켜서 탄원서를 가져와 읽도록 했다. 듣는 동안 태수의 얼굴은 분노의 그림자가 드리워졌다. 그는 우연하게도 바로 그의 옆에 있던 하크에게 가장 못되게 굴었던 관리에게 차갑게 물었다. "왜 이 외국 선생에 대한 심문이 이런 식으로 진행되었는가?" 태수의 목소리는 "삶과 죽음을 결정짓는 목소리"였다. 관리는 창백해져서 변명을 늘어놓았으나 태수가 입을 막고 명령을 내리자 급히 복종했다. 태수는 하크를 괴롭히거나 그의 '거룩한 날'에 절대로 출두 명령을 해서는 안 된다고 명했다.

그 후 이 사건이 일어나게 된 진짜 이유를 알게 되었다. 황실에서는 포르투갈 신부들을 버마에서 추방하라는 명령을 내렸다. 태수는 "모든 외국 선생들을 불러내어 조사하되 그들이 포르투갈인인지의 여부를 따지기만 하고 포르투갈인이 아니면 더 이상 심문하지 말라"고 명했다. 그러나 그의 부하들에게 이런 일은 그냥 넘어가기엔 너무도 아까운 기회였다. 다른 버마 관리들이 그렇듯 그들도 이런 기회를 이용해 뇌물을 받으려고 한 것이었다.

하크의 결백함은 드러났지만 이 사건을 통해 모든 랑군에 있는 사람들은 이 외국인들의 지위가 그들이 생각했던 것보다 낮다는 것을 알게 되었고 이는 선교활동에 악영향을 끼쳤다. 그 후부터 선교관에는 아주 적은 수의 사람들만 찾아왔다. 낸시가 이끌던 "일요 여성 모임"의 참석인원이 30명 이상에서 12명 정도로 줄었다. 모두들 힘들어했다. 특히 유일한 남자로 자신의 책임을 제대로 처리하지 못한 데 민감했던 하크는 더욱 그랬다.

이런 상황에서 콜레라가 덮쳤다. 인도에서는 아주 오래 전부터 콜레라가 있었지만 버마에는 지금까지 이런 전염병이 없었다. 갑자기 이 전염병은 마치 도시를 덮치는 큰 화재처럼 랑군에 나타나 급격히 번졌다. 원주민들은 파리처럼 죽어갔다. 지위도, 지역도, 나이도 소용없었다. 죽음을 알리는 북소리가 여기저기 쉬지 않고 들려왔다. 이 병이 그 희생자를 덮치는 모습은 정말 무서웠다. 이 병에 걸리면 아침에는 아주 건강한 모습으로 일어났다가 점심 때에는 심한 설사와 경련으로 꼼짝 못하고 눕게 되고 오후부터는 계속 심하게 떨다가 밤이 되어 죽는다. 놈은 그 희생 재물을 고르는 데에도 매우 변덕스러워 보였다. 한 집에 한 명씩 걸리는 경우도 있었고, 한 거리 전체가 무사할 때도 있었다.

두려움으로 전 인구가 광란상태에 빠졌다. 사람들은 그 병을 한 번도 본 적이 없었고 어떻게 대처해야 하는지도 몰랐다. 그들은 "어떤 나쁜 영이 도시에 들어와서 이곳저곳을 돌아다니며 사악함으로 사람들을 죽이고 있다"라고 생각할 수밖에 없었다.

만약 그게 사실이라면, 그곳 사람들이 생각하기에 악한 영을 대처하는 방법은 딱 하나 있었다. 그 영들은 아주 큰 소리에 의해 놀라 도망갈 수 있을지도 몰랐다. 하루는 관사에서 신호를 알리는 포를 발사했다. 즉시 랑군에 사는 사람들은 방망이나 그 외에 소리 낼 수 있는 모든 것을 가지고 큰 소리를 냈다. 만약 소리가 크지 못하면 나쁜 영들이 그 집에 들어올 것이라는 경고가 있었다. 사흘 밤 동안 이런 귀따가운 소음은 계속 되었지만 영들은 귀머거리였는지 떠나기를 거부했다.

아도니람의 실종, 사람들의 줄어든 호응, 콜레라, 그것도 모자라서 또 다른 나쁜 소문이 들려왔다. 영국인들이 곧 버마를 침략할 것이라는 소문이었다. 그 소문은 근거가 있었다. 버마 정부와 영국은 몇 년 동안 불편한 관계였다. 한 세대 전에 황제가 국경지역을 점령했을 때, 많은 피난민들이 이웃하는 영국령으로 도망갔다. 황제는 이 사람들이 자신에게 속해 있다고 생각했기 때문에 영국에 속한 지역을 침범해 불을 지르고 노략질을 하며 그 사람들을 버마로 강제 귀환시켰다. 필연적으로 그들은 영국의 전방 부대와 마찰이 생겼다. 인도 하나도 감당하기에 벅찼던 영국은 이들에게 회유적으로 대했고 버마는 그것을 비겁한 겁쟁이 행동으로 잘못 받아들였다. 그래서 영국은 성가시게 구는 버마를 언젠가 한번 끝장을 내리라 생각하고 있었다. 몇 년 동안 전쟁의 소문은 있었지만 그런 대로 평안했다. 그러나 이번에는 달랐다. 몇 달 동안 어떤 영국항구에서도 랑군으로 오는 배가 없었다. 도시 안에 있던 얼마 안 되던 외국 선장들은 떠날 채비를 하고 있었다.

하크에게 전쟁의 소문은 그가 감당할 수 있는 마지막 선이었다. 불친절한 곳에서 자기 역할에 대해 의문을 가지고 있는 데다 버마인들을 회심시키는 것에 처음부터 회의적이었던 그는 이제 완전히 자신감을 잃었다. 아도니람은 아마 죽었을 것이다. 하나님의 섭리로 가족들은 콜레라로부터 아직 공격을 받지는 않았지만 아직도 콜레라는 위협적으로 퍼지고 있었다. 만약 여기에 전쟁이 나게 되면 처음 교전지는 랑군이 될 것이었다. 그는 지금이야말로 아내와 아이들을 안전하게 벵갈로 대피시켜야 될 때라고 생각했다.

그는 낸시에게 같이 가자고 권유했지만 낸시는 거부했다. 그녀는 왜 이곳에서 철수해야 하는지 이해할 수 없었다. 선교활동은 분명히 별 소득이 없었다. 사람들은 거의 찾아오지 않았다. 그래도 그녀는 거부했다. 그녀는 만약 아도니람이 병이 들었거나 거의 죽게 된 상태로 혹시 살아서 랑군에 돌아왔는데 아무도 없는 선교관을 본다면 어떻게 하는지 걱정이었다. 아도니람은 그녀의 도움이 필요할 것이었다. 그리고 설사 건강한 상태로 돌아오게 되더라도 그녀가 벵갈에 가버리면 서로 어떻게 찾을 수 있을까? 그래서 하크의 권유에도 불구하고 6월이 다 지나가도록 그녀는 남아 있기를 고집했다. 이제 외국인 선박은 강에 한 대밖에 없었고 그것도 곧 떠나려는 참이었다. 마침내 그녀마저도, 밖에서는 죽음의 북소리가 울리고 있는 무더운 밤에, 천장에는 도마뱀이 돌아다니는 그녀의 방에서, 정말 무거운 마음으로 하크 가족을 따라가기로 결정했다. 만약 전쟁이 일어나고 아도니람이 살아 있다면 종전이 되기 전까지 그는 랑군에 들어오지 못할 것이다. 그러나 그녀는 전쟁이 일어날 거라고 믿지 않았다. 그리고 전쟁이 있든 없든 아도니람이 살아 있다는 확신만 있었다면 그녀는 어떤 위험한 상황도 무릅썼을 것이다.

그녀는 하크 가족들과 함께 7월 초순에 배에 탔다. 아도니람을 벵갈에서 만나게 될 경우, 계속해서 공부할 수 있도록 아도니람의 버마어 선생을 위한 표도 샀다. 그러나 마지막에 선생은 생각을 바꿨다. 그녀도 여행을 그만두려 했지만 이미 짐이 배 위에 있었고 운임도 지불한 상태였다. 배가 닻을 올리고 강을 따라 내려갈 때 그녀는 배 위에 있었다. 강 하구까지 와서 바다로 들어가기 바로 직전에, 선장은 배에 선적이 올바르게 정돈되어 있지 않아 벵갈 만으로 들어가기에 너무 위험하다는 것을 발견하고 어쩔 수 없이 배를 강가에 대고 몇 주 동안 짐을 정리하는 데 보내야 했다.

낸시에게 이 정도의 상황이면 충분한 이유가 되었다. 그녀는 짐을 배에서 내리게 하고 선교관으로 돌아왔다. 선교관에 "거주하던 버마인들은 아주 기뻐했다." 하크가 어디로 가든지 그녀는 선교관에 계속 머무를 것이고 "모든 것을 하나님께 맡기겠다"고 결심했다. 그녀는 이러한 지혜를 가지게 된 것에 감사해 했다. '두 형제들' 호가 뜻하지 않게 랑군에 도착한 것이다. 배가 도착하자마자 낸시는 선장을 급히 만났고 아도니람이 마서리피탐에서 육로로 마드라스로 갔다는 사실을 알았다. 그는 살아 있었다. 그녀는 기뻤다.

열흘 후에 하크 가족들이 돌아왔다. 배의 상태가 너무 안 좋아 몇 주 더 지체된다는 것이었다. 그들이 다시 선교관에 채 자리를 잡기도 전에 가장 좋은 소식이 들려왔다. 아도니람의 배가 강 하구에 도착했다는 것이다. 그는 집에 거의 다 온 것이었다!

낸시는 누군가와 이 기쁜 소식을 나누고 싶었다. 그녀는 그녀의 부모님께 길게 쓰고 있던 편지에 몇 줄을 더했다.

"부모님! 기뻐해 주세요! 방금 저드슨이 탄 배가 강 하구에 도착했다는 소식을 들었답니다. 이 기쁜 소식은 그의 공백으로 인한 지난 몇 달 동안의 낙담과 괴로움을 모두 없애버리기에 충분합니다. 이제는 이전에 불평하던 것, 하나님에 대한 확신이 부족했던 것, 제 남편의 뜻에 대해 체념하던 일들이 모두 부끄럽게 여겨집니다. 저는 불행이 너무 오랫동안 지속되어 왔기 때문에 그것이 끝나지 않을 거라고 생각했습니다. 오히려 이 모든 것이 아주 비극적인 사건으로 종말을 맞고 선교활동에 대한 모든 소망도 없어질 거라고 생각했습니다. 이제 저는 믿습니다. 우리의 사업은 빛을 보게 될 것이고, 이 고뇌의 밤은 잊혀지거나 아니면 가장 큰 축복인 '버마인들의 개종'이라는 열매를 얻기 위한 준비였다고 기억될 것입니다."

8. 첫 개종자 (1818-1819)

아도니람이 돌아오자 선교지의 문제들은 점차 사라져 갔다. 전쟁에 대한 소문도 없어졌다. 콜레라는 천천히 지나갔다. 아바에서 랑군으로 추방당했던 포르투갈 신부들도 남아 있는 것이 허락되었다. 이 일은 태수가 황제와 중재를 해서 얻어낸 일이다. 그것이 이뤄지기 위해 많은 양의 선물이 태수로부터 황제에게 전달되었다.

책에 대한 금지령은 아직도 있었지만 아도니람은 시간이 지나며 그 법이 없어지게 되기를 소망했다. 그는 신부들과 잘 알지는 못했지만, 만약 가톨릭이 추방될 수 있다면 침례교도들도 그렇게 될 가능성이 있었다. 그리고 "버마인들에 의하면 추방이란 작은 일이 아니었다. 재산을 몰수당하고 여러 가지 혹독한 고문을 당해서 단지 목숨만이라도 건져 나갈 수 있다는 것을 다행스럽게 여기게 된다"고 했다.

아도니람이 돌아오고 여건도 좋아졌지만 하크는 아직도 캘커타로 가기로 한 결심을 돌리지 않았다. 아도니람은 남아 있도록 그를 설득했다. 그러나 하크는 더 이상 버마에 있을 수 없었다. 그가 선교활동에 기여할 수 있는 유일한 역할은 인쇄일이었는데, 그 일은 캘커타에서도 충분히 할 수 있고 거기서는 마음이 더 안정된 상태에서 일할 수 있다고 했다.

9월이 되어 두 선교사 에드워드 휠락과 제임스 콜맨이 각각 아내를 데리고 도착했을 때도 하크 가족은 선교관에 머무르고 있었다. 아도니람과 하크는 그들을 부둣가에서 맞이했다. 많은 수의 버마인들은 자신들이 이미 알고 있는 외국인들 외에도 두 명의 여성을 포함한 네 명의 외국인들을 흥미롭게 지켜보았다.

서른 살이 다 된 아도니람과 더 나이가 든 하크에게는 아마 새 선교사들이 무척 어리게 보였을 것이다. 둘은 다 20대 초반이었고, 약하지만 열정과 비전이 있었다. 휠락은 스물두 살밖에 안되었고 부인은 스무 살이었다. 그가 1814년에 아도니람의 이야기를 듣고 선교사가 되기로 결심했을 때에 그는 18살이었다.

선교관은 여섯 개의 방과 예배당 또는 모임장소로 쓰이는 홀 하나가 있었다. 이제 여덟 명의 어른과 세 명의 어린이들—하크의 두 자녀와 에밀리 밴 소머랜—들로 인해 공간이 비좁았다.

아도니람은 새 식구들이 거의 일주일의 반 이상 걸리는 까다로운 입국 검사를 받도록 도와주고, 태수를 만나게 해서 버마인들의 생활모습을 보여주었다. 관사 안에서 신발을 벗고 자리에 앉은 선교사들에 대해 태수는 아주 호의적이었다. 선교사들이 그들처럼 책상다리를 하는 것에 불편을 느끼는 것을 보고 태수는 아도니람에게 편히 앉도록 하라는 말까지 했다. 그가 이런 호의를 보이는 이유 중 한 가지는, 두 선교사가 가지고 온 선물인 목수용 도구가 담긴 상자 때문이었다(선교활동에 필요할 것 같아서 가지고 왔다). 랑군에서는 그런 것을 본적이 없었고 태수가 그것을 직접 소유하지 않는 한 만족할 수 없다는 것을 안 아도니람은 아예 주는 것이 더 낫다고 생각했다. 태수는 의자에서 일어나 도구 상자뚜껑을 열고 하나하나를 감탄하며 보았고 자신의 목수를 불러 백인들이 쓰는 도구들을 보라고 했다. 이제 첫 면담이 성공적으로 진행된 것을 보며 아도니람은 태수에게 선교사들이 부인을 데리고 왔으며 그들이 당신의 구역에서 거주하기를 원한다고 말했다. 태수는 "좋습니다. 좋아요. 그렇게 하세요"라고 대답하며 "당신 부인한테 그 두 부인을 데려오게 해서 다 함께 보길 원합니다"라고 덧붙였다.

며칠이 지나고 두 젊은이들은 선생을 정해 버마어를 배웠고 두 부인들은 낸시의 지도 아래 버마에서 집안일을 어떻게 하는지 배웠다. 랑군에 사는 동안 낸시는 영국 음식을 버마 식으로 만들어내는 법을 터득했다. 질이 떨어지는 버마 산 우유에서 버터를 만들어 내는 방법과 선교관 뜰에 있는 나무의 과일이 타트나 잼을 만드는 데 좋다는 것도 알았다. 밀가루는 좀 더 어려운 문제였다. 그것은 설탕과 차와 함께 벵갈로부터 주문해야 했다. 아바 산 밀가루를 구할 수 있으면 더 좋았다. 그러나 둘 다 가능하지 않을 때에는 쌀을 빻아서 열대 산 바나나와 섞어 썼다. 그렇지만 선교지에서의 음식은 1814년 처음 왔을 때와 별로 다르지 않았다. 카레 소스로 요리한 닭, 쌀밥, 그리고 야채들을 보며 휠락의 부인 엘리자는 약간 놀랐지만 스무 살의 나이보다는 성숙함을 보여주었다. 그녀는 "식성이 좋은 건강한 유럽인이라면 이곳에 있는 음식만으로도 충분히 살 수 있을 것 같다"라고 말했다.

불행히도 휠락과 콜맨은 건강이 좋지 않았다. 그들이 겨우 공부를 시작했을 즈음부터 피를 토하기 시작했고 결핵의 징후가 보였다. 며칠 후 그들은 공부를 그만 두고 모두 침대에 누워 있는 신세가 되었다. 불길한 징조가 보였다. 그들이 무덤에 묻히게 될 때까지 선교활동에 짐만 될 수도 있었다.

하크 가족은 결국 11월에 캘커타로 떠나면서 인쇄 기계들을 가져가 그곳에서 인쇄 일을 맡게 되었다. 이로 인해 선교관에는 공간이 늘어나 방의 위치를 다시 정할 수 있게 되었다. 콜맨과 휠락 그리고 저드슨 가족은 모두 두 개씩의 방을 배정 받아 하나는 자는 곳, 하나는 공부하는 곳으로 쓸 수 있게 했다. 그런데 이 건물은 원래 두 가정이 살도록 만들어졌기 때문에 휠락이 쓰게 된 가운데 두 개의 방은 서로 연결되어 있지 않아 불편했다. 휠락 부인은 이 사실을 선교회 비서관인 보스턴 세컨드 교회 볼드윈 목사 사모에게 편지할 때에 빼놓지 않고 언급했다. 비록 그녀가 "그렇지만 우리는 불평할 처지라고 생각하지 않습니다. 아니 오히려 미국의 호화롭고 편리한 고급 건물보다 이곳의 두 방이 우리에겐 훨씬 더 좋습니다"라는 말을 거기에 조심스레 더하기는 했지만 말이다.

아도니람과 낸시는 순진하게도 휠락 부부가 "건물의 가장 시원하고 습기 없는 곳을 차지한 것"에 대해 만족해하는 줄 알았다. 그러나 실제로는 엘리자 휠락은 언제부턴가 낸시와 아도니람을 싫어하는 마음을 갖게 되었고 시간이 지날수록 그 마음은 더 심해졌다. 그녀가 상상하던 선교의 고난과 위험은 실제로 나타나지 않았으나, 남편이 결핵으로 죽을지도 모른다는 사실이 너무나 두려워서 그 가능성조차도 인정하려들지 않는 것이 그녀에게 닥친 진짜 위험이었다. 스무 살의 연륜으로 그런 일을 예상하기가 벅찼을 지도 모른다. 그녀에게 닥친 고난은 두 가지였다. 첫째로는 방 구조가 불편한 가운데 휠락을 돌보는 힘겨운 일과, 둘째로 그녀는 영웅이 아니라 단지 선교지의 일꾼 중 하나라는 것 즉 그녀보다 나이가 연상이고 훨씬 경험이 많은 아도니람과 낸시 아래에 있다는 현실을 받아들이는 것이었다.

몇 달이 지나자 콜맨은 점차 나아졌다. 1819년이 되자 그는 거의 건강을 되찾았다. 그러나 휠락은 더 심해져서 날이 갈수록 야위어지고 몹시 쇠약해졌다. 아도니람과 낸시는 휠락 부인에게 그녀 남편의 병이 한 가지 결말로밖에 끝나지 않을 것 같다고 빙 둘러 말했다. 그녀는 그들을 믿지 않았다. 도리어 그들이 남편의 죽음을 예상했다는 사실이 그녀를 화나게 만들었다. 그녀는 저드슨 부부가 선교 활동을 독재적으로 운영하는 데 대해 분개하며, 이런 기분을 음식에 대해 불평하고 랑군에서는 구할 수 없는 편의시설이나 서비스를 요구하는 식으로 표현했다.

낸시와 아도니람이 권위적으로 모든 일을 처리했을 가능성도 충분히 있었다. 스프링 박사가 아도니람에게 주었던 "공식적이고 엄숙한 질책" 때문에 아도니람이 그에 대한 복수심으로 캘커타에 도착해 회중교회에서 침례교로 바꾸었다는 이야기가 아직도 뉴잉글랜드에서 돌고 있었다. 그리고 올해 봄에 아도니람은 그러한 질책을 받은 적이 없다고 부인하는 편지를 집으로 썼다. 이 사실은 오랜 시간이 지난 후에야 아도니람이 인정하고 있다. 그에게는 당시 미국선교회가 자신을 해외로 보내줄 것인지의 여부가 지대한 관심사였기 때문에 이 질책에 대해서는 거의 신경을 쓰지 않은 탓이었다고 말했다. 낸시 또한 어려서부터 자기가 원하는 대로 상황을 만드는 천재성과 고집스러움으로 유명했다.

새로 온 선교사들에 비해 6년이라는 월등히 많은 경험을 가진 단호한 성격의 이 두 사람은 아무래도 선교사역에서 중요한 일들을 결정하는 데 필요한 요령들, 말하자면 대화와 타협, 토론 등이 부족했을 것이다. 하크도 그런 기분을 느꼈기 때문에 캘커타로 가려고 했을지도 모른다. 이런 일 처리방식에 대해 엘리자 휠락은 불쾌해 했고 반항했지만, 콜맨 부부는 이해하고 받아들였다.

선교활동은 콜맨과 휠락이 병들어 있는 동안 거의 정지 상태였다. 콜맨이 회복되자 아도니람은 이제 고립된 선교관을 벗어나 더 많은 사람에게 설교할 수 있는 다른 곳으로 가기로 했다. 그는 전부터 자얏에 대해 생각하고 있었는데, 이제는 하나 짓기로 결심했다. 2백 달러 남짓한 건축비용을 감당하기 힘들었지만 아도니람은 선교관 뜰 뒤쪽의 '파고다 길'로 몇 백 미터 가는 거리에서 건축 재료를 싸게 구할 수 있는 곳을 찾았다. 파고다 길은 시내에서 슈웨다공 탑으로 가는 주요 이동 경로였다. 많은 사람들이 그 길에 살았고, 많은 참배자들이 매일 그곳을 통과했다. 길에는 수많은 불탑들이 있어 거기 달린 종들이 밤낮으로 불협화음을 만들어냈다. 한 달에 네 번씩 오는 버마인들의 안식일—달이 바뀔 때, 상현달, 하현달, 그리고 보름달—이 되면 그 길은 수천 명으로 붐볐고 그들은 슈웨다공 탑에 가서 꽃이나 불켜진 초를 들고 몇 시간씩 무릎을 꿇고 기도했다. 연례 행사 때는 수천 명이 수만 명으로 늘어났다.

파고다 길에는 자얏이 많이 있었다. 어떤 것들은 작고 어떤 것들은 지붕 위에 또 지붕이 있는 큰 것도 있었다. 자얏은 일종의 휴게소로 여행자들이 휴식을 취하거나, 사람들이 서로 대화를 나누고 또 불교도들이 선생의 가르침을 받는 곳이었다. 자얏은 불탑과는 다른 역할을 했다. 탑은 노란색 긴 옷을 입은 승려들이 살 수 있는 특별 거처였다. 그들은 동네를 돌아다니며 시주를 할 때를 제외하고 이곳에 살았다. 자얏은 평신도들을 위해 있었다. 승려들은 특별한 때에만 자얏에 와서 가르치고 설법했다.

아도니람과 낸시는 한 달 동안의 여가 시간은 모두 자얏 만드는 것을 감독하며 보냈다. 4월이 되자 현관과 그곳으로 오르는 계단을 제외하곤 모두 완성되었다. 오두막집같이 생긴 이 건축물은 가로 9미터 세로 6미터 정도 되었고, 앞에 대나무로 만든 마루가 약 3미터 정도 있어 아도니람이 앉아서 지나가는 사람들을 권면할 수 있도록 되어 있었다. 안에는 방이 하나 있었는데 하얗게 회칠한 벽마다 유리 없는 큰 창문이 달려 있었다. 여기서 남자들이 공부도 하고 예배를 볼 수 있도록 했다. 뒤쪽에는 여성들이 공부할 수 있는 장소인 선교관 뜰로 향하는 길이 있었다. 이 자얏 역시 버마에 있는 다른 건물들이 다 그러하듯 지상에서 1.2미터 정도 올라온 네 개의 기둥이 지탱하고 있었다.

아도니람과 낸시는 여러 개의 지붕이 높게 시옷 자 모양으로 올라가 있는 길거리의 다른 불교 자얏에 비해 자신들이 지은 침례교 자얏이 빈약해 보이는 것은 인정했지만 그들의 자얏을 무엇보다도 자랑스러워했다. 드디어 그들은 "이 무신론자들의 땅에 기독교 모임용 건물을 세웠다." 그들은 앞마루가 완성되기를 기다리지 않고 곧바로 자얏을 쓰기로 했다.

아도니람은 자얏에서의 첫 예배를 1819년 4월 4일 일요일에 드렸다. 그의 회중은 이웃에서 불러들인 성인 15명 정도였다. 그 밖에 초대는 받지 않았지만 많은 아이들이 목걸이, 팔찌, 발찌 등을 하거나 아니면 평범하게 발가벗은 채로 그 자리에 참석했다. 모인 청중 가운데 예배에 참석해본 경험이 있는 사람은 거의 없

1819년 4월, 저드슨은 버마인들에게 익숙한 자얏을 만들어 그곳에서 진리를 가르치기 시작했다.

었다. 그래서 그들은 주위를 둘러보며 자얏에 대한 구조와 미국 선생의 옷차림과 태도에 대해 시끄럽게 떠들어댔다. 아도니람은 잠시 동안이라도 그들이 주목할 수 있는 시간을 얻은 것에 자축할 수밖에 없었다. 며칠 후 낸시와 함께 불교 집회에서 배울 수 있는 것이 무엇인지 알아보기 위해 근처에 있는 불교 자얏에 가 보았다. 모든 것이 달랐다. 예배 참석자들은 남녀가 구분되어 매트에 앉았다. 아도니람과 낸시가 들어서자 어떤 이들은 "저기 야만적인 외국인들이 들어온다"라고 말했지만, 두 사람이 조용히 신발을 벗고 매트 위에 앉자 "아, 저들은 야만인이 아니고 문화인이야"라고 말했다. 그리고 아도니람을 알아본 몇몇 이들은 "그 미국인 선생이다"라고 말했다. 승려는 방 가운데 약 0.3미터 정도 낮은 단에 앉아 있었다. 그 승려는 처음에는 그들을 반겼지만 "내가 선교사, 그들의 용어로는 종교를 만드는 선생이라는 사실을 알자 안색이 달라지고 침묵했다."

사람들이 다 모이자 역할을 맡은 한 사람이 사람들에게 조용히 하고 주목할 것을 세 번 요청했다. 각 사람은 준비된 꽃과 잎사귀를 손가락 사이에 끼고 경의를 표하면서 집회가 끝날 때까지 그것을 머리 위까지 올린 채 움직이지 않았다. 물론 우리들은 이 의식에 동참하지 않았다.

모두 준비가 된 것을 본 승려는 눈을 감고 경전에 기록된 구절을 낭독하고 그것을 모두 따라 하도록 했다. 주제는 고타마의 두 수제자의 변화에 대한 이야기로 그들이 그 후 어떻게 높임을 받고 영광을 얻었는지에 관해 말했다. 그의 설교는 우리의 것과 전혀 달랐다. 처음에는 그의 말투는 지루하고 변화 없이 들렸지만 그의 부드럽고 감미로운 목소리는 회중들의 마음을 파고들어 영혼을 달래주고 그들의 오래 전 성자들의 마음처럼 평안하고 온화하게 만들어 주었다. 그의 설법은 30분 후에 끝이 났고 온 회중은 마지막으로 짧은 기도를 드리고 자리를 떠났다.

아도니람과 낸시는 신발을 신고 선교관으로 가면서 그 불교 자얏이 그들의 자얏에서는 이루지 못했던 예의바름을 넘어서는 아름다움까지 갖추고 있었다는 것을 인정할 수밖에 없었다. 그 다음 주일 아도니람은 다시 한번 자얏 예배를 시도했다. 더 많은 사람들이 참석했고 전보다 더 질서가 있었지만 지속적으로 그들의 주의를 이끌어내기란 불가능해 보였다. 그 후에 아도니람은 "나는 이곳 원주민들의 주의를 끌어내는 것이 이렇게 힘들게 느껴진 적이 없었다"라고 실토했다.

어찌되었든 그의 청중은 조금씩 늘어났다. 월말이 되어 파고다 길에서부터 현관으로 이어지는 계단이 완성되자 아도니람은 매일 앞마루에 앉아서 지나가는 사람들에게 "지식에 대해 목마름을 가진 이들은 다 여기로 오십시오!"라고 소리쳤다.

얼마 안 가 자얏은 지속적으로 방문하는 손님들 때문에 아도니람이 공부할 시간도 없을 정도가 되었다. 어떤 이들은 공공연하게 적대적인 감정을 드러냈다. 그러나 대부분의 사람들의 반은 호기심으로, 반은 무관심으로 대했다. 그러나 일주일이 채 안 돼 아도니람의 가장 큰 소망을 이루어줄 사람이 등장했다.

이 중요한 손님은 4월의 마지막 날인 금요일, 거리를 걷다가 우연히 이곳을 들러서 마루에 앉아 많은 사람들의 질문에 대답하며 논쟁하는 아도니람을 몇 시간동안 조용히 지켜보고 있었다. 그의 이름은 마웅 나우(마웅은 '소년'을 뜻하며 젊다는 의미도 있다)였고, 35살에 가족이 없었으며 매일 살기 위해 고된 일을 해야 했던 가난한 사람이었다. 그의 모습이나 행동은 별로 돋보일 만한 것이 없었고, 특별한 능력이 있어 보이지도 않았다. 그가 열심히 듣고 있다는 것과 버마인 치고는 아주 침착하다는 것을 제외하고는 금요일 그 장소에서 아도니람의 눈에 띄기는 힘들었을 것이다.

토요일에 그는 다시 찾아왔다. 그는 머뭇거리며 몇 가지 질문을 했다. 다른 버마인들이 머리 아픈 형이상학적인 질문들로 즐기던 태도와는 달리 그에게는 참된 지식을 알고자 하는 진지함이 있었다. 주일에 그는 30명 정도의 회중들과 함께 예배에 참석했다. 이제 아도니람은 그를 "조용하고 내성적인 마웅 나우"로 부르게 되었다. 마웅 나우는 정말로 귀기울여 들었다. 다른 사람들에 대해서는 "아주 소수의 사람들만이 집중해서 들었지만 그들도 아무 소득 없이 돌아갔다"라고 아도니람은 평가했다. 월요일과 화요일에 마웅 나우는 아도니람을 여러 번 찾아왔고 아도니람은 그가 "배울 자세가 되어 있는 겸손한 영혼의 소유자"라는 것을 알게 되었다.

1819년 5월 5일 수요일, 아도니람은 그가 내린 결론을 기록하다가 거의 두려움을 느꼈다.

이제 하나님의 은혜가 그의 마음에 닿았다고 생각된다. 그는 자신의 죄에 대한 회개와 구세주에 대한 믿음에 관해 말했다. 그는 예수 그리스도 외에는 어둠과 더러움, 죄로부터 구원할 구세주를 찾지 못했다고 고백했다. 이제 그는 예수 그리스도를 믿을 것이며 평생 그를 예배할 것이라고 결심했다.

나는 하나님께서 버마 사람들에게 당신의 은혜를 나타내시리라는 사실을 이전에는 믿을 수가 없었다. 하지만 그날 이것이 바로 그 증거라는 확신으로 기쁨을 감출 수가 없었다.

찬송과 영광이 그에게 영원히 있을 지어다. 아멘."

그것은 정말 대단한 사건이었다. 선교를 시작한 지 6년이 지난 오늘, 마웅 나우는 날마다 은혜 안에서 성장하고 있었다. 다음 주일 예배 때 마웅 나우는 30명의 회중 앞에서 자신이 그리스도를 믿는 자가 되었다고 공개적으로 고백했다.

마웅 나우는 한 목재 상인을 위해 일을 하고 있었다. 그는 월요일이 되자 배를 만드는 재료인 티크를 구하기 위해 강 상류로 떠나야 했다. 마웅 나우는 아도니람에게 자신이 돌아오면 침례를 받고 싶다고 말했다. 이제 모든 선교사들과 부인들은 마웅 나우의 이야기를 하며 흥분했다. 상태가 너무 안 좋아 모두들 몇 달 살지 못할 거라고 생각하는 휠락도 관심을 나타냈다(엘리자 휠락만 제외하고). 엘리자 휠락이 저드슨 부부가 자기 남편에 대해 나쁜 의도를 가지고 있다는 비이성적인 의심을 품고 있는 상황에서도 낸시는 휠락이 누운 침대 옆에서 몇 시간 동안 마웅 나우가 개종한 사건에 관해서 자세히 말해주었다.

몇 주 동안 볼 수 없을 것으로 생각되었던 마웅 나우는 며칠 후에 나타났다. 그는 목재 상인이 신뢰할 수 없는 사람이라는 것을 안 뒤 직업을 포기하고 여행을 그만 두었다. 다음 주에 그는 아바의 어떤 배주인 밑에서 일하는 직장을 구할 수 있었다. 아바는 강으로 몇 백 킬로미터 가야 하는 먼 거리에 있었다. 만약 그가 그 일을 하게 된다면 선교사들을 오랫동안 볼 수 없을 것이다. 그는 아도니람에게 어떻게 해야 하는지 물었다. 그는 아바에 가고 싶지 않았으나 일을 해야 하는 형편이었다.

선교사들도 그가 이 중요한 시기에 떠나는 것을 원하지 않았다. 그가 만약 몇 달 동안 가버린다면 그의 새로운 결심에 무슨 일이 생길지 알 수 없는 노릇이었다. 그러나 그에게 가지 말라고 말하는 것도 곤란했다. 이 문제를 낸시와 콜맨 부부와 함께 의논한 후 아도니람은 마웅 나우가 선교사들과 함께 선교관에서 살도록 결정했다. 그리고 하크가 없어서 못했던 팜플렛을 복사하는 일을 하면 한 달에 10티칼(약 8만 원. 비숙련 버마 노동자의 월급이 이 정도였다는 것을 가늠할 수 있다―편집자)씩 주겠다고 제안했다. 마웅 나우가 그 제안을 받아들였을 때 선교사들은 안도의 한숨을 쉬었다. 그들은 며칠 동안 선교관에서 같이 지내면 마웅 나우가 침례 받기에 합당한지 더 살펴볼 수 있을 것이었다.

드디어 침례를 베풀어도 좋은 시간이 되었다. 6월 6일 일요일, 자얏에 처음 모습을 나타낸 지 한 달이 약간 지난 그날, 마웅 나우는 수줍어하며 아도니람에게 편지 한 장을 주었다. 그날 저녁 성찬식이 끝나고 죽어 가는 휠락을 제외한 모든 선교사들은 한 자리에 모여 아도니람이 통역해서 큰소리로 읽어주는 편지에 귀를 기울였다.

당신의 친절한 대우를 항상 받고 있는 마웅 나우는 당신의 발 앞에 다가섭니다. 세 명의 선교사들이 이 버마 땅에 온 목적이 무역을 해서 돈을 벌러 온 것이 아니고 영원하신 하나님의 아들 예수 그리스도에 대한 종교를 전파하러 왔습니다. 저는 듣고 이해하게 되었으며 마음은 기쁨과 사랑으로 가득 찼습니다.

저는 거룩하신 아들 예수 그리스도가 우리 인류의 죄를 대속하기 위해 죽었다는 사실을 믿습니다. 저는 무거운 짐을 진 사람처럼 죄가 많다고 느낍니다. 이 죄에 대한 대가로 저는 마땅히 고통을 받아야 합니다. 이러므로 제가 주 예수 그리스도 안에서 피할 곳을 찾고, 그분의 제자가 되기 위해 침례를 받으며, 형제들의 모임인 당신들과 함께 살며 천국의 기쁨을 맛보고 싶습니다. 선생님들께서 허락해 주신다면 이렇게 되기 위해 침례를 받고 싶습니다. 당신들이 다른 대륙에서 배를 타고 이 나라로 오게 되어 우리가 만나게 된 것은 하나님의 은혜라고 생각됩니다. 이제 적절한 날이 정해져서 제가 침례를 받게 되기를 기도합니다.

제가 영원한 하나님을 알게 된 것이 당신들을 통해서 가능했기에 계속 하나님의 종교에 대해 가르쳐주셔서 저의 옛 생각들은 사라지고 새로운 믿음은 더 진보되기를 감히 기도합니다.

선교사들 중 아무도 마웅 나우가 하나님의 은혜를 경험했다는 것에 반대하지 않았다. 그리고 다음 일요일에 그에게 침례를 베풀고 그 후에 교회의 성도로 입교시키기로 결정했다. 이 '교회'

에는 저드슨 부부, 콜맨 부부, 휠락 부부 여섯 명의 성도들이 있었다. 이제 일곱 명이 될 것이고 다른 성도들 눈에는 이 일곱 번째가 가장 중요했다. 왜냐하면 그는 최초의 버마 기독교인이 될 것이기 때문이었다.

그러나 마웅 나우의 침례는 3주 동안 미뤄져야 했다. 버마에 한 세대에 한 번 있을까 말까한 큰 환난이 닥쳐왔기 때문이었다. 선교사들의 시각에서만 보자면 첫 징조는 마웅 나우가 자얏을 방문한 뒤 몇 주 후부터 일어났다. 선교관에 속해 있는 종들 한 명당 48티칼(약 30달러: 저자는 버마화폐 48티칼을 약 30달러로 추정했다. 이 책이 1956년에 처음 출간되었으므로 당시 30달러의 가치는 '일반 노동자 임금'을 기준으로 할 때 2008년에 약 300달러 즉 10배의 가치와 비슷하며 이는 2009년 환율 1300원[1달러] 기준 약 40만원에 해당된다. 따라서 이 책을 읽을 때 1티칼=현재 원화가치 약 7~8천 원 정도라고 기억하면 큰 무리는 없을 것이다—편집자)씩 인두세를 내라는 명령이 왔다. 아도니람이 무슨 일인지 묻자 새로 만들어진 세금 제도 때문이라는 대답만 들었다. 아도니람과 낸시는 태수를 찾아갔다. 그는 "그것은 특별한 세금이고 반드시 내야 되는 것이지만 우리들만은 특별히 해당 세무 관리에게 세금을 내지 않고 그에게 직접(!) 낼 수 있도록 해주겠다고 대답했다. 우리는 어쩔 수 없이 그 돈을 만들어야만 했다." 그와 동시에 자얏에 오는 사람들이 갑자기 줄어 거의 사람을 볼 수 없었다. 그렇지 않아도 세금 때문에 기분이 좋지 않던 아도니람에게는 더 힘든 일이었다. 하지만 그는 이것이 더 심각한 일이 있을 징조라는 것을 잘 모르고 있었다.

일주일 뒤에 벵갈에 있는 선교사들로부터 편지가 들어 있는 소포와 상자 하나가 왔다. 배에서 짐을 막 내리자마자 순은 450티칼(약 360만 원. 노동자의 한 달 월급이 8만 원 정도라고 생각했을 때 어마어마한 금액이다—편집자)을 세금으로 내라는 그 지방 세무 관리의 엄한 명령을 받았다. 450티칼이면 3백 달러의 돈이었고, 자얏을 짓는 데 들인 돈을 합한 것도 넘는 액수였다. 아도니람과 낸시에게는 그것이 또 한번 돈을 갈취하려는 관리들의 음모처럼 보였다. 그들은 궁지에 빠졌다. 왜냐하면 모든 단서들로 미루어 볼 때 그 명령은 태수로부터 직접 떨어진 것이 틀림이 없었기 때문이었다. 그는 부임한 지 얼마 안 되었고 선교사들은 그를 잘 알지 못했다. 그들로서는 어떻게 거부할 수가 없었다. 그러나 만약 돈을 내준다면 그 후에도 다른 요구들이 있을 것이고 결국에는 재정난으로 랑군에서 더 이상 선교하기 힘들 것이다. 이런 큰 액수의 세금이라면 아바까지 가서 황제에게 탄원을 할만했다. 그러나 태수는 그들이 여행을 떠나는 것을 허락하지 않을 것이다.

랑군에는 오래 전에 여러 이유로 인해 버마인이 되어 황제의 지배 아래 살게 된 두 명의 영국인이 있었다. 한 사람은 로저스, 다른 사람은 깁슨이라는 사람이었다. 아도니람은 이 사람들을 찾아가 도움을 청하기로 했다. 그러나 40년 동안 버마에서 살아온 로저스에게는 아무런 도움을 얻지 못했다. 그는 최근 몇 년 동안,

랑군에서 무상으로 징세권을 얻기 위해 란치에고라는 스페인 사람을 몰아내려는 음모를 벌이는 데 아바의 황실을 이용하고 있었다. 로저스는 1782년, 그가 4번 항해사로 있던 배의 1등 항해사(동인도회사에서는 "페낭의 법률가"라고 알려져 있던 사람)를 납이 박힌 단장으로 때려죽인 뒤 동인도회사의 관할 지역을 떠나 아라칸으로 도망갔다가 랑군까지 오게 된 사람이었다. 그는 포르투갈 혈통이 섞인 버마 여인과 결혼해 아이가 한 명 있었다. 이제 그는 영국의 요크셔 사투리와 파란 눈, 유럽 사람들의 전형적인 큰 키에도 불구하고 스스로를 버마인으로 여겨 버마 옷을 입고 희고 가느다란 수염을 염소처럼 길렀다. 그가 선교사들의 문제를 도와준다면 징세권을 챙기려는 음모에 문제가 생길 수 있었다.

다른 영국인인 깁슨은 처음에는 무관심한 듯 했으나 훨씬 더 친절했고 아도니람 생각에는 더 믿음직했다. 깁슨은 결국 태수에게 찾아가 중재해주기로 약속했다. 알아보니 예상했던 대로였다. 태수 다음으로 세력을 가진 라이웅의 부하가 돈을 좀 쉽게 벌어볼 속셈으로 음모를 꾸몄던 것이다. 그는 문책을 당했고 세금 문제는 없어졌다. 그러나 이러한 규모의 사기 사건은 버마에서도 잘 일어나지 않는 일이었다. 분명 황제가 있는 아바에 무슨 일이 있으며 관리들은 이런 기회에 과감한 일들을 시도하는 것 같았다. 얼마 후에 선교관은 또 15티칼의 돈을 내라는 명령을 받았지만, 반만 내는 것으로 겨우 무마시킬 수 있었다. 하급 관리들은 이제 자얏에 매일 찾아와 무엇인가를 요구했다.

아도니람은 랑군 전체가 알 수 없는 어떤 이유로 인해 유래 없는 혼란 상태에 있다는 것을 조금씩 알아차렸다. 마웅 나우에게서 침례 받기를 원한다는 편지를 받은 얼마 뒤, 그들은 태수가 아바로 떠난다는 사실을 알게 되었다. 도시 위쪽에 엄청나게 많은 배가 그의 호위대를 싣기 위해 대기하고 있었다. 태수의 여행이 크고 성대한 규모로 꾸며지는 듯 보였다. 이것이 바로 랑군의 혼란을 가져온 이유라고 아도니람은 생각했다. 어찌 되었든 상황이 잠잠해질 때까지 마웅 나우의 침례를 미루는 것이 최선이라고 그는 결론 내렸다. 6월 말경에 태수는 편대를 이룬 강변의 배들을 타고 랑군을 떠났다. 이제 도시는 "근심과 공포로 가득 찼다." 그리고 그 소문의 내막이 아도니람의 귀에까지 도달했다.

  "모든 군대를 이끌고 아바로 돌아오라는 명령이 거듭 태수에게 전해졌다. 큰일이 일어났다는 소식이 조용히 돌고 있었다. 어떤 이들은 반란이 일어났다고 하고, 어떤 이들은 왕이 병들었다고 하며, 또 어떤 이들은 그가 죽었다고 했다. 그러나 아무도 직접적으로 이 말 하기를 꺼려했다. 그런 말은 일급 죄에 해당됐다. "물과 땅의 주인"인 왕은 불사신이라고 여겨졌기 때문이다. 그의 장손이(장남은 이미 죽었다) 이미 왕위를 계승받기로 공포된 상태였지만, 그에게는 큰 권력을 놓고 자신들의 권리를 위해 싸울 것이 확실한 두 명의 삼촌이 있었다. 어떻게 되면 온 나라에는 내전과 무정부상태가 올 것이 뻔했다."

다음날 아도니람은 자앗에 가지 않고 "아침 내내 이 재난이 내일 올 지 바로 한 시간 뒤에 올 지에 관해 소식을 알아보러 다녔다."

모든 곳은 폭발을 기다리며 음침한 고요 속에 웅크리고 있었다. 10시 정도에 궁중에서 급파된 배가 강변에 도착했다. 전국적으로 통보될 서신이 왔다. 관중들은 성스러운 황실의 사자를 위해 길을 비켜주었고 지방의 모든 세력가들이 모여 있는 관사 뜰까지 몰려갔다.
'들어라! 불사신인 왕은 이제 지치셨고 황실의 일들에 싫증이 나셔서 하늘 위의 세계에서 재미를 찾아보기로 하셨다. 그의 장손, 왕위를 물려받기로 한 이가 이제 왕좌에 앉게 되었다. 젊은 왕은 전국적인 발표가 있기 전까지 모두 다 잠잠히 있을 것을 명한다.'
그의 삼촌인 따웅 우 왕자는 가족과 친척들과 함께 사형에 처해진 것으로 보인다. 그리고 빠예 왕자는 옥중에 갇혀 있다고 한다. 피의 숙청이 진행되고 있을 것으로 짐작되지만 일의 진행이 너무나 신속해 먼 지방에서는 전혀 영향을 받지 않을 것 같다.

실제로 피의 숙청이 행해졌다. 아도니람이 소식을 듣기 두 주 전에 이미 보도폐야 왕은 죽었고 모든 것은 끝난 상태였다. 나중에 벵갈까지 퍼진 소식들에 의하면, 새 왕은 먼저 자기 동생과 그의 아이들, 손자, 손녀, 그리고 나머지 가족들을 모두 왕가에 어울리는 붉은 포대에 넣어서 익사시켰다. 그의 삼촌은 틀에 넣어서 뼈를 으스르트린 뒤에 교살되었다. 서쪽 지방을 다스리는 수상 중 한 명도 같은 운명을 맞았다. 그들의 사유재산은 모두 군비에 보태졌다.

모두 합해 1,400명의 귀족들과 1만에서 1만 5천 명 정도의 평민들이 처형된 것으로 추정되었다. 버마에서는 오래 전부터 이런 방법으로 새롭게 자리에 오른 황제가 오랫동안 평화롭고 안정되게 왕위를 지킬 수 있도록 하는 관례가 있었다.

새 왕의 이름은 바지도였다. 1819년 6월 27일 바지도 왕 통치 4주째 되는 날에 마웅 나우는 침례를 받았다. 자얏 안의 회중들은 전에는 적은 수가 모였는데 그날엔 처음 보는 얼굴들이 좀 있어서 30명이 넘었다. 그들 앞에서 아도니람은 마웅 나우를 앞으로 나오게 한 후 "적합한 성경구절을 읽어주고 해설을 했다. 그리고 그의 믿음, 사랑, 소망에 관한 여러 가지 질문들을 한 뒤 침례를 위한 기도를 드렸다."

온 회중들은 자얏을 떠나서 가까이 있는 큰 연못으로 갔다. 그 연못 옆에는 큰 불상이 있었다. 불상의 자비로운 눈이 모든 것을 보고 있는 가운데 아도니람은 마웅 나우를 가슴 깊이의 검은 물에 잠기게 해 침례교인으로서 믿음을 공인 받게 했다. 언덕 위에서는 화려한 옷을 입은 수많은 버마인들이 호기심을 가지고 지켜보고 있었다.

6년만의 성과로 한 명에게 침례를 베푼 것은 큰 수확은 아니었다. 그러나 아도니람과 마웅 나우가 흠뻑 젖어 물을 뚝뚝 떨어뜨리면서 앞서가고, 낸시와 콜맨 그리고 나머지 사람들이 뒤따라 선교관으로 함께 돌아올 때 아도니람은 소망했다. "오, 이것이 버마 왕국에서 중단되지 않고 영원히 이어지는 침례 받는 사람들의 행렬의 시작이 되기를!"

1819년 6월, 버마에서 선교를 시작한 지 6년만에 처음으로 '마웅 나우'가 침례를 받고 그리스도를 따르기로 하다.

9. 황금 발에게로 가자 (1819)

마웅 나우가 침례를 받았던 6월 말, 이제는 모두들 휠락이 몇 달 밖에 더 살지 못할 것이라고 생각했다. 엘리자 휠락만을 제외하고 그것은 의심의 여지가 없었다. 그가 계속 쇠약해질수록 그녀는 더욱 완강하게 그가 심하게 아프다는 사실조차 부인했다. 이제 살갗과 뼈만 남고 점점 더 황폐해져만 가는 휠락의 몸과 마음을 어떻게 간호할 것인가에 대해 실랑이가 부쩍 많아졌.

한 쪽 편에는 낸시의 주도 아래 콜맨 부부와 저드슨 부부의 입장이 있었고, 다른 쪽 편엔 엘리자 휠락이 있었다. 양쪽 다 자신들의 입장에서 휠락에게 가장 좋은 것을 해주려다보니 마찰이 불가피했다. 낸시는 자신의 창조적인 능력을 다 동원해 그가 원하는 음식을 만들어 접대하는 방법으로 휠락을 편하게 해주고 싶었다. 그녀는 정말 신기에 가까운 창조력으로 카스타드를 만들어주기까지 했다. 선교활동에 대한 이야기를 해주면서 그의 마음과 영혼을 달래려고도 했다. 마웅 나우가 개종했을 때 그녀는 그의 침대 옆에서 "이 새 개종자의 신앙 고백서를 번역해서 들려주었다. 죽어가고 있는 그에게 그것은 아주 큰 위로와 관심사였다."

그러나 선교사들은 그의 영혼의 안식을 위해 해주어야 할 것이 하나 더 있다고 생각했다. 그것은 닥쳐오는 죽음에 대한 이야기를 꼭 해주어 이제 분명 얼마 남지 않은 다음 세상으로 가는 길을 준비하게 하는 일이었다. 이러한 일은 미국에 있는 종교인들에게 관례적인 것이었다. 사무엘 뉴엘도 프랑스 섬에서 마지막이 얼마 남지 않은 아내에게 그렇게 해주었다.

그러나 엘리자 휠락만은 절대 반대였다. 그녀는 마치 다른 선교사들이 그를 자기에게서 뺏어가려는 음모라도 꾸미는 것 같이 여겼다. 낸시가 힘들게 음식을 준비하는 것, 선교지의 버마인들에 대해 이야기해주는 것, 그리고 휠락이 죽어가고 있고 다음 세상을 위해 마음을 준비해야 한다고 말하는 이 모든 것들이 엘리자에게는 그녀를 소외시키려는 의도로 받아들여졌다. 그리고 저드슨과 콜맨 부부 그리고 알 수 없는 말을 지껄이는 갈색 피부의 야만인들까지도 그녀와 반대편에 서서 휠락을 어떤 알 수 없는 방법으로 해하려 한다고 의심했다. 그녀는 될 수 있는 한 다른 사람들을 휠락의 방에 못 들어오게 했다. 그리고 휠락에게 자기가 의심되는 바를 얘기하면서 배를 타고 벵갈로 가는 것만이 그를 안전하게 보호하는 길이라고 말해주었다.

처음에 휠락은 그녀를 믿지 않았다. 그러나 차차 그는 "너무 쇠약해져서, 그리고 마음이 너무나도 심란해 사람의 발자국이 방에서 들리는 것조차 견딜 수 없어 했다." 마침내 7월 말에서 8월 초 즈음 그녀는 랑군에서 24킬로미터 아래 떨어진 곳에 닻을 내린 배에 예약한 뒤 떠날 준비를 했다.

    선교관의 모든 사람들은 배 여행이 휠락의 삶을 더 빨리 끝낼 뿐이라고 생각했다. 1년 중 배를 타기엔 가장 안 좋은 때였고, 휠락은 뱃멀미로 고생을 많이 해서 바다를 몹시 싫어했다. 아도니람, 낸시 그리고 콜맨 부부는 돌아가며 엘리자와 그리고 가끔 휠락을 보게 될 기회가 있을 때는 휠락을 설득했다. 엘리자는 전혀 흔들리지 않았다. 마지막으로 낸시와 콜맨 부인은 그녀가 짐 싸는 것을 도와주려 했지만 그녀는 거절했다. 휠락은 잠깐 동안 제정신이 들었을 때, 배 위에서는 음식의 질이 떨어진다는 것을 고려하여 선교관에 있던 장기 보존 식품들을 모두 요구했다. 휠락 부인은 자신이 혼자 할 수 없는 경우를 제외하고 일체의 도움을 거절했다. 그래서 아도니람은 세관에 짐이 통과되는 것과 작은 배를 구하는 것을 도와주었고, 콜맨은 배에 올라 탈 때까지 함께 해주는 도움만 베풀 수 있었다. 이렇게 헤어지는 것은 좋은 방법이 아니었다. 이제 분명 죽음을 향해 가고 있는 휠락을 볼 때 선교사들의 마음은 아팠지만 아마 다른 한편으로는 그의 아내를 마지막으로 본다는 데에 안도의 한숨을 내쉬었을 것이다.

    이 여행의 결과는 후에 알게 되었지만 예측했던 대로였다. 벵갈 만의 풍랑 속에서 휠락은 심한 열병으로 거의 미쳐갔다. 여행을 떠난 지 13일 되는 날이었다. 휠락 부인은 남편이 자는 줄 알고 잠시 편지를 쓰고 있던 중이었다. 책상이 침대를 등 뒤로 하고 글을 쓰게끔 되어 있었다. 갑자기 문이 닫히는 소리가나서 뒤를 돌아보니 그가 침대에 없었다. 그녀는 급히 그를 뒤쫓아 달렸지만 이미 늦었다. 그는 갑판에 올라가서 바다에 자신을 던졌던 것이다. 거센 바람 속에서 그를 구조하기는 불가능했다.

휠락 부부가 떠난 후에 선교사들은 각자 자신의 일을 계속했다. 콜맨은 아직 건강을 완전히 되찾지 못해 온종일 일하는 것이 불가능했지만 버마어를 배우는 데에 많은 진전을 보였다. 낸시는 계속 여성 모임을 가졌고 또한 집안일들을 도맡아 했다. 여가 시간에 그녀는 1년 전부터 해온 시암어 공부를 했다. 그녀는 교리문답과 아도니람의 소책자 그리고 마태복음을 시암어로 번역했다. 그리고 재미 삼아서 시암어로 된 책, "아주 큰 코끼리로 현신한 신의 이야기"를 영어로 번역하기도 했다. 아도니람은 계속 자얏에서 일을 했다.

마웅 나우의 개종은 선교에 있어 큰 원동력이 되었다. 새 종교에 대한 랑군 사람들의 호기심이 충족되었고, 이제 찾아오는 사람들은 기독교를 자신의 종교로 받아들이는 것에 대해 특별한 관심을 보였다. 그 중 어떤 이들은 선교관 뜰에 움막을 짓고 사는 (이것은 이 나라의 자유롭고 관대한 태도에서 나온 것으로 아주 흔히 볼 수 있는 일이었다) 사람들이었는데 그곳에 몇 달째 기거하는 중이었다. 대나무로 집을 짓는 것은 텐트를 치는 것만큼 쉬웠고 일상적으로 버마인들은 자기가 원하는 곳이면 어디든지 집을 짓고 원하는 대로 얼마든지 머물렀다.

이런 떠돌이들 중에 마웅 뜨알라는 사람이 있었다. 그는 여동생 마 베익과 그녀의 남편과 함께 뜰에서 살고 있었다. 하루는 우연히 아도니람이 "그의 마음 상태"를 물어보았을 때 그는 자신이 죄인이고 다른 모든 사람과 마찬가지로 장래에 벌을 받게 될 것이라는 사실에 대해 심각하게 생각한다고 대답했다. 그는 혼란스러워했다. 왜냐하면 불교에 의하면 죄를 용서받는 길은 없다고 하는데, 아도니람은 그런 방법이 있고 천국도 있으며 거기에 들어갈 수 있는 방법도 있다고 했기 때문이었다.

아도니람은 마웅 뜨알라에게 기독교에 대해 설명해주었고 낸시 또한 그의 여동생 마 베익을 맡았다. 마 베익이란 여자는 보통의 버마 여자들보다 더 독립적이고 호전적이어서 분노를 다스리는 능력이 부족했다. 그녀는 기독교적인 겸손을 배우려고 열심히 노력했지만, 이웃에 사는 다른 여인의 날카로운 한 마디에 금방 폭발해버려 한 시간 남짓 격렬한 분노에 사로잡혀 이성을 잃었다. 그 후 술주정뱅이가 술 마신 것을 후회하듯이 죄책감을 느끼지만 그녀에게 자신의 감정을 절제하라는 것은 알콜 중독자에게 술을 끊으라는 것과 같았다. 그러나 오빠 마웅 뜨알라는 전혀 다른 성격이었다. 그는 인내했고 은혜 안에 자라났다. 아도니람은 그에게 특별히 관심을 가졌는데 비록 배운 것은 없었지만 선교관 뜰에 기거하는 그 누구보다 박식하고 선천적인 능력이 뛰어나보였기 때문이다. 휠락이 떠난 지 몇 주 정도 지난 때에 아도니람은 그가 개종자가 되었다고 믿게 되었다.

마웅 비야이는 가족과 함께 선교관 뜰로 옮겨온 또 다른 사람이었다. 다른 버마인들과 다르게 그가 자얏에 있던 아도니람과 낸시의 수업을 참가하기 전까지는 한 번도 읽거나 쓰는 것을 배운 적이 없는 사람이었다. 자얏 안에서 그는 5-6명의 사람들과 함께 횃불과 흑판을 가지고 자기가 써내려 가는 글자들을 꽈, 꽈르, 꿰뀌, 꽈꾸하며 열심히 발음했다. 아도니람에게 남겨진 마웅 비야이의 첫인상은 "마음으로 그리스도를 받아들이기에는 너무나 형식적이고 편협하며, 오직 착한 일을 해야 한다는 의식이 너무 강하다"였다. 그러나 이것은 문맹이었던 그가 글로 쓰인 성경 말씀에 과잉 반응을 나타냈기 때문이었고 곧 그의 마음은 신속히 열리기 시작했다.

그 즈음에 마웅 뜨알라와 많은 시간을 함께 있던 마웅 잉이라는 가난한 어부가 선교관 뜰에 자주 왔다. 그는 마웅 뜨알라에게 자기가 "오랫동안 진정한 종교를 찾아다녔고, 착각 속에 살다가 지옥에 가느니 차라리 짐승으로 태어나는 게 더 나을 것 같다"고 고백했다. 그의 어머니는 로마 가톨릭교도와 결혼해 적어도 의식은 기독교인화 되어 있었다. 아버지는 오래 전에 사라졌지만, 그는 아직도 영원한 신의 존재에 대한 어릴 적의 희미한 기억을 가지고 있었다. 마웅 뜨알라의 영향으로 기억이 되살아났고 이윽고 그도 기독교인이 되어가고 있음이 확실했다.

마웅 뜨알라, 마웅 비야이 그리고 마웅 잉 … 모두 먼저 침례를 받은 마웅 나우처럼 가난하고 하류층에 속한 사람들이었다. 이들이 아도니람의 마음에 강하게 부딪쳐왔다. 하나님께서 그들의 영혼을 구원하는 일을 황제를 구원하는 것만큼 기뻐하신다는 것을 그는 알고 있었다. 그리고 여기 자얏에 오는 또 한 사람이 아도니람의 흥미를 끌었다.

그의 이름은 마웅 슈웨이그농이었다. 그는 중년의 나이로 랑군에서는 꽤 유명한 선생이며 학자인고로 고대의 소크라테스처럼 항상 많은 무리의 사람들을 이끌고 다녔다. 그는 실제로 소피스트들과 비슷한 점이 있었다. 그가 비록 불탑에 가서 예배를 드리고 '주요한 관례들'을 지킴으로 관습에 순종적인 모습을 보이기는 했지만 아도니람에게 그는 "반은 자연신론자고 반은 회의주의자처럼 보였다. 버마인들 중에 이런 사람은 처음 만나본다"고 했다. 아도니람은 그 어떤 버마인들보다도 마웅 슈웨이그농을 만나는 것을 좋아했다. "그는 최고의 논증가이다. 이제 고인이 된 옛 선생 우 옹 멩을 제외하고는 이 나라에서 이런 사람을 본적이 없다. 마웅 슈웨이그농은 우 선생보다 뒤떨어진 데가 없었다."

그 후로 종종 두 사람은 하루 종일 자얏에서 마웅 슈웨이그농의 추종자들이 지켜보는 가운데 같이 보내게 되었다. 그들의 대화는 신학과 철학이 주된 주제였다. 대화 자체도 그렇지만 개인적으로 서로의 생각을 알아가는 즐거움도 있었다.

처음에 이 학자는 아도니람을 놀라게 했다. "종교에 대한 그의 생각은 끊임없이 변화했기 때문에 그의 본심을 알 수가 없었다. 몇 시간 동안 광활한 벌판을 돌아다니듯 대화하다보면 결국에는 회의적이 되어 처음 출발한 데로 돌아와 있었다." 그러나 시간이 지나면서, 이해하기 어려운 마웅 슈웨이그농과의 대화를 파악하는 열쇠는 그를 침착하게 대하는 데 있음을 알았다.

어느 날 두 사람이 밤 깊도록 이야기하다 추종세력들은 다들 떠나고 둘만 남았다. 곧바로 마웅 슈웨이그농의 태도가 바뀌었다. 약간 빈정대고 회의적인 말투가 사라졌다. 그는 아도니람에게 자신이 종교에 대한 내적 지식이 없다는 것을 인정하고 그를 가르쳐 줄 것을 감동적으로 부탁했다. 그리고 그가 떠날 때에 아도니람에게 '쉬코'(버마인이 자신보다 확실히 높은 지위에 있는 사람에게만 행하는 인사법)를 행함으로 아도니람을 놀라게 했다.

하루는 아도니람이 마웅 슈웨이그농과 온 종일 대화하면서 그가 왜 기독교를 알고 싶어하는지 들었다.

"아마 8년 전 쯤에 그는 문득 영원한 존재에 대한 개념을 생각하게 되었다. 이것은 그의 불교적인 사고를 괴롭히며 지속적으로 머릿속을 맴돌았다. 자신의 추종자 중에서 내 소책자를 받은 어떤 사람이 우리 이야기를 하는 것을 듣고, 그는 영원한 존재에 대해 확신을 가지게 되었다. 오늘 그는 이 가장 기본적인 큰 원리가 진실임을 인정했다. 나머지 오후 시간에 우리는 신적 계시의 존재 가능성과 예수 그리스도의 책들이 그러한 계시를 포함하고 있다는 증거에 대해 이야기했다. 내 생각에는 그가 이 모든 것을 반쯤은 인정하는 것 같다. 그의 생각 속에 하나님의 은혜가 역사 하실 수 있는 길이 열린 듯하다."

이것은 선교에서 일찍이 보지 못했던 발전이었다. 그러나 그 발전으로 위험 또한 가중됐다. 더 많은 사람들에게 선교활동의 목적이 알려지기 때문이었다. 얼마 전에 죽은 보도폐야 왕도 성직자들을 싫어했는데, 아도니람은 사람들로부터, 아바에 있는 '물과 땅의 주'인 황제의 호감을 얻거나 최소한 묵인을 얻어내지 못한다면 많은 개종자들을 만들지 말라는 경고를 거듭 들어왔다. 황실을 화나게 하는 것에 대해 사람들은 그것이 마치 천장에 머리카락 한 가닥으로 매달려 있는 칼을 보고 조마조마하는 것과 같다고 여겼다. 모든 관리들은 왕의 조그마한 기분이라도 세심히 읽어내 그에 따라 행동하는 일에 자기 목숨이 달린 것처럼 행동했다. 왕의 표정이 한번 일그러지는 것만으로도 선교와 조금이라도 관련이 있는 버마인들이 심한 고문과 함께 죽음을 맞이할 수도 있는 노릇이었다.

그의 백성 중 어떤 이들이 고타마를 버리고 그리스도를 택한다는 소식에 이제 새로 왕이 된 바지도가 어떻게 반응할지는 아무도 몰랐다. 좋지 않은 징후들은 이미 있었다. 1819년 바지도가 왕좌에 오른 후 많은 불탑들이 지어졌다. 소문에 의하면 바지도가 선조들과는 다르게 불교를 장려하고 있다는 것이었다. 만약 그것이 사실이라면 곧 기독교가 핍박을 받을 수도 있었다. 아니면 기독교가 외세와 동일시되어서 체제전복이나 스파이 활동, 반역 죄 등의 죄명을 쓰게 될 수도 있었다. 이런 위험 요소가 있었기에 마웅 뜨알라와 마웅 비아이는 선뜻 침례를 받게 해달라는 말을 하지 못했다. 아도니람이 마웅 잉에게 그가 자신의 생명보다도 그리스도를 더 사랑하느냐고 물어보았을 때, 그는 "아주 천천히 그리고 의지적으로 '제가 이 종교에 관해서 묵상할 때, 저의 생명을 사랑하는 것이 아무 것도 아니라는 것을 압니다'"라고 대답했다.

하지만 마웅 잉은 고기잡이를 떠나서 몇 달 동안 안 보일 수도 있었다. 아도니람의 입장에서는 그가 비록 진실로 믿고는 있으나 침례 받을 준비는 안 되어 있다고 생각했다. 버마의 믿는 자들에게 침례를 주는 단계에서 아도니람은 미국이나 영국의 그리스도인보다 더 많은 것을 요구했다. 버마의 기독교인은 기독교에 호의적인 문화에서는 상상할 수 없는 압박을 견뎌내야 한다는 것을 알고 있었기 때문이었다.

가을 어느 날 태수가 "그의 병사들의 호위를 받으며 커다란 코끼리를 타고 지나갔는데 우리를 매우 유심히 보며 지나갔다." 아도니람의 조심스러움이 잘 발휘되는 순간이었다. 한두 시간이 지난 후 태수의 개인 비서들이 자얏에 와서 아도니람에게 인쇄 방법을 보여줄 것을 명령했다. 그는 인쇄기술을 가진 선생이 뱅갈로 떠났으며 갈 때에 인쇄도구들도 같이 가지고 갔다고 대답했다. 비서들은 당연히 이러한 대답에 만족하지 못했다.

다음날 아도니람은 태수와 개인적으로 면담할 수 있는 기회를 얻었다. 태수는 그의 해명을 그리 불쾌해 하지 않고 받아들였다. 그러나 그 다음날에 태수는 다시금 자얏을 지나갔는데 조금 후에 명령을 보내어 아도니람에게 미국역사에 대해 번역하고 인쇄해서 제출하도록 요청했다. 아도니람은 태수를 직접 만나겠다는 말로 이 명령을 겨우 피해갔다. 그리고 태수를 만나자 그는 자신이 버마 역사서들의 문체를 잘 모르기 때문에 글을 쓸 수가 없다고 간절하게 이야기하며 자신의 소책자를 대신 주었다. 태수는 소책자를 비서에게 건네주어 읽도록 했다. 그러나 첫 문장을 읽자마자 멈추게 하고 아도니람에게 말했다. "이것은 전에 봤던 글이야. 나는 이런 종류의 글을 원하지 않소."

몇 주 후에 아도니람은 마웅 슈웨이그농이 기독교에 대해 무관심해가고 있음을 눈치챘다. 그는 자신의 믿음에 대해 언급하기를 회피했고 아도니람과 단둘이 있을 때에도 "최대한 알아듣기 어려운 입장을 취했다. 어떤 때에는 조지 버클리처럼 어떤 때는 데이비드 흄처럼 아니면 완전한 회의주의자처럼 보였다." 얼마 안 가서 그는 자얏에 더 이상 찾아오지 않았다. 왜 그럴 수밖에 없는지는 랑군에 떠도는 소문이 대신 말해주었다. 사실 그동안 불교 승려들과 선생들은 기독교 선교활동을 감시해왔다. 그 와중에 마웅 슈웨그농이 자얏에 찾아간 일이 그들에게 보고되었다. 그 선생 중 한 명인 '망겐'이 마웅 슈웨그농이 자신의 토속 종교를 버렸다는 이야기를 태수에게 전달했다. 태수는 이야기를 듣고 단지 "더 알아보라"고만 했다. 이것만으로도 마웅 슈웨그농에게는 충분히 효력이 있었다. 이 일이 그의 귀에 들어가자마자 그는 태수에게 보고한 사람을 찾아가―아도니람의 슬픔과 역겨움에 찬 표현을 빌리자면― "아마도 내 판단으로는 그가 사과하고, 해명하고, 아첨을 했을 것으로 안다."

마웅 슈웨그농이 선교관을 다시 찾게 된 것은 3주 후였다. 그는 자신의 입장을 번복하지 않았다고 주장했다. 아도니람은 그가 정말로 그러지 않았기를 소원했다. "그러나 그는 기독교에 대해 알려고 하는 마음이 없어진 것은 확실했다. 그는 무례하지 않게 떠날 수 있는 한도에서 최대한 빨리 떠났다."

마웅 슈웨그농과의 일이 있은 후에 아도니람은 당분간 자얏에 가지 않는 것이 현명할 거라는 판단을 내렸다. 11월 첫째 주에 있는 연례 축제 때가 되면 거리는 불교도들로 가득 차게 된다. 이 축제는 새 왕의 대관식과 생일이 우연히도 겹쳐 있었다. 이런 때에 비버마적이고, 비불교적인 반체제 사상을 전파하는 백인이 자얏에서 목격된다는 것은 바보스러운 일일 터였다. 선교사들에게 침례를 받으려고 청했던 마웅 뜨알라와 마웅 비야도 겁에 질려 있었다. 그들은 침례를 받겠다는 요청서 끝 부분에 "완전히 은밀히는 아니지만 공적으로 눈에 띄지 않는 곳에서 해 저무는 때에 받기를 원합니다"라는 말을 추가했다. 그 요청서에는 추가로 그들이 성경책을 찾아보았는데 "침례요한이나 다른 침례자들이 침례를 줄 때에 특별한 시간이나 특별한 날을 정하고 있지 않았음을 알았습니다. 그러므로 우리들은 선생님들께서 땅조웅몽 달의 6일째 되는 날, 6시에 우리에게 침례를 베푸시기를 요청합니다"라는 글이 덧붙여 있었다.

아도니람과 콜맨은 이 망설이는 두 제자들에게 혹시나 비밀리에 기독교 신앙을 가지고 다른 사람들 앞에서는 불교인인 것처럼 행동하려는 것은 아닌지 물어보았다. 그러나 그들은 추호도 그런 의도는 없다고 했다. 만약 그들이 정말로 관리들에게 붙잡혀 기독교인으로 의심받게 된다 해도 "그들은 예수 그리스도를 부인한다는 것을 상상할 수 없다고 말했다." 선교사들은 그들의 요청이 이유 있다고 판단했다. 기독교 역사에서 비공개적인 침례가 행해졌던 때가 이번이 처음은 아니었기 때문이었다.

1819년 11월 7일 일요일, 선교관 가족들은 평소처럼, 단 자얏이 아닌 선교관에서 예배를 드렸다. 예배가 끝나 버마인 방문객들이 떠난 후, 해가 지기 30분 전에 두 침례 대상자들은 친구들 서너 명과 함께 자얏으로 왔다. 짧은 기도를 마치고 이 소수의 사람들은 마웅 나우가 침례를 받았던 커다란 불상이 내려다보고 있는 그 연못으로 최대한 은밀하게 이동했다. 해가 저물었고 잔잔한 물은 거의 캄캄했다. 여기에서 두 번째와 세 번째 버마 개종자인 마웅 뜨알라와 마웅 비야이는 침례를 받았다. 그리고 그들은 성찬식을 하러 조용히 선교관으로 돌아왔다.

그날 밤 아도니람은 이 침례의식에 대해 슬픈 마음으로 다음과 같이 적었다.

기쁜 마음이 우러나 주님께 영광을 돌리려는 찬양은 없었다. 의식이 치러지는 장면은 조용하고 심각했다. 물가에서 우리는 마치 작고, 약하고, 외로운 존재들처럼 느껴졌다. 어쩌면 주위에 있던 천사들이 이 장면을 전에 있었던 첫 침례 의식보다 더 관심 있게 보고 있었는지도 모른다. 어쩌면 예수님께서도 우리를 내려다보시고, 불쌍히 여기시고, 우리의 연약함을 용서하시고, 자기의 사람들로 인치셨을 것이다. 만약 우리가 그분을 부인하지 않는다면 그분도 그날에 우리를 부인하지 않으실 것이다. 우리가 지금 위험을 무릅쓰고 예수 그리스도를 인정한 것보다 훨씬 더 크게 인정해 주실 것이다.

아도니람은 일주일 후에 자얏에 되돌아왔다. 거리에는 사람들이 넘치고 날씨도 좋았음에도 불구하고 자얏에 찾아오는 손님은 한 명도 없었다. 그는 왜 그런지 알고 있었다.

우리와 사역은 이제 랑군 전역에 잘 알려져 있다. 아무도 전처럼 호기심으로 우리에게 다가오지 않는다. 그리고 아무도 감히 종교적 관심을 보이지도 않는다. 교회 지도자들이 우리가 개종자들을 만드는 것에 성공하지 못할 거라고 자신 있게 말했듯이, 나 또한 직접적인 핍박과 괴롭힘을 당하게 될 것을 의심하지 않는다.

바로 그날, 아도니람과 낸시는 화해할 수 없는 적, 망겐 선생과 불쾌한 만남을 가졌다. 그 일은 아도니람이 이해하고 있던 '박해'라는 단어의 뜻과 일치하지는 않았지만 분명 악의적인 괴롭힘이었다. 아도니람과 낸시는 매일 이른 아침에 말을 타고 몇 킬로미터 떨어진 광천에 목욕을 하는 습관이 있었다. 그들은 슈웨다공 절로 이어지는 길 중 하나를 이용하고 있었다. 그런데 갑자기 망겐 선생이 길가에서 한복판으로 나와서 그들을 멈추게 했다. 그 선생은 며칠 동안 저드슨 부부를 감시해서 그들이 자주 이용하는 길을 다 알아내었던 것 같다. 그는 권력의 뒷받침을 받고 있어 두려움이 없다는 투로 불탑 근처의 어떤 길에서도 말을 타는 것을 금지한다고 거만하게 말했다. 그것을 어길 시에는 맞을 각오를 하라고 협박했다.

당황한 두 사람은 말을 돌려 집으로 가서 이 문제에 대해 더 알아보았다. 알고 보니 정말로 태수가 망겐 선생의 요청에 따라 "아무도 거룩한 절 근처의 땅에서 모자를 쓰거나, 신발을 신거나, 양산을 써서는 안 되고 말을 타서도 안 된다"라는 명령을 내렸다고 한다. 이 근처의 땅이란 슈웨다공 절에서 800미터 이내의 모든 땅과 모든 주요 도로를 말하고 있었다. 말을 타고 모자를 쓰고 신발을 신는 사람들은(양산은 버마인들도 가끔 썼다) 선교사들뿐이었고, 이것은 그러한 모습으로 매일 아침 목욕하러 가는 그들을 잡기 위한 명령이었다. 이제 그들은 망겐 선생이나 승려들 집단에서 태수를 다그쳐 내리는 이런 저런 명령들로 괴롭힘을 당하는 신세였다. 이것을 막으려면 한 가지 방법밖에 없었다. "우리 사역을 황제에게 이해시켜야 한다. 만약 그가 우리를 보고 찡그린다면 그의 구역에서 선교는 포기해야 한다. 그러나 그가 우리를 좋게 생각해준다면 적들은 머리카락 하나도 건드리지 못할 것이다." 콜맨은 동의했다. 그리고 11월 말에 그들은 아바로 갈 준비를 했다.

아바로 가는 여행은 쉬운 것이 아니었다. 황제가 있는 도시는 이라와디 강을 타고 560킬로미터 정도 올라간 내륙 지방에 있었다. 거기에 가본 외국인은 열 손가락 안에 꼽혔다. 강에는 해적들로 가득했고, 강변에는 다코이트라고 부르는 무장한 강도단들이 득실거렸다.

다른 위험요소도 있었다. '황금존재'(황제)는 절대 권력의 원천이었고, 음모로 겹겹이 둘러싸여 있어 접근을 시도하는 것만으로도 위험한 일이 될 수 있었다. 이런 위험들은 그래도 왕궁 안에 두 사람의 친구 깁슨과 로저스가 있었기 때문에 어느 정도 줄었다. 로저스는 믿을 만한 사람이 아니었지만, 깁슨은 랑군에 있을 때 도움을 준 적이 있었다. 더 든든했던 것은 창을 들고 다니던 랑군의 옛 태수 미야데이멘(그녀의 부인은 로저가 죽었을 때 낸시에게 많은 위로가 되어 주었다)이 황제의 수상이었다. 그는 '운지'라는 직함을 가지고 있었는데 이는 황제 다음으로 높은 사람이었다.

낸시는 운지의 부인과 두터웠던 옛 우정을 생각하며 아도니람과 같이 여행을 갔으면 했다. 그러나 아도니람은 허락하지 않았다. 외국인이 '황금 발' 앞에 나아와 이방 종교를 버마인들에게 전파하는 것을 허락해 달라는 것만으로도 충분히 혁명적인 일이었다. 하지만 자기 부인을 어느 외국 여자도 가보지 못한 곳에 등장시키는 것은 너무도 위험한 일이었다. 그리고 아도니람과 콜맨은 자신을 왕에게 어떤 식으로 소개할 것인가에 대해 고민했다. 왕에게 선물을 주어야 한다는 것을 알고 있었지만 가난한 두 선교사가 동양의 황제의 눈에 좋게 보이는 무엇을 줄 수 있겠는가?

그들은 성경책을 주기로 결정했다. 그것은 6권으로 된 거대한 영어 성경책이었다. 그들은 금 세공업자에게 책표지를 금박으로 치장하고 화려하게 포장했다. 그들이 할 수 있는 최선이었다. 그들의 생각에는 이 선물이 특이하고 적절할 것 같았다.

다음 문제는 어떠한 옷을 입고 황제 앞에 나아갈 것인가였다. 선교사들이 보통 입고 있던 검은 양복은 적당하지 않았다. 불교 승려들이 입고 다니는 노란색 의복은 직업을 잘 표현해주었지만 잘못된 인상을 심어줄 수 있었다. 그들은 성가대 옷과 같은 하얀색 로브를 만들어 입기로 결론지었다. 그 옷은 모양으로 그들이 종교 선생이라는 직업을 표현해주면서도 색깔로는 불교도들이 아니라는 것을 보여줄 수 있을 것이다.

그들이 이렇게 준비하는 동안에 마웅 슈웨이그농이 찾아왔다. 그는 자얏 근처에도 나타나지 않았지만 아도니람을 끝까지 외면할 수는 없는 듯 보였다. 이번에 그는 머리가 깨질 것 같은 질문들을 몇 시간 동안 해댔는데 아도니람은 모두 완벽하게 대답했다. 갑자기 마웅 슈웨이그농은 지금까지 자신이 한 말을 한 마디도 믿지 않는다며 단지 아도니람과 그의 종교를 시험해보고 싶었을 뿐이었다고 했다. 그는 말했다. "당신이 제 질문에 하나라도 대답하지 못했다고 해서 제가 신경을 쓸 것 같습니까?" 그는 진정으로 하나님과 그분의 아들 그리고 그분의 죄 사함에 대해 믿고 있다고 했다. 다시 말하자면, 그는 마음속으로 이미 그리스도인이었다. 그러나 아도니람은 회의적이었다. "당신은 내가 준 마태복음 속에 기록된 모든 것을 믿습니까? 특별히 당신은 하나님의 아들이 십자가에 달려 죽었다는 사실을 믿습니까?"

"아, 당신은 정확히 집어 내셨군요." 늙은 선생은 유감스럽다는 듯이 고백했다. "저는 그가 죽음의 고통을 받으셨다는 것을 믿지만, 그가 십자가에서 부끄럽게 죽었다는 것을 인정할 수가 없습니다."

아도니람은 이미 마웅 슈웨이그농을 잘 알았기에 이런 대답이 나올 줄을 알고 있었다. 버마인으로서, 특별히 높은 지위의 교육을 많이 받은 사람이라면 신이 그의 아들을 어떠한 방법으로든지 불명예스러운 상태에 놓이게 한다는 것을 이해하지 못했을 것이다. 이런 개념 자체가 모순이었다. 아도니람은 그러한 생각을 받아들이지 못한다는 것이 무슨 뜻인지 설명해주었다. "그러므로 당신은 예수 그리스도의 제자가 아닙니다. 진정한 제자는 자기 자신의 이성에 맞느냐 맞지 않느냐를 가지고 진리를 따지지 않고, 그것이 성경에 기록되어 있는지 아니면 기록되어 있지 않는지의 여부로 진리를 판가름합니다. 예수의 제자는 신적인 계시를 자신의 이성보다 더 높이 둡니다. 선생님, 당신의 교만은 아직 깨지지 않았습니다. 교만을 꺾고 하나님의 말씀을 들으십시오."

마웅 슈웨이그농은 잠시 생각에 잠겼다. 그리고 입을 열었다. "당신의 말을 들으며 저의 문제점을 알았습니다. 저는 하나님의 말씀이 아닌 저의 이성을 믿고 있었습니다." 누군가 들어오자 그는 조용해졌다. 그리고 그 사람이 조금 후에 나가자 그는 다시 사려 깊게 말했다. "이 날은 이제까지 제가 당신을 찾아온 날과 조금 다릅니다. 저는 제 자신의 이성만을 믿었던 오류를 인정합니다. 저는 그리스도의 십자가에 달리신 사건을 믿습니다. 왜냐하면 그것은 성경에 기록되어 있으니까요."

그리고 그들은 이것저것 여러 가지 주제로 이야기하다가 삶의 불확실성에 대한 이야기가 나왔다. 마웅 슈웨이그농은 말했다. "제가 갑작스럽게 죽는다 해도 지옥으로 가지 않을 것으로 생각됩니다."

"왜 그런 생각을 하지요?"

"왜냐하면 저는 예수 그리스도를 사랑하기 때문입니다."

"정말로 그를 사랑하십니까?"

"그를 진실로 안다면 누구도 사랑하지 않을 수 없습니다." 그는 이런 말을 하고 떠났다.

마웅 슈웨이그농의 방문은 배를 찾으려고 고생하던 중에 들려온 반가운 간주곡이었다. 아도니람은 그가 원하는 배를 찾기 위해 몇 주 동안 강가를 헤매고 있었다. 그 배는 바늘 모양의 줄이 그어진 전형적인 버마식 배였다. 길이는 12미터에 달했지만 넓이는 가장 넓은 부분이 1.8미터밖에 되지 않았다. 배의 앞머리는 일반적인 버마의 배들이 그러하듯 바이킹들이 타는 배처럼 용의 머리가 위로 솟아 있었다. 뒤쪽도 역시 비슷하게 올라가 있는 모양이었는데, 거기에는 방향을 조정하는 사람이 앉을 수 있는 의자와 그의 높은 지위를 나타내는 큰 양산이 보호하게끔 되어 있었다. 아도니람은 즉시 일꾼을 고용해서 대나무로 배에 전체적으로 얇은 갑판을 대고, 그 위에 자신과 콜맨이 잘 수 있는 낮은 지붕으로 된 집을 지었다. 두 사람이 기어 들어가 낮은 자세로 앉아 있을 수 있는 규모였다.

일이 잘 진행되어 가는 것을 보고 그는 태수에게 "'황금 발'에게 가서 '황금 눈'을 볼 수 있는 허가증"을 부탁했다. 이 허가증은 "매우 예의를 갖추어" 금방 발급되었다.

이제 그들이 아바로 가는 데 장애물은 하나도 없었다. 남은 것은 선원들을 찾아서 떠나는 것뿐이었다.

10. 아바, 그리고 실패 (1819)

배를 고치고 선원들을 모으는 일은 아도니람의 예상보다 훨씬 오래 걸려서 허가증을 받은 지 두 주가 지난 1819년 12월 21일에야—이 날은 낸시의 서른 번째 생일 하루 전 날이었다— 랑군을 떠날 수 있었다.

환송식은 전형적으로 화려한 버마식으로 치러졌다. 낸시와 콜맨 부인(그들은 남편들이 없는 동안 외부의 표적이 될 수 있는 선교관을 떠나 도시로 이주했다), 개종자들, 선교관에 사는 모든 사람들, 그리고 호기심으로 몰려나온 구경꾼들이 그들이 떠나는 모습을 보기 위해 부두를 가득 메웠다.

배 위에는 18명의 사람들이 있었다. 아도니람과 콜맨, 노 젓는 사람 10명, 양산 달린 높은 의자에 앉아서 방향을 지휘하는 항해사, '우두머리'라고 불리는 정부에서 파견 나온 사람, 두 명의 요리사—한 사람은 아도니람과 콜맨을 위해, 또 한 사람은 마웅 나우였는데 나머지 선원들을 위해 요리했다―. 힌두계의 세탁 담당자, 그리고 평생을 불운하게 살다가 이제 버마의 황제를 만나 무언가 삶의 변화를 기대하는 영국인이 있었다. 그는 장총과 나팔총 등으로 배의 무장을 책임졌다.

마웅 슈웨이그농은 그 자리에 없었다. 아도니람은 그에게 같이 가자고 초청했지만 그는 내적인 회의 때문에 거절했고 선교관에도 한동안 나타나지 않았다. 이제 선원들은 구호에 맞춰 진흙으로 누런 강물 위로 노를 저어 나갔다. 길고 가느다란 배는 잘 가라는 친구들의 떠들썩한 인사 속에서 부둣가를 뒤로 하고 멀어져갔다. 그때 아도니람은 큰 키 때문에 사람들 속에 우뚝 솟아 있는 마웅 슈웨이그농의 모습을 발견했다. 아도니람이 보았다는 것을 알아챈 마웅 슈웨이그농은 천천히 손을 올려 점잖은 모습으로 인사를 했고 배가 완전히 시야에서 사라질 때까지 그는 여전히 손을 흔들고 있었다.

단풍이 쌓인 슈웨다공 탑도 곧 지평선 너머 사라졌고 그들은 이라와디 강과 랑군 강이 접하는 삼각주에 와 있었다. 며칠 뒤 그들은 넓은 이라와디 강에 진입했다. 이제 낮은 평야 지대의 삼각추를 벗어나서 망고, 타마린드, 바나나, 무화과나무들이 있는 고원의 수풀지대로 들어섰다. 강변에는 대나무와 초가집으로 된 어부 마을과 금방 무너질 것 같이 흔들거리는 부두에는 작은 배들이 몰려 있었다. 배 갑판 위에서는 숲의 향기와 함께 '응아피'라고 부르는 버마의 대표적인 조미료 만드는 냄새가 코를 찌르며 풍겨왔다. 이 '응아피'는 향신료와 부분적으로 썩힌 생선을 함께 버무려 만든 것이었다.

넓은 강은 티크를 운반하는 뗏목, 쌀을 싣고 가는 허름한 배들, 그리고 이런 저런 운송 수단으로 가득 차 즐거운 장관을 이루었다. 그러나 아도니람과 콜맨은 위험에 대해서도 경계하고 있었다. 그 중 한 가지는 강도단들과 해변에 있는 무장 강도단인 다코이트라는 무리들이었다. 그들이 첫 날 머물렀던 마을에서도 다코이트들이 바로 며칠 전에 깁슨의 배를 습격해 항해사와 선원 한 명을 죽였다는 사실을 알았다. 일주일이 지난 후, 조금 더 큰 도시에서는 큰 배를 습격해 선원을 다치게 하고 1,500티칼(약 1200만 원. 당시 일반 버마 노동자 150명 월급 규모에 해당됨—편집자) 규모의 물건을 훔쳐 달아난 다코이트들을 쫓는 일개 부대 규모의 병사들도 볼 수 있었다.

또 다른 종류의 위험은 끝없이 펼쳐진 독재 전제정치의 횡포로 인한 자취들이었다. 내륙으로 들어갈수록 풍족하고 기름진 땅들이 펼쳐져 있었지만, 강가의 마을들은 한없이 가난해 보였다. 빈곤한 마을들에 비해 옛날 왕들이 세웠던, 지금은 버려진 도시들은 큰 대조를 이루었다. 황폐한 도시들은, 고지대가 내리막 언덕으로 끝이 나고 숲이 우거진 높은 산이 작은 골짜기에서 끝을 맺는 지점의 강가에 수천 평에서 수십만 평에 이르는 지역을 차지하고 있었다. 이 폐허에는 수천 개의 흰 돌탑과 궁궐, 불상이 있었다. 버마에서는 새로운 왕조가 들어서면 거의 대부분 옛 수도들을 잡초와 원숭이, 쥐들에게 넘겨준 채 새 도시를 건설했다.

이런 식으로 버려진 수도들 중 아직도 무역의 중심으로 이용되는 프롬이라는 도시와 8세기 전 불교가 국교로 선포되었던 '파간'(현 지명은 버간—옮긴이)이 있었다. 이 두 도시를 제외하고 다른 곳은 사람이 전혀 살지 않거나, 아니면 소수의 무리들이 이제는 거의 무너져버린 거대하고 복잡한 벽돌 폐허 사이에 허름한 오두막을 지어놓고 살았다. 그들이 북쪽으로 가면 갈수록 사람들은 불친절해졌고 해적들에 대한 경고는 높아만 갔다. 그러나 실제로 해적의 습격을 받은 것은 그들이 랑군을 떠난 지 한 달이 지나고 아바에 도착하기 4~5일 전쯤이었다.

저녁때가 되어 육지에 배를 대려고 닻을 내리고 있는데 갑자기 사람으로 가득 찬 배가 그들을 향해 쏜살같이 달려오고 있었다. 선교사들이 탄 배의 우두머리가 그 배에 경고를 보냈지만 그들은 멈추지 않았다. 그들이 선교사들의 배에 거의 올라타려는 순간 우두머리가 총을 쏘아 공격을 개시했다. 효과가 있었다. 해적들은 제발 그만 쏘라고 빌며 급히 배의 방향을 틀어 빠르게 도망쳤다. 그날 밤에는 이 사건으로 인해 아무도 잠을 잘 수가 없었다. 하지만 더 이상의 습격은 없었고 며칠 뒤 아바에 거의 다다르면서 위험한 지역을 빠져 나왔다.

1820년 1월 25일, 한 달이 조금 지난 여행으로 그들은 수도에서 6킬로미터 정도 떨어진 강가에 도착했다. 그곳에서도 아도니람과 콜맨은 "금빛 찬란한 궁궐의 뾰족한 꼭대기와 반짝이는 탑들을 볼 수 있었다." 이곳이 황금의 존재가 사는 아바였다. 아도니람이 앤도버에서 버마 선교사가 될 결심을 하는 데 큰 영향을 끼쳤던 사임의 책 『아바 왕국으로 간 사절단』에서 읽었던 신비한 황금 왕조의 전설과 같은 곳이었다.

그러나 이제야 알게 된 사실이지만 아바는 두 개가 있었다. "옛 아바"는 전 왕조가 있었던 곳이었고, '아마라푸라'라고 더 많이 불리는 "새 아바"는 강을 따라서 몇 킬로미터 더 올라가야 했다. 지금 황제는 아마라푸라에 살고 있었다. 점심 때 배가 닻을 내린 곳은 수많은 탑들이 인상적인 스가잉이라는 작은 촌락의 반대편 지점이었다. 스가잉도 한 때는 황제들이 기거하던 곳이었다 (스가잉은 오늘날 버마에서 두 번째로 큰 도시 '만달레이'이며 아도니람 시대의 두 아바로부터 강을 따라 몇 킬로미터 위에 위치하고 있다―저자 주). 아도니람과 콜맨은 그날의 나머지 시간을 여러 가지 일들로 분주하게 보냈다. 그리고 다음날 아침 일찍 황제와의 면담을 성사시키기 위해 길을 떠났다.

랑군을 떠나기 전에 아도니람은 미리 미야데이멘에게 황제와의 면담을 한 번 성사시켜 달라고 부탁했었다. '운지'라는 직함을 가진 미야데이멘은 '흘룻타우'라는 네 명으로 이루어진 국정 최고 집행기관에서 황제를 대신해 인사, 행정, 재정, 재판에 관련된 일을 맡고 있었다. 황제의 개인 자문 위원인 4명의 '앗윈운'들만이 이들과 상응하는 권력을 쥐고 있었다. 버마 사람들은 '운지'가 더 권력이 강한가 아니면 '앗윈운'들이 더 강한가를 놓고 항상 논쟁을 벌였다.

아도니람이 미야데이멘을 처음 만난 것은 6년 전 낸시와 처음 랑군에 와서 태수인 그에게 인사했을 때였다. 그들은 고집쟁이 같아 보이는 노인이 긴 창을 들고 이리저리 거니는 것을 보고 처음에는 두려워했다. 그러나 그가 마지막 임기를 보내던 때에는 그와 친해지게 되었다. 작은 로저의 죽음 이후로 그의 아내는 낸시와 가장 가까운 버마인 중의 한 사람이 되었다. 그리고 미야데이멘 자신도 저드슨을 꽤 친하게 여기고 있었다. 그래서 아도니람과 콜맨은 값비싼 옷과 선물들을 진 서너 명의 선원들과 마웅 나우를 수행원으로 이끌고 6킬로미터 정도 떨어진 미야데이멘의 집을 향해 도시 안으로 향했다.

가는 길에 그들은 도시 외곽에 사는 깁슨과 로저스의 집에 각각 들렸다. 아도니람은 혹시 깁슨이 어떤 도움이 되지 않을까 기대했다. 그는 버마 정부의 호감을 얻고 있었으며 이전에 과도한 인두세를 요구받았을 때 선교사들을 위해 중재해 준 사람이었다. 물론 로저스에 대해서는 별로 기대하지 않았다. 그는 과거에도 그들을 도와주려 하지 않았고, 지금은 버마 당국으로부터 신뢰도 잃은 상태였다. 그러나 예의상 그도 방문했다.

아마라푸라는 정부 건물들과 궁궐들로 가득 차 있었고, 가로세로 1.2킬로미터 정도의 정사각형 땅에 높은 벽으로 둘러싸여 있었다. 또 벽돌로 쌓은 30미터가량의 높은 탑이 사방 네 귀퉁이마다 서 있었다. 성문에서 아도니람은 미야데이멘의 집을 물어보았다. 궁궐은 많은 탑들에 둘러싸여 복잡하게 연결된 건물들로 가득했다. 문지기는 그에게 미야데이멘의 집이 궁궐의 반대편에 있다고 일러주었다. 궁궐 주변에는 고위 관리들의 집들이 있었는데 각 집안에는 종들과 부하들을 위한 작은 오두막들이 있었다. 더운 계절은 아직 멀었기 때문에 날씨는 건조하고 온화했으며 포장이 안 된 거리에는 먼지가 날리고 있었다.

미야데이멘은 아도니람을 만나서 선물을 받자 아주 친절해졌다. 약간 덜 비싼 선물을 받은 그의 부인은 자기의 친구 '윳딴'(저드슨의 버마식 발음) 부인에 대해 수없이 질문을 해댔다. 그들은 왜 아도니람이 아바를 방문했는지 궁금해 했지만, 아도니람은 그 문제를 지혜롭게 비켜나갔다. 그는 단지 콜맨과 함께 황금의 얼굴을 보기 위해 왔으며 존경하는 옛 태수께서 꼭 만날 수 있게 해달라고 요청했다.

미야데이멘은 예상보다 기꺼이 그들에게 협조해 주었다. 그는 당장 자신이 총애하는 부하 마웅 요를 불러 황제의 4명의 개인 자문위원인 앗운중 한 사람인 마웅 자에게 가서 면담시간을 잡으라고 명했다. 미야데이멘 같은 높은 사람의 도움으로 아도니람은 생각보다 빨리 황제를 만날 수 있었다. 그날 저녁 마웅 요는 배로 찾아와 바로 다음 날 황금 존재를 만나도록 인도될 것이라고 통보했다.

그날 밤은 내내 걱정과 기대로 마음을 졸였다. 부드럽게 요람처럼 흔들리는 배 안에서 그들은 잠을 이룰 수가 없었다. 밤이 새도록 두 사람은 좁고 허름한 배 위의 숙소에서 잠이 완전히 깬 채, 때로는 각자의 생각에 빠져 있다가, 때로는 내일의 면담에 대해 낮은 목소리로 추측해 보기도 했다. 동이 트자마자 두 사람은 일어나 황제 앞에 입고 나가기로 한 하얀 로브를 꺼내고, 정말 많은 돈을 들여 금박으로 치장한 여섯 권의 성경책을 조심스럽게 점검하고 마웅 요를 기다렸다.

마웅 요는 해가 높이 떴을 때에 나타나서 미야데이멘이 있는 궁궐로 인도했다. 마웅 나우와 선원들이 황제를 위한 성경책과 앗윈운 마웅 자를 위한 선물을 들고 뒤를 따랐다. 미야데이멘은 선교사들이 도시에 도착했다는 소식을 듣자마자 "그들을 소개하도록 하라"는 명령을 황제가 내렸다고 전했다. 황금 입에서 나온 이 말들은 좋은 징조 같아 보였다. 그들은 성공에 대한 가능성에 조금 더 희망을 걸었다.

마웅 요는 호위대의 선두에서 그들을 인도하여 황제의 궁궐로 향했다. 문 앞에서 관리들이 나와 올바른 형식을 거쳤는지를 확인하는 절차를 여러 번 반복한 후, 신발을 벗게 하고 선물을 놓은 뒤, 궁궐의 뜰에 있는 앗윈운 마웅 자의 응접실로 인도되었다.

수백 명의 가신들과 탄원하는 사람들로 가득한 마웅 자의 큰 응접실은 아도니람과 콜맨에게는 황제의 집무실로 보일 만큼 웅장했지만, 사실은 황제의 접견실로 들어가기 전의 방이었다. 마웅 자는 한쪽 편의 작은 단 위에 앉아 있었다. 그 앞에는 황제의 자문위원이 주목하기에 충분한 지위를 가진 사람들이 해결할 문제를 안고 책상다리로 앉아 있었다. 그러나 문제의 중요성에 상관없이 지위에 따라 장관들과 부왕들이 앞자리에 앉고 나머지 계급들도 서열에 맞춰 앉아 있었다. 미야데이멘의 도움으로 두 선교사는 앞자리에서도 남들보다 더 앞에 앉을 수 있었다.

마웅 자는 그들에게 무엇을 원하는지 친절하게 물어보았다. 아도니람이 목적을 설명했다. 버마식으로 말하자면 자신들은 종교를 전하는 사람들로 왕께 자신들의 거룩한 책과 함께 탄원서를 올리고 싶다고 했다. 마웅 자는 탄원서를 받아 들고 반쯤 읽어보다가 특별한 관심 없이 질문 몇 개를 아도니람에게 던졌고 아도니람은 될 수 있는 대로 정확하게 형식을 갖추어서 대답했다.

갑자기 응접실 안에 소란이 일어났다. 관리 한 명이 들어와서 '황금 발'이 들어온다고 외쳤다. 마웅 자는 면담을 급히 끝내고 얼른 일어나 주위의 하인들이 입혀주는 예복을 입었다. 그는 옷을 걸치면서 '만약 황제를 만나고 싶다면 지금 만나야 된다'고 말했다. 황제 앞에 나서야 할 사람들을 제외하고는 모든 사람들이 마술처럼 사라지고, 두 선교사만이 낑낑거리며 옷을 입는 앗윈운의 앞에 남게 되었다.

앗윈운은 예복을 다 입고 '짤웨이'라는 열두 개의 보석이 달린 금줄 목걸이를 걸치는 동안 잠시 앞에 있는 선교사들의 존재는 다 잊어버린 듯 부산했다. '짤웨이'는 황제의 직계 왕자들을 제외하고는 최고의 지위에 있는 사람만 걸 수 있었다. 이 화려한 장식은 왼쪽 어깨 위로 올라갔다가 다시 돌아와서 가슴 언저리에서 십자 모양으로 교차되었다.

신하 중 한 명이 이 기회를 틈타 오늘은 선교사들의 목적을 성사시키기에는 좋지 않은 날이라고 말하며 남의 불행을 즐기는 듯한 음흉한 미소를 띠었다. 오늘은 캐세이와의 전쟁에서 승리한 것을 기념하는 날이라고 했다. '황금 발'은 '황금 눈'으로 군대 행사를 보기 위해 온 것인데 이런 때에 이방 종교에 관한 탄원서를 보는 것은 별로 달가워하지 않을 것이라고 했다. 아도니람과 콜맨이 이러한 이야기를 듣고 있는 동안 마웅 자는 옷을 다 갖춰 입고 "이곳에 종교를 전파하는 것이 가능하지는 않겠지만 하여간 따라와 보시오"라고 말하며 방을 나갔다. 무거운 마음으로 두 선교사는 마웅 자와 마웅 요를 따라 수 킬로미터처럼 느껴지는 길과 통로를 지나 무수히 많은 계단을 올라가 장엄한 홀 안으로 들어갔다. 수백 개의 기둥으로 지탱하는 홀은 너무 길어서 끝이 없는 듯 보였고 모두 금으로 뒤덮여있었다.

그들은 한쪽 구석으로 안내를 받고 앉아 기다렸다. 그들 옆에는 마웅 자, 그들 뒤에는 마웅 요와 미야데이멘의 다른 신하들이 앉아 있었다. 이제 '황금 발'이 들어오기만 기다리면 되었다. 아도니람은 그 사이 주위를 둘러보았다. 그들은 황제가 들어오는 쪽을 향해 앉아 있었다. 군대 행사가 열리는 마당을 가려면 황제가 그곳을 지나쳐야 했으므로 그들은 황제의 눈에 뜨이기에 아주 유리한 위치에 있었다.

네 명은 끝이 없어 보일 정도로 길고 한 군데도 빼놓지 않고 모두 금으로 덮여 있는 빈 방에서 거의 넋을 잃었다. 아도니람은 이런 큰 방을 단지 통로로만 이용할 정도로 위대한 황제에게 탄원하기로 한 것이 참 잘한 일이라고 생각했다. 그러나 그들이 준비해온 금박 입힌 성경책이 황제에게 얼마나 보잘것없이 여겨질 것인가 생각하니 두려움마저 느껴졌다. 하지만 이제 뒤로 물러서기엔 너무 늦었다.

그가 이런 생각을 하면서 5분 정도 지났을 때 느닷없이 모든 버마인들이 바닥에 몸을 내던지듯 완전히 납작하게 엎드렸다. 마웅 요는 엎드려서 황금의 발이 들어왔다고 그에게 속삭였다. 두 선교사는 버마인들처럼 엎드리지는 않고 무릎을 꿇고 손을 겸손하게 그 위에 올려놓은 채 황제의 눈에 띠기를 기다렸다.

황제는 "동양의 독재자다운 위엄과 도도함을 풍기며" 별 생각 없이 그들 쪽으로 성큼성큼 걸어왔다. 키나 의복보다는 지위에서 오는 "품위 있는 모습과 당당한 눈"이 인상적이었다. 그는 28살의 나이로 150센티미터가 채 안 되는 작은 키에 휜 다리를 가졌다. 황제는 기분이 좋아 보였다. 툭 튀어나온 이마가 흠이었지만 이런 이마는 아롬프라 황제의 후손들이 가진 특징이었다. 그는 스커트 같이 생긴 '빠소'로 허리와 다리를 둘렀는데, 체크무늬의 밝은 진홍빛 비단으로 만든 이 옷은 황제만이 입을 수 있었다. 가볍게 걸친 웃옷은 '엔지'라는 모슬린 천으로 만든 것이었다. 머리에는 긴 머리가 흘러내리지 않도록 수건을 매듭 진 터번을 둘렀다. 이 모두가 비싼 것들이었지만 아도니람의 눈을 끈 것은 왕

1820년, 버마의 황제를 만나 종교의 자유를 허락해달라고 간청하는 아도니람.

권을 나타내는 홀 대신 들고 있던 금으로 된 칼과 칼집이었다.

그는 가까이 오면서 엎드려 있지 않고 감히 자신을 똑바로 쳐다보는 두 선교사를 보게 되었다. 그는 멈추어 아도니람과 콜맨 쪽으로 약간 고개를 돌리며 물었다.

"이 사람들은 누구냐?"

"위대한 왕이시여, 저희는 선생들입니다." 아도니람이 직접 버마어로 대답했다.

왕은 놀랐다.

"어? 버마어를 할 줄 아는군. 아, 어제 들었던 신부들이로군. 언제 도착했나?"

"어제 도착했습니다."

왕은 관심을 보였다. 그는 약간 높은 의자에 앉아 손으로는 칼집을 잡은 채 싫지 않은 눈빛으로 두 사람을 관찰했다.

"당신들은 종교 선생들인가?" 이것으로 시작한 황제의 질문은 열 가지가 넘었다. 포르투갈 신부들과 같은지, 결혼은 했는지, 옷은 왜 그렇게 입었는지 등등의 질문에 아도니람은 왕이 만족하도록 간결하고 예의바르게 대답했다.

그동안 마웅 자와 다른 관리들은 머리를 땅에 댄 채 엎드려 있었다. 왕이 더 이상 질문하지 않자 마웅 자는 그의 머리를 들어 선교사의 탄원서를 읽었다.

미국의 선생들은 땅과 바다의 주인이신 위대한 황제의 호의를 얻기 위해 이 자리에 나왔습니다. 이 왕국이 위대한 왕 덕택에 조용하고도 부요한 땅이라는 소식을 듣고 우리는 당신의 통치 구역인 랑군에 도착했습니다. 그리고 정부의 허락을 받아 '황금 얼굴'을 뵙기 위해 '황금 발' 밑에 왔습니다.
(마웅 자는 계속 읽어 내려갔다.) 거대한 나라인 미국에서 저희들은 우리 종교의 거룩한 책을 해설하고 가르치는 일을 합니다. 그 거룩한 책에는 만일 저희가 다른 나라에 이 종교를 전파하고 가르쳐서 좋은 결과가 나오면, 가르치는 저희들과 이 종교를 받아들인 사람들에게는 장차 올 형벌을 면제받고 늙어 쇠하거나 죽지 않고 영원한 천국의 기쁨을 맛보게 된다고 기록되어 있습니다. 그러므로 황실의 허가를 받아, 황실의 보호 아래 저희들이 설교를 하고 이를 즐겨듣는 사람이

면 누구든지, 버마인이든 외국인이든, 정부의 방해 없이 계속 이 말씀을 듣고 인도하심을 받을 수 있도록 땅과 바다의 주인이신 위대하신 황제께 간청합니다.

왕은 조용히 들었다. 그리고 손을 내밀어 마웅 자가 올리는 탄원서를 받았다. 왕은 탄원서를 열심히 처음부터 끝까지 읽어내려갔다. 그동안 아도니람은 마웅 자에게 그가 쓴 소책자를 건넸다. 왕이 탄원서를 다 읽자 마웅 자는 소책자를 왕께 올렸다. 왕이 그 책을 받는 것을 본 아도니람은 속으로 기도했다. "하나님 버마를 불쌍히 여기소서! 왕을 불쌍히 여기소서!"

그러나 바지도 왕은 책의 첫 문장 "영원하신 존재가 있다. 질병과 노쇠와 죽음으로부터 자유로우시며, 처음과 끝이 없이 전에도 계셨고, 이제도 계시고, 앞으로도 영원하실 것이다. 이 하나님 외에 다른 신은 없다"를 읽고는 별 관심이 없다는 듯 종이를 땅에 떨어뜨렸다. 마웅 자는 그것을 주워 아도니람에게 주었다.

죽음 같은 침묵이 흘렀다. 마웅 요는 관리로서는 꽤 용감하게 성경책 한 권을 들고 왕에게 보여주었지만 왕은 쳐다보지도 않았다. 선교사들의 청원은 거부되었다. 아도니람과 콜맨은 마웅 자가 왕의 결론을 설명해주는 동안 조용히 무릎을 꿇고 있었다.

"왜 그런 허가를 받으려고 하는가? 포르투갈인이나 영국인이나 모슬렘 교도들이나 다 자신들의 관습에 따라 종교 생활을 할 자유가 없는가? 당신들이 온 목적에 대해 왕은 허락하는 명령을 내리지 않는다. 당신들이 가져온 거룩한 책은 왕에게 아무 소용이 없다. 도로 가져가라."

누군가―아마도 마웅 요일 것이다― 콜맨에게 의료 기술이 있다고 왕에게 말했다. 왕은 "그들을 나의 주치의 포르투갈 신부에게 보내어 특별히 쓸모가 있는지를 알아보고 결과를 내게 알려 달라"고 명령했다.

왕은 일어나 뒤도 돌아보지 않고 홀의 끝으로 가서 푹신한 의자에 몸을 던지고 군대 행사를 지켜보았다. 아도니람과 콜맨이 왕을 볼 수 있는 시간은 그것이 끝이었다. 그들은 불친절하게 밖으로 쫓겨나다시피 했다. 왕은 그들의 일에 대해 냉담했다. 궁중 안의 누구도 그들에게 관심을 두지 않았다.

일이 이렇게 되었지만 마웅 요는 미야데이멘에게 최대한 거짓말은 안 하면서도 그들에게 유리하게 보고했다. 미야데이멘은 아도니람이 무슨 목적으로 왔는지 정확히 몰랐기 때문에 왕의 거절에 대해 그리 심각해하지 않았다. 곧 그들은 덥고 먼지 나는 길을 3킬로미터가량 급히 걸어 왕의 주치의인 포르투갈 신부를 만났다. 콜맨에게는 왕으로 하여금 죽지 않고 영원히 살게 하는 신비한 의술이 없다는 사실을 알아내는 데는 얼마 걸리지 않았고, 그것을 마지막으로 그들은 돌아왔다.

그날 오후, 그들은 갑판 위에서 이 거절에 대해 토론을 했다. 황제의 결정을 바꿀 수 있는 방법이 있을까? 마웅 자의 집으로 찾아가면 조금이라도 호의를 얻을 수 있을까?

다음 날 아침, 모든 일의 진행을 알아차린 깁슨이 그들을 불렀다. 그는 마웅 자의 집을 찾아가면 혹시 좋은 방법이 있을까하는 의견에 찬성하고 그들을 마웅 자의 집까지 데려다주었다. 그러나 그 버마인은 차갑고 멀게 대했다. 아도니람의 말에는 거의 귀를 기울이지 않아 깁슨이 대부분 말을 했다. 마웅 자는 그 종교적 포용을 요구하는 탄원서조차도 용서받을 수 없는 주권 침해로 받아들인다는 사실을 확실히 했다. 깁슨은 최선을 다해 모든 논리를 다 동원해 집요하게 이야기하다가, 만약 미국 선교사들이 황실의 후원을 받게 된다면 다른 나라 사람들도 버마에 머무르려 할 것이며 그렇게 되면 무역량이 증가할 것이라고 했다. 이 말은 마웅 자에게 약간의 효과가 있었다. "구름이 뒤덮인 것 같은 얼굴로 그는 좀 더 오래 기다리고 있으면 왕에게 다시 이야기 해보겠다고 겨우 허락을 했다."

아도니람과 콜맨은 달밤에 걸어서 마웅 자의 집에서 6킬로미터 떨어진 배로 돌아왔다. 더위 속에서 매일 몇 킬로미터씩 걸어다닌데다 긴장과 거듭되는 실망으로 매우 피곤했던 그들은 더 이상의 대책은 생각할 겨를도 없이 쓰러져 잠이 들었다.

다음 날 아침 그들은 깁슨에게 서신을 보내 마웅 자에게 그들이 이곳에 얼마나 머물러야 일의 진행을 알 수 있겠느냐고 물어봐 달라고 부탁했다. 깁슨이 마웅 자의 답변을 다음 날 가지고 왔다. "그들에게 전하라. 그들이 '종이에 적은 내용들은' 조금도 실현 될 가능성이 없다." 깁슨은 이에 덧붙이기를, 왕이 시암 제국과 전쟁을 하기로 결정했기 때문에 선교사들을 다시 만날 시간이 없으며 만약 그들이 왕을 다시 보고자 한다면 가을에 페구에 군부대를 건설할 예정이라 그곳으로 와야 할 것이라고 했다. 깁슨은 아도니람의 책자를 마웅 자에게 주기로 약속했지만 어떤 효과도 기대할 수 없다고 말했다. 그들은 깁슨이 기대할 수 없다고 하면 정말 그렇다는 것을 잘 알았다. 무거운 마음으로 그들은 이곳을 떠나기로 했다.

떠나기 전 그들은 로저스를 찾아갔다. 물론 그에게서 도움을 기대한 것이 아니고 예의상 간 것이었다. 로저스는 마지막으로 그들에게 도움이 되는 정보를 주었다. 그것은 그들이 왜 실패했으며, 앞으로 노력해도 왜 성과가 없는지에 대한 것이었다. 그것은 15년 전 가톨릭 신자가 되었으나 믿음 때문에 고문을 당했던 아도니람의 옛 스승인 우 옹 멩 선생으로부터 들었던 이야기와 관련된 것이었다. 지금에야 밝히는 바이지만 로저스는 이 사건의 전모를 아는 증인이었다. 아바의 선생이었던 그 사람은 아주 중요한 가문의 유능한 사람이었으며 가톨릭으로 전향한 후 로마에서 공부하기 위해 유학을 갔다. 그가 돌아온 후 그의 조카이며 앗윈운의 비서인 따우다우센은 그가 나라의 종교를 버린 것에 대해 탄핵했다. 황제의 승인 아래 조카는 그 아저씨를 감옥에 던져 넣고 고문을 가했다. 그가 배교를 거절하자 발끝부터 가슴까지 1인치씩 큰 쇠몽둥이로 때려 올라갔다. 로저스는 바로 그 매질하는 현장에 있었으며 고문 담당자에게 뇌물을 주어 가능한 한 약하게 때려달라고 부탁했다.

그러나 그 사람은 자신의 소신을 굽히지 않았다. 친지들은 황제에게 접근해 그가 제 정신이 아니라고 주장해서 겨우 풀려났다. 포르투갈 신부들은 그를 비밀리에 벵갈로 보냈고 거기서 그는 여생을 보냈다. 그때로부터 신부들은 다시는 버마 사람들을 개종시키려고 하지 않았다. 대신 관습법에 의해 기독교가 허용되어 있는, 버마 거주 포르투갈인 후손을 대상으로 활동 범위를 제한했다.

이 시점에서 로저스로부터 듣는 이 이야기는 아도니람에게 새롭게 다가왔다. 한참 전에 우 옹 멩 선생으로부터 들었을 때는 그래도 버마 사람들을 개종하려는 희망이 있었으나 지금은 달랐다. 로저스는 새로운 사실들을 더 전해주었다. 아저씨를 고발하고 고문한 조카인 따우다우쎈은 지금 황제의 개인 자문위원인 4명의 앗윈운 중 하나가 되었으며 마웅 자보다도 더 높은 사람이라는 것이다. 황제 측근에 그 사람이 있는 한, 마웅 자가 아무리 미국 선교사를 돕고 싶어도 결코 아무 것도 할 수 없다는 것이었다.

더 심각한 사실은 황제의 첫째 부인이 광신적인 불교신자이며, 모든 권한은 황제를 능가하고 실제로 황제는 첫째 부인의 손아귀에 있다는 것이다. 그녀는 원래 버마의 가장 하층민인 간수의 딸로 왕보다 나이가 많다. 어쨌든 그녀는 일개 후궁에서 첫째 부인으로 신분을 상승시킬 만큼 교활하고 냉혹한 여인이며, 그녀의 의심과 복수심은 왕궁에서 유명하다. 그런 천한 신분 출신으로 이제는 왕을 능가하는 권력을 가진 그녀를 보고 사람들은 그녀가 마법사가 아닌가 수군거린다. 그게 사실이건 아니건 로저스의 이야기는 아도니람과 콜맨이 버마에서 선교하기는 어렵다는 것을 직시하게 했다.

물론 아도니람은 로저스가 버마 정부 권력에 연결되어 있어 기독교 선교사들뿐만 아니라 버마에 거주하려는 모든 백인들을 그런 방법으로 낙심시키려는 나름의 의도가 있다는 것을 알았다. 그러나 지금 로저스는 진실을 이야기하고 있다고 생각했다.

그들의 청원을 거절한 지 하루 뒤, 황제는 근방 마을의 모든 불교 승려들을 위한 잔치를 왕궁에서 베풀었다. 그리고 귀족의 자식들이 포함된 백 명의 새로운 승려들을 탄생시켰다. 새 지도자의 의도는 명백했다. 아도니람과 콜맨은 이제 기독교 선교사들에게 전혀 설 자리가 없다는 것을 알았다. 슬픔에 빠진 그들은 배로 돌아가 다음 날 아바를 떠날 수 있도록 허락을 신청했다. 승인서는 닷새 후에 나왔다. 그동안 선교사들은 마웅 자가 아도니람이 준 소책자를 읽었으며 다음과 같이 이야기했다는 사실도 알았다. "이 종교의 가르침과 명령은 매우 좋다. 그러나 버마 사람들에게 그 신과 구세주를 이해시키기에는 오랜 시간이 걸릴 것이다."

깁슨은 위험을 무릅쓰고 다시 한번 황제께 선교사들에 대해 언급했으나 황제는 단지 웃어넘기며 이렇게 대답했다. "무엇? 그들이 주제넘게 자신의 종교로 우리를 개종시키려고 왔다고? 당장 이 도시를 떠나게 하라. 우리는 그들의 가르침을 받을 생각이 없다. 그 말을 들을 사람은 아마 랑군에 있는 그 나라 사람들밖에는 없을 것이다."

왕이 이런 공개적인 모욕을 한 것에 대해 집슨은 걱정이 되었다. 그는 아도니람과 콜맨에게 앞으로 박해를 가하려는 사람들로부터 보호받으려면 왕의 명령이 있어야 안전할 거라고 주의를 주었다. "만약 선교사들이 왕실의 후원을 애걸했으나 거절당했다는 소문이 퍼지면 그들의 목숨은 악한 사람들의 처분에 달린 신세가 될 것이었다." 그러나 집슨이 제의한 '왕실의 보호 명령서'는 가격이 수백 티칼이나 되어 그들은 그것을 살 수가 없었다. 그들은 이제 하나님만 믿을 수밖에 없었다.

2월 6일, 배가 강 아래를 향해 떠나갈 때, 온 세상에서 아도니람보다 더 낙담한 사람은 없어보였다. 그들은 단지 이런 실패를 맛보려고 그 많은 시간과 돈을 쓴 셈이 되었다. 더 암담한 것은 황실의 호의를 얻으려 했던 이번 시도에 그들의 선교 미래를 다 걸었는데, 이제 선교를 보장받으려는 그들의 목적은 실패했으며 도리어 더욱 해가 되고 말았다는 것이었다. 그들이 실패했다는 소식은 이제 강을 따라 올 것이고, 이미 먼저 랑군에 도착했을지도 몰랐다. 그 뒤에 벌어질 일은 쉽게 상상이 되었다.

배가 해안을 떠나기 직전 아도니람은 그날을 담담하게 이렇게 기록하고 있다.

나는 지금 우리의 황량한 심정과 저 가련하게 보이는 볼모의 모래 해안이 얼마나 비슷한지 설명하라면 반 시간도 더 할 수 있을 정도이다. 그러나 한 마디로 말하자면, '모두 헛되구나' 이다. 이제 저 해변에 우리의 슬픔을 두고 가려고 한다. 내일은 더 좋은 일들이 생길 것이다.

11. 위기 (1819-1820)

배는 물결을 따라 거슬러 올라갈 때보다 훨씬 빠른 속도로 하류로 흘러갔다. 집으로 빨리 돌아갈 수 있다는 기대마저도 아도니람을 행복하게 하지 못했다. 그는 자기가 전할 걱정스러운 소식에 대한 생각으로 가득 차 있었다. 선교사역이 실패해 새롭게 회심한 사람들이 뿔뿔이 흩어지고 믿음을 잃게 될 것이 뻔하다는 생각과 함께, 그동안 쏟아 부은 노력이 물거품이 되어 사라지는 광경이 눈에 선했다. 프롬이라는 곳에서 하룻밤을 묵기 위해 정박했을 때 그는 실의에 빠져 의기소침해 있었다.

배가 정박하려 했을 때, 아도니람은 낯익은 목소리로 인사하는 소리에 깜짝 놀랐다. 곧이어 목소리의 주인공이 배에 올라왔다. 그는 다름 아닌 아도니람이 떠나올 때 랑군의 부둣가에 서서 엄숙하게 작별의 인사를 나누었던 마웅 슈웨이그농이었다. 그 노인은 병으로 앓고 있는 친구를 만나러 막 그곳에 도착한 것이었다. 그는 프롬에서 며칠동안 머물 예정이라 아도니람과 콜맨 일행이 기다려 준다면 그들과 함께 갈 수 있을 것이라고 말했다.

아도니람은 마웅에게 선교에 관해 황제에게 간청했지만 거절당한 그간의 사건을 쏟아놓았고, 15년 전 기독교인이 된 버마 사람이 쇠몽둥이로 맞았다는 로저스의 이야기로 끝을 맺었다. 아도니람은 마웅이 이 이야기를 듣고서도 잠잠한 것에 깜짝 놀랐다. 아도니람은 그가 당황하며 이 일에 대해서 동정심을 가질 것으로 생각했었다. 그러나 그는 거의 무관심한 반응을 보였다.

이러한 태도에 화가 난 아도니람은 분통을 터뜨렸다. "우리가 걱정을 하는 것은 당신 때문이 아니라 주의 제자가 된 사람들 때문이오. 그들이 고소되거나 박해를 받는다면 그들은 더 이상 불탑에서 예배를 드리지 못하고 당신이 그랬던 것처럼 망겐 선생 앞에서 신앙을 부인해야만 한단 말이오." 이 말이 그를 자극했다. 마웅은 그의 과거 행적에 대해 변론하기 시작했지만 아도니람은 이를 가로막았다. "아무 말도 하지 마시오. 당신이 전에 고소당했을 때 어떤 방법으로든 그 선생들을 만족시키지 못했다면 당신은 지금 이 세상 사람이 아니라는 것을 명심해야 합니다."

마웅은 이 말에 아무런 대답도 하지 못했다. 그러나 그는 이제 과거에 있었던 일과는 상관없이 새로운 사람이 되었다며, "내가 만일 죽는다면 그것은 한 가지 이유일 것입니다. 나는 그것이 진실한 일이라고 믿습니다"고 진지하게 이야기했다. 그리고 그는 대단히 힘을 주어 아도니람에게 말했다. "나는 영원하신 하나님

아버지와 그의 아들 예수 그리스도를 믿고, 또한 그리스도가 우리를 위해 대속하신 것을 믿으며 사도들의 남긴 글이 진실 되고 유일한 하나님의 말씀인줄 믿습니다."

그는 또 "아마 당신은 기억하지 못할 것입니다. 내가 당신을 마지막으로 찾아갔던 날, 당신은 내가 하나님의 말씀보다도 오히려 내 자신의 이해에만 의존한다고 말했습니다. 그때부터 나는 내가 가진 오류를 발견하기 시작했고 그것을 고치려고 부단히 노력했습니다. 당신은 비록 내가 마음속으로는 불교 의식을 인정하지 않아도, 남들이 보는 데서 불탑 앞에 참배를 하는 것이 악한 것이라고 설명해 주었습니다. 당신이 랑군을 떠난 후부터 나는 불탑 앞에서 두 손 모아 빌지 않았습니다. 때때로 박해를 당할까 봐 두려워 사람들을 따라 참배하러 올라갔던 것은 사실입니다만 그냥 따라 갔다가 다시 다른 쪽으로 내려왔을 뿐입니다. 지금 당신은 내가 그리스도의 제자가 아니라고 말하지만 나에게 더 이상 무엇이 부족합니까?"

이런 진지한 대답에 아도니람은 이 늙은 버마인의 믿음이 지난 몇 달 사이에 대단한 진전이 있었다는 것을 확신할 수 있었다. 그러나 그는 계속해서 주장했다. "마웅 선생, 당신은 마음으로는 그리스도의 제자라고 할 수 있지만 아직 온전한 제자라고는 할 수 없습니다. 당신은 죽음과 박해 앞에서도 그리스도의 모든 명령을 지키겠다는 침례를 받기에 합당한 믿음과 결의가 없습니다. 예수님이 하늘로 올라가시기 전에 하셨던 '믿고 침례 받은 자는 구원받을 것이다' 라는 말씀을 생각해 보십시오."

이 말에 마웅은 아무런 대답을 하지 않았다. 잠시 후에 그는 갑판에 조용히 앉았다. 아도니람은 그가 자신의 말을 깊이 되새기고 있다는 것을 알 수 있었다. 몇 분 뒤에 아도니람은 그에게 선교사들은 랑군을 떠날 생각이라고 했다. 황제가 버마인들에게 기독교를 전하고 가르치는 것을 금지했다는 것이 알려지면 어떤 버마인들도 복음을 듣거나 받아들이려고 하지 않을 것이기 때문이었다.

이 소식이 마웅의 마음을 일깨웠다. "그런 말은 하지 마십시오. 그렇지 않아도 누군가가 그것을 조사하고 다니기는 할 것입니다만 여러분이 랑군을 떠나기보다는 내가 망겐 선생 앞에 가서 담판을 벌이겠습니다. 나는 그를 잠잠케 할 자신이 있습니다."

"맞소. 당신은 충분히 그들을 논박하여 아무 말도 못하게 할 수 있을 것입니다. 그러나 그들은 족쇄와 쇠몽둥이로 당신을 꼼짝 못하게 할지도 모른다는 것을 잊지 마십시오."

마웅 슈웨이그농이 배를 떠난 것은 밤 아홉 시였다. 그러나 아도니람과 콜맨은 캄캄한 물결 위를 부드럽게 흔들거리는 배 위에서 한밤중까지 깨어 그 대화의 의미에 대해 계속 이야기를 나눴다. 오늘 있었던 이상한 만남은 하나님께서 나중에 극심한 상황에서 그들을 도우시리라는 표시인 것일까? 한 밤의 미풍에 딸랑거리는 강변 사원의 종소리는 버마가 불교의 나라라는 것을 부드럽게 일깨워 주었다. 그러나 여기 불교를 가르치는 선생이자 회의론자인 마웅 슈웨이그농이 자원하여 기독교를 공공연히 옹호하고 있다!

아마도 하나님은 마웅과 같은 몇몇 사람들을 그들이 가장 어려운 순간에 처했을 때 돕기 위해 이미 선택해놓으셨는지도 모른다. 만약에 다소 성급해 보이는 이런 추측이 사실이라면, 선교단을 랑군에서 철수함으로 제자들을 버려 둘 권리가 그들에게는 없는 것이다. 그러나 그들은 제자들이 감옥에 갇히고 쇠사슬에 묶이고 고문 받는 것을 어떻게 견딜 수 있을 것인가?

랑군에 도착할 때까지 결론을 좀 더 미루는 것이 나을 것 같았다. 아바에서 실패했다는 소문에도 불구하고 제자들이 굳건히 서고 다른 사람들도 믿음에 대해 진지하게 고려하는 계기가 된다면 이것은 경이로운 전조일 것이다. 적어도 황제와의 면담 이후 처음으로 그들은 한 가닥 희미한 희망의 빛을 보았다. "그러나 이것은 갈 길이 저문 순례자들의 발걸음을 비추어 쉴 곳으로 인도하는 고마운 달빛 같은 것이 아니었다. 이것은 오히려 일순간에 주위를 환히 밝혀 하늘에 있는 대포의 무기고를 드러내며 방심한 순례자들을 죽음으로 위협하는 번개의 섬광과 같았다."

그들은 1820년 2월 18일, 거의 두 달만에 랑군으로 돌아왔다. 며칠 뒤, 주일 저녁에 아도니람은 마웅 나우, 마웅 뜨알라, 마웅 비야이 세 사람의 개종자들을 불러 아바에서 있었던 일의 전모를 알려 주었다. 그는 솔직하게 이 여행이 완전히 실패로 끝났고 앞으로 버마 기독교인들은 박해와 고통을 받을지도 모른다고 말했다. 선교단이 버마에 남는다면 정부의 감시를 끌어들이고 개종자들을 더 큰 위험에 처하게 할지 모르기 때문에 이곳을 떠나는 것이 나을 것이라고 했다.

아도니람은 마음속으로 마웅 뜨알라와 마웅 비야이가 위험에 처하기보다는 낙심하여 신앙을 버리는 길을 택할 것이라 믿었다. 마웅 나우는 아도니람이 안심할 수 있는 유일한 사람이었다. 마웅 나우는 강 하류로 내려가는 길에 그에게 들려 자신은 이 세상 어디를 가더라도 선교사들과 함께 할 것이라고 했다. 그의 유일한 두려움은 자기가 다른 나라 언어를 모르기 때문에 먹고사는 데 선교단에게 짐이 되지 않을까 하는 것이었다.

놀랍게도 아도니람의 이야기는 그 세 사람의 믿음에 대한 열정을 더욱 증가시켰다. 아도니람이 다가올 위험에 대해 강조할수록 그들은 더욱 열심히 지금의 선교 상황이 아도니람이 생각하는 정도로 비관적이지는 않다고 도리어 그를 설득했다.

그들은 "선생님들은 어디로 갈 것입니까?"라고 끊임없이 질문했다. 이에 대해 아도니람은 선교단이 버마를 저버리지 않을 것이며, 다만 아라칸과 벵갈 사이의 치타공에 가서 선교사 드 브루인의 죽음으로 선생도 없이 남겨진 침례 받은 기독교인들과 함께 선교지를 세울 예정이라고 알려 주었다.

아도니람에게 있어 실제적인 질문은 바로 이것이었다. '이 세 명이 무엇을 할 것인가? 마웅 나우는 선교사들을 따라 치타공으로 갈 것이다. 그러나 마웅 뜨알라와 마웅 비야이는 어떻게 할 것인가?' 마웅 뜨알라도 벌써 마음을 정했다. "저는 말씀이 전해지는 곳에 함께 할 것입니다." 그러나 마웅 비야이는 아무 말도 하지 않았고 잠시 동안 생각에 잠겨 있었다. 그에게는 아내와 어린 아이들이 있었다. 아내는 자기 나라를 떠나려 하지 않을 것이고 따라서 그도 남아 있어야 할 것이다. "그렇지만 내가 여기 혼자 남게 되더라도 기독교인의 임무를 수행하겠습니다. 다른 것은 아직 생각해보지 못했습니다."

그러나 사건은 쉽게 해결되지 않았다. 사나흘동안 아도니람과 콜맨은 치타공으로 가는 배편을 알아보러 다녔다. 그러던 어느 날 저녁, 마웅 비야이가 몇 달 동안 선교관 뜰에서 살면서 종종 자얏의 예배에 참석한 적이 있었던 그의 처남 마웅 미얏야와 함께 선교관으로 찾아왔다.

"당신이 지금 랑군을 떠나지 않도록 간청하고자 찾아왔습니다." 마웅 비야이가 말했다.

"내 생각에는 현재 상황에서 이곳에 머물러 있는 것은 쓸데없는 것 같습니다." 아도니람은 서운해 하며 말했다. "우리는 더 이상 자얏을 운영할 수도 없고 공적인 예배도 드릴 수 없습니다. 버마 사람은 누구도 기독교를 알려고 하지 않습니다. 아무도 관심이 없는데 누가 기독교를 받아들일 수가 있겠습니까."

마웅 비야이는 포기하지 않았다. "선생님, 내 마음이 괴롭습니다. 당신이 가버리면 나는 먹지도 자지도 못할 것입니다. 나는 그동안 우리들 주위에 있는 사람들을 만나고 다니면서 기독교를 알고 싶어하는 몇몇 사람들을 발견했습니다. 미얏야가 그 첫 번째 사람이고 그는 내 간청으로 여기 나아왔습니다." 미얏야는 마웅 비야이의 말에 공감을 표시했다. "그래서 앞으로 8명에서 10명 정도의 제자들이 생길 때까지 몇 달 동안만 우리와 함께 머물러 계시면 그 중에 한 명을 선생으로 세울 수 있지 않겠습니까. 비록 당신이 떠나더라도 기독교는 저절로 전파될 수 있을 것입니다. 황제도 이것은 막을 수 없지요. 그러나 당신이 지금 두 사람의 제자를 데리고 가버린다면 저 혼자 이곳에 남게 됩니다. 저는 기독교를 믿고자 하는 사람에게 침례도 줄 수 없습니다. 저는 어떻게 해야 하나요?"

아도니람은 마웅 비야이의 간청을 저버릴 수 없어 콜맨과 낸

1820년, 회심한 버마의 제자들이 선교사들에게 떠나지 말도록 간청하다.

시와 함께 이를 놓고 상의했다. 세 사람이 이 문제로 고심하고 있을 때에 바로 마웅 나우가 찾아 왔다. 그는 마웅 비야이의 의견에 동의했다. 그는 선교단이 조금만 더 이곳에 머문다면 정부의 위협에도 불구하고 몇몇 사람들이 개종할 것으로 확신하고 있었다.

이런 버마 형제들의 태도로 인해 선교사들은 자신도 모르게 눈물을 흘렸다. 아마도 아도니람은 그를 지도자와 선생으로 존경하는 겸손한 사람들의 확신에 비해 자신의 믿음에는 의심이 많아 부끄러웠는지도 모른다. "우리는 버마인들에게 기독교를 전파하는 일을 위해서 삽니다." 아도니람은 그들을 확신시켰다. "만약 랑군에서 우리의 뜻이 이루어질 전망이 조금이라도 있다면 다른 곳으로 가지 않겠습니다. 우리는 이 문제를 다시 숙고해보겠습니다."

선교사들이 마음을 정하는 동안, 마웅 나우와 마웅 뜨알라, 마웅 비야이는 선교지역에 거주하는 사람들 가운데 기독교에 관심을 가진 이들의 마음을 움직이려고 꽤나 열심히 노력하고 있었다. 며칠 후 저녁 기도모임이 끝난 뒤에 마웅 뜨알라와 마웅 비야이, 마웅 나우는 한 명을 아도니람에게 데려 와서 선교사들이 이곳에 머물러야 한다는 것을 보여주고자 했다. 그는 마웅 슈와부라는 매우 마음씨 좋은 사람이었는데, 아도니람과 콜맨이 아바로 떠나기 바로 얼마 전에 그 지역으로 들어와 살고 있었다.

마웅 슈와부 앞에서 마웅 뜨알라는 "선생님, 당신께서 다른 곳으로 떠나려고 하는 것 때문에 모든 사람들이 혼란스러워합니다. 이렇게 우리를 버려두고 가시는 것이 옳은 것입니까? 현재의 어려움과 위험에도 불구하고 이 일은 당신이나 우리들의 것이 아니라 바로 하나님의 일이라는 것을 명심하셔야 합니다. 하나님께서 빛을 주시면 기독교는 널리 퍼지고 어떤 것도 이를 막을 수 없을 것입니다." 마웅 뜨알라가 이야기하는 것을 마웅 비야이와 마웅 미얏야는 듣고 있었다. 그리고 얼마 후에 아도니람은 또 한 사람 마웅 로욱이 문 밖에서 모든 이야기들을 듣고 있음을 알게 되었다. 그는 안으로 들어와 마웅 슈와부, 마웅 미얏야와 함께 앉았다.

기독교를 알고자 하는 세 사람이 마웅 비야이의 열정을 불러 일으켰다. 그는 크게 감동을 받아 팔을 올리면서 "우리 모두가 열심히 한번 해봅시다. 저는 기도를 하겠습니다. 우리가 만약 10명 정도의 작은 교회를 이룰 수 있다면 한 사람은 성찬식을 집전할 수 있을 것입니다. 당신이 다른 곳으로 가서 말씀을 전해야 할 필요를 느낀다면 가십시오. 우리는 이곳에 머물러서 비밀스럽게도 성경대로 교인의 의무를 다할 수 있을 것입니다. 이것은 제 생각입니다만, 우리 가운데 다른 사람보다 많이 배운 사람으로 선생을 세우는 것입니다. 비록 정부가 우리를 힘들게 하고 환란이 우리 앞에 있지만 그것을 두려워하는 사람은 예수 그리스도를 결코 받아들일 수 없는 사람입니다."

"맞는 말입니다." 마웅 뜨알라가 힘차게 거들었다. "그리스도는 우리에게 오직 육신을 죽이는 사람들을 두려워하지 말고, 영과 육을 함께 지옥에서 멸하시는 분을 두려워하라고 가르쳤습니다."

마웅 나우는 바웅 비야이와 마웅 뜨알라의 편을 들었다. 그러나 아도니람은 세 사람에게 이 종교에 대해 관심은 있지만, 아직 이를 믿음으로 받아들이려는 사람은 없지 않느냐고 솔직하게 물었다. 그는 이 사람들이 기독교에 관심을 가지는 것이 그들의 내적 확신에서 시작된 것이 아니라 다른 개종자들의 강한 압력 때문이라고 생각하고 있었다.

그럼에도 불구하고 콜맨과 낸시가 이 문제에 대해 이야기를 나눠보니 개종자를 만들 수 있는 전망이 전보다는 좀 더 밝아 보였다. 그리고 이곳 사람들을 아무런 대책도 없이 버려두고 가는 것은 도리가 아니었다. 아무 대안 없이 무작정 이곳에 있는 것도 또한 무모한 것이었다.

선교사들은 결론이 날 때까지 밤늦도록 이야기를 나누었다. 우선 콜맨 부부는 치타공으로 가서 새로운 선교지를 세우고 아라칸 사람들을 개종시키기로 했고, 아도니람과 낸시는 랑군에 남기로 했다. 랑군의 선교원을 더 이상 유지하기가 힘들게 되면 함께 갈 수 있는 한 많은 사람들과 같이 콜맨 일행에 합류하기로 했다. 그러나 그들의 랑군에 대한 두려움이 근거 없는 것으로 밝혀지면 콜맨 일행이 다시 돌아오기로 했다.

위기상황에 처한 초대 교회 일원들은 그들 스스로 성장하는 것 같았다. 여태까지 선교사들과 개종자들은 지금과 같은 상호 애정과 신뢰를 경험하지 못했었다. 세 명의 버마인들은 자신은 물론 아무도 알지 못했던 숨은 자질들을 드러내기 시작했다. 그것은 마치 새로운 개성들이 묵은 껍질을 깨고 나오는 것 같았다.

수세기 동안 전제주의 밑에서 살아온 버마인들에게는 지배자들에 대한 뿌리깊은 두려움 때문에 가벼운 칙령 하나라도 어긴다는 것을 생각만 해도 말로 표현할 수 없는 공포였다. 그러나 세 명의 개종자들은 황제의 명령을 정면으로 거역하는 기독교 교회를 비밀로 세우는 바로 그 일에 대해서 실제로 이야기를 나누고 있었다. 비록 정부의 감시의 눈 안에서 이보다 더 과격한 행동은 하지 않을 것이 확실했지만 말이다.

위기 상황이 발생하기 전에 아도니람과 낸시는 마웅 나우를 특별히 유순하고 천성적으로 순종적이지만 지나치게 선교사들에게 의존하는 사람으로 여기고 있었다. 그러나 이제는 그의 대담함과 열정으로 인해 마웅 나우는 그들 사이에서 '베드로'라고 불렸다.

마웅 비야이를 처음 만났을 때 선교사들은 그가 매우 수줍어하고 과묵했기에 원래성격이려니 생각했었다. 그는 여전히 선교사들과 함께 앉아 있을 때는 엄숙하게 침묵을 지켰지만, 선교 지역 내의 버마인들에게 복음을 전할 때가 되면 연설가의 활기와 영웅의 용기를 가지고 복음을 전했다.

마웅 뜨알라는 항상 이해가 빠르고 다른 두 사람보다는 훨씬 뛰어난 학생이었다. 그간 저명한 귀족 학자 마웅 슈웨이그농에게 배울 때는 아무런 표시도 내지 못했지만 이제 그는 경전을 이해하고 기독교에 관심을 가진 사람들과 이야기할 때 적절한 구절을 인용하는 놀라운 소질을 발휘하기 시작했다. 그는 예기치 않게도 뛰어난 학생과 선생의 소질을 함께 드러내기 시작했던 것이다.

그처럼 어려운 시기에 주님께서는 그들에게 용기를 불어넣어 주시는 것이 틀림없었다. 8명에서 10명 정도가 참석하는 자얏의 모임은, 문을 닫아놓고 행해졌음에도 불구하고 콜맨 일행이 떠나기 전에 두 명의 회심자를 낳았다. 한 사람은 마웅 뜨알라의 친척으로 마웅 슈웨이베이였다. 그는 3월 20일, 영원한 하나님에 대해 관심을 가지기 시작해 이틀 동안 공부하고 기도한 다음, 3월 24일 주일에 침례를 받기 위해 그의 신앙을 문장으로 표현했다. 마웅 미얏야도 또한 이렇게 말했다. "저를 제자로 삼아 주십시오. 저는 이 종교에 제 마음을 정했습니다. 저는 예수 그리스도를 사랑합니다. 그렇지만 아직까지는 침례를 받을 준비가 되지 않았습니다."

콜맨 일행은 1820년 3월 27일, 아라칸을 향해 출발했다. 그들이 떠난 다음날 그들이 쓰던 선교관의 방은 저녁 예배와 친교를 위한 장소로 꾸며졌다. 이 작은 채플을 두고 아도니람과 낸시는 희망차게 "새로운 자얏"이라고 이름 붙였다. 옛 자얏은 이제 버려졌다.

5월이 되자 마웅 슈웨이그농의 두 친구, 둘 다 부유하고 중류층 이상인 사람들이 침례를 받으러 왔다. 그 둘 중의 한 부인과 두세 명의 다른 여인들도 거의 회심의 단계에 이르렀다. 다가올 위험이 도리어 그들의 마음속에 어떤 박해가 있다하더라도 지체하지 않고 구원을 받아야 하겠다는 급박함을 불어넣은 것 같았다.

그러나 정작 마웅 슈웨이그농 자신은 뒤로 물러섰다. 그는 필사적으로 한 가지씩 반대 이유를 댔다. 왜 일주일 중에 하루를 하나님은 특별한 날로 정하셨는가? 왜 이 날에 다들 모여서 예배를 해야 하는가? 왜 성례전이 필요한가? 왜 성찬식이…?

아도니람은 논쟁을 피했다. 성경에 나와 있듯이 그것은 주님의 명령이었다. 마웅 슈웨이그농 자신이 받아들이든지 아니면 거부하든지 선택해야 했다. 그가 주님을 받아들이고자 한다면 그는 인간의 마음으로 의문을 품거나 이유를 이해하려고 하지 말고 겸손하게 받아들여야 했다. 그리고 하나님이나 예수님으로 논쟁을 일삼거나 형이상학적인 구분을 억지로 해서도 안 되었다.

마웅 슈웨이그농은 트집을 잡으면서도 여전히 기독교에 관심을 가진 사람들을 아도니람에게 보내왔다. 마웅 슈웨이그농은 그들과 함께 있을 때는 아도니람의 편을 들었다. 그는 특별히 아도니람이 마웅 슈웨이그농과 같은 타입의 사람에게 쓰는 논쟁을 좋아했다. 아도니람은 그들을 "반 무신론적" 불교신자라고 불렀다. 불교를 거부하면서도 그들은 여전히 우주에 충만한 일종의 영원한 지혜가 바로 유일한 하나님이라고 믿고 있었다. 그리고 아도니람의 하나님을 가장 잘 반박할 수 있다고 생각해 그들이 늘 의기양양하게 이르는 지점이기도 했다. 어째서 실제 사람이었던 아도니람의 하나님보다 비인격적이고 영원한 지혜인 우리의 신이 진짜 하나님이 아니라는 것이오? 이에 대해 아도니람은 변함없이 세 구절로 된 간결한 말로 그들의 논조를 분쇄해 버렸다. "마음이 없으면 지혜가 없고, 일시적인 마음에는 일시적인 지혜가 있으며, 영원한 마음에는 영원한 지혜가 있다." 몇 가지 이유를 들어 아도니람은 이를 재미있게 풀이했다.

이 간결한 문장은 그들의 논리체계의 골수와 관절을 관통하여 저항할 수 없도록 흔들어 놓은 다음 한 번에 날려버린다. 이 말이 너무 단순하고 요령부득인 것처럼 들릴지도 모르지만 버마 식의 사고에 익숙한 사람에게는 한결같이 결정적으로 작용한다. 이 짧은 말이 나오자마자 어떤 사람들은 '당신 말이 맞소' 하듯이 고개를 끄덕인다. 어떤 사람은 그 사람을 보고 '당신은 이제 파멸이오' 라고 부르짖는다. 또 어떤 사람은 '어디서 그 지혜를 찾을 수 있소' 라고 묻는다.

논쟁자들은 지혜의 탁월함과 효능과 영원함에 대한 많은 말들이 나올 것으로 예상했다가, 예기치 않은 간단한 문장의 기습으로 혼란스러워하며 자신의 논리가 붕괴되는 것을 앉아서 바라본다. 그리고는 자신의 사고 체계를 부수어 놓은 이 간단한 말의 의미에 대해 궁금해한다. 이윽고 그는 우러러보며(버마인들은 종종 솔직한 편이므로) 이렇게 이야기한다. '당신의 말이 정말 맞습니다.' 그리고 그의 다음 질문은 '어떻게 하면 내가 당신이 섬기는 하나님의 제자가 될 수 있겠습니까?' 라고 묻는다.

마웅 슈웨이그농은 이러한 논쟁에서의 승리를 아도니람보다 흥미진진하게 바라보지만, 그는 여전히 온전한 제자도의 길로 들어서는 것을 망설이고 있었다. 아도니람은 마침내 진짜 이유를 알게 되었다. 그것은 마웅 슈웨이그농의 아내와 친구의 반대보다는, 단순한 두려움 때문이었다. 마웅 슈웨이그농이 믿음에 이르는 마지막 단계로 접어들면, 그의 명성과 지위에 걸 맞는 박해와 고문과 죽음이 뒤따를 것이 확실했기 때문이다.

이것이 아도니람이 그를 향해 더 이상 논리적인 공격을 가하지 않는 이유였다. 아도니람이 순교의 영광에 대해서 슬쩍 이야기를 비치면, 그는 "내 마음이 슬픔으로 괴롭습니다. … 만일 내가 기독교 신앙 때문에 고문을 당했던 그 사람과 같은 상황에 처해 쇠몽둥이로 취조를 받을 거라고 생각하면 나는 내 혀를 제어해 배교하지 않을 용기가 없습니다."

아도니람은 아바로 떠나기 전에 에베소서를 번역하기 시작했었다. 돌아오자마자 그는 시력이 약함에도 불구하고 가능한 빨리 번역하여 4월 말에는 마무리지을 수 있었다. 제자들과 기독교에 관심을 가진 사람들은 그의 손에 든 책자를 거의 찢다시피 가져가 이것을 읽어보려고 서로 다투기까지 했다. 이 번역은 그들이 생각하기에 마태복음보다 훨씬 간결했고 더욱 쉽게 이해가 되는 것이었다.

한편 낸시의 건강은 더욱 악화되어 갔다. 그녀는 간 질환으로 여겨지는 심한 고통으로 괴로워했다. 기진맥진케 하는 두 번에 걸친 '타액분비'도 별 도움이 되지 못했다. 아도니람은 그녀가 벵갈에 있는 의료원의 도움을 받아야 한다는 것을 알았다. 그러나 낸시 혼자 벵갈로 가는 여행길을 감당할 수 있을지 의문이 들었기 때문에 이번에는 그가 함께 가야 했다. 배는 7월 중순에 떠나기로 되어 있었다. 랑군의 징세권을 놓고 로저스와 벌인 끝나지 않을 것 같던 싸움에서 드디어 승리한 스페인 사람 란치에고가 여권을 구해주었고, 선교관 사람들을 보호해 주기로 약속했다.

7월 9일 주일, 그들이 곧 출발한다는 소문 때문에 두 명의 침례 신청자가 더 생겼다. 아도니람은 그들에게 여행에서 돌아올 때까지 기다리라고 권했지만 배가 떠나기 하루 전인 그 다음 일요일에 다시 온 두 사람은 큰 슬픔에 빠져 침례를 받기 전에는 자신의 마음이 도저히 편해지지 않는다고 했다. 혹시라도 아도니람이 돌아오지 않는다면 어떻게 될지 그들은 두려워하고 있었다. 그들은 그가 떠나기 전에 침례를 받겠다고 떼를 썼다. 아도니람은 이를 승낙하여 그날 저녁 선교관에서 가까운 작은 연못으로 내려가 침례식을 거행했다.

공교롭게도 배의 출발이 연기되었다. 한 동안 나타나지 않던 마웅 슈웨이그농이 선교관으로 찾아왔다. 아도니람은 그가 그동안 열병으로 앓아누워 있었다는 것을 알기 전까지는 그다지 반갑게 대하지 않았다. 그들이 이야기를 나누는 동안 아도니람은 마웅 선생이 정말 기독교인이 된 것을 결국 확신했다. 그의 은밀한 기도와 죄와의 투쟁, 그리고 회개와 믿음, 모두 그가 회심했음을 보여주는 확실한 증거들이었다.

그날 오후 마웅의 몇몇 친구들이 찾아왔고 마웅 선생은 먼저 말을 꺼냈다. 그 친구들을 가리키면서 그는 "선생님, 그동안 계속해서 기독교에 대해 오랫동안 생각하던 사람들입니다. 저는 우리 모두가 예수 그리스도 안에서 신자 되기를 원합니다."

아도니람은 조심스럽게 대답했다. "이런 말을 하기는 두렵습니다만 결심을 하는 것은 쉽습니다. 지금 제가 생각하기에도 당신들은 영원하신 하나님을 전적으로 믿고 있다고 여겨집니다. 그러나 하나님의 아들과 그 아들이 우리의 죄를 대속하신 것을 전적으로 믿고 있는지는 의문스럽군요."

"저는 하나님과 마찬가지로 그 아들에 대해서도 전적으로 확신합니다." 그 늙은 선생은 진지하게 응답했다. 아도니람은 마웅 선생을 정면으로 쳐다보았다.

"그렇다면 당신은 오직 제자들만이 죄와 지옥으로부터 구원받는 것을 믿습니까?"

"오직 제자들만 구원받습니다." 그는 단호하게 대답했다.

"그렇다면 당신은 어떻게 예수 그리스도와의 연합에 대한 맹세 없이 그대로 머물러 있을 수 있습니까? 그리고도 몸과 마음으로 온전한 그의 제자가 될 수 있다고 생각합니까?"

"침례를 받음으로써 가능합니다. 저는 진정으로 침례 받기를 원합니다." 마웅은 대답했다. "바로 그것을 이야기하고자 저는 오늘 이곳에 찾아왔습니다."

아도니람은 자신의 귀를 의심했다. "당신이 침례를 받고 싶다고 이야기하신 것입니까? 그럼 언제 침례를 받고 싶습니까?"

"당신이 좋은 시간이면 언제라도 괜찮습니다. 지금 당장이라도 선생께서 원하신다면…."

"공적인 장소에서 침례를 받고 싶습니까? 아니면 사적인 장소에서 받고 싶습니까?"

"저는 언제, 어느 곳에서라도 좋습니다. 당신이 이끄는 대로 따르겠습니다."

아도니람은 잠시 말을 하지 않았다. "마웅 선생님, 오늘 오후에 했던 당신의 이야기대로 저는 당신이 진정한 제자라는 것을 깨닫고 매우 만족합니다. 그래서 당신이 원하는 대로 침례를 주고 싶습니다."

이 대화의 파급효과는 매우 컸다. 제자들은 매우 기뻐했다. 나머지 사람들도 놀라서 할 말을 잊고 있었다. 오랫동안 그들은 마웅 슈웨이그농이 마음으로는 기독교인이라고 생각은 하고 있었지만 그가 공적으로 그것을 시인하거나 침례를 받게 되리라고는 꿈도 꾸지 못했다.

아도니람은 이 광경을 계속 쳐다보고 있던 마웅 따이아이에게 얼굴을 돌렸다. 그 역시 신자가 되고 싶어했다. "당신도 예수 그리스도와의 연합을 맹세하렵니까?"

"마웅 슈웨이그농 선생이 동의한다면 제가 주저할 이유가 뭐 있겠습니까?" 따이아이는 대답했다. "만약에 선생이 동의하지 않는다면 그때는 어떻게 하겠습니까?"

"그때는 저는 조금 더 기다려 보겠습니다."

아도니람은 그의 손바닥을 들어 올리며 말했다. "조금 더 기다려 보시오. 당신은 예수 그리스도를 믿기보다는 마웅 슈웨이그농 선생을 더 믿고 있군요. 당신은 아직 침례 받을 준비가 되어 있지 않습니다."

차례대로 그는 사람들에게 물었다. 그들은 아직 완전히 준비되지 않았다. 마지막으로 마 멘라이라는 여인에게 물었다. 그녀의 남편은 방금 전에 준비가 되지 않았다고 말했다. 잠시 동안의 심리적 갈등을 한 후에 그녀는 "만약에 선생께서 제가 침례 받기에 적합하다고 생각하신다면 침례를 받고 싶습니다"라고 대답했다. 이 대답에 아도니람은 만족하지 못했다. 그는 마음에 갈등을 하면서 예수를 받아들이는 사람에게는 침례를 줄 수 없다고 말했다.

그 다음날 저녁 캄캄할 때, 아도니람은 두세 사람의 제자들을 불러 침례식 기도를 하도록 했다. 그리고 마웅 슈웨이그농을 데리고 평소에 침례를 주던 물로 내려가 그에게 침례 의식을 베풀었다. 선교관으로 돌아와 아도니람은, 마 멘라이가 마웅 선생이 침례를 받으러 물로 내려가는 것을 보고 낸시에게 이렇게 소리지르면서 말했다는 것을 알았다. "아! 마웅 선생이 예수 그리스도의 명령을 따르러 가는데 나는 여전히 그를 따르지 않고 있습니다. 오늘밤에는 잠을 자지 못할 것 같습니다. 당장 집으로 가서 남편과 상의해야겠습니다."

그날 밤늦게 그녀는 다시 돌아왔다. 그리고 당장 침례줄 것을 요청했다. 아도니람과 제자들은 막 성찬 식사를 마치던 중이었고 아도니람은 나머지 제자들에게 그들이 어떻게 생각하는지 물었다. 그들은 침례를 주는 것에 동의했다. 지체없이 아도니람은 그녀를 선교관 옆의 연못으로 데리고 가서 등불을 비추고 그녀에게 침례를 주었다. 드디어 열 명의 버마 사람으로 구성된 교회를 이루는 꿈은 이루어졌다.

그 다음날, 1820년 7월 19일 정오에 아도니람과 낸시는 강가로 나갔다. 거의 백 명에 가까운 사람들이 그들을 따라 나왔다. 여자들은 그 나라의 관습대로 큰 소리로 울었다. 아도니람과 낸시가 배에 타기 위해 작은 보트에 오를 때 아도니람은 마웅 선생, 마 멘라이, 그리고 한두 명의 제자들에게도 함께 보트에 오르라고 했다. 보트가 해안가를 떠나가자 강둑에 서 있던 사람들은 요란한 작별 인사를 나누기 시작했다. 울부짖음 가운데 그들은 빨리 돌아오라고 외치는 소리를 들을 수 있었다.

한 시간쯤 지나 그들을 배웅하려고 왔던 버마인들을 태운 보트가 돌아갈 때, 아도니람과 낸시는 선미 갑판에 서서 그들의 작은 교회가 있는 그 마을을 오래 동안 벅찬 마음으로 쳐다보았다. 이틀 뒤에 배는 "코끼리"로 알려진 작은 숲 근처의 강어귀에 정박했다. 8월 18일 아침 일찍 그들은 캘커타에 도착했다.

12. 황금 발에게 돌아가다 (1820-1822)

그들은 캘커타에서 석 달 동안 머물렀다. 며칠은 라이스와 함께 인도로 여행을 떠난 로손의 집에서 머물렀고 두 달은 세람포에 있는 하크의 집에서, 그리고 한 달이 채 못 되는 기간은 런던 선교회의 타운리 목사의 집에 유숙했다. 낸시가 알고 있기에 타운리 목사 부부는 넉넉하게 지내기에 충분한 경제력을 소유한 운 좋은 선교사였다.

낸시의 건강 상태는 불안정했다. 아무 비용도 받지 않고 진료를 해준 차머스 박사는 그녀가 만성적인 간 질환에 시달리고 있다고 보았다. 박사는 그녀가 미국으로 돌아가서 치료에 도움이 되는 선선한 기후에서 지낼 것을 권했다. 랑군으로 돌아가는 것은 생각할 수도 없다고 했다.

실의에 빠진 아도니람은 혼자서 11월 초에 랑군으로 돌아가는 살라만카 호를 예매했다. 그러나 10월 말에 차머스 박사와 비슷한 명성을 지닌 맥워터 박사에게서 그가 낸시와 함께 돌아갈 수 있도록 약을 조제해 줄 수 있다는 이야기를 듣고 그녀의 자리도 함께 예약했다.

캘커타에서 지내는 생활은 평화로웠다. 그리 유쾌하지 않은 사건이 하나 있긴 했다. 지금은 '캘커타의 존슨' 씨와 재혼하여 인도에 머무르고 있는 휠록 선교사의 미망인 엘리자가 퍼트린 것으로, 임종을 앞둔 휠록을 저드슨이 얼마나 부당하게 대우했는가에 대한 불쾌한 이야기였다. 그들이 휠록의 부모님을 만나고 오는 길에 이 이야기를 들었기에 낸시는 더욱 마음이 상했다. 그녀는 돌아가기 며칠 전에 미국에 있는 칼튼 부인에게 이 사건에 관한 긴 편지를 써서 휠록의 부모님이 진실을 알 수 있도록 전해 달라고 부탁했다. 그녀는 휠록의 부모님이 '그녀가 매우 인심이 야박하여 아들을 보다 편하게 떠나게 해줄 수 있는 것을 거절했다'는 오해를 풀려고 글을 썼다. "사실은 엘리자가 '그 고통의 쓴 뿌리'였으며 선교사들이 휠록을 도우려는 것을 막은 것도 그녀라는 것을 썼다. 그러나 그녀가 우리의 인격을 흠잡으려는 모든 시도에도 불구하고 우리는 이미 마음으로 용서하려고 노력했고 지금은 어느 정도 용서가 되었음을 확신한다"고 썼다.

그들은 에밀리 반 소머렌과 함께 11월 23일에 살라만카로 떠났다. 여행은 그리 유쾌하지 않았다. 배는 작았고, 사람들과 전갈과 지네로 북적거렸으며, 역풍과 그들이 이제껏 본 적이 없는 사나운 천둥 그리고 번개를 동반한 스콜을 만났다. 계획된 여정은 2주였지만 6주가 지난 1821년 1월 3일이 되어서야 이라와디 강어귀, 랑군의 서쪽 지경의 "코끼리"라는 곳에 도착할 수 있었다.

그 배의 수로 안내인은 좋은 소식과 함께 나쁜 소식을 전해 주었다. 그들이 랑군에 처음 도착했을 때 태수였고, 그 부인과도 친하게 지냈던 미야데이멘이 다시 태수로 부임했다는 것이었다. 이것은 좋은 소식이었다. 나쁜 소식은 근래에 3만의 병사가 전쟁 준비를 위해 랑군을 지나 시암까지 진군해 갔다는 것이었다. 콜맨 일행이 치타공에 대피소를 마련했다는 것과 연관된 소식이었다.

배는 5일에 마을 근처로 들어왔다. 슈웨다공 금탑이 숲 위로 솟아오르자 낸시와 아도니람은 눈을 크게 뜨고 강가에 있는 친구들을 찾기 위해 살펴보았다. 누런 강물 너머로 그들은 부두에 모여 있는 많은 사람들 가운데 키가 큰 마웅 슈웨이그농의 모습을 찾을 수 있었다. 그는 손을 머리 위로 들어 환영의 인사를 하고 있었다. 마웅 뜨알라와 마 멘라이 그리고 다른 여러 제자들과 많은 어린아이들이 있었다. 그들은 모두 함께 세관을 통과하는 곳에 모여 있었고 아도니람과 낸시가 내리자 이들을 둘러싸고 선교관까지 한 떼거리로 몰려갔다.

따뜻한 환대와 애정 어린 마음과 두 사람에 대한 그들의 염려로 낸시와 아도니람의 마음은 감사로 넘쳤다. 그 환대는 그들이 7년 전 버마 땅을 처음 밟았을 때와는 완전히 다른 것이었다. 그때는 친구도 없었고 말은 단순한 웅얼거림으로 들렸으며 그리스도의 이름은 의미 없는 소리에 불과했었다. 지금 그들은 10명의 버마인

교회를 이루었고 굳건한 친구들이 있으며 언어는 매우 친근하고 복음은 널리 퍼지고 있었다.

마웅 슈웨이그농은 아도니람과 낸시에게 그동안 자신에게 있었던 중요한 소식을 전해 주었다. 이전의 태수가 그에게 불길한 어조로 "좀 더 조사해보겠소"라고 말하자, 이 말로 인해 사람들은 낙담했으며 이제는 선교가 끝난 것으로 생각했었다. 미야데이멘이 황금 발에서 랑군으로 돌아왔을 때 마을에 있는 승려들과 관리들은 마웅을 한 번에 끝장낼 수 있는 기회를 다시 잡았다고 생각했었다. 그 역시 자기를 없애기 위한 음모를 꾸미면서 매일 의기양양하게 다니는 그들을 보고 목숨을 부지하기 위해 언제 도망을 쳐야 하는지 모를 두려움에 사로잡혔다.

결국 음모는 완성되었고 그 일을 주동하던 마을의 최고회의에 속한 어떤 사람이 태수에게 가서 불평을 털어놓았다. "마웅 슈웨이그농 선생이 승려들의 제도를 뒤집어엎으려 하고 있습니다."

태수는 이 말을 듣고 잠잠했다. 마침내, "무슨 문제가 있는가? 승려들이 다시 되돌려 놓으면 되지 않는가?"라고 대답했다. 이 간단한 말에 모든 음모는 날아가 버렸다. 다음 태수가 올 때까지는 기독교 신앙에 대한 묵인은 확실해졌다.

아도니람과 낸시는 관청으로 태수의 부인을 만나러 갔다. 그녀는 황제에게서 "운지 가우다우"라는 고귀한 칭호를 받았음에도 불구하고 여전히 예전의 오랜 친구로서 그들을 맞이했다. 이 칭호는 그녀가 이제부터 '와우'라는 40명에서 50명의 사람들이 지고 가는 일종의 가마에 오를 수 있는 자격을 부여받았다는 것이다. 그들은 태수를 만나기도 했다. 그는 여전히 거대한 창을 들고서 유유히 거닐고 있었다. 그러나 그는 황제의 첫째가는 부인 중 한 사람이었던 사랑하던 딸의 죽음으로 비탄에 빠져 있어 자리에 걸터앉기 전에 "아! 당신이 왔군요"라는 말밖에는 하지 않았다.

선교 사역은 계속 되었다. 몇 해 전에 처음으로 관심을 가졌던 사람 중의 하나인 마웅 야와 마웅 잉이라는 청년도 다시 돌아왔다. 마웅 잉은 오래 전에 회심을 한 상태였지만 아직 침례를 받지는 못했다. 그는 3월 4일에 침례를 받았다. 마 멘라이는 자진해서 그녀의 집에 학교를 차리고 마을의 소년과 소녀들이 승려가 되지 않게 하려고 읽는 것을 가르쳤다.

한편 아도니람은 예전보다 자얏에서 보내는 시간이 줄었다. 그는 보다 더 중요한 일에 몰두하고 있었다. 제자들이 예수님에 대한 메시지를 전하고, 아도니람은 복음서를 보다 완벽하게 번역해서 그 메시지를 작성했다. 그는 이미 마태복음과 에베소서를 번역했고, 사도행전의 첫 번째 부분까지 마쳤다. 이제 그는 마웅 슈웨이그농의 도움을 받아 그간 자신이 했던 모든 번역들을 보다 정확하고 완벽한 것으로 개정했다. 5월 중순까지 그는 세람포에 있는 하크에게 에베소서와 사도행전 첫 번째 부분의 필사본을 보내 각각 600부의 인쇄본을 신청했다.

해야 할 일들은 많이 남아 있었다. 주일에는 랑군에 있는 몇 명의 유럽인들을 위한 예배와 버마인들을 위한 또 한 번의 예배가 거행되었다. 화요일과 금요일 저녁에는 기도모임이 있었고, 마 미얏레이라는 여인이 침례를 받았다. 아도니람은 마웅 슈웨이베이를 일종의 보조 설교자로 세웠다. 마웅 뜨알라가 훨씬 더 말을 잘했고, 마웅 슈웨이그농이 훨씬 더 많이 배우고 권위가 있었지만 마웅 슈웨이베이는 그들보다 더 진지했으며 더욱 헌신적이었고 아도니람이 무엇보다도 중요한 것으로 여기는 "겸손하며 끈기 있는 열정"이 있었다. 아도니람은 또한 성경에 나오는 사건을 보여주는 지도를 만들어 개종자들과 함께 연구하기도 했다.

이 모든 일로 아도니람의 일과는 새벽부터 캄캄한 저녁까지 빽빽이 채워졌다. 7월 중순이 되어 그는 "신약 성경에서 더할 나위 없이 소중한 부분인" 요한복음과 요한서신서 번역을 마무리했고 이제는 사도행전의 후반부를 번역하고 있었다.

그러나 다시 병이 찾아왔다. 새해 초반에 그는 콜레라에 걸렸고 여름이 끝날 무렵에는 낸시와 함께 열병에 걸려 몸져누웠다. 서로를 돌보아주지도 못하고 모든 수발을 에밀리에게 의존한 채 며칠 동안 같은 방에 나란히 누워 있어야 했다. 수은제를 사용해서 타액을 분비시키는 치료를 계속 했음에도 불구하고 낸시의 간은 더욱 나빠져만 갔다. 아도니람은 보다 근본적인 치료가 즉시 이루어지지 않으면 낸시가 죽을지도 모른다고 생각했다. 8월 6일, 그는 낸시를 벵갈로 보내 병원 치료를 받게 한 다음 곧 미국으로 보낼 결심을 했다.

1822년 8월 21일, 낸시는 이제 더 이상 어린아이가 아닌 에밀리 반 소머렌과 함께 캘커타로 떠났다. 그 후 에밀리는 낸시를 떠나 그녀의 원래 집이 있는 마드라스로 갔다. 7년 동안 한 가족이 되어 살면서 자신의 딸처럼 키웠지만 남아 있는 편지내용 가운데 에밀리에 대한 내용은 거의 언급되어 있지 않다. 그녀는 낸시와 아도니람의 삶에 들어 왔다가 그늘진 모습으로 그들을 떠났다.

낸시 편에 아도니람은 하크에게 다음과 같은 내용의 편지를 보냈다.

당신에게 낸시와 함께 수은제와 완하제 남은 것들을 보냅니다. 그리고 바라옵기는 '위의 물건들' 을 잘 포장하여 가장 안전한 방법으로 최대한 빨리 미국으로 보내주시기를 바랍니다. … 깊은 비참함 속에서도 농담이 나올 수 있나 봅니다. 그래서 교수대의 명언들이 수집되겠지요. 당신이 좋다면 위에 쓴 농담을 목록에 올려도 괜찮습니다. 나는 마치 단두대 위에서 신호를 기다리며 임박한 죽음을 맞이하는 기분입니다. 그러나 결국 2년은 금방 지나갈 것입니다.
나는 마치 부부라는 온 육신이 썩어 죽음에 이르지 않으려면, 오른팔을 절단하고 오른 눈을 빼야 한다는 의사의 처방에 따라 어쩔 수 없이 이를 끊어내는 결심을 한 사람 같습니다.

그의 오른쪽 팔과 오른 눈은 바로 낸시를 의미했다. 이제 아도니람은 아무런 도움도 없는 상황에서 적어도 2년 동안 그녀 없이 선교사역을 수행해야만 했다. 낸시와 에밀리를 태운 배가 강 아래로 미끄러지듯 내려가 더 이상 눈에 보이지 않자, 아도니람은 부두를 떠나 눈물이 가득한 얼굴로 선교관으로 돌아왔다. 그 다음 한 달 동안 그는 자얏에서 예배와 성경 번역에 몰두했다. 그러나 9월이 되어 그는 다시 자얏에서의 예배를 중단해야 했다.

낸시와 아도니람 모두 현재의 너그러운 상황이 너무 좋아서 더 이상 지속될 것 같지 않다는 불길한 생각을 한 적이 있었다. 태수와 그 부인이 황제에게 아도니람이 원하는 랑군에서부터 시암의 지경에 이르는 선교여행을 인정해 주도록 잘 말해주겠다며 개인적으로 격려해 주었지만, 그들이 이야기하는 '관용'은 단지 외국인을 대상으로 하는 예배 활동에 국한된 자유를 의미했다. 그때까지도 그들은 버마인들이 불교를 버리고 기독교인이 되었다는 것을 알지 못했다. 이 사실은 아직 선교관 근처 작은 지역 내에서만 알려져 있었다.

그러나 마웅 슈웨이그농의 개종은 그의 마을에서 알려지지 않을 수 없었다. 얼마 안 가서 마을의 우두머리와 몇몇 승려들이 함께 모여 마웅 선생을 "현 체제 및 권위를 침해하고 불교를 파괴하는 사상의 소유자"라는 명목으로 태수에게 고소하는 글을 올렸다. 태수는 이러한 공개적인 고소를 묵과하지는 않았다. 만약 이것이 사실이라면 마웅은 사형에 처해질 것이라고 그는 말했다. 그렇지만 태수는 이 사건에 대한 조치를 서둘러 취하지 않았다.

마웅 선생은 즉시 그 소식을 들었다. 그는 곧 배를 구해 가족들을 태우고 선교관으로 서둘러 와서 아도니람에게 이 사실을 알렸다. 그리고 인쇄된 성경의 소책자들을 챙긴 다음 160킬로미터 정도 강을 거슬러 올라가 슈웨이 도웅이라는 마을에 정착하여 복음을 전파했다.

평상시처럼 태수의 이야기는 자얏 주위의 기독교에 관심을 가지고 알아보려는 사람들에게 퍼져 나갔다. 아도니람은 선교관에서의 모임을 제한했다. 그럼에도 불구하고 새로운 회심자에게 침례를 주기도 했다. 그리고 안타깝게도 두 번째로 개종했던 마웅 뜨알라를 콜레라에 의한 갑작스런 죽음으로 떠나보내야 했다. 그동안 아도니람은 혼자서 거의 모든 시간을 번역에 쏟아 부었다.

몇 달이 조용히 지나갔다. 정부의 압력이 누그러들면 아도니람은 가르치는 데 시간을 더 내고, 다시 위험스러운 상황이 되면 그는 번역에만 집중했다.

1821년 12월 13일, 새로운 한 쌍의 부부가 그들의 딸과 함께 선교관으로 와서 살기 시작했다. 그들은 조나단 프라이스 박사 부부였다. 박사는 연한 색의 뻣뻣한 머릿결에 키가 크고 뭔가 어색한 분위기의 호리호리한 체격을 가진, 풍자화에 나오는 전형적인 미국 동북부 사람 같은 외형이었다. 그는 과묵함 없이, 생각하고 느끼는 것은 여과되지 않은 말로 바로 튀어 나왔으며, 생각한 것들은 즉시 해치워야 직성이 풀렸다. 그는 매우 경솔했고 단정함이나 청결함과는 거리가 멀어 아도니람이 불쾌하게 여길 정도였다.

프라이스는 수술하는 데에 푸줏간 주인 같은 흥미를 가진 외과 의사 특히 안과 전문의였다. 그의 의학 공부는 침례교단의 지원을 받았는데 짧은 기간 동안 그는 상당한 정도의 의학훈련을 거쳤고 특히 백내장을 제거하는 데 뛰어난 소질을 발휘하여 온 버마에 그의 명성이 자자했다. 버마인에게는 눈을 멀게 하는 하얀 딱지를 제거하는 의사가 거의 마술사와 같이 신기하게 보였다. 그의 의술이 늘어감에 따라 언어능력도 발전했다. 그의 문법은 허술했고 사용 어휘는 적었으며 문장실력도 빈약했지만 그의 청해 능력은 탁월하여 버마인들과 까치처럼 떠들어대며 이야기를 했다. 그의 달변은 다른 사람들이 그가 무슨 말을 하는지 알지 못한다는 사실에도 불구하고 결코 수그러들지 않았다.

1822년 1월 20일, 하크와 그 가족이 랑군에 와서 기뻤던 시절이었다. 하크는 이제 언어가 매우 숙달되었고 아도니람이 번역하는 것보다도 빨리 인쇄할 수 있었다. 프라이스는 의술로 인해 빠른 속도로 호의적인 명성을 얻어 갔다. 그러나 이런 기쁜 시절도 비극으로 끝을 맺게 되었다. 5월 2일, 프라이스 부인이 이질로 세상을 떠난 것이다. 그녀는 리틀 로저 옆에 묻혔고 그들 부부의 딸은 랑군보다는 좀 더 보살핌을 잘 받을 수 있는 캘커타의 로손에게로 보내졌다.

백내장을 치료한다는 외과의사의 명성은 오래지 않아 아바에 있는 황제의 귀에까지 들렸다. 7월 20일, 프라이스 박사를 '황금 발' 앞에 데려오라는 명령이 내려졌다. 프라이스는 혼자 갈 수 없어 아도니람은 내키지 않았지만 그와 동행해야 했다. 그는 신약성경 중에 로마서까지 번역했으며 새로운 판으로 마태복음과 마가복음, 누가복음을 마무리지었다. 이제 버마인들도 성경을 가질 수 있게 되었다. 아도니람은 스스로 자신이 버마 언어로 성경을 전해 줄 수 있는 유일한 사람이라고 생각했다.

황제 앞으로 가는 여행은 정부 경비로 충당되었다. 그 때문에 필요한 행정 처리를 위해 여행은 늦어졌고, 거기에 8월 20일, 창을 들고 으스대며 걸어다니던 늙은 태수 미야데이멘의 죽음으로 인해 더욱 지체되었다. 아도니람이 18번째 개종자에게 침례를 준 지 일주일 후, 8월 28일이 되어서야 아바로 떠날 수 있었다. 한 달 뒤, 1822년 9월 27일에 아도니람과 프라이스는 아바에 도착했다. 새로운 왕이 즉위하면 새로운 곳에서 통치를 시작해야 한다는 오랜 전통에 따라 아바가 새로운 수도로 재정비되어 거의 마무리 된 것을 볼 수 있었다.

황제 앞으로 나아가는 일은 일사천리로 진행되었다. 황제는 프라이스의 의술에 관심이 있었고 여러 가지 질문을 했다. 아도니람은 단순한 통역자로서 황제가 거의 관심을 보이지 않았다. 그러나 아도니람이 처음 황제를 방문했을 때 그를 인도했던 앗윈운 마웅 자가 그를 기억하고 있었다. 마웅 자는 황제의 면전에서 그의 안부를 물었고, 알현이 있은 뒤에 종교에 대해 몇 가지 조심스런 이야기를 했으며 아도니람에게 당분간 아바에 머물러 있으라는 개인적인 격려의 말까지 전했다.

10월 1일, 그들은 한 번 더 황제를 알현했다. 프라이스에게 몇 가지 질문을 한 뒤 황제는 평상시의 낡은 검정 옷차림의 아도니람에게 눈을 돌렸다. 2년 전과 같이 흰 가운을 입지 않았기에 황제는 그를 알아보지 못했다.

"검은 옷을 입은 당신은 무엇을 하는 사람인가? 당신도 의사인가?" 황제가 물었다.

"의사가 아니고 종교를 가르치는 사람입니다. 폐하." 아도니람은 머리를 저으며 말했다.

황제는 기독교에 대해 몇 가지 엉뚱한 질문을 했다. 그리고서는 아도니람에게 골수까지 얼어붙게 만드는 질문을 했다. "당신의 종교를 받아들인 사람이 있던가?"

아도니람은 얼버무리면서 답했다. "아바에서는 아직 없었습니다."

황제는 계속해서 물었다. "랑군에는 있었는가?"

"몇 명이 있었습니다."

"다들 외국인이었나?"

아도니람은 주저했다. 정직하게 대답하면 모든 교회가 화를 입게 될지도 모른다. 그러나 거짓말을 한다는 것은 생각할 수도 없었다. 마침내 그는 대답했다. "외국 사람들도 있고 버마인들도 몇 명 있습니다." 이렇게 대답하고 황제의 진노가 내릴까 조마조마하며 기다렸다. 황제는 잠시 동안 침묵했다. 그러나 황제는 그 주제를 버리고 종교에 관해 아도니람이 쉽게 대답할 수 있는 질문을 했고, 이후 지리학과 천문학으로 대화는 옮겨갔다. 지구가 둥글다는 것에 대해서, 그리고 어떻게 지구가 다른 행성들과 함께 태양을 도는지에 대해 이야기를 나누게 되자 아도니람은 한숨을 돌릴 수 있었다. 그 뒤의 몇몇 질문들은 "궁중에서 왕을 배알할 때 쓰는 적절한 표현으로 만족할 만한 답변을 했다"고 그는 기억했다.

황제가 나간 뒤에 따우다우쎈이라는 황실 비서관 중의 한 사람이 한동안 그와 이야기를 나누었다. 그는 마치 기독교에 대해 진심으로 알기 원하는 것처럼 몇 가지를 질문했다. 아도니람은 안도감을 느끼면서 어떤 것에든 즐겁게 대답해 주었다. 황제는 결국 나중에 버마 본토인들 중에 기독교인이 된 사람이 있다는 것을 알게 되었지만 잠시 그의 진노를 보류하기로 했다.

아도니람의 이야기를 들었던 앗윈운 따우다우쎈은 몇 년 전에 기독교인이 되었다는 이유로 그의 숙부를 고문하여 거의 죽음으로 몰고 갔던 당사자였다. 이 사실을 알았었다면 아도니람이 아마 그렇게 편안하지는 않았을 것이다.

13. 황제의 접견 (1823)

황제는 프라이스가 돌아가는 것을 원치 않았다. 며칠 내로 그들은 황제가 명령하여 그들을 위해 지은 집으로 옮겨왔다. 그곳은 겨우 비를 막고 지나다니는 사람들의 눈을 피할 수 있는 오두막 수준의 집이었지만 궁궐 가까이에 프라이스가 방문한 적이 있는 황제의 형제인 M왕자의 집과 이웃하고 있었다. 왕자의 팔 다리는 매우 약했고 심하게 비틀려 있었다. 걸어 다니는 것이 불가능했기에 그는 외국의 과학에 관심이 많았고 아도니람으로부터 이에 대해서 듣고 싶어 했다.

아도니람은 M왕자를 다음 주에 몇 차례 방문했지만 종교에 관심을 갖게 하지는 못했다. 개인적으로는 별 관심이 없어 보였지만, 왕자는 아도니람이 말하는 것에는 흥미를 느끼는 것 같았다. 한번은 왕자가, 황제 형님은 기독교인이 되려는 국민들을 박해하지는 않을 것이라고 말한 적이 있었다. 왕자는 "형님은 마음씨가 좋아요. 모두가 자기가 원하는 대로 신앙을 갖고 신을 섬기길 원하죠"라고 얘기했다. 그렇지만 어린 왕자는 아도니람에게서 천문학을 듣는 것을 더 좋아했다. 그는 지구와 다른 행성이 태양 주위를 돈다는 것을 단지 받아들일 수 없었다. 그러나 그는 아도니람의 논증에 대해 반박할 수 없으며 만약에 그것을 인정하게 되면 불교의 기초가 붕괴될 것이라는 사실 또한 인정했다.

"사라와디 공주이면서 왕의 누이"인 M왕자비는 아도니람과 이야기하는 것을 좋아했고, 아도니람이 그녀에게 준 낸시의 교리문답 복사본을 즐겨보았다. 그들은 아도니람에게 "랑군으로 돌아가지 마세요. 당신의 아내가 돌아오면 그녀를 이곳으로 불러오세요. 황제는 당신에게 땅을 주어 그곳에 '경'(성직을 가진 사람들이 살도록 마련된 집)을 짓게 할 것입니다"라고 했다. 아도니람은 이 말대로 황제의 친척들에게 계속 부탁하여 선교를 인정받을 수 있다면 이전보다 훨씬 더 빨리 복음을 전파할 수 있을 것 같다는 생각을 하기 시작했다.

11월이 되자 그는 왕자에게 직접 그의 생각을 호소하여 시험해보기로 결심했다. 그는 왕자에게 간단하게 어떻게 해서 기독교인이 될 수 있는지 말하고 그리고 너무 늦기 전에 그 문제를 심각하게 고려하라고 권고했다. 왕자는 잠시 동안 아도니람의 말을 진지하게 받아들이는 것처럼 보였다. 그러나 그는 어깨를 움츠리면서 "나는 아직 젊습니다. 스물여덟 살밖에 되지 않았고 모든 외국의 문물과 학문을 배워보고 싶습니다. 그리고 나면 나의 식견이 넓어져 기독교가 진실한지 아닌지 판단할 수 있을 것 같습니다"라고 말했다.

"그렇지만 그 사이에 왕자가 세상을 떠난다면 어떻게 하겠습니까?" 아도니람은 맞받아 쳤다. 왕자의 얼굴이 숙여졌다. "내가 언제 죽을지 알지 못한다는 것은 사실입니다." 그는 진지하게 말했다.

"하나님께 깨달음의 빛을 주시기를 기도하십시오. 깨달음의 빛을 받는다면 당신은 즉시 진실한 것과 거짓을 구분할 수 있을 것입니다." 아도니람은 재촉했다.

왕자는 아무런 약속을 하지 않았지만 아도니람은 그가 깊이 생각하고 있다는 것을 느끼면서 물러났다. 며칠 후에 아도니람은 다시 왕자를 찾아갔다. 아도니람 생각에는 왕자가 거의 불교를 포기한 것 같았는데, 두 명의 불교 선생이 들어오자 그들과 한 편이 되어 아도니람이 말한 모든 것을 반박하고 말았다.

아도니람이 만날 수 있는 황실 사람들은 M왕자와 그의 부인만이 아니었다. 몇 개월이 지나자 관심을 가진 몇몇 고관들과 앗윈운, 그리고 가신들을 만날 수 있었다. 그가 생각하기에 몇몇은 거의 가망이 없었다. 그러나 편지를 통해 치타공에 있던 콜맨이 7월 4일에 세상을 떠났다는 것을 알게 된 이후로 점점 더 아바에 머물러 있어야 할 이유가 분명해졌다. 하크가 랑군에서 발판을 마련하는 동안 황제로부터 직접적인 선교의 자유를 얻어내야만 했다. 이제 겨우 정부가 어떻게 구성되어 있는지 알게 된 상황에서 이곳을 떠난다면 부끄러운 일이 아닐 수 없었다.

그 당시 벌써 아바는 인구가 약 70만이나 되는 커다란 도시였다. 왕이 즉위한 지 몇 년 사이에 4만여 가구가 옛 수도인 아마라푸라에서 옮겨왔다. 지금도 많은 사람들이 계속 이주해 오고 있었다. 모든 황실은 아바에 있었고, 황실 다음가는 최고위 장관인 운지가 네 명이 있으며, 황제의 개인 자문 위원인 예닐곱 명의 앗원운이 있고, 그 아래로 많은 운다욱이 있었다. 이들 가운데 아도니람은 위로는 황제로부터 M왕자와 왕자비를 비롯한 황실과 따우다우센과 같은 황제의 비서관들에 이르기까지 상당한 수의 사람들과 좋은 관계를 유지하고 있었다. 아도니람은 이러한 좋은 관계를 묵혀두기 아까웠다.

이런 생각으로 그는 11월 말에 황제에게 "경을 지을 수 있도록" 도시 내에 땅을 하사해 줄 것을 간청했다. 그 간청은 수락되었고 아무도 차지하지 않은 땅을 발견하게 되었다. 그는 황실의 토지 측량사와 함께 그 장소로 갔다. 측량사는 그 장소가 지금은 비어 있지만 한 때 '경'이 있었던 자리라고 앗원운에게 보고했다. 따라서 이 장소는 성스러운 곳이며 함부로 주어서도 안 되는 곳이었다. 아도니람은 담당 장관의 수준에서 처리가 되도록 뇌물까지 썼지만 그는 황제에게 그 땅이 성스러운 땅이라고 보고해 버렸다. 황제는 잠시 침묵을 지키고 있다가 "그렇다면 그에게 비어 있는 남은 땅을 주시오"라고 말했다.

이 일에 실망했지만 다른 한 사건이 아도니람에게 용기를 주었다. 그는 아바에 있는 두 명의 영국인과 프라이스와 함께 황제 앞에 섰다. 그들 넷은 유럽식 복장으로(신발은 밖에 벗어둔 채로) 다리를 꼬고 앉아 있었는데 황제는 그들이 입고 있는 특이한 복장에 다소 흥미를 느끼면서 대화를 나누었다.

몇 가지 이유로 인해 황제는 이때 아도니람에게 관심을 가졌다. 황제는 평상시와는 달리 종종 유쾌해보였다. 서른이 된 지금, 그의 입지는 견고해졌고 앞으로도 도전 세력이 없는 통치를 바라보고 있었기 때문이었다. 그는 기독교를 받아들인 버마인들에 대해서 질문했다. "그들이 진짜 버마인들이오?"

"예 그렇습니다, 폐하." 아도니람은 확신 있게 대답했다.

"그들도 다른 버마인들처럼 옷을 입고 있는가?"

"예, 그들도 다른 버마 사람들과 마찬가지로 생활합니다."

몇 가지 질문에 대답을 한 뒤 아도니람은 매 주일마다 설교를 하고 있다는 이야기를 했다. 황제는 궁금해 하며 물었다. "뭐라고, 버마 언어로 설교를 한다고?"

"네, 그렇습니다."

"어떻게 설교하는지 듣고 싶소." 황제는 명을 내렸다.

아도니람은 깜짝 놀랐다. 황제 앞에 선 사람들이 모두 그의 명령을 들었다. 커다란 황실 접견실은 엄숙하게 침묵에 싸였다. 약간의 망설임 끝에 아도니람은 "하나님께 영광을 돌리는 것으로 시작해서 복음을 선포하는 예배의 형식"에 대해 설명했다. 아마도 그가 처음으로 만든 전도지에 나온 말들이었을 것이다. "하나님은 형체가 없는 영이십니다. 그럼에도 불구하고 만유에 계시며 천국에서 확실하게 그의 영광을 드러내십니다. 하나님의 능력과 지혜는 무한합니다. 하나님은 온전하시며, 선하시고, 영원한 은총을 지니고 계십니다. 하나님을 믿으십시오. 지극히 높으신 하나님을 사랑하십시오. 다른 사람들을 당신의 몸처럼 사랑하십시오. 세상의 재물과 부에 마음을 두지 말고 천국에 있는 영원하고 흠 없는 보물에 마음을 두십시오. 자만심과 교만을 억제하고 겸손과 온유와 낮아지는 마음을 따르십시오. 악을 악으로 갚지 말고 다른 사람의 잘못을 용서하십시오. 당신의 원수를 사랑하고 그들을 위해 기도하십시오. 불쌍하고 도움이 필요한 자에게 마음을 같이하고 자선을 베푸십시오. 다른 사람의 재물을 탐하지 말고, 억지로 빼앗거나 훔쳐서는 안 되며, 장사하면서 속여 팔면 안 됩니다. 거짓을 말하지 마십시오…."

아도니람은 멈추었다. "계속하시오." 한 명의 앗원운이 이야기했다.

"이 세상이 만들어지기 전에 하나님은 순전하고 영원한 천국의 아들들과 함께 행복하게 지냈습니다. 그의 완전함을 나타내시기 위해서 그리고 그의 창조물들을 행복하게 하기 위해서 하나님은 하늘과 태양과 달과 별들과 땅을 만들었고, 여러 종류의 짐승과 사람을 만들었습니다."

황제가 이때 설교를 중단시켰다. 그는 충분히 들었다고 이야기했다. 그런 후에 그는 아도니람에게 붓다에 대해서 어떻게 생각하는지를 물었다.

"우리는 그가 왕의 아들이라는 사실을 알고 있습니다. 우리들은 그를 현명하고 위대한 선생으로 여깁니다. 그러나 우리는 그를 신이라고 부르지는 않습니다." 아도니람은 그의 용어 선택에 주의를 기울이면서 말했다.

"그 말이 맞소." 한 명의 앗윈운이 끼어들었다. 그는 아도니람과 전에 별 친분이 없었던 사람이었는데 그는 사태가 어떻게 돌아가는지 파악한 모양이었다. 그는 계속해서 황제에게 며칠 전에 아도니람이 그에게 이야기했던 것을 들려주었다. "기독교의 사상은 영원히 존재하는 오직 유일한 존재만이 있는데, 이들은 아버지 하나님, 그의 아들, 그리고 성령 하나님 이 셋이 하나로 연합해 있다고 합니다."

마웅 자도 거들었다. "폐하. 거의 모든 나라가 영원한 하나님을 믿고 있습니다. 오직 버마와 시암과 주변의 작은 지역을 제외하고 말입니다." 황제는 침묵을 지키고 있었다. 그리고는 아도니람에게 그의 건강과 아내에 대해 엉뚱한 질문을 한 뒤 일어나 나가버렸다.

일주일 정도 지난 뒤에 아도니람은 다시 황제에게 나아가 랑군으로 돌아가겠다고 말했다. 황제는 관심을 가지며 "그곳에 가서 당신의 나라로 돌아갈 예정인가?"라고 물었다.

"랑군으로만 갈 것입니다." 아도니람이 이야기했다. 황제는 고개를 끄덕였다. 아도니람에게 친근하게 대해 주었던 앗윈운 마웅 자가 물었다. "당신과 프라이스 박사 모두 가는 것입니까? 아니면, 당신만 떠나는 것입니까?" 프라이스는 남아 있기를 원했고, 아도니람도 허락했다. 황제는 이 이야기를 듣고 프라이스에게 머물 공간을 주라고 명령했다.

그날 저녁 마웅 자는 아도니람에게 자신은 영원하신 하나님이 계신다는 것을 믿으며, "붓다와 그리스도, 모하멧, 그리고 그 외 다른 위대한 선생들은 그들이 할 수 있는 한 최선의 진리를 전했지만 모두 하나님의 말씀이 아니었습니다"라고 이야기했다. 그러나 그들이 서로 헤어질 때, 마웅 자는 "이것은 심오하고 어려운 주제입니다. 선생님, 당신은 좀 더 연구해보시고 저도 역시 깊이 생각해 보겠습니다"라고 했다.

한편, 아도니람은 다시 경을 지을 만한 장소를 찾아다니기 시작했다. 그는 마침내 궁궐에서 1.5킬로미터 정도 떨어진 도시의 성벽 바깥의 강둑에 있는 조그마한 땅을 발견했다. 그러나 운지들 가운데 가장 높은 사람이 이미 그곳에 개인 자얏을 세울 요량으로 담을 둘러쳐 놓았다. 아도니람은 그를 찾아가 그 땅을 달라고 성가시게 굴었다. 그는 간청하는 글을 써보기도 하고 돈을 가지고 졸졸 따라 다니면서 관리의 손에 들어가기까지 기다리기도 했다. 관리는 글을 받아보고는 미소를 지으면서 이야기했다. "당신은 정말 끈질기군요. 그렇지만 당신은 그 땅을 가지지 못할 것입니다. 그곳은 제가 쓸 곳입니다. 다른 곳을 찾아보십시오."

아도니람은 좀 더 기다렸다가 다시 시도해보기로 했다. 그것도 쉬운 일이 아니었다. 그는 황제를 만나는 것보다 더 어려웠다. 어느 날 저녁, 아도니람은 관리가 그의 집에서 "40-50명의 사람들에게 둘러싸여 앉아 있는" 것을 발견했다. 아도니람은 맨 앞줄까지 뚫고 들어가서 그에게 작은 향수병을 내밀었다. 그의 비서 한 명이 그것을 받아들고 주인에게 갖다 드렸다. 그것을 받고 그는 매우 흡족해 하면서 이야기했다. "어떤 종류의 건물을 짓고 싶소?" 아주 작은, 한 가족이 살 만한 집이라고 아도니람이 대답했다. "그렇지만 제가 가진 땅은 없습니다, 나으리."

운지는 생각에 잠겨 있다가 갑자기 결심한 듯 말했다. "작은 땅이 필요하다면 당신이 그것을 가지시오."

아도니람은 그에게 연신 감사하다는 말을 하고 그곳을 나설 준비를 했다. 그렇지만 아도니람은 그곳을 떠나기 전에 이전에 황제에게 했던 것과 같은 내용이지만 조금 더 길게 운지에게 말씀을 전했다. 아도니람이 말을 멈출 때마다 운지는 계속하라고 이야기했고, 흥미를 잃어 쿠션에 등을 기대면서 조용히 나가라고 말했다.

그 다음 날 저녁, 아도니람은 그에게 땅을 양보해준 것에 대한 감사의 표시로 돈을 가지고 갔다. 하지만 그는 받으려 하지 않았다. "선생, 당신에게 그 땅의 소유권을 준 것은 아니오. 그 땅이 미국령이 되지 않는 한 그에 대한 보상은 받지 않겠소. 그건 당신이 이곳에서 지낼 수 있도록 준 것이오. 당신이 이곳을 떠난다면 반환해야 합니다." 아도니람에게는 이것으로도 충분했다. 그는 다른 선교사가 계속해서 자신의 뒤를 이어 이곳에서 생활하도록 할 생각이었다. 그렇지 않으면 다시 되돌려 주어야 하기 때문이었다.

조잡한 오두막집을 짓는 데에는 단 이틀밖에 걸리지 않았다. 아도니람은 그의 제자 중 한 사람에게 그가 되돌아올 때까지 그곳에 머물러 있도록 했다. 그리고 M왕자에게 가서 작별을 고하고 나머지 성경을 번역하겠다고 약속했다. 황제에게도 그의 아내와 가재도구를 챙겨서 다시 오겠다는 인사를 하고, 1823년 1월 25일 아바를 떠났다.

앞날의 전망은 밝아 보였다.

14. 신약성경, 그리고 낸시가 돌아오다 (1823)

랑군으로 돌아와 보니 선교사역은 매우 힘든 상황이었다. 18명의 제자들 가운데 선교관에는 서너 명만 남아 있었다. 몇몇은 새로 부임한 태수의 과도한 조세 징수로부터 벗어나려고 강너머로 달아나 버렸다. 이웃 사람들이 정부에 이를 고발했고, 정부에서는 그들의 집을 무너뜨렸다. 그리고 또 한 사람 마웅 미얏야는 세상을 떠났다. 미얏야의 동생은 아도니람에게 그녀가 그리스도를 전적으로 믿었고 천국에서 주님을 만나기를 고대하므로 죽음을 두려워하지 않았다고 전했다. 하크도 많은 일을 하지 못했다. 설교하고 가르치는 것은 그의 주 업무가 아니었고, 벵갈에서 활판을 가져올 때까지 인쇄도 하지 못하는 상황이었다.

비록 장기적인 전망은 나쁘지 않지만 현재의 상황은 실망스러웠다. 늘 그랬듯이 아무 것도 할 수 없을 때, 아도니람은 번역에 몰두했다. 1823년 7월 12일, 버마어로 신약성경 전체 번역이 끝났고, 열두 부분으로 된 구약성경 개관도 마무리지었다. 구약성경 개관에는 창세부터 그리스도의 탄생까지 성경 역사의 간단한 설명과 함께 성경 본문에서 인용한 메시아에 관한 가장 중요한 예언들을 요약해서 실었다.

이 번역물들은 개종자들의 마음을 사로잡는 일종의 교과서였다. 아도니람은 번역이 끝난 상황에서 아직 신약성경조차 인쇄되지 않았기 때문에 초조했지만 낸시가 돌아올 때까지 계속해서 개정작업에 몰두했다. 그녀의 편지를 받은 지는 열 달 가까이 되었고 그녀를 본 지는 2년이 넘었다.

그녀가 돌아오기 전 아도니람은 나름대로 즐거워하며 소량의 번역 작업을 했다. 마웅 슈웨이베이가 보스턴에 있는 볼드윈 목사에게 편지를 썼는데 이것을 다시 아도니람이 영어로 번역하는 일이었다.

"친애하는 선생님, 우리가 서로 만난 적도 없고 각자 살고 있는 곳도 멀리 떨어져 있지만 저는 선생님을 사랑하며 선생님을 소개해 준 윷딴의 글을 통해서 이렇게 편지를 보내고 싶습니다." 마웅은 그의 신앙 경험이 얼마나 만족스러운지 자세히 말하면서도, 버마에서 기독교인이 된다는 것은 어려운 일이라는 것도 덧붙였다. "선생님, 저는 친형제들과 처남한테서 '널 흠씬 두들겨주고, 피멍이 들 때까지 짓밟을 거야. 넌 지금 나쁜 사람들과 사귀고 악한 종교를 믿고 사악한 말을 하고 있어'라고 위협을 받고 있습니다."

그는 오히려 다른 사람들의 신앙이 거짓된 것이며 죽음의 종교라는 것을 알기에 참고 견딘다면서 다음과 같이 끝을 맺었다.

"이곳 버마에는 길 잃은 양들이 많습니다. 윳딴 선생은 그들을 불쌍히 여겨 함께 불러모아 사랑으로 양육하고 있습니다. 몇몇은 들으려 하지 않고 또 몇몇은 도망갑니다. 몇몇은 듣고 그에게 배워 우리의 수가 증가하고 있습니다. 우리는 함께 모임을 가지고 우리 양들의 주인이신 주님께 기도를 드립니다.
윳딴 선생의 제자인 저, 마웅 슈웨이베이는 미국 보스톤에 계시는 볼드윈 선생님께 이 글을 써서 보냅니다."

1823년 12월 5일 낸시는 랑군으로 돌아왔다. 그녀와 함께 뉴욕주 에딘버러에서 온 조나단과 드보라 웨이드 부부도 왔다. 웨이드 부부는 버마 말을 조금밖에 몰랐기 때문에 낸시는 그들이 보스톤에서 떠나 올 때부터 줄곧 그들에게 버마 말을 가르쳐 왔다.

낸시는 이전의 "앤 하셀타인"과 같은 모습이 되어 돌아왔으며 아도니람은 말로 표현할 수 없을 정도로 행복했다. 지난 27개월 동안 떨어져 있으면서 겪었던 많은 이야기들이 있었지만 그보다 더 먼저 해야 할 일이 있었다.

아도니람은 낸시가 돌아왔으니 이제 아바로 떠나야만 했다. 랑군은 하크와 웨이드 부부에게 맡겨도 되었다. 그는 벌써 강가에 보트를 마련해 두었다. 아직 낸시의 짐은 선교관에 옮겨지지 않았기에 타고 온 배에서 아바로 향하는 보트에 곧바로 옮겨 실었다. 짐 속에는 볼티모어에서 아도니람의 동생 엘나단이 낸시에게 준 작은 작업 테이블과 흔들의자가 있었다. 그들의 가재도구도 다 싣고 신실한 형제 마웅 잉과 캘커타에서 낸시와 함께 온 벵갈인 요리사 쿠칠, 그리고 서너 명의 제자들과 함께 강을 거슬러 올라갔다. 그날이 12월 13일. 낸시가 랑군에 도착한 지 일주일째 되는 날이었다.

그들이 탄 배는 작았고 계속된 역풍에 시달렸으며 물살은 거셌다. 앞으로 나아가는 것은 더뎠지만 낸시에게는 오히려 여행의 즐거움을 더해 주었다. 마치 또 한 번의 신혼여행을 가는 것 같았다. 그녀는 지난해에 콜레라로 고통을 겪었던 아도니람보다 건강했고, 날씨 또한 화창했다. 여행 이야기를 나눌 시간도 충분했다. 그녀의 이야기는 다음과 같다.

그녀는 캘커타에 거의 죽을 지경이 되어 도착했다. 의사들은 그녀가 기후가 시원한 지역으로 가야 한다고 권고했다. 그러나 미국 상선들은 화물로 가득 차 있었고 그녀가 구할 수 있는 유일한 교통편은 1,500루피나 들었다. 운좋게도 동인도회사 소속의 토마슨 목사 부인을 만나 신앙심 깊은 선장의 배를 타고 영국으로 갈 수 있었다. 그녀는 세 명의 어린이와 선실에서 같이 지낸다는 조건으로 500루피만 내고 배에 올랐는데, 나중에 알고 보니 그 아이들의 아버지가 그녀의 뱃삯을 대주었던 것이었다.

영국에서 낸시의 건강은 회복되었다. 낸시는 감리교 신자이며 의회 의원이었던 조셉 버터워스 씨를 만나 그의 집에서 머물렀다. 거기서 그녀는 이미 유명인사가 되어 있었다. 낸시는 광천수를 마시기 위해 첼튼햄으로 가서 몇 주 동안 머물렀고, 스코틀랜드에도 초대받아 방문했다.

그녀는 1822년 8월 16일에 영국을 떠나 9월 25일에 뉴욕에 도착했다. 필라델피아에서 일주일 정도 머무른 뒤, 고향인 브래드포드에 도착했다. 낸시의 가족과 친지들 그리고 수많은 방문객들을 만나 큰 기쁨을 누렸지만 날씨가 추워 몸이 아주 약해졌다. 6주 동안 밤에 제대로 잘 수가 없었다.

다행히 아도니람의 동생 엘나단이 볼티모어에서 정부기관 의사로 근무하고 있어서 따뜻한 곳에서 낸시가 겨울을 날 수 있게 초청했다. 그녀는 12월 3일 그가 머무는 하숙집에 도착했다.

가끔 수은제로 타액분비를 하러 가기는 했지만 낸시는 쉬면서 한가로운 시간을 보냈다. 곧 회복이 되어 버터워스 씨와 다른 사람들이 권했던 선교에 관한 책을 쓰기 시작했다. 가장 쉬운 방법으로는 아도니람 앞으로 보내는 편지 형식이 무난했다. 심한 기침과 옆구리 통증에도 불구하고 낸시는 3월에 책을 마무리지었다. 이 책은 『버마 제국에서의 미국 침례교 선교활동』이라는 제목으로 워싱턴에서 출판되었다.

봄이 지나갈 즈음 그녀는 다시 브래드포드에 와서 며칠을 지내고는 플리머스, 사우거스, 찰스타운, 캠브리지, 세일럼 등지로 황급하게 다녔다. 그리고 1823년 6월 22일, 웨이드 부부와 함께 배에 올랐다.

캘커타에서 사람들은 곧 영국과 버마 사이에 전쟁이 일어날 것이라면서 랑군으로 들어가지 말라고 충고했다. 벵갈 정부의 수석 비서관은 은밀하게 배경을 설명해주기도 했다. 정복전쟁에서 대대로 승리해왔던 버마 왕조는 오랜 동안 벵갈의 부유한 자원들을 탐내왔다. 결국 버마는 동인도회사로 대표되는 대영제국의 확장 야욕과 충돌할 수밖에 없었다는 것이다. 그렇지만 이러한 특수 상황에서 영국은 전쟁을 벌일 생각은 없다고 했다. 버마에서 유일하게 상업적 가치를 가진 자원은 티크목재였고 이것은 이미 동인도회사에서 쓸 만큼 확보했기 때문이었다. 그래서 접경지역의 담당관들에게는 항상 버마에 대해 회유적인 태도를 가지라고 당부해왔다고 한다.

하지만 버마 정부는 영국의 힘이 어느 정도인지 거의 모르고 있었다. 이것이 영국의 실책이었다. 버마는 영국을 그들이 정복했던 시암이나 아쌈 정도로 간주했다. 그래서 치타공과 캘커타에서 계속 전쟁의 소문이 퍼지고 있었던 것이다.

이전의 황제 보도폐야는 그의 대신들을 잘 통제했지만, 지금의 황제 바지도는 그렇지 않았다. 그리고 잘 생기고 인기가 높고 저돌적인, 스스로 대단한 군사지도자라 여기고 있는 마하 반둘라가 황제보다 더한 권세를 얻고 있었다. 따라서 벵갈 정부의 암허스트 장군은 버마군이 카차르를 침공해 올 것이라고 생각했다.

카차르는 동 벵갈로 지날 수 있는 요충지였으며, 영국이 종주권을 가진 "방어 지역"이었다. 버마군이 이곳을 차지하면 벵갈로 침공해 오는 것은 쉬웠다. 그래서 영국은 싫든 좋든 어쩔 수 없이 카차르를 지켜야만 했다.

즉각적으로 버마는 치타공 지역을 위협했다. 버마군은 콕스바자 주변에서 코끼리 사냥을 하던 영국군들을 버마 영토를 침입했다는 구실로 납치해 갔다. 나프 강을 오르내리던 영국 국민을 향해 발포하기도 했다. 이렇게 해서 9월이 지나고 버마 군은 샤푸리 섬에 있는 영국군의 전초지역을 차지하려고 달려들었다. 이를 항의하는 암허스트 장군의 편지는 오히려 영국군이 겁쟁이라는 뜻으로 받아들여졌다. 버마 군은 더욱 그들의 오만함을 보이려고 국경지역 문제를 협의하기 위해 초청한 두 명의 영국 해군 장교를 납치해버렸다.

강을 거슬러 올라가며 낸시는 이 모든 상황을 아도니람에게 들려주었다. 이런 평화스러운 물결 위에서 처참한 전쟁이 일어날지도 모른다는 이야기가 도저히 믿어지지 않았다. 그러나 아바에서 160킬로미터 정도 떨어진 쎈뺘쪼웅에 이르러 소문의 진상을 확인할 수 있었다.

이곳까지의 여정은 즐거웠다. 강변에 도착하자 여러 마을에서 그녀를 따라온 많은 주민들이 있었다. 낸시는 그들을 즐겁게 맞이했다. 이제까지 서양 여자를 한 번도 보지 못한 사람들이었다.

낸시는 그 광경을 이렇게 적어 놓았다. "[그들은] 자기 친구들과 친척들이 서양여자 구경하는 일을 놓칠까봐 노심초사했다. 다른 사람보다 덜 개화된 사람들은 우리가 다가갈수록 더 멀리 도망쳤다. 그리고 멀리서 더 오래 동안 우리를 지켜봤다."

쎈뺘쪼웅에서는 약 3만 명 정도의 반둘라 부대 전체가 야영하고 있었다. 해안가에 있는 영국령 아라칸으로 가는 길은 산들로 막혀 있었다. 반둘라는 분명히 기습적으로 산을 내려가 벵갈 지역을 공격하려고 준비하는 중이었다.

아도니람과 낸시는 그곳에서 허비할 시간이 없었기에 즉시 배로 돌아왔다. 몇 킬로미터를 더 올라가자 거대한 무리의 금빛 전함 위에 솜을 넣어 누빈 검은 군복을 입고 구식 총과 창을 들고 있는 군인들이 새까맣게 몰려 있는 것이 보였다. 배들은 커다란 카누처럼 생겼고 키잡이가 서 있는 선미는 위로 솟아올라 있었다. 티크 통나무로 만든 보트는 너비가 1.8~2.4미터 정도였다. 배에는 수백 개의 깃발이 펄럭였으며 노를 저어 강 아래로 내려가자 뱃전에서는 호전적인 군악이 연주되어 섬뜩하고 공포스러운 장관을 연출했다. 이 함대의 중간에는 반둘라가 직접 타고 있는 황금거룻배가 떠 있었다.

저드슨 일행도 그들의 감시로부터 벗어날 수는 없었다. 얼마 지나지 않아 전투정이 강을 가로질러 와 아도니람 일행의 배를 막았다. 아도니람은 자신들은 영국인이 아니라 미국인이며 황제의 급한 명을 받아 아바로 가는 중이라고 설명을 하자 지나갈 수 있었다.

1824년 1월 23일, 떠난 지 6주가 지나서야 아바에 도착했다. 도시에서 몇 킬로미터 떨어진 곳에서 작은 보트를 타고 가는 프라이스를 만났는데, 그는 이제 더 이상 외국인은 황실의 관심을 받지 못하고 있다고 알려주었다. 외국인들은 모두가 간첩 용의자로 취급받고 있었다. 늙은 앗원운들은 정부에서 쫓겨났다. 새로 임명된 관리들은 외국인들에 대해 관심이 없는 낯선 사람들이었다. 프라이스는 아도니람과 낸시에게 강 너머에 새로 지은 그의 벽돌집으로 가서 지낼 것을 강권했다.

그러나 그의 집은 매우 습했고 몇 시간 지나지 않아 낸시가 열병 증세를 보이기 시작했다. 아도니람이 아바에서 살기 위해 지어 놓은 오두막도 사람이 살 수 없는 지경이었다. 적당한 거처를 마련하기 전까지 2~3주 동안은 배 안에서 생활할 수밖에 없었다.

배에서 지내는 동안 미야데이멘의 미망인이 낸시를 찾아왔다. 남편이 세상을 떠나자 그녀의 명성도 끝났고 이제는 평민 신분이었다. 다른 방문객은 없었다. 아도니람은 낸시를 데리고 황실 가족들을 방문했지만 그들의 접대는 기대한 것에 미치지 못했다. 궁궐에도 두세 번 찾아갔지만 황제의 태도는 싸늘했다. 그는 더 이상 아도니람의 친구가 아니었고 낸시를 만나려고도 하지 않았다. 공식적인 천도행사를 준비하기 위해 황제와 황실 가족들 그리고 대다수의 가신들은 8킬로미터 정도 떨어진 옛 수도 아마라푸라에서 지내고 있었기 때문에 아도니람은 더 이상 사람들을 방문할 수 없었다.

    집이 완성될 때까지 배 안에 머물러 있는 것 외에는 별로 할 일이 없었다. 천도행사가 끝나 아바로 돌아온 황제가 미국인 선교사에게 보다 친절하게 대해주기만을 바랄 뿐이었다.

15. 외국인은 모두 스파이들 (1823-1824)

그들이 아바에 도착한 지 두 주 만에 방 셋에 베란다가 딸린 작은 집이 완성되었다. 낸시는 먼지 많은 도시를 떠나 강둑에 지어진 집을 아주 좋아했지만, 그 안은 마치 오븐 속 같이 무척 더웠다. 지상에서 1.2미터 위에 짓고 내림다리를 두어 아래로 바람이 지나다니도록 했지만, 섭씨 40도가 넘는 한여름의 숨막히는 더위는 벽돌집이 아니면 막을 수 없었다. 아도니람이 지은 집은 임시 거주용으로 지었기 때문에 그 뜨거움은 이루 말할 수 없었다. 그는 즉시 그 옆에 벽돌집을 짓고자 석공과 벽돌을 구하러 나갔다.

그들은 곧 지루한 작업에 몰두했다. 아도니람은 여러 가지를 번역하느라 매우 바빴고 버마어 성경도 계속해서 손을 봤다. 한편으로는 강 너머에 있는 프라이스 박사 집에서 18명에서 20명의 이웃 사람들을 대상으로 설교를 했다.

낸시는 어린 여자아이들을 데리고 읽기와 바느질 그리고 가사

일을 가르치는 작은 학교를 열었다. 이 소녀들 가운데 두 명은 마웅 슈웨이베이의 딸로서 그들의 어머니는 제정신이 아니었기에 그들을 양육할 수가 없었다. 그녀는 브래드포드에 있는 자매들의 이름을 따서 "메어리 하셀타인"과 "애비 하셀타인"이라는 이름을 붙여주었다. 한 편지에서는 이렇게 언급하고 있다. "그들 중 한 명은 '브래드포드 아카데미의 저드슨 모임'이라는 곳에서 지원하는 헌금으로 양육합니다. 그들은 착한 어린이들이며 세계의 여느 지역 어린이들과 마찬가지로 빠르게 적응하고 깨우쳐가고 있습니다."

이런 와중에 그들은 버마에 사는 백인 가운데 헨리 가우저라는 사람을 알게 되었다. 가우저는 20대 중반으로 동인도회사에서 별 흥미 없이 일하다가, 약간의 돈으로 배를 한 척 사서 1년 전에 아바로 온 뒤 금방 큰 부자가 된 사람이었다. 매우 활기차고 사람을 사귀는 데에는 천재였던 그는 얼마 안 가서 황제와 황실의 주목을 얻었다. 자신이 800에서 1,000퍼센트의 이윤을 붙여 판 물건들을 구하려고 버마 사람들이 거의 싸우다시피 한다는 것을 알면서 벵갈로 가서 배 한 척을 더 얻어 1823년 가을에 다시 아바로 돌아왔다. 그는 이미 부자였지만 자기보다 앞서 버마에 들어왔던 유럽인들처럼 낭패를 당해야 했다. 버마에서 번 재산을 다른 나라로 가져갈 수가 없었던 것이다. 버마 당국은 금이나 보석, 귀금속 등을 나라 밖으로 내가는 것을 법으로 금지하고 있었으며 티크목재는 너무 부피가 커서 배를 빌려야 했기에 이익이 남지 않았다.

한편 가우저로 인해 많은 영국인들 체면이 말이 아니었다. 가우저는 직접 고안한 독특한 원주민 복장에다 유럽에서 신는 신발에 비해 무척 편한 버마 샌들을 신고 다녔다. 그는 "붉은 쥐"와 "붉은 황금"이라는 두 명의 건달을 고용했는데 이들은 여러 가지 뒤가 구린 거래들을 해결하고 다녔다. 예의범절 같은 것은 안중에도 없었다. 버마인들은 식용을 위한 살생을 금했고, 유럽 사람들도 육식을 난처하게 생각했지만 그는 전혀 개의치 않았다. 가우저의 숙소 아래에 있는 지하실에는 '사고'로 죽은 수많은 양과 소들이 가득했다. 관리들도 시비를 걸지 않았다. 그렇게 불행을 만난 가축들은 한두 명의 핵심 관리들의 식탁에 늘 조금씩 바쳐졌기 때문이었다.

가우저는 전쟁이 일어날 것에 대비해 배들을 강 하구에 대기시켰다. 그동안 그는 계속 사냥을 즐겼고(이상하게 이것도 금지되지 않았다), 말을 타거나 때때로 황제의 이륜 마차를 끌기도 했다. 화려하게 장식된 이 마차는 영국 대사가 선물한 것으로 이제껏 말이 끈 적이 없었다. 대신 황제가 이 마차에 오르면 버마인 몇 명이(그들에게 이 일은 큰 영광이었다) 굴대 사이에서 군주를 뒤에 태우고 마차를 끌었다. 서양인으로서 말 역할을 수행하면서 그는 흥미를 느꼈고, 황제와 관계 맺는 데 이 일은 도움이 되었다.

가우저와 아도니람은 즉시 상대에게 호감을 느꼈다. 각자가 지닌 유쾌함과 날카로운 유머감각은 서로에게 기쁨이었다. 아도니람은 가우저의 세상 지혜를 좋아했다. 그의 타고난 자부심과 야망이 언제나 겸손 안에 잠겨 있는 것은 아니어서 종종 거기에 이끌렸기 때문이었다. 가우저는 아도니람의 지성과 성실을 높이 평가했고 아도니람에게 종종 나타나는 고질적인 우울함에 대해서도 공감해주었다. 그러나 아도니람이 별나게 재단한 옷(벵갈인 재단사가 영국식 의복을 본따 만든 것 같다)에 대해서는 전혀 신경 쓰지 않으면서도, 단정함과 청결함을 지나치게 따지는 것에는 매우 재미있어했다.

반면 아바에 있는 다른 백인인 로저스와는 거의 교류가 없었다. 버마인들은 로저스를 '얏자'라고 불렀는데, 란치에고와 마찬가지로 그는 스스로를 버마 사람으로 여기고 있었다. 더욱이 두 사람 사이에는 경쟁심이 있어 서로를 미워했으며, 다른 유럽인들은 가능한 한 두 사람을 붙여놓지 않으려고 애썼다.

프라이스는 여전히 분별력 없이 행동했다. 매력적인 제국의 힘에 현혹되어 교묘하게 환심을 사려고 뻔한 계책을 썼지만 황제는 그에게 등을 돌려버렸다. 버마 권투경기장에서 일어난 일이었다. 이 경기는 왼 손으로 상대방을 잡으면서 동시에 주먹을 쥔 오른손으로는 상대방의 정수리를 때리는 특이한 경기였다. 아도니람은 기독교인으로 이런 경기를 관전하는 것은 옳지 못한 것으로 여겼지만 프라이스는 주저함이 없었다. 특별석에 황제와 그 옆자리에 앉은 가우저를 보고 아무 초청을 받지 않았음에도 불구하고 황제의 면전에 나아가는 무례함을 범했다. 황제는 아무 말도 하지 않고 안색이 돌변해 버럭 소리를 지르며 등을 돌렸고, 그렇게 되자 아무리 낯두꺼운 프라이스였지만 슬금슬금 도망갈 수밖에 없었다. 이제 황실에서는 로저스보다도 관심을 보이지 않았다.

프라이스는 자신의 어리석음을 덮으려는 시도로 거의 실명에 이른 시암 왕조의 한 여인을 수술했지만, 결국 그녀는 희미했던 시력마저 잃게 되어 완전히 맹인이 되어버렸다. 할 수 없이 프라이스는 그녀와 결혼하기로 했다. 가우저가 짐작하기로 그는 "그녀의 못생긴 얼굴이 혐오감을 불러 일으켰지만 … 수술결과에 대한 보상으로 그녀와 결혼했다. 그것 말고는 다른 동기가 없었다." 아도니람은 언짢은 마음에 결혼 예배 청탁을 받아들이지 않았다. 이에 대해 프라이스는 아도니람이 참을 수 없는 극단적인 말을 하고 말았다. "저드슨 형제여, 미국 법에는 '목사를 찾을 수 없는 경우' 결혼식에 목사가 없어도 된다고 합니다."

가우저는 가정 예배에 참석했고 개종을 한 버마인들로 인해 항상 감화를 받았다. 그는 이렇게 말했다. "저는 올바른 품행을 사모하는 그들의 태도, 언어 사용에 나타난 예절바름, 무엇보다도 신약성경에 대한 지식과 즉석에서 드리는 기도를 통해 볼 수 있는 말씀에 대한 이해력을 접하면서 놀라지 않을 수 없었습니다. 누구든지 이 모습을 보면 그들의 신실함을 의심할 수 없을 것입니다."

이때까지만 해도 가우저는 프라이스의 경솔한 행동을 언급하면서 선교 활동이 나쁘지는 않지만 무의미하다는 생각이었다. 그러나 1824년 봄, 아도니람과 낸시와 오랜 기간 동안 저녁시간을 함께 보내면서 그의 생각은 완전히 뒤집어졌다. 만약 이 두 사람이 함께 선교활동을 했더라면 동양 선교 역사상 가장 위대한 일이 일어났을지도 모른다.

아도니람과 낸시는 황제의 신(新) 수도 입성 경축의식에 맞춰 열린 권투 경기나 코끼리 재주부리기 등의 오락행사에는 참석하지 않았지만, 황제의 위풍당당한 입성은 지켜보았다. 낸시는 이렇게 썼다.

> 수많은 사람들의 환호 속에 황제가 새로운 수도로 입성하여 궁전에 들어서던 그날의 현란한 장관은 내 능력으로는 서술하기 어렵다. 중국 접경 지역의 싸우뿌와, 모든 태수들 그리고 왕국 고관들은 각 지방의 고유 의상을 입고, 자기 부서를 표시하는 기장을 단 채 한 자리에 모였다. 황금과 보석으로 한껏 치장한 흰 코끼리는 그날 행사에서 가장 아름다웠다. 왕과 왕비만 치장하지 않고 고유의 간단한 복장을 하고 있었고, 모두들 손에 손을 잡고 우리가 앉아 있던 정원으로 들어와 준비된 만찬에 참석했다. 제국의 모든 부와 영광이 이 날에 다 전시된 것 같았다. 수많은 커다란 코끼리와 말들, 온갖 치장을 한 수레들은 이제껏 내가 보고 상상해온 이상의 대단한 것들이었다.

새 궁궐에서의 취임식으로 황실은 유럽인에 대해 더욱 엄격해졌다. 이제부터는 란치에고를 제외한 어떤 외국인도 궁궐에 들어오지 못한다는 어명이 내렸다. 궁중에서 전쟁 이야기는 더욱 커져만 갔다. 황제의 형제 사라와디 왕자는 아도니람에게 30분이 넘도록 상세하게 설명했다. "영국은 멀리 떨어진 작은 섬나라입니다. 무슨 이유로 배를 타고 멀리까지 와서 다른 나라 왕들을 끌어내리고 아무 권리도 없는 그 나라를 차지하는 것입니까? 그들은 체구도 작고 용기도 부족하고 카스트 제도가 있는 검둥이 나라를 정복하고 있습니다. 아직까지 우리처럼 창과 칼을 잘 쓰는 강하고 용맹스러운 민족과 싸워보지 못했을 것입니다. 우리와 한 번 붙으면 그들에게 본때를 보여주겠습니다. 그렇게 되면 그들의 노예로 전락한 검둥이 나라들도 그 멍에를 벗을 용기가 생길 것입니다."

황제의 누이인 왕자비는 더욱 거리낌없이 말했다. "영국은 싸우는 것을 두려워하고 있습니다. 전선에서 그들의 행동은 비열하고 비겁합니다. 그들은 항상 강화를 맺으려 하고 싸우지는 않습니다. 영국군과 버마군이 맞부딪치게 되면 영국군 장교들은 버마군에게 애걸복걸하게 될 걸요."

가우저도 아도니람처럼 사람들로부터 동일한 이야기를 많이 들었다. 결과적으로 외국인들은 점점 더 할 일이 없어졌다. 아도니람과 낸시는 그 문제에 관해 더 이상 깊이 신경쓰지 않았다. 낸시는 계속 학교를 운영했고, 아도니람은 마침내 벽돌집을 지을 재료를 모두 얻어 석공을 한 명 구한 후 집 짓는 일을 맡겼다. 얼마 안 가 벽은 상당히 높이 올라갔다. 저녁에는 가우저가 그들을 찾아와 궁중에서 있었던 모험에 대해 들려주었다. 예를 들면 커다란 금으로 된 쟁반에 황제의 식사를 담아 나를 때 그는 감히 뚜껑을 열어보았다. 그 안에는 새우 모양의 튀긴 메뚜기가 들어 있었다. 한두 마리를 손으로 집어 입에 넣었다. 그는 정말 맛있었노라고 아도니람 부부에게 진지하게 말했다. 그 요리에는 다양한 종류의 벌레들이 있었다. 그 중에는 3인치 길이의 하얀 지네 같은 것도 튀긴 채 나와 있었는데 이것은 먹어볼 생각을 못했다고 말했다. 끝으로 죽어 있는 검정 머리가 쟁반에 놓였는데, 그 눈들이 자신을 쳐다보고 있었다는 이야기는 정말 믿기 어려웠다. 가우저는 그것을 먹어보려 했지만 손으로 집으려고 할 때마다 그 눈동자들이 죄악이라고 꾸짖는 것만 같아 돌연 식욕을 잃고 말았다. 헨리 가우저가 이런 이야기들을 아도니람과 낸시에게 할 때면 아도니람은 무릎에 책을 올려놓았는지도 잊어버렸고, 테이블 옆 흔들의자에 앉아있던 낸시는 바느질하고 있던 것도 까맣게 잊곤 했다.

    그 해 봄, 세 명은 즐겁게 시간을 보냈다. 하지만 영국인 상인과 미국인 선교사의 앞날은 점차 어두워지고 있었다. 가우저와 아도니람이 냉정히 예상했을 때, 평화로운 시절은 곧 있으면 끝이 보였다. 그렇지만 아무도 이곳을 떠나려고 하지 않았다. 가우저는 탐욕의 줄에 매여 많은 재산이 그를 잡아끌었고, 아도니람과 낸시는 하나님의 음성을 따라 아바로 왔다는 사실을 믿고 있었다.

1824년 5월 23일 주일 저녁, 헨리 가우저는 예배 참석을 위해 스가잉 마을에 있는 프라이스의 집으로 카누를 타고 이라와디 강을 건너갔다. 그 집은 굽이치는 이라와디 강을 내려다보고 있는 나무들에 둘러싸여 있었고, 붉게 물든 하늘에 저무는 석양의 반짝임도 볼 수 있는 아름다운 곳에 자리했다. 당시 주일 저녁 모임에는 가우저와 프라이스 그리고 아도니람 부부밖에는 없었다.

이 날 저녁 예배는 매우 인상적이었다. 그들 모두 앞으로 큰 폭풍이 몰아칠 것을 알고 있었지만, 정확하게 언제, 어디서, 어떤 모습으로 나타날지는 아무도 예측할 수 없었다. 이제는 아무도 궁궐에 초대받지 못했다. 가우저가 과감하게 착수한 계획들은 실패했고, 그는 이제 "붉은 황금"과 "붉은 생쥐" 두 명의 정보원밖에 남아 있지 않았다.

프라이스의 집 거실에서 아도니람이 예배를 마치는 마지막 기도를 드리고 있을 때, 한 버마인이 갑자기 방으로 들어왔다. 그가 전한 소식은 그들의 마음을 착잡하게 만들었다. 영국군 함대가 랑군을 습격하고 점령했으며 원주민들은 달아났다는 사실 외에 더 이상의 상세한 설명은 없었다. 웨이드 부부와 하크 일행, 그리고 가우저의 배와 함께 하류로 내려갔던 그의 대리인 리차드슨의 안부는 알 길이 없었다.

전쟁이 시작된 것이다. 버마인들은 전쟁 포로들을 노예로 삼거나 죽이는 관습이 있었다. 아바에 있는 그들은 어찌해야 할지 몰랐다. 그들은 여러 부분으로 나누어 사태를 이야기했다. 가우저는 전쟁으로 가장 난처한 입장이었다. 그는 영국인이었으며 아바에는 단지 무역을 하러 들어와서 부유해진 사람이었다. 고위 관리들 중에는 가우저의 재산을 송두리째 가로채려고 상당히 머리를 짜내는 자도 분명 있을 것이었다. 가우저는 벵갈 정부의 관리들과도 연줄이 여럿 있었다. 그는 인도 정부와 상당한 왕래가 있었고, 캘커타에 있는 은행들과는 재정 거래가 많았다. 그는 또한 저드슨의 재정적 대리인 및 은행 업무를 맡고 있었다. 이런 그가 영국 간첩 혐의를 받는 것은 불 보듯 뻔한 일이었다.

반면 선교사들은 다른 입장이었다. 그들은 장사하는 일에는 관심이 없었다. 더욱이 그들은 미국인이었기에 국적이 다르다는 이 사실로 인해 안전감을 느꼈다. 프라이스와 아도니람 부부는 그날 저녁부터 가우저와 일체 접촉을 하지 말자고 동의했다. 만약 그가 잡힌다면 밖에서 그를 도울 수 있겠지만, 함께 있다 발각되기라도 하면 그들은 다 같이 잡혀가고 말 것이다. 가우저 역시 더 이상 그들을 찾아갈 수 없었다. 가엾게도 가우저 역시 이에 동의했다.

로저스에 대해서는 걱정하지 않았다. 조심스러운 그는 당연히 그들을 만나지 않으려고 할 것이다. 그는 완전히 버마인이 되어 있었다. 외국인 중에 유일하게 궁궐을 드나드는 란치에고는 아마도 위상이 더 높아질 것이다.

진짜 문제는 가우저였다. 그는 일종의 격리 상태에 들어가야만 했다. 가우저는 홀로 배를 타고 강을 건너 자기 집으로 돌아갔다. 붉은 생쥐가 그를 기다리고 있었다. 프라이스의 집에서 내린 결정이 옳다고 인정했다. 앞으로 가우저는 정치·사회적으로 문둥병자처럼 지내야만 했다. 이웃에 살던 란치에고는 다음날 당장 메시지를 보내 이 문제를 확실하게 했다. 로저스와 마찬가지로 란치에고도 자기 앞가림을 하려고 주의하고 있었다. 가우저는 우울한 기분으로 집안을 배회하며 재산 때문에 빨리 떠나지 못한 자신의 어리석음을 자책했고 또한 기독교 국가와 전쟁을 벌이는 판국에 기독교를 전파하러 이곳에 온 저드슨 부부의 어리석음에 대해서도 비난을 퍼부었다.

며칠 뒤에 아도니람과 낸시는 황제의 형제 사라와디 왕자가 가우저에게 "아바에 있는 몇 명의 외국인들은 전쟁과 아무런 관계가 없으며 그들을 성가시게 하지 않을 것"이라는 메시지를 보내왔다는 소식을 들었다. 황실로부터 나온 이 이야기에 사람들은 안도했다. 그러나 메시지의 실상을 알았다면 마음이 편할 수만은 없었을 것이다. 그 내용은 이랬다. "사라와디 왕자는 가우저 씨에게 안부를 전하며 특별히 당신이 몰락했다는 사실에 매우 유감입니다. 가우저 씨가 왕자를 만날 수 있도록 그의 궁으로 즉시 올 것을 권합니다. 추신: 가우저 씨는 안전을 위해 금과 은, 귀한 술을 가지고 오십시오." 그 메시지를 진지하게 받아들이고 있는 가우저를 붉은 생쥐는 한심하다는 눈으로 쳐다봤다. 그는 붉은 생쥐에게 어떻게 해야 할지 자문을 구했다.

"주인 나으리, 제가 주인께 이 이야기를 한 것을 왕자가 안다면 저는 살아남지 못합니다. 이 편지는 바로 그가 당신의 목숨을 빼앗고 재산을 차지하겠다는 뜻입니다. 그가 원하는 것을 얻으려고 다른 사람에게 그랬던 것처럼 정원에는 당신의 무덤이 마련되어 있다는 거지요. 왕자는 당신이 금과 은을 많이 가지고 있음을 알고 있고 그것을 차지하기 위해 당신을 죽일 것입니다. 그리고는 끝입니다. 도리어 당신은 조용히 여기에 남아 고관들이 당신을 원하는 대로 처분하도록 기다리는 것이 더 좋습니다."

가우저는 이 충고를 잘 이해했고 급히 답장을 보냈다. "폐하의 자비로움에 무한한 경의를 표하며 폐하께서 저를 보호해주시리라는 약속에 전적으로 의지하겠습니다. 폐하의 은혜아래 거하는 외국인에게 아무런 해악을 끼치지 않을 것이라는 것을 확신하며 저는 두려움 없이 평안히 있겠습니다." 아도니람과 낸시는 이 사실을 몰랐다. 며칠 뒤 그들은 호의를 보일 것으로 생각했던 정부가 입장을 바꾼 것을 눈치챘다.

랑군을 빼앗긴 것에 대해 처음에 느꼈던 분노가 지나가자 사람들은 이상한 기대감으로 부풀었다. 황제로부터 평민에 이르기까지 이제 영국군은 덫에 걸렸다고 생각했다. 그들이 걱정하는 것 하나는 영국군이 랑군에 들어와 약탈하다가 반둘라의 군대가 반격하기 전에 떠나버리면 어쩌나 하는 것이었다. 영국군이 반둘라의 군대와 마주쳤다가 미처 노예로 삼기도 전에 도망치는 것을 염려하는 사람도 있었다. 마웅 잉과 다른 제자들은 왕궁에서 어떤 생각을 하는지 전해 주었다. 한 젊은 조신은 버마 관리에게 "보트를 젓도록 여섯 명의 백인을 내게 데려오라"고 했고, 또 한 장관의 부인도 "내가 듣기로 백인들은 믿을 만한 하인들이라고 하는데, 집안일을 담당할 백인 4명만 달라"는 요청을 했다고 한다.

아도니람과 낸시는 강가에 있는 그들의 작은 오두막에서 매일 전투정들이 오가는 것을 볼 수 있었다. 종종 그 배에 타고 있는 군인들이 갑판에서 춤추고 있는 장면이 보였다. "불쌍한 사람들!" 아도니람은 머리를 흔들면서 생각했다. "당신들은 더 이상 그 춤을 추지 못할거야." 군인들은 어떻게 하면 어리석은 영국군을 처부숴 코를 고리에 꿰고 아바로 데리고 올 것인지를 가사로 만들어 춤추고 노래하고 있었다.

이것이 버마 정부에서 취한 첫 번째 조치였다. 두 번째 조치는 며칠 뒤 이루어졌다. 반둘라가 먼저 공격하려고 했는데 영국군은 어떻게 랑군에 먼저 나타난 것일까? 외국인들은 적어도 1년 전부터 랑군에 들어와 지내고 있었다. 외국인들은 아바에도 있었다. 그들은 모두 첩자임에 틀림이 없다. 버마군의 계획이 수립되자마자 곧바로 영국군에게 보고된 것이 틀림없었다. 이제 이런 혐의에 그럴듯한 색칠을 하면 됐다.

사라와디 왕자 소유의 숲에서 나는 티크 목재를 팔기 위해 중개상을 찾고 있던 스코틀랜드 출신의 레어드 선장이 있었다. 영국군이 랑군에 침입해 들어오기 전에 왕자의 명령으로 레어드는 아바로 즉시 강제 소환되었다. 운 좋게도 레어드는 왕자의 정원에서 영원히 쉴 곳을 찾을 만큼 충분한 돈이 없었다. 그는 랑군의 함락 소식을 듣기 며칠 전에 아바에 도착했다. 레어드는 영국 정부의 랑군 탐사 계획을 보도한 최근 판 캘커타 신문을 가지고 있었다. 그는 이 신문을 왕자 앞에서 가우저에게 보여주고 있었는데 왕자에게 이 내용을 번역해서 일러주는 정신나간 짓을 하고 말았다.

며칠 뒤 아도니람과 낸시는 신문에 난 소식을 미리 황제에게 보여주지 않았다는 혐의로 가우저와 레어드, 로저스가 심문을 받기 위해 구류중이라는 사실을 알게 되었다. 더욱이 가우저는 이 나라의 지도를 만들었다는 혐의까지 받고 있었다. 그것은 친구에게 주려고 아바의 경치와 사원을 그린 스케치에 불과했다. 그러나 가우저는 정확한 구도와 비율을 맞추기 위해 측량 기구를 사용했던 것이다. 또한 그는 동인도회사에 있는 관리와 사돈관계라는 것을 위장했다는 혐의도 받고 있었다. 아도니람과 프라이스도 곧 소환되어 심문 당했다. 그들은 편지를 많이 가지고 있었다. "그것들이 외국에 보내는 보고서였는가?" "아닙니다. 미국에 있는 친구들에게 수년 동안 쓴 편지일 뿐입니다. 미국은 영국에서 몇 천 킬로미터 이상이나 떨어져 있는 나라입니다." 그들은 영국 관리들에게 편지를 쓴 일이 없으며 벵갈 정부에 보내지도 않았다고 대답했다.

당장은 풀려나 집으로 돌아올 수 있었다. 심문관들은 가우저의 재정기록을 살펴보았다. 그들은 곧 아도니람과 프라이스가 가우저를 통해 벵갈의 회사들로부터 상당한 액수의 돈을 받았음을 발견했다. 가우저는 이것은 유럽식 사업습관일 뿐이라고 주장했다. 가우저는 단순히 선교사들의 수표를 결제해 주었을 뿐이며 그 수표들은 캘커타로 보내져 거기에 있는 그의 구좌로 돈이 들어온다고 설명했다.

버마 심문관들은 서로에게 의미심장한 미소를 지어 보였다. 누가 그런 서투른 거짓말을 곧이곧대로 들을 것인가? 돈 주인이 준 종이쪽지 한 장으로 다른 사람이 그 원래 주인에게 있던 돈을 받을 수 있다는 것을. 그것도 실제 돈 주인은 멀리 떨어져 있지 않은가. 말이 안 되는 이야기였다. 결론은 명백했다. 미국인은 영국인의 돈을 받았고 그들은 첩자가 분명했다.

16. 감옥에 갇히다 (1824)

영국이 랑군을 공격했다는 소식이 들려온 지 2주정도 지난 1824년 6월 8일 화요일, 오후 늦게 아도니람과 낸시는 오두막집에서 저녁을 먹으려고 앉아 있었다. 바깥에서는 벽돌집을 짓느라 석공들이 일하고 있었다. 평소와 마찬가지로 이웃 사람들의 떠드는 소리가 합판 벽을 통해서 들려왔다. 아이들의 웃음과 고함소리, 여인들의 찌르는 듯한 높은 소리, 석공들이 일을 하느라 나누는 가라앉은 목소리들이 들려 왔다.

  갑자기 소동이 일어났다. 아도니람과 낸시는 식사준비를 중단하고 놀라서 서로를 쳐다보고 있었다. 한 마디 말을 꺼낼 틈도 없이 현관문이 열리고 십여 명의 버마인들이 몰려 들었다. 검은 책을 가진 한 사람은 관리였다. 그와 함께 양볼에 동그란 모양과 점을 찍어 문신을 새긴 사람도 있었다. '점박이얼굴'은 범죄자였다가 교도소 간수나 사형집행인이 된 사람을 의미했다. 점박이얼굴은 버마 사람들이 두려워하는 "교도소 아이들"이었다. 그들은 일반 사회 밖에서 살면서 결혼도 같은 부류와만 할 수 있었다. 더러는 저지른 죄목이 이마나 가슴에 새겨진 자들도 있었다. 아예 귀가 잘려 나가거나 코나 눈이 없는 사람도 있었다. 그들은 자기 손아귀에 떨어진 사람들을 괴롭히고 고문하는 것을 즐겼다.

"선생은 어디에 있는가?" 그 관리가 소리쳤다.

아도니람은 앞으로 한 걸음 다가갔다. "여기 있소."

"당신은 왕의 부름을 받았소." 그 관리는 죄인을 끌고 갈 때 쓰는 형식적인 말을 했다. 그 말이 끝나기도 전에 점박이얼굴은 아도니람에게 달려들어 그를 바닥에 내동댕이쳤다. 그를 꿇어앉히고 작고 단단한 줄을 꺼내 아도니람의 팔을 뒤에서 재빨리 묶었다. 그 줄은 거의 고문기구에 가까웠다. 종종 묶인 사람의 팔을 탈구시키기도 하면서 아주 굵고 매우 단단히 동여매서 숨쉬기도 힘들었다. 때로는 묶인 사람의 입과 코에서 피가 뿜어져 나와 죽음에 이르기도 했다.

낸시는 점박이의 팔을 잡고 빌었다. "제발, 멈추세요. 제가 돈을 드리겠습니다."

"그녀도 묶어라. 그녀도 외국인이다." 관리가 명령했다. 아도니람은 그 관리에게 무릎으로 기어와, 그녀를 데려가라는 명령을 받기 전까지는 놔두라고 간청했다. 낸시는 점박이에게 아도니람을 묶은 줄을 풀어 달라고 돈을 쥐어주었다. 저녁을 준비하고 있던 벵갈인 요리사 쿠칠은 놀라서 가만히 서있기만 했다. 그는 관리들에 대한 두려움으로 넋이 나갈 정도였다. 점박이얼굴은 아도니람을 질질 끌고 밖으로 나갔다.

온 이웃사람들은 이미 난리가 났다. 벽돌집을 만들고 있던 일꾼들은 이 광경을 보자 그들의 목숨을 부지하려고 달아나 버렸다. 주위에 살던 이웃 사람들은 길거리로 몰려 나왔다. 어린 아이들은 두려움과 무서움으로 울부짖고 있었다.

점박이는 개의치 않았다. 낸시는 손에 은을 한 움큼 쥐고 문간에 기대어 서서 남편이 끌려가는 것을 바라보고 있었다. 그녀는 순간 구릿빛 얼굴이 창백한 채로 서 있는 마웅 잉에게 그 은을 쥐어주고 "이것을 들고 따라가 보세요. 이것으로 점박이얼굴에게 그 줄을 느슨하게 풀어주도록 할 수 있을 거예요"라고 말했다. 집에서 수백 걸음 정도 떨어지자 점박이는 땅바닥에 아도니람을 다시 한번 내 팽개쳤고 더욱 단단하게 줄을 묶었다.

마웅 잉은 그 무리들을 바싹 따라갔다. 그가 점박이에게 은 10티칼을 건네주었다. 그러자 줄은 조금 느슨해졌다. 아도니람은 걷다가 때때로 질질 끌리기도 했고 또 다리가 줄에 채이기도 하면서 재판 관저에 도착했다. 이곳에는 성의 우두머리와 참모들이 모여 있었다. 관리는 죄인을 다루는 점박이의 가혹한 행동에 깜짝 놀라 그에게 줄을 벗기도록 명령했다. 아도니람의 팔은 이미 피가 나고 부풀어 올라 있었다.

관리 중의 하나가 공문을 낭독했다. 아도니람은 무시무시한 '렛마이윤'이라는 곳으로 넘겨지게 되었다. 버마어로 그것은 "오므려지지 않는 손"이라는 뜻이었지만 영국인들에게 그곳은 "죽음의 감옥"이었다. 마웅 잉은 수용소까지 길고 더운 길을 따라 갔다. 그는 아도니람이 유치장에 들어가 문이 닫히는 것을 보고 돌아와 낸시에게 있었던 일들을 알려 주었다.

아도니람은 감옥 문에서 씩 웃고 있는 간수를 만났다. 그의 가슴에는 '살인자'를 뜻하는 '루땃'이라고 써있었다. 그는 아도니람에게 "귀여운 아이야"라고 인사를 건넸다. 모든 죄수들이 간수의 귀여운 아이들이었으며 그가 그렇게 인사를 하면, 나머지 죄수들은 그에게 아버지라는 뜻의 '아빼'라고 답해야 했다.

감옥 마당의 한 가운데에는 화강암 벽돌이 있었다. 점박이 두 명이 아도니람의 발을 그 벽돌에 올려놓았다. '아버지'는 쇠몽둥이로 못을 박아 세 벌의 족쇄를 채우며 농담을 했다.

"자, 아가야 걸어보아라." 그는 큰소리로 웃어댔다. 아도니람은 한 발짝 내디뎠지만 곧 뜨거운 먼지 바닥에 얼굴을 처박아야만 했다. 한바탕 웃고 나서 점박이는 아도니람을 일으켜 세우고 감방으로 통하는 대나무로 된 쪽문으로 들어가게 했다. 얼굴은 온통 더러워졌고 머리카락은 엉망이었으며 옷은 질질 끌려오는 바람에 넝마조각이 되었다.

창도 없는 감방 내부로 들어가자 어두움 때문에 잠시 앞이 안 보였다. 후끈한 열기가 훅 끼치며 형언할 수 없는 악취로 거의 구역질이 날 뻔했다. 그러나 그는 생각할 시간이 없었다. 또 다른 어린 점박이가 족쇄를 찬 상태에서 곤봉을 들고 아도니람을 밀고 끌면서 구석으로 몰고 가 짚이 깔린 바닥에 눕혔다.

그 간수는 아도니람에게 조용히 있으라고 경고했다. 눈이 점차 어두움에 익숙해지자 구석 쪽에는 헨리 가우저가 보였고, 그 옆에 레어드 선장, 로저스도 있었다.

감옥은 하나의 커다란 방이었는데 너비가 9미터 길이가 12미터 정도의 크기였다. 창문은 하나도 없었고 작은 문 하나만 있었다. 틈 사이로 한 가닥 가는 빛이 들어왔다. 적어도 50명의 죄수가 티크목재로 된 바닥에 거의 벌거벗은 채 족쇄를 차고 있었다. 거기에는 남자만 있는 것은 아니었다. 몇 명의 여자들도 있었다. 몇몇은 거의 죽은 것처럼 보였다. 십여 명의 사람들은 무거운 통나무 한 짝으로 맞춰진 형틀에 양 발 또는 한쪽 발을 넣은 채로 지내고 있었고, 여기저기 한두 사람씩 작은 말뚝에 묶여 있었다.

천장에는 길게 가로놓인 대나무 막대기가 도르래에 연결되어 있었고, 양끝의 도르래 장치가 대나무 막대기를 오르내리게 했다. 속삭이는 목소리로 아도니람은 가우저에게 저것이 무엇인지 물었지만 그는 아무 대답도 할 수 없었다. 방 한가운데에는 정제되지 않은 원유와 석유가 섞여 있는 흙으로 만든 커다란 컵이 삼각대 위에 놓여 있었다. 저녁 어스름이 되자 족쇄를 찬 간수가 불을 붙였다. 마치 바깥에서 새어 나오는 것 같은 연기 나는 불꽃이 가느다랗게 빛을 발하고 있었다.

완전히 어두워지기 전에 쪽문이 한 번 더 열리더니 프라이스가 안으로 들어왔다. 그 역시 거칠게 다루어진 게 분명했다. 프라이스가 간수를 향해 불평을 줄줄 늘어놓자, 간수는 곤봉으로 얼굴을 흠씬 패주었다. 아도니람과 가우저는 프라이스가 족쇄를 찬 상태에서 그에게 달려들까봐 잠시 숨을 죽였다. 그러나 몽둥이질을 당하고 나선 생각을 바꾸었는지 약간 투덜거리면서 다른 외국인들 옆에 몸을 눕혔다. 적어도 굴복한 것처럼 입을 다물고 있었다.

밤이 되자 간수장인 '아버지'는 두세 명의 조수들과 함께 들어왔다. 야유와 조롱을 퍼부으면서 그들은 천장에 있던 길게 가로놓인 대나무 막대기를 내렸다. 죄수들의 족쇄를 찬 다리들 사이로 그것을 통과시키고 양 끄트머리를 확인한 뒤 도르래 장치를 이용해 그것을 끌어올렸다. 죄수들의 다리는 끌려 올라갔고 머리와 어깨만 바닥에 붙어 있었다. 간수장이 그 높이를 확인하고(자기는 죄수들의 목숨을 보호할 의무가 있다고 했다), 잘 자라는 말과 함께 밖으로 나갔다.

젊은 간수는 등불을 손질하고 파이프에 불을 붙였다. 그리고 다른 파이프에도 불을 붙여 죄수들에게 하나씩 건넸다. 모두들 혐오스러운 냄새를 참으려고 담배 파이프를 물었다.

헨리 가우저 옆에는 키윗니라는 죄수가 있었는데 낮은 목소리로 외국인들이 고문당하는 광경을 목격한 이야기를 해주었다. 그는 거기 있는 외국인들도 똑같이 당할 것이라고 했다. 다른 죄수들도 동감했다. 아도니람은 가우저가 조사관들의 심문을 받는 약 2주 동안 황제의 마구간 옆에 있는 감방에 갇혀 지냈다는 것을 알게 되었다. 이제 버마 정부가 모든 백인들을 첩자로 여기고 있다는 것이 분명해졌다. 그들은 오직 통상적으로 진행되는 고문 없이 죽기만을 바랄 뿐이었다. 악몽 때문인지 나지막한 신음소리가 들렸고 지푸라기가 깔린 바닥에 사는 해충들의 바삭거리는 소리 외에는 주위가 곧 잠잠해졌다.

아도니람의 머리카락과 목은 심하게 더러워졌고 팔은 굵은 오랏줄로 난 상처 때문에 쓰라렸다. 세 짝의 무거운 족쇄로 살갗이 쓸려 따끔거리는 두 발목은 대나무 막대기에 달린 채 허공으로 높이 들려 있었다. 그는 홀로 생각에 잠겼다.

고통스러웠고 절망에 빠졌다. 자신에게 의지한 사람들에게 그는 무엇을 주었던가? 오직 죽음밖에 없었다. 해리엇 앳우드의 죽음(그녀가 선교사가 된 것은 자신의 책임도 있었다)… 그의 유일한 아들도… 이제는 자신이… 아마도 낸시에게도 죽음이 기다리고 있을 것이다. 이 모든 죽음에 대한 대가는 무엇인가? 그가 세일럼에서 이곳에 도착한 지 12년 동안 18명의 개종자가 있었다. 만약 살아남을 수만 있다면 그 중에도 오직 소수만이 신실하게 믿음을 지켜나갈 것이다. 아도니람이 전력투구하여 달려온 그동안의 세월과 죽음에 대한 대가는 이 18명의 영혼이었다. 그리고 버마어로 된 신약성경이 있다. 그러나 아직 인쇄되지 못한 필사본에 불과하고, 지금은 강가에 있는 작은 오두막에 버려져 있다. 그나마 곧 없어져 버릴 것이다. 이제 남은 것은 영혼뿐이었다. 하나님의 보좌 앞에서 그와 함께한 영혼들은 보상이 되겠지만, 당장 이 무시무시한 밤에는 아무 위로가 없었다. 절망에 깊이 빠져 그는 자신과 낸시에 대해 아무 희망을 가질 수 없었다.

낸시는 마웅 잉이 돌아와 아도니람이 죽음의 감옥에 갇혔다는 소식을 전해 듣고 그날 밤 거의 제 정신이 아니었다. 낸시와 두 학생은 겨우 진정되었지만 버마인 개종자와 뱅갈인 요리사는 죽음의 감옥이 어떤 곳인지를 알고 있었다. 그녀는 방으로 들어가 앞으로 닥칠 일을 견딜 수 있는 힘을 주시도록 기도했다. 그녀에게는 시간이 없었다. 얼마 안 있어 심문관들이 베란다에서 그녀에게 나와 조사를 받으라고 외쳤기 때문이었다. 몇 번이나 나오라는 소리를 들었지만, 그녀는 집을 온통 뒤져 모든 편지와 일기, 적어놓은 글들을 없애야만 했다. 그녀와 아도니람이 영국에 있던 친구들과 왕래한 편지들과 버마에서 보낸 일상생활을 적어놓은 글을 보여주는 일은 자살행위나 다름없었다.

수상한 증거를 없애고 나서 낸시는 밖으로 나가 심문관들을 안으로 들였다. 심문관은 함정에 빠뜨리는 질문들을 했지만 아무런 소득이 없었다. 그는 만족하지 못한 채로 밖으로 나갔다. 가기 전에, 집으로 들어가는 문을 잠그고 아무도 들여보내거나 나가게 하지 말도록 지시했다. 그는 열 명의 건달들을 남겨 놓고 명령을 지키도록 했다.

밤이 되었다. 낸시는 문의 빗장을 걸어 잠그고 어린 아이들과 함께 방안에 있었다. 보초를 서던 건달들은 그 즉시 의심했다. 그들은 문을 열고 밖으로 나오지 않으면 집을 부수겠다고 소리쳤다. 낸시는 그들의 우두머리에게 다 이를 것이라고 말하고 문을 열지 않았다. 그러자 건달들은 대신 벵갈인 하인 둘을 잡아다가 가장 괴로운 자세로 말뚝에 묶어놓았다. 할 수 없이 낸시는 "창가에서 그들을 불러 아침에 선물을 주겠다고 약속하고 하인들을 풀어달라고 했다."

협박과 논쟁과 흥정이 오간 다음에 그들은 합의점을 찾았다. 낸시는 침대에 누웠지만 잠을 잘 수 없었다. 밤새도록 그녀는 깬 채로 누워 갖가지 계획들을 하나씩 세웠다가 지우고는 했다.

아침에 낸시는 마웅 잉을 보내 아도니람이 아직까지 살아있는지 보고 먹을 것도 들여놓고 오라고 했다. 마웅은 아도니람과 외국인들이 아직 살아 있다고 전했다. 그렇지만 감옥 안에서 세 벌의 족쇄를 차고 있으며 긴 막대기에 매달려 있다고 했다. 남편이 이미 죽었다는 소식만큼이나 무섭고도 놀라운 소식이었다. 심문관이 다시 왔을 때, 낸시는 정부 관리들 앞에서 선교사 신분을 설명 할 수 있게 해달라고 간청했지만 거절당했다. 마지막 수단으로 낸시는 그녀와 친하게 지냈던 M왕자의 아내인 황제의 누이에게 아도니람을 풀어주도록 황제에게 부탁해 달라는 글을 써보냈다. 그 글은 곧 되돌아 왔다. 황제의 누이는 "나는 모르는 일입니다"라고 썼다. 나중에 안 사실이었지만 황제의 누이는 낸시를 도와주고 싶었다. 그러나 황제보다 더욱 두려운 존재인 왕비의 마음을 상하지 않게 하는 것이 더 급했다.

낸시가 할 수 있는 것은 더 이상 아무 것도 없었다. 낮은 지루하게 지나갔고 밤이 찾아왔다. 그녀는 차와 시가를 보초들에게 건네주고 그녀의 방에서 잘 수 있게 해달라고 부탁했다. 침대에 누워 오랫동안 깨어 있다가 결국에는 지쳐서 잠깐잠깐 잘 수밖에 없었다.

죽음의 감옥에서 새벽이 되면 죄수들은 "사슬을 쩔그렁대며 누더기에 우글거리는 구역질나는 해충들을 털어 내면서(결국은 옆자리 죄수에게 떨어지지만)" 잠에서 깨어난다. 40년이 지난 뒤에도 가우저는 여전히 이 일을 기억하고 있었다. 몇몇 버마 죄수들은 발리어로 된 아침 기도문을 가락을 붙여 읊었다. 짤막한 몇 마디의 말이 계속 반복되었다. 이 노래는 잊혀지지 않을 정도로 애절했다. 만약에 감옥이 아닌 다른 장소에서 노래를 들었더라면 흥겹게 들렸을지도 모른다. 그렇지만 당시에는 신경이 곤두섰다.

햇빛이 비치며 '아버지'가 들어왔다. 크게 씩 웃으면서 마치 진정으로 걱정하듯 밤을 잘 보냈는지 물어보았다. 그는 바닥에서 한 뼘 정도의 높이까지 대나무 작대기를 내렸고 죄수들은 다리와 발에 피가 도는 것을 천천히 느꼈다. 8시가 되면 죄수들은 한 번에 8명에서 12명씩 밖으로 나가 앞마당에서 5분 정도 햇볕과 맑은 공기를 쐴 수 있었다. 이것이 하루 일과 중 감방 밖으로 나가는 유일한 시간이었다.

9시에는 음식이 들어왔다. 가장 가까운 친구조차 알아보기 힘들 정도로 더러워진 아도니람에게 마웅 잉은 먹을 것을 가져왔다. 가우저의 하인 중 한 명인 제빵사도 용감하게도 아침을 타월에 싸서 들고 왔다. 비슷한 방법으로 갇혀 있던 외국인들은 먹을 것을 제공받았다. 대부분의 버마 죄수들은 그들의 친구나 친척이 음식을 들고 왔다. 그나마도 없는 사람들은 마음씨 좋은 죄수들의 자비에 의존해야 했다. 그들은 다른 죄수들에게 먹을 것을 제공하는 것을 덕행으로 생각했다. 식사를 할 동안에는 쌀이나 응아피가 든 커다란 바구니가 들어오는데 이것은 두껍고 커다란 바나나 잎에 싸여져 있었다. 그러나 친구도 없고 의지할 곳도 없는 사람들은 일주일 정도 먹을 것 없이 지낼 때도 있었으므로 남은 음식을 바나나 잎으로 돌돌 말아서 대나무 꼬챙이로 꽂아서 비축해 두었다. 안에 든 음식과 감방 바닥에 쌓아둔 바나나 잎이 썩으면서 감방 안에 고약한 악취를 더했다. 황제가 죄수 한 사람 당 한 달에 쌀 한 바구니씩을 하사했다는 소문이 돌았지만 그것을 본 사람은 아무도 없었다.

아침식사를 막 마치고 간수는 가우저를 바깥으로 불러냈다. 감방 내에서는 말하는 것이 금지되었으므로 누구도 그에게 작별인사를 하지는 않았지만 그를 쳐다보는 죄수들의 얼굴에는 다양한 표정들이 담겨 있었다. 그는 발을 질질 끌면서 천천히 고통스럽게 문을 나섰다. 족쇄 때문에 벌거벗겨진 발목이 쓰라렸지만 그는 운명의 시간이 다가왔다는 생각에 도리어 안도감을 느꼈다. 적어도 죽기 전에 신선한 공기를 마실 수는 있을 것이라 생각했다.

하지만 그는 처형되지 않았다. 그는 시장 보좌관인 '묘 세라이'(오늘날에는 '묘사')에게 심문을 받았다. 그 보좌관은 감방 반대편 마당에 있는 헛간 안에 앉아 있었다. 이미 한 젊은이가 그곳에서 고관의 집을 턴 혐의로 취조당하고 있었다. 그는 혐의를 부인했고 옆에 있던 가우저의 눈에도 도둑처럼 보이지 않았다. 그러나 심문관은 그가 거짓말을 한다고 여겼다. 낮은 의자에 앉아 있는 청년의 무릎 위 부분은 줄로 묶인 상태였다. 솔직한 증언을 받아내기 위해 두 명의 집행관이 각각 긴 막대기를 들고 다리 사이로 교차해 집어넣어 주리를 틀기 시작했다.

가우저는 공포에 질려 눈이 튀어나올 것 같았다. 곧이어 다리뼈가 부셔지는 소리가 들렸다. 그 젊은이는 고통에 잠겨 비명을 질렀지만 계속 혐의를 부인했다. 마침내 그는 기절해버렸다. 간수들이 그에게 차가운 물을 부었고 그를 끌어내 감방에 집어넣으면서 내일 보자고 위협했다.

사소한 일이 처리되자 묘 세라이는 가우저를 주목했다. 묘 세라이가 직접 감옥에 오는 것은 특별한 일이었다. 죄수를 심문하는 것은 자신의 위엄을 낮추는 일이라고 생각했기 때문이다. 더욱이 그는 고문하는 것을 좋아하지 않는 본성이 자비로운 사람이었다. 가우저는 그때는 그것을 몰랐다. 어떤 이유에서인지 그는 이상한 평안을 느꼈다. 가우저는 고문과 죽음을 기다리며 밤을 보냈다. 그것보다 더 큰 정신적 고통은 없을 것이라 생각했다. 당연히 그는 그가 첩자였다는 자백을 받아내기 위해 심문을 받을 거라고 예상했다.

그러나 묘 세라이가 원한 것은 가우저의 재산 명세표와 그에게 돈을 빌린 사람들의 목록이었다. 가우저는 안도했다. 관리들은 이미 찾아낼 만한 재산은 다 가져갔을 것이다. 그들은 마지막으로 그에게 돈을 빌린 사람들을 알아내 그들에게서 돈을 받아내려는 것이었다. 가우저는 즉시 알고 있는 한 상세하게 목록을 작성해 심문관에게 주었다. 전체 금액은 매우 컸다. 가우저는 감방으로 도로 들어갔다. 그는 세상을 떠나기 전에 마지막 정리를 하라는 것인 줄로만 알았다.

가우저가 불려 나갔을 동안 감방 안 죄수들의 다리를 매달아 놓던 대나무 막대기는 낮에는 천장에 올라가 있었다. 죄수들 사이에서 조용하게 대화가 시작되었다. 간수들도 막지 않았기에 목소리가 점점 커져갔다. 아도니람의 마음은 어느 정도 회복되었다. 그는 가우저와 무서운 농담을 나누기도 했다. 불편한 상황이었지만 여기저기서 낮은 목소리로 웃었고 껄껄거리는 소리도 들려왔다.

그러나 오후 세 시가 다가오자 웃고 이야기하는 소리는 점점 잦아들었다. 목소리는 속삭이는 소리로 낮아지다가 결국에는 온 감방 식구들이 깊은 침묵에 빠졌다. 정확히 세 시가 되자, 감옥 가까이 있던 관저에서 커다란 종소리가 울려 퍼졌다. 깊은 톤의 소리가 하늘로 퍼져나가자 죄수들의 얼굴은 창백해졌다. 종소리의 떨림이 채 사라지기도 전에 쪽문이 열렸고 두 명의 점박이얼굴이 들어와 두 죄수에게 다가갔다. 두 죄수는 아무 말도 않고 일어서서 점박이를 따라갔다. 벗은 발이 질질 끌리는 소리와 족쇄의 쩔그렁거리는 소리 외에는 아무 소리도 나지 않았다. 쪽문이 닫혔다. 끌려나가지 않은 사람들은 다시 숨을 쉬었고 그들은 또 다른 24시간동안 죽음으로부터 벗어날 수 있게 되었다.

그날 오후 늦게 유럽인 죄수는 두 명 더 늘어났다. 한 사람은 콘스탄티노플 태생의 콘스탄틴이었고 또 한 사람은 아르메니아인으로 잘 생기고 유복한 젊은 상인 아라킬이었다. 그들을 한 번도 보거나 듣지 못했지만 아바에서 살았다고 했다.

해질 무렵이 되자 '아버지'는 죄수들의 다리를 대나무 작대기에 매달아 올렸고, 곤봉을 가진 젊은 간수는 등불을 밝히고 죄수들의 파이프에 불을 붙여주었다. 그리고 감옥은 또다시 정적에 사로잡혔다.

다음 날은 아도니람이 심문을 받게 되었다. 그는 절도사건의 혐의자로 조사를 받던 젊은이의 종말을 보았다. 젊은이의 손목은 등뒤로 묶였고 로프는 도르래와 연결되어 발이 땅에 거의 닿지 않을 정도까지 끌어올려졌다. 어깨가 빠지기 바로 직전에 그는 아바에 사는 점잖은 두 사람의 이름을 대고 자백을 했다. 이것은 매우 지능적이었다. 이제 관리들은 그 젊은이 대신 두 명의 부유한 사람들로부터 재산을 강탈할 수 있게 되었다. 젊은이는 거의 불구가 되어 감방으로 돌아갔다. 며칠 뒤에 관리들은 그가 이름을 댄 두 명에게서 돈을 뜯어낸 후 그가 정직하게 자백했다는 것을 고려해 풀어주었다.

가우저와 마찬가지로 아도니람도 그의 재산 명세서를 작성해야만 했다. 불행하게도 그는 가우저가 자신에게 돈을 준 것도 인정했다. 감방으로 돌아온 그는 풀려나는 것은 가망 없다는 가우저의 말에 동감했다.

한편 낸시는 이 일에 손을 놓고 있을 수 없었다. 그녀는 시장에게 편지를 보내 그에게 선물을 전해 줄 수 있도록 방문 허가를 내달라고 했다. 이 청원은 효과가 있었다. 곧 보초를 서던 건달들에게 그녀를 시내로 나가도록 하라는 명령이 내려왔다. 그녀는 시장이 그다지 무례하지 않다는 것을 알았다. 그가 낸시에게 무엇을 원하느냐고 물었을 때 그녀는 외국인들이 죽음의 감옥에 갇혀서 아주 나쁜 대우를 받고 있다고 했다. 그리고 아도니람과 프라이스는 미국인이라는 이야기도 했다. 영국과는 다른 나라에서 왔고 전쟁과 관련된 일은 무엇도 하지 않았다고 말했다.

시장은 사려 깊게 들어주었다. 마침내는 "그를 감옥에서 방면하거나 족쇄를 풀어주는 것은 내 소관이 아닙니다만 그들을 좀 더 편하게 해 줄 수는 있습니다"라며 옆에 있는 관리를 가리키며 말했다. "여기 내 부하가 있으니 어떻게 해야 할지 그와 상의해보십시오." 관리는 죄수들과 낸시는 전적으로 그의 처분에 따라야 한다고 퉁명스럽게 말했다. 죄수들에 대한 대우는 온전히 뇌물에 달려 있었다. 그리고 뇌물에 대해서는 다른 어떤 관리들에게도 이야기해서는 안 된다고 말했다.

낸시는 고개를 끄덕이면서 물었다. "지금 두 사람이 겪고 있는 고생을 좀 누그러뜨리려면 제가 어떻게 해야 하나요?"

"나에게 200티칼(약 160만 원—편집자)과 좋은 옷 두 벌, 손수건 두 장을 주시오." 낸시에게는 미국 돈 100달러에 해당하는 그 돈은 있었지만 당연히 옷은 없었다. 그녀는 옷을 가지러 집으로 갈 수 없었다. 왕복 약 6킬로미터 거리를 오가자면 그날 안에 감옥에 가서 아도니람을 볼 수 없었다. 그녀는 관리에게 돈을 건네주며 옷에 대해서는 봐달라고 간청했다. 그는 주저했지만 결국 잠시 후에 야자 잎으로 된 감옥출입 허가증을 시장으로부터 건네받았다.

감옥에 이르러 간수들은 그녀가 들고 온 허가증을 면밀히 살펴보고 마지못해 안쪽 감방으로 들어가는 대나무로 만들어진 쪽문까지 들어가게 했다. 낸시는 여기서 그들이 아도니람을 불러올 때까지 기다려야 했다. 그때 마침 가우저는 음식보따리를 가지러 나가고 있었다. 그는 사슬에 묶인 채 예를 갖추어서 낸시의 이름을 가능한 재빠르게 불렀지만 그녀는 알아차리지 못했다. 그녀는 캄캄한 감방 안쪽만을 응시하고 있었기 때문이었다.

곧이어 그녀는 어두운 곳에서 기어 나오는 아도니람을 볼 수 있었다. 감옥에서 보낸 이틀 동안, 그녀가 알기에 세상에서 가장 꼼꼼하고 청결했던 아도니람은 온데간데없고 그는 완전히 다른 사람으로 변해 있었다. 그는 면도하지 않은 초췌한 누더기 차림이었다. 먼지 한 점 없이 빳빳하게 풀먹인 목 장식 천은 넝마조각으로 변해 있었고, 깔끔하고 질 좋은 나사천으로 된 검은 상의는 엉망으로 찢어진 채 썩은 바나나 잎 악취로 가득한 오물로 더러워져 있었다. 그녀는 그를 거의 알아보지 못했다. 충격을 받은 듯 믿어지지 않는 표정으로 오랫동안 그를 쳐다보다가 그녀는 두 손으로 얼굴을 가리고 말았다. 가우저는 이 광경까지 보다가 등을 돌렸다. 그때 그들의 표정과 몸짓은 가우저의 마음속에 사라지지 않을 기억으로 각인되어 영원히 남아 있었다.

낸시는 화가 치밀어 오르는 것을 느꼈다. 죽음에 대해서는 보다 평안한 마음으로 받아들일 수 있었다. 아마 고문당하는 것까지도 그럴 수 있었을 것이다. 그렇지만 이런 형편없는 꼴이라니…! 그녀는 이 정도의 상황까지는 미처 마음의 준비를 하지 못했다. 그것은 너무나 참기 힘든 것이었다.

그녀는 극도의 노력으로 마음을 다스렸다. 그녀는 할 수 있는 한 최대한 활기 있는 모습으로 몇 마디의 인사를 나누었다. 아도니람은 그들이 풀려날 수 있는 방법을 생각했다. 충분히 많은 돈이라면 아마 뇌물로도 가능할지 모른다. 그가 좀 더 이야기하려 했지만 점박이얼굴들이 다가와 그녀에게 가라고 명령했다. 그녀는 허가증을 보여 주면서 간청을 했다. 그들은 거칠게 소리질렀다. "나가시오, 나가지 않으면 우리가 당신을 끌어내겠소." 그녀는 울었고, 별 소용없게 된 야자나무 잎은 그녀의 손에서 흔들리고 있었다. 평소에 입고 다니던 화사한 버마식 비단 옷과는 대조되게, 풀이 죽은 모습으로 그녀는 쓸쓸하게 감옥 문을 나섰다.

  그러나 그 허가증이 전혀 효과가 없었던 것은 아니었다. 해가 지기 전에 아도니람, 프라이스, 가우저 및 다른 외국인 죄수들은 심문관들이 앉아 있었던 감옥 마당의 헛간으로 옮겨졌다. 그들은 여전히 무거운 족쇄를 차고 있었지만 그곳에는 이나 다른 해충이 없었고 썩은 바나나 잎도 없었다. 신선한 공기와 햇볕이 헛간의 열린 쪽에서 쏟아져 들어왔다. 그 헛간은 가려져 있지 않아 낮 시간에는 막대기와 채찍, 쇠몽둥이 등으로 죄수들을 고문하는 광경을 보아야 했고 울부짖는 비명이 귀에 들려왔지만 그런 광경에는 이미 단련 되어 있었다. 그들은 곧 낸시 저드슨의 사랑과 용기와 인내심을 기뻐했고 그녀의 이름을 축복했다.

17. 죽음의 감옥에서 (1824)

이제 낸시는 왕비 앞에 가서 탄원해보기로 결심을 했다. 직접 찾아갈 수는 없었지만 한때 친하게 지냈었던 왕의 형제인 왕자비를 알고 있었다. 그녀는 이 지체 높은 왕족이 "하는 일없이 빈둥거리고 있다"는 것을 알게 되었다. 그녀는 선물을 가지고 가서 관례대로 '무엇을 원하는가'라고 물을 때까지 기다리지 않고 지금 선교사들이 감옥에 갇혀 부당한 대우를 받고 있다고 담대하게 이야기해버렸다. 그들은 영국이나 전쟁과는 관계가 없음에도 범죄자 같이 취급되고 고문을 당하고 있다고 호소했다.

그 왕자비는 낸시의 선물을 열어보고 그녀를 정면으로 쳐다보지 않았다. 고개를 숙이고 "당신만 당하는 특별한 일이 아닙니다. 모든 외국인들이 똑같이 당하는 일입니다"라고 대답했다.

"그렇지만 그 선교사들은 미국인입니다. 그들은 종교를 전파하는 사람들이며 전쟁이나 정치와는 상관도 없고 더욱이 왕의 명령에 따라 아바로 왔던 사람들입니다. 그들이 이런 대우를 당할 하등의 이유가 없습니다. 그들이 그렇게 취급당하는 것이 정당한가요?"

"왕은 자신이 원하는 대로합니다. 나는 왕이 아닙니다. 내가 무엇을 할 수 있나요?" 왕자비가 대답했다.

"왕비에게 말씀하셔서 그들이 풀려날 수 있도록 해주십시오." 낸시는 진지하게 부탁했다. "제가 처한 상황에 당신이 있다고 생각해보십시오. 당신들이 미국에 있고 죄 없는 남편이 감옥에 갇혀 쇠사슬에 묶여 있다면 연약한 여자의 몸으로 혼자서 어떻게 하겠습니까?"

어쩔 수 없이 왕자비는 자신의 감정을 드러냈다. "당신의 간청을 이야기해보겠습니다. 내일 다시 오도록 하세요." 낸시는 희망을 가지고 집으로 돌아왔다. 거기서 그녀는 약 5만 달러에 달하는 가우저의 전 재산이 궁궐로 옮겨져 있음을 알았다. 그 일을 담당했던 관리가 그녀의 집 문 앞에 와 있었다. 그는 인사하면서 그녀에게 정중하게 이야기했다. "우리가 내일 당신의 집을 방문하겠습니다."

그들이 가자마자 그녀는 손에 닿는 모든 은과 작은 물건들을 꺼내 모았다. 어두워진 뒤에 그녀는 그것을 정원 뜰에 묻었다. 허둥지둥 물건들을 챙기다가 그녀의 시선은 아도니람의 성경번역 필사본과 여러 권의 노트에 쏠렸다. 이 물건들을 조심스럽게 한 뭉치로 싸서 다른 물건들을 묻어둔 곳과 얼마 떨어진 안전한 곳에 묻어두었다.

그 다음날 아침 왕실 재물 담당관, 사라와디 왕자, 총리와 꼬웅 뚠 뮤싸를 비롯해 비서관들과 각 직급에 어울리는 50여 명의 수행원들이 와 있었다. 문 앞에서 낸시는 웃으면서 우아하고 교양 있는 뉴잉글랜드 여주인의 태도로 그들을 맞이했다. 왕자는 나머지 수행원들을 밖에서 대기하도록 하고, 세 명의 관리들과 재물 담당관과 함께 안으로 들어왔다. 낸시는 하인들로 하여금 그들에게 의자를 가져와 앉게 했고 왕자에게는 그녀가 직접 의자를 가져다주었다. 그녀는 그들이 마치 극진한 초대를 받은 사람인 것처럼 정중하게 차와 사탕을 대접했다. 버마 관리들은 의자 모서리에 불편하게 앉아서 먹고 마셨다. 그런데 갑자기 낸시의 평정심이 깨졌고 그녀는 손수건으로 얼굴을 가리면서 조용히 흐느껴 울었다.

세 명의 관리들은 어쩔 수 없는 방문에 대해 그녀에게 사과했다. "우리도 남의 재물을 취한다는 것이 괴롭습니다. 하지만 왕의 명령이기 때문에 어쩔 수 없습니다." 낸시가 다시 정신을 차리자 수색 압수가 시작되었다. 낸시는 속으로 앞으로 진행될 논쟁에 대한 준비를 하고 있었다.

"당신의 금과 은, 그리고 보석들은 어디에 있습니까?" 재물 담당관이 물었다.

"제게는 금이나 보석이 없습니다. 여기에 은이 담겨 있는 상자 열쇠가 있습니다. 당신이 원하는 데로 하십시오."

하인들이 상자를 내어 왔다. 그곳에 있던 은들은 직접 운반해 갈 수 있을 만큼의 중량이었다. 낸시는 은을 가리키며 말했다. "이 돈은 미국에서 기독교인들이 이곳에 '경'(일종의 예배당)을 짓고 기독교를 가르치고 전하는 데에 쓰도록 헌금한 것입니다. 당신들이 이것을 가지고 가는 것이 적합한 일입니까?" 낸시는 버마인들이 종교 헌물로 드린 것을 다시 취하는 것을 좋아하지 않는다는 것을 이미 알고 있었다.

"이 일에 대해서는 왕에게 이야기해 보겠습니다. 아마도 그분께서는 이것을 돌려주라고 하실 것입니다. 그런데 은은 이것밖에 없습니까?"

물론, 그것이 전부가 아니었다. 대부분의 은은 정원 뜰에 있었다. 낸시는 거짓말은 하지 않고 교묘히 빠져나갔다. "이 집은 당신의 손에 있습니다. 원하는 당신이 직접 찾아보십시오."

"당신은 혹시 아는 사람에게 은을 맡기지는 않았습니까?"

"제가 아는 사람들은 모두 감옥에 갇혀 있습니다. 제가 누구에게 은을 맡기겠습니까?" 낸시는 되받았다.

"정부에 있는 어떤 관료에게 이미 은을 준 적이 있습니까?" 낸시에게 물었다.

낸시는 이 질문에 대해서는 피해나가지 않고 오히려 기다렸다는 듯이 말했다. "예, 200티칼의 은을 시장에게 주었습니다."

다음으로 모든 가구와 상자들을 철저하게 조사했다. 담당 비서관은 "신기하고 멋있는" 모든 물건들을 가져다가 세 명의 관리들 앞에 갖다놓았다. 그가 한 아름의 옷가지를 가져왔을 때 낸시는 그것만은 놔두라고 간청했다. "여기저기 낡아서 떨어진 옷가지를 왕 앞에 가져간다는 것은 좋은 일이 아닙니다. 그것은 저희들에게도 별로 귀중한 것들이 아닙니다."

관리들은 이 말에 동의했다. 그들은 옷과 책들, 의약품, 그리고 이와 유사한 물품들의 목록만을 적어 가기로 했다. 그녀는 엘나단으로부터 받은 흔들의자와 작업테이블을 가져가면 어찌할까 걱정하기도 했다. 그러나 그들은 그것들도 목록에 기재만 하고 가버렸다.

그들이 떠나자 낸시는 그녀의 탄원이 어떻게 되었는지 알아보기 위해서 서둘러 M왕자의 궁전으로 갔다. 왕자비는 여전히 냉담하고 딱딱한 얼굴로 말했다. "당신의 이야기를 왕비에게 했지만 왕비께서는 '선교사들은 죽지 않을 것이다. 그러나 그들을 그대로 놔두라'고 이야기 하셨습니다." 모든 희망을 그 탄원에 걸었는데, 이제 그것은 산산이 무너졌다. 무거운 발걸음으로 감옥으로 향했으나 문 앞에서 다시 돌아와야만 했다.

그 뒤 열흘 동안 낸시는 매일 감옥을 찾았지만 한 번도 들어갈 수 없었다. 그녀가 간수에게 뇌물을 써서 메시지를 전하려 했지만 그 간수는 잡혀서 맞고 말뚝에 매였다. 그녀는 간수장인 '아버지'에게 20티칼의 뇌물을 주어 그를 다시 풀어주게 했다.

아바에서는 왕궁에서 일어나는 모든 일들에는 비밀이 없었다. 그녀의 집을 수색했던 관리들은 왕에게 "윳딴은 진정한 선생입니다. 우리는 그의 집에서 헌금으로 들어온 것 외에는 아무 것도 찾을 수 없었습니다. 헌금 외에 많은 책들과 의약품, 옷가지가 들어 있는 상자 등이 있었고 이것들은 모두 목록으로 적어왔습니다. 이것들을 취할까요, 아니면 그대로 두는 것이 좋겠습니까?"라고 고했다. "그대로 두어라"라고 왕은 자비롭게 명했고 "결백이 밝혀지면 그에게 되돌려 주도록 이 물건들은 잘 보관해 두어라"고 했다. 이상이 낸시가 들은 이야기의 전부였다.

그동안 한 면이 트인 헛간에서 생활하던 외국인 죄수들은 감옥의 일과에 빠르게 적응했다. 그들이 음식을 가지러 문 앞에 갈 때 음식을 날라 온 사람과는 한두 마디 나눌 수 있었다. 곧 그들은 작고 하얀 베개를 가지게 되었다. 낸시는 납작한 케이크 위에 아도니람에게 주는 글을 써서 이것을 굽고 밥그릇 안에 감추었다. 아도니람은 타일에다 답장을 썼는데, 이것은 젖었을 때에는 글이 보이지 않다가 마르면 글이 보였다. 그렇지만 이 과정은 너무 번거로웠다. 얼마 안 가서 그녀는 차를 담는 주전자의 주둥이에 편지를 돌돌 말아서 보내는 방법을 용케도 발견했다.

죄수들은 깨끗한 옷도 받을 수 있었다. 그들은 셔츠를 입고 벗을 수 있었지만 바지는 족쇄 때문에 잘라내지 않는 한 그럴 수가 없었다. 그러나 예전에 바지 입은 죄수를 감시했던 한 간수가 요령을 가르쳐 주었다. 이 방법에 대해서는 기록이 남아 있지 않다.

모든 죄수들 중에 가우저가 냉정함을 가장 잘 유지했다. 아도니람은 자신과 낸시에 대해 항상 염려했으며, 더러움에 대해서도 미칠 것 같은 반응을 보였다. 레어드는 숙명론자였다. 그는 두 번이나 난파당했고 그 와중에도 살아남은 몇 안 되는 사람들 중에 한 사람이었다. 이러한 경험으로 보건대 자신이 곧 죽지 않을 것을 증명한다고 확신했다. 이에 대해 다른 사람들은 그것은 그가 물에 빠져 죽을 운명은 아니라는 것만 증명할 뿐이라고 해석했다. 레어드는 죄수들 가운데 가장 험상궂은 얼굴을 지니고 있었다. 그의 얼굴은 천연두에 걸린 흔적으로 변색되고 울퉁불퉁했다. 그가 왕을 처음 뵙는 자리에서 자신을 스코틀랜드 출신으로 소개했을 때 왕은 사심 없이 그 지방 사람들은 모두 그처럼 험하게 생겼는지 그에게 물었다고 한다. 그렇지만 그는 선량했고 감옥에서도 사람들과 사이좋게 지냈다.

로저스는 백인 죄수들 가운데 버마군이 영국군과 싸워 이길 것이라 생각하는 유일한 사람이었다. 그는 자기가 고문을 받고 죽을 것이라고 생각했기 때문에 스스로 독약을 먹고 죽어야겠다고 결심했다. 그는 아내에게 독약을 넣어 달라고 매일 부탁했다. 물론 그녀는 그렇게 하지 않았다. 사람들은 매일 로저스가 식사가 올 때마다 독약을 찾느라 애쓰다가 결국은 포기하고 대놓고 절망하는 모습을 호기심어린 두려움으로 지켜보았다.

다른 두 명의 외국인들은 영어를 하지 못했으며 버마어도 거의 몰랐다. 그리스인 콘스탄틴은 영국인들을 싫어했고, 영국인들은 그가 문둥병자라고 생각했다. 그들은 가능한 한 마주치지 않고 지냈다. 영국인들은 아르메니아인 젊은이 아라킬을 더욱 좋아했다. 그는 마음이 항상 밝았으며 정돈되어 있었다. 그러나 그와 이야기를 나눈다는 것은 불가능했다. 그들은 다함께 헛간에서 며칠을 지냈지만, 갑자기 아도니람을 제외한 나머지 사람들은 그들이 원래 갇혀 있던 음침한 감방 안쪽 구석진 곳으로 다시 들어가야만 했다. 나중에야 그들은 그 이유를 알 수 있었다. 그것은 뜻밖에도 낸시 때문이었다.

왕실의 재무담당 대표단은 시장을 불러 낸시가 준 200티칼을 내 놓으라고 요구했다. 돈을 빼앗긴 그는 화가 났다. 낸시가 이 이야기를 듣고서 시장에게 찾아갔다. "당신은 아주 나빠요." 그는 낸시를 향해 꾸짖었다. "당신은 왜 재무 담당관들에게 내가 돈을 받았다고 이야기를 했습니까?"

"재무담당관들이 나에게 물었습니다. 내가 무슨 대답을 했겠습니까?"

"아무 것도 주지 않았다고 말했어야죠! 그래야 내가 죄수들을 편하게 해주지 않겠습니까? 이제 나는 그들이 어떻게 되더라도 모릅니다."

"그렇지만 저는 거짓말을 할 수 없었습니다. 제가 가진 종교는 당신네들과 다릅니다. 만약에 당신이 제게 칼을 들이대고 있었더라도 저는 거짓말을 하지 않았을 것입니다."

운 좋게도 그의 옆에 앉아 있던 시장의 아내가 그녀를 구해 주었다. "맞는 말입니다. 그녀가 어떻게 할 수 있었겠습니까? 저는 그런 솔직한 성품이 좋습니다. 당신은 그녀에게 화를 내어서는 안 됩니다."

낸시는 그녀에게 전쟁이 일어나기 전에 영국에서 받았던 매우 아름다운 오페라 글래스를 선물로 주었다. 부인은 이것을 다시 시장에게 건네주면서 낸시에게 화가 나서 죄수들에게 나쁘게 굴지 말도록 부탁했다. 낸시는 시장에게 "당신이 빼앗긴 돈을 보상하도록 선물을 마련해보겠습니다"라고 약속했다.

이 말에 그는 다소 누그러졌다. "당신의 남편에 대해서만 봐주겠소. 그는 있던 곳에 머물러 있겠지만 나머지 사람들은 알아서 자신들을 돌봐야 할 것입니다."

낸시는 프라이스만이라도 면해 줄 것을 간청했다. 결국 열흘 뒤에 낸시가 손수건 두 장과 고급 나사 천으로 된 옷을 주고서 프라이스와 아도니람은 헛간에서 다시 만날 수 있게 되었다. 다른 외국인들은 여전히 캄캄한 감방 안에서 지냈다. 가우저의 회상에 따르면 그들이 가진 하얀 베개와 더럽고 깜깜한 감방의 대조적인 풍경은 정말 우스꽝스러웠는데 마치 "말할 수 없이 캄캄한 밤하늘에 떠있는 반짝이는 별들과 같았다."

그렇지만 감방 밖이든 안이든 씻을 물은 없었다. 얼굴에 붙은 오물들은 점점 더 두꺼워져 갔다. 머리에도 냄새가 났지만 이보다 더 견딜 수 없는 것은 머릿속에 있는 이였다. 그들은 '아버지'에게 부탁해서 가위를 빌렸다. 이것이 그들에게 베풀어준 유일한 호의였다. 그리고 그들은 머리를 삭발해 버렸다. 버마인들은 긴 머리카락을 자랑스러워했기에 외국인들이 하는 것을 따라하지 않았다. 서양인들이 빡빡 깎은 머리는 죄수들 사이에서 웃음거리가 되었지만 오히려 그들은 깎은 머리를 편하게 생각했다.

시간은 흘러갔다. 며칠 뒤에 강가에서는 총소리 한 방이 울렸다. 그들은 감옥 안에 있는 정보원에게서 이것이 전쟁 상황을 보고하는 신호라는 것을 알았다. 황제는 전투가 끝나면 총소리를 한 방 울리고, 만약 버마군이 승리했다면 두 번을, 영국군이 바다로 퇴각하면 세 번을 울리라고 명령했다.

따라서 총성이 한 번 울렸으므로 승리는 아니었다. 그날이 끝나기 전에 점박이얼굴들은 우울했으며 심기가 매우 사나웠다. 죄수들은 영국군이 돌격해 버마군 진영을 돌파했고 총검으로 수백 명을 죽였다는 소식을 들었다.

그 소문은 사실이었다. "영국 역사 상 가장 어렵게 수행한 전쟁"이라 불리는 이 기간동안 영국군은 단 한 차례의 반격만 받았을 뿐이었다. 질병으로는 수천 명의 군인들이 목숨을 잃었지만 전투에서는 단지 수백 명의 사상자만 발생했다. 버마 군인들은 개별적으로는 용감했지만 훈련되어 있지 않았고, 지도자들은 전선의 후미에 서 있다가 싸움이 일어나면 맨 먼저 달아났다. 버마군은 훈련된 유럽 군대를 당해낼 수 없었다. 정렬된 영국군의 부대가 총검을 들고, 버마군의 사격에 몇몇이 고꾸라져도 전혀 주저함 없이, 피를 흘리면서도 앞으로 전진해오는 광경을 보고 버마군은 혼란에 빠져 궤멸될 수밖에 없었다. 영국군 병사들은 팔이나 다리가 떨어져나가도 멈추지 않고 돌격해오는데 그 이유는 전투가 끝나면 그들의 팔 다리를 주위 의사들이 다시 꿰매 붙여 준다는 소문이 파다하게 퍼졌다. 전쟁초기에 버마군은 4~5티칼에 자원병들을 확보할 수 있었지만 영국군과 싸운 지 한 달 만에 한 사람 당 100티칼을 준다 해도 자원병을 구할 수 없을 지경이 되었다.

죄수들은 이런 상황에 대해서는 알지 못했다. 단지 한 번의 패배가 있었고 그로 인해 그들의 목이 날아갈까봐 걱정하고 있었다. 그날의 사형 집행을 알리는 오후의 종소리가 울리는 운명의 시간이 다가왔다. 그러나 그들은 여전히 살아남아 한숨을 돌릴 수 있었다.

감옥 바깥에서는 낸시가 온갖 협박과 착취에도 불구하고 꿋꿋하게 감옥에 갇힌 사람들을 위해 일했다. 한번은 그녀가 관리에게 진주목걸이와 다이아몬드 귀걸이, 은주전자를 뇌물로 바쳤다고 공식적으로 고소를 당했다. 그녀는 관아로 소환되어 백 명가량 되는 사람들 앞에서 진실을 말해야만 했다. 그렇지 않으면 그녀는 죽을 수밖에 없었다. 그녀는 고개를 똑바로 들고 "그것은 사실이 아닙니다. 누구든지 그런 물품들을 제게서 찾아낸다면 저는 죽어도 좋습니다"라고 담대하게 말했다. 그리고는 곧장 아도니람의 방면을 빌었다.

그녀는 날마다 왕비의 사돈지간인 왕자비를 찾아가서 그녀가 이제는 돌아갔으면 좋겠다는 얼굴빛을 보일 때까지 그곳에서 지내다가 돌아왔다. 거의 매일 그녀는 관리들이나 황실가족들을 찾아갔다. 그리고 그녀가 할 수 있는 선물은 다 주었다. 낸시가 만든 음식이 이런 일들을 해내는 데 큰 도움을 주었다.

물론 괴로운 일도 많았다. 어떤 날은 이유 없이 죄수들의 음식 반입이 금지될 때도 있었고 그때마다 특별 뇌물을 써야 했다. 낸시는 온종일 관저를 돌아다니느라 밤이 늦어서야 감옥에 도착하곤 했다. 3킬로미터 되는 거리를 걸어 집으로 돌아오면 밤 9시가 다 되었고, 그녀는 흔들의자에 몸을 던지고 걱정과 근심으로 약해져서 눈물을 흘렸다. 그러다가도 감옥에 있는 사람들을 풀어주기 위해 다시 여러 가지 방법들을 고민하기 시작했다. 때때로 그녀의 마음은 브래드포드로 돌아가 미국의 친구들을 떠올리기도 했지만 그것은 한 순간에 지나지 않았다. 그녀의 모든 에너지는 아바에서 일어나는 일에 집중되었다.

어느 날 죄수들은 또 한 발의 총성을 듣게 되었다. 또 한 번의 패배였다. 얼마 안 있어서 새로운 죄수가 들어왔다. 그의 허리에 두른 쇠사슬이 늘어져 쩔그렁거렸으며, 마치 곰처럼 말뚝에 쇠사슬로 매어 두었다. 그는 카시디라는 아일랜드인으로 동인도회사의 마드라스 연대소속 일병이었다. 그는 캠프에서 떨어져 파인애플을 찾느라 헤매다가 잡혔던 것이었다.

밤늦게 그는 관리들로부터 심문을 당했다. 로저스가 통역을 했는데 나중에 그는 돌아와서 심문의 핵심내용을 전해주면서 나머지 사람들을 즐겁게 했다.

> 관리들 : 너희들은 왜 랑군에 왔느냐?
>
> 카시디 : 내가 생각하기에 아마도 이 나라를 차지하기 위해서인 것 같다(이 터무니없는 말에 관리들은 크게 웃었다).
>
> 관리들 : 그들의 군대는 얼마나 되느냐?
>
> 카시디 : 약 3천 명의 영국군 병사와 많은 수의 흑인 군대가 있다.
>
> 관리들 : 그들이 만약에 10만이나 되는 우리 군대의 공격을 받으면 어떻게 될 것이라고 생각하는가?
>
> 카시디 : 이제껏 우리가 전투에서 만난 부대보다 낫지 않다면 우리는 단숨에 격파해버릴 것이다. 내가 소속된 연대는 많은 전투경험을 가지고 있다(관리들은 한편 놀란 눈빛을 하면서 매우 흥분했다).

심문 내용은 이것보다 훨씬 많았지만, 카시디가 포로들은 하루 얼마만큼의 식량을 배급받을 수 있는지 관리들에게 물었을 때에 그들이 크게 웃었다는 내용을 두고 세 명의 영국인들은 몇 번이나 되씹으면서 재미있어 했다.

낸시의 노력은 효과를 내기 시작했다. 외국인 죄수들은 바깥 마당으로 옮겨와 작은 방이나 오두막을 짓고 지냈다. 각 오두막은 길이 약 1.8미터, 너비 약 1.5미터였고 높이는 가운데 뾰족한 부분에서 사람이 똑바로 설 수 있을 정도였다. 그래도 감방 내부와 비교하면 이곳은 천국이었다. 비록 저녁에는 다시 감방으로

1824년, 낸시가 베개에 신약성경 사본을 숨겨 가져오다.

돌아가야 했지만 말이다.

평상시와 마찬가지로 가우저는 그곳에서도 그에게 가능한 최상의 삶을 꾸려나갔다. 한 간수의 여어쁜 딸은 열여섯 살이었는데, 가우저에게 관심을 가졌다. 그녀는 가우저에게 씻을 물과 말로 표현 못할 은혜를 베풀었다. 가우저는 보답으로 그녀에게 쥐를 잡아서 주었다. 그는 쥐구멍에다 쌀이나 곡식을 미끼로 뿌려두고 꼬챙이로 찔러서 쥐를 잡았다. 이것은 점박이들이 좋아하는 별미였다. 가우저는 그 소녀와 이야기하는 것을 기뻐했다. 하지만 그녀가 없을 때는 감옥 바깥으로 왕래하는 사람들의 행렬을 감방 벽 틈새로 쳐다보면서 즐거워했다.

낸시는 아도니람과 한두 시간씩 한 쪽 면이 열린 헛간에서 함께할 수 있는 허가를 받았다. 마침내 그녀는 아도니람이 혼자서 지낼 수 있는 대나무 울타리가 둘러친 헛간도 지을 수 있었다. 새롭게 만든 개인적인 공간에, 적지만 씻을 물을 가진 아도니람은 그가 바라던 것들을 다 성취한 것 같이 행복했다.

그가 모든 것을 잃어버린 것은 아니었다. 그들이 대화를 나누다가 신약성경 필사본에 관한 이야기가 나왔다. 낸시는 아도니람에게 그것을 싸서 정원에 묻었다고 했다. 땅 속에 계속 놔두면 원고는 곧 썩게 될 것이다. 아도니람은 한 계획을 생각해냈다. 그 번역본을 꺼내 종이로 싸서 베개 속에 넣으면 외형도 볼품이 없고 딱딱해서 불편하기 때문에 아무도 그것을 탐내지 않을 것이다. 이 베개를 아도니람에게 전해주면 그는 자신을 보호하듯 이 번역본도 보존할 수 있을 것 같았다. 그녀는 곧 이 말에 따랐고 아도니람은 하나밖에 없는 버마어 신약성경 필사본을 베고 잤다.

번역본을 아도니람에게 갖다 주면서 낸시는 또 무엇을 할 수 있을까 생각하기 시작했다. 그녀가 그에게 가져다 줬던 쌀과 응아피같은 비참한 음식이 항상 낸시의 마음을 아프게 했었다. 마침내 그녀는 고향을 생각나게 하는 것으로 아도니람을 놀라게 해주어야겠다고 결심했다. 그녀는 어렵게 물소고기를 얻어서 바나나로 몇 번의 실험을 거친 다음 뉴잉글랜드식 저민 고기가 든 파이를 만들어냈다. 그날, 그것을 직접 갖다 주기에 너무 늦어서 마웅 잉을 시켜 보냈다. 낸시는 이것이 미국 전통음식이며 특별히 저드슨 씨가 좋아하는 것이라고 마웅에게 설명해 주었다. 아도니람은 웃고 있는 마웅 잉으로부터 신기하게 포장된 보따리를 받고 의아해했다. 포장을 열고 그것이 무엇인지 알자, 너무나 많은 기억들이 떠오르기 시작했다. 음식에 대한 추억에 목이 메었다. 파이를 옆에 두고 그는 얼굴을 무릎에 묻고 울기 시작했다. 그리고 아무 말 없이 놀라는 프라이스의 손에다 그 음식을 밀어 넣고, 쩔뚝거리면서 황급히 그의 작은 헛간으로 달려갔다. 그리고는 몇 시간 동안 틀어박혀 있었다.

낸시가 만든 고기파이는 대 성공이었다. 플리머스, 브래드포드, 그의 아버지와 어머니, 그리고 동생과 누이… 조심스럽게 억제되어 있던 기억들이 홍수처럼 밀려와 완전히 그를 사로잡아버렸다. 추억을 더듬는 고통에 잠긴 채, 다른 때였다면 그에게 커다란 즐거움을 주었을 기억들이 떠올랐다. 그렇지만 그것은 이제 가장 씁쓸한 것이 되고 말았다.

낸시는 임신을 했다. 그들이 살아만 있다면 아기는 1월 말이나 2월 초에 태어날 예정이었다.

18. 감옥생활, 그리고 작은 마리아 (1824-1825)

버마군은 이제까지 두 번 패배를 당했다. 한 번은 운지인 기 장군이 이끌었고, 또 한 번은 뙨비 장군이 지휘했다. 뙨비 장군은 지난 7월 용감하게 자신의 진지를 방어하던 중, 공포에 사로잡혀 미쳐버린 부하로부터 죽음을 당했다. 이쯤 되자 궁중에서도 슬그머니 적에 대해 잘못 판단했다는 것을 인정하기 시작했다.

더욱이 전쟁 중 작전도 잘못 되었다. 반둘라 장군은 치타공과 벵갈을 통해 영국군이 있는 아라칸 해안을 공습하려고 대부분의 군대를 산을 넘어 보냈다. 따라서 랑군에는 버마군이 거의 없었다. 이튿에 영국군은 난공불락의 전함과 버마에서는 처음 보는 증기선까지 포함한 전력을 투입해 랑군으로 밀고 들어왔다. 하지만 반둘라는 이제껏 대수롭지 않은 영국군을 만나 그들을 몰아내고는 승리를 장담하고 있었다. 왕은 반둘라만이 외국군과 싸우는 법을 알고 있다고 확신하고 그에게 아바로 다시 돌아와 랑군에서 승리를 거두도록 명을 내렸다. 그의 군대는 아라칸으로부터 돌아와 강으로 내려갔다. 억지로 모아놓은 새 군대는 반둘라의 부대를 뒤따라가도록 했다.

죽음의 감옥에서의 생활은 예전과 다를 바 없었다. 전쟁 소식이 나쁘면 죄수들은 안쪽 더러운 감방으로 들여보내졌고, 좋은 소식이 들리면 다시 바깥 오두막을 쓸 수 있었다. 감방에 있는 동안 많은 사건이 있었다. 한번은 천연두를 앓으면서 작은 고름주머니들로 뒤덮인 여인이 감옥에 들어왔다. 점박이들은 자신들을 걱정하면서, 공기가 통하는 작은 공간을 감옥 안에 마련하는 감각은 있었다. 운 좋게도 24시간 정도가 지나자 그녀는 풀려났다. 그런 기적적인 조치로 50여명의 죄수들은 갖가지 질병에서 벗어날 수 있었다. 의사인 프라이스조차 이해할 수 없는 일이었다.

그 해 여름, 프라이스는 주책없는 행동으로 인해 아도니람과 가우저가 자기 생명을 두려워하게 하는 수술을 저질렀다. '점박이얼굴' 중에 한 명이 눈꺼풀에 지방이 뭉쳐 있는 커다란 혹이 있었는데, 여러 날 동안 프라이스는 그것에 칼을 대고 싶어 안달했다. 마침내 그는 점박이를 설득해 그것을 제거할 수 있도록 승낙을 받아냈다. 그가 가진 도구라고는 동강난 주머니칼뿐이었다. 모두에게 재앙만 가져올 것이라고 예상했던 아도니람과 모든 영국인들이 프라이스에게 그 수술을 하지 말라고 설득했지만 프라이스는 듣지 않았다. 죄수들은 공포에 떨면서 그 수술을 지켜보았다. 그런 난도

질은 본 적이 없었다. 가우저는 이것을 다음과 같이 표현했다. "수차례에 걸친 환자의 절규와 몸부림 뒤에 프라이스는 5~7센티미터 크기의 벌레를 닮은 혹을 잘라내는 데 성공했다."

프라이스를 제외한 나머지 사람들이 놀란 것은, 상처가 낫고 혹이 사라진 뒤에도 여전히 그 점박이얼굴에게 시력이 있는 것이었다. 그렇지만 약간의 문제는 있었다. 프라이스가 혹을 제거할 때 약간의 근육 아니면 신경을 잘랐는지 그 눈꺼풀은 눈동자 위에 커튼처럼 드리워져 있었다. 그러나 이 천재적인 외과의사는 이 현상이 실제로는 나아지고 있는 표시라면서 "앞으로 눈은 더 좋아질 것입니다. 당신이 무엇인가를 보고 싶다면 손가락으로 눈꺼풀을 올리기만 하면 되고, 보고 싶지 않다면 그것을 다시 내리기만 하면 됩니다"라고 친절하게 설명했다. 그러나 때때로 그 점박이얼굴은 의사의 설명을 의심스러워했다. 그는 프라이스에게 다시는 눈꺼풀에 손대지 못하게 했다. 다행히 의사나 다른 죄수들에게도 아무런 일이 일어나지 않았다.

아도니람과 가우저도 나름대로 시간 보내는 법을 용케 찾아냈다. 그들은 체스를 하기로 했다. 체스는 버마에서도 잘 알려진 것이었기에 점박이얼굴들은 그들이 음모를 꾸미거나 마술을 부린다고 생각하지 않았다. 프라이스의 부러진 주머니칼로 시계를 만들려고 얻어두었다가 버린 대나무 조각들을 깎아 한 세트의 말을 만들었다. 등불로 사용되는 석유가 든 컵에는 정제된 탄소덩어리가 있었다. 이것으로 감옥 한 구석에서 찾아낸 낡은 물소가죽 위에 사각형 판을 그렸다. 그들은 바닥에 드러눕거나 다리를 꼬고 앉아 몇 시간동안 게임에 몰두했다.

한번은 백 명 정도의 세포이 병사들이 포로로 잡혀왔다. 원래 있던 50명에다 100명의 포로들을 서있을 공간도 없을 때까지 쑤셔 넣었다. 감방 내의 열기와 산소 부족으로 죄수들이 죽기 직전에 쪽문이 열렸다. 다행스럽게도 8명의 장교를 제외한 나머지 사람들은 다른 곳으로 옮겨졌다. 8명 가운데 7명은 천천히 굶어 죽었다. 그 중 브라만 계급에 속한 데이비 싱이라는 죄수는 카스트 제도 덕분에 살았다. 그는 버마인에 의해 조리된 쌀을 거부하고 대신 생쌀을 요구했다. 그는 그것을 두고두고 조금씩 먹으면서 아무 것도 주어지지 않을 때도 목숨을 부지했다. 그는 전쟁을 견디고 살아났지만 비타민 결핍으로 완전히 눈이 멀어버렸다.

때때로 화를 내는 것도 특별히 놀랄 만한 일이 아니었다. 아도니람과 프라이스는 나란히 잠자리를 쓰고 있었다. 프라이스는 모로 누워 그의 코를 무릎에 닿도록 구부리지 않으면 잘 수 없었다. 그는 악몽을 꿀 때 발작적으로 그의 무릎을 뻗쳤는데 그때마다 발에 찬 무거운 족쇄가 마치 대포알처럼 아도니람의 등허리를 후려갈겼다.

아도니람은 한동안 이것을 참으며 17세기에서 18세기 초 프랑스 가톨릭 신자였던 귀용 부인이 누렸던 '평안'을 얻기 위해 노력했다. 그러나 하룻밤에 두세 번씩 거듭되는 고통으로 그는 '평안'을 얻는 데 실패했다. 그는 "프라이스 형제, 당신은 모든 사람에게 해를 끼치고 있소! 제발 다른 사람들처럼 누워 주무시오"라고 분통을 터뜨렸다. 프라이스는 발을 내뻗은 것이 일부러 그런 것이 아니라고 변명했지만, 아도니람은 그것이 고의적이라고 쏘아붙였다. 아도니람은 프라이스와 싸울 기세까지 보였다. 가우저는 선교사 두 사람이 싸우는 광경을 내심 보고싶어 했지만, 이 감옥은 적당한 장소가 아니었다. 그는 자신이 그들 사이에서 자겠다고 제안하면서 싸움을 가로막았다. 그때부터 프라이스의 족쇄는 가우저의 등을 쿵하고 찼고, 그럴 때마다 가우저는 프라이스를 깨워 함께 파이프를 피웠다. 그리고 다른 쪽에서 자도록 그를 설득했다. 대포알 족쇄는 로저스에게로 떨어졌다.

전반적으로 모든 외국인들은 서로 잘 지내는 편이었다. 죄수들은 이 죽음의 감옥을 계속 들락거렸다. 때로는 왕실의 미움을 산 정부 고관들이 가족들과 함께 이곳에 들어오기도 했다. 그들로부터 밖에서 일어나는 최근 이야기들을 들을 수 있었다. 하인들은 충직하게 남아 있었고, 보수도 없이 그들에게 먹을 것을 갖다 주었다. 가우저의 하인이었던 제빵사는 군대에 하드롤을 만들어 납품하는 사업을 시작했고 여기서 얻은 돈으로 자신과 가우저의 생계를 유지했을 뿐만 아니라 때때로 별미와 옷가지들을 가져오기도 했다. 그들이 아직 살아 있는 것 자체가 승리로 여겨질 정도였다. 모든 죄수들의 에너지는 한 가지 목표, 즉 생존에 집중되어 있었다. 한편, 낸시는 임신한 몸이 허락하는 한 그들을 위해 바쁘게 움직였다.

9월이 되자 반둘라는 사실상 버마의 왕처럼 행사했다. 그는 모든 명예를 거머쥐고 전쟁 수행의 전권을 갖고 있었다. 새로 조직된 군대는 매일 강 아래로 내려갔다. 왕실의 주전파들은 얼마 안 있어 그가 승리할 것으로 믿었다.

낸시는 아도니람의 승낙을 받아 마지막으로 반둘라에게 직접 탄원해보기로 했다. 이것은 아주 위험한 행동이었다. 왕실에 있는 그녀의 친구들도 이 일을 만류했다. 그는 아마도 외국인 죄수들이 아직 살아 있다는 것도 모를 것이고, 만약 외국 죄수들이 감옥에 있다는 것을 알게 된다면 그들을 처형하도록 명령을 내릴지도 모르기 때문이었다. 그녀는 기회를 살폈다. 아도니람은 반둘라에게 호의적으로 보일만한 모든 이야기를 포함하여 직접 탄원서를 작성했다.

두려움과 떨리는 마음으로 낸시는 이것을 가지고 궁중의 모든 아첨꾼들이 둘러싸고 있는 그에게 나아갔다. 비서관이 큰소리로 탄원서를 읽었다. 반둘라는 다소 흥미로운 듯이 그녀에게 아도니람에 대해 몇 가지 질문을 했다. 그녀의 대답은 그를 만족시킨 것 같았다. 그는 이 문제에 대해 생각해보겠다며 조만간 낸시가 다시 찾아 올 때 답변을 주겠다고 했다. 매우 기뻐하면서 낸시는 감옥으로 서둘러 갔다. 아도니람은 프라이스와 함께 풀려날 수 있을지도 몰랐다. 그러나 낸시가 시장에게 이 이야기를 했을 때 그는 낸시의 무모함에 매우 놀라면서 이제 모든 죄수들이 목숨을 잃게 될 것이라고 예견했다.

하루 이틀이 지나 낸시는 반둘라의 집으로 찾아갔다. 그녀가 할 수 있는 매우 귀중한 선물을 가지고 갔지만 반둘라는 집에 없었다. 그녀의 부인은 낸시의 선물을 받으면서 반둘라가 랑군 원정을 준비하느라 무척 바쁘다고 했다. 그가 랑군을 되찾고 버마에서 영국군을 완전히 몰아내는 대로 죄인들을 풀어줄 것이라고 말했다.

풀려나리라는 희망의 문은 닫혔다. 그러나 낸시는 모든 시간을 할애하여 죄수들이 좀 더 편하게 생활할 수 있도록 애썼다. 낸시는 하루걸러 매일같이 시장 집으로 찾아갔다. 시장의 부인은 낸시의 든든한 친구가 되어 있었다. 시장 자신도 낸시에게 큰 호감이 있었다. 그는 미국에 대해 어린아이 같은 호기심으로 그녀에게 미국 정부와 사람들의 태도, 관습, 의복, 주택, 선박, 화폐 등 일상생활의 자잘한 것들까지 몇 시간이고 물어보곤 했다. 매일매일 낸시는 브래드포드와 세일럼 그리고 워싱턴과 뉴욕에 대한 이야기로 그의 마음을 사로잡았다. 낸시는 그곳에서는 추위와 눈과 겨울을 어떻게 지내는지 들려주었고, 그녀가 방문하지 못할 때에는 마치 재미있는 이야기를 듣지 못하게 된 어린이처럼 시장은 서운해 했다. 이러한 관계유지로 그녀는 죄수들에 대한 호의를 얻을 수 있었다. 그리고 낸시는 점박이얼굴들에게 존경을 받아 언제 어느 때고 간에 아도니람을 만날 수 있는 권리를 얻었다.

반둘라는 10월에 아바를 향해 떠났다. 수천 명의 부대는 칼을 든 사람, 창을 든 사람, 방패와 구식 총을 든 사람 할 것 없이 뒤죽박죽으로 허둥지둥 그의 뒤를 따랐다. 가우저는 거의 목숨을 잃을 뻔한 열병에서 회복되어 감옥 벽의 갈라진 틈 사이로 그들이 지나가는 것을 보았다. 그 부대는 패할 것이 뻔했다. 버마인 죄수들도 같은 생각이었다. 그 시간에 왕실의 공주와 궁내 여인들에게 속한 스무 명의 집사들이 감옥으로 들어왔다. 그들은 아도니람에게 반둘라를 비롯한 군사 지도자들이 왕에게 전쟁을 계속하도록 부추기고 있다고 했다. 전쟁에 참가했던 한 죄수는 가우저에게 영국군 포탄은 목표물이 어디 있는지 정확하게 찾아내는 마력이 있다고 했다. 그는 '쎄카이'라는 직급의 상관과 함께 있었는데 갑자기 포탄이 하늘을 가로질러 날아왔다. 포탄은 '쉑-쉑-쉑' 하는 소리를 내며 천천히 돌았다. 아니나 다를까, 그것은 쎄카이를 찾아내었고 그에게 굴러가 산산조각을 내버렸다.

11월에 반둘라는 6만의 군사로 랑군 외곽지역을 둘러싸고 있었다. 그는 사라와디 왕자에게 "8일 안에 랑군의 공관에서 만찬을 한 뒤 슈웨다공 불탑에 가서 감사기도를 드리겠습니다"고 장담했다. 그것은 어느 정도 가능해 보였다. 영국군은 1,300명의 유럽인과 2,500명의 세포이 인으로 구성된 4,000명도 채 안 되는 전력으로 반둘라의 군대에 맞서고 있었기 때문이다. 그러나 그들은 전쟁을 알고 있었다. 슈웨다공 탑의 지휘 연단에는 20대나 되는 포를 설치했고 반둘라의 군대와 접전을 벌일 만한 랑군 강과 그 샛강에는 전투정을 배치했다.

1824년 12월 1일, 반둘라는 영국군이 가장 강력한 진지를 구축하고 있는 불탑을 공격목표로 진격해왔다. 공격은 완전히 실패했지만 운 좋게도 영국군은 달아나는 버마군을 격퇴하지 못했다. 반둘라는 완전히 퇴각하지 않고 그들이 휴식을 취할 때까지 기다렸다. 며칠 뒤 영국군은 버마군의 진지를 향해 기습공격을 해왔다. 반둘라의 군대는 마치 물에 젖은 설탕덩어리처럼 녹아버렸다. 반둘라는 7,000명의 군사만을 데리고 다누뷰 강으로 달아났다.

이 소식은 해가 저물 때쯤 아바에 들려왔다. 푸간 공주와 슈웨동 공주 및 왕비는 즉시 사람을 보내 낸시를 불러들였다. 이때 낸시는 만삭으로 거의 걸을 수 없을 지경이었지만, 그들은 낸시의 조언을 구하고자 노심초사하고 있었다. "반둘라의 군대가 적군에게 항복했습니다. 우리 군사들은 모두 흩어졌고 이제 영국군은 손뼉치면서 아바로 전진해 들어오는 일만 남았습니다. 이제 우리는 어떻게 해야 할까요?" 푸간 공주는 그들이 달아나야 할지, 아니면 남아 있어야 할지, 만약 남아 있으면 안전할지 물었다. 그리고 낸시가 그들을 보호하여 영국군에게 좋게 이야기해 줄 수 있는지도 물어보았다. 우쭐대던 왕실가족들에게 이것은 공허하게 외쳐대는 새로운 노랫가락이었다. 그들은 낙담한 채로, 영국군이 인간의 살을 먹는 발루스라는 악마처럼 초자연적인 힘을 가지고 있다고 믿고 있었다.

낸시는 그들을 안심시키려고 했다. 영국군은 잘 훈련되어 있으며 더욱이 왕실가족들을 불필요하게 괴롭히는 일은 없을 것이라고 했다. 어떤 경우든 그들이 갇혀 있는 죄수들을 풀어준다면, 그녀는 왕실을 위해 자신이 할 수 있는 것은 다 해보겠다고 말했다. 이것이 낸시가 왕실과 마지막으로 접촉한 때였다.

1825년 1월 26일 낸시는 딸을 낳았고, 마리아 엘리자베스 버터워스 저드슨이라고 이름지었다. 20일 뒤에 낸시는 팔에 아기를 안고 감옥에 나타났다. 아도니람은 울고 있는 창백하고 연약한 아기를 쳐다보았다. 그러나 점박이얼굴들에게 아기의 백색살결은 놀라움의 대상이었다. 아도니람은 사랑과 좌절과 슬픔이 뒤섞인 감정에 잠겼다. 낸시가 출산하느라 준비하고 있던 몇 주 동안 그는 두려움으로 인해 더욱 수척해졌다. 이제 아기는 태어났고 낸시도 걸어다닐 수 있을 정도로 회복되었다. 그렇지만 그들의 앞날은 어떻게 될 것인가? 그들의 첫 번째 아기는 바다에 묻혔다. 두 번째 아기 로저는 지금은 전쟁터가 되어버린 랑군에 프라이스 부인이 묻힌 자리 옆에 잠들어 있었다. 어린 마리아의 앞날도 그리 밝아 보이지 않았다.

낸시가 아기를 데리고 돌아간 뒤, 아도니람은 자신의 작은 대나무 오두막에 오랫동안 머물러 있었다. 그는 이렇게 시작되는 시를 지었다.

잘 자라, 사랑스런 아가야, 잘 자거라.
네 엄마 품에 안겨 고요히,
쩔렁거리는 거친 쇠사슬소리도,
너의 단잠을 깨우지 못하리라.

19. "당신 자신이나 잘 지키시오" (1825)

2월이 지나갔다. 반둘라의 수하에 있던 파칸 운이라는 장군이 죽음의 감옥으로 들어왔다. 그는 반둘라가 아쌈 지방을 정복할 때부터 그 밑에서 전략을 익힌 사람이었으나 지금은 반역죄의 혐의를 받고 있었다.

파칸 운은 아침에 도착했고 그를 위해 특별히 감옥 문이 열렸다. 깃털이 사방으로 나있는 기묘한 암탉들이 여기저기서 활기차게 울어댔다. 그놈들은 감옥 마당에서 키우는 유일한 가축이었다. 점박이얼굴들은 이 닭에게 특별한 의미를 부여했다. 닭이 울거나 꼭꼭 거리면 선물이 들어올 것이라고 믿고 있었다. 그래서 닭을 잡아먹지 않고 오랫동안 키우고 있었는데, 이제는 거의 숭배 대상이 되어 버렸다. 그것들이 울어대면 고관대작들이 죄수가 되어 감옥에 들어와 짭짤한 뇌물이 생긴다는 것이었다. 가우저는 귀한 사람들이 많이 들어오는 것을 보니 전쟁은 나쁘게 치달아가고 있으며, 굳이 닭이 아니라 사마귀처럼 옆에 눈 달린 새가 아무 때나 울더라도 예견이 틀리지 않을 것이라고 현실적인 결론을 내렸다.

파칸 운은 영국 사람을 싫어했다. 감옥 안에서도 그는 자신의 감정을 숨기지 않았다. 영국인들은 저명한 고관을 감옥에서 만난 것을 좋아했지만 하루빨리 그가 방면되기를 바랐다. 그러나 그는 계속 남아 있었고, 그들이 옆으로 지날 때마다 쏘아보았다. 단 한 사람 레어드가 그에게 신뢰를 주었다. 풀려난다면 파칸 운은 이곳에 있는 죄수들을 위해 어떻게든 손을 써보겠다고 했다.

3월 1일, 외국인 죄수들은 독방에서 지내고 있었다. 저녁이 되자 점박이들은 외국인 죄수들을 끌어냈다. 표정이 불길했다. 죄수들은 서로를 쳐다보면서 아무 말 없이 감옥 마당에 있는 화강석 벽돌 주위에 몰려 있었다. 각자 세 벌의 족쇄를 차고 있었는데 이제 두 벌의 족쇄를 더 차게 되었다. 족쇄를 다 채우고 나서 '아버지'는 안쪽 감방으로 향하는 쪽문을 손으로 가리켰다. 쇠사슬을 주렁주렁 단 채 비틀거리며 안쪽 감방으로 들어가 자리에 앉았다. 그날 밤, 그들의 다리는 다시 대나무 작대기 위에 매달려야 했고 이것이 무슨 이유 때문인지 궁금해 하며 속삭였다. 점박이들은 낸시가 아도니람을 위해 만든 작은 대나무 오두막을 부수고 그가 가지고 있던 베개와 매트 등 자잘한 물건들을 빼앗아 갔다. 감옥 마당에 있던 모든 흔적은 제거되었고 간수들은 그 물건들을 나누어가졌다.

그들은 이제 어디론가 끌려가 몰래 죽임을 당하게 될 것이라고 쑥덕거렸다. 다음날 아침, 오후 세 시에 처형이 있을 것이라는 소문이 감방 전체에 퍼졌다. 바깥에서는 점박이들이 숫돌에다 대고 칼을 가는 소리가 들려왔다. 칼날이 내는 쉿쉿 소리는 가우저에게 이상한 안도감을 주었다. 그에게는 목이 졸리는 것에 대한 이상한 두려움이 있었다. 그는 으스스해 하면서도 만족한 듯 그 소리를 듣고 있었다. 목을 매다는 줄에 비하면 칼은 커다란 은혜인 셈이었다. 그는 감옥에서 기도하는 것을 배웠다. 이제 그는 하나님께 조용히 감사의 기도를 드렸다.

아도니람은 조금 달랐다. 그는 낸시와 아기에게 작별 인사도 나누지 못한 것에 대해 깊은 회한과 고통을 느꼈다. 그러나 이렇게 죽는 것이 더 나을지도 모른다. 그는 그날 낸시를 보지 못했다. 내일 그녀가 여기 올 때 그는 이제 이곳에 없을 것이다. 낸시는 그가 더 이상 고통을 당하지 않는 것에 대해 오히려 기뻐할지도 모른다. 그녀에게는 더 이상의 해가 없을 것으로 믿고 있었다. 버마인들은 그녀의 굳건한 용기, 인내, 그리고 정직함을 매우 존경했다. 영국군 도착이 임박해짐에 따라 그녀는 지금보다 더욱 좋은 대우를 받을 수 있을 것이다. 아도니람은 거의 초탈한 마음이 되어 아련하게 그의 성경번역 필사본이 든 베개 생각을 했다. 거기에는 그가 좀 더 손을 봐야 할 부분들이 있었다. 조금 전에 점박이얼굴들 중 한 명이 그 베개를 가져가는 것을 봤다. 상관없다. 누군가가 그 일을 다시 시작할 것이다.

아도니람이 확신하는 한 가지가 있었다. 그것은 전쟁으로 인해 버마에 하나님 나라가 더욱 빨리 도래하리라는 것이었다. 그는 가우저에게 이렇게 이야기했다. "이곳에서 나는 10년 동안, 진리를 알고자 하면서도 겁이 나 감히 믿지 못하던 사람들에게 복음을 전해왔습니다. 또한 황제에게는 백성들에게 종교의 자유를 인정해 줄 것을 간청했지만 성공하지 못했습니다. 그리고 지금, 모든 인간적인 방법이 끝난 이 순간, 한 기독교 국가가 이 나라에 들어와 굴복시킴으로 하나님은 그 길을 여셨습니다. 나는 살 수도 있을 것입니다. 그렇게 된다면 나는 모든 열심을 다해 내일을 할 생각입니다. 만약 살지 못한다 해도 그분의 뜻대로 될 것입니다. 이 일을 하기에 더욱 적합한 사람에게 그 문은 열릴 것입니다." 사실 그랬다. 그의 마음은 평온했다. 그러나 모든 죄수들이 그런 것은 아니었다. 몇몇은 두려움으로 고뇌했고, 그들의 느낌은 감방 전체로 울려 퍼졌다. 그들의 사슬은 떨림으로 절그렁거렸다.

어느 덧 3시가 되었다. 그러나 죄수들은 살아서 남아 있었다.

새벽이 왔다. 그들은 어떤 이유로도 밖으로 불려나가지 않았다. 그리고 여전히 그들은 살아 있었다. 그들은 감방 안에서 하루 종일을 보냈다. 음식을 가지고 온 사람들도 그들을 쳐다보지 못했다. 낯선 사람이 감옥 마당으로 들어왔을 때 외국인 죄수들은 안 보이게 가려졌다. 한 죄수가 맑은 공기를 쐬려고 쪽문 앞으로 다가갔을 때 그는 인정사정없이 캄캄한 감방 구석진 곳으로 처박했다. 그렇지만 여전히 그날도 살아서 넘겼다.

  그날 밤, 거리에 아무도 지나다니는 사람이 없을 때가 되어서야 그들은 몇 분 동안 바깥으로 나갈 수 있었다. 그들은 조금 더 살 수 있을 것이라는 희망을 가지기 시작했다. 그렇지만 왜, 그들은 숨어 있어야 했던 것일까?

  그들이 안쪽 감방에 갇혔던 다음 날 아침, 낸시에게 아도니람으로부터 온 메시지가 전해졌다. 자기도 모르게 그녀를 존경하게 된 점박이얼굴 중의 한 명은 마웅 잉에게 아도니람과 백인 죄수들은 다섯 개의 족쇄를 차고 안쪽 감방에 다시 갇혔으며 그의 작은 오두막은 부서졌고 그의 매트와 베개는 간수들이 빼앗아 버렸다는 이야기를 전했다. 그 이야기를 듣자 낸시의 얼굴에서는 핏기가 사라졌다. 그녀는 많은 일들을 경험했기에 이제 뭔가 무서운 일이 닥칠 것이라는 예감이 들었다. 낸시는 즉시 시장의 집으로 달려갔다. 시장은 집에 없었다. 그러나 부인이 낸시에게 시장이 남긴 메시지를 전했다. 거기에는 "새로 채워진 족쇄를 풀어 달라거나 죄수들을 놓아 달라거나 하지 마십시오. 그것은 불가능한 일입니다"라고 적혀 있었다. 이 비밀스런 전갈은 그녀에게 두려움을 불러일으켰다. 낸시는 서둘러 감옥으로 갔다. 거기로 들어갈 수는 없었고 겨우 문으로 나 있는 틈을 통해 안쪽 마당을 엿보았다. 오두막도, 백인 죄수들의 흔적도 보이지 않았다. 그들은 마치 이 지상에서 사라져버린 것만 같았다.

낸시는 어린 마리아에게 젖을 주기 위해 집으로 다시 돌아와야 했지만, 저녁에 다시 시장이 있을 만한 시간이 되자 그 집으로 찾아갔다. 그녀가 접견실에 들어서자 시장은 이상한 눈으로 그녀를 쳐다보았다. 아무 말도 하지 않는 그의 표정은 화가 난 듯했지만 실상은 부끄러워하는 것이었다.

"각하, 당신은 이제껏 우리를 아버지의 자상함으로 대해 주셨습니다. 우리는 당신께 매우 커다란 은혜를 입었습니다. 우리는 당신이 억압과 잔혹함으로부터 보호해주시는 것을 알고 있고, 당신의 보호 아래 있는 불쌍하고 무죄한 사람들의 고통을 감면해주시는 것도 자주 보았습니다. 당신은 저희들 옆에 끝까지 있을 것과 특별히 아도니람에 대해서는 당신께서 왕의 명령을 받게 되더라도 그를 죽게 내버려두지 않을 것이라고 약속하셨습니다. 무슨 죄를 저질렀기에 그들이 그런 벌을 받아야 합니까?"

낸시의 간청에 늙은 시장의 마음은 녹았다. 그는 마치 어린아이처럼 울기 시작했다. "싸야가다우! (그가 낸시를 부르는 이름이었다.) 나도 당신을 불쌍하게 여깁니다. 당신의 호소를 들어주고 싶습니다. 그러나 그럴 수가 없습니다. 죄수들이 더 이상 고통받는 것을 원치 않는다는 것을 믿어주십시오. 그들을 사형시키라는 명령을 받았을 때 내가 할 수 있는 유일한 일은 그들을 보이지 않게 숨기는 것입니다. 이제까지 당신에게 말하지 않았지만 나는 지금까지 세 번이나 왕비의 오빠로부터 그들을 몰래 죽이라는 명령을 받았습니다. 그러나 나는 그렇게 하지 않았습니다. 그런데 또 명령을 받았습니다. 다른 사람은 다 죽이더라도 당신 남편은 죽이지 않을 것입니다. 그렇지만 나는 지금 갇혀 있는 곳에서 그를 풀어줄 수는 없습니다. 그것까지는 내게 요구하지 마십시오."

낸시는 시장이 그렇게 얘기하는 것을 처음 봤다. 자신의 부탁을 그렇게 단호하게 거절하는 것도 처음이었다. 그녀는 죄수들의 삶이 가느다란 실에 매달려 있음을 알게 되었다. 그리고 왕비의 오빠인 M왕자가 그들을 죽이라는 명령을 내렸지만 시장은 그들을 지켜주기 위해 안 보이는 곳에 숨겨 놓았다는 사실로 어느 정도 위안을 삼았다. 그는 외국인들을 싫어했고 강력한 권세도 있었다. 그러나 아직까지 문서로 그런 명령을 내리지는 않았다. 만약에 그랬더라면 상황은 일찌감치 끝났을 것이다. 그러나 낸시는 포기하지 않았다. 그녀는 거의 매일 돈을 들고 시장을 찾아갔다. 그는 돈 받기를 거절했지만, 그녀는 시장을 졸라 죄수들이 음침한 감방에서 나와 바깥에서 식사하도록 허락을 받아냈다. 가끔 그녀는 감방 문 앞까지 들어가 거기서 5분 정도 감방 내부를 쳐다 볼 수 있었다. 감방 안에 갇혀 있는 죄수들은 모두 죽을 것 같았다. 그들은 맹렬한 열기 때문에 끊임없이 땀을 흘렸고 이제는 식욕도 없어져 차라리 죽기를 바랐다.

3월 말, 전령 보트에서 두 방의 총성이 울렸다. 반둘라가 승리를 한 것이었다! 코튼 장군은 다뉴뷰 강가에 있는 반둘라의 참호를 공격했지만 그는 이를 물리쳤다. 아바는 기쁨의 물결로 가득 찼고 반둘라는 무적이라는 칭송을 받았다. 천지에 그의 이름밖에 들리지 않았다.

그러나 몇 주 뒤인 4월 1일, 반둘라는 영국군의 포탄에 맞아 전사했다. 그의 부대는 참호를 버리고 달아났다. 이 소식이 궁중에 전해지자 왕은 "놀라서 침묵을 지키고 있었고 왕비는 가슴을 치며" 엉엉 울었다. 아바의 백성들은 완전히 두려움에 사로잡혔다. 분노에서 시작해 두려워 떠는 것까지 다양한 모습이었다. 반둘라의 동생이 빼앗긴 전선에서 수도로 돌아왔다. 패배의 책임을 물어 그는 당연히 목을 내놓아야 했지만 어떤 이유에서인지 목숨을 지킬 수 있었다.

누가 반둘라의 빈자리를 채울 수 있을지 아무도 몰랐다. 전쟁 수행은 전적으로 평민의 몫으로 남았다. 왕실은 한 푼도 지출하지 않고 모든 인력과 돈은 평민들에게서 나왔다. 버마에는 조세제도가 없었으니, 왕은 전쟁을 치르거나 새로운 궁궐을 짓거나 즉위식 등의 돈이 필요한 특별한 때에만 거두어 들였던 것이다. 그들 사이에서는 반역의 기미까지 돌았다.

이 때 죽음의 감옥에 갇혀 있던 파칸 운은 왕에게 메시지를 보내 자신에게 전쟁을 이기는 방법이 있다고 알렸다. 왕은 급히 사람을 보내 그를 직접 궁중에서 맞이했다. 고대로부터 왕실에서는 누구든지 족쇄를 찼던 사람을 왕궁의 문을 지나 왕의 면전에 들여보내는 것을 금하고 있었지만 어쩔 수 없었다.

파칸 운은 새로 조직한 군대의 사령관이 되었다. 요란스런 자신감이 발동했는지, 그는 이 군대로 영국군을 랑군으로 몰아내 바다까지 밀고 가겠다고 장담했다. 그는 병사 한 사람 당 100티칼의 급료를 주고 군사를 모았다. 마침내 나라가 위험한 지경에 처했다는 것을 깨달은 왕을 거의 협박하다시피 해서 파칸 운은 나라의 모든 권한을 부여받았다.

파칸 운은 즉시 란치에고를 체포했다. 란치에고는 그때까지도 자유롭게 다닐 수 있었던 유일한 외국인이었다. 란치에고는 엄청난 금액에 네그라이스 섬을 영국에 주었다는 혐의를 받았다. 이제 그는 그 돈을 왕에게 바치라고 강요당했다. 그는 감방에서 손목을 작은 줄에 묶인 채 주리를 트는 고문을 당했다. 그가 감방에 들어왔을 때 손가락은 새까맣게 변해 있었고 끝은 거의 터졌으며 손목은 거의 잘려나갈 지경이었다. 그러나 그런 고문 속에서도 그는 어떤 혐의도 인정하지 않았다.

아도니람은 반둘라가 죽을 무렵 심한 열병에 걸렸다. 낸시는 찻주전자의 주둥이에 넣어 교환했던 편지를 통해 이 사실을 알았다(그 중 하나는 발각되어 그녀도 갇히게 될 뻔했다). 그녀는 아도니람이 세상을 떠나게 될까봐 두려웠다. 낸시는 감옥에서 가까운 시장의 집 울타리 내에 방 한 칸으로 된 오두막을 짓고 지내면서 하루에 열두 번도 더 시장을 졸랐다. 아도니람을 밀폐된 감방에서 나오게 해서 그를 조금이라도 편하게 하고 싶었기 때문이다.

그녀는 다른 관리들의 호의도 얻으려고 애썼다. 하루는 다른 운지에게 부탁을 하기 위해 아침 일찍 출발하여 몇 킬로미터를 걸어 정오에 도착했다. 결국 그를 만났지만 거절하는 말만 들어야 했다. 그녀가 돌아가려고 하자 그는 낸시의 비단 양산을 움켜잡았다. 더운 날씨에 오랜 시간 걸어 집으로 돌아가야 했던 낸시는 뜨거운 햇볕을 피하기 위해서는 양산이 꼭 필요하다고 했다. 그리고 그녀는 새로 양산을 구입할 돈이 없으므로 그가 양산을 가지겠다면 대신 종이로 된 양산이라도 달라고 했다. 그러자 그는 웃으면서 "뚱뚱한 사람들이나 일사병에 걸리지 당신처럼 가냘픈 사람은 태양이 찾지도 못할 것이오"라고 했다. 어쩔 수 없이 그녀는 양산을 빼앗기고 햇볕 속을 걸어와야 했다.

결국 그 늙은 시장은 낸시의 부탁에 지쳐버려 두 손을 들고 말았다. 파칸 운은 이제 이 나라의 실질적인 우두머리가 되었고 아도니람이 죽음의 감옥에 있다는 것을 알고 있었다. 시장은 '아버지'에게 직접 일러 낸시가 약과 음식을 가지고 언제든지 들어갈 수 있도록 했다. 그녀는 아도니람을 위해 다시 오두막을 지었다. 너무 낮아서 그 안에서는 서 있을 수도 없었지만 그가 "이전에 있던 내부 감옥에 비하면 궁전"이었다. 아도니람은 간수에게 더 좋은 베개를 주고 성경필사본이 들어 있는 베개를 돌려받았다.

1825년 5월 2일, 반둘라가 죽은 지 정확히 한 달 뒤, 이날 아침에 아도니람은 열이 너무 높아 먹을 수조차 없었다. 낸시는 평소보다 오래 머물러 있었다. 그때 갑자기 시장으로부터 긴급 메시지가 전달됐다. 낸시가 시장을 보러 즉시 와야 한다고 했다. 평소와 조금이라도 다른 낌새가 느껴지면 과도하게 의심하는 다른 죄수들처럼 아도니람도 심경이 불편했다. 이처럼 급박한 호출은 전례가 없었던 것이다. 그녀는 시장이 원하는 것이 무엇인지 안 뒤에 최대한 빨리 돌아오겠다고 아도니람을 안심시켰다.

그럼에도 불구하고 아도니람이 너무 불안해하여 낸시는 걱정이 되었다. 알고 보니 시장은 단순히 시계에 대해 물어보기 위해 부른 것이었다. 한 죄수로부터 선물받은 시계가 시간이 맞지 않았다. 그는 유난히 즐거워했고 말이 많았으며 낸시를 오랫동안 붙잡아 두었다. 그녀는 여러 달 만에 처음으로 미소를 지었다. 감옥을 마주보고 있는 시장 댁 울타리 안, 자기 오두막으로 낸시가 걸어 들어가고 있었을 때, 하인 하나가 하얗게 질린 구릿빛 얼굴로 급하게 달려왔다.

"백인 죄수들이 모두다 어디론가 가고 있어요!" 그는 숨을 헐떡거렸다. 믿을 수가 없었다. 방금 전에 시장과 이야기를 나누었고 이런 부분에 대해서는 일언반구도 없었는데 말이다! 그렇지만 뭔가 심상치 않은 일이 벌어지는 것 같았다. 그녀는 다시 시장의 집으로 들어갔다. 시장은 침울한 모습으로 사실을 인정했다. 시장 자신도 명령이 떨어지기 바로 전에야 알았다는 것이다. 낸시를 급히 불러낸 것도 그녀를 아도니람과 떨어지게 해서 그 사이에 죄수들을 옮기려는 것이었다.

낸시는 더 이상 들으려 하지 않았다. 불안한 마음으로 거의 미칠 지경이 되어 그의 집을 뛰쳐나왔다. 그녀는 거리로 나와 감옥 주위에 있는 집을 하나씩 찾아가 혹시 백인 죄수들이 끌려가는 것을 보았는지 물어보았다. 아무도 대답하지 않고 얼굴을 돌렸다. 그들은 파칸 운을 몹시도 두려워하고 있었다. 마침내 그녀는 한 노파를 만나 죄수들이 이라와디 강의 지류인 '무탄가이'로 갔다는 이야기를 들었다. 그녀는 그 작은 강을 향해 1킬로미터 가까이 달려갔지만 그들을 찾을 수 없었다. 그녀의 친구들도 처형장으로 가봤지만 거기에도 죄수들은 없었다. 마침내 그녀는 절망에 빠져 다시 한번 시장 집으로 찾아갔다.

"죄수들은 아마라푸라로 보내졌소. 무슨 이유 때문인지는 나도 모르겠소. 사람을 한 명 보내 그들에게 어떤 일이 일어나는지 알아오라고 하겠소."

그리고는 낸시를 진지하게 바라보며 말했다. "당신은 이제 남편을 위해서 아무 것도 할 수 없을 겁니다. 지금부터는 당신 자신이나 잘 지키시오."

20. 오웅펜라 (1825)

낸시와 아도니람이 만나던 작은 오두막은 그들에게 개인적인 공간을 보장했지만, 그로 인해 몇 걸음 밖에서 어떤 일이 일어나는지도 알지 못했다. 저드슨이 따로 떨어져 있는 동안 일곱 명의 다른 서양인들은 감방에서 나와 마당에 있는 화강암 블록으로 서둘러 옮겨졌다. 족쇄는 풀렸지만 대신에 두 사람씩 짝을 지어 허리를 밧줄로 묶었다. 밧줄은 점박이얼굴들이 고삐처럼 다루기 쉬운 길이로 묶어 놓았다. 그들은 마치 가축들처럼 짝을 지어 감옥 문을 나와 재판정으로 사용되는 건물로 들어갔다. 그들이 지나갈 때 버마인들은 고개를 돌렸다. 아도니람을 불안하게 했던 시장의 긴박한 호출을 받고 낸시가 오두막을 나설 때에는 그들은 이미 죽음의 감옥을 나와 거리에서도 보이지 않았다.

그녀가 시장 집을 향해 감옥을 나서자마자 점박이는 오두막으로 뛰어들어와 아도니람을 한 손으로 잡고 능숙하게 그의 셔츠와 바지를 제외한 모든 옷가지와 신발을 벗기고 족쇄를 풀고 서둘러 재판정으로 데리고 가서 레어드와 짝을 지어 밧줄로 묶었다.

네 쌍의 죄수들에 대한 지휘권은 이제 라민 운(오늘날에는 '라맹 운'―라맹 지방의 사령관)에게로 넘어갔다. 그는 말을 타고 앞장섰으며 점박이 얼굴들은 걸어서 죄수들을 몰고 갔다. 그들은 11개월 동안 감옥에 갇혀 있었다. 감옥에 들어온 날을 아무도 몰랐기에 그들이 언제 떠났는지도 알 수 없었다. 머리카락은 엉켜 있었고, 눈은 공허했으며, 몸뚱이는 뼈와 가죽만 남은 채 오물로 더러워지고, 낡아서 해어진 누더기를 입고 있었다.

게다가 몹시도 더운 계절이었다. 기온은 섭씨 42도 이상이었고, 태양은 머리 바로 위에서 작열했다. 아도니람은 무척 아팠다. 그날 아침밥도 먹을 수 없을 정도였다. 설상가상으로 발바닥은 물집으로 가득했다. 외모에 대한 지나칠 만큼 깔끔한 성격 때문에 다른 사람들이 오래 전에 벗어버린 신발을 감옥 안에서도 여전히 신고 지낼 정도였다. 때문에 다른 사람들은 어느 정도 발바닥이 딱딱해진 데 반해 그의 발바닥은 감옥에 들어올 때와 마찬가지로 부드러웠다. 얼마가지 않아서 물집이 터졌고 그때부터 디디는 한 발짝 한 발짝은 맨살을 찌르는 고통이었다.

800미터가 끝나갈 때 행렬은 무탄가이 강을 가로지르는 다리에 이르렀다. 아도니람은 아래를 내려다보았다. 이맘때면 강바닥은 바싹 마르고 바위들로 가득 차 있었다. 다리 밑까지는 9미터 정도 되는 높이였다. 피부가 벗겨진 발로 다리 너머 길게 뻗은 뜨거운 도로를 걷는다는 것 자체가 고문이었다. 쇠몽둥이와 도끼, 칼과 채찍이 기다리는 이 행렬이 과연 어디에서 끝날지 아무도 몰랐다.

아도니람은 바로 뒤에서 따라오는 가우저에게 고개를 돌리고 말했다. "가우저, 난간이 낮습니다. 우리에게 주어진 기회를 이용하는 것은 죄악이 아닐지도 모릅니다." 그러나 아도니람은 레어드와 짝지어 있었기 때문에 떨어지려면 그와 함께 떨어져야 했다. 그는 크고 건장했으며 운명론자였기에 죽을 때가 되면 어련히 죽음이 찾아올 것으로 믿었고, 굳이 스스로 죽으려는 마음은 먹지도 않았다. 그러나 아도니람은 죄악이든 아니든 자신을 저 아래 던져 죽고 싶었다.

다리에서 시작되는 도로는 발이 그을릴 정도로 뜨거운 조약돌과 모래가 섞여 있는 사막으로 이어져 있었다. 아도니람뿐만 아니라 모든 죄수의 발바닥은 생기자마자 터지는 물집으로 뒤덮였다. 가우저만이 유일하게 물집이 적은 편이었다. 그는 가장 젊었고 몇 달 전 질병에서 완전히 회복된 데다가 아침식사까지 잘 먹고 나왔다. 그는 멀리 보이는 이라와디 강의 전망과 반대편에 숲으로 우거진 스가잉 언덕의 경치를 즐기고 있었다.

1.5킬로미터를 가기도 전에 그리스인 콘스탄틴이 쓰러졌다. 비만증세가 있는 노인이었는데 그의 다리 근육은 오그라지고 딱딱해졌다. 그가 뜨거운 자갈 위에 쓰러지자 간수들은 들고 있던 막대기로 때리고 찔러댔다. 그는 약간 움찔했지만 결국 손가락을

깍지 낀 채 기도를 하듯 이마에 올려놓고 누워있기만 했다. 나머지 행렬은 계속 길을 갔고 간수들은 밧줄로 그를 끌고 가다가 결국 수레를 구하러 사람을 보냈다.

3킬로미터가 끝날 때쯤 아도니람은 거의 콘스탄틴처럼 정신을 잃을 뻔했다. 발바닥은 이제 완전한 생살이었다. 물을 먹기 위해 잠시 멈추었을 때, 그는 라민 운에게 말을 타고 1킬로미터 정도만 가게 해달라고 애원했다. 라민 운은 대답조차 해주지 않았다. 아도니람은 절망스러웠다. 땅에 맨살을 대면서 오는 고통을 조금이라도 덜어보고자, 레어드에게 어깨에 기대어 갈 수 있도록 부탁했다. 마음씨 좋은 레어드는 승낙했지만 1킬로미터 정도 가자, 그에게도 너무 부담이 되었다. 이제 레어드도 겨우 자신만 추스를 정도로 지쳐 있었다.

아도니람은 콘스탄틴의 뒤를 따르려고 준비하고 있었다. 그때 가우저의 늙은 벵갈인 하인이 달려왔다. 그는 죄수들이 아마라푸라로 옮겨가고 있다는 이야기를 듣고 만약 주인이 죽는다면 옆에 있기 위해 전 속력으로 따라온 것이었다. 그는 단번에 아도니람의 고초를 알았다. 그는 머리에서 터번을 풀어 네 조각을 낸 뒤 그 중 두 조각으로 아도니람의 발을 감쌌다. 행렬은 이러한 자비를 베풀기 위해 멈춰 서지 않았으므로 이 일은 꽤나 힘들었다. 벵갈 하인은 나머지 두 조각으로 주인의 발도 감싸주었다. 그리고 그는 다시 아도니람 곁으로 와서 자신의 어깨에 의지해서 갈 수 있도록 도와주었다.

아마라푸라에 이르러 행렬은 완전히 지쳐 멈춰 섰다. 그들은 고작 6킬로미터밖에 행진하지 않았다. 건강한 남자에게는 그리 먼 거리가 아니었지만 마지막 남은 에너지까지 써버린 죄수들에게는 너무도 힘든 거리였다. 얼마 뒤 콘스탄틴을 실은 바퀴 하나 달린 수레가 덜컥대며 다가왔다. 그는 혼수상태에 빠져 있었으며 한 시간 뒤 세상을 떠났다.

아마라푸라는 점박이얼굴들이 가기에도 먼 거리였다. 죄수들은 새로운 간수 단에게 넘겨졌다. 그들은 아직도 6킬로미터 정도 더 가야하며 오웅펜라 감옥으로 들어갈 것이라고 했다. 간수들의 무서운 협박에도 불구하고 죄수들은 더 이상 걸을 수가 없었다. 그들은 있는 곳에서 죽으려고 했다. 간수들은 마침내 아마라푸라에서 하룻밤을 지내기로 결정했다. 죄수들은 낡은 헛간으로 기어 들어갔다. 호기심으로 아바에서부터 온 라민 운의 아내는 죄수들의 참혹한 실상을 보고 동정을 베풀었다. 그녀는 얼마간의 타마린(콩과의 열매)과 설탕을 구해주었다. 그들은 그녀에게 감사하다는 말도 할 수 없었다. 단지 먹기만 했으며 다 먹은 뒤에는 헛간 바닥에 쓰러졌다. 가우저만이 길가에 있는 수레 밑에서 쉴 곳을 마련했다.

아침이 되자 가장 팔팔한 가우저만 발을 뗄 수 있었다. 살기 위해 걸어야만 한다면 그들은 여기서 죽어야 했다. 결국 새로 바뀐 간수들은 수레를 하나 얻었고 그들을 애처롭게 바라보던 라민 운의 아내는 떠나기 전에 쌀을 안쳐 밥을 해주었다.

여정은 더뎠다. 두 시가 되어서야 그들은 찍찍거리는 바퀴 하나 달린 수레를 타고서 오웅펜라에 있는 감옥까지 올 수 있었다. 감옥은 마을 외곽에서 500미터 정도 떨어져 있었고, 한때는 논이었지만 지금은 풀이 덮여 있어 황량했다. 감옥은 인근에서 유일한 건물이었고 여러 해 동안 버려져 있었다. 대나무와 짚으로 된 지붕은 떨어져나갔고 문도 없었다. 내부에 길게 여러 줄로 늘어져 있는 차꼬는 마치 썩은 이가 빠져나간 자리 같았다. 한때는 건물을 둘러싼 울타리가 있었겠지만 지금은 술에 취해 기울어진 것 같은 몇 개의 기둥들만 남아 있었다.

대부분의 버마식 건물들처럼 바닥은 지상에서 1.2~1.5미터 위에 세워졌다. 바닥은 성해 보였지만, 그 아래 공간에는 새 것으로 보이는 마른 나무 단이 가득 든 상태였다. 죄수들이 이 어색하게 꾸며진 감옥에 대해 의아해 하고 있을 때, 누군가가 아래 공간은 원래 땔감을 저장하는 곳이라고 설명했다. 그러자 그들은 죄수들을 어디론가 데리고 가서 불태워 버린다는 소문을 아바에서 들었던 것이 기억났다.

한편, 아바에서는 절망감에 거의 미칠 지경이 된 낸시가 죄수들을 따라가려고 준비하고 있었다. "당신 자신이나 잘 지키시오"라고 불길한 조언을 한 시장은 밤이 되자 마지못해 낸시를 위해 수레를 불렀다. 그녀는 이것을 타고 강가에 있는 집으로 가서 의약품 상자와 다른 귀중품이 들어 있는 두세 개의 트렁크를 실었다. 마웅 잉과 남아 있던 벵갈 하인은 그녀 대신 집을 돌보겠다고 약속했다. 그날 밤늦게 그녀는 트렁크를 시장 집에 맡기고 죄수들을 따라갔던 가우저의 하인을 만났다. 그는 아마라푸라에 아도니람이 여전히 살아있지만, 그 다음 날에 죄수들이 가기로 되어 있던 옆 마을은 어딘지 모른다고 했다.

낸시는 시장의 저택 안에 있는 작은 오두막에서 이제 3개월 된 어린 마리아와 두 명의 버마 어린이인 메어리와 애비 하셀타인, 벵갈인 요리사 쿠칠과 함께 밤을 지냈다. 아침에 그녀는 겨우 통행증을 받아 차양이 달린 보트로 아이들과 요리사와 함께 아마라푸라로 향했다. 아마라푸라 근처에서 그들은 보트를 내리고 수레 하나를 빌려 그것에 다 올라탔다. 거기서 아마라푸라 공관까지는 3킬로미터 거리였다. 날은 찌는 듯이 더웠고 수레는 마치 껑충거리는 말처럼 요동쳤다. 수레바퀴는 숨이 막힐 정도로 먼지구름을 일으켰으며, 피곤한 어린아이들은 계속 울어댔다.

공관에서 낸시는 죄수들이 오웅펜라로 갔다는 것을 알 수 있었다. 수레를 몰던 사람은 더 이상 갈 수 없다고 했다. 내리쬐는 태양 아래서 한 시간을 보낸 뒤 쿠칠은 가까스로 다른 수레를 찾을 수 있었다. 그 도시의 시장은 그들에게 길라잡이까지 붙여주었다. 수레를 타고 그들은 오웅펜라로 삐걱거리면서 떠났다.

낸시가 그 낡아빠진 감옥에 도착한 것은 저녁 어스름할 무렵이었다. 여전히 죄수들은 둘씩 짝지어 묶여있었고, 오래된 지붕의 남아 있는 그늘 아래 아무렇게나 너저분하게 앉아 있었다. 여덟 명에서 열 명가량의 버마인들이 그 건물 위에 올라가 구멍 뚫린 초가지붕을 야자나무 잎으로 손질하느라 바삐 움직이고 있었다.

마리아를 팔에 안고 낸시는 수레에서 내려 죄수들에게로 달려갔다. 아도니람은 거의 죽은 듯이 누워 있다가 힘없이 그녀를 올려다보았다. "여기에 당신이 왜 왔소? 당신이 따라오지 않기를 바랐는데. … 당신은 여기서 살 수가 없소." 그 말을 마치고 그는 다시 쓰러졌다.

낸시는 주위를 둘러보았다. 그녀는 가지고 온 음식도 없었고, 주변에는 음식을 살 만한 곳도, 밤을 지샐만한 곳도 보이지 않았다. 그녀는 간수에게 감옥 주변에다 작은 대나무 오두막을 세워도 되는지 물어보았다. 그는 물론 안 된다고 했다. 그녀는 아이들을 가리키면서 다시 간청했다. "저희들이 오늘 하루만 머물 곳을 찾아주실 수는 없나요? 내일은 살 곳을 마련해 보겠습니다."

간수는 그녀를 불쌍히 여겼다. 그의 집은 조금 떨어져 있었고 방이 둘이었는데, 가족들은 방 하나에서 지내고 다른 방에는 곡식이 반 정도 차있었다. 그녀는 곡식이 있는 방을 쓸 수 있었다. 낸시는 아이들을 데려왔고 쿠칠은 물을 끓였다. 그들에게는 차도 없었기에 끓인 물로 배를 채웠다. 바닥에 매트를 깔고 곡식더미를 베고 잠을 잤다.

죄수들은 발에 다시 족쇄를 차야 했다. 불에 태워 죽일 것 같지는 않았다. 그렇게 할거라면 간수들이 지붕을 고치지도 않았을 것이다. 다음날 간수들이 감방의 썩은 바닥을 통해 죄수들이 도망가지 못하게 아래에다 장작더미를 더 쌓아두어 더욱 안심이 됐다.

캄캄한 밤이 되었다. 그들은 깜짝 놀랐다. 발에 매달린 족쇄가 천천히 허공으로 떠오르는 것이 아닌가. 벽 뒤 보이지 않는 곳에서는 간수들이 농담을 나누면서 낄낄거리고 있었다. 죽음의 감옥에 있을 때와 마찬가지로 대나무 막대기로 족쇄를 끌어올린 것이었다. 기계장치는 밖에서 작동되었기 때문에 그들은 볼 수 없었다. 그들은 이 자세로 밤을 지내는 것에 익숙했었지만, 다음에는 또 무슨 일이 일어날지 알 수 없었다. 어둠 속에서는 논에 고인 물에 살고 있던 모기들이 날아와 살갗이 벗겨진 발바닥을 사정없이 물어뜯었고 죄수들은 몹시 괴로워했다. 얼마 지나자 간수들은 자비롭게도 죄수들이 손으로 모기를 쫓을 수 있도록 다리를 내려주었다. 그렇게 그들은 첫날밤을 보냈다.

다음날부터 본격적인 감방생활이 시작되었다. 점박이얼굴이 아닌 무뚝뚝한 간수장인 코바이는 죄수들이 감옥의 베란다에 나가서 신선한 공기를 쐴 수 있도록 했다. 그날 아침에는 가우저만이 자신의 두 발로 서서 공기를 마실 수 있었다. 아침부터 징조가 좋았다.

프라이스의 친구인 제빵사는 아마라푸라에서 차가운 쌀밥과 야채 카레를 사와 죄수들에게 아침 식사를 대접했고, 낸시와 어린아이들도 얻어먹을 수 있었다. 주위에 시장은 없었지만 동네에 들어가 쌀은 사올 수 있었다. 다른 것들도 이럭저럭 구할 수 있었다. 아도니람은 제대로 서있을 수도 없었지만 그녀는 그가 죽을 것이라고 생각하지 않았다. 낸시는 유일하게 그녀를 도울 수 있는 아이인 메어리가 열병에 걸린 것을 가장 염려하고 있었다. 메어리는 수두로 보이는 발진이 난 상태였다. 가우저의 충직한 제빵사는 아바에 가서 비스킷과 소금에 절인 생선을 사왔다. 그때부터 그는 일주일에 서너 번씩 아바로 가서 비스킷뿐만 아니라 필요한 물품을 사기 위해 돈을 벌었다. 먹을 걱정은 어느 정도 해결이 된 셈이었다.

한 주가 지났다. 메어리 하셀타인에 대한 낸시의 걱정은 현실로 나타났다. 낸시는 미국에 있을 때 예방접종을 했지만 아이들은 그렇지 않았다. 고민 끝에 마침내 그녀는 다른 아이들에게 전염이 되기 전에 위험을 무릅쓰고 접종을 해보기로 했다. 접종에 대해서는 들어본 적이 있었고, 조만간 다른 아이들도 메어리로부터 전염될 것이 분명했으므로 한번 시도해 보기로 했다. 간수의 아내는 낸시가 바늘을 가지고 무엇을 하는지 지켜보더니 그녀의 아이들에게도 접종을 해달라고 부탁했다.

메어리의 수두는 경과가 매우 나빴다. 오랜 시간동안 아이는 헛소리를 했으며 작은 물집이 온몸을 뒤덮었다. 마리아의 접종은 별 효과가 없는 것 같았다. 그러나 애비와 간수의 아이들은 병을 가볍게 앓았고 경과가 나쁘지 않았다. 낸시는 주변 마을에 신기한 마술을 행하는 사람으로 알려졌다. 얼마 안 가서 주변의 온 마을 사람들이 아이들을 데리고 와서 낸시에게 접종을 해달라고 했다. 잘 되기를 바라면서 그녀는 바늘로 찔러 접종을 했고, 음식을 가려먹도록 당부했다. 운 좋게도 결과는 나쁘지 않았다. 그러나 한 주 정도 지나서 어린 마리아가 전염되어 심각하게 병치레를 했다.

감옥의 상황은 점차 나아졌다. 죄수들은 더 가벼운 사슬을 찼으며, 이나 해충도 없었고, 씻을 물과 신선한 공기를 쐴 수 있었으며, 노동량은 훨씬 줄었다. 감옥 주변에 울타리를 다 만들고 나서 간수장인 코바이는 이 죄수들이 그다지 위험하지 않다는 것을 깨닫고 낮에는 바깥에서 지낼 수 있도록 했다.

감옥에는 새로운 죄수도 들어왔다. 이그나티우스 브리토라는 포르투갈과 버마 혼혈인 로마가톨릭 신부였는데 영어를 몰랐기에 버마어로 대화를 나누었다. 그는 영국과 영국인들을 싫어했지만 그렇다고 해서 같이 지내는 데 불쾌한 사람은 아니었다. 그는 음악을 좋아했고 스스로 이름 붙인 "감옥에서의 탈출"이란 춤을 추기 좋아했다. 족쇄를 차고 춤을 곁들여 허밍으로 노래까지 했다. 종종 그는 멋진 목소리로, 간혹 한밤중에도, 동정녀 마리아를 찬양하는 라틴 성가를 들려주었다. 시간이 지나자 죄수들은 그가 다른 사람에게 해를 끼치지는 않지만 제정신이 아니라는 것을 알게 되었다.

브리토가 들어온 지 하루 정도 지나서 또 다른 죄수가 도착했다. 그는 한밤중에 커다란 수레를 타고 들어왔는데 사람들은 1킬로미터 밖에서부터 수레가 덜컹거리는 소리와 함께 으르렁거리는 소리를 들을 수 있었다. 코바이가 커다란 목소리로 고함을 쳤지만 수레는 감옥 울타리 안으로 들어와 그를 내려놓았다.

아침이 되자 죄수들은 새로 들어온 죄수의 정체를 알 수 있었다. 커다란 암사자 한 마리가 바퀴 달린 우리 안에 갇혀 있던 것이다. 심지어 간수들조차 감옥 울타리 안에 다 자란 암사자를 들여놓으라는 명령을 이해할 수 없었다. 몇몇은 사자가 영국의 상징이기 때문이라고 했지만 아도니람과 가우저가 보기에는 오히려 파칸 운이 왔을 때 죄수들을 사자에게 먹히게 하려는 계획 같았다.

목적이 무엇이든 간에 암사자가 거기 있었고 죄수들이 옆으로 지나갈 때마다 사자는 우리의 철창을 오르내리면서 죄수들을 쳐다보았다. 먹이를 주라는 명령은 없었으며 사자는 굶기 시작했다. 굶주림으로 더욱 으르렁대자 죄수들은 밤새도록 잠들지 못했다. 두 주 뒤에 코바이는 돌아다니는 개 한 마리를 잡아서 우리 안에 던져주었다. 그러나 암사자는 이미 그것을 잡아먹을 힘이 없었다. 며칠이 지나자 사자는 죽어버렸고 밖으로 끌어내어 묻었다.

사자가 있던 우리는 아직 남아 있었다. 크고 통풍이 잘 되었으며 바닥과 천장도 있었기에 열병으로 몸이 약해진 아도니람은 개인적인 공간으로 쉬기에는 적당하다고 생각했다. 그는 코바이에게 자기가 그곳을 쓸 수 있도록 간청했다. 그때부터 아도니람은 사자 우리에서 지냈다. 밤에는 족쇄를 채우는 대신 우리의 문을 잠갔다.

한편, 메어리와 마리아가 수두에서 회복되자 이번에는 낸시가 이질에 걸렸다. 방에서 감옥까지 겨우 왔다갔다할 수 있을 정도였다. 이런 상황에서도 그녀는 약과 좀 더 나은 음식을 구하려고 수레를 타고 아바로 갔다. 하지만 아바에서 갑자기 몸이 악화되어 그녀는 거기서 죽는 줄 알았다. 낸시는 시장 댁에서 의약품 상자를 가지고 나와 몇 시간에 한 번씩 두 방울의 아편으로 버티면서 오웅펜라의 오두막까지 이르러 그만 쓰러지고 말았다. 쿠칠이 낸시를 도와주려고 나왔다가 몰라볼 정도로 여윈 그녀를 보고 그만 울음을 터뜨리고 말았다. 그의 도움으로 그녀는 곡식이 있던 방으로 기어 들어와 매트를 깔고 몸을 뉘었다.

쿠칠은 낸시를 돌보기 위해 자신의 카스트계급을 잊어야만 했다. 그는 아침에 음식을 구해 식사를 장만했으며 헌신적으로 그녀를 간호했다. 그렇지만 문제는 어린 마리아에게 있었다. 엄마 젖을 먹을 수 없었던 마리아는 밤에는 배가 고파서 참을 수 없을 정도로 울어댔다. 낸시는 코바이에게 아도니람이 하루에 몇 시간 동안만 족쇄를 풀어놓고 아이에게 먹일 젖을 얻을 수 있도록 동네를 돌아다니게 해 준다면 선물을 주겠다고 제안했다. 코바이는 이를 승낙했고 매일 아도니람은 한 사람의 감시 하에 아이를 안고 돌아다니면서 마음씨 좋은 버마 아낙네로부터 젖을 얻어 먹일 수 있었다. 그것은 편한 일이었다. 어쨌든 아기는 하루하루 잘 지냈고 낸시도 차츰 회복이 되었다. 그 특별한 기간 동안에 아도니람은 낸시와 함께 한두 시간 정도 곡식이 들어찬 방에서 지낼 기회도 가졌다. 나머지 시간은 감옥에 있는 그의 우리 안에서 지냈다.

그때만큼 아도니람의 마음이 침울한 적은 없었다. 처음 감옥에 갇혔을 때부터 그는 줄곧 귀용 부인의 온유한 묵종을 떠올리면서 스스로를 위로해왔다. 그는 가우저에게 카우퍼의 번역으로 된 그녀의 기도문을 반복해서 들려주곤 했었다.

> 나는 천상의 복을 구하지 않겠습니다. 오히려 삶과 죽음 속에서,
> 당신의 순결한 뜻을 이루려 합니다.
> 나는 이 비통함에서 구원받기를 바라지 않겠습니다.
> 당신께서 허락하기를 기뻐하시지 않는다면 말입니다.
> 우리의 날들은 셀 수 있을 정도입니다. 우리로 이를 아끼게 하소서.
> 우리의 불안함은 쓸데없는 걱정임을 압니다.
> 부디 우리의 날들을 계수하소서.
> 그리고 그날들 위에 띄우는 당신을 향한 우리의 찬양을 받아주소서.

그러나 지금은 이런 묵상조차 그를 위로하지 못했다. 어린 딸은 그의 눈앞에서 굶고 있고, 낸시는 거의 죽어가고 있었다. 성경 필사본은 잃어버렸고, 이제 죽음만을 기다리고 있는 처지였다. 죽는 것은 참을 수 있었다. 그러나 매일 매일 끊이지 않는 사소한 괴로움과 슬픔과 치욕은 견디기 힘들었다. 단지 몇 시간 더 살기 위해 간수들에게 강탈당하고 괴롭힘 당해야 한다니. 어떤 날은 낸시

를 만날 수 있었지만 다음 날은 아무 이유도 없이 거절당했다.

아도니람은 이 모든 일에 반드시 계획하시는 분과 그분의 계획이 있음을 알았다. 모든 것은 의심할 수 없는 하나님의 선하신 목적을 위한 것이었다. 그러나 그는 마지막 남은 반항심으로 그분의 뜻을 선뜻 받아들이지 못했다. … 사자 우리 안에서 지내는 동안 아도니람의 절망적인 생각은 계속되었다. 그렇지만 그가 모든 것을 완전히 포기한 것은 아니었다. 어쨌든 그는 지금 살아 있으며, 낸시도 살아 있고, 마리아도 살아있지 않은가!

전쟁은 정체 상태였다. 아도니람은 참담한 심정에 잠겨 무슨 일이 일어나는지 알지도 못했고 알고 싶지도 않았다. 그러나 가우저는 여전히 관심이 많았다. 영국군은 프롬에 진을 치고 있었다. 파칸 운에게는 왕실 재무부에서 수여한 많은 하사품이 가득했다. 이것으로 미루어보아 그의 권력이 어느 정도인지 짐작할 수 있었다. 그의 군대에 새로 들어온 신병들은 도시의 쓰레기 같은 자질 나쁜 자들이었지만 적어도 숫자만큼은 충분했다. 그리고 버마 왕자가 다스리면서 조공을 바치는 샨 왕국에서 많은 수의 군대를 불러들였다.

가우저는 이제 코바이와 친해졌다. 그러나 마음의 평안이 흔들리는 사실을 듣게 되었다. 파칸 운은 오웅펜라 태생인데, 이 지명은 '승리의 땅'이란 뜻이다. 뭔가 낌새가 느껴졌다. 그들이 위치한 지명의 뜻과 암사자, … 이 모든 것은 파칸 운이 백인들에게 뭔가 끔찍하고 무서운 것을 계획하고 있다는 의미였다.

소문을 듣고 그것이 무엇인지 알 수 있었다. 파칸 운이 영국군을 향해 진격하기 전에 그는 사령부에 있는 참모들을 오옹펜라로 모을 계획이었다. 거기서 진격하기 앞서 백인 죄수들을 산채로 땅에 묻어 전쟁의 사기를 진작시키려 했다. 백인 죄수들의 시체를 승리의 땅에 묻어둔다면 그들은 당연히 승리의 추수를 거둘 것이라고 생각했다.

죄수들은 그 소문이 사실인지 아닌지 알 수 없었다. 5월 28일, 희생제물을 드리기 3일 전, 가우저의 충직한 제빵사가 아바로부터 감옥까지 급하게 달려왔다. 그는 완전히 지쳐 있었지만 얼굴은 마치 좋은 소식을 알리는 봉홧불처럼 기쁨의 빛으로 번쩍였다. 숨을 돌리자마자 그는 엄청난 소식을 터트렸다.

"파칸 운이 죽었습니다."

"어디서 그 소식을 들었나?" 가우저는 흥분한 제빵사를 보고 몰려든 사람들 가운데 서서 다급하게 물었다. "그게 정말인가?"

"제 눈으로 직접 봤습니다." 제빵사가 흥분하며 이야기했다. "그는 질질 끌려나가 두들겨 맞으면서 처형장소로 갔습니다. 그리고는 코끼리들에게 밟혀 죽었습니다." 죄수들의 여윈 얼굴이 환해졌다. 피곤하고 지친 몇 달 만에 처음으로 희망을 본 것이다. 그들의 기쁨은 거의 광적이었다. 쌍쌍이 껴안고 절뚝거리면서 즉흥적으로 춤을 췄다. 나중에 돌연한 처형에 대한 자세한 이야기를 들었다. 파칸 운은 샨 왕자의 군대에 대해서도 지휘권을 요구했다. 이 요구는 평민이 왕족을 지휘할 수 없다는 이유로 거절되었다. 그러자 그는 왕의 친위대를 자신의 수하에 두어 전쟁에서 자신을 따르게 해달라고 요구했다. 이미 그를 의심하고 있던 왕은 이 요구를 듣고 의심이 더했다. 이것도 모르는 파칸 운은 다시 왕에게 전쟁의 승리를 기원하기 위해 아바에서 몇 킬로미터 떨어진, 세계에서 가장 큰 종이 있는 멩군 불탑으로 함께 가자고 제안했다.

왕의 군대에 대한 지휘권 요구, 왕의 친위대에 대한 지휘권 요구, 왕을 수도 아바에서 떠나게 하려는 것, … 왕은 이 모든 것들을 하나의 음모라고 여겼다. "아하! 그가 내 친위대를 없애고 나를 왕위에서 몰아내려는 수작이로군!" 파칸 운이 뭔가 한마디 하기도 전에 그는 머리채를 붙잡힌 채 왕의 면전에서 끌려나갔다. 그리고 처형장으로 가는 동안 계속해서 얻어맞고 발길로 채였으며 마지막으로 코끼리들이 일을 처리했다. 나중에는 그의 집에서 엄청난 재물이 발견되었다고 전해졌다. 그 돈은 신병을 모집하기 위해 다시 왕실 재무부로 환수되었다.

이 소식을 듣고 죄수들은 더 이상 처형당할 위험은 면했다며 안심했다. 물론 몇몇 고위 관리들이 영국군에 대해 갑작스레 분노가 터져 나올 수 있겠지만 지금은 그럴 여유가 없어 보였다. 조만간 영국군은 진격해 들어 올 것이다. 그들이 진격해 들어올수록 죄수들은 포로로서 더욱 가치가 높아질 것이기 때문이다.

여름이 지나갔다. 어린 마리아는 동네 아주머니들의 동냥젖으로 삶을 연명해갔다. 낸시는 점점 회복되었다. 그녀는 거의 죄수처럼 수척했고 걸을 수 없을 만큼 연약했지만 계속 살아 있어야 했다. 평화롭지만 쓸쓸하게 지내던 외국인 죄수들은 마치 자신들이 버마 정부로부터 완전히 잊혀진 존재가 된 것만 같았다.

하지만 버마는 여전히 그들을 기억하고 있었다. 8월 어느 날, 버마 관리들이 아마라푸라로부터 감옥에 도착한 것이다. 영국군 사령관 아치볼드 캠벨 경으로부터 온 평화조약 문서를 번역하기 위해서였다. 죄수들은 시장 공관에 따로 마련된 방에서 문서를 번역하고 그 결과는 서로 대조되었다. 아치볼드 경은 협정 체결을 제안했다. 죄수들 가운데 특히 가우저는 평화협상 체결에 대해 비관적이었으나, 어쨌든 지금부터 이러한 서비스(번역, 또는 통역)에 대한 요구가 자주 있을 것이고 그들은 앞으로 더욱 나은 대우를 받으리라 기대했다. 아바에 있는 권력자들에게는 통역자가 필요했다. 버마 진영에는 영어를 아는 사람이 한 명도 없었고 영국군에는 버마어를 쓰고 말할 수 있는 사람이 한 명도 없었다.

평화협정에 대한 그들의 예측은 정확했다. 궁중 장관들은 영국군의 제안을 체면치레용으로 간주했다. 적군의 사령관이 협상을 제의했다는 것은 영국군이 자기들보다 약하다는 뜻으로 받아들인 것이다. 영국군이 전쟁을 확대하지 않고 가만히 있는 것도 그 견해를 확증했다. 콜레라가 영국군을 몰살하고 있다는 소문과 다른 곳에서 전쟁이 일어나 영국군이 철수할 것이라는 소식도 여기저기서 나돌았다. 10월 말, 운지인 키 장군은 아치볼드 캠벨 경에게 버마는 영토를 포기하거나 배상금을 지불한 관례가 없다고 부드럽게 알려주었다. 영국군 사령관은 화가 났다. 그는 버마가 전력을 증강하기 위해 시간끌기 작전을 썼다고 생각하고, 곧 전투가 재개될 것을 예상했다.

11월 4일, 지금은 궁궐의 북쪽대문을 통치하는 시장이 된 예전의 꼬웅 똔 뮤 싸였던 낸시의 친구로부터 전령이 왔다. 그는 궁중으로부터 아도니람을 풀어준다는 명이 내렸음을 전하러 왔다. 다음날 아침, 아도니람은 족쇄를 벗었다. 낸시는 매우 기뻐하면서 떠날 준비를 했다. 그러나 간수들은 명령서에 그녀의 이름은 기재되어 있지 않다는 이유로 낸시를 오웅펜라에 남아 있게 했다. 낸시는 자신은 죄수가 아니며 이전에도 죄수가 된 적이 없었다는 것을 강조했지만 그들은 마을에 있는 사람들 중 누구든 그녀에게 수레를 빌려줄 수 없게 명을 내려 낸시를 가지 못하게 했다.

아도니람은 감옥에서 풀려나 간수의 집으로 갔다. 그는 간수들에게 왕이 진노를 내릴지도 모른다고 협박도 하고, 많은 선물을 주겠다는 약속으로 달래기도 했다. 많은 분량의 식량이 아바에서 낸시에게 내려오자 간수들은 그 식량을 자신들에게 준다면 낸시를 보내주겠다고 했다. 오전 내내 흥정과 협박으로 시간을 다 보내고 정오가 되어 간수 한 명의 보호 아래 어린 마리아를 품에 안은 낸시, 메어리와 애비 하셀타인, 요리사 쿠칠 그리고 아도니람은 삐걱거리는 수레에 자리를 잡고 천천히 아마라푸라로 향했다.

그들은 아프고 매우 지쳤으며 어린아이들은 짜증을 냈다. 수레는 너무 느렸고 불편했다. 그러나 오웅펜라 감옥이 눈에서 점점 멀어지자 그들의 마음은 기쁨과 환희로 가득찼다.

21. 석방, 그리고 승리 (1825-1826)

아마라푸라에서 그들은 다시 떨어져 지내게 되었다. 아도니람은 아마라푸라의 시장 집으로 가야 했고 거기서 아바에 있는 재판소로 옮겨졌다. 낸시와 아이들은 배를 빌려 강변에 있는 집에 도착했다. 아침에 그녀는 오랜 친구인 그 도시의 시장을 만났는데, 이제 그는 운지로 승진이 된 상태였다. 그에 따르면 아도니람은 여전히 죄인 신분이지만 조만간 특별 조치가 취해질 것이라고 일러주었다. 그리고 아도니람은 말로운에 있는 버마군 진영으로 가서 영국군과 협상할 때 통역을 할 것이라고 했다.

1825년 11월 7일, 아침 일찍 낸시는 다시 그 운지를 만났다. 그는 아도니람이 20티칼(약 10달러)을 경비로 받았고 곧 배를 타고 말로운으로 떠난다고 했다. 운지는 아도니람이 떠나는 길에 낸시의 집 앞에서 몇 분간만 멈추도록 조치를 취해놓았다. 낸시는 집으로 서둘러 들어가 급히 옷가지와 먹을 것들을 챙겨서 아도니람이 타고 있는 배에 전해 주었다. 그녀가 마련할 수 있었던 것은 잠자리에 필요한 매트리스와 베개, 그리고 담요 한 장뿐이었다. 다른 것들은 집을 비워둔 사이에 약탈당하고 말았다.

그러나 아도니람의 버마어 신약성경 필사본을 되찾은 기쁨에 비하면 어떤 괴로움도 견딜 만 했다. 그가 오응펜라로 끌려가던 날, 간수 한 명이 그의 베개 껍데기를 벗겨보았다. 그 속에는 쓸모없어 보이는 딱딱한 천 조각의 두루마리가 나왔고 그는 그것을 던져버렸다. 몇 시간 뒤에 충직한 마웅 잉은 아도니람이 소중히 여겼던 그 유물을 찾으러 그곳에 갔다가 껍데기가 벗겨진 베개를 찾아 집에다 가져다놓았던 것이다.

이 소식에 위안을 얻은 아도니람은 완전히 눕기에도 작은 배에 자리를 잡고 3일 동안 강을 따라 말로운으로 내려갔다. 그에게는 하인 한 명이 딸리고, 여비로 20티칼과 곰팡이가 핀 쌀이 든 가방을 정부로부터 지급 받았다. 밤은 춥고 습했다. 버마군 진영에 도착했을 때 그는 열병으로 거의 운신하지 못할 지경이었다. 아도니람은 버마군의 감시 하에 강변 백사장 위에 있는 대나무 오두막에서 머물렀다. 열병은 더욱 심해졌다. 버마 사령관이며 운지인 키 장군을 만나러 오라는 명령을 받았지만 그는 움직일 수가 없었다. 그들은 아도니람이 거짓말을 하는 줄 알았다. 그러나 아도니람의 병색이 너무나 확연했기에 그를 그곳에 남겨두고 매 시간 번역할 문서를 갖다주었다. 그는 일을 해내려고 했지만 점점 의식을 잃고 말았다. 하루 이틀을 병상에 누워 계속 헛소리를 했다. 정신을 잃고 있는 동안 그는 잘 손질된 왕관을 쓴 노란 옷의 버마 승려를 옆에서 보기도 했고, 오웅펜라에 있는 감옥에 옮겨져 산채로 불에 타 죽고 있다는 생각을 하기도 했다. 열이 내리자 그는 의식을 되찾았다. 그는 부엌의 처마 끝에 매달아놓은 매트 위에 누워 있었다.

그는 여전히 움직일 수 없을 정도로 쇠약했다. 그러나 정신은 어떤 때보다도 더 명확해졌고 생기가 돌기 시작했다. 자신에게 주어진 상당한 양의 문서를 읽고 설명하는 동안 아도니람은 버마 지도자에 대해 주의 깊게 연구하기 시작했다. 그는 영토를 포기한다는 것과 배상금을 지불한다는 것이 어떤 의미인지를 버마 지도자들이 잘 알아듣도록 전해야 했다. 그러나 이것을 깨닫게 하려면 먼저 그들이 자신을 친구로 믿어줘야만 했다. 그들은 영국군에 대해 두려움을 가지고 있었지만 공식적인 협정 및 협상에 대해서는 무지했다. 캘커타 신문에 난 잡담 같은 기사와 아치볼드 캠벨 경으로부터 내려온 공식 문서를 같은 무게로 취급하고 있었다. 협상이라는 것은 정복자들이 원하는 것을 얻어내려는 확실히 공식적인 절차라는 것을 믿도록 해야 했다.

아도니람은 마침내 버마 지도자들에게 서양 나라들 간에 이뤄지는 계약과 이것에 동의하는 것이 무엇인지에 대해 정식으로 강의를 시작했다. 그의 강의로 인해 지도자들은 아도니람을 존경하게 되었지만 여전히 영국군을 신뢰하지 않았다. 버마군의 지도자들은 놀라면서 "아! 그것 참 대단하군! 그래서 그렇게 된 것이구나"라고 외쳤다. 그러나 곧 머리를 흔들었다. "선생은 꿈을 꾸고 있군. 거룩한 생각만 하더니 아예 자기가 하늘나라에 살고 있다고 생각하는군." 아도니람이 버마의 진정한 친구라는 확신과 존경심을 갖게 되자 그에게 여섯 살짜리 아이들이 덮을 만한 누더기 담요 한 장을 더 줬다. 아도니람은 이것의 가운데 부분을 겹치게 하여 대나무 조각으로 그가 가진 담요와 덧붙였다. 그리고 몸을 바짝 쪼그려 가운데 부분에 자신을 두고 그날 밤을 따뜻하게 지냈다.

버마의 대표자들은 강 한 가운데에 머무르고 있는 보트에서 영국군을 만났다. 결국 양측에서 조약이 체결되었다. 내용에는, 버마가 영국에게 아라칸과 테나세림, 아쌈, 마니푸르를 내어주고 1,000만 루피의 배상금(영국 돈으로 약 100만 파운드: 1957년의 100만 파운드는 2008년 가치로 약 4200만 파운드, 2009년 환율로 한화 약 820억에 해당됨. 당시 평균 버마인 일꾼이 매월 8만 원 정도를 받았음을 감안하고 현재 한국인 평균 근로자가 200만원을 받는다고 가정할 때 약 20조 정도에 달하는 엄청난 금액—편집자)을 지급한다는 것이 포함되어 있었다. 영국군은 조약에 대한 내용을 아바로 가져가서 왕의 재가를 받을 수 있도록 15일 간의 휴전을 약속했다. 하지만 15일이 다 지나도록 버마 정부로부터는 아무 응답이 없었다. 영국군은 그들의 적이 다시 한 번 시간을 벌기 위해 농간을 부린 것으로 알고는 말로운을 향해 진격해 들어갔다.

아도니람은 맡은 일을 끝내고 12월 17일 배를 타고 아바를 향해 거슬러 올라갔다. 영국군이 버마군의 전선을 뚫고 진영을 차지했을 때 그들은 거기서 조약서 원본을 발견했다. 조약서는 아바에 전해지지 않은 것이었다. 누가 감히 그것을 왕에게 가져갈 수 있단 말인가? 틀림없이 목을 잘렸을 것이기에 누구도 탓할 수는 없었다.

아도니람은 이런 사실을 하나도 알지 못했다. 곧 낸시를 볼 수 있으리라는 생각뿐이었다. 12월 29일, 밤늦게 아도니람은 아바의 강둑에 상륙했다. 그러나 그는 집에 들릴 새도 없이 끌려갔다. 집에는 약한 불빛이 보였지만 많은 애원에도 불구하고 그를 지키는 자들은 집에 들어가지 못하게 했다. 그들도 아도니람을 동정했지만 명령을 따라야 했다. 그들은 그를 재판정으로 데려가 그곳에 딸린 건물에서 아침까지 지내도록 했다. 거기서 오웅펜라로 보낸다는 결정은 내려지지 않고 간단한 심문을 거친 다음 헛간으로 보내졌다.

먹을 것도 없이 하루를 보내고 저녁이 되었을 때, 그는 마웅 잉을 만났다. 아도니람과 함께 강을 따라 여행했던 하인으로부터 그가 돌아왔다는 소식을 전해 듣고 찾아 온 것이었다. 낸시는 그녀와 친한 북쪽 대문을 지키는 시장에게 가서 아도니람이 오웅펜라로 돌아가지 않도록 조치가 되었는지 알아보고 오라고 한 것이었다. 그리고 어린 마리아도 잘 지내고 있으며 아도니람에게 걱정하지 말라는 낸시의 당부도 전해 주었다.

아도니람은 마웅 잉을 만나서 안도감을 느꼈지만 그가 돌아가고 나자 마웅 잉과의 대화에서 뭔가 이상한 점이 있음을 눈치챘다. 아도니람은 마웅 잉에게 낸시가 잘 있는지 두세 번이나 물어보았는데, 그때마다 그는 낸시가 북쪽 대문을 맡은 시장에게 가서 물어보는 방법을 일러주었다거나, 어린 마리아는 잘 지내고 있다고 말을 둘러댔다. 마웅 잉의 어조가 확신이 있었기에 그 당시에는 불안한 생각이 들지 않았었지만 그가 이상하게 돌려 말한 것 때문에 아도니람은 꺼림칙했다.

북쪽 대문의 시장은 즉각 조치를 취했다. 그날 밤, 그는 왕궁에 직접 아도니람의 방면을 탄원했으며 자신을 보증으로 세웠다. 아침에 그는 아도니람을 불러 그 소식을 전해 주었다. 그는 여러 번 감사를 드리고 시장이 집으로 급히 달려갔다. 이 날이 1825년 12월 31일이었다.

아도니람이 열린 문으로 들어가면서 처음 본 것은 뚱뚱한 버마 여인이 석탄 그릇 옆에 쪼그려 앉아 있는 광경이었다. 그녀는 무릎 위에 아기를 안고 있었다. 아기는 매우 연약했으며 마리아라고 볼 수 없을 만큼 지저분했다. 그는 침실로 뛰어 들어갔다. "침대 발치너머로 낸시가 누워 있었다. 첫 눈에 낸시는 마리아보다도 더 몰라볼 정도로 변해 있었다. 얼굴은 무서울 정도로 창백했으며 얼굴 윤곽이 날카로워졌고 너무나 수척해서 얼굴 전체가 쪼그라들어 버린 것 같았다. 윤이 나던 까만 머리카락은 짧게 잘려 있었고 조잡한 천으로 된 모자를 눌러쓰고 있었다."

그는 자기 눈을 믿을 수 없다는 듯이 서서 꼼짝할 수가 없었다. 그러나 분명히 낸시였다. 그녀가 눈을 감은 것인가? 아도니람의 숨결이 그녀의 뺨에 닿아 남아 있던 생기를 불러일으켰는지 그녀는 눈을 떴다. 낸시는 아직 살아 있었다. 아니 겨우 살아 있었다.

그녀가 아직 살아있기는 했지만 치명적인 병에 걸린 상태였다. 한 달 전에 위기상황을 넘기긴 했다. 낸시의 건강은 아도니람이 강을 따라 내려간 뒤부터 악화되기 시작해 2주쯤 뒤부터는 뇌척수막염에 따른 무시무시하고 발작적인 열병에 시달렸다. 낸시는 자기 병이 심각하다는 사실을 알았다. 운좋게도 그날 버마인 유모를 구해 마리아를 돌볼 수 있었다. 얼마 뒤 곧 낸시는 의식을 잃었고 프라이스가 도착할 때까지 2주 정도 맹렬한 열병에 시달렸다. 프라이스는 또 다른 번역작업 때문에 오웅펜라의 감옥에서 이제 막 풀려나 그녀를 보려고 겨우 허락을 받아 찾아 온 것이었다. 프라이스는 그녀가 몇 시간 뒤에 세상을 떠날 것이라 생각했지만, 최후 수단으로 머리를 깎고 머리와 발에 있던 물집을 제거한 것이었다. 낸시 옆에 있던 이웃사람은 "그녀는 죽었어요. 천사들의 왕이 온다고 해도 그녀를 되살리지는 못 할거예요"라고 했다. 그러나 어쨌든 그녀는 살아났다. 일주일 정도 지나서 그녀는 의식을 회복하기 시작했고 충직한 쿠칠이 그녀에게 물과 약간의 와인을 마시게 했다. 몸이 천천히 나아지기 시작했다. 아도니람이 돌아오기 전에 그녀는 아도니람이 오는지 봐달라고 부탁하기도 했다. 그렇지만 지금 그녀는 앉지도 못했다. 이런 상황에서 아도니람이 들어와 그녀를 본 것이었다.

낸시가 움직일 수 있게 되자 아도니람은 그녀와 함께 북쪽 대문의 시장 공관으로 찾아갔다. 그들은 거기서 살도록 권유 받았다. 1826년 새해가 시작되면서 영국군이 이라와디 강을 따라 공격해왔기에 어쨌든 강가에 있던 집을 옮겨야 했다. 온 아바 시내는 공포의 도가니였다. 이때까지도 궁중에서는 영국이 어떻게든 버마에서 나갈 것이라고 막연히 믿고 있었다. 새로운 군대와 지도자가 필요해서, 아니면 그들 영토 내에 반역이 일어난다든지, 질병으로, 배반으로, 속임수로, 아니면 전쟁을 지루하게 끌어 지치게 만든다든지 하면서 말이다. 그럼에도 불구하고 영국군은 잔인하게 진격해 왔다.

아도니람과 프라이스는 매일 왕궁에 불려갔다. 사로잡힌 두 명의 영국군 포로, 샌포드 박사와 베넷 중위도 마찬가지로 데려왔다. 네 명의 설득에도 불구하고 말로운에서 체결된 조약(드디어 왕은 이에 대해 알게 되었다) 중에 1,000만 루피의 배상금 외에는 동의를 구할 수 없었다. 영국군은 버마가 이 금액을 지불한다면 군대를 철수하고 해안 지방을 제외하고는 모두 버마인들에게 넘겨주는 데 동의했다. 그러나 궁중에서는 영국군이 약속을 지킬 것을 믿지 못했다. 가우저는 이에 대해서 "다른 나라를 정복하고서도 그것을 다시 되돌려 준다는 그런 듣지도 보지도 못한 일을 어떻게 버마인들에게 믿으라고 한단 말인가! 그들은 영국의 약속을 자기들 기준으로만 생각하고 있으며, 영국이 곧 이 나라를 궁핍하게 한 다음 수도를 점령할 것이라고 결론 내렸다"라고 했다.

결국 버마 정부는 두 명의 영국인 포로를 이용해 캠벨 경과의 협상에서 그들에게 좀 더 유리한 조건을 이끌어 내기로 했다. 아도니람은 영국군 본부와의 협상에 참석할 일원으로 뽑혔다. 이 일은 지금까지 있었던 모든 선교사역 가운데 아도니람을 가장 두렵게 했다. 자신에 대한 선한 믿음에 조금이라도 의심이 생긴다면 자신과 가족은 목숨을 잃게 될 것이 뻔했다. 그러나 프라이스는 가고 싶어 했다. 아도니람은 관리들을 설득해서 프라이스가 자기만큼 일을 잘 처리할 수 있다고 확신시켰다.

복잡한 보안장치가 마련되었다. 프라이스가 샌포드 박사와 함께 가기로 했으며, 아도니람은 프라이스에 대한 볼모가 되고 베넷 중위는 샌포드 박사의 볼모가 되었다. 왕은 그들에게 관대하게 1,000티칼씩 여비로 지급했다. 샌포드 박사는 자신이 받은 돈 가운데 25티칼을 가우저의 제빵사를 통해서 가우저에게 전달했다. 가우저는 그의 제빵사를 두고 이렇게 이야기했다. "그는 마치 베틀의 북처럼 빠르게 아바와 오웅펜라를 왔다갔다했다." (주인을 잘 알고 있는 그 제빵사는 가우저가 감옥에 갇힌 2년 동안 가장 은밀하게 원했던 '한 잔의 아라크 술'을 구하기 위해 돈을 썼다. 35년이 지난 후에도 가우저는 입맛을 다시면서 회고했다. "완전히 지쳐 가라앉으려는 사람에게 한 잔의 강한 술이 주는 위안을 누가 말로 표현할 수 있으랴!")

1월 말 프라이스와 샌포드는 한 명의 버마 관리와 함께 배를 타고 강 하류로 떠났다. 한편 이 기간을 이용해 버마 정부는 도시를 요새화 하려고 온갖 노력을 다하고 있었다. 이에 대해 낸시는 아래와 같이 기록했다.

> 옛 참호와 진지는 보강되고, 새로운 참호와 울타리를 세우기 위해 사람들과 짐승들이 밤낮으로 사역에 동원되었다. 어떤 건물이든지 그들의 계획에 방해가 되면 헐어버렸다. 우리 집도 주위에 있는 집들과 마찬가지로 완전히 헐렸고, 작고 아름다웠던 우리 집 마당은 도로와 포를 세우기 위한 장소로 변했다. 모든 귀중한 물건들은 도시 밖으로 운반되어 다른 장소에 안전하게 숨겨두었다.

프라이스와 샌포드가 탄 배가 상류에서부터 내려오고 있다는 소식이 들리자, 수천 명의 아바 시민들은 불안한 마음으로 강둑에 줄지어 서있었다. 왕실에서는 샌포드 박사가 그곳에 머물러 있지 않고 서약을 지키기 위해 다시 돌아온다는 것을 듣고 깜짝 놀랐다. 샌포드는 그것은 그리 놀랄 만한 일이 아니라고 잘라 말했다. 설사 자신이 그곳에 남기를 원했더라도 약속 때문에 아치볼드 경이 그를 돌려보냈을 거라고 했다. 그러한 행동은 유럽의 관습이라고 일러주었다. 궁중에서는 여전히 이에 대해 이해하지 못했지만, 버마가 공격에 대비하지 않을 것이라는 약속도 믿을 만큼 영국인들이 어리석다는 사실은 믿기 시작했다.

프라이스는 흘룻다우에 있는 정부관리들에게 영국의 답신을 건네주었다. 궁정 대문에는 지켜보는 사람들이 몰려들었다.

"영국군 장군과 위원들은 조약의 내용은 수정하지 않을 것이며, 다만 배상금을 네 번에 걸쳐 나누어낼 수 있도록 한다. 배상금의 처음 4분의 1은 12일 이내에 지불되어야 한다. 그렇지 않으면 영국군은 계속해서 진격할 것이다. 또한 버마에 있는 포로들은 즉각 풀어주도록 한다."

영국군 사령관은 프라이스에게 특별히 아도니람과 낸시, 그리고 어린 마리아를 보내도록 부탁했다. 그러나 이 세 사람을 요구한 것에 대해 왕은 못마땅해하며 말했다. "그들은 영국인이 아니오. 내 백성이오. 그들은 아무 데도 갈 수 없소." 그는 아도니람이 버마 정부를 위해 해준 일의 가치를 알고 있었다. 영토를 포기하는 데에는 동의했다. 나중에 영국군이 물러나면 다시 되돌려 받을 수 있을 것이었다. 그렇지만 배상금이 1,000만 루피라니! 이것을 지불하지 않고 영국군을 몰아낼 수 있는 방법이 분명 어딘가에 있을 것이다. 아마 그들에게 첫 번째 분납금을 주어서 맛만 보게 하고, 다음 번에는 분납금을 곧 주겠지 생각하며 기다리게 만들 수도 있을 것이다. 그러다가 그들이 물러갈지도 모른다. 아니면 다른 군대를 더 키울 수 있을지도 모르는 일이다.

프라이스와 아도니람은 왕과 왕비 그리고 궁중에 있는 사람들에게 영국은 다른 어떤 조약으로도 평화를 약속하지 않을 것이라고 분명하게 이야기했다. 이제 돈을 가져가지 않고 그들에게 다시 가는 것은 쓸데없는 일이었다. 그러나 몇몇 관리들은 그들에게 말했다. "당신은 영국군 편인지도 모르겠군요. 당신들은 영국이 좀 더 적은 배상금을 요구하도록 왜 노력하지 않았소. 당신이 그것을 인정하지 않는다면 당신 가족들은 모두 그 대가를 치를 것이오."

여전히 영국을 싸워서 물리칠 수 있다고 생각하는 라야르 뚜 야라는 장군이 있었다. 영국군은 아직 강 하류에 있는 옛 수도인 파간에도 못 미쳤다. 그는 이 도시를 강화해서 난공불락의 도시를 만들고 여기서부터 돌격해서 영국군을 쓸어내겠다고 했다. 왕과 왕비는 왕실금고에서 그렇게 많은 돈을 영국에게 바치기보다는 한 번 더 그에게 전쟁을 시도하도록 동의했다. 그는 "지는 태양의 주인"이라는 칭호를 받았다. 각 사람 당 150티칼의 급료를 약속 받고 1만 5천 명 정도 되는 새로운 병사가 모였다. 이 새 군사들에게는 "왕의 영광을 위한 수호자들"이라는 이름이 붙여졌으며 파간으로 내려가 도시를 강화했다. 그들은 갑자기 많은 돈이 생겨 내려가는 길에 좋은 옷가지 등을 사기도 했다. 영국군은 900명의 군사를 동원해서 이들을 공격했다. 그들은 패배하여 달아났다. 라야르 뚜 야 장군은 왕의 앞에 나아와 새로운 군대를 보충해 줄 것을 요구했다.

왕은 몹시 격분했다. 버마군 사령관은 협상을 연기시켰고 이것은 영국군을 짜증나게 했다. "지는 태양의 주인"은 "궁궐에서부터 욕을 들어야 했으며 재판정까지 가는 도중에 계속 두들겨 맞았다. 재판정에서는 그의 옷을 발가벗기고 수많은 채찍질을 당하면서 재판정을 향해 무릎을 꿇어야 했다. 그리고 그는 처형자들의 손에 넘겨져 가혹한 취급을 당하다가 처형장에 도달하기도 전에 목숨을 잃고 말았다." 이 일이 있은 후, 즉시 왕은 라야르 뚜야 장군이 영국군과 싸우지 말라는 명령을 어겼다는 이유로 처형되었다고 공표했다.

그날 밤, 프라이스는 버마군에 붙잡힌 몇몇 영국인들과 함께 다시 영국군에게 내려가야 했다. 그들은 첫 번째 분납금의 4분의 1만 받도록 영국을 설득하라는 명령을 받았다. 며칠 후에 그들은 다시 돌아와 영국군 사령관이 매우 화가 났으며 프라이스와는 대화하지 않겠다는 보고를 올렸다. 영국군은 이제 며칠 후에 아바로 진격해 들어올 것이며 이미 그 준비를 갖추고 있었다.

이러한 소식에도 불구하고 왕은 여전히 미봉책을 쓰면서 관망하려 했지만 왕비는 왕에게 즉시 배상금을 마련하라고 했다. 궁궐은 온통 난리가 났다. 모든 금과 은 꽃병, 물주전자, 그리고 접시들을 녹였다. 왕과 왕비도 의무를 다했다. 왕실 창고에서 많은 은 덩어리들이 보트에 실렸다. 저녁이 되어서야 첫 번째 분납금은 배에 다 실렸고 강을 따라 내려갈 준비를 갖췄다.

그러나 그득하게 쌓아놓은 은을 보고 왕실의 마음은 흔들리기 시작했다. 영국군이 이것을 받은 후에 진격하지 않는다는 것을 어떻게 믿을 수 있겠는가? 그들은 먼저 이 첫 번째 분납금의 4분의 1만 보내기로 했다. 그리고 영국군이 진격을 멈추면 그때 나머지를 보내겠다고 약속했다. 이 순간 관리들은 아도니람을 떠올렸고 사람을 보내 그를 데려오도록 했다. 신하들은 아도니람의 양팔을 붙들고서 그에게 평화조약을 맺도록 임명된 운지와 운다욱과 함께 배를 타고 가라고 했다. 그때 마침 기쁘게도 몇 명의 영국군 장교들과 헨리 가우저와 아르메니아인 아라킬이 막 오웅펜라의 감옥에서 풀려나 내려오고 있었다.

아치볼드 캠벨 경은 아도니람이 예상한 대로 반응했다. 그는 첫 번째 분납금의 4분의 1을 받지 않겠다고 거부했다. 그는 아바로 진격하되 배상금이 도착할 때까지 천천히 진행하고, 완전한 분납금이 도착하면 진격을 멈추고 평화를 유지하겠다고 했다. 또한 아도니람은 아바 인근에 있는 모든 외국인들을 불러모아 버마 관리들 앞에서 그들에게 그곳에 남을 것인지 아니면 떠나기를 원하는지를 물어보라는 것을 위탁받았다. 만약에 그들이 떠나기를 원한다면 즉시 영국군 진영으로 보내야 하며 그렇지 않다면 평화는 없을 것이라고 했다.

아도니람은 이 소식을 아바로 돌아온 날 자정쯤에 왕에게 전했다. 운지와 운다욱이 우울한 표정으로 아도니람의 말을 확증해 주었다. 아도니람은 오웅펜라 감옥에 있는 죄수를 포함한 모든 외국인들을 불러모아 질문을 했다. 그곳에 남기를 원하는 사람들은(그동안 버마 정부의 일에 관여했던 불쌍한 노인 로저스도 그 중 한 명이었다) 모두 풀려났다.

관리들은 아도니람에게 남아 있으라고 여러 번 부탁했다. "당신은 우리와 함께 여기 있으십시오. 만약 여기에 남아 있으면 당신은 위대한 사람이 될 것입니다." 아도니람은 선교사역의 앞날을 생각하면서 외교적인 수완을 발휘해 대답했다. "내 아내가 가고 싶다고 했습니다. 나 역시 그녀를 따라야만 하겠지요."

죄수들과 완전한 분량의 첫 번째 분납금을 실은 예닐곱 척의 배들은 강 아래로 출발했다. 아도니람과 낸시와 마웅 잉과 유모와 쿠칠도 그 배에 타고 있었다. 그들의 친구인 북쪽 대문의 시장은 강가로 나와 그들을 배웅했다.

춥고 달이 밝은 밤이었다. 마리아는 아도니람의 팔에 안겨 잠이 들었다. 그들의 소유물들도 함께 배 안에 있었다. 자정이 되어 버마군 진영에 이르자 그들은 약 두 시간 동안 붙들려 있어야만 했다. 운지와 관리들이 와서 아도니람은 프라이스가 배상금과 함께 먼저 가서 영국군이 그것을 받고 그곳에 머물러 있는지를 확인한 다음에 가야만 한다고 떼를 썼다. 그러나 아도니람은 끝까지 가겠다고 우겼다. 하는 수 없이 운지는 승낙을 했다. 그는 이제 더 이상 미국인 선생을 막지 못했다.

다시 한번 배는 환한 달빛 아래 고요한 이라와디 강을 따라 흘러갔다. 아도니람과 낸시는 만족스러운 눈빛으로 서로를 바라보았다. 그는 여위었고 수척해져 외모로는 늙은 사람처럼 보였다. 낸시는 쿠션을 등에 대고 기대있었으며 너무나 마르고 창백해서 거의 유령 같았다. 어린 마리아도 쭈글쭈글하고 쥐어짠 것 같은 나이 든 얼굴이었고, 팔과 다리는 가는 막대기 같았다. 그렇지만 고요히 잘 자고 있었다. 그들 셋은 모두 허수아비처럼 누더기차림이었다.

평화스러운 브래드포드를 떠나 먼 이방 땅에서 수많은 어려움을 겪은 아도니람과 낸시 두 사람은 그 순간 완전한 평화와 행복을 느끼고 있었다. 결국 그들은 자유로워졌다. 그들은 천국이 바로 이런 느낌일 것이라고 생각했다.

아침에 그들은 증기선 다이아나 호의 돛대를 보았다. 여기에서 낸시와 마리아는 그 배로 옮겨갔고, 아도니람은 아치볼드 캠벨 경을 만나기 위해 얀다보라는 곳으로 몇 킬로미터 더 내려갔다. 낸시는 마치 왕족처럼 대접을 받았다. 전날 밤, 그녀와 아도니람은 천국의 맛을 경험했다. 이제 영국군 진영에 와서 그녀는 정말로 천사가 된 것 같았다.

다음날 아도니람과 낸시는 캠벨 장군 본부를 방문했다. 장군은 영국군 진영에서 가장 큰 텐트를 베란다에 하나 쳐 놓았는데, 그의 텐트 옆에 아도니람과 낸시를 위한 텐트를 하나 더 쳤다. 그들은 장군의 테이블에서 함께 저녁식사를 했다. 낸시의 말에 따르면, 그는 "아버지와 같은 자상함으로" 그들을 대해 주었다. 그녀는 엘나단에게 편지를 썼다. "우리가 영국군 진영에서 보냈던 2주일은 세상 누구보다 행복한 날들이었습니다."

처음 며칠 동안은 '얀다보 조약'으로 역사에 기록된 평화조약을 마련하느라 시간을 보냈다. 헨리 가우저는 아치볼드 경의 아들인 존이 선물한 눈부신 옷을 입고 나와 아도니람이 하고 있던 평화조약의 골격 및 세부조항 작성을 도와주었다. 조약을 마련하는 일이 끝났을 때, 캠벨 장군은 버마측 위원들을 위한 국빈초대 만찬을 베풀기로 결정했다.

그는 버마인들에게 대영제국의 위용을 각인시키고 일이 잘 되었다는 것을 알리고 싶어했다. 형형색색의 모든 깃발과 기치가 동원되었고 황금색과 자주 빛 의상과 현수막은 만찬을 그다지 내키지 않아 했던 손님들에게 경외심을 주기 위해 여기저기에 전시되었다.

만찬을 알리는 군악대의 연주가 멋지게 울려 퍼졌다. 모든 참석자들은 엄숙하게 쌍쌍이 모여들었으며, 버마 위원들도 멋진 의상으로 한껏 차려입고 긴 식탁을 향해 걸어 들어왔다. 캠벨 장군은 이러한 순간을 위해 예비한 정장 군복을 입고 나머지 사람들

1826년, 안다보 조약을 맺기 위해 버마와 영국 간 통역을 맡은 아도니람.

앞으로 혼자 걸어 들어왔다.

그가 저드슨의 텐트 앞에 오자 음악은 멈췄고 모든 행렬이 중지되었다. 의아해하는 버마 위원들은 고개를 들고 다음에 무슨 일이 일어나는지 쳐다보았다. 장군은 텐트 안으로 들어가 낸시와 팔짱을 끼고 나타났다. 그녀는 진지한 표정을 지었지만 눈에는 예전의 낸시 하셀타인의 장난기 가득한 표정이 가득했다. 장군은 격식을 갖춰 낸시를 식탁의 상석으로 인도했고 그의 오른편에 앉혔다.

이곳에 참석한 버마 관리들은 낸시를 너무나 잘 알고 있었다. 그녀는 일 년 반 동안이나 그들에게 작은 호의를 베풀어주기를 바라며 겸손하게 자신의 위치를 낮췄다. 그녀는 한 마디 불평도 하지 않고 거절과 모욕을 참아냈다. 자, 이제는 아마도 영국 국왕의 형제들과 버금가는 위치에 있는 이 의기양양한 영국군 우두머리가 가장 영예로운 자리를 그녀에게 제공했다. 그들은 자신들이 앉은 자리에서 움찔거리며 두려움에 가득 찬 눈으로 상석에 앉은 미국 선교사의 아내와 영국군 지휘관을 바라다보았다. 그녀가 만약에 자기가 당했던 일들을 이야기한다면(그들 중 거의 전부가 그녀에게 두려운 일을 저질렀다) 그들은 아마 목숨을 내놓아야 할지도 모르며 버마식으로 생각할 때 적어도 고문은 피할 수 없을 것으로 생각했다.

낸시는 그들이 마음속으로 무엇을 생각하고 있는지 알고 있었다. 그녀는 지금 자기 눈앞에서 벌어지는 버마 관리들의 당황스런 처지를 장군에게 살짝 귀띔해 주었다. 캠벨 장군은 웃음을 감추느라 힘들어했다.

"내가 생각하기에 이 신사 분들은 부인께서 이미 알고 있으리라 생각하는데요." 음식이 나누어질 때 장군은 말을 꺼냈다. "그들의 표정으로 판단하건대, 부인께서는 저들을 아주 심하게 대하신 것 같군요." 버마 위원들은 영어를 몰랐지만 장군이 자기들 이야기를 하고 있다는 것은 알았다. 그들 중 한 사람이 유난히 두려워했다. 그는 떨리는 손 때문에 그만 포크에서 음식을 떨어뜨리고 말았다. 그 사람의 행동은 캠벨 장군의 주의를 끌었다. "거기, 뾰족한 수염이 난 사람에게 무슨 일이 있습니까?" 그는 계속했다. "아마도 학질에 걸려서 오한이 나는 모양이군요."

낸시는 따뜻하고 인정어린 눈으로 그를 주의 깊게 쳐다보았다. "기억이나 하려는지 잘 모르겠습니다만 그는 오랫동안 제가 잘 아는 사람입니다. 아마 그는 내가 지금 당신의 보호 아래 있기에 위험에 처했다고 생각할 것입니다."

낸시는 아도니람이 어떻게 다섯 개씩이나 되는 족쇄와 차꼬를 차고 있었는지, 어떻게 해서 내부 감방으로 내던져졌는지, 열병으로 반쯤 죽었던 일과 그녀가 아침 일찍 일어나 그의 집을 찾아가 도와달라고 했을 때 그가 어떻게 대했는지에 대해 이야기했다. 그녀를 뜨거운 해가 내리쬐는 정오까지 기다리게 해놓고, 그녀의 간청을 무관심하게 듣고 거절했던 자가 바로 그 사람이었다. 그녀가 돌아서서 떠나려고 할 때 비단 양산을 채가며 "뚱뚱한 사람들이나 일사병에 걸리지, 당신처럼 가냘픈 사람은 태양이 찾지도 못할 것이오"라고 했던 자였다.

식탁의 한 쪽에 서열대로 앉아 있던 영국군 장교들은 낸시의 이야기를 듣고 나서 가만히 있을 수가 없었다. 분개하여 소리를 지르지는 않았지만, 바짝 위축되어 있던 그 버마 관리에게는 자기를 바라보는 시선이 점점 더 큰 소리를 지르는 것 같았다. 그는 낸시가 무슨 말을 하는지 거의 직관적으로 알고 있었다. 그의 얼굴은 두려움으로 심하게 뒤틀렸다. 손은 통제 불가능할 정도로 떨고 있었으며 거의 초죽음이 된 얼굴에서 줄줄 흘러나오는 땀을 닦느라 정신이 없었다.

낸시는 그에게 연민을 보였다. 버마어로 그녀는 부드럽게 "당신은 두려워하지 않아도 됩니다"라고 말을 건넸다. 대화는 다른 주제로 옮겨갔고, 낸시와 아도니람은 정중하게 양측의 이야기를 오가면서 통역을 했다. 그 만찬은 버마 위원들에게는 즐거운 것이 아니었다. 그들은 거의 먹지 못했고, 두려움에 많이 떨어야만 했다. 그러나 더 이상 나쁜 일은 일어나지 않았다.

만찬을 끝내고 아도니람과 낸시가 그들의 텐트에 단 둘이 남아 있게 되자 몸을 흔들어대며 웃었다. "나는 내가 그렇게 복수심을 억제할 수 있을 거라고는 생각지도 못했소." 아도니람은 겨우 웃음을 참으며 고백했다. "그렇지만 그 순간은 이제껏 내가 보아온 것 중 가장 멋지고 통쾌한 광경이었소."

22. 까맣게 봉인된 편지 (1826)

1826년 3월 6일, 아도니람과 낸시는 얀다보를 떠나 랑군으로 향하는 전투함 이라와디 호를 탔다. 3월 21일, 그들은 부서졌지만 아직도 남아 있는 선교관에 도착했다. 그들은 2년하고도 3개월 동안이나 떨어져 있었던 것이다. 하크 일행과 웨이드 부부는 캘커타로 돌아갔다. 그들은 영국이 랑군을 공격하던 1824년 3월 21일, 아무 것도 모른 채 아도니람의 버마어 사전을 인쇄하고 있었다. 그들은 감옥에 갇혔고, 사형을 언도 받았지만 운 좋게도 그때 영국군의 포격이 시작되었다. 그들을 사로잡았던 사람들은 영국군이 들어오자 공포에 질려 달아났다.

전쟁으로 그나마 적게 모였던 무리들은 거의 흩어져버렸다. 마웅 슈웨이베이는 선교관에 남아 있었다. 그들이 전해 듣기로 학자인 마웅 슈웨이그농은 내륙지방 어딘가에 아직 살아 있다고 했다. 마 멘라이와 그녀의 언니는 프롬으로 갔다가 다시 랑군으로 돌아왔다. 그러나 대부분 죽거나 사라졌다. 모든 선교작업은 처음부터 다시, 그것도 프라이스도 없이 시작해야 했다. 프라이스는 왕에게 고용되어 정부의 일을 돕기 위해 아바에 남기로 결정했다.

얀다보 협정으로 랑군은 버마 정부의 지배로 남아 있게 되었다. 아도니람과 낸시는 예전보다 더 나은 종교적 관용을 얻으리라고 예측할 수가 없었다. 그들의 복수심 때문에 아마 더욱 힘들어질 것이었다. 저명한 동양학자 존 크로퍼드는 영국총독 로드 암허스트 장군으로부터 민정감독관으로 선임되었다. 그의 업무 가운데 하나는 영국과 통할 수 있는 지역에 새로운 수도를 세우는 것이었다. 그는 아도니람에게 함께 갈 것을 부탁했다. 아도니람은 선교활동의 근거지를 확보할 셈으로 동의했다. 10일 뒤에 랑군에 도착한 크로퍼드와 함께 증기선을 타고 살윈 강(현 지명은 딴르윈 강—옮긴이) 방향의 마타반을 향해 떠났다. 살윈 강어귀는 좋은 정박지가 있는 항구였다. 강어귀의 반도지역을 새로운 수도로 선정했다. 1826년 4월 6일, 여기에 영국 국기가 게양되었고 이를 기념하는 예포 한 발이 울렸다. 이곳은 암허스트로 명명되었다. 아도니람은 새로운 도시에 대한 적절한 헌사로 이사야서 60장을 낭독했으며, 기도를 드림으로 새로운 도시를 세우는 기념식을 마무리했다.

4월 10일, 아도니람은 랑군으로 돌아와 낸시와 같이 지냈다. 그는 암허스트에 대해 열정이 있었고 그곳이 복음을 확장시킬 수 있는 거대한 중심지가 될 것이라 확신했다. 그는 즉시 옛 자얏을 허물고 곧 다가올 우기에 대비할 수 있도록 준비를 한 후, 배를 타고 암허스트로 떠날 준비를 했다.

낸시 역시 기뻤다. 그곳에도 하나님을 믿어야 할 많은 버마인들이 있었고, 더욱 중요한 것은 그들이 "더 이상 선교활동을 인정받기 위해 거만한 군주의 후원을 간청할 필요도 없었고, 운지들에게 회심한 자들에 대한 박해를 막아달라고 부탁할 필요가 없었기 때문이었다." 4월 26일에 그들은 원주민 기독교 가족들 중 4명을 먼저 보냈다. 그들 중 마웅 잉과 마웅 슈웨이베이는 거주할 곳을 마련해야 했다.

크로퍼드의 계획 때문에 아도니람과 낸시는 6월 말까지 만나지 못했다. 얀다보 협정은 동인도회사와 버마 정부간의 상업조약 체결을 위한 것이었다(버마 측의 표현으로는 "금과 은의 길을 열기" 위한 협정). 다른 나라에서처럼 상인이 금과 은을 가지고 나갈 수 있도록 하고, 무역에 장애가 되는 버마의 까다로운 법이 고쳐지면 해외 교역은 더욱 빠르게 발달할 것으로 기대했다. 크로퍼드는 상업조약 체결을 위해 버마에서 번역과 통역을 해줄 사람으로 아도니람을 원했다.

아도니람은 거절했다. 그는 동인도회사를 위해 일할 생각이 없었다. 그러한 역할은 버마인의 눈에 그들이 미워하는 영국과 연결될 것이기 때문이었다. 그러나 크로퍼드는 도저히 거절할 수 없는 유인책을 제시했다. 그는 조약의 내용에 버마의 모든 사람에게 종교를 전할 수 있는 자유를 허용하도록 조문을 포함하겠다고 약속했다. 낸시가 이 이야기를 들었을 때 그녀는 아도니람이 거절하지 않았으면 했다.

선교를 위해 선교사들은 월급을 받았으므로 아도니람은 선교사가 선교가 아닌 다른 일에 종사를 해도 되는지 그리고 어쩔 수 없이 돈을 받아야 하는 경우에 어떻게 해야 하는지 다시 한번 결정짓기로 했다. 아도니람은 그런 돈은 자신을 지원하는 기관에서 주는 돈으로 간주하고 자신의 것으로 생각해서는 안 된다는 결정을 내렸다. 따라서 그는 6월 10일, 보스턴에 있는 선교회 간사에게 이 문제를 포함한 일련의 규정을 마련하여 위임했다. 그의 위임에 따라 아바에 있을 때 받은 선물에 상당하는 2,000루피(약 1600만 원—편집자)와 동인도회사에서 그에게 지급된 2,500루피(약 2000만 원—편집자)를 반납했다.

그러나 크로퍼드와 함께 아바로 떠나기 전에 그는 낸시와 어린 마리아가 잘 정착했는지 알고 싶었다. 6월 29일, 그들은 피닉스 호를 타고 랑군을 떠나 7월 2일 살윈 강어귀에 도착했다. 암허스트 시의 시정 감독관인 펜윅 선장은 자신이 쓰려고 금방 지어놓은 집을 낸시에게 일시 거주지로 제공했다.

낸시는 암허스트를 좋아했다. 그녀는 이 지방의 공기와 새로운 도시가 주는 개척자적인 느낌을 좋아했다. 이곳은 반도 서쪽에 위치한 영국군 거점지역과 1.5킬로미터 정도의 거리에 있고 원주민이 약 50가구 살고 있었다. 마웅 잉과 마웅 슈웨이베이의 집은 가장 먼저 지은 집 가운데 하나였다. 밀림과 접한 지역에 지어져 있어 "실질적인 반도의 점유자인 사슴과 야생조류의 접근을 막아주고" 있었다.

그녀는 도착하자마자 학교를 설립했고 선교관의 건축도 감독하고 있었다. 아도니람은 그녀가 안전하게 잘 정착했는지 살펴보고 곧 떠나야 했다. 아도니람은 도착한 지 3일 후 피닉스 호를 타고 랑군을 향해 떠났다. 9월 1일, 증기로 움직이는 다이아나 호는 크로퍼드를 돕기 위한 장교들과 군의관, 아도니람, 그리고 버마의 티크목재를 평가하기 위한 식물학자를 태우고 강 상류를 향해 출발했다. 증기선에 덧붙여 다섯 대의 버마식 배에는 기자와 화가, 화물들, 그리고 왕실에 바치는 선물이 들어 있었고, 28명의 정예 척탄병과 87연대 소속의 경보병, 15명의 정예 세포이 척탄병으로 구성된 호위대가 타고 있었다.

아바에 도착해보니 전쟁에도 불구하고 버마 정부는 태도를 바꾸지 않았다는 것이 명백했다. 협상은 연기되고 또 연기되었다. 배상금의 두 번째 분납금은 석 달이나 기한을 넘겼다. 버마측 협상대표들의 주목적은 배상금을 지불하지 않겠다는 것이었다. 배상금 문제에 걸려 어쨌든 상업조약의 체결은 불가능할 것 같았다. 버마인들은 금과 은을 화폐로 만들어 나라 안팎으로 자유롭게 유통시키는 것을 이해하지 못했다. 그리고 종교적인 허용에 대한 조항을 삽입한다는 것도 날이 갈수록 불가능한 것으로 판명

되었다.

버마 왕실의 태도를 가장 잘 보여주는 예는 공식 버마 연대기에 왕실사관이 이 전쟁에 관해 기록하고 보관해온 글을 살펴보면 알 수 있다. 아도니람은 크로퍼드를 위해 아래의 글을 번역해 읽어주었다.

1186년과 1187년, 칼루 프야 즉 동쪽 지방의 백인들은 황금 궁전의 주인자리를 놓고 싸움을 벌였다. 그들은 랑군에 상륙해 그곳과 프롬을 차지했고 얀다보까지 전진했다. 왕은 그들에 대한 동정과 백성의 생명을 고려해 어떠한 조치도 취하지 않고 그들을 물리치지 않았다. 이방인들은 이 일을 벌이느라 막대한 비용을 치렀다. 그들은 얀다보에 이르렀고 그들이 가진 자원을 다 소진해버려 큰 비탄에 빠졌다. 그들은 왕에게 탄원을 올렸으며 왕은 인자함과 관대함으로 그들에게 막대한 돈을 주어 돌아갈 비용으로 쓰도록 했으며 이 나라를 떠나라고 명했다.

10월은 금방 흘러가고 11월이 되었다. 아도니람은 초조했다. 그는 시간을 허비하고 있었다. 그러나 그는 영국 사절단에 속했으므로 그곳에 머물러 있어야 했다. 때때로 낸시로부터 편지가 왔다. 그들은 헤어질 때도 활기차게 헤어졌고, 편지 속에도 그러한 활기가 넘치고 있었다. 11월 14일에 보내온 편지의 일부는 다음과 같다.

저는 오늘 새 집으로 옮겼습니다. 우리가 아바에서 헤어진 이후로 저는 처음 집에 있다는 느낌을 가졌습니다. 집은 크고 편안합니다. 당신이 이곳에 있다면 매우 기쁠 것 같군요. 버마 원주민의 수는 빠르게 불어나고 있으며 일들은 즐거운 편입니다. 마웅 잉의 학교는 열 명의 학생으로 시작했는데 점점 학생 수가 늘 것 같습니다. 가엾은 어린 마리아는 여전히 연약합니다. 아이가 조금 나아졌나 하면 다시 건강이 악화되곤 합니다. 내가 아이에게 아빠는 어디계시냐고 물어보면 아이는 항상 손을 들어 바다를 가리킨답니다. 하인들도 잘 지내고 있고 당신과 마리아 외에는 아무런 문제도 없습니다. 건강하기를, 특히 아바에 있을 때는 말라리아에 걸리지 않도록 당신을 위해 기도드립니다. 하나님께서 당신을 지키시고 축복하시기를. 그리고 무사히 새롭고 친근한 가정으로 돌아오기를 사랑하는 당신의 아내 앤이 기도 드립니다.

마리아에 대한 소식으로 아도니람은 불안했지만 할 수 있는 한 희망을 갖기로 했다. 아마 암허스트의 좋은 기후가 생후 1년 되는 아기에게 도움이 될 것이며, 게다가 지금은 아기가 가장 필요로 하는 엄마가 사랑으로 보살피고 있으니 더 나빠지지는 않을 것이다.

11월 초에 아도니람은 펜윅 선장으로부터 "낸시가 아주 건강하다"는 내용의 편지를 받았다. 그러나 9월 중순 이후로는 낸시가 직접 쓴 편지는 계속 받지 못하고 있었다. 그녀가 편지를 쓰지 않는 이유가 궁금했다. 그는 11월 중순에 펜윅 선장이 10월 18일에 쓴 편지를 읽고서 그 이유를 알 수 있었다.

> 제가 이것을 당신에게 똑바로 이야기하는 것이 옳은 것인지 모르겠지만 저드슨 부인은 열병에 걸렸습니다. 그러나 열병이 심각하지는 않아 나는 그녀가 완쾌되리라 확신합니다. 이 열병은 그녀가 아기와 너무 가깝게 지냈기에 걸린 것입니다. 그녀는 지금 가장 극진한 간호를 받고 있습니다. 불쌍한 아기는 한 차례 매우 악화되어 도저히 회복을 생각할 수 없었습니다만, 현재는 좋은 경과를 보이고 있으며 놀랍게도 건강이 나아지고 있습니다. 어제 밤에 저드슨 부인은 열이 없었고 이제 간헐적인 열 발작도 완전히 없어졌습니다.

아도니람은 안심할 수 있었다. 낸시가 편지를 쓰지 않았던 것에 대해서는 이제 걱정하지 않아도 되었다! 자신이 열병에 걸려 쓰러질 때까지 마리아를 밤낮으로 돌보느라 남편에게조차 편지를 쓰지 못한 것이었다. 그는 낸시가 어린 마리아로 인해 어려운 싸움을 하고 있다는 것을 걱정했다. 그녀의 병에 대해서는 별로 놀랄 만한 것이 없었다. 그는 사태가 더 악화될 경우를 준비하는 것이 필요하다는 생각을 오랫동안 했다.

11월 24일에 아도니람은 또 다른 편지를 받았다. 편지를 가지고 강을 따라 올라 온 사람은 "당신의 어린 아기의 죽음을 전하게 돼 대단히 유감스럽게 생각합니다"라고 말했다. 아도니람은 이 편지를 들고 사절단이 거의 한 달 가까이 머무르고 있는 스가잉에 위치한 프라이스의 집, 그의 방으로 들어갔다. 이 편지는 까맣게 봉인되어 있었다. 편지를 받을 때만 해도 적어도 낸시는 살아있다는 것에 대해 감사했다.

그는 앉아서 봉인을 뜯고 읽기 시작했다. 펜윅 선장의 조수가 쓴 이 편지의 날짜는 1826년 10월 26일이었으며 한 달 전의 내용이었다. 그는 마음을 졸이며 어린 마리아의 마지막 병세에 대한 내용에 집중하려고 했다. 몇 줄을 읽어나가면서 그는 편지의 진짜 중요한 부분에 도달했다.

존경하는 아도니람 선생께.

본받을 만한 꿋꿋함으로 많은 고통을 이겨내고 계신 당신께 이런 슬픔의 사연을 전하는 데에는 긴 말이 필요 없을 것 같습니다. 선생님께 크게 고통스런 소식을 전하게 되어 매우 가슴아프게 생각합니다. 이 불행한 소식을 짧게 줄인다면, '저드슨 부인이 세상을 떠났습니다.'

읽기를 멈췄다. 그의 눈앞에서 글이 왔다갔다했다. 그에게는 아무런 감정도 없어 보였지만 그 순간 시간이 멈춰버린 것 같은 놀라움과 싸늘함을 느꼈다. 잠시 동안 그가 있던 방이 한꺼번에 뒤집어지는 것 같았다. 아도니람은 자신을 억지로 자제시키고 조금씩 편지의 나머지 부분을 읽어나갔다.

아침 일찍, 그녀는 가장 극심한 열병에 사로잡혔습니다. 그때 처음으로 그녀는 자신이 회복 불가능하다는 것을 느꼈고, 24일 저녁 8시경 숨을 거두었습니다. R박사는 친구로 의사로 그녀의 간호에 최선을 다했습니다. F대위는 45연대의 도움으로 유럽 여인에 대한 마지막 예우를 갖춰 할 수 있는 한 최선을 다해 장례식을 치렀으며, 그녀를 고통으로부터 평안하게 떠날 수 있도록 모든 조치를 취했습니다. 저희들은 모두 짧은 기간이었지만 깊은 감명을 준 훌륭한 여인을 잃은 데 대해 매우 유감스럽게 생각합니다.

20일이 되어서야 R박사는 심각하게 그녀의 건강을 걱정하기 시작했습니다. 그 전까지는 발작적인 열이 간헐기에는 잦아들었는데 마지막에 있었던 발열은 모든 의술도 당황시킬 정도였습니다. 23일 아침에 저드슨 부인은 마지막 말을 남겼습니다. 그녀에게 침입했던 질병은 결국 낸시를 정복했으며, 그 뒤 해산할 때까지 그녀는 아무런 움직임 없이 그대로 누워 있었고 감각이 없어 보였습니다. 어제 아침에 저는 그녀의 남은 육신을 관에 넣는 마지막 작업을 우울하게 거들었습니다. 그리고 저녁에는 이곳에 거주하는 모든 장교들의 참석 하에 장례식이 거행되었습니다. 우리는 그녀가 처음으로 이곳에 상륙했던 곳과 가까운 곳에 그녀를 묻었습니다. 그리고 부주의한 침입을 막기 위해 무덤 주위에는 작은 울타리를 세웠습니다. 당신의 어린 딸 마리아는 훨씬 나아졌습니다. 부인은 아이의 죽음을 대신 치렀고 부인의 보호 아래 아이는 잘 자라리라 믿습니다.

이것이 편지의 내용이었다. 아도니람의 눈은 손으로 쓴 편지 내용을 다시 확인하기 위해 서너 줄의 문장 위를 몇 번이고 반복해서 움직였다. 갑작스럽게 밀려오는 슬픔이 그를 덮쳤다. 그 편지는 바닥에 떨어졌고 그는 울기 시작했다. 소리도 없이 나지막하게, 그러다가 점점 쉰 목소리로 … 몸을 쥐어짜는 흐느낌으로 바뀌었다. 마침내, 편지가 말하는 무게로 인해 아도니람은 찌그러지듯이 팔에 머리를 묻고 앞에 놓인 테이블에 위로 엎드려지고 말았다.

제 3부.
황금해안을 향하여
(1826~1850)

1. 그림자가 드리우다 (1826-1827)

아도니람은 그 후 몇 주간을 어떻게 견뎌냈는지 제대로 기억할 수 없었다. 다만 비통하고 가슴이 찢어지는 고통으로 한 주를 보낸 다음, 낸시의 영혼이 천사들과 행복한 시간을 보내고 있으리라는 복음에 대한 확신으로 어느 정도 자신을 위로할 수 있었다.

아바를 떠날 이유가 없었으므로 그는 외교 사절단과 함께 남아 있었다. 낸시를 위해 할 수 있는 일은 아무 것도 없었다. 아도니람이 낸시의 죽음을 알기 한 달 전에 그녀는 이미 땅속에 묻힌 상태였다. 또한 어린 마리아를 위해서도 아무 것도 할 수 없었다. 마리아는 아버지인 자신이 돌보는 것보다 어쩌면 더 나은 환경에서 자라고 있었다.

낸시가 죽었다는 소식을 들은 지 3일 후에 프라이스의 아내가 콜레라로 죽었다. 그녀는 임신 말기였는데 병으로 조기분만을 하게 되었다. 진통이 있은 지 몇 시간 만에 그녀는 죽었고, 아기도 태어나지 못했다. 이렇게 복잡한 사인으로 인해 장례식을 준비하던 왕궁은 곤란에 처했다. 프라이스는 왕의 대신이었기에 그의 아내는 호화롭게 국장을 치르도록 되어 있었다. 그러나 버마 법에 의하면 콜레라로 죽은 사람에 대해서는 어떤 의식도 허용되지 않았다. 문제를 더욱 복잡하게 한 것은 아이를 낳다가 출산하지 못한 채 죽은 여자의 시체는 관습상 비밀리에 아주 음울한 방법으로 처리되어야 했다.

이러한 난관은 전형적으로 왕궁의 방식으로 해결되었다. 프라이스의 아내는 아이를 낳은 후 분만의 후유증으로 죽은 것으로 공식 발표되었고, 매우 엄숙한 장례 의식이 거행되었다. 프라이스 자신도 투옥으로 몸이 쇠약해진 탓에 결핵에 걸렸고 1년도 버티지 못해 죽었다. 로저스 역시 얼마 살지 못했다. 죽음의 감옥과 오웅펜라는 이런 식으로 그 사용료를 거두어 갔다. 크로퍼드 사절단이 의미도 없는 상업조약을 얻어내느라 질질 끌고 있는 동안 아도니람은 다시 번역 작업에 매달렸다. 1826년 12월 13일, 까맣게 봉인된 편지가 도착한 지 약 3주 후 사절단은 이라와디 강을 출발했다. 수심이 얕고 암초가 있는 모래톱 때문에 다이아나 호가 빨리 운항할 수가 없어 아도니람은 더욱 초조해졌다. 이 무렵 그의 깊은 슬픔은 오래된 통증 정도로 무뎌졌다. 그는 그 편지가 실제가 아닐 것이라는 망상도 해봤다. 이 땅에서 다시는 낸시를 보지 못할 것이라는 감각이 아도니람을 일깨워 줬지만, 한편으로는 그녀가 암허스트에서 그를 맞이하려고 기다리고 있을지도 모른다는 생각을 물리칠 수 없었다. 그의 기억에 새겨져 있는 낸시의 마지막 모습은 펜윅 선장의 집 앞에서 어린 마리아를 팔에 안고 명랑하게 웃던 모습이었다. 그는 이러한 느낌이 현실이 아니라는 것을 알았지만 떨쳐버릴 수가 없었다.

랑군은 페구 반란군들에 의해 전면 포위당해 있었다. 무장된 배 위에 탄 사람들이 사다리를 타고 도시의 부두로 들어오는 것은 쉬웠지만, 성 안 사람들이 방어용 울타리 밖으로 나가는 것은 불가능했다. 아도니람은 틈틈이 어린 마리아의 안부를 묻고 다녔지만 아는 사람이 아무도 없었다. 그의 옛 선생인 마웅 슈웨이그농은 아바에서 오는 도중 콜레라로 이미 죽었다.

선교관은 페구 반란군의 총부리와 너무 가까워 방문할 수가 없었다. 아도니람은 방어용 울타리 안쪽의 높은 지붕 위에 올라가 어렴풋이 선교관을 보았다. 건물은 거의 폐허가 되어 기둥과 지붕의 일부만 남아 있었다. 방어용 울타리 밖에 있는 강가의 모든 집들은 파괴되었고 반란군들과 미얀마인들은 자주 충돌했다. 사절단이 도착하던 날 슈웨다공 탑을 차지하기 위한 작은 전투가 일어났다. 사절단들은 랑군 관리들을 의무적으로 몇 차례 방문한 후 더 이상 머물지 않았다. 다이아나 호는 강을 내려가 1827년 1월 24일 아도니람을 암허스트에 내려놓았다.

조나단 웨이드가 선창에서 아도니람을 기다리고 있었다. 3년 전 낸시와 함께 필라델피아에서 배를 타고 함께 온 선교사가 바로 웨이드와 그의 아내 데보라였다. 그들은 랑군에 전쟁이 터졌을 때 간신히 도망쳐 목숨을 건졌고, 낸시가 죽은 지 약 한 달쯤 뒤 암허스트에 돌아왔다. 그들은 낸시가 지어 놓은 집으로 바로 이사를 와서 어린 마리아를 돌보게 되었다. 마리아는 아직 살아 있으나 매우 쇠약한 상태라고 웨이드가 말했다.

아도니람과 웨이드가 함께 집 쪽으로 걸어가고 있을 때 몇 명의 개종자들, 마 멘라이와 마 독, 마웅 슈웨이베이와 독실한 마웅 잉이 그를 맞이하러 달려 나왔다. 남자들은 소리 죽여 울었고 여자들은 큰소리로 곡을 하며 애도했다. 이러한 비통한 울음들이 아도니람의 현실감각을 날카롭게 깨웠다. 까맣게 봉인된 편지를 받았던 날의 갑작스런 슬픔이 생생하게 밀려오기 시작했다. 그 슬픔은 베란다에서 낸시 대신에 마리아를 안고 있는 데보라 웨이드를 보자 더욱 부풀어올랐다. "자기 아빠가 울고 있는 것도 알아차리지 못하고, 유년기 추억에서 자기를 그토록 사랑했던 엄마에 대한 추억도 오래 전에 지워진 가엾은 아가." 그는 아기를 안아보려 했지만, 아기가 몸을 움츠리는 바람에 그러지 못했다. 아기의 거부에 당황한 그는 낸시의 무덤을 보여달라고 웨이드에게 부탁했다. 낸시의 무덤은 헨리 가우저의 집 앞 정원 가까이 있었다. 희망목이라 불리는 호피아 나무가 입구에서 자라고 있었고, 생울타리가 빙 둘러 쳐있었다.

한동안 여러 가지 상념과 기억들이 뒤섞여 그는 망연히 그 무덤을 바라보고 있었다. "누군들 저곳에 묻혀 평안을 얻지 않을 사람이 있을까?" 아도니람은 며칠 후 낸시의 어머니에게 통렬한 어조의 편지를 썼다. 그는 낸시가 진실로 '희망의 나무' 아래 묻혀 있다고 생각했다. 그러나 이제는 낸시를 볼 수도 없었고, 그녀의 목소리도 들을 수 없었다.

아도니람은 무덤에서 돌아와 낸시가 살았던 펜윅 선장의 집까지 걸어서 갔다. 떠나기 전에 함께 무릎꿇어 기도하고 그녀에게 작별의 키스를 했던 곳을 보았다. 그는 그 작별인사를 기억했다. 그러나 거기에 낸시는 없었다.

아도니람은 자신이 없는 동안 그녀가 지어놓은 집으로 돌아왔다. 그곳에서 혼자 살고 싶었다. 낸시가 죽었던 방으로 올라갔다. 그 방 창문으로 희망목과 울타리 꼭대기가 보였다. 거기 있으면 매순간 낸시를 볼 수 있을 것 같았고, 그녀의 발자국 소리가 들리는 것도 같았다. 그러나 그것은 다른 사람이 내는 소리였다. 자신의 느릿한 발소리와 마리아의 칭얼거림과 웨이드 부부의 조용한 움직임 뿐, 거기 낸시는 없었다. 아도니람은 그녀를 돌보았던 리차드슨 의사를 찾아갔으나 그는 이미 몰메인(현 지명: 몰라마인)으로 이사를 가고 난 뒤였다. 아도니람은 마치 질의 응답을 하다보면 그녀가 살아 돌아오기라도 하는 것처럼 버마인 제자들에게 여러 가지 질문들을 퍼부었다.

그들은 낸시가 아픈 동안 거의 말을 하지 않았다고 했다. 그녀의 마음은 마치 큰 충격을 받은 듯했고, 생각은 때때로 어딘가를 방황하는 것처럼 보였다. 그들은 낸시가 겨우 이렇게 말한 것을 기억해냈다. "선생님은 오시려면 아직 멀었고 새로운 선교사들도 한참 있어야 올 거예요. 나는 분명히 혼자 죽음을 맞이할 것이고, 내 아기를 홀로 남겨 놓아야 할 거예요. 하지만 모두 하나님의 뜻이면 난 그의 뜻에 순종할 뿐입니다. 난 죽음은 두렵지 않지만 이 고통들을 견뎌내지 못할까봐 두려워요. 선생님에게는 병이 너무 혹독해서 편지를 쓸 수 없었다고 전해줘요. 그리고 내가 얼마나 고통스러워했고 어떻게 죽었는지 여러분이 본 모든 것을 전해주고 그가 돌아올 때까지 이 집과 물건들을 잘 간수해 주세요."

낸시가 거의 아무 것도 알아볼 수 없을 때에도, 그녀는 암허스트의 유일한 유럽 여자이면서 관리의 아내인 휠락 부인이 돌보는 마리아를 여전히 찾곤 했다. 휠락 부인이 아기를 데려오면 낸시는 아기를 잘 돌보아 줄 것과 아기 아버지가 돌아올 때까지 아기가 원하는 것은 모두 가질 수 있게 해달라고 거듭거듭 부탁했다. 그러나 죽기 전 며칠 동안은 이마저도 할 수 없었다. 그녀는 거의 의식 없이 팔을 베고 눈을 감은 채 옆으로 누워 있었다. 어느 날 저녁 여덟 시 경, 그녀는 버마어로 비통과 고통을 표현한 후 숨을 멈추었다.

이것이 제자들이 아도니람에게 한 이야기의 전부였다. 그는 만족하지 못했다. 아도니람은 가우저가 계속 암허스트에 있기를 바랐다. 그러나 아치볼드 캠벨 경은 비록 몰라먀인 또는 몰메인이라고 불리는 마타반 반대편 지역(이곳에서 상류 쪽으로 40킬로미터쯤 올라가면 두 개의 작은 강이 합류하는 살윈 강 지역이다)이 암허스트보다 큰 배들을 댈만한 항구는 없지만 군사적으로는 더 낫다고 판단했다. 캠벨 경이 몰메인 지역을 본부로 정하자 암허스트는 인구가 줄어들기 시작했다. 암허스트에 자기 집이 있고 치안판사 임기가 몇 개월 남았음에도 불구하고 가우저는 암허스트를 떠나기로 결정했다. 그는 이것으로 버마를 영원히 떠났다. 가우저의 재산은 여전히 아바에 있었다. 가우저의 건강도 이미 많이 상했지만, 그는 젊었고 대부분의 인생이 여전히 그 앞에 놓여 있었다. 가우저는 과거를 뒤로하고 다시 인생을 시작한다는 것에 만족하며 버마를 떠났다.

가우저가 없었기 때문에 아도니람은 의사인 리차드슨을 만나러 몰메인을 처음으로 방문하기로 했다. 한편 그는 1827년 1월 28일, 돌아온 지 나흘만인 주일날 버마에서의 예배를 통해 선교 임무를 다시 시작했다. 약 20명의 사람들만 참석했지만 그가 2년 반 만에 집전한 버마에서의 첫 예배였다. 며칠 후 아바와 오웅펜라에서 낸시와 함께 살았던 마웅 슈웨이베이의 두 딸 중 막내딸인 애비 하셀타인이 죽었다. 장례식 후 아도니람은 부분적으로 번역해두었던 구약 일부분을 정리하기 시작했다.

다음 주 초 아도니람은 리차드슨을 방문했다. 아도니람은 그의 유능함과 친절함 그리고 환자에 대한 세심한 태도에 깊은 감명을 받았다. 리차드슨은 낸시를 하루에 두 번씩 진찰했고 때때로 그녀의 침대 가에서 밤을 새우기도 했다고 말해주었다. 병의 초기부터 낸시는 자신이 회복되지 못할 것을 알았으나, 죽음을 앞에 두고서도 그녀의 마음은 한결같이 잔잔하고 행복했다고 전했다. 하지만 마리아와 개종자들 그리고 학교를 아도니람에게 맡기고 떠나는 것에 대해서는 무척 애석해했다. 그러나 그녀는 거의 불평하지 않았다. 죽기 이틀 전에도 의식이 희미했으나 "나는 괜찮아요. 단지 좀 약할 뿐이에요"라고 말했다. 이 말이 리차드슨이 들은 그녀의 마지막 말이었다.

암허스트의 기후는 그녀의 죽음과는 아무 관련이 없다고 했다. 그의 의견에 의하면 아바와 오웅펜라에서 식량이 부족해 생긴 탈진이 진짜 이유라고 했다. 리차드슨은 제자들의 설명을 확인해주었고 까맣게 봉인된 편지가 도착한 날부터 아도니람을 괴롭혀오던 죄의식, 즉 그가 있었더라면 낸시의 생명을 어느 정도 연장시킬 수 있었을 것이라는 생각을 조금은 가라앉혀 주었다. 이것이 더욱 중요했다.

낸시의 죽음에 대한 죄의식이 일시적이나마 줄었기 때문에 아도니람은 다시 한번 선교사업에 몰두했다. 일에 몰두하면 슬픔의 앙금이 치유될까 하여 그는 일에 매달렸다. 암허스트의 주민 중 몇 명이 복음에 관심을 보였다. 학교 건물이 새로 지어졌고, 선교관에 속한 대지 위에 나무와 덤불들을 치우는 일들도 추가되었다. 교사와 설교자로 자원하여 임명된 마웅 잉은 말씀을 전파하기 위해 남부연안을 따라 타보이로 떠났다.

마리아는 웨이드 부인이 자상하게 돌보면서 건강이 많이 나아졌다. 아도니람이 한편으로는 감사하게 생각하고 한편으로는 유감스럽게 생각할 정도로 마리아는 웨이드 부인을 엄마라고 믿는 것 같았다. 그러나 조금 나아진 것도 잠시뿐, 마리아는 다시 장염을 앓았다. 아도니람과 웨이드 부인은 마리아를 몰메인에 있는 리차드슨에게 데려갔다. 의사가 해줄 수 있는 일은 거의 없었기에 며칠 뒤에 다시 암허스트로 돌아왔다.

그들이 없는 동안 두 명의 새 선교사들, 조지 다나 보드맨과 그의 아름답고 푸른 눈을 가진 아내 사라, 그리고 6개월도 안된 여자 아기가 암허스트에 도착해서 여장을 풀고 있었다. 조지 보드맨과의 만남이 즐겁긴 했지만 아도니람은 마리아가 급속도로 쇠약해져 가고 있었기 때문에 그들에게 할애할 시간이 없었다. 암허스트에 돌아온 지 나흘만인 1827년 4월 24일 오후 세 시, 마리아 엘리자베스 버터워스 저드슨은 2년 3개월의 짧은 생애를 마감했다. 아도니람과 웨이드 부부와 보드맨 부인이 마리아의 눈을 감기고 그녀의 작은 손을 차가운 가슴 위에 포개주었다. 보드맨 씨가 손수 관을 만들었다.

(아도니람이 낸시의 어머니에게 쓴 편지)
다음날 아침, 우리는 엄마의 쓸쓸한 무덤을 둘러친 작은 울타리 안에 그녀의 마지막 침상을 만들어주었습니다. 그들은 무덤의 입구에 서 있는 희망목 아래서 진정한 희망 안에서 함께 쉬고 있습니다. 엄마와 아이는 6개월 동안의 짧은 이별 뒤에 다시 만나게 되어 기뻐하고 있으리라 믿습니다. 그리고 저만 이 황량한 세상에 홀로 남았습니다.

저는 소중한 가족들을 땅에 묻었습니다. 하나는 랑군에, 둘은 암허스트에. 축복의 세계로 떠난 사랑하는 사람들을 따라가고 싶은 충동을 억제하는 일 말고 저에게 무엇이 남아 있겠습니까?
나의 가장 소중한 친구들, 나의 혈육이 사는 곳,
나의 주 하나님이 통치하시는 그곳.

이렇듯 죽음의 감옥과 오웅펜라는 또 다른 희생자를 요구했다.

아도니람은 선교사업에 다시 헌신했다. 그는 신앙에 대해 물어오는 사람들을 설득하고 논쟁을 벌였다. 또한 버마인들에게 이 세상에 관해 알려주려고 천문학과 지리에 관한 문답식 교과서를 만들었고, 시편을 번역하기 시작했다. 그는 수가 늘어난 선교사들을 어떻게 적절히 배치할 것인가에 골몰하기도 했다. 여전히 암허스트의 인구는 줄고 몰메인의 인구는 늘어나고 있었기 때문에, 보드맨 가족은 아치볼드 경이 선교원을 제공하겠다는 제안을 받아들여 몰메인에 정착하기로 했다. 그들은 5월에 떠났다. 아도니람은 8월에 그들과 합류했다. 웨이드 부부와 원주민 개종자들은 11월에 옮겨왔다. 몰메인에서 아도니람은 좀 더 좋은 시설들을 증축했다. 새 집 건물 앞에 자얏을 만들어 여학생들과 남학생들이 따로 공부하는 학교를 만들었고, 독서하는 자얏은 마웅 슈웨이베이가, 설교하는 자얏은 웨이드와 타보이에서 돌아온 마웅잉이 함께 맡았다.

그러나 이렇듯 분주하게 일하는 것처럼 보였지만 사실 아도니람은 별 느낌 없는 기계처럼 움직였다. 이런 종류의 일을 더 많이 할수록 자신을 진짜 사로잡고 있는 생각과 감정들로부터 도망칠 수 있었기 때문이었다. 내면 깊은 곳에서 그는 "설명할 수 없으나 설명해야만 하는" 질문들과 온 힘을 다해 씨름하고 있었다. 그는 왜 이생의 이별에 불과한 죽음이라는 끈질긴 슬픔에 압도되어 헤매는 것일까?

때때로 낸시와 로저와 마리아는 이 세상에 있을 때보다 더 행복할 것이라는 믿음으로 그는 기뻐했다. 그리고 천사들과 함께 있는 그들을 만나게 되리라는 장밋빛 기대로 가득 찰 때도 있었다. 그러나 곧 소름끼치는 슬픔과 후회와 외로움의 그림자가 드리워지곤 했다. 그 그림자는 마치 어두운 숲의 그늘처럼, 때도 없이 출몰하는 낯선 질문들과 자책감으로 뒤섞여 그를 흔들어놓았다. 자신이 가장 사랑하는 사람들의 죽음 뒤에 무슨 의미가, 무슨 목적이 숨어 있단 말인가? 자신은 전염병과 같이 죽음을 몰고 다니는 사람이란 말인가? 선교 초기에 해리엣 뉴엘과 그녀의 아기, 몇 해 뒤엔 뉴엘이 봄베이에서 죽었다. 그리고 아들인 로저가 죽었고, 아내인 낸시가 죽었으며, 지금은 딸 마리아가 명을 달리했다. 그는 자기가 후세의 영원한 생명이라는 행복을 선물하는 사람이라고 믿고 싶었다. 그러나 그는 왜 이런 식으로 죽음을 선물하고 있는가? 더욱더 중요한 점은 죽은 사람들이 행복할 것이라고 믿으면서도 그는 왜 슬퍼하는가?

그 뒤에 잇따른 두 사람의 죽음은 그런 우울한 생각을 더욱 심화시켰다. 7월에 아도니람은 아버지가 매사추세츠 시츄에트에서 지난 해 11월에 돌아가셨다는 전갈을 받았다. 객관적으로 볼 때 아버지의 죽음에 아도니람이 과도하게 애통할 이유는 없었다. 아버지 저드슨은 일흔 네 살의 완전한 노령이었다. 그는 아들의 종교적 견해를 받아들여 10년 동안 침례교인으로 지냈다. 그는 적은 수입으로 살아가던 가난한 목사였다가 놀랄 만큼 부자가 되었다. 돈이 그에게 찾아왔다. 플리머스에 있는 땅을 팔아 보스턴과 주변의 은행 주식에 투자한 것이다. 그가 죽었을 때 그의 재산은 5백 달러의 은행주식을 포함해 7천 달러 이상으로 평가되었다 (1820년대의 7천 달러는 노동자 임금 기준으로 2008년 대략 170만 불, 한화 23억 정도에 해당됨. 여기에 구매력이나 물가 수준은 비교되지 않았음—편집자). 각각의 아들들에게 남긴 20달러를 제외하고, 이 모든 재산을 아내와 딸에게 남겨주었다. 그 당시 기준에 의하면 상당한 유산이었다.

그러나 아도니람이 이 완고하고 품위 있는 노인에게 슬픔 이상의 존경과 감동을 받은 것은 이런 사실들 때문이 아니었다. 아도니람을 사로잡은 것은 마음에 사무치는 기억들이었다. 갑자기 아도니람은 아버지가 어린 시절부터 눈앞에 보여주던 불타는 야망들이 떠올랐다. 그는 아버지가 어린 아도니람이 자라서 분명히 위대한 사람이 될 것이라고 말하던 예언을 기억했다. 아도니람이 대학에 다니면서 하나님을 버렸을 때 그의 절망감과, 앤도버에서 다시 복음을 받아들였을 때의 자랑스러움, 그리고 아도니람이 버마로 선교를 하러 가기 위해 파크 스트리트 교회의 부목사직을 거절했을 때의 실망 등이 떠올랐다. 이로써 아도니람은 아버지가 의식적이든 무의식적이든 심어놓은 이생의 야망, 즉 동료들을 능가하겠다는 강렬한 결심을 불어넣는 데 아버지가 성공했다는 것을 깨닫게 되었다.

그는 자신이 선교사가 된 진짜 동기가 순수한 겸손이나 자기 부인이 아니라 버마에 온 첫 번째 미국인 선교사, 성경을 버마어로 처음 번역한 사람, 즉 사람들의 눈에 첫째가 되려고 했던 야심이 아니었나 의심하기 시작했다. 그에게는 탁월해지려는 욕망이 있었다. 크로퍼드 같은 대사들과 아치볼드 캠벨 경과 같은 장군들처럼 중요한 인물들과의 교제를 즐겼던 이유가 바로 그런 것이었을까. 아도니람은 그들이 진정 자신을 좋아하고 존경했다는 것과 함께 그러한 호의와 존경이 취하게 하는 포도주와 같다고 생각했다. 그들과 교제할 때 그는 빛났고 재치는 불꽃처럼 튀었다. 건방짐과 자만심 그리고 뛰어나고자 하는 욕망이 자신의 타고난 심각한 결점이라는 것을 그는 항상 알고 있었다. 그리고 지금은 그런 성품이 결점 정도를 넘어 그 이상은 아닌지 의심하기 시작했다. 그리고 그런 결점들이 선교사 경력을 끔찍한 위선으로, 탁월함과 칭찬을 보장받는 수단으로 이용한 것은 아닌가 자책했다. 아도니람은 스스로를 속였는지도 모른다. 하지만 하나님을 속이지는 못했다. 아마 그가 겪는 이 모든 죽음들에는 그에게 진정한 겸손을 가르치시려는 하나님의 의도가 있을 것이다.

9월에는 또 다른 죽음이 있었다. 원주민 마 멘라이 자매가 죽었다. 그녀는 자기 재산의 거의 반인 백오십 루피(버마인들에게는 아마도 현재 한화 기준 3천만 원 정도의 가치로 통했을 것이다—편집주)를 선교사업에 남겨놓았다. 그녀가 죽기 며칠 전 암허스트에서 온 편지에는 이렇게 쓰여 있었다. "그녀가 많을 것을 말할 수는 없었지만 천국에 들어가 저드슨 부인과 다른 신앙의 친구들을 만나는 이야기를 하며 얼마나 기뻐했는지 모릅니다. 한동안 그 기쁜 주제에 대해 곰곰이 생각해 본 후에, 그녀는 어린 마리아를 포함해 그녀가 다시 만나게 될 모든 사람들의 이름을 불러보고 마침내 환호를 질렀습니다. '맨 먼저 나는 주님의 보좌로 달려가서 무릎을 꿇고 그를 경배할 거예요. 나에게 천국의 길을 보여준 선생님을 보내주신 주님의 크신 사랑을….'"

아도니람에게 그 편지는 씁쓸하고 마음이 아팠다. 그와 낸시는 오래 전에 랑군에서 그녀를 개종시켰다. 지금 그녀는 낸시와 마리아를 만날 것을 고대하며 주님을 직접 만나 아도니람을 통해 말씀을 전해준 것에 대해 감사하게 되기를 손꼽고 있다. 아도니람이 그 말씀을 전했지만 과연 어떤 동기로 전했단 말인가!

그를 더 가르치시기 위해 이 모든 죽음들이 필요한 것이 확실했다. 하나님은 아도니람의 선교 사업에 대해서는 인정하셨지만, 자기 사랑에 대해서는 가혹한 가르침을 받아야만 했다.

2. "그 책을 우리에게 주세요" (1828-1831)

1828년 초 선교사들은 몰메인에서 각처로 퍼져나가기로 결정했다. 3월 말 보드맨 가족은 테나세림 해변을 따라 암허스트에서 240킬로미터쯤 남쪽 아래에 위치한 타보이로 옮겨갔다. 이때 보드맨의 나이가 27세였다. 메인 주 태생인 그는 1822년, 현재는 콜비 칼리지이고 당시에는 '메인 문학과 신학 연구소'라고 불리는 대학을 졸업했다. 콜맨의 죽음에 고무되어 그 해 그는 선교사의 소명을 선택했다. 그리고 150명의 학생 대다수가 선교사 준비를 하는 앤도버에서 공부했다. 180센티미터 이상의 키에 마르고 밝은 피부를 지닌 그는 아도니람과 외모가 달랐다. 그러나 추진력과 지적인 명석함, 언어에 대한 재능과 매력에 있어 두 사람은 공통점이 많았다.

보드맨이 선교사가 되는 데 콜맨의 죽음이 영향을 미친 것처럼, 그의 아내 사라도 그런 식으로 만났다. 사라는 자기 일에서 낸시

만큼이나 유능했고, 낸시가 아도니람에게 잘 어울렸듯이 그녀는 보드맨에게 잘 맞았다. 그녀는 현재 24세이며 1803년 11월 3일 뉴햄프셔 주의 올스테드에서 랄프와 아비야 홀 사이에서 태어났다. 사라가 어렸을 때는 세일럼으로 이사했다. 그녀는 13명 중 장녀였고 어린 동생들을 돌봐야 했다. 그럼에도 불구하고 모든 자투리 시간을 공부에 쏟아 넣어 독학으로 수사학, 논리학, 기하학, 라틴어를 터득하고 신학의 기초를 다졌다. 어린시절부터 그녀는 저널에 기고했고, 십대에는 종교신문에 기사와 시를 실었다.

콜맨의 죽음에 영향을 받은 그녀는 종교 신문에 그에 관한 시를 실었다. 보드맨은 그 시에 몹시 감명을 받아 작가를 추적했다. 그 작가가 밝은 갈색머리칼을 가지고, 푸른 눈으로 아찔한 만큼 아름다우며, 수줍지만 우아할 뿐만 아니라, 학교에서 가르치고 있고, 교회 활동을 인도하고, 스스로 선교 사업을 고려하고 있는 18세 소녀라는 사실을 알았을 때 그 결과는 쉽게 예상할 수 있었다. 그들은 몇 달 만에 약혼하고 인도로 떠나기 전 1825년 7월 3일 주일, 세일럼의 제일 침례교회에서 결혼식을 올렸다.

콜맨에 관한 사라의 시 때문에 그녀는 또한 낸시를 만난 적도 있었다. 낸시가 미국을 방문했을 때 세일럼의 선교모임에서 연설을 했는데, 모임이 끝날 무렵 어떤 사람이 사라의 시를 낸시에게 읽어주면 어떻겠냐고 제안했다. 청중들은 열광적으로 그 제안을 환영했다. 사라는 얼굴이 빨개지고 떨면서 거절을 했지만 저명인사들 앞에 거의 끌려나오다시피 해서 시를 읽을 수밖에 없었다. 그녀는 간신히 시를 낭독했지만 그다지 유쾌한 경험은 아니었다.

보드맨 부부는 웨이드 부부와 콜맨의 미망인과 함께 캘커타 근처에 있는 치타포어에서 영국과 버마 간 전쟁이 끝나기를 기다렸다. 그들과 버마인 교사의 도움으로 보드맨 부부는 곧 놀랄 만큼 훌륭하게 버마어를 익혔다. 그들은 몰메인의 개척자들이었다. 당시 몰메인은 가장 위험한 지역이었다. 마타반에서 살윈을 가로지르는 곳에는 강도가 횡행했고 코브라와 호랑이, 표범들이 구릉과 정글에 출몰했다.

몰메인에서의 어느 날 새벽, 이상한 소리에 잠이 깨어보니 강도 몇 명이 그들의 대나무 움막 안으로 뚫고 들어와 트렁크와 상자를 다 뒤져 보드맨의 시계와 거울, 은수저, 심지어 열쇠까지 가지고 달아났다. 더 기절할 만큼 놀랐던 일은 침대에 처진 모기장의 머리맡 부분에 난 긴 칼자국이었다. 강도들이 안을 들여다보고 그들의 목을 벨 생각을 했던 것이 분명했다. 다음 날에는 아치볼드 캠벨 경이 보낸 보초병이 베란다에서 야생동물에게 공격을 당했다.

보드맨 부부는 한 명의 시암인 그리스도인과 4명의 학생, 그리고 아직 침례(세례) 받지 않은 50세의 개종자와 함께 타보이로 갔다. 그 50세의 개종자 꼬 따뷰는 나중에 가장 유명한 사도 중 하나가 되어 거의 전설적인 인물이 되었다. 꼬 따뷰는 버마의 산간 정글 부족 사람이었다. 아도니람과 낸시는 랑군에서 그들의 작은 행렬이 선교관 앞을 지나다니는 걸 본적이 있었다. 그들이 카렌 부족이라는 것과 근처의 부족들 중 가장 수가 많다는 것, 또한 들소만큼이나 사납고 강제적으로 하지 않으면 거의 도시 안으로 들어오지 않으며, 다른 부족과 교제하기를 꺼린다고 들은 적이 있었다.

꼬 따뷰는 15세에 집을 떠나 강도짓과 살인을 일삼던 사악하고 다스릴 수 없던 소년이었다. 그는 자기가 서른 건의 살인에 개입했다고 털어놓았다. 전쟁 후 그는 랑군에 있는 하크의 종업원으로 들어갔다. 하크가 떠나면서 그는 곤경에 빠졌고 그 후 빚 때문에 노예로 팔리게 되었다. 그때 슈웨이베이가 그를 사서 하인으로 데려갔다. 하지만 그의 통제 불가능한 기질 때문에 슈웨이베이가 그를 빚 대신 아도니람에게 넘겼을 때 너무나 기뻐할 정도였다. 그러나 아도니람은 꼬 따뷰에게 스며들듯이 깊은 감명을 주었다. 그는 버마어 성경을 읽는 것을 배웠고, 전인격은 완전히 변했다. 그는 진정한 그리스도인이 되었고 넘치는 에너지들은 새로운 방향으로 집중되어 카렌족 기독교인의 아버지가 되었다.

보드맨 부부가 이런 그를 카렌 부족이 많은 지역으로 데려간 것은 어쩌면 당연한 일이었다. 보드맨 부부가 타보이 선교를 택한 것과 아도니람이 그들을 그리워한 것도 마찬가지로 마땅히 그럴 수 있었다.

보드맨 가족이 떠난 것, 특히 낸시와 마리아를 생각나게 하던 사라와 그의 딸이 떠난 것으로 인해 아도니람의 우울증은 깊어졌다. 그러나 그 일로 새삼 마음 깊이 품고 있던 죄의식과 자책감이 심화되었거나, 버마인들에게 복음을 전하는 훌륭한 일을 이용해 자신의 야망을 충족시키려는 불순한 동기 때문에 그가 당연히 벌을 받고 있다는 생각 때문에 괴로워하지는 않은 것 같다. 어쨌든 그의 이러한 내적인 감정들은 1828년 내내 깊어졌다. 그리고 세월이 지나서도 자기를 벌주는 갖가지 일을 시도하여 그러한 부끄러운 감정들을 보상하려고 했다.

이러한 죄의식에서 벗어나기 위해 그는 버마인 개종자들과 의사 리차드슨에게서 낸시의 죽음에 대해 세세한 일들까지 증언을 들었다. 죽음의 감옥에 있기 전부터 애독해오던 귀용 부인의 『정적주의』(Quietism)를 다시 공부하기 시작하면서 그는 한층 더 토마스 아 켐피스나 페늘롱과 같은 신비주의 신앙가들의 영향을 더 많이 받게 되었다. 그러한 작가들은 겸손을 가장한 자기 비하, 금욕의 정도를 넘어선 고독주의, 그리고 다양하게 위장된 자기 고행에 대해 설명하고 있었다.

보드맨 부부가 타보이로 떠나기 전에도 그는 시편 30편을 번역한 후, 자신이 가장 사랑하는 작업인 구약 번역을 손에서 놓고 몰메인에서 제일 끔찍한 환경이라고 생각되는 더럽고 시끄러운 거리 쪽 자얏에서 시간을 보내기 시작했다. 아도니람은 조금씩 자신을 외부 세계와 단절시키면서, 자만심을 부추기고 쾌감을 줄 만한 일들을 모두 멀리했다.

아치볼드 캠벨 경과 영국 관료들은 그를 저녁만찬에 초대했다. 한때는 아도니람도 이를 몹시 즐겼으나 이제 더 이상 선교를 위한다는 이유로도 저녁만찬을 하지 않을 것이라고 말했다. 그는 또 자신이 높이 평가하는 사람들로부터 찬사의 편지를 받곤 했는데 이것들도 모두 없애버렸다. 1823년 모교인 브라운 대학에서 그에게 신학 박사 학위를 수여했는데 아도니람은 미국 침례교 잡지에 편지를 써서 이것을 거절했다. 그러나 이러한 금욕적인 삶은 아주 적은 양의 마약이 중독자에게 아무 도움이 되지 못하듯 그를 죄의식에서 완전히 벗어나게 하지는 못했다. 그는 더 많은 양의 '약'이 필요했다.

그가 미국을 떠났을 때, 자신의 저축을 포함해 친척들과 친구들로부터 받은 상당한 액수의 돈이 있었다. 수년 간 여기에 이자가 붙어 만이천 루피, 약 6천 달러로 불어났다. 그는 개인 재산 전부를 침례교 선교회에 기부했다. 얼마 후 웨이드와 함께 그의 선교사 월급의 20분의 1로 선교사업을 후원했고, 또 미국에 있는 침례교 목사 백 명이 이 일에 같이 동참한다면 20분의 1을 더 헌금하기로 했다. 후에 그는 자기 봉급을 추가로 4분의 1까지 깎아 줄 것을 요청했다.

그러나 그는 만족하지 못했다. 10월 말경 그는 몰메인의 선교관에서 조금 떨어진 정글에 작은 움막을 지었다. 자칭 '은둔처'였다. 그곳은 보드맨 부부가 볼 때 매우 위험한 곳이었다. 아도니람은 낸시의 2주기 추도일인 1828년 10월 24일에 그 움막으로 옮겨갔다. 그날 밤 브래드포드에 있는 아비가일과 메어리 하셀타인에게 다음과 같은 편지를 썼다.

> 이 폭풍우가 몰아치는 저녁은 나를 둘러싼 이 황폐함과 내 마음의 황량함이 일치한다는 것과 또 먼저 간 사랑하는 이에 대한 애통과 나의 죄에 대한 비탄이 결합되어 있음을 깨닫게 합니다. 그리고 사랑하는 사람의 버려진 무덤 위에 흘러넘치는 나의 눈물이 혐오스런 내 마음의 회칠한 무덤 위로 같이 흘러내린다는 것을 알게 해줍니다.

낸시의 무덤과 자기 마음속의 "혐오스런 회칠한 무덤." 무덤 안에서 썩어가는 낸시와 자신의 목표와 함께 썩어가는 자신의 영혼과 육신—외관상으로는 가장 단정하고 정결해 보였다— 사이에는 수수께끼 같은 등식이 성립했다. 그는 이러한 생각들에 사로잡혀 아무리 노력해도 죄의식과 자기혐오로부터 자유로워질 수 없었다. 마침내 그는 이런 시도가 잘못된 것이라고 결론지었다. 그러나 그가 체념하면서 이것들을 받아들이게 되기까지 그러한 생각들 안에서 헤매야 했다.

그는 은둔처 근처에 무덤을 파고, 육체의 부패 과정을 섬뜩할 정도로 자세히 생각하면서 며칠 동안 그 옆에 있었다. 그는 이같이 해서 육체가 아무 것도 아니라는 것을 깨닫기 원했고, 홀로 묵상하면서 하나님의 은밀한 암시에 조금이라도 가까워지기 바랐다. 아도니람은, 자기 영혼을 정복하고 세상을 이기기 위해 갖가지 형태의 자기 부인을 시도한 후 마침내 미친 사람과 함께 자신의 움막에서 함께 살았던 '파리의 대 수도원장'을 마음에 두고 있었다.

그러나 이렇게 무덤을 바라보는 기간은 그리 오래 지속되지는 않았다. 자학적인 금욕주의는 자신을 구원하기에는 아무래도 터무니없다는 느낌이 들었기 때문이었다. 결국 그 무덤은 진짜 무덤이 아니지 않은가. 그 무덤 옆에 앉아 그 안을 응시하는 것이나 다른 구덩이 옆에 앉아 안을 들여다보는 것이나 다를 게 없었다.

그럼에도 불구하고 은근하게 자신을 벌하는 고독과 자기부인은 여전히 그의 관심을 끌었다. 이것은 1829년 초, 아도니람이 원래의 정통 교리보다 훨씬 신비주의적으로 글을 쓰기 시작했을 때 분명해졌다. 이 글은 10년쯤 후 미국의 에머슨이 주창하게 될 초월주의를 어렴풋이 닮아 있었다. 아치볼드 캠벨 경이 몰메인을 떠났을 때 그의 영혼에 대해 경고하며 쓴 편지를 예로 들어보자.

진정한 종교는 고위 성직자나 고귀한 지위를 가진 사람들에게서는 좀처럼 발견될 수 없습니다. 그것은 어떤 특정한 교회에 속해 있다거나, 특별한 예배 의식을 준수하는 것에 있지도 않습니다. 진정한 종교란 타락의 결과로 멀어져버린 위대하고 무소부재하며 무한하신 존재와 우리 영혼이 다시 연합하는 데 있습니다.

참회하는 버마인들을 인도하기 위해 쓴 『삼겹줄』이라는 소책자에서 그는 자신의 생각을 더 발전시킨다. 만일 "믿음의 손"으로 움켜쥐기만 하면 세 개의 줄은 개종자들을 실수 없이 천국으로 인도할 것이다. 첫 번째 줄은 은밀한 기도이다.

그가 가장 많은 지면을 할애한 두 번째 줄은 자기 부인이다. '자기애 즉 부자들이나 명예를 가진 자들과 함께 이 세상의 기쁨을 즐김으로써 자기를 영화롭게 하고자 하는 욕구는 타락한 사람들을 지배하는 원리이다. … 자기애를 없애버리는 방법은 그것에 탐닉하는 것을 그만두고, 그런 자신을 원수나 악한 짐승이라고 생각하고 그렇게 다루어야 한다. 우리가 할 수 있는 최대한으로 그리고 끊임없이 그런 성향들과 탐닉을 줄이고 끊어나가야 한다. … 자기 부인이 습관이 되고 일상이 될 때까지… 자주 금식을 하라. 육체를 아래에 두라. … 치장을 그만 두라. … 초라한 거주지를 택하라. … 불편함을 겪어라. … 나태한 안이함과 세속적인 탐닉보다 그러한 불편을 더 좋아하라. 어떤 오락도 허락지 말라. 세속의 재산이라는 방해물을 제거하라. 무명으로 있는 것에 만족하고 오히려 이것을 열망하라. 아니면 죄 짓지도 않았는데 저주받고 경멸받은 것으로 유명해지라.

마지막으로 사악한 존재의 손에 놓인 이 세상과 타협하지 말라. 이런 식의 삶은 우리를 하나님의 은혜로 이끌어 줄 것이며, 십자가를 견디신 예수님의 발자취를 따라가게 한다.'

세 번째 줄은 선을 행하는 것이다. 이것은 "거룩한 베풂의 원리"를 강화시킨다.

아도니람이 얼마나 철저하게 자기 부인의 원리를 지키면서 사랑하던 세상과의 끈을 끊어버렸는지 우리는 이미 보았다. 하지만 그는 여기서 더 앞으로 나아갔다. 곧 그는 플리머스에 있는 여동생 아비가일에게 "기념으로 남기고 싶은 최근의 편지 서너 통을 제외한" 옛날 편지들, 심지어 어머니와 누이동생에게 쓴 것들도 모두 없애라는 편지를 써 보냈다. 그는 아버지의 유산을 포기하는 각서에 사인을 하는 대신 반드시 자신의 편지를 없애야 한다는 조건을 걸었다. "…옛날에 내가 썼던 모든 기록물들을 없애버리는 것이 나의 간절한 바람임을 알았을 것이다. 부디 내가 이렇게 직접적으로 말하는 것을 용서해주기 바란다. 네가 가지고 있는 나의 기록물들 가운데 위에 언급한 몇 편의 편지를 제외하고 모두 없앴다는 확신이 들 때까지 네가 요구하는 서류를 보내지 않겠다."

자기 부인. 은둔. 아무리 자기 부인을 극단적으로 행해도 그가 구하는 영혼의 평화는 얻을 수 없었다. 그는 더 고립되어 있어야 했을지 모른다. 비록 그는 은둔처에서 혼자 살았지만 아도니람은 몰메인으로 보내는 간곡한 부탁들과 글쓰기, 번역 등으로 대부분의 시간을 보냈다. 때때로 도지는 우울증 기간에는 이런 모든 활동들을 중단하고 명상에만 전념했다. 그는 성경을 옆구리에 끼고 몰메인 뒤에 있는 언덕을 넘어 호랑이가 출몰하는 깊은 정글까지 들어갔다. 그리고 자신에게 가장 적합하다고 생각되는, 오랫동안 버려져 이끼가 뒤덮인 탑이 나오는 곳까지 갔다. 거기서 그는 낮에는 책을 읽고 명상하고 기도하면서 보내다가 저녁이 되면 은둔처로 돌아왔다.

그는 정글에서만큼은 완전히 혼자라고 생각했다. 그러나 사실은 그렇지 않았다. 왜냐하면 작은 원주민 교회의 집사인 신실한 꼬 드와가 은밀히 그를 따라다니고 지켜보았기 때문이다. 꼬 드와는 아도니람이 "조잡한 대나무 자리"와 차양을 만들기 위해 은둔처로 돌아간 후, 위험한 정글의 밤을 지내면서까지 아도니람을 위해 오두막 하나를 지어놓기도 했다. 다음 날 아침 아도니람은 자신의 명상 터에 지어진 오두막을 발견했지만 누가 그것을 만들어놓았는지 몰랐다.

아도니람이 오래된 탑 옆에서 명상을 하면서 보내는 40일 동안 그는 아주 적은 양의 쌀만 먹었다. 이것은 하나님이 자신을 용서하셨다는 확실한 증거를 찾으려는 극단적인 노력이었다. 그러나 그것은 곧 실패로 끝났다. 1829년 10월 24일 낸시의 3주기 추모일에 그는 아비가일과 메어리 하셀타인에게 다음과 같은 편지를 썼다. "그대들 중 누구라도 하나님과 진정으로 교제하는 법을 아는가? 그렇다면 나에게 그 첫 번째 원리를 가르쳐줄 수 있는가? 하나님은 나에게는 위대한 미지의 세계이다. 나는 그분을 믿지만, 아직도 발견하지 못했다."

그러나 적어도 이때쯤 그는 단념하게 되었다. 그를 무력하게 만드는 우울증에서 천천히 회복되었다. 일부 활동을 재개하기 시작했다. 은둔처를 선교관에서 조금 더 가까운 곳으로 옮겼고, 다른 선교사들과 함께 식사하고 싶으면 벨소리를 듣고 식사시간에 맞춰 달려갈 수가 있었다. 그렇지 않을 때는 웨이드 부인이 음식을 보내왔다.

그는 점점 더 회복되었고, 1829년 12월 중순 경 동생 엘나단이 워싱톤에서 5월 8일 35세의 나이로 죽었다는 것을 알게 되었을 때는 다른 사람들의 위로를 구하기도 했다. 오래 전 아도니람이 결혼식과 목사 안수식을 위해 플리머스를 떠났을 때, 동행하던 그들은 말에서 내려 길옆 눈 위에서 무릎을 꿇고 아직 하나님을 알지 못하던 엘나단의 영혼을 위해 기도했었다.

그의 임종을 지켰던 시윌 박사는 다음과 썼다.

그가 죽기 몇 시간 전, 기운이 쇠해서 말도 할 수 없고 움직이지도 못하던 그는 갑자기 팔을 위로 뻗치고 손을 꽉 잡았다. 얼굴에 기쁨의 표정을 환하게 띠고 그는 '평화, 평화!' 라고 외쳤다. 그리고 나서 한 마디도 할 수 없을 만큼 기운이 빠져갔다. 숨을 거두기 10분 전쯤 '만일 당신의 영혼이 하나님의 평화를 느낀다면 눈을 뜨시오' 라고 그에게 말하자 엘나단은 눈을 뜨고 잠시 후 숨을 거두었다. 우리는 믿음의 승리라고 믿는다.

이 편지를 읽고 아도니람은 아비가일에게 다음과 같이 써보냈다. "내가 이 이야기를 들었을 때 나는 나의 작은 방으로 들어가 기쁨의 눈물을 흘렸다."

전환점을 통과했다. 1830년 내내 아도니람은 깊은 수렁에서 조금씩 위로 올라왔다. 슬픔이 여전히 그의 영혼을 지배했지만, 명상도 자기 부인도 그 자체로는 행복이나 하나님과의 교제를 가져오지 못한다고 천천히 결론짓고 있었다. 대신 그는 『삼겹줄』에서 주장한 선행과 유익한 활동의 원리인 세 번째 코드로 조금씩 방향을 돌렸다. 그전에도 그는 오래된 탑 옆에서의 40일간의 명상기간을 제외하고 완전히 선행을 그만 두었던 적은 없었지만, 낸시의 죽음 이후 그 일에 완전히 자기 자신을 던지지는 않았다. 하지만 이제 그는 이 일에 매진하기 시작했다.

선교활동을 고무하는 때가 이르고 있었다. 이들을 지원하는 선교사들이 더 도착할 예정이었고, 활동이 활발해졌으며, 기독교로의 개종이 꾸준히 일어났다. 이러한 성공이 반감을 불러일으키기도 했다. 선교사들이 세운 학교에 다니는 한 여학생의 어머니가 자기 딸이 기독교를 받아들인다는 소식을 듣자마자 길목에서 기다리고 있다가 우산으로 자기 딸의 머리를 내려치고 노예로 팔아버리겠다고 위협했다. 이미 침례를 받은 다른 여학생의 어머니는 어느 날 교실로 달려 들어와 자기 딸의 머리채를 잡아끌고 마당으로 나가 장작을 집어들고 딸을 때리려고 하는 것을 웨이드 부인이 가로채 그 여학생의 생명을 구했다.

60세의 한 노인은 침례를 받은 후 자기 부인과 가족들에 의해 집에서 쫓겨나 선교사들에게 도움을 요청해 왔다. 어떤 부인들은 자기 남편한테 위협을 당했다. 한 남편은 아기를 아내의 품에서 떼어놓고 칼을 들고 아내를 쫓아가기도 했다. 신기한 일이었지만 그 남편은 곧 스스로 기독교에 관심을 가져 아도니람의 기록에 의하면 "어린양이 되었다."

아도니람 자신도 선교사들과 버마인들 사이에서 존경 받는 인물이 되었다. 사실 정글에서 보낸 40일은 버마인 그리스도인들에게는 기적이 일어났다는 증거였다. 호랑이가 사자보다 더 크고 강하고 사나우며 인간을 주저 없이 공격한다는 것은 모두가 아는 사실이었다. 그리고 만일 성경에 기록된 대로 다니엘 선지자가 사자 굴에서 살아난 것이 기적이라면 호랑이가 들끓는 정글에서 저드슨 선생이 살아난 것은 그들이 직접 목격한 바 더욱 더 기적 같은 일이었다.

1830년 1월 세퍼스 베넷 부부가 두 아이들을 데리고 몰메인에 도착했다. 베넷은 출판업자로 소책자를 많이 찍어낼 수 있었다. 베넷 가족이 도착하자 웨이드 부부가 랑군에서의 선교사업을 재개할 수 있었다.

웨이드 부부가 떠난 지 얼마 후 사라 보드맨이 몰메인에 돌아왔다. 그녀는 세 번째 아이이자 둘째 아들인 저드슨 웨이드 보드맨을 낳은 뒤 건강이 몹시 나빠졌다. 사라는 지난 여름, 타보이 반란군에게 포위 당해, 가족들과 수백의 부녀자들, 여러 유럽인들과 세포이 군대와 함께 타보이 부두의 방 6개짜리 목조 건물에 갇혀 있다가 증기선 다이아나 호에 의해 구출되었다. 그녀는 그때 이후로 회복하지 못했다. 그녀의 맏딸 사라 앤은 반란이 있기 얼마 전 죽었고, 아들 조지는 거의 죽음의 문턱까지 갈 정도로 심하게 아팠다. 그리고 그들 부부는 아바에서 죽은 의사 프라이스의 두 아들을 양자로 받아들였다. 이런 사라는 휴식과 몰메인 의료진의 도움이 절실히 필요했다. 혼자 남아 있던 보드맨은 여러 달 동안의 끔찍한 기침에 시달리다 곧 몰메인에 있는 사라와 합류했다.

한편 웨이드 부부는 아도니람에게 랑군이 선교에 아주 희망적이라면서 합류하지 않겠냐는 편지를 보냈다. 아도니람은 보드맨이 몰메인에 와 있다는 것을 알자마자 보드맨 부부와 베넷 부부가 함께 일하면 충분할 것이라고 생각하고 랑군을 향해 떠났다.

그는 1830년 5월 2일 도착해서 도시 중앙에 살고 있는 웨이드 부부를 찾아갔다. 많은 사람들이 그들 집에 방문하고 종교적인 질문을 하러 오곤 했는데, 그들 중 몇 명은 장래가 매우 유망해 보였다. 랑군의 총독은 아도니람과는 오랜 친분을 갖고 있는 사람이었다. 프라이스와 아바를 처음 방문했을 때 만났던 앗윈운이었다. 이 고위관리는 아도니람을 초대해 자신의 보호 아래 머물도록 했다. 웨이드 부부의 집으로 종교적인 질문을 하러 오는 사람들 중에는 아는 사람이 또 한 명 있었다. 그는 전쟁 말기 오웅펜라 감옥으로 돌아가는 것을 막기 위해 아도니람의 안전을 보장해 주었던 아바의 북쪽 문의 나이 많은 시장의 가까운 친구였다.

그러나 아도니람은 랑군에 오래 머물지 않았다.

매일 내 안에서는 하나님이 내게 있기를 원하시는 곳에 있지 않다는 확신이 깊어간다. 내가 몰메인을 떠나기 오래 전, 내 마음의 방향을 정한 곳은 나의 내면세계이지 랑군이 아니다. 그리고 웨이드 형제자매가 있어야 할 곳에 있다고 느끼듯이, 나는 다른 곳에 부름 받았다고 느낀다. 이런 확신을 가지고 나는 마웅 잉, 마웅 엥, 마웅 드웨이, 마웅 단, 마웅 … 등등과 함께 강 상류로 가려고 한다. 우리가 탄 배는 이곳과 아바의 중간쯤에 위치한 프롬으로 갈 것이다. 거기서 주님께서 우리가 해야 할 일을 보여주시길 기도할 것이다.

일행은 1830년 5월 29일에 랑군을 떠났다. 강 상류로의 여행은 너무나 많은 버마인들이 소책자를 원해 거의 개선행진 같았다. 아도니람의 기록에 의하면, 랑군에서 약 18킬로미터 정도 올라가서 "강가에 도착해 몇 명의 버마인들과 대화를 시작하고 그들에게 12권 이상의 옛날 소책자를 나누어주었다. 그리고 해질 무렵 한 무리의 뱃사람들이 진리에 귀를 기울이고 말씀을 읽는 것을 보았다. 즐겁고도 감사한 일이었다. 어떤 이들은 소책자를 얻기 위해 우리 배를 계속해서 뒤따라 왔다. 나는 도움이 된다면 백 권이라도 나누어 줄 수 있을 것 같다." 그 마을에서 더 상류로 올라가 그는 30권의 책을 나누어주었다. 이렇게 하면 200권은 족히 나누어줄 수 있을 것 같았다.

어떻게 하면 사람들이 이 책을 진지하게 읽을 것인가 연구하던 아도니람은 어떤 꾀를 내게 되었다.

그 방법은 복음을 소개하는 작은 책자와 교리책을 조금만 가지고 그들 앞에 서는 것이다. 우선 책을 읽고, 대화하고, 흥미가 있어 하는 사람들과 교제하고 난 후 참석한 사람 중에 가장 주의 깊게 듣고 있던 한 사람에게만 책을 주었다. 책을 모든 사람들에게 주는 것이 아니라는 것을 알게 된 그들은, 아도니람이 책을 열심히 읽고, 깊이 생각하고, 기도하는 것을 약속해야만 그 책을 주겠다고 하자 책을 얻으려고 소동을 벌였다. 손을 뻗치고는 '한 권만 주세요, 한 권만 주세요' 외치는 소리가 사방에서 울려 퍼졌다.

이라와디에서 선교사들은 책을 달라는 사람들 때문에 너무 괴롭힘을 당했다. 저녁 늦게 선장은 선교사 일행들이 조금 쉴 수 있도록 강 한 가운데로 나가 있기로 결정을 했다.

그러나 그것은 해결책이 될 수 없었다. 왜냐하면 사람들은 강가로 나와 '선생이시여, 주무십니까? 우리는 마음속에 담아둘 글을 원합니다' 라고 소리를 질러댔기 때문이다. 책을 주겠다는 약속을 받아내자마자 그들은 용케도 긴 카누를 저어 막대기에 책이 닿을 때까지 다가

왔다. … 한번은 저녁에 선장이 강가에 갔다오더니 거의 모든 집의 불빛 아래서 사람들이 모여 큰소리로 책을 읽고 있다고 전해주었다.

버마에 있는 모든 사람들이 새로운 복음을 알고 싶어하는 것 같았다. 선교사들의 배가 마을을 떠나 강 위쪽으로 올라간 후에도 몇몇 사람들은 책을 얻기 위해 배를 타고 따라오기도 했다. 아도니람은 더 많은 소책자를 만들기 위해 글을 쓰고 인쇄를 부탁해야 했다. 그러나 프롬을 향해 갈수록 분위기가 바뀌었다. 말씀을 들으려 모인 사람들 가운데는 복음에 대해 반대하는 사람들이 많았다. 책을 원하는 사람도 더 적었다. 어떤 마을에서는 사람들이 아도니람을 다소 무례하게 대하기조차 했다.

프롬에는 한 유럽인이 살고 있었다. 그는 아도니람을 초대해 자기 집에 머물게 했고 정부 관리와 마을 대표에게 데려갔다. 그들은 아도니람이 들려주는 설교와 말씀을 들었지만 "의미보다는 내 말소리에 더 관심이 있는 것 같았다." 아도니람이 프롬에서 집을 얻으려 할 때 그곳 사람들은 외국인을 상대하기 두려워한다는 것을 알았다. 버니 소령이 '황금 발'에게 사절단으로 파견되어 아바에 있게 된 후로 온 나라가 소문으로 들끓었다. 지난 전쟁으로 빚더미에 올라앉은 프롬 사람들은 이미 공포에 휩싸여 있었다. 버마인들은 지금 또 다른 전쟁이 일어날 것을 예견하고 있었고, 백인의 얼굴만 봐도 무서워했다. 아도니람은 왜 사람들이 그와 이야기하는 것을 두려워하는지 이해할 수 있었다. 그러나 대화하지 않으면 어떻게 복음을 이해할 수 있겠는가?

집을 빌릴 수 없었기 때문에 아도니람은 아예 집을 짓기로 결심했다. 그는 도시 중심부에 공터로 둘러싸인 낡은 자얏을 발견하고 그것을 살 수 있게 해 달라고 허락을 구했다. 며칠 간 협상을 벌인 뒤 외교관과 치안 판사가 그것을 빌려주는 데 동의했다. 그 자얏은 가로 13.5미터, 세로 7.5미터의 적당한 크기의 건물이었다. 티크나무 기둥과 지붕, 마루는 상태가 괜찮았지만 건물전체에 야생 포도넝쿨이 휘감겨 있어 "가히 고색창연한 폐허"처럼 보였다.

아도니람은 1830년 6월 26일 토요일, 희망을 안고 이사했다. 사람들은 그를 무서워했지만 적어도 관리들은 친절했다. 다음 날 아침 마웅 잉과 다른 제자들과 예배를 드린 후, 랑군의 황금 슈웨다공 탑과 필적하는 프롬의 거대한 산 단(산 다우) 탑에 갔다. 그날은 우연히도 버마인들이 불탑에 제사를 드리는 날이라 사람들이 탑 주변에 몰려 있었다. 아도니람과 제자들이 그 옆에 있는 자얏에 자리를 잡고 설교를 하자 "몇몇 사람들이 주의 깊게 들었다."

그러나 일주일도 안 되어 그는 버마 정부가 자기를 스파이로 의심하고 있다는 것을 알게 되었다. 마웅 잉은 근처 마을에도 그런 소문이 퍼져 있다고 보고했다. 사람들은 버마인이든 백인이든 선교사들의 말을 듣는 것을 두려워했다. 다음 주 주일이 되자 "환영하던 모든 미소와 표정이 바뀌었다. 사람들은 적의에 찬 눈으로 나를 바라보고 개들마저 나를 향해 마구 짖어댔다." 그래도 그는 여전히 "큰 탑 근처의 거대한 벽돌 우상 위에 세워진 오두막 아래의 빈 장소"를 찾아, 맨 땅 위에 앉아서 몇 명 안 되는 무리들과 이야기를 나누었다. "진리가 위기에 몰렸다는 것을 느끼면서 그는 불쌍한 버마 민족을 향해 진정으로 애처로운 마음이 들었다. 한편으로 그는 지옥을 보았고, 다른 한편으로는 조롱, 비난, 재산 몰수와 투옥, 그리고 죽음을 보았다." 스파이로 의심받고 있다는 것이 도리어 사람들의 관심을 불러일으켰다. 다음 주일날 그는 "큰 탑 근처의 거대한 벽돌 우상 위에 세워진 오두막 아래"에 전처럼 앉아 있었다. 사람들이 그의 말을 듣기 위해 몰려왔다. "어떤 이들은 그의 말에 몹시 화를 냈고, 어떤 이들은 기쁘게 경청했다. 어떤 이들은 그를 훌륭한 사람이라고 했고 어떤 이들은 사람들을 속이는 자라고 했다."

그는 버마에서의 모든 행동에 대해 치안 판사에게 심문을 받았다. 아바에 보고서가 올려졌다. 치안판사들은 겉으로는 중립적이었다. 그러나 "아바에서는 전쟁이 임박해지자, 그곳을 떠나 영국 사람들에게 간 이후로 나를 수상한 인물로 간주해왔다."

한편 그는 보드맨이 결핵에 걸렸다는 것을 알게 되었다. 기적이 일어나지 않는 한 그는 오래 버텨낼 수 없었다. 웨이드는 랑군을 떠나 몰메인으로 돌아갈 계획이었다. 아도니람은 그가 랑군으로 돌아가야할지 고민했다. 그러나 그는 프롬에서 조금 더 머물기로 결정했다. 주변에 몰려드는 구경꾼 대부분이 적대적이긴 해도 멀리 떨어진 구석에서 주의 깊게 듣고 있는 사람이 항상 있게 마련이라는 것을 알았기 때문이었다.

9월 1일 아도니람이 프롬에서 일으켰던 소란이 왕의 대신에 의해 아바에 파견 나와 있던 버니 소령에게 보고되었다. 버니는 일지에 다음과 같이 기록했다. "사람들은 아도니람이 '왕을 화나게 할 만큼 버마의 종교를 매도한다'고 비난했다. 나는 그들에게 저드슨 박사는 선교 사업에 매우 헌신적인 사람이고, 나는 그에게 어떤 권위나 힘을 행사할 수 없지만 내가 아는 한 그는 매우 경건하고 좋은 사람이라고 말해주었다. 그리고 버마의 왕이나 어떤 정부 관료도 그에게 해를 입힐 것 같지는 않다고 말했다." 버니는 사람들에게 재치 있게 다음과 같이 경고했다. "버마의 왕과 관리들은 버마에 들어오는 모든 종교에 대해 항상 관용을 베푼다는 사실 때문에 문명국들로부터 높은 명성을 누려왔다. 아바의 왕이 지키고 있는 종교적 개방 정책에 어떤 변화가 있다는 소리를 듣는다면 수천 명의 유럽인과 미국인들이 매우 실망하고 상처받을 것이다. 나는 관리들이 저드슨 박사를 괴롭히거나 해를 입히지 않기를 바란다. 그러한 행동은 전 세계의 훌륭한 사람들을 화나게 하고 불쾌하게 할 것이다."

그 관리는 자기가 버니를 방문한 이유는 아도니람에게 해를 입히지 않을 것을 알려주려는 데 있다고 했다. 대신 아도니람에게 편지를 써서 왕이 그에 대해 어떻게 느끼고 있는지 알려줄 수 있겠느냐고 버니에게 청했다. 버니는 아도니람이 양심에 따라 행동할 뿐이고, 자신이 그에게 어떤 명령도 내릴 수 없고, 내리지도 않겠지만 편지는 쓰겠다고 했다.

사실 왕의 명령은 절대적이었다. 관리들은 항상 그랬듯이 자기들의 일에 버니를 이용하려고 한 것이었다. 아도니람은 이런 일들에 대해 아무 것도 몰랐다. 어떤 조치가 취해지기도 전에 아도니람은 랑군이 번역과 선교를 동시에 하기에 훨씬 더 나은 중심부라고 생각해 프롬을 떠나 랑군으로 갔기 때문이었다. 그러나 그는 프롬에 머물렀던 기간을 매우 만족스러워했다. 적의 심장부에 들어가 그들에게 연설하고 전도했다고 생각했다. 그가 9월 중순에 쓴 편지에는 그런 쾌활한 심정이 담겨 있다.

> 나는 세 명의 제자들을 제외하곤 아무도 타지 않은 배를 타고, 프롬과 높이 솟아 있는 우상 슈웨이 산 다우를 떠난다. 그 아래서 지난 석 달 반 동안 가장 불친절한 관심을 받으며 일했다. 너무나 견고하게 세워진 예술품이지만 지금은 집어 던져야 할 낡은 건축물. 이제는 너에게 금을 입힌 사람들의 자식들이 너를 끌어내리리라. 그리고 돌 위에 돌 하나도 남겨두지 않으리라.

아도니람은 프롬에서 약 5백 권의 소책자를 나누어주었다. 그리고 비록 침례는 베풀지 못했지만 적어도 한 명을 개종시켰다. 아도니람은 하류로 내려오는 동안 5백 권의 소책자를 나누어주었다.

웨이드 부부가 이미 떠난 랑군에서는 선교사업이 "썰물처럼 쇠퇴해" 있었다. 한때는 사람들이 이미 받았던 책을 또 가져가기 위해 집 양옆으로 방문객들을 겁줄 정도로 진을 치고 있었던 적도 있었다. 정부가 기독교를 이단 종교의 대표사례로 발표한다는 보고가 퍼졌다. 책을 얻기 위해 모여 있던 군중들이 사라졌다. 그리고 그 집에 계속 살고 있던 목사 뜨아 아는 겁을 먹고 비밀 장소로 숨어버렸다. 물론 몇 명의 용감한 진리 탐구자들과 제자들이 주변에 여전히 있었고 아도니람은 이들을 돌보았다. 그러나 대부분의 시간을 그는 번역하며 보냈다. 그는 구약을 번역중이었다.

에마 로버트라는 한 영국 여자가 여행도중 아도니람을 방문했다. 그녀는 문명세계에 널리 알려진 이 선교사를 너무나 보고 싶어했다. 그녀는 "버마식 가옥"에 살고 있는 그를 만나기 위해 사다리를 타고 그가 있는 곳으로 올라갔다. "우리는 함정 속의 뚜껑 같은 문을 통과해 크고 낮은 방으로 들어갔다. 버마의 가옥양식을 따라 지붕의 들보가 노출되어 있었고, 창구멍이 열려 있었다. 방 중앙의 테이블과 몇 개의 의자와 책상, 그 외 글 쓰던 원고들과 양옆에 가지런히 정리된 책들이 있었다."

그 두 사람은 오후 내내 이야기를 나누었다.

우리가 이렇게 대화를 하고 있는 동안 랑군의 집들을 수시로 방문하는 박쥐들이 저녁 순찰을 돌기 시작했다. 점점 더 가까이 돌다가 마침내 불쾌하게도 우리의 머리를 스쳤다. 푸드덕거리는 육중한 날개

짓이 너무 가까워서 거의 대화를 중단할 지경이 되자 우리는 집에서 내려왔다. 나는 어두운 사다리를 내려오면서 이곳은 수년 후에 위대하고 훌륭한 사람이 될 저드슨 혼자만의 공간이라고 생각했다.

제자들이 아래에 있는 방에서 가르치고 책을 나누어주는 동안, 그는 이 다락방에서 번역에 박차를 가했다. 1831년 새해가 밝은 지 며칠 안 되어 그는 시편, 솔로몬의 노래와 다니엘을 끝마쳤다. 몇 명의 개종자들도 생겼다. 그러나 아도니람에게 가장 감동적이었던 것은 "진리를 찾으려는 영혼들이 버마 땅 전역으로 종으로나 횡으로 퍼져가고 있다"는 것이었다.

나는 때때로 통제할 수 없는 강력한 엔진이 움직이기 시작한 것을 본다. 우리 집은 많은 사람들로 늘 붐빈다. 그러나 번역할 시간을 벌기 위해 나의 최고의 보조자 중 하나인 마웅 엥에게 그들을 맡겨야만 한다. 이것이 과연 옳은 일인가 언제나 고민이다. 번역된 성경을 손에 들고 선교할 나라에 들어가는 선교사는 행복하니라.

요구하지 않는 사람에게는 책을 나누어주지 않았는데도 매일 수백 권의 책이 나갔다. 올해(1831년)는 슈웨다공 탑의 최대 연중 행사가 2월 25일에 있었다. 이 행사를 준비하기 위해 아도니람은 만오천에서 이만 권의 책을 더 인쇄해줄 것을 요청하는 편지를 썼다. 3월 4일 그는 축제기간 동안 책을 나누어주었다고 기록했다.

거의 만 권의 책을, 요구하는 사람 누구에게나 나누어주었다. 선교관에는 6천 명 정도의 신청자가 있었다. 어떤 이들은 시암이나 중국의 국경 지역에서 두세 달 동안 여행을 해서 오기도 했다. '선생님, 영원한 지옥이 있다고 들었습니다. 우리는 그것이 두렵습니다. 어떻게 하면 거기서 벗어날 수 있는지를 우리에게 알려주는 책을 주십시오.' 다른 이들은 아바의 북쪽으로 수백 킬로미터 떨어진 까떼이의 변경 지방에서 왔다. '선생님, 우리는 영원한 하나님에 관해 말해주는 글을 본적이 있습니다. 당신이 그 글을 나누어주는 사람이십니까? 만일 그렇다면 제발 우리에게 한 권만 주십시오. 우리는 죽기 전에 진리를 알고 싶습니다.' 또 어떤 이들은 예수님의 이름이 조금 알려진 내륙지방에서 왔다. '당신이 예수 그리스도의 사람입니까? 예수님에 대해 말해주는 책을 우리에게 주십시오.'

3. 버마어 성경, 그리고 사라 (1831-1834)

항상 그렇듯이 승리에는 비극이 뒤따르기 마련이었다. 슈웨다공 축제기간에 아도니람은 보드맨이 며칠 전 카렌 산에서 타보이로 돌아오는 도중 죽었다는 편지를 받았다. 보드맨은 자신의 날이 얼마 남지 않았다는 것을 알았지만, 선교 원정을 떠나야 한다고 열렬히 주장했다. 그는 이미 카렌 부족의 위대한 지도자였다. 보드맨은 그들을 방문해 침례 받는 것을 도와주기로 약속한 상태였다. 그는 카렌 부족들이 운반하는 간이침대에 실려, 사라와 그의 두 살 난 아들 조지와 새로 온 타보이 선교사 프랜시스 메이슨과 함께 3일 동안 여행한 끝에 카렌 부족이 산자락의 시냇물 옆에 세운 대나무로 지은 교회에 도착했다. 여기서 그는 메이슨이 침례를 베푼 34명의 카렌인들을 만나보았다. 집으로 오는 도중 천둥을 수반한 소나기가 일행을 흠뻑 적셨다. 완전히 젖어 추위를 타던 보드맨은 강가에 있는 타보이 원주민의 현관에 누워 있었다. 아침에 그를 데려가기 위한 배가 도착했지만 이미 너무 늦었다. 그는 배 위에 올려지자마자 죽었다.

아도니람은 그 소식을 들은 지 며칠 후에 보드맨의 아내인 사라에게 편지를 썼다. 그의 인사말은 힘이 없었지만 그녀에게 진리를 들려줄 수 있었다.

> 당신은 내게 이미 친숙해진 쓴잔을 들이키고 있습니다. 오랫동안 그것을 예상하고 있었겠지만, 그 일은 당신이 예상했던 것보다 훨씬 고통스러울 것이라고 감히 말해봅니다. 모든 위로를 거절하고, 죽은 사람에게 매달려서, 당신이 사랑하는 소중한 사람을 주위 사람들이 너무 쉽게 잊어버릴까봐 두려워하는 것이 당신과 같은 상황에 처한 사람이 취하는 당연한 처사겠지요. 그러나 근심하지 마십시오. 걱정을 하든 안 하든, 마음을 찢을 것 같은 몇 달간의 고뇌가 당신 앞에 놓여 있습니다. 하지만 두 손으로 그 쓴잔을 잡고 식탁에 앉으면, 당신은 곧 그 바닥에 달콤한 것이 있다는 비밀을 알게 될 것입니다.

그는 사라가 카렌족 선교사로 계속 머물러주기 바란다고 덧붙였다. 그녀의 아들 조지는 그가 버마를 떠날 정도의 나이가 되면 아도니람이 최대한 교육을 보장해주겠다고 약속했다. 또한 만일 사라가 예기치 않게 죽는다면, 그리고 그녀가 조지를 아도니람에게 맡긴다면 "나는 여기서 그를 내 아들로 받아들이고, 그렇게 대할 것이며, 때를 놓치지 않고 최선의 방법으로 교육시키기 위해 아이를 고국으로 돌려보내고, 내가 살아 있는 한 그를 지킬 것을 나의 성실함을 걸고 맹세합니다"라고 했다.

보드맨이 죽은 후에 사라는 특히 아들 때문에 미국으로 돌아가야 되겠다고 생각했지만 아마도 아도니람의 편지가 그녀의 마음을 바꾸는 데 도움이 된 것 같았다. 어쨌든 그녀는 버마에 남기로 최종 결정을 내렸다. 그녀는 버마어를 상당히 잘했다. 또한 카렌인들도 잘 알았다. 그들은 그녀를 좋아하고 신뢰했다. 사라는 현재 번창하고 있는 학교를 운영하고 있었다. 그러나 그녀가 떠난다면 이 일은 계속될 수 없었다.

카렌인들은 사실 버마인들보다 기독교인으로 개종시키기가 훨씬 쉬웠다. 카렌족은 마을에 사는 것조차 익숙하지 않아 정글에서 살아가는 원시부족으로, 그들의 단순한 동물숭배 신앙은 불교와 같은 고등 종교처럼 기독교에 저항을 불러일으키지 않았다. 기독교는 종교 이론을 열거할 필요도 없이 그들의 종교적 진공상태로 빨려 들어갈 수 있었다.

게다가 카렌인들은 성경과 유사한, "죽음의 나무"에서 금지된 과일을 따먹은 전설이 전해오고 있었다. 이 전설 중에 하나는 '이와' 라 불리는 창조주에 관한 것이다. 그 창조주에게는 일곱 명의 아들이 있는데 그들 중 카렌인이 장자이며 백인이 막내아들이었다. '이 와'가 여행을 떠나려고 할 때 카렌에게 함께 가자고 했다. 카렌은 들판을 치워야 했기 때문에 거절했고, 버마인도 거절했지만 아버지에게 선물을 주었다. 마침내 백인 형제가 '이 와'와 함께 갔다. 그들이 "천상의 강가"에 도착했을 때 '이 와'는 카렌을 위해 은과 금으로 만든 책을 주었고, 버마인들에게는 야자수 잎으로 만든 책을, 백인에게는 양피지 책을 만들어 주었다. 그러나 백인은 은과 금으로 된 책을 자기가 갖고 그 양피지 책을 카렌에게 가져다주도록 버마인을 보냈다. 여전히 들판을 청소하느라 바쁘던 카렌인은 그 책을 거의 쳐다보지도 않았다. 대신 그것을 나무 그루터기 위에 올려놓았다. 그가 공터에 불을 놓았을 때 그 책도 불탔고 타다 남은 부분은 돼지와 병아리들이 먹어버렸다. 그러나 전설에 의하면, 어느 날 백인 형제가 카렌인들에게 그 잃어버린 책을 가지고 바다를 건너올 것이라고 했다. 그들이 선교사들을 전설 속의 "백인 형제"로 받아들이는 것은 당연했다. 사실 처음 타보이에 도착했을 때 보드맨 부부는 카렌 부족이 12년 동안 숭배해 오고 있는 신성한 책을 가진 카렌의 주술사에 대한 이야기를 들었다. 그들은 그 책을 보드맨에게 가져와 그것이 예수의 복음을 담고 있는지 보게 했다. 그 늙은 주술사는 양동이에서 꾸러미 한 다발을 조심스럽게 꺼내어들고 겹겹이 싼 포장을 벗겨 몹시 낡은 "시편과 함께 하는 평신도 기도자를 위한 옥스퍼드 책" 복사본을 펼쳐 보여주었다. 미소를 참으며 보드맨은 이 책은 좋은 것이지만 숭배의 대상은 아니라는 것과 찬양은 그 책에서 드러내 보여주고 있는 하나님만이 받으실 자격이 있다는 것을 말해 주었다.

이와 같이 카렌인들은 복음을 받아들일 준비가 잘 되어 있었다. 그러나 문제는 그들이 이리저리 유목생활을 했기 때문에 만나기가 어렵다는 것이었다. 마침내 보드맨은 구릉지의 마을에 정착하도록 그들을 설득했다. 그 마을 중 첫 번째 마을 이름을 근처의 카렌인에게 처음으로 침례를 베푼 조나단 웨이드의 이름을 따서 웨이드빌이라고 이름지었다.

남편이 죽은 후 사라는 학교를 운영하고 남는 시간에는 항상 이 언덕 위의 마을로 짧은 선교여행을 떠났다. 항상 어린 조지를 데리고 유럽식 옷을 입고 다니는 백인 여자는 그 자체로 전설이 되었다. 카렌 남자 중 하나가 그 아이를 업고 다녔고, 그들은 조지를 자기들끼리 "꼬마추장"이라고 불렀다. 그곳에는 길도 없었다. 한번은 정글에서 메이슨 부인에게 이런 편지를 썼다. "시냇물이 깊을 때는 시냇물을 타고 가는 것이 편리하기 때문에 아마 당신은 의자를 보내 주시는 것이 나을 것 같군요. 또 내가 모든 작은 시냇물들을 발로 건너다녔다고 말하면 당신은 웃으실 지도 모르겠군요."

때때로 그녀는 백인을 발견하고 깜짝 놀라곤 했다. 예를 들어, 젊은 영국군 장교가 타보이에 머물다가 사냥 여행 중 깊은 정글에서 그녀를 만났던 적이 있었다. 그는 길가의 자앗에서 비를 피하고 있었다. 아침식사가 준비되는 동안 그는 이 외딴 숲 속 요새의 원시성에 대해 골똘히 생각하고 있었다. 갑자기 아름답고 미소를 띤 백인 여자가 한 무리의 카렌인들에게 둘러싸여 빗물을 뚝뚝 흘리며 그의 앞에 나타났다.

몇 년 후 다시 떠올려보니 "그 숙녀는 자기만큼이나 놀란 것 같았다. 그러나 그녀는 쾌활한 영어발음으로 우아하게 인사를 한 후 쉬러 들어갔다." 마른 옷으로 갈아입고 다시 나타난 그녀는 그 앞에 꾸러미를 펼쳐 혼자 먹는 것보다 훨씬 나은 아침식사를 제공해 주었다. 그들은 한참 동안 이야기를 나눈 뒤 좋은 친구가 되었다. 그러나 그 남자는, 비가 오는 깊은 정글 속 카렌의 언덕에서 두려움을 모르는 사라 보드맨이 느닷없이 그의 앞에 나타났을 때의 놀라움을 결코 잊지 못했다.

1831년 7월 말경 아도니람은 창세기와 출애굽기 20장과 시편, 솔로몬의 아가와 다니엘서 번역을 끝마쳤다. 그러나 몰메인에서 그를 필요로 했다. 웨이드 부인의 건강이 너무 나빠져서 모든 선교사들이 그들 부부가 미국으로 가는 데 동의했다. 아도니람은 두 명의 새 선교사들이 도착할 때까지 기다렸다. 그가 몰메인으로 떠나기 전, 존 테일러 존스 부부가 랑군에 도착했다. 도착하자마자 그는 유럽인을 위한 교회가 킨케이드에 의해 세워졌다는 것을 알았다. 북쪽에 있는 카렌 부족으로부터의 보고는 고무적이었지만 몰메인 원주민에게서는 그다지 큰 성공을 거두지 못했다.

그럼에도 불구하고 대체적인 결과들은 그와 낸시가 단 한 명의 개종자라도 만들기 위해 필사적으로 애썼던 초창기 몇 년에 비하면 놀랄만한 것이었다. 18명의 개종자들이 침례를 받게 하는데 그와 낸시는 9년이라는 시간이 걸렸다. 그러나 전쟁 이후 5년간 아도니람은 몇 달 만에 242명의 원주민과 113명의 외국인이 세례(침례)를 받았다는 보고를 들었다. 그러므로 1831년 초부터 말까지 세례(침례) 받은 사람의 총수가 373명에 달했고 그들 중 217명이 올 한 해 동안 이루어진 것이었다. 만일 선교사들이 이런 추세로 계속해서 성장시키고, 최근만큼 열심히 노력한다면 몇 년 내에 수천 명의 개종자들이 나올 것이며 먼 미래에는 버마의 기독교화를 기대할 수도 있었다.

그 당시 아도니람은 자신을 최고 수석 선교사라고 생각하지 않았지만 어쨌든 그는 선교사들 중 가장 나이가 많았다. 몇 명은 죽었고, 몇 명은 아주 떠났고, 몇 명은 건강을 회복하기 위해 버마를 떠나 있었지만 다해서 열두 명이 넘지 않았다. 그러나 그들 중 대부분이 가장 편안한 선교원인 몰메인에만 붙어 있으려 한다고 생각했다. 그곳이 영국의 보호 하에 있기 때문이었다. 웨이드 부부, 베넷 부부, 메이슨 부부, 사라 보드맨과 같은 몇 명은 랑군, 타보이, 내륙지방과 같은 미개발 지역에 자발적으로 찾아갔다. 그러나 이 사람들조차도 버마의 심장부인 아바에는 어떤 시도도 하려 하지 않았다. 아도니람은 국왕과 궁정이 그에 대한 감정을 바꿀 때까지 아바의 출입이 금지되어 있었다.

이 지역을 개척하는 일에 있어 아도니람보다 더 자격 있는 사람은 없었다. 그는 버마어와 버마 사람들에 대해 어떤 백인보다 더 많이 알고 있었다. 버마인들이 기독교에 관해 아는 것은 거의 모두 그에게 배웠다. 어떤 사람은 그에게 직접 들었고, 어떤 사람은 그가 쓰거나 번역한 것을 읽었고, 어떤 사람은 그가 가르쳤던 사람을 만나 배웠다.

누구도 더 이상 그를 붙잡아 둘 수 없었다. 아내도 아이들도 모두 죽었다. 그들은 선교의 순교자들이었다. 그는 원주민 관용구도 능숙하게 구사했고, 복음을 전혀 들어본 적도 없는 사람들을 다루는 경험도 풍부했다. 더욱이 그는 원주민 학교에서 가르치거나, 영국군에게 설교를 하는 일들도 중요하지만 선교의 주된 임무가 아니라고 느꼈다. 사실 아도니람은 선교사들이 대부분 몰메인에서만 살려고 하기 때문에 버마어를 배우는 것이 늦어진다고 생각했다. 그곳 사람들은 적어도 영어 한두 마디쯤은 기본이었다.

그의 건강은 양호했다. 43세였지만 나이보다는 훨씬 어려 보였다. 얼굴에는 주름이 거의 없었고, 홀쭉하고 가볍고 단단한 몸은 예전처럼 원기 왕성했다. 아침 산책을 할 때의 경쾌하고 빠른 발걸음은 그의 건강을 입증해 주었다. 아도니람은 항상 개척여행을 자원해 떠맡았다. 그리고 사실 몰메인에 머무는 것보다는 여행을 더 좋아했다.

방해거리는 오직 한가지뿐이었다. 성경이 아직 완전히 버마어로 번역되지 않았다는 것과 그것을 할 사람이 아무도 없다는 것이었다. 때때로 그는 원없이 자유롭게 멀리 있는 산악 지역으로 가기도 했지만, 학문에 대한 사랑과 양심 때문에 다시 책상 앞으로 돌아왔다.

그 해 9월, 그는 웨이드가 처음으로 카렌인에게 침례를 베풀었던 웨이드빌까지 "다 진" 강 위쪽으로 4~5일간의 여행을 했다. 그러나 일주일도 못되어 그는 정글 열에 걸려 몰메인에 돌아와야 했다. 그가 회복되는 동안 웨이드 부부가 돌아왔다. 그들이 탑승한 미국 행 배는 가는 도중 폭풍우 때문에 거의 가라앉을 지경에 처해 아라칸 연안으로 뱃머리를 돌려야 했다. 그러나 거기서 머물던 두 달 동안 웨이드 부인의 건강이 매우 좋아져서 선교지로 돌아 올 결심을 한 것이었다.

1832년 초, 아도니람은 건강을 회복해 몰메인 교회의 집사들을 포함한 몇 명의 원주민 개종자들과 함께 웨이드빌에 갔다. 여기서 그들은 여러 방향으로 흩어져 며칠 동안 선교를 했다. 일이 끝나면 다시 모여 강을 타고 위로 더 올라가다 정글의 촌락을 만나면 다시 흩어져 말씀을 전했다. 강은 그들의 교통로였다. 좁은 지류로 점점 더 올라갈수록 그들은 강의 흐름을 막으며 가로질러 떠내려오는 나무들을 자르면서 배를 위한 통로를 만들어야 했다.

여기저기서 그들은 여전히 강한 믿음을 가지고 있는 제자 집단을 만나기도 했고, 때로는 종교에서 멀어진 사람들도 만났다. 어떤 교인은 아이가 죽을 정도로 아팠을 때 '낫'이라 불리는 악마에게 제물을 바치기도 했다. 그러나 그는 너무나 큰소리로 외치며 참회했고 범죄를 용서받았다. 참석한 몇 명은 침례를 신청했다.

아도니람은 침례를 준 사람 가운데 특히 루부라는 남자의 아내를 즐겁게 회상했다. "침례를 받으려고 온 그녀는, 목에 열두 줄의 구슬 목걸이를 별의별 방법으로 감고 있었고, 귀걸이, 팔찌, 발찌 등 갖가지 장신구들을 하고 있었다. 이상하게 들리겠지만 그녀는 옷과 장신구에 대한 지적을 한마디도 받지 않고 교리문답을 끝내고 신자로 인정을 받았다. 사실 우리는 그녀가 '신속하고 지혜롭게' 답변하는 것을 주목하면서 다른 것들에 관해서는 신경 쓰지 못했다."

다음 날 아침 식사 전 아도니람은 여인들의 옷차림에 대한 주제를 꺼냈다.

> … 앞에서 말했던 그 여자와 다른 침례 지원자들, 그들과 함께 온 그리스도인 자매들이 장식물들을 그 자리에서 벗어버리는 것을 보았을 때, 그리고 앞으로는 소박한 옷차림으로 살겠다는 훌륭한 결단을 했을 때, 진심으로 기쁘고 감사했습니다. 그 다음 우리는 예배를 주관하고 4명의 지원자들에게 침례를 베풀러 '레잉 브와이'를 가로지르는 통나무 다리 위를 건너 '띠 파' 마을로 향했습니다. 우리를 따라오는 남자들과 여자들과 아이들 그리고 개들까지 낀 긴 행렬은 마치 기차 같았습니다.

1월 내내 선교사들은 정글을 헤매고 다녔다. 높은 산을 건너고 때로는 날카로운 돌에 발을 다치기도 하면서 맨발로 계곡을 건넜다. 어느 땐 몇 시간 만에 놀랄 만한 회심을 한 경우도 있었다. 한번은 카렌족 불교인 마을에 사는 지도자급의 한 노인이 설교자들을 공개적으로 모욕했다. 그는 아도니람을 마을에 초대하지는 않았지만 오는 것을 막지도 않았다. 아도니람은 그에게 몇 자 써 보냈다. "나는 그가 거짓과 어둠을 사랑하기 때문에 그에게 가지 않았다. 그가 거기에서 평생 동안 살다가 마침내 어둠의 길로 가도록 내버려두려고 했다. 그래서 모든 일행들은 배를 향해 떠났다."

우리들이 앞으로 무엇을 할 것인가를 깊이 생각하고 있을 때, 무언가가 노인의 마음을 감동시켰다. 우리는 어둠 속에서 다가오는 발소리를 들었다. 이윽고 목소리가 들렸다. "주여, 우리 마을에 와주십시오"

"나를 주라 부르지 마십시오. 나는 주도 아니고 이 세상의 주관자도 아닙니다."

"내가 당신을 무엇이라 불러야 합니까? 선생님이라고 부를까요?"

"좋습니다. 그러나 나는 당신의 선생이 아닙니다. 당신은 진리보다는 거짓을 배우기를 더 좋아하니까요."

"선생님, 나는 이 종교를 비난하는 많은 이야기를 들어왔습니다. 그러니 내가 무엇이 옳은지 그른지를 어떻게 한번에 알 수 있겠습니까? 제발 오셔서 당신의 말씀을 주의 깊게 들을 수 있게 해 주십시오."

나는 대답은 하지 않았지만 일어나서 그 노인을 따라갔다. 그는 나를 자기 집으로 데리고 가서 내가 앉을 수 있도록 천을 깔아 주었는데, 그것은 명백한 존경의 표시였다. 그리고 나의 설교를

1832년, 저드슨은 몰메인 북쪽에 있는 카렌족 마을을 방문하여 복음을 전했다.

매우 주의 깊게 들었다. 내가 가려고 할 때, 그는 '당신은 우리가 예배나 기도를 해보기도 전에 가지는 않겠죠?'라고 말했다. 우리가 다시 무릎을 꿇고 기도를 하는 동안 그 노인은 간간이 몇 문장을 강조하며 반복했다. 마치 내가 그의 마음을 공평하게 판단하지 못했다는 것을 암시하는 듯했다. 그는 종교를 바꾸는 것은 대단한 일이라고 했다. 그는 지금 홀로 서 있지만 만일 이웃 사람들이 동참한다면 그가 앞장을 서겠다고 말했다.

그 후, 아도니람은 "합창으로 소리를 질러대는 아이들과 짖어대는 개들을 달래는 데" 실패하고 떠나야 했던 적대적인 마을을 방문하기도 했다. 하지만 어떤 마을에서는 추장 자신이 침례를 신청하고 교회에 참석했다.

6주간의 선교 여행을 마치고 몰메인으로 돌아왔을 때 아도니람은 이번 여행이 전체적으로 볼 때 실패작은 아니었다고 생각했다. 그는 25명의 개종자들에게 침례를 베풀었고, 그보다 더 많은 수의 '희망적인 기독교 탐구자'들을 만들었다.

그는 몰메인에서 단 몇 주간만 머물렀다. 2월 말경 그는 살윈 강을 따라 카렌 부족의 마을을 향해 떠나갔다. 그것은 위험한 원정이었다. 어떤 시골 지방은 호랑이로 들끓었고 그들은 배 안에서 새우잠을 자야했다. 강 뒤에 있는 언덕은 울퉁불퉁한 바위 무더기였고, 산들은 거대해서 나라 전체가 '흩어진 불멸의 존재들'만이 거주하는 사막이었다. 한 달 간 계속된 이 여행 도중에 19명의 개종자들과 한 명의 놀라운 배교자가 있었다. "우리 모두가 존경하고 있는 메이비아반은 그녀의 남편과 함께 침례를 받은 지 불과 며칠 안 되어 막내아이가 갑자기 심각한 병에 걸리자 질병 귀신에게 제물을 바쳤다. 그들은 그때 이후로 참회할 기미가 없고 배교 상태 그대로 기도도 하지 않았다. 그들은 우리의 권고를 거절했다. 마음이 완악해져 진리에 눈을 감은 것 같았다. 나는 오늘 아침 어쩔 수 없이 그들의 배교를 선언하고 그들을 하나님의 자비와 심판에 맡길 수밖에 없었다." 그러나 아도니람은 그들을 향한 애통한 마음을 금할 수가 없었다. "그들은 이 마을에서 완전히 혼자였다. 우리가 그들을 포기한 이후로 그들은 제자들 대신 온갖 종류의 거짓말을 하는 몰메인에서 온 신앙의 적들에게 둘러싸여 있었다…"

그가 몰메인으로 돌아와 보니 베넷이 캘커타로부터 새롭고 완전한 버마어 활자판을 가지고 와서 벌써 최신판 신약 인쇄를 시작하고 있었고, 웨이드 부부는 랑군으로 이미 떠났다. 그러나 몇 달 후 웨이드가 심각한 병 때문에 의료기관의 도움을 구하러 몰메인으로 돌아와야 했을 때, 아도니람은 계속 머물러 줄 것을 간청했다. 그가 신약 조판을 교정하느라 여러 달 동안 몰메인에 묶여 있으면 선교 사업을 확장할 시간이 없기 때문이었다.

사실 그는 더 큰 계획에 사로잡혀 있었다. 구약은 약 3분의 1이 번역되어 있었고 "만일 완전히 이 일에만 몰두한다면" 2년 안에 전부 마칠 수 있을 것이라고 계산했다. 그렇지 않다면 이 일은 몇 년을 더 질질 끌게 될 것이고 "생명의 불확실성"을 고려할 때 못 끝낼 수도 있었다.

그러나 이 계획은 웨이드 부부가 몰메인 교회 근처의 카렌 부족을 책임져야 한다는 것을 의미했다. 버마어 성경을 완전히 번역해 인쇄하는 것이 얼마나 중요한지 알기에 웨이드 부부는 동의했다. 아도니람은 즉각 원주민 교회의 끝에 방을 마련했다. 여기서 그는 2년 동안 세상과 단절하기로 했다. "나는 이 기간 동안 주님의 임재를 누리고, 번역에 특별히 필요한 언어의 영감을 주시도록 나의 친구들에게 기도를 부탁했다. 그리고 겸손하고 간절한 기도에 응답해주실 것을 완전히 믿었다."

1832년과 1833년 내내 아도니람은 번역에만 매달렸다. 웨이드가 완전히 잃어버린 건강을 수습하기 위해 미국으로 간 지 약 2주 후인 1832년 12월 15일, 그는 신약의 마지막 장을 출판사로 보냈다. 웨이드 부부는 프라이스의 아이들과 버마인 개종자 한 명, 카렌인 개종자 한 명을 데리고 갔다. 거기에 베넷 부부의 두 딸인 엘시나와 메어리가 가슴 아파하는 엄마를 남겨두고 미국으로 가야 했다. 그러나 선교사의 아이들이 성인이 될 때까지 살아 있으려면 가능한 한 빨리 온대 기후 지역으로 가야만 했다. 존스는 시암으로 갔고, 킨케이드는 랑군에서 일을 맡았다.

베넷과 새로 온 선교사 커터가 함께 진행 중인 인쇄 작업은 엄청난 일이었다. 인쇄소는 벽돌로 지어지고 길이가 150미터 이상이었다. 연판 인쇄 주물을 위한 각종 장치와 두 대의 인쇄기가 있었다. 여기서 베넷은 1832년 3월 그가 활자판을 가지고 버마에 도착했을 때부터 그 해말까지 3천 부의 신약과 카렌어와 타일링어로 된 책과 카렌 철자법 책을 포함해 3만 3천 부의 소책자와 교리문답집을 인쇄했다. 전부 2백 5십만 페이지가 그 해에 거기서 인쇄되었다.

1832년 몰메인과 타보이에서는 126명의 원주민이 개종했다. 랑군은 아바의 어두운 그늘 아래 얼어붙어 단 3명만이 기독교를 받아들였다.

1833년 초, 미국에서 선교사들이 더 왔다. 그들 중에는 결혼하지 않은 사라 커밍스도 있었다. 그들이 선교사역을 계승해야 했지만, 사실 그들은 언어에 유창해질 때까지 실제로 별로 도움이 되지 않았다. 그것은 세월이 가야 해결될 문제였다. 그들 중에는 정해진 몇 년의 봉사 기간만 채우면 된다고 생각하고 온 사람도 있었다. 아도니람은 다른 경험 많은 동료와 같이 마음이 산란했다.

(그는 집에 온 연락담당 간사에게 불평을 했다) 나는 이 일이 우리의 선교 사업에 흠을 낼까 너무나 두렵소. 한평생을 바쳐 일하고 있는 우리가 단지 돈 때문에 일하는 이들과 어떻게 마음을 같이 할 수 있단 말이오? … 나는 몇 명의 임기제 선교사들의 처음과 중간과 끝을 보아왔소. 그들은 아무짝에도 소용이 없소. 영국교회의 단상에서는 유능할지 몰라도 그들은 실제 선교 사업에는 무능하오. 그들은 온화한 자기 나라에서 여생을 무위도식하며 보낼 재산을 모아볼까 하고 몇 년간 나온 것뿐이오. … 설교자든 인쇄업자든 학교 교사든 모든 선교사들의 표어는 '한평생을 바쳐서'가 되어야 하오.

한편 아도니람은 매일 25~30절 사이의 구약을 버마어로 번역해 나갔다. 대부분의 시간을 그는 혼자서 공부하는 데 보냈다. 그가 몇 주 동안 시골 지역을 돌아보기 위해 나갈 때조차 책을 가지고 가서 공부를 계속했다. 그는 영어 성경을 버마어로 번역하는 것에 만족하지 못했기 때문에 그의 작업은 한층 어려웠다. 영어 성경이 원래 그리스어와 히브리어로부터 번역되었기 때문에 영어 성경을 가지고 번역하면 버마인들은 역본의 역본을 읽을 수밖에 없었다. 그는 이러한 이중 번역이 의미를 너무 많이 거르게 될 것이라고 생각했다. 대신 그는 그리스어와 헬라어를 직접 버마어로 번역했다. 그가 사용할 수 있는 비평적이고 학문적인 모든 주석을 다 사용했다. 수년 동안, 1812년 세일럼을 떠나기 전에도 그는 필요한 도서를 모으고 있었다. 성경을 번역하는 데 유용하게 쓰일 것이라고 생각되는 책이 새로 나왔다는 이야기를 들으면 언제나 책을 구입했다. 이런 식으로 준비를 하면서, 그는 분명히 많은 수정이 필요하기는 하겠지만, 수 년 내에는 다시 쓰지 않아도 될 버마어 성경을 만들어내고 싶었다.

1833년 6월 말경, 소선지서와 역사서들이 남아 있었다. 그해 말까지 번역을 완전히 끝마쳤으면 하고 바랐다. 낸시가 죽은 지 거의 7년이 흘렀다. 처음 몇 해 동안 그는 감정적이고 영적인 어둠의 골짜기 끝까지 내려갔었다. 거기서 소름끼치도록 음울한 기억 속에 빠져 살았다. 지금 그는 반쯤 죽은 상태의 절망적인 그늘에서 햇빛 비치는 생명의 세계로 올라오고 있었다. 그는 번역을 하면서 비록 자신을 고립시켜야 했지만, 자신이 할 수 있는 가장 유용한 일이라는 확신을 갖게 되었다. 그는 손으로 잡을 수 있는 결과물을 자랑스러워했다. 선교사들 중 일부는 버마어나 카렌어로 설교할 수 있었다. 그들 중 대부분은 가르칠 수 있었다. 어떤 이들은 인쇄할 수 있었다. 그러나 오직 아도니람만이 수 세대에 걸쳐 읽힐 버마어 성경을 만들 능력과 지식을 겸비한 독보적인 존재였다. 그는 이점을 너무나 잘 알았다. 그는 우쭐해지는 것을 막기 위해 더 열심히 일을 했다. "아도니람아, 나는 네가 장차 위대한 사람이 될 것을 기대한다"라고 아버지가 어렸을 때 그에게 자주 하시던 말씀이 마음속 깊은 곳에서 다시 울려왔다. 그 말씀은 의식적인 기억 속에서는 오래 전에 사라졌는지 모르지만 결코 잊을 수는 없었다.

작업을 하면서 그리고 번역을 완성한 후, 그의 얼어붙었던 마음은 녹기 시작했다. 그는 다른 사람들의 감정에도 관심을 두기 시작했다. 아도니람은 베넷 부인에게 그녀의 두 딸들에 관한 편지를 보냈다.

"그렇게 자주 눈물을 짜내게 하는 두 가엾은 '범인들', 엘시나와 메어리에 대해 생각하는 것만으로도 고통스럽습니다. 나는 당신의 마음이 거의 깨질 지경이라고 말해도 놀라지 않습니다. 나는 당신이 숨을 쉴 수 있다는 것이 놀라울 뿐입니다." 그리고 베넷 부부가 랑군을 떠났을 때 이렇게 썼다. "나는 당신들이 떠나간 후 일주일 동안 참으로 답답하고 침체된 영혼의 상태를 경험했습니다. 나는 저녁식사 후에 베란다에서 쓸쓸히 혼자 거닐며 '무정하고 희망 없어라, 인생과 사랑은 모두 가버렸네'라는 노래를 부른답니다. 그러나 나는 의사들에 따르면 다시 회복하고 있습니다."

그는 새삼 자신의 외로움을 의식하기 시작했다. 그것은 마치 죽었던 신경감각이 다시 살아나는 것 같았다. 개인적 친분 관계를 다 끊어내는 것으로 낸시의 죽음이 가져온 고통과 같은 또 다른 고통의 가능성을 미리 잘라내려 했는지도 모른다. 그러나 교제의 달콤함이 고통보다 가치 있는 것이 아닌가 하는 의혹이 생겨나기 시작했다. 이렇게 변화된 기분으로 아도니람은 그 해 말에 어머니와 누이에게 편지를 보냈다.

> 나는 여전히 혼자 살고 있으며, 한 선교사 가정에서 식사를 해결하고 있습니다. 웨이드 부부가 떠난 뒤 베넷 가족과 식사를 했고, 베넷 가족이 랑군으로 떠난 뒤는 커터 가족과, 커터 가족이 아바로 떠난 뒤, 현재는 핸콕 가족과 식사를 하고 있습니다. 내 주위에는 지금, 어린 마리아가 기르던, 내게는 그 의미 이상으로 가치 있는 피델리아라는 개 한 마리를 제외하고는 내 자신의 것이라고 부를 만한 가족이나 생명체가 아무 것도 없습니다. 그 개의 어린 여주인이 죽은 후, 개는 나와 함께 줄곧 있었습니다. 그러나 늙은 개는 곧 죽을 것 같습니다. 가엾은 피델리아가 죽고 나면 나는 너무 슬퍼할 것 같습니다.

구약 번역을 서서히 마쳐감에 따라 그의 새로운 생각과 감정이 덩굴손처럼 무언가를 찾듯 미묘한 손길을 내밀기 시작했다. 그는 기대했던 것처럼 1833년 말까지 번역을 끝내지는 못했다. 그러나 두 달 후인 1834년 1월 31일, 그는 다음과 같이 쓸 수 있었다.

'내가 드디어 이루어냈다'라고 말할 수 있게 된 것을 하나님께 감사 드린다. 나는 마지막 장을 손에 들고 하나님 앞에 무릎을 꿇었다. 이 일을 하는 데 들인 노력에 오점을 남기는 모든 죄를 용서해 주실 것과 장래에 발견될 실수와 불완전을 제거하도록 노력하게 해 주실 것을 간청했다. 나는 이 번역물을 하나님의 자비와 은혜에 맡기고, 부디 그의 영광이 드러나는 데 쓰임 받도록 헌정했다. 하나님이 친히 불어넣어 주시는 언어가 버마어에 완벽하게 맞아 모든 버마인들이 위대하신 하나님과 구세주 예수 그리스도에 대한 찬양으로 가득 차게 해 주소서. 아멘.

1834년, 드디어 버마어 성경을 완성하고 하나님께 헌정함.
1840년, 번역을 시작한 지 20년만에 수정을 거친 뒤 최종 탈고함.

번역을 끝내자 아도니람은 갑자기 자유로워졌다. 그는 자신을 돌아보기 시작했고 남은 인생에 대해 생각했다. 지금 그는 46세였다. 몇 주 후 1834년 2월 17일에 그는 타보이에서 편지를 받았다. 편지는 이렇게 적혀 있었다.

친애하는 형제여.

버마어 성경 번역은 이 일을 기쁨으로 바라던 많은 사람들에게 대 사건이었습니다. 죄 안에서 멸망해가던 수많은 영혼들과, 기쁨으로 이 일을 고대하던 사람들은 하나님께 감사의 기도를 드리기 위해 무릎을 꿇었습니다. 또한 이 성경으로 아직 태어나지 않은 영혼들이 영원히 하나님을 찬양하게 될 것입니다.

나의 친애하는 형제여! 나는 감히 나의 동료 형제에게 찬사의 말을 해야겠습니다. 만일 형제가 내가 말한 내용에 불경의 죄가 보이면 용서해 주시고 하나님께 대신 속죄 기도를 해주십시오. 나는 지난 4년간 버마어 신약을 주의 깊게 매일 읽어왔습니다. 내가 그 신약을 연구하면 할수록 나는 그 성경 번역에 대해 더욱 만족하고 기뻐하게 됩니다. 나는 회화체의 서술 부분이 정말 만족스럽습니다. 원론적인 문단은 아주 힘 있고 명쾌하게 표현되어 있다고 생각합니다. 이 점은 영어 성경에서는 아주 부족한 부분이지요. 많은 부분이 당신의 생생한 표현력에서 나왔고, 많은 부분이 이 언어의 본질을 꿰뚫고 있는 듯합니다. 나는 가끔 메이슨 부부에게 내가 버마어로 성경을 읽을 수 있기 위해서 버마어를 배워야 될 것 같다고 말하곤 합니다.

지난 주일날. 성경의 한 부분을 읽다가 눈물이 나와서 더 이상 감명적인 성구를 읽어 나갈 수가 없었습니다. 그 성경의 위력은 한 나이 많은 타보이 노인에게도 나타났습니다. 그의 기도는 대부분 당신이 번역한 성경의 구절들을 인용한 것이었습니다. 나의 제자들은 지금 누가복음을 읽고 있으며, 저는 지금 요한복음과 요한계시록을 저녁 예배대신 번갈아 읽고 있습니다.

주님의 사랑을 보내며
사라 보드맨이.

편지에 담긴 단순하고 따스한 감정이 칭찬의 말만큼이나 아도니람을 기쁘게 했다. 그녀는 아도니람의 마음에서 오랫동안 특별한 부분을 차지하고 있었다. 남편이 죽었을 때, 그녀는 다른 선교사 부인들처럼 버마를 떠나지 않았다. 용감한 그녀는 할 수 있는 한 최선을 다해 남편의 일을 떠맡았다. 명랑하고 재치 있고 아름다운 그녀는 심지어 호랑이가 출몰하는 정글을 혼자서 말씀을 들고 다녔다. 원주민 개종자의 목에 어린 아들을 태우고, 시냇물을 건너고 고갯길을 넘으며 위험과 어려움에 직면해서도 미소를 지으며 두려워하지 않던 그녀의 모습은 그의 마음을 흔들었다. 그녀는 세상과 자기 자신을 단절시키려고 애쓰지도 않았다. 그녀는 무덤가에 앉아서 여러 날을 보내지도 않았다. 그녀는 자신에게 닥친 일을 하나님의 뜻으로 받아들이고 주의 일을 계속해서 해

나갔다.

사라는 낸시와는 완전히 달랐다. 더 조용하고, 정열적인 것은 덜했지만, 아마도 더 빛이 났다. 그러나 아도니람은 사라를 보고 자꾸만 낸시가 생각났다. 오래 전부터 그랬을 것이다. 사라의 남편이 죽기 전, 아도니람은 전에 낸시에게 주었던 시계를 사라에게 주었다. 그는 그것이 더 이상 필요 없기 때문에 사라에게 주었다고 생각했었다. 그러나 그는 다른 선교사들의 아내인 웨이드 부인이나 베넷 부인에게도 시계를 줄 수 있었다.

어쨌든 그녀는 혼자였고 그도 혼자였다. 그들이 남은 여생을 함께 살면서 동료애와 편안함을 누리면 왜 안 되겠는가? 사라의 나이는 30세였고, 그는 46세였다. 그들은 아직도 살아갈 날이 많이 남아 있었다.

아도니람은 시간을 낭비하는 사람이 아니었다. 그는 타보이에 편지를 보냈다.

4월 1일, 그는 몰메인을 떠나 6일에 도착했다. 10일에 그와 사라 홀 보드맨은 메이슨의 주례로 결혼식을 올렸다. 그리고 바로 그날 어린 조지와 함께 몰메인으로 떠났다. 아도니람도, 사라도, 죽은 아내와 남편을 배반했다는 느낌은 없었다. 아도니람은 배에 타기 전 일지에 다음과 같이 분명히 적고 있다.

다시 한번, 보드맨 당신과 그 무덤에 작별을 고합니다. 당신에 대한 추억이 호피아 나무 아래에서 안식하고 있는 사랑하는 낸시에 대한 기억만큼 항상 생생하고 향기가 넘칠 수 있기를 기도합니다. 부디 우리 살아 있는 자들이 먼저 간 성스런 이들의 미소를 받으며 살아갈 수 있길 바랍니다. 마침내 우리 넷이 영광의 보좌 앞에서 다시 만나 정말 행복이 넘치는 특별한 가정을 이루어 사랑의 밝은 세상에서 전부 정화되고 완성될 수 있기를 기도합니다.

ဩ၁ဝ့မတသောသူအတွက်ကြောင့် အသေခမည် ။ သူတော်ကောင်းအတွက်ကြောင့်အသေခံဝံ့ ရှိကောင်းရှိလိမ့်မည်မှန်စေတော့။ ငါတို့သည် စည်ပင်ခရစ်တော်သည်ငါတို့အတွက်ကြောင့် ...ည်ဖြစ်၍ ဘုရားသခင်သည်ငါတို့ကို ချစ်တော်မူသည်ကို ငါတို့အားထင် ၏။ သို့ဖြစ်၍ ယခုတွင် အသွေးတော် ်တ်ရာသို့ရောက်ပြီးမှ ထိုသခင်အား ဂယ်ချွတ်တော်မူခြင်းသို့ရောက်မည် စရာရှိ၏။ အကြောင်းမူကား။။ရန်သူ ဥးသခင်၏သားတော်အသေခံတော်မူ ဘို့သည်ဘုရားသခင်နှင့်မိဿဟာယ ဘါ်ကိုခံရသည်မှန်လျှင်မိဿဟာယ တ်အားဖြင့်ကယ်တင်တော်မူခြင်းသို့ ၍ မျှော်လင့်စရာရှိ၏။ ထိုမျှမက။ ငါ ်အားဖြင့်မိဿဟာယယ့်ရာကျေးဇူး ပြီး လျှင်ထိုသခင် အားဖြင့်ဘုရားသခင်၌ငါ မြောက်ခြင်းရှိကြ၏။

ကြောင်းအရာဟူမူကား။။အပြစ်တရားသည် က်သောသူအားဖြင့်၍လောကသို့ဝင်၍အပြစ် ်းဖြင့်သေခြင်းတရား ကိုသည် အပြစ်ရှိသော ကြ၏။ ပညတ်တရား၊ ဘန္ဓအပြစ်ရှိ၏။ အဘယ် သည်ဟူမှတ်စရာမရှိ၊ ငါ စ၍ မောရှေလက်ထက ်ည်အခိုးရ၏။ အားနိပြင် ၁၁သူတို့ကိုပင်အခိုးရ၏ ၊ေသာသူ၏ပုံမာဖြစ်လ ၁သို့လည်း ပြစ်မှားခြ ဘောမတူ။ အကြောင်း ပြန်မှားသောအားဖြင့်လူမှ ကြ၏။ တမျိုးက်သောသူတည်းဟူသော ယေရှ ၁းဖြင့်ဘုရားသခင်၏ကျေးဇူးးဘပ်နှင့်ကျေးဇူး

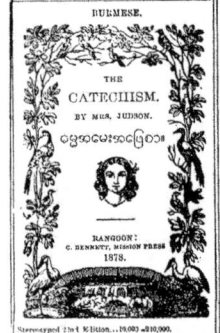

아도니람은 버마에 도착한 1813년부터 언어 선생을 고용해 버마어를 배우기 시작했다. 위 그림은 아도니람이 번역한 로마서 부분이다.

4. 평온한 세월들, 그리고 가족 (1834-1839)

아도니람이 사라와 어린 조지를 위해 몰메인에 마련한 집은 다른 선교사들의 집들과 마찬가지로 "적당한 크기의 방 세 개와 작은 방 두 개"의 버마식 오두막을 조금 꾸민 것이었다. 떨어져 지은 작은 부엌은 버마식으로 땅에서 1.2미터 정도 위에 지었고, 내림 다리를 만들었다. 지붕은 짚으로 엮었고, 벽은 대나무 매트로 만들었다. 넓은 그늘을 만들어주는 처마가 길게 앞쪽으로 뻗쳐 있었다. 집을 마련하는 데는 전부 3백 달러가 들었다.

이 집이 선교 공동체의 심장부에 위치해 있다는 것은 아도니람의 은둔생활이 끝났다는 의미였다. 계속 넓어지고 있는 인쇄소는 그의 현관에서 백 발자국도 떨어져 있지 않았다. 그리고 학교와 다른 선교사들의 집도 근처에 있었다.

그들의 새 삶은 불길하게 시작됐다. 자신이 매우 건강하다고 생각했던 사라가 창백하게 야위어갔다. 그녀의 식욕은 형편없었다. 1킬로미터도 걸을 수 없었다. 곧 심하게 아프기 시작했다. 그녀는 병상에서 수 주일을 보냈다. 때때로 아도니람은 사라에게 조그만 변화를 주기 위해 침대에서 안아 긴 의자에 눕혔다. 의사는 그녀가 살지 못할 것이라고 했다. 그가 약을 계속 처방해준 것은 도움이 되어서라기보다는 아도니람을 안심시키기 위해서였다. 여섯 살 난 조지는 인생의 가혹한 시련 때문에 나이보다 침착하고 성숙했다. 그는 엄마에게 성경을 읽어주거나 찬송가를 불러주면서 주로 시간을 보냈다.

사라는 점점 회복되기 시작했다. 그녀가 일어설 수 있게 되자마자 아도니람은 사라를 설득해서 그가 가장 좋아하는 치료방법인 승마를 하자고 권했다. 해뜨기 전 매일 아침 두 사람은 멀리까지 말을 타고 나갔다. 처음에는 말 타는 것 자체가 그녀를 지치게 했기 때문에 사라는 말타기를 거절했지만 아도니람은 고집을 부렸다. 하지만 한참 후에는 그녀 스스로도 놀랄 만큼 힘과 기력이 돌아왔다. 4~5개월 후 그녀의 "멋진 조랑말"이 죽었다. 그러나 이미 아도니람의 건강 관리법에 열정적으로 함께하게 된 그녀는 산책을 하기로 결정했다. 둘은 매일 아침 해 뜨기 전 "마을너머 언덕 저편까지" 산책을 했다.

그 해가 저물 무렵, 그녀가 결혼 전에 조지를 위해 세웠던 결정을 이행해야 할 시기가 다가왔다. 만일 조지가 성년이 될 때까지 살 수 있으려면 그는 베넷 선교사의 아이들처럼 미국으로 가야 했다. 그를 보낼 기회가 12월에 왔다. 캐시미어 호가 보스턴에서 웨이드 부부와 오스굿 부부, 그리고 다른 선교사들을 데리고 왔다. 캐시미어 호는 싱가포르에 몇 주간 머문 후 곧바로 보스턴으로 돌아갈 계획이었다. 조지를 안전하게 미국으로 보낼 수 있는 이런 좋은 기회는 몇 년 안에는 다시 오지 않을 것이었다.

그것은 가슴을 찢는 이별이었다. 조지는 사라에게 보통 이상으로 소중했다. "그는 낯선 사람들과 접촉하기에는 지나치게 여리고 예민한 기질이었다." 그러나 달리 도울 방법이 없었다. "오! 나는 문가에 서서 오랫동안 나를 쳐다보던 내 아이의 표정을 결코 잊지 못할 거야. 눈에는 눈물이 가득 고였고, 조그만 얼굴은 감정을 억누르느라 빨갛게 달아올라 있었어. 하지만 겨우 그 감정을 가라앉혔지. 돌아서서 계단을 내려갈 때야 비로소 눈물이 억수같이 쏟아졌지." 사라는 여동생에게 그렇게 편지를 보냈다.

사라가 가슴이 미어져 방으로 황급히 들어가 무릎을 꿇고 눈물로 기도하는 동안, 아도니람은 어린 조지를 팔에 안고 캐시미어 호에 데려다 줄 작은 배로 데리고 갔다. 그 배는 암허스트 항구에 정박해 있었다. 가는 내내 아도니람은 최선을 다해 조지를 안심시켰다. 그는 돌아와서 "대화가 매우 애정 깊고 지적이었다"고 사라에게 말했다. 캐시미어 호에 타자마자 아도니람은 조지의 작은 침대가 선실에 마련되어 있는 것을 확인하고, 다른 사람들이 잘 돌보아 줄 것이며 "조지가 표현했던 것처럼 편안한 엄마의 품으로 돌아올 것"을 확신시켰다.

그러나 싱가포르에서 조지에게 일어났던 일을 사라가 오랫동안 몰랐던 것이 훨씬 잘 된 일이었다. 캐시미어 호가 싱가포르에서 25킬로미터 아래 지역에 정박해 있는 동안에는 J. T. 존스와 새 선교사인 윌리엄 딘이 조지를 돌보았다. 배가 출항할 때가 되어 이 두 선교사들은 원주민들의 노 젓는 작은 배 한 척을 빌려 캐시미어 호로 향했다. 그들은 미국으로 보낼 편지 한 상자를 함께 가지고 갔다. 하지만 해안에서 16킬로미터, 캐시미어 호에서 8킬로미터 떨어진 지점에서 그 배는 말레이 해적에게 공격을 당했다. 그들은 편지 상자를 보물 상자로 생각한 것이었다. 어린 조지가 보트의 긴 의자 아래서 겁에 떨고 있는 동안 존스는 배 밖으로 던져졌고 격투 끝에 딘은 옆구리와 허리를 세 날 달린 낚시 창으로 관통 당했다. 다행히 해적들이 상자를 가져간 후 존스는 살아서 배 위로 끌어 올려졌다. 어린 조지는 겁을 먹기는 했지만 상처는 입지 않고 무사히 캐시미어 호에 올랐다. 그러나 그는 결코 그 경험을 잊지 않았다.

1835년 초는 아도니람과 사라의 진정한 결혼 생활이 시작된 때이다. 사라는 완전히 건강을 회복했다. 푸른 눈의 아름다움과 조용하게 빛나는 성품, 선교사로서의 능력과 경험으로 인해 그녀는 아도니람의 이상적인 아내이자 동료로서 손색이 없었다. 아도니람은 고요한 바다를 항해해 나아가는 것 같았다. 그는 새로운 생활에 잘 적응했다. 건강은 아주 좋았다. 그의 나이는 어느덧 50세를 향하고 있었지만 숱 많은 머리칼에는 흰 머리카락도 없었다.

이것은 그가 견뎌온 역경을 생각할 때 믿기지 않는 일이었다. 얼굴에는 주름도 없었고, 눈은 빛났으며 그의 에너지는 1812년 세일럼을 떠나올 때만큼 넘쳐흘렀다.

아도니람과 사라는 둘 다 언어를 이해하는 데 주력했다. 몰메인에는 딸링과 페구 사람들이 아주 많았다. 그들은 불교를 제외하고 모든 면에서 버마인들과 달랐다. 이들 중 어떤 이들은 딸링어로 번역되었던 버마어 소책자를 읽고 복음을 접했다. 그러나 선교사들 중 그들에게 도움을 줄 만큼 그 언어에 관해 충분히 아는 사람이 없었다. 사라가 이미 카렌어와 버마어를 알고 있기에 아도니람은 사라에게 제안해서 딸링어를 연구하기 시작했다. 페구의 그리스도인 꼬 만보케의 도움으로 버마어 소책자와 교리 문답집을 딸링어로 번역했다.

아도니람에게는 무엇보다 중요한 일이 버마어 성경이었다. 버마어로 훌륭한 번역을 하는 것이 그에게는 필생의 작업이고 중요한 일이기에 거기에 인생을 걸었다. 그리스도를 전하는 선교사들은 성경 특히 신약에 의존했다. 더욱이 버마의 마을로 전해지는 모든 성경은 '글로 된 선교사'였다. 보수도 지원도 필요 없고, 결코 지치거나 아파 쓰러지지도 않는 그런 선교사였다. 그는 구약 번역을 끝내자마자 출판에 앞서 수정과 교정에 몰두했다. 더욱 정확을 기하기 위해 그가 할 수 있는 모든 학문적인 자료들을 다 동원했다.

대부분의 시간을 번역에 쏟았지만, 사라와 아도니람은 다른 임무에 소홀하지 않았다. 사라가 기도모임과 학교 수업과 여성들을 위한 어머니 모임을 만드는 동안 아도니람은 주일 대예배와 매일 저녁의 작은 모임을 위해 일주일에 일곱 번 설교했다. 매일 아침 식사 전에 그는 하루 종일 몰메인 이곳저곳에서 설교를 하는 원주민 전도사들을 만났다. 그는 그들이 한 일들을 점검하고 효과적으로 일할 수 있도록 개선점을 제안했다. 아도니람은 또한 원주민 교회를 맡고 있었는데, 그 교회의 교인 수는 99명이었고 곧 100명을 돌파할 침례가 있을 예정이었다.

이번 침례식에는 특별한 기쁨을 주는 사람이 있었다. 바로 쿠칠이었다. 그는 낸시가 미국에서 돌아올 때 캘커타에서 아바까지 데려 온 벵갈인 요리사였다. 낸시와 마리아가 오웅펜라에서 최악의 날들을 견뎌낼 수 있었던 것은 그의 충직함 때문이었다. 그때 이후로 그는 선교사 가족들을 계속 도왔다. 아도니람은 다음과 같이 썼다. "충직하고 선량한 하인이었지만, 그는 수년 동안 모든 종교적인 가르침을 완강히 거절하고 거짓 예언에 대해 충성하고 있다고 떼를 썼다." 그러나 1834년 그의 버마인 아내가 침례를 받았고 1835년 쿠칠 자신도 승복했다. "그러나 그리스도인이 되어 가는 과정은 더뎠고 저항은 강했다. 그는 종교를 바꾸는 일에 깊은 부담을 느꼈다. 공식적으로 침례를 달라고 요청했을 때도 그는 여전히 떨고 있었다. 가엾은 노인! 그는 육십이 넘었다. 그의 두 뺨은 푹 꺼져 있었고 긴 턱수염은 완전히 백발이었다. 그는 얼마 못 살 것 같았다. 그는 옛날 여주인 낸시에 대해 애정을 가지고 기억했고, 아바와 암허스트에서 낸시가 고통받고 죽어갔던 장면들을 이야기 할 때면 자주 눈물을 흘렸다."

이번 침례식에는 아도니람과 사라가 영향을 끼친 백인들도 함께 했다. 그 중의 하나가 제임스 딜레이니였다. 그는 동인도회사의 포병이자 몰메인 거리에 모여 살면서 때때로 영어로 진행되는 예배에 참석하는 군인 중 한 명이었다. 그는 1831년 킨케이드에 의해 개종했고 살윈에서 침례를 받았다. 뒤늦게 아도니람은 그의 재능을 알아주고 마음속에 목사직에 대한 소망을 심어주었다. 1834년, 그가 제대를 하자 아도니람과 사라는 미국으로 가는 배편을 예약해 주고 뉴욕 해밀턴에 있는 신학과정에 등록하도록 도와주었다. 심지어 사라는 빈약한 자신의 잔고에서 25달러를 그에게 주었다. 그는 위스콘신 주의 애플톤에 정착해 남북전쟁 기간 동안 합중국 육군 군목으로 근무하던 기간을 제외하고 여생을 거기서 보냈다. 그러나 몰메인을 떠난 뒤 50여 년 동안 그는 여전히 사라와 아도니람의 따스한 애정을 기억했다.

1835년 9월 26일, 아도니람은 구약의 수정을 끝냈다. 한 달쯤 지난 뒤인 10월 31일, 사라는 아비가일 앤 저드슨을 출산했다. '아비가일'은 그의 엄마와 누이를, 그리고 '앤'은 낸시를 기념하여 따왔다. 애비에게 살아 있는 두 사람의 이름을 붙여준 뒤 그는 다음 날 플리머스로 보낸 편지를 통해 자신의 감정이 얼마나 부드러워지기 시작했는지를 드러냈다.

사랑하는 어머니와 누이에게.

제가 동양에 오게 된 목적을 어느 정도 이루었고, 그동안 해온 선교사업에도 여유가 생긴 탓인지 요즈음 제 생각과 애정이 내가 태어나고 자란 사랑하는 가족에게 더욱 자주 쏠립니다. 특히 여러 해 동안 아이 없이 지내다가 딸을 낳고 부모의 감정이 되살아나자 어머니께서 내가 아기였을 때 돌봐주시던 사랑과 어린 소년에서 성인이 될 때까지 이끌어 주시던 친절함이 생생하게 되살아납니다. 나는 소꿉친구들과 나의 사랑스런 누이와 유년기에 함께 했던 수많은 유쾌한 사건들을 떠올려봅니다. 형제자매의 사랑이 오갔던 그 일들이 아직도 추억의 정경 속에 아련하게 멈추어 있습니다.

두 달이 흘러 버마인 교회의 100번 째 신도에게 침례를 베푼지 꼭 한 달만인 1835년 12월 29일, 그는 구약의 마지막 장을 출판사에 보냈다. 그전에 그는 어머니와 누이에게 다음과 같이 써 보낸 적이 있다. "나는 처음 선교사의 삶에 대해 깊이 묵상하면서 만일 어떤 새로운 언어로 성경을 번역해서 출판하고, 백 명의 신도를 가진 교회를 이방 땅에 세울 수 있다면 나는 그 옛날 시므온이 가졌던 평화로운 마음으로 죽음을 기다릴 수 있을 것 같았습니다."

하지만 아도니람의 일이 끝난 것은 아니었다. 세람포에 있는 마쉬맨, 로빈슨, 그리고 무어, 이 세 명의 선교사들을 제외하고는 그는 동방에서 누구보다도 오래 살아왔다. 그는 자기 인생이 끝나간다고 느끼지 않았다. 오히려 이제부터 시작이었다. 벌써 '사랑스럽고 통통한 아기'가 될 것 같은 어린 애비를 보며 그는 애비가 성장하는 것을 지켜보고 싶은 진정한 가족애를 처음으로 느꼈다.

2월 하순경 루브르 호가 보스턴에서 여러 명의 선교사들을 태우고 암허스트에 도착했다. 그들 중에 선교위원회 소속의 한 방문객이 있었다. 그는 현장에서 선교사들의 일을 조사하고 제안을 수렴하고 총괄적으로 정보를 모아서, 서신 교환만으로는 불충분한 점들을 해결하는 특별한 임무를 띠고 파견된 최초의 관리였다. 그는 보스턴의 페드럴 스트리트 교회의 하워드 말콤 목사였다.

말콤은 몰메인에 머무르는 동안 아도니람과 사라와 함께 지냈다. 그는 선교 지점들을 돌아보기 위해 한번은 사라와 함께 다그야잉 강 상류로, 한번은 아도니람과 살윈 강 상류로 여행을 했다. 모든 선교사들 중, 가장 크게 말콤의 관심을 끈 사람은 물론 당시 미국인들에게 전설적인 인물이 된 아도니람이었다. 아도니람은 자신이 얼마나 버마인처럼 되어버렸는지 잘 깨닫지 못했다. 반평생 이상을 버마에서 살다보니 버마어와 버마 풍습이 모국어와 미국의 풍습보다 더 친근했다.

몰메인에서의 첫 날, 말콤은 아도니람이 전혀 의식하지 못했던 차이점들을 발견하고 무척 놀랐다. 예를 들어 자얏에서 버마 교인들과 아침 예배를 드릴 때, 아도니람은 의자에 교인들은 마룻바닥의 방석 위에 앉아 있었다. 바닥에서 약 0.5미터 정도 위에는 대나무를 수평으로 길게 만든 등 받침이 있었다. 기도 중 아도니람은 무릎을 꿇었다. 그러나 버마인들은 앉아 있는 자세에서 단지 앞으로 몸을 엎드리고 마루에 팔꿈치를 대고 손바닥을 모았다. 설교와 기도, 그 밖의 모든 것이 버마식이었다. 말콤은 그 중 단 한마디를 알아듣고 놀라워했다. 그것은 아도니람이 기도를 마쳤을 때 거기 있는 모든 사람들이 큰소리로 외치던 "아멘"이었다.

5월 중순경 말콤은 랑군으로 떠났다. 거기서 그는 이라와디 강 상류를 따라 킨케이드가 여러 해 동안 머물렀던 아바로 배를 타고 갔다. 선교사들은 아도니람을 제외하고 모두 아바에 들어갈 수 있었다. 비록 많은 사람들이 그를 개인적으로는 좋은 감정으로 기억할지라도, '얀다보 협정'을 작성한 캠벨 장군에게 협조했던 것을 결코 용서하지 않았다.

말콤이 떠나자 아도니람은 몇 달 동안 꾸준히 해왔던 신약의 수정작업을 다시 시작했다. 이 작업은 사라와 빈톤 부부와 함께 타보이에 가느라 한번 중단한 것을 제외하고는 계속해오던 것이다. 3월 말경 그는 수정본 마지막 장을 출판사에 보냈다. 구약 수정을 완성한 지 불과 얼마 후에 사라가 딸을 낳았던 것과 마찬가지로, 신약 수정을 끝낸 뒤인 1837년 4월 7일, 그녀는 아도니람에게 아들을 선물했다. 아도니람 브라운 저드슨이었다.

애비 앤과 새로 태어난 아기 둘 다 무럭무럭 컸다. 1년 뒤 아도니람은 그의 어머니와 누이에게 편지를 썼다. "어린 아도니람이 예방접종을 받은 후 수두를 앓았습니다. 매우 가볍게 병을 앓아서 지금은 아주 많이 회복되었습니다. 지금까지 본 아이들 중 가장 예쁘고 총명한 아이일 것입니다. 엄마 말에 의하면 삼촌 엘나단을 닮은 것 같습니다. 애비는 쑥쑥 자라고 있습니다. 이리저리 뛰어다니고, 버마어를 꽤 유창하게 합니다. 영어는 못하고요. 애비가 지금 영어를 하지 못하는 것은 별 걱정이 안 듭니다. 몇 년 후에 애비를 고국으로 보내면 거기서 틀림없이 잘 배울 테니까요. 애비는 우리와 함께 가족 예배와 대중 예배에 참석하여 가만히 앉아 예절 바르게 행동하는 법을 배우고 있습니다. 그러나 '펜' 혹은 '쁘웬'—원주민들이 꽃이라는 의미로 아기 아도니람을 부르는 이름—이 예배당에 들어와 앞에 있는 나를 보기만 하면 '빠'(아빠)라고 큰 소리를 질러대서 보모가 그를 밖으로 데리고 나갈 수밖에 없습니다."

쁘웬과 애비는 곧 형제 하나를 더 갖게 되었다. 1838년 7월 15일 엘나단 저드슨이 태어났다. 아이들 셋을 돌보느라 사라는 그녀가 하던 페구어 번역을 제임스 해스웰 선교사에게 넘겼다. 그러나 사라는 『예수의 생애』라는 책 한 권과 몇 권의 소책자를 펴냈다. 엘나단이 태어날 때까지는 아이들을 베란다에서 놀게 해서 계속 저술할 수 있었다. "베란다는 페구어 번역가와 내가 하루 종일 일하는 방에 바로 붙어 있었다."

4년 동안 아도니람의 건강은 매년 가을마다 몇 달씩 찾아오는 미열을 제외하곤 매우 좋았다. 그러나 1838년 말 어린 엘나단이 태어난 후, 그는 폐와 목에 통증을 느끼기 시작했다. 아도니람은 고통스런 기침을 하면서 목소리를 잃어갔다. 설교하는 것이 불가능해졌고 심지어 일상적인 대화조차 어려웠다. 많은 선교사들을 떠나게 했던 가혹한 결핵이 찾아온 것은 아닌지 모두들 의심했다. 몰메인 의사들은 긴 바다여행을 떠나라고 처방했다. 1839년 2월 19일 그는 스나이프 호를 타고 캘커타를 향해 떠났다. 그가 사라와 아이들을 며칠 이상 떠나기는 처음이었다. 그는 배 위에서 이렇게 썼다. "나는 매우 의기소침했다. 별로 가고 싶지도 않고 목적도 없는 곳에 간다는 것은 얼마나 슬프고 따분한 일인가. 내 가족의 품이 지구상에서 유일하게 빛나는 장소다."

통증은 지속되었지만 스나이프 호가 바다로 나가자 기침하던 것은 급속도로 좋아졌다. "치료할 수 없는 결핵에 걸린" 어떤 승객은 '아무 것도 토하지 않고 가벼운 기침만 하면서 결핵에 걸린 체한다' 며 아도니람을 비웃을 정도였다. 그는 여행이 그를 분명히 치료해 줄 것이라고 말했다."

3월 9일, 아도니람은 캘커타에 내렸다. 3주 간 머무르면서 그는 도시에 사는 침례교 선교사들과 다른 교파의 선교사들을 모두 만나려고 애썼다. 그는 아직 세람포에 살고 있는 "마쉬맨 노부인"의 집에서 주말을 한 번 보냈다. 세람포에 살던 선교사 삼총사인 캐리, 마쉬맨, 그리고 아도니람과 낸시에게 침례를 베풀었던 와드는 모두 죽었다. 마쉬맨의 아들 존이 아직도 거기서 다른 선교사들과 함께 살고 있었다. 그러나 아도니람은 "영광이 세람포를 떠났다"는 것을 알았다.

그래도 그는 여전히 즐거웠다. 시계를 수리공에게 맡기고, 아이들에게 줄 신발을 사고, 옷을 만들게 하는 것을 제외하고는 그가 신경쓸 일이 없었다. 사실 이 일도 캘커타의 여주인인 엘리스 부인이 맡았다. 아도니람은 생활은 아침식사, 차 마시기, 다양한 사람들과의 저녁 만남의 연속이었다. 그는 캐리 박사의 번역 작업을 이어받은 윌리엄 예이츠와 함께 번역의 원칙과 성경의 표준 번역 기준을 제시하는 책들에 대해 토론했다. 그러나 그는 가족, 특히 사라가 없어 외로웠다. 그는 사라에게 캘커타의 선교사들에 관해 편지를 썼다.

… 모두들 당신이 책을 쓸 정도의 매우 멋진 여성일 것이라고 생각하고, 특히 엘리스 부인은 당신이 나와 함께 오지 못해 너무나 안타깝다고 말한다오. 내가 이 모든 것들을, 특히 이 집에서 제공하는 숙식이 얼마나 훌륭한지 알았더라면 나는 당신과 함께 왔을 것이오.

그는 솔직하게 계속 써 내려갔다.

지금 당신과 함께 있다면 얼마나 행복할까. 지금 천국에 있는 사람들과 우리가 서로 누리는 이 더없는 기쁨들이 지구상에 있는 죄 많은 피조물들에게도 허락되고 있다면 천국의 기쁨은 과연 어떻겠소? 물론 천국이 독신의 즐거움만 인정한다면, 우리는 거기서 후회할 일이 있겠지요. 우리 영혼이 얼마나 고귀하고 황홀한 교제를 고대하는지!

그것도 영원히! 이 땅에서 결혼한 신랑과 신부는 단지 그곳의 모형과 그림자에 불과한 것 같소.

스나이프 호가 3월 말경 다시 몰메인으로 돌아갈 것이라는 것을 알자마자 사라에게 편지를 쓴 것은 놀랄 만한 일이 아니다.

내가 얼마나 기쁘게 출항을 바라는지, 그리고 암허스트와 몰메인의 언덕들이 멀리 솟은 그 광경을 보기 원하는지 모르오! 그리고 당신의 사랑스런 얼굴을 보고 나의 사랑 넘치는 품에 안고 '이곳이 나의 가정이구나'를 다시 한번 느끼고 싶소.

캘커타를 떠날 때, 그의 폐와 목은 거의 치료된 것 같았다. 돌아오는 도중에 여행을 같이 한 개종자 쿤 지아와 함께 버마어로 예배를 인도하면서 그는 자신의 목소리를 시험해 보았다. 그러나 "나는 오후 예배를 인도하면서 예전의 폐의 통증과 기침의 기운을 느끼고 낙심했다." 몰메인에 도착하기 전 부분적으로는 회복했지만 우기가 시작되자마자 그의 목은 예전처럼 다시 나빠졌다.

어떤 선교사들은 그에게 1-2년 정도 미국에 가 있을 것을 충고했지만, 아도니람은 "내 목소리를 쓸 수 없다면 나는 고향에서도 쓸모가 없다"고 생각했다. 아마도 의기소침하기 쉬운 자신의 성격을 염두에 둔 것 같다.

"나는 충분히 오래 살았다. 내가 선교사의 삶을 시작했을 때 마음에 두었던 특별한 목표가 성취되는 것을 살아서 보았다. 그러니 내가 왜 더 오래 살기를 바라겠는가? 나는 설교를 할 수도 없다. 지난 발병 이후로 목의 통증이 심해 대화를 나누기도 어렵고, 테이블에 앉아 있거나 책을 준비하는 일도 곧 기진맥진한다."

누구도 그의 병명을 알아낼 수가 없었다. "나의 병의 증세는 오스굿 부인을 죽게 했던 그 병과 비슷하다. 흔하지 않은 폐결핵과 비슷하지만 목의 증세는 의사들마저도 혼동되게 했다. 그 중 한 의사는 그녀가 죽을 때까지도 결핵이 아니며 곧 회복될 것이라고 했었다."

아도니람은 도리어 죽어서 바라는 상급이 기다리는 곳으로 가고 싶어했다. "그러나 나는 홀아비가 되어 상실감에 빠졌던 내 마음을 감싸준 사랑하는 아내와 아이들을 생각할 때, 다시 뒤로 움츠러들고 천국의 영광으로부터 어쩔 수 없이 나 자신을 끌어내리게 된다."

아이들이 성장하는 것을 보면서 그는 자신의 어린 시절과 여전히 플리머스에 살고 있는 어머니와 누이 애비를 떠올렸다. 그는 전에 없이 자주 그들에게 편지를 썼다. 그리고 아이들이 어른이 되어 행복하게 가정을 꾸리는 것을 보지 못한 채 죽을까 두렵다고 했다. 그는 쉰 살을 넘기고 있었다. 맏이인 애비 앤이 단지 네 살이었고, 아도니람 2세가 두 살, 엘나단은 한 살밖에 안 되었다. 아이들이 어른이 되는 것을 살아서 볼 수 있을 것 같지가 않았다.

애비 앤은 (그는 자랑스럽게 썼다) 줄리아 오스굳과 함께 시몬스 부인의 학교에 다니기 시작했습니다. … 애비는 매일 오전 한 음절의 단어들을 읽었습니다. 아도니람 2세는 '나도 학교 다니고 싶어' 라고 말하지만 그는 집에서 남자 얘들처럼 행동합니다. 엘나단은 매우 아팠습니다. 우리는 그를 잃게 되지 않을까 생각했지만 지금은 건강해져서 총명하고 명랑해졌습니다.

그 해 말인 1839년 12월 31일, 네 번째 아이인 헨리가 태어났다. 아도니람은 "그러나 지진도 일어나지 않았고 아무 일도 없었다"라고 말했다. 때때로 아도니람은 예전처럼 설교를 하려고 애썼지만 일주일에 한번의 설교로 족했다. 이것조차 뒤에 앉은 사람에게는 거의 들리지 않는 아주 낮은 목소리로 말해야 했다. 구약성경을 수정해서 인쇄하는 사이 그는 할 수 있는 한 모든 시간을 개종자들과 종교에 대해 알고 싶어하는 사람들과 개인적으로 대화를 나누는 데 보냈다.

2월 초 그는 잠시 랑군을 방문했다. 가는 도중 그는 나폴레옹에 관한 두 권의 책을 읽었다. 그 책들은 그에게 "악마의 역사"처럼 큰 충격을 주었다. 그러나 랑군은 여전히 선교사들에게 호의적이지 않았다. 그와 원주민 보조자인 꼬 엥(이전 이름은 마웅 엥)은 천 권의 소책자를 배포했다. 시장인 레이 운이 꼬 엥을 관청으로 불러들였다. 몰메인에서 아도니람과 항해를 했던 부드바이 선장과 그 도시에서 살고 있는 영국인 스테이그가 레이 운을 만나

꼬 엥을 풀어달라고 했다. 아도니람이 할 수 있는 일은 기다리는 것뿐이었다.

아도니람은 여전히 버마 정부에 인기가 없었다. 감히 직접적으로 건드리지는 못했지만 그를 보조하는 원주민들을 공격할 기회는 놓치지 않았다. 소책자를 나누어줄 수도 없고 그밖에는 할 일도 없어 그는 도시에 사는 영국인들과 몇 명의 남아 있는 버마인 개종자들과 함께 종교에 관해 토론했다. 시간이 있을 때마다 그는 슈웨다공 탑까지 산책했다. 그 근처에는 버려진 선교원 땅과, 살았다면 지금쯤 25세의 성인 남자가 되었을 어린 로저의 무덤이 있었다.

랑군은 큰 도시가 되어 있었다. 아도니람은 몰메인의 두 배 크기라고 생각했다. 그러나 여러 전쟁과 큰 변화들로 인해 그에게는 정말 소중했던 것이 대부분 사라졌다. 선교사 초기의 삶과 낸시와 지냈던 기억들로 여전히 마음 아팠지만, 더 이상 그를 괴롭히지는 않았다. 그때의 아도니람 저드슨은 이미 그의 아내와 아이들과 함께 죽은 것이나 다름없었다. 새 아도니람 저드슨의 애정은 몰메인에 있는 사라와 애비 앤과 세 아들에게 쏠려 있었다.

한편 한 선교사의 아내는 몰메인에 있는 교회가 다시 기울기 시작했다고 편지를 썼다. "많은 젊은이들이 죄를 짓고, 나이든 사람들은 종교적 의무에 냉랭하고 태만해졌습니다." 아도니람은 돌아가자마자 그에 관한 대책을 세웠다. 그는 신약에서 따온 여덟 가지 항목의 서약서를 작성했다. 그 서약서에 모든 교인은 의무적으로 서명을 해야 했다. 완전한 버마어 성경이 인쇄되고 제본이 되자마자 그는 각 가정의 가장들에게 인쇄본을 공식적으로 보여주기로 했다. 그리고 그는 버마인들을 위한 주일 예배를 세 번으로 늘리기로 결심했다.

이러한 조치들도 약간 효과가 있었지만, 교회 신도들과 개인적으로 만나는 것이 가장 효과적이었다. 그 무렵 버마 신자들은 그가 버마어를 너무나 잘 알아서 그에게 죄를 숨기는 것은 불가능하다고 믿었다. 어떤 사람이 '마음속으로 죄를 즐기고 있을 때' 조차 아도니람은 갑자기 그에게 눈을 고정시키고 저항할 수 없게 만들어 자기 자신도 모르게 죄를 고백하지 않으면 안 될 정도였다.

아도니람은 분명한 사실이 아니면 결코 비난하지 않았다. 그는 풍문을 무시했다. 교회의 한 신도가 그에게 다른 사람의 잘못에 대해 이야기하면 아도니람은 "당신은 그와 단둘이 앉아 그의 잘못에 대해 이야기 한 적이 있습니까?"라고 묻곤 했다. 대개는 그렇게 하지 않은 이유를 장황하게 늘어놓다가 결국 "선생님이 아셔야 할 것 같다고 생각했다"고 그들은 말했다.

한 버마인은 그에 대해 이렇게 회상했다. "그는 우리가 자신을 아는 것보다 더 철저하게 우리를 알았다. 만일 우리가 빗나간 행동을 하면 그는 우리를 상냥하게 불러서 이야기했다." 그리고 그는 마룻바닥에서 장난감을 집어들고 그 테두리를 손가락으로 부드럽게 어루만지며 "계속 이야기하다가 마침내 갑자기―우리가 미처 알아채기도 전에― 그는 우리의 잘못을 꼬집는다." 그리고 그는 장난감 가운데를 손가락으로 치면서 "우리가 그에게 모든 것을 고백할 때까지 숨도 쉴 수 없게 만든다."

한 버마 여성은 아도니람이 보기에 영적으로 해가 되는 일을 계획하고 있을 때, 그가 그녀를 불러 설득했던 일에 대해 생생하게 기억했다. 그녀가 자신의 계획을 포기하지 않자 마침내 아도니람은 테이블에서 자를 꺼내 마룻바닥에 지그재그로 금을 그었다. "여기를 보시오. 이것이 당신이 걸어온 길이오. 당신은 굽은 길을 따라 걸어왔기에 반평생을 길에서 벗어나 있었소. 그러나 당신은 그 길 가까이 있으면서도 새 길을 선택하지도 않았는데 하나님의 은혜 안에서 성장해왔소. 당신이 그 은혜에 합당한 마음을 먹은 것도, 그에 걸맞게 산 것도 아니고 아직도 옛 길로 돌아 갈 여지가 있음에도 불구하고 말이요. 그동안 당신의 생각과 마음은 많이 자랐소. 이제 날마다 깊어지는 하나님의 선하심을 이해하는 당신은 여기에 서 있소." 그리고 선 위의 한 지점을 자 끝으로 꼭 짚었다. "당신은 이 길이 어디로 인도하는지 알 것이오. 그리고 그 길 앞에 무엇이 놓여있는지도. 때로는 투쟁이, 때로는 슬픔이 있지만 마침내는 영원한 생명과 영광의 왕관이 있소. 그러나 왼쪽을 보시오. 쾌락의 길이 뻗어 있소. 그 길 위 하늘에는 유혹적이고 예쁜 거품이 둥둥 떠 있소. 당신이 15년이라는 긴 세월동안 걸어왔던 길을 떠나려는 것은 아니겠지요? 당신은 옆으로 발을 한발 내딛어 그 거품을 잡고 싶을 뿐 다시 돌아올 것이라고 생각하겠지요. 그러나 당신은 결코 돌아오지 못할 것이오. 자매여, 생각해보시오. 감히 주님의 손가락으로 그어진 이 좁고 협소한 길을 떠나 한순간이라도 적의 길로 떠나가려 하오? 그렇게 할거요? 정말 그렇게 할거요?"

"나는 너무나 흐느껴 울어서 한마디도 할 수가 없었다. 하지만 그는 내가 의도하는 바를 알았다. 그는 무릎을 꿇고 하나님이 나의 결심을 지켜주실 것을 기도했다. 그 이후로도 나는 많은 굽은 길을 걸었다. 그러나 내가 특별히 유혹을 받을 때면 언제나, 그날 의자에 앉아 몸을 굽히고 나를 훈계하기 위해 마룻바닥에 자를 놓고, 그의 손가락을 영생의 길을 따라 움직이며, 엄격한 시선으로 나를 보면서 '당신이 그렇게 할거요?' 라고 묻던 선생님의 모습을 기억한다. 그 목소리는 마치 하나님께서 말씀하시는 것 같았다. 그러면 나는 베드로가 했던 것과 똑같이 '내가 두려워하나이다' 라고 기도한다."

5. 하나님의 뜻이 이루어지이다 (1840-1845)

1840년 10월 24일, 아도니람은 수정을 끝낸 버마어 성경의 마지막 장을 인쇄소로 보냈다. 버마는 이제 초판 버마어 성경을 갖게 되었다. 그것은 4절판 크기로 1,200페이지에 달하는 큰 책이었다. 아도니람은 대체로 만족했다. 그는 구약 번역은 상당 부분 미진하다고 느꼈지만 신약은 거의 20년 동안 걸친 수정 덕분에 "기대했던 것 이상으로" 만족해했다.

그러나 대개 성취에는 좌절이 따르게 마련이었다. 성경은 준비되었지만, 버마가 선교사들의 일에 협조하지 않았기 때문에 성경을 사람들의 손에 들어가게 할 현실적인 방법이 없었다. 버마와 영국 간에 또 전쟁이 일어날 것이라는 말도 돌았다. 아도니람은 그 말을 믿지는 않았다. 이런 소문은 버마에서 이득을 얻을 만한 게 없어 전쟁 이외는 소망이 없는 주전파들에게나 해당되는 소망일 뿐이라고 생각했다. 그러나 버마의 국경이 봉쇄되었고,

당장 필요한 양만큼만 성경이 인쇄되었을 뿐인데 갑자기 인쇄소 건물 사용이 금지되었다.

어쨌든 아도니람 인생의 업적 중 한 부분이 끝났다. 그는 여생을 원주민 교회를 세워 굳건히 하는 데 보낼 작정이었다. 다시 한 번 그는 원주민 보조자들을 맡아 매일 아침 예배가 끝나면 그들을 몰메인과 이웃 마을 전역으로 보내 복음을 전파하도록 했다. 그리고 그는 다른 일을 맡았다. 오랫동안 본국의 선교위원회는 성경 번역에 방해가 되지 않을 때 사전편찬 준비를 하도록 그에게 압력을 넣어왔다. 오래 전인 1819년에 그는 개인적인 용도로 아주 조잡한 사전을 한 권 만들어 1826년 세람포에서 인쇄한 적이 있었다. 하지만 버마어를 약간이라도 아는 사람이 아니면 그리 도움이 되지 않았다. 아도니람의 동료들은 그가 다른 일보다 사전을 만드는 것이 더 중요하다고 생각했다. 한동안 아도니람은 사전을 펼 마음이 없어 거절했다. 그러나 자신의 목소리가 계속해서 망가지는 것을 보자, 그는 취미 삼아 사전을 편찬하기 시작했다. 비록 그 일이 "그다지 선교적인 일이 아닌 것 같아" 그다지 내키지는 않았지만 말이다.

그렇지만 사전 일조차 곧 집중할 수 없게 되었다. 1841년 3월 8일 사라가 루터라는 사산아를 출산했다. 그녀는 "쇠약해져서 침대에만 누워 있어야 했다. 게다가 모든 아이들이 백일해를 앓았다. 그들이 완전히 회복되기도 전에 애비 앤, 아도니람 2세와 헨리가 장염에 걸렸다가 이질로 발전했다." 영국군 장교인 임페이

대령이 사라와 아이들에게 암허스트 해안가의 집을 쓰도록 배려했다. 거기서는 최소한 이 무더운 계절을 최악으로 보내지 않아도 되었다. 한동안 그들은 호전되는 것 같았다. 그러나 사라가 감기에 걸려 열병을 앓았다. 애비 앤과 아도니람 2세는 거의 죽음의 문턱에 이를 정도로 나빠졌다. 가족들이 몰메인으로 돌아왔을 때, 그들은 떠날 때보다 더 병세가 악화되었다.

6월경 의사들과 동료 선교사들, 모든 친구들이 아도니람에게 사라와 두 아이들의 회복을 위한 유일한 희망으로 바다여행을 단호하게 권했다. 그러나 그가 기록했듯 "아무도 우리가 살아서 배에 탈 수 있으리라고는 생각하지 못했다." 6월 26일 그들은 캘커타를 향해 출항했다. "내가 어떻게 살림살이들을 나누어주고 짐을 꾸리고 병든 가족과 물건들을 배에 태웠는지 다 지난 지금도 거의 말할 수 없을 정도다. 그러나 어쨌든 아이들을 선실 한 쪽에 마련해둔 층계식 침대에, 아내는 반대편 침대에 눕혔다. 그리고 나는 두 침대사이에 이동식 간이침대를 차지했다."

남서 몬순계절이었다. 배에 오른 지 네 번째 날 밤 배가 모래톱에 빠졌다. 배에 탄 모든 사람들이 물에 빠져 죽을 지경이었다. 사라가 나중에 다음과 같이 기록했다. "나는 그날 밤 캄캄한 바다 위에 기울어져 있는 배의 옆머리를 보면서, 아파서 거의 죽어 가는 가엾은 아이들과 함께 폭풍우 치는 파도 속으로 휩쓸려 들어갈 것만 같던 그 느낌을 결코 잊지 못할 것이다." 그럼에도 불구하고, 쇠약하고 정신도 혼미한 가운에 사라는 작은 트렁크에 구명선에서 필요할지도 모르는 물건들을 채워 넣으려 애를 썼다. 다행히 파도가 올라오고 선장이 바람을 받아 갈지자로 나아가면서 약 20분쯤 후에 배가 떠올랐다.

극적인 일을 겪으면서도 가족 전체는 항해 중에 빠른 속도로 회복되었다. 아도니람은 그들을 세람포에 데려갔다. 거기서 그는 한 달에 40루피를 주고 강둑에 있는 "멋지고 뽀송뽀송한 집"을 빌렸다. 그러나 사라는 날씨가 매우 불쾌하다고 불평했다. "때때로는 끔찍할 정도로 더워서 거의 숨을 쉴 수가 없다가, 다음날 아침은 차갑고 황량한 바람이 높은 창문으로 휙휙 소리를 내며 들어와 가엾은 어린 환자들을 완전히 덜덜 떨게 만들었다."

이런 환경 속에서 아이들의 병이 재발했다. 곧 의사들은 다시 배를 타고 여행하는 것이 절대적으로 필요하다고 했다. 그가 동양에서 가장 건강에 좋은 곳인 프랑스 섬으로 가는 배를 찾고 있을 때, 몰메인에서 잘 알고 지내던 람세이 호의 햄린 선장이 몰메인까지 이곳저곳을 들리는 여행을 제안했다. 뱅갈 만의 위험한 몬순 기후 때문에 아도니람과 사라는 망설였다. 그러나 아이들은 그때까지 나아지지 않았고 다른 대안이 없었다. 람세이 호는 10일 뒤에 출항하기로 되어 있었다. 그 사이 사라는 애비와 어린 아도니람, 쁘웬과 함께 긴 항해에 필요한 물품들을 사기 위해 캘커타에 갔다. 아도니람은 헨리와 엘나단과 함께 세람포에 머물렀다. 사라와 함께 캘커타에 간 두 아이들은 즉시 더 악화되었다. 쁘웬은 이질 외에도 열병에 걸렸다. 의사가 가까스로 열을 가라 앉혔지만 배를 탈 때까지 아이들을 살아있게 하기 위해 그가 할 수 있는 일은 이것이 전부였다.

한편 세람포에서 엘나단은 열이 점점 심해졌고, 7월 27일에는 헨리까지 갑자기 심하게 아팠다. 그때까지 아도니람과 사라는 캘커타에 있는 두 아이들에게 관심을 집중했지만 다음날 헨리의 병세가 너무나 나빠지자 아도니람은 사라에게 돌아오라는 편지를 썼다. 저녁때쯤 아도니람은 헨리가 살 수 없을 것 같아 두려워지기 시작했다.

사라는 다음날 아침 그의 전갈을 받았다. 그녀는 즉시 돌아가기로 결심했지만, 세낸 배는 밀물이 들어오는 6시까지 출발할 수가 없었다. 해질 무렵 그녀가 배 위의 침대에 애비와 쁘웬을 눕히자 선원들이 긴 노를 젓기 시작했다. "강물이 최저조에 있었다. 마지막 5~6킬로미터는 노를 저을 수가 없어 긴 대나무로 배를 밀며 나아갔다. 달이 지고 있었다. 나는 어두운 수면 위로 길게 드리워진 나무 그림자를 보며 소름이 끼치고 우울하던 그 느낌을 잊지 못할 것이다."

한편, 세람포에서는 의사가 아도니람에게 헨리에 대한 희망을 포기하라고 했다. 그리고 "우리는 아이에게 더 이상 약을 주지 않았다. 헨리는 위 속에 아무 것도, 단 1분도 담고 있을 수 없었다. 나의 유일한 기도는 아이가 엄마가 도착하기 전에 죽지 않는 것이었다."

천천히 무거운 시간들이 지나갔다. 배가 마침내 집 앞 강둑에 뱃머리를 들이밀었을 때가 오전 2시였다. 아도니람은 문 앞에서 사라를 만났다. "아이에게 황급히 뛰어갔지만 오, 얼마나 변해버렸는지! 내가 떠날 때는 마루 위를 이리저리 뛰어다니고, 볼이 통통한 밝고 귀여운 아가였는데, 지금은 눈은 흐릿하고 뺨은 창백하고 작은 몸은 너무나 수척해져서 내 솔직한 심정은 무의식적으로 '이 아인 헨리가 아니야!' 라고 소리질렀다."

사라는 아이가 죽어가고 있는 것을 믿으려 하지 않았지만, 몇 시간이 지나자 그녀는 희망이 없다는 것을 받아들여야 했다. 그날은 헨리가 살아 있었다. 간헐적인 발작으로 괴로워하기는 했지만 여전히 부모를 알아볼 수 있었고 도와달라고 팔을 들어올리고 저항하듯 "나빠"를 외쳤다. 그러나 7월 30일 밤늦게 헨리는 죽었다. 다음 날 아침 아이는 선교사 공동묘지에 묻혔다. 그는 1년 7개월을 살았다.

몇 주 후 그들은 람세이 호를 탔다. 아도니람이 경험한 가장 심한 폭풍우에 시달린 후 그들은 1841년 10월 1일 프랑스 섬의 루이스 항구에 도착했다. 한 차례 몰아닥친 스콜로 인해 중간 돛대, 위 돛대, 활대가 다 날아갔다.

그 여행은 또 다른 측면에서 놀랄 만한 여행이었다. 햄린 선장은 매우 신앙심이 두터운 사람이었다. 그와 아도니람은 매일 저녁 예배를 교대로 진행했다. 아도니람은 매주일 설교를 했다. 람세이 호의 본 항은 스코틀랜드의 그리녹이었고, 햄린 선장과 대부분의 선원은 거기 출신들이었다. 배가 루이스 항구로 들어갈 때가 되자 19명의 승무원 전원과 햄린 선장과 아도니람은 배 위에 있던 성경책 위에 손을 얹고 다음과 같은 서약서에 서명했다. "신실한 그리스도인이 살아야 하는 그대로 살도록 노력할 것이며, 가능한 한 모든 알려진 죄를 멀리 할 것이며, 하나님의 모든 계명을 지키려 노력할 것이다." 19명 중 단 두 명만이 "루이스 항구에서 유혹에 빠졌다." 배가 정박해 있는 동안 매주일 선상에서는 대중 예배가 있었다. 그들이 루이스 항에 도착할 때쯤 애비 앤과 엘나단은 완전히 회복했다. 사라는 훨씬 건강해졌다. 어린 아도니람만이 좋아지지 않았다. "그 가엾은 어린 것이 너무나 오랫동안 아파서 자라기를 멈춘 것 같았다. … 엘나단은 반대로 별로 아프지 않았기에 거의 키만큼 몸도 붙었고, 등과 얼굴이 넓적해서 실제로 그의 형보다 더 튼튼하고 강했다."

루이스 항에서의 음식과 옷은 "터무니없이 비쌌다. 닭 한 마리가 1달러이고, 평범한 신발 한 켤레가 3달러, 그리고 모든 물건들이 거의 똑같은 비율로 비쌌다." 아도니람은 그 해 말이 되면 상당한 빚을 지게 될 것 같았다. 그들은 11월 1일, 루이스 항을 떠나 12월 10일 몰메인에 도착했다. 사라는 여전히 야위었지만 건강했다. 아도니람 2세는 회복기에 접어들긴 했지만 몰메인의 기후에서 완전히 회복할 수 있을까 의심스러웠다.

람세이 호 선상에서의 종교적 분위기는 계속되었다. 햄린 선장은 유아세례를 받은 사람이었지만 몰메인에서 자신의 일등 항해사와 다른 두 명의 선원과 함께 아도니람에게 다시 침례를 받았다. 그는 저드슨 가족으로부터 한 푼의 승선 요금도 받지 않으려 했다. 아도니람은 정상 항해 요금이 2천 루피를 넘을 것이라고 계산했다. 아도니람은 100루피를 "감사의 표현"으로 보냈지만 선장은 "예수님의 종에게 친절을 베풀 수 있는 특권이라고 생각한다고 말하며" 그 돈을 즉시 돌려보냈다. 무엇을 해야 할지 몰라 아도니람은 마침내 선교위원회의 연락담당자에게 편지를 써서 위원회가 햄린에게 공식적인 감사의 편지와 "돈 이상의 것, 예를 들어 한 질의 완전 주석서와 같은 귀중한 종교서적이나 그밖에 적당하다고 생각하는 선물"을 보내줄 것을 제안했다.

1842년 2월 21일, 그들이 돌아온 지 두 달이 조금 지나 저드슨 가족은 좀 더 편안한 집으로 옮겼다. 그곳은 스티븐슨 가족이 살던 집이었다. 한쪽 구석에 아도니람은 손님을 위한 작은 집을 세웠다. "한편으로는 친구들을 맞이하기 위해, 또 한편으로는 사랑하는 누이가 혼자 남게 될 때 우리를 보러오기 바라면서 이 집을 지었다. 만일 플리머스의 사람들이 너에게 싫증을 내면 너를 가장 사랑하는 오빠의 집이 있다는 것을 명심해라."

아도니람은 아직 몰랐지만 아비가일은 이미 혼자였다. 그의 어머니는 1842년 1월 31일에 83세의 나이로 세상을 떠나, 레이덴 가의 위쪽 끝에 항구가 내려다보이는 포트 힐 공동묘지에 묻혔다. 그러나 그는 8월 말이 되어서야 이 사실을 알았다. 그는 최근 몇 년간 어머니와 아비가일을 자주 생각했다. 버마에 와서 가족과 함께 살자고 몇 번이나 아비가일을 초청했다. 때때로 30년이나 집에서 떠나 있어서 자신이 어머니와 누이를 알아볼 수 있을까 염려가 되곤 했다. 어머니는 확실히 알아볼 수 있을 것 같았지만 그가 떠날 당시 22세였던 아비가일은 너무 많이 변해 알아볼 수 있을 것 같지 않았다. 자기 모습도 알아볼 수 없을 만큼 변했다고 생각했다. 그러나 그의 외모는 수년 동안 거의 나이를 먹지 않았다. 얼굴이 약간 둥그스레해졌고 눈 밑과 입가에 잔주름이 있었지만 그게 전부였다.

하지만 아도니람의 내면은 예전보다 많이 변했다. 거의 오만에 가까웠던 자신감은 감옥생활과 낸시의 죽음으로 인한 충격으로 완전히 깨어졌다. 낸시의 죽음으로 하나님과의 신비적인 교제 속에서 고통스런 현실로부터 벗어나려고 헛되이 애썼지만, 죄의식과 자기 비난으로 완전히 탈진한 영혼 말고는 남은 것이 아무 것도 없었다. 또 아도니람은 재산과 수입을 모두 줘버리고 세상과 인연을 끊기도 했다. 그러나 그런 시도 역시 성공하지 못했다. 더욱 깊은 내면—결코 변하지 않은 단 한 가지 성품—을 갖게 된 아도니람은 그러한 노력이 실제로 소용없다는 것을 깨닫고 사람들과의 교제권으로 돌아와 사라 홀 보드맨과 결혼해 건강한 성인들 간의 사랑을 통해 새 생활을 가졌다. 이것이 은둔 생활의 거짓 겸손보다 훨씬 더 진정한 겸손을 갖도록 아도니람을 변화시켰다. 예를 들면, 아비가일이나 어머니가 그의 가족에게 선물이나 돈을 자주 보내올 때 그것을 기쁘게 받아들일 줄 아는 그런 겸손 말이다.

새롭고 따뜻한 시각을 갖게 된 아도니람은 자신과 인간세계, 그리고 이 세상에 대해 좀 더 현실적으로 인식할 수 있었다. 삶이란 끝까지 살아내야 한다는 사실과 인생에 일어나는 뜻밖의 사건들은 자신의 의지와 관계없이 생긴다는 것, 그리고 치유될 수 없는 상처는 인내해야만 한다는 사실을 받아들이게 되었다. 이렇게 변한 아도니람은 정말로 좋아서 하는 것은 아니었지만 사전 쓰는 일을 계속했다. 또한 아도니람은 사라의 건강이 조금씩 쇠약해 가고 있다는 것을 알고 나서 아이들이 안정감을 얻도록 최선을 다해 아이들을 사랑했다.

1842년 7월 8일, 사라는 아들을 출산했다. 이 아들의 이름은 세람포에서 죽은 어린 헨리를 기억하기 위해 헨리 홀 저드슨이라 이름지었다. 이후 사라의 건강이 천천히 악화되었다. 그녀는 한동안 번역일을 계속하며—당시 그녀는 『천로역정』을 번역하고 있었다—아이들을 돌보려 애썼다. 아이들은 손이 많이 가는 때였다. 애비 앤은 거의 7살, 아도니람은 5살, 엘나단은 4살이었다. 애비는 쉬운 것은 무엇이든 읽을 수 있었고, 아도니람은 "약간 읽을 수는 있었지만 병 때문에 그의 교육은 상당히 소홀해졌다." 그들과 함께 다른 선교사들의 아이들—제임스 해스웰, 사라와 에드워드 스티븐스, 줄리아 해스웰, 브레이너드 빈튼—로 인해 선교관은 생기가 넘쳤다.

아이들에게는 연극 소재들, 이를테면 세속적인 것과 성서의 이야기들이 풍부했다. 침례 주는 놀이도 단골로 등장했는데 때때로 어린 아도니람이 아빠를 흉내내며 목사 역할을 했다. 이런 놀이를 하는 아이들을 볼 때면 몰든에서의 어린 시절이 떠올랐다. 그때는 아도니람도 이웃 아이들을 불러모아 근엄한 아버지처럼 설교를 하곤 했었다.

사라는 1843년 12월 18일에 찰스 저드슨을, 1844년 10월 27일에는 에드워드 저드슨을 출산했다. 그녀는 모두 11명의 아이를 낳았다. 조지 보드맨의 아이 셋과 아도니람의 아이 여덟, 그 중 아도니람의 아이 여섯과 보드맨의 아이 하나가 살아 있다. 보드맨의 아이 조지 다나 보드맨 2세는 6세 때인 1834년 몰메인을 떠나 미국으로 갔다. 그는 지금 16세가 되었을 것이다. 조지는 아이들 중 그녀 가슴에 가장 소중하게 자리잡고 있었다. 그러나 그때 이후 사라는 그를 보지 못했고, 조지도 어머니를 보지 못했다.

그 무렵 사라는 출산으로 체력이 소진되었다. 오래된 이질이 재발했다. 의사들은 심각하게 머리를 저으며 늘 그랬듯이 환경에 변화를 주라고 했다. 애비 앤과 그녀는 1845년 2월, 판무관과 그의 아내의 초청을 받아 머귀와 타보이로 여행을 떠났다. 아도니람이 나머지 가족을 돌보기로 했다.

머귀에서 애비 앤은 조개껍데기 한 상자를 보내왔다. "남자아이들은 그 조개껍데기를 보고 몹시 기뻐했단다. 그리고 헨리도 자기 것으로 몇 개를 집었지. 그리고 내 몫으로 커다란 고동을 주기로 의견일치를 보았다"라고 아빠는 앤에게 진지하게 보고하는 편지를 썼다.

"… 에드워드는 통통하고 귀여운 아가가 되었다. 넌 틀림없이 에드워드를 못 알아 볼거야. 함께 놀아주면 즐거워하기 시작했단다. 그러나 아기는 아직 집에 없는 엄마와 누나를 찾지는 않아. 사실 아기가 그런 가족이 있다는 것을 알고는 있을까 의심스러울 정도지. 혹시 자기를 돌봐주는 흑인인 아마가 자기 엄마라고 생각할지도 모르겠구나. 그렇다면 에드워드는 매일같이 자기를 생각하는 금발의 아름답고 좋은 엄마가 멀리에 있다는 것을 모르기 때문이겠지. 그렇지만 아이가 크면, 우리가 이 모든 일을 말해주자꾸나." 그녀의 아버지는 진지하게 편지의 결론을 맺었다. "주님이 너에게 회개와 성결케 하시는 은혜를 주시고 너를 자녀 삼아 주실 것을 바라며, 만일 네가 주님을 믿고 착한 사람이 되려고 하면 그분이 네게 은혜를 베푸실 것이다." 그녀가 돌아올 때, 애비 앤은 좀 더 큰 새 침대를 가지고 올 예정이었다. 그리고 그녀가 쓰던 침대는 아도니람에게 물려주고, 아도니람의 것은 엘나단에게 물려 줄 것이다.

사라는 4월 초 나아지지 않은 채 돌아왔다. 아도니람은 그녀의 병세를 보며 오싹 소름이 돋는 것을 느꼈다. 사라는 그가 생각한 것보다 상태가 훨씬 나빴다. 아도니람은 미국에 있는 선교위원회의 연락 담당 간사에게 절망적인 심정으로 편지를 썼다.

하나님의 손이 저를 들었다 내던지시는 것 같습니다. 아내가 앓는 병은 너무도 심해, 열대 지방을 벗어나 여행해야만 얼마간이라도 생명을 연장시킬 수 있고, 혹 그녀가 회복될지도 모르겠다는 것이 모든 의료진과 주위 사람들의 만장일치된 의견입니다. … 그녀는 죽어가고 있습니다. 만일 그녀의 죽음이 하나님의 뜻이라면 나는 그녀의 죽음을 지켜 볼 수 있기를 바랍니다. 그러나 그녀는 나의 아내라는 것 말고도 버마어를 가장 능숙하게 쓰고 말할 수 있는 보기드문 외국인입니다. 그래서 나는 어떻게든 그녀를 살려야 한다고 느낍니다. 내가 그녀와 함께 이 여행을 가야 하는지 오랫동안 고민했습니다. 그러나 사라의 병세가 너무나 절망적이고 혼자서는 아무 것도 할 수 없어서, 그녀 홀로 여행을 보내는 것은 야만스런 행동이라고 모두들 말하고 있습니다. 저는 세 명의 아가들, 특히 3개월 반밖에 안 된 어린 아가를 남겨두고 가야 하는데 마치 며칠 뒤에 찾게 될 것이라는 희망을 품고 아이들을 물 위에 던지는 심정입니다. 세 명의 큰 아이들, 애비앤, 아도니람, 그리고 엘나단은 함께 데리고 가서 미국에 두고 올 것입니다.

그렇게 되어 결코 고국으로 돌아가지 않으리라는 이전의 결심은 갑자기 깨졌고, 사랑하는 아이들과도 헤어져야 했다. 그는 이 세상에서 그들을 다시는 보지 못할 것을 알았다. 그러나 아이들의 엄마이자 그의 마음속 첫 자리에 있는 사라를 구해야 했다. 이렇게 해도 저렇게 해도 문제가 남았다. 선택의 여지가 없었다. 진짜 문제는 "지금이라도 그녀의 목숨을 살릴 수 있을까? 아니면 이미 너무 늦었는가"였다.

　파라곤 호가 4월 말 런던으로 출항할 예정이었다. 아도니람은 급히 항해 준비를 했다. 세 살이 안 된 헨리 홀은 암허스트에 있는 해스웰 부인에게 데려다주었다. 그들이 천연두 예방접종을 해 줄 수 있도록 랜셋과 천연두에 관련된 물품들을 함께 가져갔다. 몰메인에 있는 오스군 부부에게는 16개월 난 찰스를, 스티븐스 부부에게는 4개월 된 에드워드를 데려다 주었다. 스티븐스 부인은 에드워드를 자기 아기와 함께 돌볼 것이다.

　아도니람이 몇 년간 몰두해오던 사전 편찬하는 일이 곤란해졌다. 그의 기록과 초안들은 "이 일을 완성하기 전에 내가 죽어 이대로 방치된다면, 지금껏 내가 해놓은 일은 거의 완전히 사라지고 마는" 그런 상태였다. 그래서 항해 중에도 이 일을 계속하기 위해 원주민 보조자 중 두 명이 그와 함께 기꺼이 여행을 가기로 했다. "그들은 둘 다 그리스도인이다. 한 명은 안정된 성품에 오랫동안 신앙생활을 해온 개종자이며, 전직 랑군의 정부 서기였다. 또 다른 한 명은 아바 왕궁의 죽은 수상의 조카로 귀족 혈통을 가진 사람이며, 믿을 만한 그리스도인은 아니지만 신실한 사람이라고 생각한다."

　아도니람은 그들의 도움으로 여러 달의 항해 기간 동안, 그리고 미국에 가서도 사전을 만드는 일을 계속할 수 있을 것이라 생각했다. 그의 목과 폐의 상태로는 큰소리로 설교할 수 없었고, 가끔 그는 영어로 말하는 법을 거의 잊어버려서 "나는 영어로 세 문장을 연결할 수조차 없다. 그러므로 방해받지 않고 알려지지 않은 조용한 곳에서 보조자들과 함께 일에만 몰두할 수 있게 해 줄 것을 위원회에 간청하려고 한다."

1845년 4월 26일, 아도니람, 사라, 애비 앤, 어린 아도니람, 엘나단과 두 명의 보조자들은 파라곤 호에 탔다. 그 배는 5월 3일 암허스트를 향해 출발했다. 바다에서의 첫 달은 매우 험난해서 모두가 뱃멀미를 했고 아도니람은 대부분의 시간을 사라를 돌보았다. 그러면서도 남는 시간은 모두 사전 만드는 데 썼지만 그 시간은 많지 않았다. 둘째 달에 사라가 나아지기 시작했고 아도니람은 "그녀가 회복되리라는 낙관적인 희망을 갖게 되었다."

적도를 건너가자마자, 파라곤 호는 새기 시작했다. 선장은 프랑스 섬의 루이스 항에 정박하기로 결정했다. 날씨는 무척이나 아름다웠다. 몇 년이 흐른 후 소년 아도니람은 그때를 다음과 같이 기억했다.

… 인도양을 가로지르며 항해하던 어느 날 밤, 바람이 잦아들고 별들이 나오고, 배가 고요 속에서 가만히 서있을 때, 가족들은 갑판에 모여 있었고 엄마는 사람들에게 노래를 들려주었다. 거기에는 군인들도 있었고 선원들도 있었다. 그 찬송가는 이렇게 시작하는 '베들레헴의 별'이었다.

밤 깊은 하늘 위에 잘 정렬된
반짝이는 무수한 별들,
그 중에 한 별이
방황하는 죄인의 눈을 붙잡았네.
들어라! 들어라! 하나님께 올리는 합창이 고요를 깨고 퍼지네.
모든 별들 중에, 모든 보석들 중에,
오직 하나만이 베들레헴의 별이라고
주님이 말씀하시네.

파라곤 호가 루이스 항으로 다가가고 있었고, 모든 것은 낙관적이었다. 사라는 훨씬 좋아졌다. 항해의 후반부는 유쾌했다. 아도니람과 사라는 런던으로 가는 나머지 여정은 아도니람이 돌보아 주지 않아도 될 것 같다고 결정하고, 아도니람은 버마에 남기로 했다. 프랑스 섬에는 몰메인으로 가는 배가 분명히 있을 것이었다. 헤어지기 어려웠지만, 아이들은 몰라도 그들은 몇 년 후에 다시 만날 희망이 있었다.

이 결정은 아도니람만큼이나 사라에게도 힘든 것이었다. 이런 생각이 오랫동안 버려두었던 사라의 시심을 자극했다. 섬이 보이자 그녀는 종이 위에 연필로 시를 썼다.

사랑이여, 우리는 이 초록의 섬에서 이별하는군요.
당신은 동쪽을 향해

나는 해가 지는 쪽으로, 사랑이여.

오. 언제 다시 만나게 되려나.

사랑이여, 나의 마음은 당신으로 인해 슬프답니다.

외로이 홀로 남게 될 당신으로 인해.

종종 당신은 눈물을 떨구겠지요, 사랑이여

아이들과 나를 생각하면서.

음악 같은 딸의 목소리를

당신은 오랫동안 그리워하겠지요.

그리고 아들들이 즐거이 외치는 소리들을,

당신은 공허하게 귀 기울여 들으려 하겠지요.

그녀는 헨리의 죽음을 기억하며 다음 시구를 이었다. 헨리가 죽었을 때 그들은 함께 있었고 그들은 서로를 위로해 줄 수 있었다. 이제 헤어져 있어도 그들의 영혼은 "어둡고 먼 바다를 건너 달콤한 교제를 나눌 것이다." 그리고 그들은 버마에서 꼭 다시 만날 것이다. 그 이후 천국에서 다시는 헤어지지 않을 것이다.

사랑이여, 이제 당신은 무장을 하고

가는 길에 결코 기운을 잃지 마소서.

불교가 쓰러지고 버마의 아들들이

메시아의 길을 소유할 때까지.

파라곤 호는 7월 5일 닻을 내렸다. 아도니람은 즉시 몰메인으로 가는 배를 발견했다. 그는 이 배로 두 명의 보조자들을 보내고, 2-3주 안에 캘커타로 갈 또 다른 배편을 예약했다. 한편 그들은 항구에서 미국 범선인 소피아 워커 호를 발견했다. 그 배의 주인인 코드만 선장은 아도니람에게 사라와 아이들이 그 배로 옮겨 타면 대단히 환영할 것이며, 그들이 파라곤 호에서 받는 것보다 더 좋은 대접을 받게 하겠다고 장담했다. 코드만은 직접 보스턴으로 갈 예정이었다. 그렇게 되면 사라는 영국으로 가서 배를 타는 것보다 한 달 빨리 친구들의 집 앞에 내릴 수 있었다.

아도니람은 코드만의 제안을 감사하게 받아들였다. 그러나 출항을 기다리는 동안 사라의 병이 재발했다. 며칠 만에 다시 사경을 헤맬 정도로 아팠다. 그들이 몰메인을 떠날 때보다 상태가 더 나빠졌다. 아도니람은 그녀를 두고는 도저히 떠날 수 없었다. 다시 한번 모든 계획을 바꾸어야 했다. 7월 25일, 소피아 워커 호가 루이스 항을 벗어나고 있을 때, 아도니람도 그 배에 타고 있었다.

얼마 후 희망봉에서 불어오는 차가운 날씨 속에 사라는 점점 더 나아졌고 아도니람은 그녀가 회복되리라 기대했다. 그러나 얼마 못 가 그녀의 병세가 다시 기울어지기 시작했다. 사라는 하루 이틀쯤 나아지기도 했지만 아도니람은 희망을 잃기 시작했다. 8월 말경 배가 세인트헬레나 섬에 가까워 질 때, 그녀가 오래 살지 못하리라는 것이 명백해졌다.

소피아 워커 호는 8월 26일 세인트헬레나에 도착해서 성 제임스 만에 닻을 내렸다. 사라는 급속히 악화되었다. 그녀는 자신이 죽어가는 것을 알았다. 아도니람은 거의 모든 시간을 그녀와 함께 선실에서 보냈다. 때때로 아이들이 들어와 걱정은 했지만 엄마에게 무슨 일이 일어나는지를 분명히 이해하지는 못했다. 아도니람은 수시로 그녀에게 말했다. "사랑하는 당신, 내가 지금껏 지은 죄스런 행동이나 불친절한 말들에 대해 나를 용서해주기를 바라오. 나는 당신이 마땅히 받아야 할 친절과 사랑으로 당신을 대하지 못했다고 생각하오."

그러면 사라가 말을 이었다. "오, 당신이 그렇게 말하시면 당신은 저를 죽이시는 거나 마찬가지예요. … 나는 … 당신에게 용서를 구해야 해요. … 나는 당신이 보여주신 친절에 보답하고 내가 얼마나 당신을 사랑하는지 보여줄 기회를 얻기 위해 회복되기를 바랄 뿐이에요…."

차분하게 죽음을 기다리는 그녀에게도 안타까운 것이 있었다. 그녀는 아도니람에게 20년 후 세일럼과 그녀의 아들 조지와 몰메인에 두고 온 세 아이들을 다시 볼 수 있었으면 한다고 말했다. 이러한 소원들과 이승을 떠나고 싶어하는 갈망 사이에서 그녀는 담담히 얘기했다. "나는 이 두 가지 소원의 골짜기 사이에 있어요. 그러나 하나님의 뜻이 이루어지길."

사라의 마지막 며칠은 후에 아도니람이 기록했다.

그녀의 마음은 방황하는 것 같았다. 한 마디의 말로도 그녀의 추억을 충분히 불러일으켰다. 8월 31일 저녁, 그녀는 인생의 순례길 거의 마지막까지 간 듯했다. 아이들이 그녀 곁에서 물러나 쉬러갔다. 괴로워하는 육신에 평안을 주고 떠나가는 영혼을 위로하려 애쓰며 나는 온 밤을 그녀의 침대 곁에 홀로 앉아 있었다. 새벽 2시, 그녀가 의식이 있다는 걸 확인하고 싶어서 말을 걸었다. "당신은 여전히 주님을 사랑하오?" "오, 네. 나는 항상 주 예수 그리스도를 사랑합니다"라고 그녀가 대답했다. 나는 다시 말을 걸었다. "당신은 여전히 나를 사랑하오?" 사라는 그녀 특유의 표현으로 긍정을 표했다. "그러면 내게 다시 한번만 키스해주시오." 우리는 마지막으로 사랑의 증거를 교환했다.

또 한 시간이 지나며 생명이 조금씩 꺼져가더니 그녀는 숨을 멈추었다. 한동안 나는 그녀가 천상으로 날아가는 것을 따라갔다. 그리고 그녀 앞에 펼쳐질 경이에 대해 생각했다. 나는 그녀의 초점 없는 눈을 감긴 뒤 마지막 치장을 위해 그녀에게 옷을 입혔다. 그리고 나서 수많은 잠 못 이루는 밤들로 완전히 지쳐버린 나는 침대에 몸을 던져 잠에 빠졌다.

아침에 그는 세 아이들의 울부짖음 때문에 잠을 깼다. 애비 앤과 어린 아도니람, 엘나단은 이 끔찍한 9월 첫 날에야 정확하게 무슨 일이 닥친 것인지, 그리고 엄마가 죽었다는 의미가 무엇인지를 깨달았다. 아이들은 엄마의 주검 주위에 서서 슬프게 울며 그녀에게 대답해 달라고 소리치고 있었다.

아도니람과 배에 탄 모든 사람들은 이미 사라의 죽음에 대해 준비를 해왔다. 선장과 해변의 친구들은 심지어 아이들이 입을 상복까지 준비해 배로 보내왔다. 그 도시의 목사인 버트램은 선실과 장례식에서의 기도를 부탁 받고 사라의 시신을 실은 작은 배 뒤를 따라 육지까지 왔다. 그 장례 행렬은 노 젓는 배가 이끄는 이상한 소형 함대 같았다. 건장한 뱃사람들과 그 섬의 부인대표 네 명이 함께 관을 매고 조용하게 장례 행렬을 이루어 마을을 지나갈 때 제임스타운의 가게들은 문을 닫고 경의를 표했다.

무덤은 사라처럼 실론에서 고국으로 돌아가던 중 죽은 차터 부인의 무덤 옆 반얀 나무 아래 "아름답게 그늘진 장소"에 마련되었다. 여기에 사라는 저녁 6시에 묻혔다. 버트램 목사와 거기에 모인 사람들은 아도니람과 아이들을 집으로 데려가 몇 시간 동안 돌보아 주었다. 잠시 후 아도니람과 아이들은 슬픔으로 완전히 지쳐 배에 올랐다. 배는 즉시 출항했다. 다음 날 아침 아이들이 다시 울기 시작하는 소리에 아도니람은 잠에서 깼다. 그들은 사라가 묻혀 있는 외로운 바위섬이 보이지 않는 망망대해 한 가운데 있었다.

며칠 동안 외로운 선실 안에서, 나를 둘러싸고 울고 있는 가엾은 아이들과 나는 비통한 슬픔으로 몸을 가눌 수가 없었다. 그러나 복음의 약속이 나에게 도움이 되었다. 믿음이 영생의 밝은 나라를 보게 해주었고, 암허스트와 세인트헬레나에 육신을 묻은 사랑하는 사람들과의 행복한 재회를 고대할 수 있게 했다.

고향으로 가는 길은 참으로 길고 슬픈 항해였다. 그러나 인간의 정신은 놀라운 회복력을 가지고 있었다. 6주가 지나갈 무렵, 소피아 워커 호는 보스턴 항에 닻을 내렸다. 아이들은 한번도 본 적 없는 나라에서 보내는 그들의 미래를 간절한 소망으로 기대했다. 아도니람조차도 반은 희망으로 반은 두려움으로, 거의 잊어 왔던 고국에서 어떤 일들이 자신을 기다리고 있을까를 기대하며 가벼운 흥분을 느꼈다.

6. 미국 (1845)

1812년 아도니람이 미국을 떠나올 무렵에는 해안에 인접한 주들이 띄엄띄엄 모여 있는 나라에 불과했었다. 유일한 부의 원천은 농업과 외국과의 교역이었다. 소수의 부자들은 대농장의 소유자이거나 상인들이었다. 비록 루이지애나 구입지(1803년 프랑스로부터 사들인 미국 중부의 광대한 지역—옮긴이)로 인해 이 신생 국가의 국경이 로키산맥 부근으로 확대되었지만, 진짜 국경은 오하이오 주와 미시시피 강을 넘지 못하고 있었다. 대부분의 주거지는 교역이 활발하고 변화한 세일럼, 보스턴, 뉴욕과 필라델피아 항구 근처에 있었다. 길도 거의 나 있지 않았고, 사람들은 걷거나 마차나 말을 탔으며, 바다에서는 해안을 따라 연안선을 타고 여행했다.

아도니람이 36년 간 떠나 있다가 1845년 돌아왔을 때 미국은 서쪽으로 방향을 돌리고 있었다. 국경은 미주리 강을 따라 급속도로 텍사스 지방까지 이르렀고, 멕시코의 반대와 저항에도 불구하고 대서양에서 태평양까지 모든 대륙이 미국에 속한 것이 분명했다. 다음 해에 있을 대통령 선거의 주요 쟁점도—이 선거에서는 다크호스였던 제임스 K. 폴크가 당선됐다— 텍사스를 합병시키는 것이었다. 주요 슬로건은 미국 북서부의 국경을 "북위 54도 40분 획득, 아니면 전투"였다. 폴크가 당선되었다는 소식은 새로 발명된 전기 전신기를 타고 순식간에 워싱턴으로 전해졌다. 이제는 제조업이 부의 큰 원천이 되고 있었다. 매사추세츠 주의 로웰 같은 신흥 산업도시들은 강을 따라 수력발전소 주변에 생겨났다.

공업 도시들의 절거덕거리는 기계들은 쉭쉭 소리를 내는 증기기관으로 바뀌었다. 산업가들이 새로운 계급의 부자들로 출현했다. 여기저기서 믿음이 잘 안 가는 광산에 대한 소문들—구리, 석탄, 철 그리고 귀금속들이 땅 밑에 묻혀 있다는—이 퍼져나갔고 그곳으로 가는 많은 길들이 생겼다. 북동부 주들은 운하를 이용해서 종횡으로 왕래할 수 있었고, 민첩한 증기선들이 오대호와 미시시피 강을 정기적으로 왕복했다. 철도가 길게 뻗은 촉수같이 사방으로 분산된 모든 도시들을 제 시간에 연결시켰다.

새로운 문제도 생겼다. 1812년, 강대국인 영국과 프랑스가 전쟁 중이었지만 미국의 배들은 중립적인 입장에서 공해상을 자유로이 항해할 수 있었다. 하지만 영토 확장이 절정에 치닫자, 노예 문제가 더 어둡고 거대하게 나타나기 시작했다. 나라는 이미 양분되기 시작했다. 해외선교에조차 그 영향력이 미쳤다. 기독교가 노예 소유를 인정해야 하는가에 대한 논쟁이 격렬하게 벌어졌다.

일부 북부 교회와 교인들은 만일 노예 소유자들의 돈과 자신들이 낸 돈이 뒤섞인다면 해외선교회에 기부하지 않겠다고 했다. 주총회에서 앨라배마의 침례교 선교 후원자들은 "노예 소유자들이 합법적이며, 비 노예 소유자들과 똑같이 선교위원회에 의해 선교사로 임명될 권리를 부여한다고 명백히 밝힐 것"을 요구하는 결의안을 연방본부에 보냈다.

위원회는 가능한 한 회유적인 방법으로 답변했지만, "만일 노예를 소유하고 있고, 계속해서 노예를 재산으로 보유하기를 고집하는 사람이 선교사가 되기를 원한다면 그를 선교사로 임명할 수 없다"고 감정을 억누른 흔적을 보였다. 남부의 교회들은 즉각 위원회와 관계를 끊고 "남 침례회"를 결성해서 1845년 9월 뉴욕에서 특별 총회를 소집했다.

카라반 호가 1812년 인도로 출항했을 때, 세일럼의 배들은 당시 미국 국기를 꽂은 배들 중 가장 크고 빠른 배들이었고, 세일럼 항구 역시 나라에서 가장 번영한 항구 중 하나였다. 그러나 1845년이 된 지금의 세일럼 항구는 새로 나온 장거리 쾌속 범선을 들이기에는 물이 너무 얕아 점점 외면당하면서 과거 영광을 추억하며 살기 시작한 지 이미 오래였다. 카라반 호가 출항하기 전날 밤, 즐겁게 찬송가를 함께 부르며 열정에 불타던 네 명의 젊은 선교사들 중 세 명은 오래 전에 죽었다. 해리엇 뉴엘은 프랑스 섬의 루이스 항구의 공동묘지에 30년 이상 잠들어 있고, 사무엘 뉴엘은 봄베이에 24년 동안, 그리고 아도니람의 아내인 낸시는 암허스트의 호피아 나무 아래에 9년 동안 잠들어 있었다.

아도니람은 총회가 열렸던 브래드포드에서 그 회의에 제출할 선교사 청원서에 서명했던 네 명 중에 자신만이 유일한 생존자라고 믿었다(그날은 그가 낸시를 처음 만난 날이기도 했다). 밀스는 1818년 아프리카에서 돌아오는 항해 도중 죽었다. 한 번에 너무 많은 지원자가 신청함으로써 위원회를 놀라지 않게 하기 위해 이름을 지웠던 두 명 중 리차즈는 1822년 실론에서 죽었고, 라이스는 외국 선교사로서의 임무를 시작도 못해보고 1836년에 죽었다. 라이스는 미국에서 해외선교 지원과 워싱턴의 콜롬비아 대학을 활성화시키는 데 자신을 다 소모했다. 그러나 대학의 재정적인 어려움에 대한 비난이 쏟아지게 되었고 그는 슬픔 속에서 삶을 마감했다. 아도니람, 노트, 뉴엘, 라이스와 함께 세일럼의 태버나클 교회에서 선교사 안수를 받은 고든 홀은 1826년 인도에서 죽었다.

소피아 워커 호가 보스턴에 닻을 내리자, 아도니람은 청년기에 교제를 나누던 사람들이 모두 사라진 것이라고 생각했다. 오직 그만이 미국을 한 번도 보지 못한 엄마 없는 세 명의 아이들과 함께 남겨졌다. 그리고 가족 중에는 누이인 아비가일만이 플리머스에 살고 있었다. 그는 자신이 "립 반 윙클"(잠시 마을을 떠나 산에서 난쟁이들과 놀다와 보니 수십 년의 세월이 흘러 있었다는 이야기의 주인공—옮긴이) 같다고 느꼈다. 그는 다시 버마로 돌아갈 때까지, 아이들을 위해 아비가일과 다 같이 조용하게 지내려고 했다. 그는 어떤 관심도 기대하지 않았다. 편지를 주고받는 사람들 말고 누가 그를 알겠는가? 그는 알려지지 않을 것을 기대했고, 그걸 원했다.

하지만 그는 정말 잘못 알고 있었다. 해변에 닿기 전에 아도니람은 어디서 밤을 보내야 할지 걱정했었다. 이 새롭고, 혼잡하고, 낯선 보스턴은 그를 움츠려 들게 했다. 그러나 그가 배에서 내리자마자, 수많은 인파가 그를 맞이하려고 기다리고 있었다.《보스턴 트레블러》지는 그의 도착 기사를 이렇게 썼다. "수백 채의 집이 즉시 아도니람을 맞아들이기 위해 열렸고" 수백의 가정이 그를 대접할 영광을 차지하려 경쟁했다.

아도니람은 자신이 목으로 낼 수 있는 최대한의 성량인 낮고 허스키한 속삭임으로 "감사합니다"를 중얼거리며 수줍게 경의를 받아들였지만, 보스턴의 황량한 느낌보다 오히려 환영 인파와 거의 숭배에 가까운 그들의 환영이 더욱 두려웠다. 자신이 '살아 있는 전설적 인물'로 인정받고 있다는 것을 알게 되자 그는 불안해졌다.

카라반 호가 세일럼을 떠났을 때, 배가 지나간 자리에 전설의 씨앗이 남았던 것이다. 무모하리만큼 용감했던 해외선교에 대한 첫 시도, 젊고 신실한 선교사들, 복음을 이방 땅에 전하기 위해 모든 위험을 감수하겠다는 감상적인 결단에 대해 많은 이야기가 오고갔다. 선교사들을 단순히 광신자들이라고 생각했던 사람들도 젊은 선교사들이 당한 비극적인 사실에 깊이 동정했다. 19세의 해리엇 뉴엘의 죽음은 그러한 전설을 급속히 자라게 했다. 해리엇이 죽은 지 얼마 안 되어 앤도버 신학대학의 기독교신학 주임교수인 레오나드 우즈는 주로 그녀가 쓴 일지의 발췌문과 편지들을 모아 그녀의 삶과 죽음에 관한 모든 이야기를 전기로 펴냈다. 이 전기는 계속해서 재판을 찍어냈다.

종교 잡지 《파노플리스트》(*Panoplist*), 《아메리칸 뱁티스트》(*American Baptist*)와 그밖의 다른 잡지들도 선교사들의 소식을 접하는 대로 기사들을 찍어냈다. 낸시가 쓴 『미국 침례교 선교와 버마 왕국의 특별한 관계』(*Particular Relation of the American Baptist Mission to the Burman Empire*)는 그녀가 죽은 후 노우레즈에 의해 『앤 저드슨 부인의 전기』란 제목으로 출판되었다.

이 책 역시 해리엇의 전기처럼 재판을 거듭하며 수십만의 사람들에게 읽혀졌다. 종교적인 대화가 이루어지는 곳이라면 어디에서나 그 책에서 묘사하는 아바의 공포를 주는 장면들이 숨넘어가는 듯 흥분된 큰 목소리로 읽혀졌다. 이 책은 어떤 소설도 주지 못하는 모험과 감동을 선사했다. 아도니람, 낸시, 사라가 경험했던 선교사들의 삶, 머리를 쭈뼛 세우는 일화들과 눈물 고이게 하는 슬픈 장면들, 그리고 2년 동안의 위태롭던 기간들, 예를 들어 아도니람과 낸시가 영국과 버마의 전쟁 기간 동안 세상과 연락이 끊겼던 일 등을 담고 있어 결코 끝나지 않는 이야기로 여겨졌다. 무엇보다도 가장 흥분시킨 것은 그 이야기들이 전부 사실이라는 것과, 누구도

"이 이야기의 마지막이 어떻게 끝맺게 될지" 알지 못한다는 것이었다.

아도니람은 목사들의 단골 설교 주제였고, 수십만 명의 기도 제목이었다. 수천 명의 사람들이 그의 이름을 따 자녀의 이름을 지었다. 나라 전체가 버마의 성자이며 위대한 선교사 아도니람 저드슨의 삶을 보며 자기들을 반성하는 사람들로 가득했다. 그러나 저드슨의 전설이 36년 동안 미국을 떠들썩하게 했어도 사실 그를 실제로 본 사람은 거의 없었다. 그러므로 이번이 기회였다. 어떤 유명인사도, 어떤 대중적인 인물도, 어떤 영웅도 아도니람 저드슨이 미국을 방문할 때 불러 일으켰던 관심과는 비교할 수 없었다.

아도니람이 1845년 10월 수요일에 도착하자마자 그를 환영하는 대중 예배가 보스턴의 "보두인 스퀘어" 교회에서 준비되었다. 예배는 금요일에 열리기로 되었다. 대중 공고를 할 시간도 없었다. 그러나 그 소식은 입에서 입으로 퍼져나갔다. 그날 예배가 시작하기 오래 전부터 교회는 통로까지 사람들로 가득 찼다.

성직자들과 함께 강단에 앉았을 때, 아도니람은 엄청난 규모로 모인 대중을 보며 거의 질겁했다. 그는 피곤하고 아팠다. 차가운 날씨가 아픈 목을 악화시켰고, 그는 여전히 사라를 잃은 슬픔과 아이들에 대한 걱정으로 지쳐 있었다. 무엇보다 가장 힘들었던 것은, 모두가 자신을 주목하고 있지만 사실은 이국적인 동물처럼 단순히 호기심의 대상이 된 것은 아닌가 하는 점이었다. 그러나 그는 그런 생각을 떨쳐버리기로 했다. 이 특별 예배에서 그가 이런 생각을 했다고 증명할 자료는 없다.

찬송가와 기도가 끝난 후에 찰스 스트리트 교회의 목사이자 선교위원회 의장인 다니엘 샤프 박사가 환영 연설을 했다. 아도니람은 답례로 일어섰다. 그러나 젊은 시절의 꿰뚫는 듯한 목소리는 사라졌다. 그의 쉰 목소리는 거의 들리지 않아, 페드랄 스트리트 교회 목사인 윌리엄 헤이그가 옆에 서서 그의 감사의 표현을 한 문장씩 다시 청중에게 옮겨야 했다. 아도니람이 자리에 앉자 헤이그는 그의 경력을 다시 한번 이야기했다. 그러나 헤이그가 말을 할 때, 사람들이 고개를 돌리기 시작했다. 한 나이 많은 신사가 교회 뒤쪽에서 사람들로 꽉 찬 통로를 헤집고 강단으로 올라왔다. 그는 강단으로 올라와 아도니람에게로 다가갔다. 아도니람은 가벼운 소란으로 주의가 흩어져 있었다. 갑자기 아도니람은 그 남자를 알아보고 벌떡 일어나 손을 꽉 잡고 그를 껴안았다.

사무엘 노트였다. 아도니람은 그가 오래 전에 죽었다고 생각했었다. 그러나 그가 여기에 여전히 살아 있었다. 그와 아도니람은 1812년 첫 해외 파송 선교사 중 유일한 두 명의 생존자였다. 아도니람은 그와 함께 1811년에 미국선교회에 최후 통보를 한 적이 있었다. 오래 전 캘커타에서 아도니람이 침례교로 바꾸고자 했을 때 다른 사람들은 그 동기에 대해 의문을 제기했지만, 노트는 그를 변호해 주었다. 건강이 나빠져 1816년, 노트는 인도를 떠나야 했다. 현재 그는 웨어햄의 회중교회의 목사였다.

강단 위로 두 사람을 둘러싼 인파들이 몰려들자, 헤이그는 중간에서 연설을 중단했다. 샤프 박사가 노트를 청중들에게 소개했다. 재회의 감격과 그로 인한 추억으로 자리에 있던 많은 사람들이 눈물을 흘렸다. 노트 자신도 오래 전 세일럼의 태버나클 교회에서 있었던 선교사 안수식에서 아도니람과 맺은 "우정의 굳은 약속"을 회상하면서 감정이 격해졌다. 아도니람이 침례교인이 되었을 때도 그는 그 '약속'을 버리지 않았다.

노트는 1816년부터 줄곧 미국에 있었기 때문에 아도니람이 침례교로 바꿨을 때 국내에서 일어났던 격렬한 논쟁에 대해 잘 알고 있었다. 일부 사람들은 아도니람의 성급한 결정에 화가 났고, 일부는 격분했다. 또 어떤 사람들은 해외선교의 아버지는 아도니람이 아니라 사무엘 밀스라고 주장했다. 그 문제에 대해 밀스도, 아도니람도 자신이 선구자라고 주장한 적은 없었다. 그러나 그들 둘 다 극렬한 지지자들에게는 칭송을 받고, 험담을 퍼뜨리는 사람들에게는 비난을 받았다.

그러한 논쟁의 불길은 오래 전 사그라졌지만 그 재에는 여전히 열기가 남아 있었다. 그러므로 노트는 그곳에 모인 청중들에게 다음과 같이 말했다. 오늘 밤 자신에게 가장 인상 깊은 것은 인도에 갔던 5명 중 셋이 죽었고 이제 곧 남은 두 사람도 죽게 되겠지만 그들이 전파했던 하나님의 말씀은 견고히 서서 널리 퍼질 것이다. 그리고 그것이 강령의 세부 사항보다 더 중요하다고 전했다. 해외선교의 선구자가 아도니람 저드슨이냐 사무엘 밀스냐 하는 것에 대해서도 그는 "이것을 매우 사소한 문제라고 생각한다. … 확실한 것은 나 사무엘 노트 2세는 분명 선구자가 아니다. 우리가 선교사로 서원했을 때는 모두 청소년이었다. 그러나 그들의 미숙한 노력에 하나님께서 축복을 베푸셔서 전 세계에 영향력을 퍼뜨리기 시작했다."

침례교회의 강단에서 들려오는 회중교회 목사인 노트의 이러한 의견은 결코 생각을 바꾸지 않는 소수를 제외하고는 그 자리에 모인 모두의 의견을 요약한 것일 테다. 그들이 해외에 파견되었을 때는 무척 어렸다. 그들의 실수는 젊음의 미숙함에서 오는 실수였다. 그러나 바로 그 무모함으로 인해 그들은 자신의 역량보다 훨씬 더 큰 일을 시작할 수 있었다. 그리고 실수에 대해서는 수많은 대가를 치렀다.

이 경이적인 예배에서 또 하나 깜짝 놀랄 일이 일어났다. 청중들이 진정하자마자 곧 또 다른 최초의 선교사가 청중들 틈에 있는 것을 발견했다. 앤도버 신학교의 1819년 졸업생인 히램 빙햄이었다. 졸업하던 해에 하와이의 샌드위치 섬으로 첫 선교를 떠났던 아사 써스톤이 그의 동창생이었다. 그 예배에 모였던 군중들은 그날 밤 만족 이상의 흐뭇함으로 집으로 돌아갔을 것이다. 아도니람 저드슨 외에 그의 초기 선교사 시절을 함께 나눴고 유일하게 살아 있는 동료와, 태평양의 냄새로 가득한 섬에 처음 선교사로 파견되었던 두 사람 중 하나를 볼 수 있었기 때문이었다.

아도니람은 그날 밤 잠을 이루지 못했다. 군중들과 그들의 열기가 원인이기는 했지만 전부는 아니었다. 그는 이러한 모든 추종과 칭송에 대해 일종의 혐오감을 느꼈다. 그는 이런 열기가 전적으로 진심어린 것이라고 믿을 수 없었다. 그는 자기 자신을 너무 잘 알기에 그런 칭송을 받을 만한 가치가 있다고 믿지 않았다. 그는 목 상태가 나빠 설교도, 말도 할 수도 없었다. 사람들은 오직 자신을 쳐다볼 뿐이었다. 혐오감과 함께 자신이 단지 전시물이 되고 있다고 느끼자, 그는 자기를 보고 싶어 하는 사람들에게 적대감을 느끼기 시작했다.

보두인 스퀘어 교회에서의 예배는 단지 시작에 불과했다. 매일 밤마다 새로운 환영식이 있었다. 낮 시간조차도 자유롭지 않았다. 선교위원회는 그가 도착한 지 일주일 후인 1845년 10월 20일 그를 위해 특별 환영 모임을 열었다. 그는 방문객들 때문에 질식할 지경이었다. 약 1주일 후에 그는 낸시의 부모인 하셀타인 부부를 보기 위해, 그리고 아이들을 위해 무엇을 해야 할지를 생각하면서 사라의 부모인 랄프와 아비야 홀을 만나기 위해 북쪽으로 달아났다. 그들은 여전히 세일럼에서 살고 있었다.

그는 1838년 보스턴에서 북쪽으로 개통된 철도를 타고 세일럼으로 갔다. 다른 모든 것처럼 세일럼도 변했다. 부두를 중심으로 했던 예전 생활은 모두 사라졌다. 철도가 도시의 상업 중심이 되었고, 그가 안수를 받았던 태버나클 교회는 산업중심지에 있었다. 작은 목조 건물로 된 기차역은 사우스 강의 중심부두가 위치한 곳에 있었다. 로얄 항구를 점령했을 때 포획했던 종—원래 수도원에 있던 종—이 기차의 출발을 알렸다. 길 건너에는 대기실과 매표소로 쓰이는 붉은 색의 낡은 창고가 있었다.

세일럼에서 그가 알던 사람들은 거의 숨을 거뒀다. 선교위원회 비서였던 루시어스 볼즈는 지난 해에 죽었다. 아도니람의 변함없는 친구이자 후원자인 사무엘 우스터는 20년 전에 죽었다. 그러나 태버나클 교회는 아직도 그 자리에 서있었다. 그곳을 다시 방문했을 때 선교사 안수를 지원했던 사람들이 앉았던 의자들이 여전히 거기에 있었다. 그는 그곳에 한 번 더 앉아 보기도 했다.

세일럼에서 브래드포드로 갔다. 낸시의 아버지 존 하셀타인은 죽었지만, 그의 아내는 교회와 학교 사이에 있는 낡은 농장에서 평안하게 살고 있었다. 84세의 이 늙은 부인은 앞으로 1년이라는 세월이 더 남아 있었다. 낸시의 자매들인 메어리와 아비가일 하셀타인은 여전히 그녀의 어머니와 살고 있었고 아비가일은 수년 동안 훨씬 더 커진 브래드포드 아카데미의 교장이었다.

브래드포드도 역시 많이 변해 있었다. 그곳은 마치 성숙해져 가는 사람처럼 원숙하고 느려진 것 같았다. 해버힐 교외의 조용한 도시였던 그곳이 번영하는 산업도시로 갑자기 변화되면서 덜거덕거리는 기계들을 갖춘 공장들이 강의 상하류로 뻗어나가고 있었다. 브래드포드에 도착했을 때, 아도니람은 심한 감기를 앓았다. 도착한 다음 날 밤에는 그를 기념하기 위한 큰 규모의 집회가 해버힐에서 열릴 예정이었다. 그는 이런 것을 싫어했지만, "그 집회는 예정되어 있고 참석해야 한다"고 느꼈다. 그러나 그는 위원회의 사무관에게 "내가 좀 더 건강해진 뒤에 참석할 수 있도록 해달라"고 간청했다. 집회와 끊임없이 이어지는 방문객의 행렬은 그가 브래드포드에서 기대했던 모든 즐거움을 망쳤다. 그는 "만일 조용한 방에서 다음 주 안식일을 보낼 수 있다면, 영혼의 안식이나 몸의 휴식을 위해 대단한 은혜라고 느낄 것이다"고 생각할 정도였다.

이런 바쁜 와중에도 그는 세 아이들, 즉 어린 아도니람과 엘나단, 그리고 애비 앤을 위해 무엇을 해야 하는가를 결정하려고 애썼다. 그는 아이들을 다시 버마로 데려가지 않기로 결심했다. 전국을 다녀야 하는 여행길에도 아이들을 데리고 갈 수 없게 되자, 마침내 두 남자아이들을 우스터에 있는 친구이자, 사라의 아들인 조지 보드맨을 데리고 있는 뉴튼 부부에게 맡기고 애비 앤은 누이 아비가일과 함께 플리머스에 두기로 결정했다.

11월 13일, 그는 두 남자아이들을 기차로 우스터에 데리고 갔다. 그리고 애비 앤은 누이 아비가일의 보호 하에 플리머스로 보냈다. 우는 두 아이들을 우스터에 남겨놓고 자동차에 자리를 잡았을 때, 신문팔이 소년이 일간지를 들고 그에게 왔다. 소년은 아도니람과 함께 앉아 있던 숙녀가 그에게 신문 값을 받으려고 기다리는 것이냐고 물을 때까지 돈을 받으려고 기다리고 서있었다. 아도니람은 놀라서 소리쳤다. "이런, 버마에서 너무 오랫동안 무료로 신문을 받아봐서 네가 신문 값을 기다린다는 것을 미처 몰랐구나!"

며칠 후 그는 플리머스에 있는 애비 앤을 찾아갔다. 거기서 큰 집회에 참석하기 위해 프로비던스로 갔다. 다음날 그는 브라운 대학에서 지냈다. 그곳의 모든 학생들이 그를 보기 위해 모여 있었다. 아도니람이 속했던 "필러메니안 모임"은 그를 위한 특별 집회와 선교사 자문위원회 모임을 열었다.

다음은 뉴욕으로 갔다. 거기서는 3년에 한 번 있는 침례교회 집회가 특별회기로 열렸다. 그는 여기서 노예문제가 나라를 양분하고 있을 뿐만 아니라 해외선교사 운동에도 상당한 영향을 미치고 있다는 것을 목격했다. 선교본부는 약 4만 달러에 달하는 빚을 지고 있었다. 남부 교회들의 탈퇴하면서 이 빚을 북부 교회가 떠맡아야 했고, 대부분의 해외선교사들은 북부 교회에 의지하게 될 것이 분명했다. 그 결과 선교활동을 축소하는 것과 심지어 아라칸 선교를 포기하는 것에 대한 회의가 열렸다. 이것은 아도니람이 보기에 너무 지나친 것이어서 항의했다. 그의 의견은 받아들여지지 않았다. 그러자 1815년 영국군에 의해 볼티모어에 갇혀 있는 동안 루터 라이스에 의해 아도니람이 침례교로 옮겼다는 이야기를 들었던 스펜서 H. 콘 박사는 만일 침례교회가 버마 사전 만드는 일을 포기한다면 자기가 아라칸에 가겠다고 거듭 제안했다. 아도니람과 버마에서 함께 일을 했던 킨케이드와 애보트도 참석해서 아도니람의 편을 들어주었다. 그것으로 충분했다. 선교사 운동을 확장시키고 선교지를 포기하지 않기로 최종결정을 내렸다.

   11월 말 뉴욕에서 보스턴으로 돌아온 지 며칠 후, 아도니람은 몰메인에서 한 통의 편지를 받았다. 어린 찰리가 1년 6개월을 살고 8월 초 죽었다는 내용이었다. 그들이 항해 중이었고 사라의 생명이 한 달 정도 남아 있었을 때 어린 찰리는 이미 죽었던 것이었다. 아마도 사라가 천국에 도착했을 때, 그녀는 아기천사 찰리가 거기서 그녀를 기다리고 있는 것을 보고 놀라면서도 기뻐했을 것이라고 생각했다. 이로써 버마에 있는 아이들 중 헨리와 아직 생후 1년이 안 된 가장 어린 에드워드 둘만 남았다. 플리머스에 있는 애비 앤과 우스터에 있는 두 사내아이들에게 미국에서 해줄 수 있는 일을 다 해준 셈이었다. 그는 동쪽에 남아 있는 아이들뿐만 아니라, 아직 끝나지 않은 사전 편찬에 관심이 갔다.

7. 패니 포리스터 (1845-1846)

12월, 아도니람은 필라델피아에 있는 선교사 집회에 초대받았다. 그에게 이 초대를 확인시키고 또한 동행하기 위해 일레븐쓰 스트리트 교회의 목사인 A. D. 질레트 박사가 보스턴에 있는 아도니람을 방문했다. 뉴욕과 필라델피아 사이에서 철도사고로 기차가 2-3시간 지연되었다. 이때 질레트는 아도니람을 즐겁게 해주기 위해 신간 서적 하나를 빌려주었다. 이미 그 책을 읽었던 질레트는 현재 인기를 끌고 있는 이 책이 그럴 만한 가치가 있다고 생각한다며 읽어보라고 했다. 아도니람은 그 책의 표지를 의심스럽게 쳐다보았다. 『작가 나라의 짧은 여행들』이라는 제목과 함께 패니 포리스터라는 여자의 이름이 적혀 있었다. 그는 이 책에 흥미가 당기리라고는 생각하지 않았다. 나이 많은 선교사이자 학자인 그는 작가 나라의 과장된 곤경을 헤치며 여행하는 데 아무런 관심이 없었다.

그는 책을 받아 이리저리 페이지를 넘겼다. 그것은 '지폐', '니키 벤', '두목의 딸'과 같은 제목이 달린 짧은 이야기와 단상 모음집이었다. 이곳저곳의 문장들이 그의 시선을 붙잡았다. 몇 분 만에 이 책에 빨려 들어갔다. 가벼운 주제들을 다루었지만, 글은 독자를 사로잡는 생생함과 민첩함이 있었다. 패니 포리스터, 그녀가 누구이건 창조력을 가진 작가였다.

질레트는 아도니람이 책에 관심을 느끼게 된 것을 보고 잠시 자리를 떴다. 그가 돌아왔을 때 그는 아도니람이 그 책의 열렬한 독자가 된 것을 보았다. "패니 포리스터가 누굽니까?"라고 그가 물었다. "이 글은 매우 아름답고 힘이 넘칩니다." 그리고 강조하듯이 되뇌었다. "너무 아름답고 힘이 넘쳐요."

그녀의 본명은 에밀리 쳐복이었다. 그녀는 뉴욕의 유티카에 있는 전문학교의 교사였다. 몇 년 전 그녀는 《뉴욕 미러》지의 편집장인 N. P. 윌리스의 관심을 끌었다. 윌리스는 여자들이 읽고 싶어하는 기호를 분별하는 날카로운 눈이 있었다. 그는 처세에 밝고 다소 경박한 편이었지만 일에 대한 안목과 성실함이 있었다. 당시 문학적인 면에서 이루어놓은 것이 아무 것도 없다며 비탄에 빠졌던 에밀리 쳐복에게 "당신 상황에서 어떻게 더 좋은 것을 기대할 수 있겠소? 누가 '쳐복'이라고 서명된 시를 읽겠소? 그러니 '패니 포리스터'라는 이름을 쓰시오. 그러면 변화가 생길 것이오"라고 말해주었던 것이 바로 윌리스였다. 이름을 바꾼 것이 도움이 되었는지는 모르겠지만 패니 포리스터라는 이름은 지난 2년 만에 그녀의 문학적 명성을 급등시켜 주었다.

패니 포리스터의 빛나는 개성은 최근 몇 달간 가라앉히지 못하던 아도니람의 슬픔과 냉정함과는 대조적으로 신선했다. 아도니람이 그런 여성을 만나 몇 시간 동안 대화를 나눌 수 있다면 선교사 집회에서 받게 될 많은 찬사들과 기꺼이 맞바꿀 수 있을 것 같았다. 사라가 죽은 이후로 그는 줄곧 자신이 거의 죽은 것이나 다름없다고 느꼈다. 사람들은 그가 마치 죽은 사람 같고 추도연설을 하고 있는 것 같다고 말하곤 했다. 아이들에게 작별인사를 할 때도 그는 마치 임종 유언을 하듯 했다. 그런데 지금 패니 포리스터의 생기 넘치는 글들은 끈질긴 생명과 행복감으로 색색의 깃발들을 펄럭이게 했다. 그녀는 죽음과 비통함을 알고 있었다. 몇 편의 단편에서 그 사실은 분명하게 드러났다. 그러나 그녀는 활발한 생기로 그런 것들에 도전하는 듯했다.

이런 여성이 신앙을 가지고 있으리라고 기대하는 것은 너무 지나친 일이었다. 아도니람은 질레트에게 "그녀가 그리스도인인가요?"라고 물었다. 질레트가 맞다고 그에게 확인해주자 아도니람은 그의 소망을 말했다. "내가 그녀를 알게 된다면 참 기쁠 텐데. 이렇게 멋진 재능이 이런 주제에 사용된다는 것은 정말 유감스러운 일입니다." 질레트는 미소를 지으며 말했다. "당신은 곧 그녀를 만나 이야기를 나누게 될 것입니다. 우리 집에 그녀를 초대했습니다."

아도니람은 로버츠 부부의 집에서 머물기로 되어 있었지만 그는 크리스마스인 다음날 아침까지 질레트 씨의 집 방문을 기다릴 수가 없었다. 그 여류 작가가 집에 있다는 것은 분명했다. 그때 그녀는 수두 예방 백신 주사를 맞고 있었다. 아도니람이 그녀 앞으로 와 소개를 받았을 때, 그녀는 격식을 갖추지는 않았지만 지적인 분위기의 모닝 드레스를 입고 있었다. 의사가 주사를 놓을 준비를 하고 있어서 한쪽 팔을 드러내 놓은 상태였다.

아도니람은 그녀가 주사를 맞고 있는 동안 조용히 관찰했다. 그녀는 날씬하고 자아가 강하고 검은 눈동자를 가진 중간 키였다. 그녀는 20대 후반, 아니면 많아 봐야 30살 정도 되어 보였다. 코와 입은 아름답다고 하기에는 너무 컸고 입술은 너무 얇았다. 그러나 그녀는 미모 이상의 것, 즉 장난기에 가까운 생기와 유머를 가지고 있었다. 패니 포리스터가 글에서 보여준 것과 똑같은 정신적인 개성이 에밀리 쳐복에게서 드러나고 있었다. 아도니람은 그녀의 예쁘지 않은 외모는 잊어버리고 성격을 밝혀주는 감정들이 어떻게 반응하는지를 보았다. 그녀는 주사 맞는 일에서조차 재미를 찾는 것 같았다.

의사가 주사기를 거두어 방을 나가자마자 아도니람은 그녀를 소파로 데리고 가서 자기 옆에 앉히고 그녀와 이야기를 나누고 싶다고 말을 했다. 그녀 역시 미소를 지으며 자신도 그렇게 하는 것이 기쁘고 영광이라고 대답했다.

아도니람은 퉁명스럽게 물었다. "어떻게 당신은 그렇게 고귀한 재능을 내가 읽은 것과 같은 쓸데없고 영적이지 않은 단편들을 쓰는 데 사용할 수 있습니까?" 에밀리는 온순함과는 거리가 멀었다. 보통 그런 갑작스런 공격에는 날카로운 반박을 하는 것이 당연했지만, 대부분의 사람들처럼 그녀 역시 아도니람에게는 화를 내는 것이 불가능하다는 것을 느꼈다. 존경심만이 그녀의 혀를 묶어놓을 수 있었지만, 그를 향한 그녀의 마음을 갑작스럽게 부드럽게 만든 것은 그런 존경심이 아니었다. 그것은 아도니람 특유의 솔직함과 램프가 열과 빛을 내듯이 그가 발산하는 따뜻함과 부드러움이었다.

그녀는 즉시 아도니람이 자신을 비난하는 것이 아님을 이해했다. 그는 정말로 알고 싶어했다. 그녀는 그에게 어떻게 패니 포리스터가 되었는지 정직하게 말해주었다. 중부 뉴욕의 해밀턴 근처에서 그녀는 가난과 눈물겹게 투쟁하면서 어린 시절을 보냈다. 그녀의 아버지는 막노동꾼으로 생계를 유지하기가 힘들었다. 대가족은 하루하루 먹을 것이 있을지 장담할 수 없었다. 에밀리는 11살 때 양모공장에서 실 꼬는 일을 해야 했다. 믿을 수 없는 노력을 쏟아부으며 그녀는 교육 받으려고 애썼고, 이곳저곳을 전전하며 배움을 마친 뒤 마침내 유레니아와 신시아 셀던 자매가 운영하는 유티카 여자 전문대학에 자리를 잡았다. 여기서 그녀는 자신의 비범한 문학적 재능을 발휘했다.

많은 작품들이 지역 신문에 등장한 후 그녀는 글을 써서 돈을 벌 수 있겠다는 생각을 하게 되었다. 그녀의 첫 번째 책인『찰스린』이라는 아이들을 위한 교훈집이 상당히 잘 팔려 그녀는 50달러 이상의 돈을 벌었다. 인기 있는 잡지들이 그녀의 작품을 출판하기 시작했다. 책들이 꼬리를 물고 나와 그녀는 부모님들을 위해 저당권을 안고 작은 집 한 채를 살 수 있었다. 부모님은 그녀가 제공하는 생활비에만 전적으로 의존하고 있었다. 그러나 그녀의 수입은 겨우 생계를 유지할 정도였다. 그녀는 다소 경박해 보이는 패니 포리스터라는 필명으로 바꾸고 문학적 성향도 그런 쪽으로 기울었다. 에밀리의 작품들은 자신이 선호하는 종류는 아니었지만 부도덕하지도 않았다. 그녀는 소파에서 아도니람을 향해 몸을 돌리면서 진지하게 물었다. 만일 자신의 유일한 재능을 부모님을 위해 이런 식으로 쓸 수밖에 없었다고 한다면 아도니람이 그녀를 비난할 수 있겠느냐고.

비난할 수 없다고 아도니람은 인정했다. 그녀는 자신의 재능을 가장 고상한 목적을 위해 사용하지는 못했지만 그럴 수밖에 없는 분명한 이유가 있었다. 그는 에밀리에게 사라의 회고록을 집필할 사람을 찾아왔다고 했다. 그가 그녀의 책을 읽자마자 그녀를 만나고 싶어 했던 이유가 부분적으로는 이것 때문이었다. 그러나 과연 그녀가 그 일에 관심이 있을 것인가?

물론 에밀리는 관심이 있었다. 소녀 시절부터 독실한 침례교인인 그녀는 자신이 12-13세 때 낸시와 어린 마리아의 비극적인 죽음에 관한 글을 읽고 선교사가 되고 싶어 했다. 10대였던 그녀는 자신의 교회목사님에게 편지를 써서 선교사가 되려면 어떻게 해야 하는지 물은 적도 있었다. 그녀는 그때 이 후로 줄곧 버마 선교사들의 업적을 존경해왔다.

그 두 사람은 즉시 일에 착수해 그 문제를 의논했다. 거의 이틀 동안 깨어 있는 모든 시간을 이용해 의견을 나누었다. 그들이 체험한 경험들이 달랐음에도 불구하고 그들은 모든 면에서 흡사했다. 그녀의 신앙은 그의 믿음과는 필적할 수 없었다. 그러나 사실 사라가 그와 함께 지내던 초기 시절에는 그녀도 아도니람의 믿음과는 비교가 되지 못했다. 에밀리에게는 장래의 믿음을 형성하는 굳건한 반석인 옳은 일에 대한 신념과 내면의 선함이 분명 있었다.

몇 주 만에, 아마 1846년 1월 5일, 그가 기록하는 개인적 연표에 "에밀리 쳐복과 개인적인 교제를 시작했다"라고 적었다. 바로 그날, 아도니람은 그녀가 사라의 전기를 써야할 뿐만 아니라, 사라의 자리를 대신 해야 한다고 마음을 굳혔다. 그렇게 결심하자 그는 매번 그랬던 것같이 신속하게 행동했다. 그가 구사할 수 있는 가장 생동감 넘치는 언어로 그는 그녀를 위해 아주 오랫동안 일해 왔던 동방에 대해 그림 그리듯 묘사해주었다. 풍요롭고 아름답고 화려하지만 영혼이 굶주려 있는 사람들이 사는 그런 땅. 그는 그곳에서의 자기 삶에 대해서도 들려줬다. 수고가 넘치는 일들, 위험들, 그리고 좌절들, 그러나 그곳 영혼들을 진리와 천국으로 인도하는 완벽하리만큼 만족스러운 생활들….

에밀리는 넋을 잃고 들었다. 그녀가 존경하는 어떤 사람도 그녀에게 이렇게 구애한 적이 없었다. 여기 세계적으로 존경받는 그 위대한 아도니람 박사가 그녀에게 가장 유익한 일을 제안하고, 그녀를 돌보아주겠다고 하고, 그녀의 짐을 들어주겠다고 하고, 그녀를 사랑하겠다고 하고 있다. 그리고 57세의 남자라기보다는 30대의 남자에게 더 어울리는 그런 정열과 맹렬함과 매력으로 사랑을 구하고 있었다. 사실 아도니람은 그때도 30대 남자와 같은 외모를 가지고 있었다. 그는 여전히 흰머리가 거의 없었고 그의 동작은 젊은이들만큼이나 활동적이었다. 허스키한 목소리만이 인생의 험난한 자취를 드러낼 뿐이었다. 목소리 크기는 중요하지 않았다. 그녀는 회중이 아니었기 때문이다.

그녀는 자신이 그의 구애에 버텨낼 수 없으리라는 것을 느꼈지만, 그의 결혼 제안은 그녀를 두렵게 했다. 그녀는 공인이었다. 윌리스와 뉴욕에 사는 문학 동호인들은 쾌활하고 재치 있는 패니 포리스트가, 이제 막 뜨고 있는 작가로서의 경력을 포기하고 이 방 땅 버마에 자신을 묻으려 한다는 것을 알게 되면 무엇이라고 할까? 더 큰 문제는 그녀가 선교사로서의 실제적인 소명을 느끼지 못했다는 것이다. 그럼에도 불구하고 그런 생활 속으로 들어가는 것은 일종의 죽음으로 들어가는 것과 같았다.

아도니람은 그녀의 반대를 옆으로 쓸어버렸다. 그녀는 그들이 완벽하게 잘 맞는 한 쌍이라는 것을 부정할 수 없었다. 그들의 취향, 천부적 재능, 그리고 심지어 넘치는 유머마저도 잘 어울렸다. 그의 아이들은 엄마가 필요했다. 그는 동반자가 필요했다. 그녀는 아도니람을 존경했지만 무엇보다도 그는 에밀리의 사랑을 요구했다.

그들이 만난 지 한 달도 안 되어, 아도니람은 그녀에게 낸시와 사라가 찼던 시계를 보냈다. 그것으로 공식적인 청혼이 이루어졌다.

1846년 1월 20일

나는 당신에게 가장 소중하고, 마법적인 시계를 보내오. 이것은 항상 나에게 돌아와 그것을 차고 다닐 사람을 데리고 와 주었소. 나는 이 시계를 지구의 이쪽저쪽으로 갈라져 있기 전에 앤에게 주었고, 그것은 무사히 그리고 확실하게 그녀를 내 품으로 데려다주었소. 또한 나는 그것을 아직 남편이 살아 있던 사라에게 주었소(그때는 그 비밀을 몰랐소). 그리고 그 주문은 천천히 작용해서 마침내 사실이 되었소. 만일 당신이 나에게 보여준 친절하고 부드러운 동정심이나, "사랑이 나에게 그렇게 생각하라고 가르쳐준 직관이 없었다면" 나는 감히 당신에게 이런 편지가 들어 있는 내 선물을 받아들여달라고 부탁하지 못했을 거요. 만일 당신이 "과연 그 마법이 이루어질까 짐작하기를" 그만 두고 내가 보낸 그 물건을 돌려보내면서 "당신의 시계는 이제 그 마력을 잃은 것 같군요, 시계는 그것을 찰 사람을 데려오지 못하고 당신에게 돌아왔어요." 라고 말한다면, 오! 첫 번째 낙심으로 산산이 부서진 저드슨의 마음에 영원히 남을 상징이 될 것이오.

당신의 헌신적인
아도니람 저드슨으로부터

이것은 패니 포리스터가 썼을 법한 그런 종류의 편지였지 미국 해외선교 위원회의 회장이 썼을 것이라고는 생각하기 힘든 것이었다. 에밀리는 그 시계를 받아들였다. 나흘 후 그녀는 유티카 여자 전문학교의 운영자인 셸던 양에게 편지를 보냈다. "나의 훌륭한 그분은 지금 막 가셨고 나는 번복할 수 없다는 것을 알면서 '네'라고 방금 그에게 대답해주었어요. 그 결정이 방금 내린 것이라는 것도 인정해야 하겠지요."

바로 그날 아도니람은 워싱톤과 리치몬드, 그리고 버지니아를 향해 떠났다. 그동안 에밀리는 집에 가서 새로운 생활을 시작하는 데 필요한 준비를 하기 위해 유티카의 기온이 영상으로 올라가기를 기다렸다. 이 약혼으로 전국은 이야깃거리로 사납게 들끓었다. 그들 대다수가 비판적이었다.

한편 아도니람이 가는 곳마다 그를 인간 이상의 대단한 사람으로 생각하는 자들이 있었다. 올라가는 강단마다 그런 극찬을 받은 그는 스스로 염증이 날 지경이었다. 자신을 석고상으로 만든 성인으로 생각하려는 사람들에게 아도니람은 그에 대한 반작용으로 냉담하고 거의 무례하다시피 했다. 시간이 지나면서 그는 모험담에 대해서도 이야기하지 않고, 대신 그들이 매주일 교회 목사님에게서 듣는 단순한 복음의 교훈만을 반복하면서 청중들을 실망시켰다. 자신이 그렇게 생각하듯 청중들도 그가 다른 사람과 똑같은 사람이라고 볼 수 있게 되었다. 그럼에도 불구하고 많은 사람들은 평범한 인간보다는 전설 속의 인물을 더 좋아했다.

지금 그들은 성자인 저드슨 박사가 자기 나이의 반도 안 되는 여자와 결혼할 계획이라는 것을 알았다. 설상가상으로 그 여자는 대중잡지에 가벼운 소설이나 쓰는 작가였다. 훨씬 더 나쁜 것은 그 여자는 가명으로 글을 썼던 것이다! 전설은 깨졌다. 그 전설에 가장 맹목적으로 매달렸던 사람들이 가장 사납게 공격하는 즐거움을 누렸다. 그들은 엄마의 손길이 필요한 아도니람의 아이들이 여전히 몰메인에서 살고 있다는 것을 망각했다. 그리고 에밀리 처복이 종교서적 시리즈를 내는 틈틈이 문학가로서 가족 부양에 필요할 때만 그런 책을 썼다는 사실도 몰랐다.

종교계의 비판은 문학계의 비판에 못지않았다. 편집자들과 독자들은 모두 사악한 주술로 에밀리에게 주문을 걸었다고 아도니람을 비난했다. 그들은 그를 거의 호색가라고까지 했다. 그렇지 않았다면 어떻게 에밀리가 가장 전도유망한 순간에 자기 아버지뻘 되는 사람과 동양에 자신을 묻어버리기 위해 작가로서의 빛나는 경력을 포기할 수 있단 말인가? 잔인한 폭풍이 사그라질 때까지, 그리고 아도니람이 여행을 계속하는 동안 에밀리는 유티카에 머물렀다. 그들은 매일 편지를 주고받았다. 그녀는 그런 비난의 여론을 견뎌내는 것에 그보다 준비가 덜 되어 있었다. 4월 초 그녀는 비탄에 잠겨 편지를 썼다.

"그들이 날 그냥 내버려뒀으면 좋겠어요. 그냥 지붕만 있더라도 조용히만 지내면 감사할 거예요. 지금 마음이 많이 아프네요. 이런 감정이 사악한 것이 아니라면 사는 것보다는 죽는 것이 낫겠어요. 거의 죽을 결심까지 했었습니다―저를 용서해 주세요―나는 지금 괴롭답니다. 제가 쓴 내용은 신경 쓰지 마세요. 저는 당신과 함께 있기만 하면 행복하다는 것을 알아요. 하지만 지금은 가장 비참하답니다. 뉴욕 전체가 그 일에 관해 술렁이는 것 같아요. 우리 이야기는 유람선이나 호텔, 응접실이나 싸구려 술집에서 일어나는 대화에서 공통 주제랍니다. 뉴욕에서 막 돌아온 에너블은 내 이름이 들리지 않는 곳이나 모임이 없다고 말한답니다. '자신을 던져버리는' 패니 포리스터의 미친 짓을 막아야 한다는 이야기까지 있다고 해요. 그런 분별없는 희생은 유례가 없다고 말한다더군요…."

아도니람은 최선을 다해 그 성난 군중들에게 맞서며 상당한 정도로 뒤틀린 즐거움을 느꼈다. 그는 아이들과 플리머스에 머물며 그녀의 편지에 답장을 했다.

"아이들은 아빠가 에밀리 쳐복과 결혼하는 일에 상당한 관심이 있소. 애비 앤은 어떤 이웃에게서 당신이 패니 포리스터라는 사실을 들었나보오. 애비는 자신이 가장 좋아하는 책 중의 하나인 『에피 모리스』를 읽었기 때문에 패니 포리스터가 매우 좋은 사람이라고 확신하고 있소. 지난 한 달 동안 우리 소식이 나라 차원의 이야깃거리였다는 것을 나도 아오. "목사 누구누구와 사랑스럽고 유쾌한 패니 포리스터 간의 결혼이 계획 중"이라는 《필라델피아》지의 발표가 세간 사람들을 놀라게 했소. 사실 그 말은 내가 만든 것이나 다름없는 것 같소. 그러나 당신이란 보석을 발견한 것은 그 '목사 누구누구'가 아니라 바로 나요. 사실, 사람들이 놀란 것도 이상한 건 아니오. 우리는 그것을 예상했었소. 그러니 우리가 그것에 신경 쓸 필요는 없소. 우리는 둘 다 그것으로부터 상당히 자유로워질 수 있는 능력이 있소. 그리고 우리는 그 일이 곧 지나가리라는 것을 알고 있소. 그리고 더욱 다행스러운 일은 곧 반작용이 그 자리를 차지할 수 있을 것이라는 거요…."

짐작컨대 아도니람이 이 문제에 관해 그처럼 초연할 수 있었던 것이 두 번의 결혼 경험 때문일 것이라고 생각하고 다소 불쾌했을 것이다. 그녀는 "마치 내 자신이 공개적으로 웃음거리가 된 것 같아요. 내가 그러한 저명한 위치를 차지한다는 것은 정신적으로도 도덕적으로도 체질에 맞지 않는가 봐요. 나는 날마다 퉁명스러워져 우리가 이방 땅에 도착하기도 전에 완벽한 크산티페가 될 것 같아요"라고 계속 항변했다. 모든 종류의 두려움이 그녀에게 몰려왔다. 그녀는 "신경이 너무 예민해져서 아주 사소한 일에도 깜짝" 놀랐다. 그녀는 또 "우리를 갈라놓고 서로 불행하게 만들 어떤 일이 다가올까" 두려워했다.

아도니람은 보스턴에서 그녀에게 확신을 주는 편지를 다시 보냈다.

신문과 대중들이 뭐라고 하든지 당신에게 가장 잘 어울리는 냉정하고 침착한 태도로 받아들일 수 없겠소? 아니면 나를 제외한 누구도 그 말들이 당신을 혼란시킨다는 사실을 모르게 할 수는 없겠소? 사실 혼란스러워 해서도 안 되오. 당신의 그 순수하고 고귀한 결심을 흔들리게 할 것은 아무 것도 없소. 하나님 앞에서 우리는 정말 죄로 가득 찬 존재이지만, 우리가 걸어가고 있는 길에 대해 보통 사람들은 알아볼 능력도 없고 판단할 권리도 없다는 것을 느낄 수 있소.

그는 또 브라운 대학의 웨이랜드 총장 같은 사람의 의견이 "만 명의 의견만큼 가치가 있고 그것이 3월 26일자 신문에 이렇게 나와 있다"고 덧붙였다. '나는 당신이 어디 있는지는 모르지만 아름다운 포리스터의 안내 하에 작가의 땅을 여행하고 있다는 말을 들었소. 나는 당신의 약혼 소식을 듣고 기뻤소. C양은 경건하고 분별력 있고 교양 있으며 매력 있는 여자라고 어딜 가나 칭찬을 합니다. 나는 하나님이 두 사람을 많이 축복해주시기를 기도합니다.' 그러나 그는 자기가 에밀리보다는 훨씬 입장이 편하다는 점은 인정했다. "나는 살아오면서 여러 번 심한 험담을 당해왔기 때문에 다소 무감각해져 있다고 생각하오. 나는 당신을 진심으로 동정하오. 아마도 당신은 이런 일을 처음으로 겪었을 테니까요."

한편 그는 또 그녀를 위로하는 편지를 보냈다.

나는 나의 사랑스럽고 가엾은 아이들 때문에 콜비의 방에서 혼자 실컷 울었다오. 어제 나는 우는 두 사내 아이들을 차에 태워 우스터로 떠나보냈소. 애비 앤은 내가 브래드포드로 데리고 갔는데, 오늘 아침 하셀타인의 집에서 우는 것을 보면서도 두고 떠나야 했소. 그리고 아이들을 생각하면 죽은 엄마가 불현듯 떠오른다오. 소피아 워커 호에 탔을 때와 세인트헬레나에서 있었던 장면들이 떠올랐소. 그리고 버마에 있는 두 아이들을 생각하다가, 가장 최근에 알았지만 누구 못지않게 사랑하는 당신에게로 생각이 돌아왔소. 인간의 마음이란 게 얼마나 이상한 것인지!

그러나 적어도 아도니람의 마음은 편안했으며 그의 아이들도 현재의 삶에 잘 적응해갔다. 조지 보드맨은 가을에 브라운 대학에 들어갈 예정이었다. 그리고 아도니람은 아이들과 에밀리의 부모를 돌볼 만한 충분한 돈이 있었다. "그러니 당신은 많든 적든 당신이 원하는 만큼의 글을 쓸 수 있소. 만일 당신이 책을 써서 보수를 받는다면, 그것을 당신을 위해 죽으시고 지금 당신의 자리를 준비하시는 예수님에 대한 감사의 표현으로 선교단체에 기부할 수도 있소."

확실히 지금의 아도니람은 오래 전 낸시가 죽은 후, 스스로를 정죄하기 위해 자신의 모든 재산을 선교위원회에 보냈던 그런 아도니람은 분명 아니었다. 그러나 자기 정죄로부터 회복되고 사라와 결혼도 하고, 그 결실인 아이들과 가족이 생기자 그는 상황을 좀 더 현실적으로 볼 수 있었다. 그때 이후로 그는 누이와 어머니가 보내주는 돈을 모아 왔다. 또한 부유한 후원자들이 그와 아이들을 돌볼 준비를 해놓았다. 어쨌든 에밀리는 후회하며 답장을 썼다. "당신은 모든 골칫거리들을 너무 달콤하게 해결해주었어요! 내가 인내심을 잃었을 때도 왜 그처럼 친절하게 잘해주셔야 하는지 모르겠어요. 그래요. 비록 전 세계가 인정하지 않을지라도 저는 당신이 취한 결정을 결코 후회하지 않으시리라는 것을 잘 알아요. 그리고 제가 사소한 일에 흔들리지 않으리라는 것도 믿고 계신다는 것도요. 저도 이런 일들이 사소한 일이고 내가 피할 수 없으면 웃어넘겨야 한다는 사실을 압니다. 그러나 때때로 그 일들은 너무 끔찍하게 여겨져요. 그렇지만 이제 더 이상은 그렇지 않을 거예요. 나는 당신의 사랑과 너그러움 안에서 안식을 취할 거예요…." 그리고 그의 아이들에 대해서도 썼다. "당신의 아이들도 더 이상 '고아'라고 부르지 마세요. 나는 그 아이들을 사랑하고 지켜줄 거예요. 내가 무엇이든 잘못할 때면 당신이 제 잘못을 지적해줘서 내가 더 잘하도록 가르쳐 주세요."

며칠 후 아도니람은 일주일 동안 메인으로 갔다. 4월의 남은 기간 동안 다른 약속들로 그는 계속 바빴지만 5월 초, 그는 유티카에 있는 에밀리를 방문할 수 있었다. 그들은 그녀의 부모와 함께 며칠동안 해밀톤으로 갔다. 아도니람은 에밀리에게 돈을 빌려주어 부모에게 사준 집의 저당을 풀 수 있게 했다. 그래야만 그 집이 분명한 그들이 집이 되기 때문이다. 그녀는 그 돈을 나중에 책에 대한 인세를 받으면 갚기로 했다.

그 주 주일날, 해밀턴에서 그는 앤도버 대학의 옛 교수인 레오나드 우즈를 만나 무척 기뻤다. 우즈 교수는 1812년 세일럼의 태버나클 교회에서 있었던 안수식에서 설교를 했었는데 이날 다시 설교를 하게 되었던 것이다. 아도니람은 그와 함께 강단에 앉아 있었다. 설교가 끝난 후, 아도니람은 그가 젊은 시절, 진리를 찾아 헤매는 "불쌍한 눈먼 회의주의자"가 되었을 때 어떻게 앤도버에서 우즈 박사로부터 진리의 가르침을 받아들이게 되었는지를 이야기 했다. 청중들은 에밀리가 수년 전 세례를 받았던 모리스빌 교회의 청중들보다 훨씬 더 흥분했다. 교회 건물은 크지 않았기 때문에 그가 목을 상하지 않고도 사람들에게 말을 할 수 있다고 생각했다. 그날은 비가 내렸음에도 불구하고 교회는 그가 대단한 이야기를 할 것이라는 기대로 초만원을 이루었다. 아도니람은 50분 동안 에밀리가 느끼기에 "아주 단순하고 평이한 … 그리고 심금을 울리는" 예수님의 사랑과 "그분이 우리를 위해 하신 일과 우리가 무엇을 빚지고 있는가에" 대해 이야기했다. 에밀리는 회상했다

> 그가 설교를 끝내고 자리에 앉았을 때, 가장 눈치가 없는 사람의 눈에조차 거기 모인 청중들이 실망했다는 것이 분명하게 드러날 정도였다. 모든 행사가 끝난 뒤, 몇 명의 사람들이 나에게 왜 저드슨 박사가 그 밖의 다른 이야기 즉, 모험담을 들려주지 않았는지 솔직하게 물어왔다. 집으로 가는 도중 나는 그 말을 전했다.

'그럼, 그들은 원하는 것이 무엇이었소?' 그가 반문했다. '나는 세상에서 가장 흥미로운 주제를 내 최선의 능력을 다해 그들에게 소개했을 뿐이오.'

'그러나 그들은 무언가 다른 것, 즉 모험담을 듣고 싶어했어요.'

'글쎄, 나는 그들에게 모험담을 이야기했다고 확신하는데. 상상해낼 수 있는 가장 전율할 만한 모험담을 말이오.'

'그러나 그 이야기는 전에도 들어본 적이 있어요. 그들은 지구의 반대편에서 막 돌아온 사람이 하는 새로운 이야기를 원했어요.'

'그렇다면 나는 그들에게 지구의 반대편에서 온 사람도 예수님의 목숨을 버리는 사랑이라는 경이로운 이야기말고는 해줄 것이 없다는 것을 말하게 되어 기쁘게 생각하오.'

해밀턴에서 그들은 에밀리가 태어난 이튿으로 짧은 여행을 떠났다. 그들은 그녀의 책 『짧은 여행들』에서 묘사했던 언더힐 오두막에서 차를 마셨고, 그녀의 다음 책인 『오리나무 개천』이라는 제목을 떠올리게 한 오리나무 숲이 있는 시냇물을 여행했다. 그러나 해밀턴에서의 짧은 휴식도 끝을 내야만 했다. 아도니람이 뉴욕과 필라델피아에서 약속이 있었다. 그들은 함께 유티카로 돌아가 거기서 헤어졌다.

그들의 편지에는 많은 염려들이 드러나 있었다. 그녀의 다음 책에 대해 출판업자들과 한 얘기를 쓰다가 "당신이 나를 위해 리핀카트(미국의 출판업자—옮긴이)와 계약을 맺어주시겠어요?"라고 말했다. 그러다 그녀는 돌연 갑자기 옷 이야기로 말머리를 돌렸다. "나는 때때로 예쁜 드레스를 볼 때 나오는 감탄사들 사이에 당신에 대해 생각해요. 오, 저것은 매력적인 파랑 색! 저것은 자주 색. 얼마나 우아한 옷인가! 당신은 새 드레스가 얼마나 마음을 빼앗는 것인지 모를 거예요. 당신같이 그런 마음을 한 번도 가져 보지 못한 불쌍한 남자들은 결코 모를 거예요…." 그녀는 또 항해를 두려워했다. "배에 대해 말만 해도 내 심장은 발밑까지 가라앉아요. 우리가 반년 동안만이라도 우리의 아름다운 집에서 자고 일어날 수 있다면 얼마나 좋을까?" 그녀는 애비 앤을 몰메인으로 데려 가자고 제안했다. "그 아이는 당신의 유일한 딸이고 당신은 그녀를 너무나 사랑하는데, 그 어린 것이 혼자 남겨진다는 것은 너무 가혹한 일이에요."

종교적인 모임들 사이에 아도니람은 그녀를 위해 출판업자들을 만났다. 그녀는 자신의 새 책이 단편들과 소품들을 모두 엮은 총서 형태로 나오기를 원했지만 출판업자들은 이미 책에 실렸던 것은 포함시키고 싶어하지 않았다. 그래서 아도니람이 편지를 썼다.

"나는 '페인과 버지스' 출판사로부터 인쇄 연판을 넘겨받았소. 그리고 그것들을 포장해서 '루이스 콜비' 사에 맡겼소. 그 스테로판은 190달러이고, '페인과 버지스' 사는 당신 몫으로 그들이 이미 당신에게 지불한 것 외에 전체 초판에 대한 인세로 70달러를 내게 지불했소. 이제 그들과 당신 사이의 거래는 끝났소. 내가 당신에게 70달러를 보낼 것이오. 그리고 실수를 피하기 위해 영수증을 받아놓으시오. … 〔뉴욕의 출판업자들은 새로 쓴 수필에는 관심이 없었소.〕 사람들의 마음은 멕시코 전쟁으로 꽉 차 있소. 그 전쟁은 아마도 영국과 전 세계를 파멸시킬지도 모르오. 현실이 너무 가혹해서 소설을 위해 쓸 시간이 없는 것 같소. 마르스(전쟁의 신)와 너무 가까워서 비너스(미와 사랑의 여신)와 뮤즈(음악의 신)와 노닥거릴 시간이 없는가 보오. 당신이 원한다면 내가 도착하기 전에 300달러는 추가적인 부지를 사는 데, 그리고 50달러는 담을 치는 것에 예산을 잡아도 될 것 같소. 그리고 당신이 여행 채비를 하는 데 필요한 돈은 200달러 정도 줄 수 있을 것 같소. … 이 아름다운 편지에는 금과 진주와 비싼 옷으로 가득 차 있지 않소? 이것을 당신 머리에 쓰지 마시오. 그렇게 하면 성경의 말씀을 거역하는 것이니까…."

그리고 나중에는 이렇게 썼다.

내가 당신에게 써 보낸 말도 안 되는 글에도 불구하고 나는 가장 진지하고 즐거운 생각들로 가득 차고 흘러넘치고 있소. 과거, 현재, 미래가 내 앞에 있소. 만일 내가 글을 쓰려고 한다면 나는 어디서 시작하고 어디서 끝나야 하는지를 모를 것 같소. 우리가 '사랑과 행복 속에서' 만날 수 있기를. 하나님께서 우리가 평생 동안 그리고 영원토록 서로에게 축복할 수 있게 우리의 결합을 축복으로 장식해 주시기를!

1846년 6월 1일, 아도니람은 다시 해밀톤에 있었다. 다음 날 그들은 에밀리의 집에서 나다니엘 켄드릭 박사의 주례로 결혼식을 했다. 그 나이 많은 목사는 에밀리가 외국 선교사가 되는 것에 관해 물어 본적이 있었던 그 목사였다. 조용한 결혼식이었다. 그녀의 직계 가족과 몇 명의 가까운 친구들만 참석했다. 예식 후 그들은 해밀톤에서 며칠을 보내고 유티카에서 며칠을 더 지냈다. 그리고 나서 그들은 마지막 작별 인사를 하기 위해 뉴욕, 보스턴, 플리머스와 브래드포드를 회오리바람처럼 급하게 방문했다. 그들이 타고 갈 홀렛 선장의 파뉴일 홀 호는 7월 1일 몰메인을 향해 보스턴을 출발할 예정이었다. 항해가 연기되었지만 성대한 고별 모임이 예정대로 6월 30일 오후 볼드윈 플레이스 교회에서 열렸다. 아도니람과 에밀리의 약혼으로 발생했던 폭풍은 완전히 가라앉았다. 교인들은 새 저드슨 부인이 신실한 그리스도인이고 결코 경박한 여자가 아니라는 것을 알았다. 비록 그들 중 많은 사람들이(그 문제에 대해 에밀리 자신도 느꼈던 바이지만) 그녀의 종교와 선교에 대한 헌신이 그처럼 존경스런 남자의 배우자에게 합당할 만큼 깊지는 않다고 느꼈지만 말이다.

문학계 역시 그 결혼이 좋은 일이라는 결론을 내렸다. 윌리스는 에밀리에게 편지를 썼다. "내가 당신의 결혼에 대해 생각하면 할수록, 더욱더 당신의 행복을 위해 최선의 선택을 했다고 생각하게 되오." 그는 아도니람을 5월에 뉴욕에서 만난 적이 있었다. 그리고 그가 "대범하고 도량이 큰 본성을 가졌으며, 가장 친절하고 애정이 깊은 마음"을 가진 사람이라고 생각했다. 그리고 그는 "저드슨 박사의 해외에서의 사명은 곧 당신의 화산 같은 열정을 끓어낼 것이고, 그 모험은 몸과 마음의 건강에 좋을 것이오"라고 했다.

아도니람은 출항이 지연되자, 7월 4일 우스터에 가서 마지막으로 두 아들을 만났다. 5일, 한 번 더 선교사 예배를 드린 후, 9일 브래드포드로 가서 애비 앤에게 작별인사를 했다. 이러한 작별은 그 자체로는 고통스러웠지만 적어도 그가 보스턴에서 홍수처럼 밀려드는 방문객들을 피할 수 있게 해 주었다. 에밀리는 그 방문객의 홍수를 견디어냈다. 그리고 여동생에게 불평을 했다. "나는 거의 사람들 때문에 죽을 지경이야. 끝없는 악수로 손이 너무 부어서 장갑을 낄 수 없을 정도야. 그래서 어쩔 수 없이 왼쪽 손을 써야만 해."

7월 10일, 아도니람은 아들들과 딸, 누이동생에게 짧고 슬픈 편지를 보냈다. 누이는 그를 전송하러 보스턴에 오지 않았다. 그러나 그녀의 마음은 아도니람이 플리머스를 떠난 후에 드러났다. 그녀는 아도니람이 쓰던 방의 모든 것을 그가 떠날 때의 모습 그대로 남겨 놓고 방문을 잠갔다. 그때부터 그녀가 살아 있던 거의 사십 년 동안 그 안에 있는 어떤 것도 움직여지거나 흩뜨려지지 않았다.

1846년 7월 11일, "수백 명의 환송객의 눈물 속에서" 그들은 배를 타고 출항했다. 그들이 이 마지막 날 보았던 사람들 중에 군주풍의 옷을 입어 그들을 즐겁게 해 주었던 가드너 콜비 가족이 끼어 있었다. 질레트 가족, 링컨 가족, 그리고 아도니람의 마음에 더욱 각별한 사라의 첫 남편의 아이들 중 유일하게 생존해 있는 조지 보드맨 2세가 있었다.

배가 항구에서 벗어나 땅이 "멀리 한 점에" 불과하게 작아져 갔고, 에밀리는 수로 안내인 배를 통해 어머니께 편지를 보냈다. 아도니람은 1812년 꽁꽁 어는 추운 2월의 아침, 그가 미국을 떠나던 마지막 순간을 떠올렸다. 그때 부두에는 수백 명의 사람들 대신, 의심스러운 선교사역을 떠나는 선교사들을 보러온 소수의 사람만이 있었다. 그때 함께 배를 탔던 4명 중 오직 그만 살아 있었다. 낸시는 암허스트의 호피아 나무 아래에 어린 마리아 옆에 잠들어 있다. 그가 미국에 남겨 두고 온 아이들과 몰메인에 있는 아이들은 모두 세인트헬레나의 번얀 나무 그늘에서 안식을 누리고 있는 사라가 낳은 자식들이다. 그는 4월에 그녀의 무덤에 비석을 보냈다. 지금 아도니람과 함께한 에밀리는 그가 처음으로 항해를 했을 때는 태어나지도 않았다.

그는 이제 결코 모국을 다시는 보지 못할 것이라고 확신했다. 슬펐지만 후회는 하지 않았다. 그는 여전히 1812년의 아도니람 저드슨과 똑같았다. 그는 여전히 일과 사랑에 모두 유능했다. 그리고 여전히 확신과 기쁨에 차서 미래를 기대하고 있었다.

8. 우리가 함께 빛날 때 (몰메인, 랑군: 1846-1847)

아도니람에게 이번 항해는 그가 지금껏 경험한 것 중 가장 유쾌했다. 그가 묵고 있는 선실은 편안하고 음식은 훌륭했다. 에밀리는 정말로 배 여행에 잘 맞아 뱃멀미를 전혀 하지 않았다. 홀렛 선장은 매우 사려 깊은 사람이었다. 매일 저녁마다 선상에서 예배를 드렸고, 주일에는 선원들을 위한 예배와 성경공부 모임이 있었다. 에밀리에게 항해는 즐거운 것이었지만 결코 평온무사하지만은 않았다. 그러나 바다는 그녀에게 너무나 매혹적이어서 두려움을 느낄 수가 없었다. 희망봉을 조금 지나 광풍에 휩싸였을 때, 그녀는 이렇게 묘사했다.

> … 지독한 격노가, 기괴한 뒤틀림 속에 휩싸여 솟구쳤다 가라앉는 이 작은 땅콩껍질 같이 겨우 떠 있는 배를 선원들의 손에서부터 비틀어 댄다. 고함을 지르는 미치광이처럼 솟아오르는 큰 물결을 타고 획 뒤

어 올랐다가 고꾸라져 떨어지고 맞서 싸우다가 갑자기 터지듯 배에 거품이 퍼부어진다. 물은 속이 빈 잉크 같은 검은색이다. 그러나 큰 물결들은 위로 솟구칠 때 반투명의 초록색이 된다. 그리고 절정에 올라 파열하면서 거품의 긴 화환을 이루어 서로 돌고 또 돌아 바닥에 나뒹굴다 어마어마한 솜털 더미처럼 사라진다. … 우리는 계속 솟아올랐다가 가라앉았다가 이리저리 비틀거리다가 내동댕이쳐진다. 마치 중력의 중심이 완전히 없어진 것 같다. 깨지기 쉬운 차받침 접시가 뒤집어졌다가 소용돌이의 꼭대기에서 잠시 멈추었다. 잠시 후 숙명인 듯 또다시 바닥으로 내려앉는 모험을 감행하기 전 모든 돛대들이 부르르 떨었다. 나는 숨을 죽인 채 부들부들 떨면서 매번 파도 속으로 가라앉는 것을 지켜보았다. 일종의 악몽이었다. 조금씩 그러다가 우리는 영원히 사라져 버릴 것 같았다! 마침내 그 순간이 왔다. 나는 선실 침대에서 튀어 올라 혼비백산한 채 머리로 곤두박질을 쳤다. 나의 정강이에는 가장 아름다운 찰과상이 남았다.

(후에 훨씬 더 강한 폭풍이 있었다) … 완벽한 허리케인. 그것은 배 뒤쪽에서 우리를 사나운 속력으로 덮쳤다. 네덜란드의 범선이 우리 배 근처에서 불과 몇 로드 안으로 들어왔다. 비록 지금껏 그랬던 것처럼 안전할 거라는 말을 들었음에도 배가 갈짓자로 비틀거리다가 내 던져질 때, 내 심장은 펄떡펄떡 뛰었다. 단 1분 만에 배가 구름까지 뛰어오르는 듯했다. 다음 순간 산 같은 파도 뒤에 너무 낮게 가라앉아 돛대 끝조차 보이지 않았다. 그러나 태양이 찬란히 빛나자 무지

개가 떠올라 아름다운 광경을 이루었다….

그녀의 묘사장면은 생생했다. 갑작스런 스콜 속에서 "방수천 돛은 돛대 위로 쥐 떼처럼 서로 경주라도 하듯 기어오르고, 마치 우렁찬 황소의 울음 같은 목소리로 합창을 불러댔다…." 또한 "돌고래로 만든 저녁식사는 만일 코를 찌르는 라드 기름으로 튀겨내지만 않았다면 맛이 있었을 것이다." 그녀는 색채에 대한 감각이 있었다. 돌고래를 다음과 같이 묘사했다. "등은 선명한 갈색이고 푸른색, 초록색, 그리고 금색이 배의 양면 옆을 따라 변화하다가 깊은 연어 색과 창백한 장밋빛, 그리고 흰색이 되었다." 이상하게 생긴 살아 있는 우무인 '포르투갈의 투사'도 이렇게 설명했다. "은색으로 이랑이 지고 분홍과 보라색 술 장식을 두른 촉수를 가졌으며, 몸체는 은과 같았고, 자주색의 구슬로 된 긴 줄을 매고 있었다."

에밀리가 관찰하고 묘사하는 데 몰두해 있는 동안 아도니람은 사전을 만들었다. 사라가 아프던 마지막 기간 동안 그가 집으로 돌려보냈던 원주민 보조자들의 도움이 없어서 추가적인 일은 아무 것도 할 수 없었지만, 최소한 첫 번째 부분을 수정하고 다시 쓰는 일을 할 수 있었다. 그 일이 거의 마쳐갈 무렵인 1846년 11월 말, 넉 달이 넘는 항해 끝에 "육지다!"라는 첫 번째 환호가 들렸다.

에밀리는 더 없이 훌륭한 동반자였다. 신체적인 두려움에 아랑곳하지 않는 마음, 대담한 사고, 날카로운 관찰력, 보고 느낀

것을 말로 표현하는 능력, 감수성, 무엇보다도 그녀의 달콤하고 완전한 사랑, 이 모든 것은 아도니람에게 결코 알지 못했던 행복감을 가져다주었다. 그의 아내들은 모두 각자가 뚜렷하게 다른 성격으로 아도니람에게 사랑을 표현했다. 젊고 짙은 아름다움을 가진 낸시는 비교할 수 없는 결단력과 거기 걸맞는 순수한 선교 목표를 가지고 있었다. 세 아내 중 자신과 가장 비슷한 이는 낸시였다. 사라는 부드러움과 평온함 그리고 자신에게 닥친 일을 투정 없이 받아들였다. 에밀리는 외모의 아름다움은 부족하지만, 미묘하게 혼합된 개성이 있었다. 그녀는 통쾌하고 자극적이고 대담하지만 부드러웠고, 독립적이지만 매우 여성스럽고 민감했다. 그녀가 이룬 업적은 아도니람에 못지않았지만, 그녀는 그를 존경했다. 그녀가 먼저 '어른스러움'을 벗어 던지자 아도니람 역시 '어른스러움'을 떨쳐버렸다. 그들은 어린아이들처럼 함께 놀고 장난칠 수 있었다. 무슨 일을 하든 서로를 따분해 하지 않았다.

지금 그는 에밀리와 함께 난간에 서서 그녀의 신선한 눈을 빌려 친숙한 해안을 보는 기쁨을 맛보고 있었다. 그녀에게는 첫 번째 육지가 마치 "짙고 어두운 자줏빛 꽃들이 볼록한 면을 하늘로 향한 채 죽 늘어서 있는 것"처럼 보였다 또 다른 자줏빛 섬은 "물위에 떠있는 피라미드"처럼 앉아 있었다. 버마의 해변은 "마치 한 숨으로도 날려보낼 수 있을 것 같은 불규칙적인 고리로 만든 긴 사슬처럼 보였다." 그 자주색은 에머랄드 색으로 변했다. 나무들이 덤불처럼 보였다. 그들은 선장에게 망원경을 빌렸다. 해안가 낚싯배의 아주 작은 돛과 암허스트가 멀리서 점처럼 보였다. 그리고 "나무들이 하늘을 배경으로 돋을새김을 한 듯 두드러지게 보이기 시작했다. 그것은 야자수, 코코아, 타마린드였다." 그리고 또 다른 나무. 아도니람은 망원경으로 "바다를 향한 경사진 초록빛 둑"에 있는 그 나무를 찾아 에밀리에게 가르쳐 주었다. 그것은 낸시의 무덤 위의 호피아 나무였다.

그들은 27일 "뚱뚱하고 네모지고 육중한 포르투갈" 수로안내인을 태웠다. 다음날 아침, 배는 항구에 닻을 내렸다. 에밀리는 그 나라를 "괴상하고, 우스꽝스럽고 반은 아름답고 반은 무시무시하고, 정말로 그림 같은" 곳이라고 생각했다. 그리고 그날 그녀는 아도니람의 인생을 설명해 주는 한 사건을 목격했다. 그녀는 해가 지기 전 여동생에게 써보내는 편지에 이렇게 묘사하고 있다.

우리가 오늘 아침 닻을 내리자마자 예닐곱 명가량의 사람들이 탄 배 한 척이 우리를 향해 튀어 오르듯 다가오고 있었어. 그들의 펄럭거리는 밝은 색의 실크와 눈같이 흰 웃옷과 터반을 볼 때 그들이 단순한 뱃사람이 아니란 것을 알았어. 아도니람은 한동안 말없이 배의 한 켠에서 그들을 바라보았어. 몸을 쭉 빼고 한 1분 동안 주의 깊게 그들을 바라보다가 큰소리로 그들에게 기쁜 함성을 질렀어. 잠시 후 노의 번쩍거리는 움직임이 멎고 여섯 명의 남자들이 그들이 타고 온 이상한 작은 배가 뒤집어지려는 위험도 무릅쓰고 벌떡 일어났어. 그리고는 거칠고 길고 오히려 기쁨에 넘친 듯한 함성을 질러댔어. 그것이

인사를 하는 것이라는 것을 알아차릴 수 있었지. 크리스천(에밀리가 부르는 아도니람의 애칭)은 나를 그의 옆으로 손짓해서 불러 '저들은 암허스트의 친구들이오. 소중하고 충직한 동료들이지'라고 말했어. … 몇 분 후에 그 사람들은 보트를 옆에 대고 우리 배 옆으로 기어올라왔지. … 그들의 검은 눈동자는 근엄한 눈썹 밑에서 춤을 췄고, 억센 턱수염 뒤에 미소로 말려 올라간 입술은 매우 투박했어. 그리고 나서 그들은 양손을 덥석 잡고는 반쯤은 숨넘어가는 말투로 반가운 인사를 했단다. 그 소리는 특이하고 목 안쪽에서 울려 퍼져 그들이 인사를 한 아도니람만이 뜻을 이해할 수 있을 것 같았단다. 반면 나는 근처의 그늘에 몸을 피한 채 다 자란 아기처럼 흐느꼈어. 쏟아지는 다른 사람들의 시선과 목소리로부터 벗어나 있지 않으면 내가 무엇을 해야 할지 몰랐기 때문이란다. 그러나 자기 아내가 시야에서 아주 사라진 것은 아니고 바로 그 자리에 있다는 것을 강력하게 암시했고, 내가 다시 앞으로 불려 나갈 때까지 교양 있는 부인으로의 태도를 잃지는 않았다고 생각해.

버마인들은 내 손을 잡고 미국식으로 진심 어린 악수를 했어. 그러나 그들의 거무스름한 손바닥은 너무나 부드러워서 만일 네가 악수를 했더라도 그 꼭 쥔 손에 대해 불평하지 않았을 거야. 그리고 나서 교회의 집사인 덕망 있는 한 노인이—나중에야 알았지만— 앞으로 나와 터번을 두른 머리를 정중하게 숙인 다음 활기찬 연설을 시작했어. 때때로 자기 뒤에 있는 무리들에게 손을 흔들면, 그들은 동의한다는 뜻으로 절을 했단다. 유창한 연설이었을 것이라고 생각했지만, 물론 나는 한마디도 알아들을 수 없었고, 다만 무릎을 살짝 구부려 인사를 하고 알아들었다는 듯이 바보 같은 선웃음만 지었단다. 내 인생에서 그처럼 당황했던 적이 없다고 말한다면 너는 아마 웃을 거야.

나는 그 남자들이 보트에 우리를 위한 멋진 방석을 깐 자리를 마련해 두었다는 것과 그들의 부인들과 딸들이 방파제에서 우리를 마을까지 태워 가려고 우마차를 준비해 기다린다는 것을 알았단다. 우리를 찾아온 사람들은 우유 몇 병과 계란과 생선, 새우, 얌, 고구마, 바나나, 오렌지들을 갖다줬어. 그들이 가져온 보물단지들을 내려놓는 동안 나는 선장의 망원경을 빌려 오랫동안 방파제를 들여다보았단다. 그들이 실제로 거기 있는 걸 내 눈으로 확인했지. 부녀자들은 해변가에 모여 있었고, 내가 들었던 마차와 두 마리의 크림색 황소가 잔디밭 위에 서 있었어. 내 발은 흙과 풀로 된 부드러운 양탄자를 밟고 싶어 못 견딜 지경이었지만 아도니람은 나를 배에 남긴 채 그들의 보트를 타고 해변으로 갔단다.

넌 내가 언제나 감상에 빠지는 것을 피하려고 애썼다는 것을 알고 있지? 감상적인 것에 몰두하다보면 아무 이익도 주지 않으면서 머리만 아프거든. 이제는 이런 순간을 극복해야 할 텐데. 선실로 내려가서 베개가 흠뻑 젖기까지 울어댔는데, 내 안에 있는 신경들이 죄다 떨리더라니까. '하루아침에 두 번씩이나 울다니'라고 묻겠지? 그래 하루아침에 두 번이나. 내가 눈물로 뒤범벅이 되어 있을 때, 문이 조용히 열리고 누군가가 들어와 내 옆에 서 있었단다. 나는 움직이지 않았지. 나는 얼굴을 젖은 린넨 조각으로 덮고 베개에 파묻고 있었어.

한편으로는 질문 받을 때를 대비해 목소리를 가다듬으면서 말이야. 이윽고 말소리가 들렸어. 하지만 내 귀에 가까이 대고 한 말인데도 나는 그 의미들이 이해되지 않았어. 너무나 낮고 부드러운 그 목소리는 가슴으로 스며들어 내 마음의 어리석은 요동을 잠잠하게 하고, 강한 믿음을 불어 넣어주고, 전전긍긍하는 마음에 빛을 주고, 심연을 희망으로 드리우고, 연약한 마음을 어루만져 줄 수 있는 예수님께 고요하고 평온하게 의지할 수 있게 해주었어. 비록 죄가 없으시지만 그분의 본성은 우리의 모든 감정을 깊이 감동시킬 수 있기 때문이지.

그처럼 이해 받을 수 있다는 것이 너무 신기하지 않니! 그는 내가 결코 할 수 없었던 그런 기도를 통해 모든 것을 말해주었어. 그는 연약한 마음이 준비가 되지 않은 상태에서 갑자기 도덕적인 숭고함을 강요받았을 때 어떻게 느끼는지 잘 알고 있었어. 시간의 모든 문들이 닫히고 쇠창살이 쳐지고 영원이라는 긴 안목이 위축된 영혼 앞에 근엄한 전망을 제시할 때 어떻게 느끼는지 그리고 그런 위기의 순간에 무엇을 필요로 하는지 너무나 잘 알고 있었어.

나는 영혼을 달래고 향기가 뿜어져 나오던 그 기도를 기억해. 완전히 보호받고 있다는 느낌과 평온함이라고 할까? 그런 감정 속에서 잠이 들었어. 내가 깨었을 때 관원들과 아도니람을 포함한 신사들을 태운 작은 보트는 해변가에 도착했어. 30분 동안 호피아 나무를 보며 생각에 빠진 것을 제외하고는, 줄곧 너에게 편지를 쓰고 있는 거란다.

3일 후인 월요일, 그들은 암허스트 개종자들이 노를 젓는 배를 타고 몰메인 강 상류로 갔다. 에밀리에게는 그 배가 마치 "각각의 끝을 뾰족하게 깎은 긴 여물통이랑 매우 유사하게 생겨, 지붕이 낮은 대나무 새장 안에 갇힌 닭처럼 아늑하게 안겨 있는" 것처럼 느껴졌다. "하얀 쌀 새, 혹은 카멜레온의 목과 붉은 색 날개를 가진 즐거운 이방인"처럼 생긴 새들, 처음 보는 모양과 색으로 만발한 꽃들. 어떤 것들은 송이 지어 있고 어떤 것들은 길고 호박색의 화환으로 되어 있고 어떤 것들은 여기저기 호박색과 주홍빛으로 얼룩져 있었다. 억센 어깨가 드러나는 "야한 빠소"를 입고 터반을 머리에 두른 노 젓는 사람들, 잎이 무성한 야생 나무와 물속까지 뻗은 넝쿨들. 이런 것들은 그곳 사람들의 풍습과 언어만큼이나 낯설었다. 그러나 그녀는 "그림 같은 아름다움"에 만족했다. 서투르고 어색한 그런 종류의 장엄함과 어색한 단순함이 혼합되어 있는 그런 아름다움. 현란하고 환상적인 무절제함이 있으며, 때때로 성가시고 무례하지만 그보다는 좀 더 익살스러운 그런 아름다움을 가진 곳이었다.

이 모든 것들과 몰메인에 있는 선교사의 집들은 날카로운 대조를 이루고 있었다. 그 집들은 "티크로 지어졌고, 광택처리도 되지 않은 똑같은 원목으로 가구를 채워 넣어 최대한으로 수수"했다. 방을 구분하는 칸막이들은 머리 조금 윗부분밖에 닿지 않는 단순한 가리개일 뿐이어서 한 방에서 한 말은 집안 전체 어디에서든 들을 수 있었다." 그렇지만 그녀는 그 집들이 마음에 들었다. "나는 미개한 세상을 위해 만들어졌다는 생각이 든다."

그녀는 각각 네 살, 두 살인 헨리와 에드워드 두 아이들을 맡았다. 12월 어느 날 밤 에밀리가 그 아이들을 침대에 막 눕혀 놓고 오자 아도니람은 우스터에 있는 두 아들들에게 편지를 쓰고 있었다. "헨리는 혼자서 큰소리로 말하고 노래를 한단다. 아이가 무슨 말을 할 것 같니? 너희 새엄마가 그 소리를 들어보라고 나를 불렀단다. '엄마는 배를 타고 가버렸다. 그리고 나서 날개를 달고 올라갔다. 찰리도 올라갔다. 지금은 저기 달과 별들 위를 날아다니고 있다.'"

그들은 12월 말경 정착했지만, 아도니람은 아직 사전작업을 재개하지 못했다. 그는 몰메인이 사전을 만들기에 적당한 곳이 아니라고 느꼈다. 그가 학식 있는 버마 석학들의 도움을 받을 수 있었던 랑군이 더 나을 것 같았다. 아바는 훨씬 나았다. 그는 심지어 보스턴을 떠나기 전부터 랑군으로 이사를 고려했고, 그 문제를 에밀리와 의논했었다. 그러나 사전작업의 용이함이 중요한 요소이긴 했지만, 그것이 진짜 이유는 아니었다. 그는 몰메인이 참다운 버마가 결코 아니라고 느껴왔다. 그는 적어도 랑군에서는 체류를 허락 받을 수 있으리라 생각했다. 만일 그럴 수 있다면 그는 작은 회중을 다시 모아 시간을 쪼개 선교 일도 계속할 수 있을 것이었다.

그는 자신이 몰메인에서 별로 필요가 없다는 것을 알고 있었다. 거의 30명의 선교사들이 이미 이곳에 살고 있었다. 그의 생각에는 너무 많은 수였다. 일이 세분화되어 맡겨졌다. 스티븐스는 원주민 교회를 맡았고, 하워드와 버니는 각각 학교를 맡았으며, 라니는 사업 매니저의 역할과 인쇄소를 떠맡았다. 해스웰은 페구어로 신약을 인쇄하는 일을, 스틸슨은 버마 초등학교 학생을 위한 책 출판을 총괄했다.

이 모든 일들은, 적어도 그가 맡고 있을 때만큼 잘 수행되고 있었다. 그러나 그는 영국령이 아닌 지역에서 종교와 관련된 오랜 경험을 가지고 있었다. 랑군과 버마에서 그보다 더 적합한 선교사는 아무도 없었다. 그리고 사전을 만들 수 있는 만큼의 자질은 그만이 갖고 있었다. 그는 몇 주일간 혼자 랑군으로 가서 가족들과 정착하는 것이 가능한지 알아보기로 했다. 한편 에밀리는 점점 더 낯선 땅에서의 삶과 아내로서의 의무에 적응하게 되었다. 그녀는 1847년 새해 첫 날 일기에 자신을 어리둥절하게 했던 일들을 기록했다.

정말로 버마에 있다니! 이게 정말로 나라니! 지난 해가 현실이었나, 아니면 내가 여전히 1년 전 누워 있었던 도미니 질레트의 방에서 꿈을 꾸고 있는 것인가? 만일 그것이 꿈이라면 결코 깨어나지 않기를 하나님께 기도한다. 현재의 내가 아닌 다른 사람이 되는 것은 상상만 해도 가슴이 미어지는 일이다. 하나님 감사합니다. 이것이 현실, 게다가 축복 받은 현실인 것과, 내가 수년 동안 발 딛기를 열망했던 바로 그 장소에 있게 해주심을.

1월 2일, 교사를 구해 버마어에 첫발을 디뎠다. 그러나 아이들이 내

시간을 너무 많이 빼앗아서 그다지 공부를 많이 할 수가 없다. 그들은 너무 사랑스러운 작은 친구들이지만 말썽꾸러기들이다.

1월 5일. 하루 종일 아침에 일어나서, 돌아다니다가, 다시 잠자리로 돌아오는 일밖에는 하지 않는 것 같다. 가사일, 아이들 돌보기, 언어 그리고 수천 가지의 성가신 일들에 나처럼 서투른 사람은 아마 없을 것이다. 나는 말을 빨리 배우고 폭풍우처럼 익혀 내 주변에 원주민들을 잔뜩 모아 "진정한 사도 스타일"로 일을 하게 될 것이라고 기대했었다.

1월 10일. 이가 나는 어린애들을 돌보는 일과 원주민들에게 양말 꿰매는 법을 가르치는 것, 먹을 만한 저녁을 마련하기 위해 손으로 팽이를 돌리고 있는 존에게 영어로 옥신각신 지시하는 일은 작가인 패니 포리스터가 하기에는 정말 이상한 일이다. … 그러나 나는 사소한 일들은 대충 타협하기로 했다. 어떤 여자들은 그런 일들에 타고난다고 믿는다. 내가 이곳에 적응하고 있긴 하지만, 나는 좀 더 고차원적이고 나은 일을 하고 싶다. 하지만 큰일을 잘 하고 싶은 사람은 사소한 일들을 매일 연습해야 한다. 중요한 사명에서 하나님의 도움을 얻고 싶은 여자는 매일 매시간 일상의 아주 작은 일들에서도 그의 뜻을 묻는 데 익숙해져야 한다.

아도니람은 랑군으로 가는 배편을 마련했다. 크리스프 선장의 범선 세실리아 호로 1월 18일 출항할 예정이었다. 이번 여행은 그들이 결혼한 후 처음 맞는 것이었다. 그가 떠나기 전부터 에밀리는 자주 눈물을 흘리고 잠을 이룰 수가 없었다. 놀랍기도 하고 한편으로 위안이 된 것은 아도니람도 종종 눈물을 흘린다는 것이다. "만일 감옥생활과 모든 공포를 겪어낸 그런 사람이, 이런 짧은 이별에 눈물을 짓는다면 나같이 나약한 사람은 분명 죄수복조차 입을 수 없을 것이다. 사실 우리 가엾은 인간들은 다른 사람들이 겪은 고통을 상상만 해도 당황하기 마련이다. 앤 저드슨이 랑군에 이런 남편을 남겨두고 미국으로 혼자 떠나는 것이, 그를 위해 그녀가 아바에서 감당했던 영웅적인 역할보다 훨씬 더 큰 노력이 필요했을 것이라고 나는 단언한다. 아도니람이 2-3주일 동안 랑군에 가는 것은, 내가 미국으로 가는 것이 아니니까 바보처럼 굴어서는 안 된다."

19일에 세실리아 호는 몰메인을 떠나 암허스트 근처에 있었다. 강을 내려가는 동안 아도니람은 에밀리에게 편지를 쓰고 그녀와 아이들이 그날을 어떻게 보냈는지 궁금해하면서 대부분의 시간을 보냈다. "내가 수년 동안 당신과 함께 교제를 나누었던 것처럼 느껴지오. 내가 당신이 없는 곳에서 어떻게 처신을 해야 할지 모르겠소."

그는 자신의 노력이 성공할 것인지에 대해 의구심이 들었지만, "랑군에서 해야 할 일을 생각하면 정말 활기를" 느꼈다. 그는 최선을 다하고 "하나님의 손에 기꺼이 그 일을 맡기기로 했다. 크롬웰은 그의 병사들에게 '하나님을 의지하고 만일의 경우에 대비하라'고 했다던가. 그러나 내 생각은 '하나님을 의지하고, 서로 사랑하라'가 더 나은 표어라고 생각한다." 이것은 그가 가장 사랑하는 교훈이 되었다.

신앙과 사랑의 의무를 다합시다. 그러면 만사가 잘 될 것이오. 부부간의 사랑을 우선으로 여깁시다. 사명과 기쁨이 일치하는 이를 만난 사람은 행복하오. 부모로서의 사랑과 자식으로서의 도리를 그 다음에 오게 합시다. 그 다음에 동료에 대한 사랑을 오게 하고 그 뒤 우리가 접하는 모든 것에 대한 사랑이 있게 합시다. 나는 오늘 두 시간 동안 이에 대해 크리스프에게 이야기를 했소. 당신은 내가 아주 윤리적이 되었다는 것을 알게 될 거요. 사랑하는 당신, 내가 추론해낸 이 결론에 당신도 만족한다면 정말 좋겠소.

다음 날 아침 세실리아 호는 암허스트 항구를 지나갔다. 그곳에서 낸시의 무덤 위에 드리워진 호피아 나무가 보였고, 그것은 사라가 살아 있을 때 느꼈던 "부부간의 사랑"도 떠올리게 했다.

나는 여러 개의 세상에서 살았던 것 같소. 하지만 당신은 나의 존재를 비추는 이승의 태양이오. 나의 생각과 애정은 당신 주변에서 활기를 찾고 당신의 형상과 얼굴과 입술에 매달려 있소. 다른 빛들은 죽음으로 소멸되었소. 나는 애통하는 기쁨으로 그들을 생각하오. 그리고 우리 모두가 빛나는 금강석처럼 그리고 별들처럼 영원히 함께 빛나게 될 그날을 고대하오.

그는 1847년 1월 23일 랑군에 하선해서 열흘 동안 머물렀다. 그는 20년 전 소개를 받은 이후 오래된 친분을 가지고 있던 시장을 만났다. 몇 분간 면담한 후 가족들이 옮겨와도 안전할 것이라는 결정을 내렸다. 시장은 와서 정착하라고 그를 초청했으며, 영국인들이 예배를 드릴 수 있는 영국인 교회를 위한 땅을 약속했다. 그러나 분명하게 말로 표현하지는 않았지만 아도니람이 그의 선교사역을 외국인들에게 한정하리라 기대한다는 것을 분명히 했다. 사전편찬에 관해 시장은 큰 흥미를 갖고 들었다. 그는 이에 대해 국왕에게 호의적으로 말해줄 것을 약속했다. 심지어 아도니람이 언젠가 수도로 가서 국왕의 후원을 구할 수 있게 되기 바란다는 희망을 표명했다.

그러나 이런 것들이 곧 종교를 인정한다는 의미는 아니었다. 새 통치자는 전임 국왕보다는 외국인들에게 좀 더 우호적이었지만 원주민들은 아도니람이 처음 이곳에 왔을 때보다 신앙의 자유를 더 적게 누렸다. 하지만 아도니람은 예배를 위해 개종자들을 이미 조용히 만난 상태였다. 그는 비밀리에 무엇이든 할 수 있으리라고 확신했다.

일단 결심을 하자 아도니람은 머물 곳을 빌리기 위한 일을 추진했다. 몰메인에 있을 때 그는 "머슬맨즈 거리"에 있는 커다란 벽돌집에 대한 소문을 들었다. 그 집은 크고 음침하고 감옥 같은 분위기였다. 위층은 한 달에 100루피에 세를 놓았다. 아도니람은 주인을 설득해 50루피로 깎아 그 집을 얻었다. 그는 에밀리에게 쓴 편지에서, 그녀를 그 집으로 데리고 들어가는 것을 망설였지만, 적어도 그 집은 큰방이 6~8개가 있어 그가 찾을 수 있는 한 가장 좋은 집이었다고 얘기했다. 물가는 비싼 편이었다. "우유 두세 병, 형편없는 빵 여덟 덩이가 1루피였다. 하지만 가금류나 생선은 더 싼 편이었다."

아도니람은 2월 5일 암허스트 앞에 정박해 있던 가인 호로 돌아갔다. 에밀리는 이미 이사가 임박해 있다는 것을 알고 짐을 꾸리고 있었다. 그가 정착해서 헌신했던 항구의 모습을 한번 더 보자 마음이 움직여 옛일이 떠올랐다. 조수가 바뀌기를 기다리면서 그는 에밀리에게 편지를 썼다.

선실 창문으로 암허스트가 보이는 이곳에 있소. 암허스트, 내가 앤을 데리고 왔던 곳, 그리고 그녀의 무덤을 보기 위해 돌아온 곳. 암허스트, 타보이로 신혼여행을 다녀오자마자 내가 사라를 데리고 왔던 곳, 그러나 파라곤 호를 타고 그녀를 데리고 갔지만 다시는 돌아오지 못했던 암허스트. 그리고 에밀리와 함께 한 파뉴일 홀 호의 긴 항해의 종착지였던 이곳 암허스트. 비록 우리 누구도 충분히 살았던 곳은 아니지만, 이곳은 내 과거 활동의 중심지와도 같소. 앤은 몰메인을 한 번도 못 보았소. 사라는 랑군을 본적이 없소. 만일 우리가 랑군으로 이사를 한다면 그것은 내 인생을 새로이 시작하는 것과 같소. 하나님의 보호 아래서 내 인생의 후반부가 인생의 초반부 실수들을 보상하기를 바라오. 여보, 사랑하는 당신이 그곳에서 행복하고 쓰임 받고 축복 받기를 바라오. 우리가 버마인들의 빛이 되고, 우리의 지는 해가 환하게 빛을 발하기를 바라오.

당신의 헌신적인 남편
A. 저드슨

9. 박쥐성 (랑군: 1847)

가인 호는 아도니람이 몇 주일 전 그의 가족을 위해 랑군으로의 배편을 예약해 놓았던 씨티 오브 런던 호에 정확히 시간을 맞춰 몰메인 강어귀에 입항했다. 그 배는 약 일주일 후에 항해를 떠날 예정이어서 아도니람과 에밀리는 짐과 아이들을 배에 태우기 위해 서둘러 움직여야 했다.

그들은 1847년 2월 15일에 승선해 5일 만에 랑군에 도착했다. 장염에 걸려 아픈 아도니람은 질질 끄는 세관검역으로 고통이 더 심해졌다. 다행히도 그 검역은, 에밀리에 의하면, "그가 사방팔방으로 서류를 제출했기 때문에" 이틀 밖에 걸리지 않았다. 짐이 옮겨질 때까지 그들은 시실리 호의 선장 크리스프와 함께 머물렀다. 그의 집은 "영국 양식"으로 지은 "그 도시에서 둘째로 좋은" 집이었다. 아도니람은 역시 랑군에 살고 있는 크리스프의 아버지와는 전쟁 전부터 이미 알고 있는 사이였다.

며칠 후 그들은 자신들의 집으로 들어갔다. 에밀리는 즉흥적으로 그 집을 "박쥐성"이라고 불렀다. 그녀는 여동생 키티에게 보내는 편지에 그들이 어린 시절을 보냈던 "로거리"와 비교하면서 이렇게 묘사하고 있다.

나는 옛날이야기에서나 들었을 만한 늙고 흰색 턱수염을 가진 이슬람교도의 노려보는 눈알과 심장보다도 훨씬 더 흉측한 성에서 네게 편지를 쓰고 있단다. "로거리" 전체만한 크기에 창문이 각각 하나씩 밖에 없는 방들을 여러 개 가진 어마 어마하게 큰 벽돌집에 내가 있다고 생각해봐. (우리 집의 한가운데 있는 방은 로거리의 두 배만하고 창문도 없어.) 여기서 말하는 창문은 유리창이 아니야. 전혀. 창문(구멍이라고 해두지)은 두꺼운 판이나 널빤지 조각으로 닫혀 있고, 화재 예방용으로 밖에는 주석으로 덮여 있어. 9개의 방을 가진 이 어마어마한 둥지의 2층에 있는 우리를 상상해봐. 가장 작은 방이(욕실과 식료품 저장실) 내가 생각하기에 네가 사는 집의 식당만하고 나머지 방은 훨씬 더 커. 마룻바닥의 일부는 벽돌이고 일부는 널빤지야. 하지만 "초록색 터번을 두른" 노인네가 벽이랑 우리가 오기 전에 그곳을 모두 흰색으로 회칠했어. 아도니람이 집을 계약할 때 "안주인을 위해 집을 반짝반짝 하게 만들어 주었으면 좋겠다"고 집주인에게 말했기 때문이야. 그는 회칠과 기름칠로 집을 번쩍번쩍하게 만들어 놓았어. 미국사람들이 마호가니 색을 가구에 입히듯 여기 사람들은 가구에 기름칠을 해. 그래서 문들과 목재로 된 것에서는 죄다 기름이

뚝뚝 흘러. 우리는 아직도 그 냄새를 없애지 못했어. 문질러 닦았는데도 아직도 문에 남아 있지. 칸막이들은 두꺼운 벽돌로 되어 있고 문지방도 높게 세워져 있어서 나도 서너 걸음을 걸어야 그 문지방을 건너갈 수 있어. 헨리는 그곳에 올라갔다가 떨어지곤 하지만, 에드워드는 기어다니기 때문에 좀 더 무사히 그곳을 통과하지.

하지만 최악의 사건은 박쥐였다. 천장에 있는 들보들은 엄청나게 많은 박쥐들의 보금자리였다.

… 수천 마리나 되는 박쥐들은 낮에는 찍찍거리는 음악소리 정도로만 우리를 성가시게 하지만, 밤이 되면 모기장만이 우리의 유일한 구원병이란다. 정말로 네가 그놈들이 흥청거리는 요란한 소리를 들을 수만 있다면! … 우리는 요놈들을 없애려고 거의 일주일동안 인부들을 고용해서 수백 마리를 죽였지만, 마치 시종 하나씩을 더 거느리고 돌아온 것 같아. 그 수가 두 배로 불어난 것 같거든. 벽, 탁자들, 의자들 모든 데에 그 녀석들 흔적이 가득해.

박쥐만으로는 충분하지 않았다.

우리는 바퀴벌레, 딱정벌레, 도마뱀, 쥐, 개미, 모기, 빈대들과 우리 공간을 나누어 쓰도록 축복 받은 것 같아. 빈대 때문에 목재 가구들이 다들 살아 있는 것 같고, 개미군단은 대부대를 이끌고 집 전체를 다녀. 내가 지금 편지를 쓰고 있는 동안에는 20마리가 종이 위를 지나간 것 같아. 바퀴벌레는 단 한 마리만 날 방문했지만, 이 신사양반들의 방문을 무시해버리면 네 새끼손가락 끝만한 크기의 검정색 벌레들―이름을 알 수 없는 모험가들―로 완전히 가득 차게 된단다.

그들이 사역을 위해 정착한 집이 바로 이랬다. 아도니람은 사전 만드는 일을 하고, 에밀리는 사라의 전기를 쓰고, 집안일을 하고, 두 사내 아기들을 돌볼 곳이었다. 랑군은 두 사람에게 비현실적이 되도록 하는 독특한 마법을 걸었다. 에밀리는 후에 이렇게 기록하고 있다.

'여기 있는 모든 것을 전에 본적이 있어!' 라는 느낌은 여기보다는 랑군에 있을 때 더 자주 섬광처럼 떠올랐어. 순간적으로 지적인 혼란이 생겨, '내가 지금 어느 시제에 속해 있는 것일까' 하는 의심을 하고, 곧 떠오르는 언제? 어떻게? 어디서? 그리고 마지막으로 왜? 라는 질문이 이어지곤 해. 내가 어렸을 때 주일학교에서 그것에 대해 배운 적이 있어. … 뉴욕 중심부에서 떨어진 곳에 살던 아주 어린 시절, 열렬한 호기심으로 읽은 적이 있는 도시와 똑같은 곳에 지금 내가 있단다. 내게는 마치 달에 속한 도시만큼이나 실제적으로 느껴져. 더 이상한 것은 그 장면에 등장했던 사람들 중의 하나와 실제로 교제를 하고 있단다. 그 장면을 생생하게 암송하곤 했던 것이 수년이 지난 지금 어떤 소설보다도 더 큰 힘으로 내 신경을 전율하게 만든단다.

아도니람이 그녀를 "담이 반만 둘러 쳐진 상태로 버려진 영국인 공동묘지"에 데리고 갔을 때 이러한 느낌을 받았다.

버마에서, 유럽계 부모를 가지고 처음으로 태어난 아기가 거기 묻혀 있었다. 그리고 허물어져 가는 작은 무덤과 우리 사이에는 강한 유대가 있었다. 어린 로저의 무덤 위에 부서진 채 서있는 조잡한 벽돌 기념비는 32년 전에 세워진 것이었다. 그리고 뉴욕시의 숲에서 향기를 뿜어내는 그런 나무들과 비슷한 키를 가진 아잘리아가 그림자를 드리우고 있었다. 그 작은 무덤 옆에서 생각에 잠겨 죽은 아이의 한쪽 부모와 나란히 서 있는 것이 아주 이상하게 느껴졌다. 그 아이의 다른 한쪽 부모는 다시 부를 수 없을 만큼 과거의 존재가 되어 있었다. 아, 그녀는 여기에서 얼마나 울었을까? 예전에 난 그녀를 경이의 대상으로만 여겼는데, 그녀가 겪었던 인간적인 고통은 얼마나 컸을까. 나는 연민의 눈물이 흘렀다.

아도니람이 버마인에게 처음으로 침례를 베풀었던 강에 왔을 때 똑같은 감동이 에밀리에게 스며들었다.

… 언젠가 한 번 본 듯하고, 꿈꾸는 듯하고, 이상한 느낌으로 마치 그림자와 해골 사이를 걷고 있는 것처럼, 나는 낡은 선교관 옆에 있는 공터를 거닐고 있었다. 그 건물은 전쟁으로 허물어졌고 집터는 빈랑나무 텃밭이 되어 있었다. 식물이 너무 촘촘히 심어져 있어 우리 머

리 훨씬 위까지 기어올라간 긴 덩굴들 사이를 헤집고 가기가 너무 어려웠다….

'그 집은 여기 어딘가에 있었을 겁니다.' 내 옆에 있던 과거에 거기 살던 사람 중에 한 명이 말했다. '저 둔덕은 옛 탑이 있던 자린데 제가 저렇게 평평하게 만들었답니다. 여기 어딘가에 멋진 우물이 있을 텐데 … 그것이 확실한 표시지요.'"
수수하게 옷을 입고 중년 나이의 성실한 얼굴을 한 버마인이 한동안 호기심에 차서 우리의 움직임을 주시하고 있다가 용기를 내어 다가왔다.
"나는 몇 년 전 물을 마셨던 좋은 우물을 찾고 있습니다. 그것은 내가 살던 집 근처에 있었고 벽돌로 만들어졌지요."
"당신의 집이 있었다고요!" 그 남자는 놀라서 말을 되풀이했다.
"네, 제가 전에 여기서 살았었지요."
그 버마인은 의심스럽고 놀란 모습으로 키가 큰 빈랑나무 덩굴로 눈을 돌렸다. 그리고 다시 우리의 얼굴로 시선을 돌렸다. "이곳은 보단파라(현 국왕으로부터 4대 전에 있었던 왕)의 통치 구역이었습니다.

만일 현대적으로 보이는 어떤 사람이 너의 집 앞 현관으로 걸어 들어와 자신을 '방랑하는 유대인' (형장으로 끌려가는 그리스도를 조롱한 죄로 세상의 종말까지 방랑하게 되었다는 전설에서 나옴—옮긴이)이라고 소개한다면, 네가 짓는 미소와 어깨의 으쓱거림이 지금 우리 앞에 있는 새 친구의 모습만큼이나 의미심장할 것인지 의심스럽다. 거짓이 아니라는 것을 입증할 우물이 거기에 있었고 그 버마인도 그렇게 믿어주어 그는 말없이 우리를 그 우물이 있는 곳으로 안내해주었다. 그 우물의 벽돌은 온통 이끼로 덮여 전체적으로는 초록색이었고, 일부는 지의(地衣)로 덮여 은빛이 났지만 거의 새 것과 다름없고 인근의 어떤 우물보다도 훨씬 좋아 보였다. 그것은 특별한 감정 없이는 바라볼 수가 없었다. 그리고 우리 옆에 서있던 남자는 중요한 말을 듣고 싶어하는 것처럼 우리가 하는 한마디 한마디에 귀를 기울였다. 우리가 떠나려 하자 그는 얼마간 따라와서 놀라움이 깃든 침묵으로 우리를 계속 지켜보고 서 있었다.

아도니람도 에밀리와 비슷한 감정을 느꼈다. 물론 그는 전에 이 모든 것을 보았었다. 하지만 그는 마치 지난 세월에도 에밀리를 알고 있었던 것 같은 기분이 들었다. 그가 낙담하고 풀이 죽어 있던 어느 날 밤에도 그런 느낌을 받았다. 에밀리는 그의 기분을 북돋으려 애썼지만 실패했다. 마침내 그녀는 포기하고 의자에 몸을 기대고 있었고, 그는 방 이곳저곳을 우울하게 계속해서 걷고 있었다.

나(에밀리)는 그에게로 갑자기 몸을 돌리고는 물었다. '내가 반복해서 배웠던 첫 시가 뭔지 알고 싶지 않으세요?' 그는 나를 싱겁다고 생각하는 것 같았다. 머리를 돌리고 아무 말도 하지 않았기 때문이다. 나는 계속 말했다. '읽는 법을 알기도 전에 그것을 배웠어요. 그리고 나중에는 그 시를 아무 데나 쓰곤 했었지요. 심지어 성공을 가져온 소설의 원고 꼭대기에도 썼어요.' 그의 관심을 끄는 데 성공했다. '그것이 뭐였소?' 그가 물었다. '절망의 계단을 경계하라. (내일이 오면) 가장 암울한 날은 이미 지나가 버렸을 테니.'

'내가 만일 윤회를 믿을 수만 있다면 우리는 지구의 어느 편에선가 긴 세월을 함께 보냈다는 것을 의심하지 않을 것 같소.' 그는 열정적으로, 얼굴을 환하게 밝히면서 말했다. '우리는 모든 면에서 너무나 똑같지 않소! 정말 그 두 구절은 이미 오래 전부터 나의 좌우명이었소. 나는 그 시의 구절을 감옥에 있을 때 자주 암송하곤 했었소. 그리고 지금도 책갈피로 사용하는 종이 위에 써놓았소.' 그는 잠시 동안 서서 무언가를 생각하다가 미소를 지으며 말을 했다. '그런데 당신이 하지 않은 일이 한 가지가 있군. 당신은 봉투 붙이는 풀 상자 뚜껑 위에 '쉬지 말고 기도하라'는 글을 써놓지 않았지?' '물론 그곳에는 써 놓지 않았지만, 거울 위에는 써 놓았어요.'

이와 같이 그들은 함께 일하고 생활했다. 아도니람의 기록에 의하면 낮에는 "아내와 나는 집의 다른 쪽 끝을 차지하고 있어서 우리는 서로를 방문해야 했고 그 일은 시간이 걸렸다." 하루 일과가 끝나면 물론 그들은 함께 있었다. "그래서 나는 매일 저녁, 자라나는 세대와 함께 예배를 드려야했다. … 헨리는 '반짝 반짝'을 모두 말할 수 있고, 에드워드는 아빠가 하는 그 말을 따라 할 수 있었다. 대단한 천재들! 박식함의 귀감!"

박쥐성에서의 삶은 한동안 즐거운 일이었다. 1847년 6월 2일, 첫 번째 결혼기념일, 에밀리는 "내가 훌륭하신 켄드릭 박사 앞에 서서 번복할 수 없는 '사랑, 존경, 순종'을 말한 지 오늘로 꼭 1년이 된다"고 썼다.

> 암울할 이유가 많이 있었지만 365일의 밝은 나날들이 느릿느릿 지나갔다. 내 인생에서 가장 행복한 1년이었다. 그리고 더 중요한 것은 남편도 그의 인생에서 가장 행복한 기간 중의 하나였다고 말한다는 것이다. 우리는 거의 항상 함께 지냈다. 나는 날마다 종교, 문학, 과학, 정치, 게다가 아기들 말투 흉내까지 모든 주제에 관해 그처럼 말을 잘하는 사람을 만나본 적이 없다. 그는 지칠 줄 모르는 지성을 가지고 있어, 그를 제외하고는 영어를 말하는 사람을 몇 날 며칠이 지나도 아무도 만날 수 없는 이곳 랑군에서조차 더 이상의 사교 모임이 필요하다는 생각을 해 본적이 없다…

그럼에도 불구하고 그들이 함께 보낸 가장 행복한 한 해가 끝나갈 무렵, 문제들이 쌓여가고 있었다. 그들은 가재도구들과 소지품의 반 정도를 몰메인에 있는 스티븐스의 집에 두고 왔다. 그들이 아직 랑군에서 자리를 잡지 못하고 있을 때, 방화범이 그 집에 불을 질렀다는 전갈을 받았다. 스티븐스 일가는 간신히 목숨은 건졌지만 집과 모든 물건들은 재로 변했다.

그들이 몰메인에 남겨 두고 온 귀중품들에 대한 손실은 견뎌낼 수 있었다. 하지만 다른 어려운 문제들이 있었다. 아도니람은 새 교회를 세우겠다는 생각으로 랑군 교회의 흩어져 있는 유물들을 모으고 있었다. 거의 비밀스러울 정도로 조용하게 일을 하면서 그는 12명 정도의 개종자들과, 종교에 관심이 있는 여러 사람들을 만났다. 그들 중 하나가 3월 말경 침례를 받았다.

그는 이런 일이 위험하다는 것을 알았다. 나이가 많고 약한 시장 대신 실권을 가지고 있는 그 도시의 부시장은 아도니람이 생각하기에 버마에서 본적이 없는 "가장 사납고 피에 목말라 있는 짐승" 같은 사람이었다. "그의 집과 뜰은 고문을 받는 사람들의 비명소리로 밤낮없이 진동했다. 외국인조차 그의 손아귀를 벗어날 수 없었다. 최근에는 미국인들과 이슬람교도들에게 화풀이를 해서 이슬람교도중의 하나가 부하의 손에 죽었다. 죄는 매우 경미했지만, 돈을 뜯어내기 위해 너무 야만스럽게 고문을 당해 입에서 피를 토하고 한 시간 만에 죽어버렸다."

이것을 아는 아도니람은 아주 조심하면 들키지 않고 박쥐성에서 작은 예배를 열 수 있으리라고 믿었다. 그러나 이것은 오산이었다. 5월 29일 토요일, 그는 '예수 그리스도' 교에 호의적인 자라면 누구라도 체포하기 위해 자신의 집을 감시하라는 명령이 개인적으로 내려졌다는 것을 알게 되었다. 다행히 그는 주일예배 때 집에 오지 못하도록 제자들에게 알릴 시간이 있었다. 그 이후로는 한번에 2-3명 이상을 만나지를 못했다.

상황이 이런데도 그는 일주일 후, 비범한 자질을 가진 또 한 명의 젊은 개종자에게 비밀리에 침례를 주었다. 수일 만에 그 개종자의 아버지가 이교의 혐의와 '예수 그리스도' 교 선생의 집을 빈번히 방문한다는 혐의로 체포되었다. 다행히 그 명령은 늙은 시장이 관심을 기울여주어 혐의가 기각되었다. 하지만 아도니람은 선교사역에 대한 전망이 30년 전보다 훨씬 더 어둡다는 것을 부인할 수 없었다.

한 가지 희망이 있을 뿐이었다. 그가 한 때 수도였던 아바, 이전에 아마라푸라였던 "새 아바"로 가서 '황금 발'에게 선교를 묵인한다는 허락을 얻는 것이 가능할지도 몰랐다. 늙은 시장은 그에게 여행을 허가했다. 강을 거슬러 올라가기에 가장 좋은 계절이 다가오고 있었다. 하지만 이러한 희망도 선교비 예산이 상당히 삭감되었다는 소식에 산산이 부서졌다. 랑군에서 보조자들의 월급과 집세를 내는 데 드는 지출은 86루피에 달했다. 선교위원회는 앞으로 그에게 허락된 최대한의 예산은 17.5루피가 될 거라는 편지를 보내왔다. 이 편지가 도착했을 때 아도니람은 믿을 수가 없었다. 돈이 부족할 것이라는 생각은 해 본적이 없었다. "나는 그들이 나를 사랑한다고 믿었소. 그런데 그들은 내가 죽었다 해도 그 사실을 거의 모를 거란 생각이 드는구려"라고 아도니람은 에밀리에게 슬프게 말을 했다.

미국에 있는 침례교회들은 선교사 정신에 있어서는 시대에 뒤떨어져 있다는 확신이 든다. 그들은 해마다 쌓여 가는 빚의 악몽을 떨쳐 버리기 위해 발작적인 노력을 하다가 무의식의 수면상태로 가라앉곤 한다. … 이러한 상황은 오래 지속될 수 없다. 침례교회의 선교는 아마 다른 교파의 손으로 넘어가거나 일시적으로 중단될 것이다. 그리고 선구자의 위치에 있던 사람들은 뒤로 물러날 것이다.

그러나 언제나 그렇듯이 그의 '비정상적인 흥분'(에밀리가 표현하기를) 상태는 곧 지나가고 이러한 선교사역의 퇴보를 하나님의 뜻으로 받아들였다. 이러한 낙담의 절정에 병이 찾아왔다. 아도니람에 의하면, 에밀리는 "나이아가라를 거슬러 올라가는 청어만큼이나 말랐다." 그녀의 이러한 상태는 음식 때문이었다.

생계에 대해 말하면 나는 거의 아사 직전이라고 말해야 할 것 같다. 가엾은 헨리가 식탁에 앉을 때마다 "나 정말 밥 먹기 싫어. 우리가 몰메인으로 돌아갈 수 있으면 좋겠어"라고 말한다. 아빠는 식욕이 없었던 적이 없기에 훨씬 상황이 낫단다. 우리가 여기 온 이후로 오랫동안 빵을 구할 수가 없었다. 지금 우리는 무겁고, 검고, 시큼한 빵을 몰메인의 세배의 가격을 주고 산다. … 우유는, 버팔로 젖과 물과 알 수도 없는 뭔가와 섞은 것이다. 우리는 몇 번이나 우유 배달하는 여자를 바꾸었지만 소용이 없었다. 그 우유로 만드는 버터는 수지 찌꺼기가 떠 있는 라드 같다. 그러나 이런 일들에 대해 써봐야 무슨 소용이 있겠니? 너는 상상도 못할 텐데. 하지만 우리가 어느 날 가졌던 만찬에 대해서는 꼭 이야기를 해야 할 것 같구나. "마마가 먹을 수 있는 것을 반드시 생각해 내서 꼭 구해 와야 해요. 아니면 굶어죽을지도 몰라요"라고 아도니람이 버마인 식료품 상인에게 말을 했다.

"무엇을 구해 올까요?"

"무엇이든."

"무엇이든 말이지요?"

"무엇이든 말이요."

뼈를 뒤적여보며 그 요리가 무엇인지를 알아내려고 애쓰긴 했지만, 정말 훌륭한 저녁식사를 했다. 헨리가 그것은 도마뱀 종류인 '토욱타즈'라고 말했다. 그 작은 동물의 육질이 일정하기만 했어도 그렇게 생각했을 거야. 요리사는 그것이 뭔지 모른다고 했지만 끔직한 느낌을 주는 미소로 싱긋 웃는 바람에 그 요리가 맛있었는데도 불구하고 내 위는 더부룩해졌다. 저녁 때 우리는 그 상인을 불러 "우리가 오늘 저녁에 먹은 것이 무엇인가요?"라고 물었다.

"괜찮았나요?"

"훌륭했어요." 엄청난 웃음이 터져 나왔고, 부엌에서 요리사마저 큰 소리로 그 웃음에 합세했다.

"그게 뭐였죠?"

"쥐였답니다!" 보통 하인이었다면 그런 장난을 치지는 않았을 것이다. 하지만 우리를 위해 시장에 간 것은 아도니람의 보조원 중 하나였으니 어떻게 하니.

그들이 쥐를 다시 먹었다는 기록은 없지만 그밖에는 달리 먹을 것이 없었다. 버마의 금식 기간이 시작되어 넉 달 동안 고기도, 가금류도 구하기 힘들었다. 생선밖에는 없는데 그것도 반쯤 상한데다 높은 가격이 아니면 몰래 구할 수도 없었다. 한동안 그들은 죽과 과일로만 연명했다. 그러다 에밀리의 온몸이 반란을 일으켰다. 비스킷 몇 상자가 몰메인에서 도착했다. 아도니람은 악랄한 한 이슬람교도에게 비밀리에 닭을 좀 구해 달라고 뇌물을 주었다. 그는 구해온 대부분을 나중에 다시 훔쳐갔지만, 그들은 그가 남겨놓은 몇 마리에 의존해서 간신히 견뎌냈다. 그동안 우기가 닥쳤다. 날씨가 뜨거웠을 때는 집은 안락했었다. 하지만 지금은 … 에밀리가 편지에 이렇게 쓰고 있다.

우리는 밖을 보기 위해 창문 앞으로 곧장 가야 했다. 습한 공기 때문에 설명하기 힘들 정도로 고통당하고 있다. 자주 모든 창문을 닫고 한낮에도 촛불을 켜 놓는다. 아도니람은 글을 쓰는 어깨에 심한 류마티즘과 만성 두통을 앓고 있지만, 그의 폐는 처음 폭풍이 몰아쳤을 때만큼 그를 괴롭게 하지는 않는다. 나는 완전히 쇠약해져서 6주 동안 한 번에 한 시간 이상을 앉아 있질 못했다. 테이블을 소파 옆으로 가져와 몇 줄 쓰다가 다시 눕곤 한다. 머리 위의 나무 천장은 초록빛 이끼로 덮여 있고, 문들도 이틀만 신경 써서 문질러 닦지 않으면 똑같이 그렇게 된다. 그런데 넌 혹시 내가 이런저런 불만 때문에 미국으로 돌아가고 싶어 한다고 생각하는지는 모르겠구나. 그건 전혀 아니란다. 내가 그곳에 있을 때보다 10배는 행복해. … 그리고 우리는 서로 너무너무 행복해한다. … 우리는 말로 표현하지 않은 생각까지도 일치하는 것을 알고 자주 깜짝 놀란단다. 우리는 모든 면에서 너무 똑같다고 믿어.

아도니람은 에밀리가 기력이 소진해서 눈앞에서 죽게 될까봐 두려워했다. 그녀는 좀 더 낙관적이었다. "나 같은 사람들은 너무 여러 번 '죽어서' 무엇이 닥쳐와도 그다지 많이 놀라지 않아요." 하지만 그녀도 상황이 나쁘다는 것은 인정했다. 장례행렬이 날마다 집 앞을 지나갔다. "최근 우리 이웃의 거의 모든 집들이 초상을 치르느라, 밤이면 뚝딱대며 관에 못질하는 소리가 무서웠다."

대단원이 찾아왔다. 어느 토요일 밤….

아도니람의 장에 끔찍한 통증이 시작되었다. 그는 설사라고 생각했다. 일요일에 아편주사를 맞고나서 훨씬 통증을 덜었다. 하지만 밤이 되자 그 병은 우리가 책에서 찾을 수 있는 가장 나쁜 형태의 이질 증상을 보였다. 아도니람이나 가족 중 그 누구도 이 병에 걸렸던 적이 없어 어떻게 다루어야 할지를 몰랐다. 의학책 두 권은 일치하질 않았고, 근처에는 의사가 없었다. 나는 그에게 감홍을 먹으라고 간청했다. 그는 다른 사람에게는 그 약을 먹였겠지만, 자신의 경우에는 질질 끌었다. 그는 대신 여러 가지 약을 먹었다. 어쨌든 병의 진전은 느려지는 듯했다. 그러나 지난밤 그는 발작을 일으켜 처음으로 대황과 감홍을 먹었다. 그러나 너무 늦은 것은 아닌가 두려웠다. 오늘 아침 상태가 너무 안 좋았거든. 마지막으로 기댈 것은 바다여행밖에 없었다. 1년 중 이런 계절에 그 병은 절망적인 것이었다. 아픈 사람을 위한 시설은커녕, 건강한 사람을 위한 시설도 갖추지 못한 원주민의 작은 배말고는 항구에 오가는 배는 아무 것도 없었다. 게다가 그 배들은 자주 난파를 당한단다.

이런 어려움 속에서 에밀리는 유티카에 있는 신시아 셸던 양에게 편지를 쏟아 부었다. 편지를 쓰는 것이 그녀가 아도니람과 아이들에게 영향을 미치지 않고 자신의 두려움을 표현할 수 있는 유일한 방법이었다. 그래서 6월 중순의 금요일 아침에도 그녀는 불길한 일이 일어날 것 같다는 육감 때문에 곧바로 다시 펜을 들었다. 셸던 양에게 편지를 쓴 지 한 시간 후에, 그녀는 에이너블 양에게 또 편지를 쓰기 시작했다.

아도니람은 깨어 있지만, 그가 좀 더 나아졌는지 아니면 더 나빠졌는지는 아직 말을 할 수가 없어요. 일종의 고비는 넘긴 것 같습니다. 맞은편 집에서는 쳇소리나는 음악과 울부짖는 통곡소리가 들립니다. 길에서는 사람들이 상여에 꽃 장식을 하고 있어요. 우리는 마치 죽음에 갇힌 것 같습니다. 죽음이 이곳으로 온다면 죽은 사람을 묻을 하인만 남게 될 겁니다. 에드워드도 상당히 안 좋습니다. 아이는 밤새

잠을 설치고, 고통을 참고 있다가 오늘 아침에는 갑자기 비명을 지르면서 할 수 있는 한 가장 빨리 내게 달려 왔습니다. 가엾은 어린 것! 아이는 고통을 말로 표현할 수 없습니다. 나는 아이를 달래면서 그가 내 무릎에 머리를 대고 누워 있는 동안 편지를 쓰고 있습니다.

다음날 아도니람은 "그 병의 분수령"이 지나갔다고 생각했다. 그러나 "나는 그처럼 심하게 아파하는 사람을 본적이 없어서 분수령이 두 개면 어떻게 하냐고 걱정하고 있습니다"라고 에밀리는 썼다. 한편 헨리는 "갑작스럽고도 난폭한" 열에 사로잡혀 에밀리가 그를 위해 바닥에 만들어놓은 요 위에 누워 신음하고 있었다. 에드워드는 고통스러운 밤을 보내고 "어제와는 아주 다른 행동을 했습니다. 그는 거의 울지 않지만 갑작스럽게 한방 얻어맞는 것처럼 비명을 질렀어요. 그는 내게 달려왔지만 잠시 회복되자 돌아가서 놀고 있어요. 이 용감한 작은 친구가 나와 같은 기질을 지닌 것을 알고 놀라고 있어요."

다음날 아침 에드워드의 병은 분명한 증상을 나타냈다. 상기된 그의 얼굴에는 자줏빛 반점이 나타났고, 얼굴이 너무 부어올라서 눈은 거의 감겨 있었다. "모험으로" 에밀리는 그에게 감홍한 알을 주었다. 그날 오후 그녀는 그가 단독에 걸렸다고 결정을 내렸다. 오후에는 열이 떨어지고 얼굴 반점은 자주색에서 붉은 색으로 변했다. 밤이 늦어서야 에밀리는 "최악의 신경성 두통을 참으며 잠자리에 들었다."

나는 에드워드의 비명소리에 고통스러운 잠에서 깨었다. 머리를 들자마자 나는 마치 회전목마를 탄 것처럼 힘없이 쓰러졌다. 가능한 한 빨리 다시 일어나려고 시도했지만, 이번에는 머리를 곤두박질한 채 침대 한가운데에 누워버렸다. 이번엔 네 발로 기어 침대로 기어가서 마침내 그를 달래는 데 성공했다. 이번에는 아도니람이 몹시 괴롭게 신음했다. 신음 중간중간 그는 나에게 처음 병에 걸렸을 때보다 훨씬 더 고통이 크다고 간신히 말을 전했다. 그를 위해 할 수 있는 것이 아무 것도 없어 나는 헨리의 침대로 기어갔다. 에드워드와 아도니람은 곧 죽을 것만 같았다. 최악의 상황이 닥칠 경우, 내가 무엇을 해야 할지를 생각하면서 얼마나 오랫동안 울었는지 넌 상상이 갈 거다.

이 밤은 최악의 날이었다. 아도니람, 에드워드, 헨리는 천천히 회복되었다. 두 주 후에 아도니람은 에드워드의 목과 머리에 생긴 커다란 종기를 란셋으로 절개해야만 했다. 에밀리는 에드워드의 참을성과 침착함에서 "천사 같은" 무엇을 느꼈다.

그는 아빠가 자기 머리를 란셋으로 쨀 때는 울지 않을 수 없었지만, 가장 날카로운 고통이 지나가자마자 내 가슴에 깊숙이 안겼다. 내내 떨고 있었지만 계속해서 내 얼굴을 쳐다보며 웃으려고 애썼다. 어찌나 사랑스러운지! 또 다른 종기를 절개하려고 란셋을 갈고 있을 때, 자기 아빠를 쳐다보다가 준비가 다 되자 시선을 돌리고 자발적으로 그의 무릎 위에 자기 머리를 올려놓았다. 넌 내가 남편이랑 애들 이야기밖에 하지 않는다고 할지도 모르겠다. 물론 그래. 나는 그 밖의 다른 것은 아무 것도 생각하지 않아.

정부의 종교 불용, 식량과 돈의 부족, 병···. 랑군을 떠나는 것이 하나님이 의도하신 바라면, 좀 더 확실한 언어로 당신의 뜻을 알게 하실 것이었다. 에밀리는 임신을 했다. 더 이상 머무는 것이 불가능했다. 그들은 배편을 구하는 대로 가능한 한 빨리 출발하기로 결정을 내렸다.

그러나 아도니람과 에밀리는 랑군에서 보낸 7개월의 추억을 소중히 간직했다. 그 모든 끔찍한 일들을 겪으면서도 밝은 섬광 같은 유머와 애정이 전기 스파크처럼 그들 사이를 통과했다. 두 사람 다 그때 누렸던 교제를 경험해본 적이 없었다. 서로는 상대방이 무슨 생각을 하고 있는지 아는 듯했다. 그들은 가장 절망적인 순간에도 뭔가 재미있는 면을 발견하는 능력이 있었다.

예를 들어 에밀리가 너무 아파서 침대에서 일어날 수 없고, 아도니람도 그다지 건강하지 않을 때, 그녀가 고통을 참으며 팔꿈치를 괴고 삼 연짜리 시를 써서 그에게 주었던 일을 항상 기억했다. 그는 즐겁게 그리고 환한 미소로 그것을 읽었다.

웃음이 벅차 올라 높이 퍼지게 하자!
우렁차게 노래하며 앞으로 나가자!
환희에 찬 태평스러운 아이들, 그리고 우리들.

기쁨의 그 길에서

우리 함께 춤추자!

가슴 속 작은 방 깊숙이,

슬픔을 잠들게 명하고,

빛나는 꽃들 아래서,

희망이 활짝 핀 나무 그늘 아래서 화환을 만들자.

슬픔을 깊이 묻어버리자.

명랑하고 유쾌한 주문만을,

젊은 가슴은 간직해야 하리.

슬픔은 우리가 늙었을 때,

주름지고 빛바랜 눈썹 위에

있는 것으로 충분하나니.

간신히 웃음을 억누르며 아도니람은 에밀리에게 그녀가 저지른 실수를 지적했다. 마지막 연을 보라! 이미 그는 늙었지만, 그렇다고 지금 그가 우울하고 근심 걱정에 시달려야 하겠는가? 그녀는 눈을 이리저리 굴리면서 그가 비판을 가한 이 시를 전도서 설교에 집어넣을 것이라고 쏘아붙였다. 그러나 다시 시가 쓰인 종이를 들여다보고 잠깐 생각을 한 뒤, 마지막 구절을 적어 넣었다.

그러나 진리의 맑고 투명한 수정의 방에서,
한 교훈을 보리라.
하나님은 낭비한 시간들을 계수하시며,
헛되게 쓴 힘에 관심을 기울이시니,
우리를 심판하실 이, 바로 그분!

이 마지막 구절에 아도니람이 에밀리가 기대한 것 이상으로 만족해서, 며칠 후 그는 스티븐스 부인에게 그때 있었던 이야기와 시를 편지에 적어 보냈다. 그렇다고 해서 이런 일화들이 랑군을 견딜 만한 곳으로 만들지는 못했다. 1847년 8월 31일, 그들은 배를 타고 떠나 다시는 돌아오지 않았다. 일주일 후에 그들은 다시 몰메인에 있었다.

10. 사전완성 (몰메인: 1847-1849)

몰메인에서의 삶은 유쾌하고 분주한 일상생활로 빠르게 안정되어갔다. 에밀리 프랜시스라는 세례명을 가진 에밀리의 여자아기가 1847년 12월 24일에 태어났다. 그들은 선교지 외곽에 있는 집을 얻었지만, 아기가 2개월이 되었을 때 예전에 살던 집으로 이사했다. 에밀리는 빠르게 회복되어 1년 뒤에는 더할 나위 없는 최상의 건강을 누렸다. 아도니람 역시 아주 건강했다. 그들은 매일 해뜨기 전에 일어나서 상쾌한 산책을 했다. 종종 5킬로미터씩 걸었다. 때로는 다른 선교사들과 그들의 아이들과도 함께 산책을 나가곤 했다. 그들의 최종 목적지는 대체로 일출을 볼 수 있는 도시 너머의 언덕 꼭대기였다.

돌아올 때는 아도니람과 에밀리가 산밑으로 달리기를 했다. 에밀리는 미리 산을 반쯤 내려갔다. 그런 뒤 아도니람이 산 아래에 도달하기 전에 그녀를 잡기 위해 뛰기 시작하는 것이었다. 산

위에 남아 있는 사람들은 아도니람이 자신의 속도를 점검해가면서 산양처럼 이 바위에서 저 바위로 지그재그로 뛰어 내려가며 내는 숨소리를 들을 수 있었다. 1848년 여름, 그는 60세가 되었지만 어린 소년과 같이 활발했다.

그는 평소에는 사전 만드는 일에 주로 시간을 썼다. 여기에다 선교사역을 총괄하며 감독했고, 주일마다 원주민 예배에서 설교했다. 신도들은 때때로 유머가 섞인 정력적인 그의 설교를 오랫동안 기억했다. 아도니람은 검정색 긴 가운을 입고 연단으로 쓰이는 테이블 옆 낮은 단상에 서서 버마어로 설교했다. 회중들은 반으로 나뉘어져 한쪽 편에는 남자들이, 한쪽 편에는 여자들이 앉아 있었다. 그들은 "나는 황금해안에 가기를 원하네"와 같은 찬송가를 부르며 더욱 가까워졌다. 황금! 그것은 버마인에게 특징적인 것으로, 슈웨다공의 황금 탑과 맥락을 같이 한다. 버마의 통치자는 "황금 존재"라고 불려졌다. 그렇다면 황금해안이 안 될 이유가 있겠는가?

아도니람은 눈에 띄게 부드럽고 원숙해갔다. 비록 설교가 진행되는 동안에 우는 아기의 엄마에게 아기를 데리고 나가도록 했지만, 20명 남짓한 아이들을 데리고 예배를 진행할 때는 자신이 어렸을 때 풀었던 수수께끼나 퍼즐문제를 내어 맞추게 했다. 그의 인생은 점점 더 충만해져갔다. 신앙고백은 예전만큼 보수적이었지만, 하나님의 사랑과 은혜가 그의 생각과 가르침에 더 큰 자리를 차지하게 되었다.

여전히 마음속에 간직하고 있던 신비주의는, 그리스도인이 자신의 마음을 주님에게 바친 뒤에 느낄 수 있는 그런 평화로움과 감미로움으로 바뀌었다. 랑군에서의 처음 며칠동안 에밀리는 "나한테 신비주의가 감염될까봐 걱정을 했었다." 하지만 아도니람과 함께 그녀는 문학과 성경과 상식적인 일에 신비주의를 조심스럽게 적용시킬 수 있었다. 에밀리는 아도니람이 "엄격하고 철저한 정통파"라는 결론을 내렸다. 그들은 모든 것에서 서로의 의견이 일치했다. 그러나 어린 에드워드와 헨리는 신조에 대해 거의 아는 것이 없었다. 그들은 아빠의 사랑과 아빠가 게임을 어떻게 시작하는가에 대해서만 기억했다. 거의 40년 후 에드워드는 "아버지가 아침마다 맛있는 버마 케이크를 들고, 아니면 전날 놓았던 쥐덫에 쥐가 잡혔다는 즐거운 소식을 가지고 자기 방에 들어와 그를 깨워 아침 인사를 했던 것"을 기억했다.

아이들의 교육을 총괄했던 것은 에밀리였다. 랑군에 처음 왔을 때, 에밀리는 헨리가 혼자서 신발 끈을 묶는 법을 배워야 한다고 했다. 그녀는 백인 아이들의 손발이 되어 시중을 드는 많은 원주민 하인들 때문에 아이들이 너무나 의존적이 되는 것에 속상해 했다. 물론 그녀도 랑군과 몰메인에서 하인을 부렸다. 에밀리를 낳은 후, 그녀는 하인들을 이렇게 묘사했다.

툴툴대는 할머니(일명 유모, 또 다른 이름으로는 메이 비야)는 24시간 동안 자고 먹기만 하는데 그녀가 만일 '양키'였다면 아이를 들어 가슴에 안겨주는 기계를 발명했을 것이다. 그리고 팽이를 돌리는 장난꾸러기 존은 그을린 낯빛에 이는 하나도 없고 주홍빛 혓바닥을 가지고 있어 뱀처럼 보이고 바짝 마른 몸에는 온통 근육이 자리잡은 늙은 벵갈 난쟁이 같다. 하지만 그는 이러한 기후에서 볼 때 놀랄 만큼 활동적이다. 그리고 문에서 보초병처럼 몸을 꼿꼿이 세우고 서있는 '미끈한 긴 다리' 나으리 제싱은 이교도적인 호칭을 가지고 있으며, 현재는 시시한 여자들의 잡일을 하고 있다. 제싱은 180센티미터의 멋진 키에 터번을 두르고 있어 적어도 15센티미터는 더 커 보이는 남자다. 그는 아이들을 목욕을 시키고, 옷을 갈아 입혀 주고, 마루를 쓸고, 테이블에 왁스를 칠하고, "마마"의 일을 모두 제대로 되게 해준다. 심지어 그녀의 옷 방을 정리하고, 심부름을 가고, 아무리 사소한 것일지라도 단추를 달고, 필요한 곳을 꿰매기까지 한단다.

에밀리는 아이들을 교육시키고, 그들이 독립적이고 두려움 없는 아이들로 성장하는 데에 최선을 다했다. 랑군에서 그녀는 "아이들이 대단한 겁쟁이들"이 되었다고 썼다.

어느 날 밤 에드워드는 혼자서 작은 방에서 자고 있다가 '무서워'라고 소리를 지르며 좀처럼 진정을 하지 않았다. … 그래서 나는 에드워드와 기도를 하고 그에게 키스를 해주고 완전히 안심시킨 후에 나왔다. 그러나 잠시 후, 에드워드는 마치 큰 곤경에 처해 있는 것처럼 '아빠!'라고 소리쳤다. 그 가엾은 어린것은 다음에 무슨 말을 해야 할지는 몰랐지만 이렇게 소리를 지르게 되어 진정이 된 듯했다. 잠시 후 다시 '아빠!'라고 소리치긴 했지만 목소리가 훨씬 누그러져 있었다. 나는 문으로 다가갔지만 들어갈까 망설였다. 잠시 후 그는 다시 '아빠!'라는 말을 반복했지만 목소리가 괜찮은 것 같아 내 방으로 돌아가 그를 '위대한 보호자'의 손길에 맡겨두기로 했다. 나는 한 동안 아이가 소리를 지르지 않아 방으로 들어가 보았다. 아이는 무릎을 꿇고 깊이 잠들어 있었다. 그때 이후 그가 무섭다는 말을 하는 것을 들어본 적이 없다.

에밀리는 두 아들과 에밀리 프랜시스를 돌보는 일뿐만 아니라 버마어를 배우느라 바빴다. 그녀는 랑군에 있었을 때 이미 사라에 관한 전기를 끝냈다. 그 일은 6주밖에 걸리지 않았다. 버마어를 습득하는 것은 더 오래 걸렸지만, 그녀는 놀랄만한 재능으로 급속도의 진전을 보여주었다. 그녀는 곧 사라의 '성경연구'를 끝내고, 성경공부 모임을 이끌었으며, 버마 여성들을 위한 기도모임을 주관했다. 모든 면에서 1848년은 아도니람과 에밀리 모두에게 정말 훌륭하고, 바쁜 한 해였으며 가장 행복한 시절이었을 것이다. 그리고 중요한 업적들도 성취되고 마무리되었던 해였다.

신년 초인 1849년 1월 24일, 아도니람은 영어-버마어 사전을 완성했다. 6백 쪽에 달하는 사절판 사전은 경이적인 성과였다. 그는 똑같은 분량의 버마어-영어 편을 준비하고 있었다. 물론 그 사전은 수정 과정을 거치겠지만, 앞으로 언어 연구의 기초를 이루게 될 것이었다. "누구도 그 일을 하면서 내가 치른 노고를 알 수 없을 것이다. 하지만 나는 그 사전이 오랫동안 가치 있고 표준이 되리라고 믿는다."

하지만 다른 일들은 그처럼 좋지는 않았다. 예를 들어 1849년 초 에밀리는 계속 악화되던 기침으로 다시 아팠다. 그녀의 식욕은 형편없어서 살이 많이 빠졌다. 잠깐동안 몹시 아팠던 에밀리 프랜시스를 간호하는 일로 건강은 더욱 악화됐다. 며칠 뒤 그녀는 기력을 회복했다. 아도니람과 매일 하던 산책은 불가능했지만 그들은 조랑말을 사서 승마를 할 수 있었다. 그 말은 "아름답고 검고 부드럽고 윤기가 나는 작은 말이었다. 원기 왕성하고 온화하고 순종적이고 빨리 달렸다. 아 너무나 매력적이다!"

하지만 에밀리는 그 조랑말을 일주일에 한번밖에 타지 못했다. 기침이 다시 재발했는데 전보다 더 악화되어 열이 나고 진땀이 흘렀다. 얼마 후 그녀는 거의 해골처럼 말랐다. 절망적이 되어 그들은 배 여행을 하기로 결정했다. 그녀는 베넷 부부를 방문하기 위해 타보이 행 증기선에 승선했지만, 더 악화되어 베넷 부부는 그녀가 죽지 않을까 걱정할 정도였다. 타보이에서 일주일을 보낸 후 그녀는 몰메인으로 돌아왔다. 아도니람은 절망에 빠졌다. 동양에서는 그곳이 가장 기후가 좋은데다가, 한 해 중 가장 좋은 따뜻하고 건조한 계절이었다. 이제는 영국 공무원이 되어 정부가 운영하는 학교를 맡고 있는 하크 부부는 매일 아침마다 마차를 보내왔다. 이러한 짧은 드라이브가 그녀의 증상을 완화시키는 것 같아 아도니람과 에밀리는 말과 마차를 사기로 결정했다. 하지만 그들은 그녀가 곧 죽을 것이라고 생각했다. 오래 살기를 원했지만 그녀는 가능한 한 편안하게 마음먹기로 했다.

주치의인 모튼 박사만이 희망을 잃지 않았다. 그는 그녀의 병이 폐 질환이 아니라 간염이라고 확신했다. 그는 그녀에게 열을 내리게 하는 키니네와 그밖에 도움이 되는 다양한 약들을 주었다. 아도니람이 놀랄 정도로 그 약들은 효과를 발휘해서 그녀는 여름동안 천천히 회복되었다. 그러나 아도니람은 그녀가 항상 병약하다고 생각했다.

아도니람은 나이를 먹을수록 원기가 왕성해 보였다. 에밀리가 7월에 기록했듯이 "그는 그리스 로마의 갤리선 노예처럼 일을 했다. 그것 때문에 때때로 속상했지만 점점 살이 찌는 것 같아 걱정하지 않기로 했다. 그는 소년처럼 언덕까지 매일 아침 2~3킬로미터씩 걷고─걷는다기보다는 뛰었다─ 나서 책으로 뛰어들어 글을 쓰고 머리를 짜내다가 깊은 미궁에 빠지면, 충성스런 하인(버마어로 캉잉이라고 부름)과 함께 베란다로 나가 이리저리 걷고 말하다가 해결의 실마리가 풀리면 다시 책 속으로 뛰어들어 저녁 10시까지 계속 일을 한다. 그를 일의 무덤 속에서 꺼내오는 것은 산책뿐이다."

1849년 여름, 마침내 그가 아바에 갈 수 있도록 조처를 취했다는 전갈이 미국에서 날아들었다. 위원회가 필요한 돈을 충당하기로 했다. 하지만 이미 너무 늦었다. 더 이상 선교의 자유를 얻을 기회가 없었기 때문이었다. 여행은 사전 만드는 일에 아무 보탬이 되지 않았다. 이미 아도니람은 한때 아바에서 사제였다가 몰메인을 방랑하던 우수한 버마 학자를 고용했다. 그래도 아도니람은 여전히 그 자금 지원이 가능하기를 바랐다. 1-2년쯤 뒤 사전을 끝내고 나면 아마도 그 돈을 사용할 수 있을지도 몰랐다.

11. 황금해안을 향하여 (1850)

그 시간은 아직 오지 않았다. 1849년 9월 하순, 에밀리가 건강을 회복할 무렵에 아도니람은 심한 감기에 걸렸다. 감기는 아도니람의 폐에 눌러앉아 심하고 고통스런 기침을 일으켰다. 삼사 일이 지나 그는 이질에 걸렸고, 곧 이어 찾아온 열병으로 11월에 하순에는 자리에 눕게 되어 사전작업을 완전히 중단하게 되었다. 1849년 11월부터 1850년 초까지 너무 큰 고통에 시달려서인지, 그는 자기 친구들에게 이전에는 아파 본 적이 없었던 것처럼 느껴진다고 말했다. 그럼에도 처음에는 자신이나 에밀리, 그의 친구들 누구도 생명에 대해서는 걱정을 하지 않았다. 오직 모튼 의사만이 그가 미국에서 돌아올 때부터 자리잡기 시작했던 나이의 흔적을 느낄 뿐이었다. 그가 약간 회복되자 에밀리는 스스로 고삐를 쥐고 그를 마차에 한두 번 태웠다. 그러나 그는 회복되지 않았다. 닥터 모튼은 에밀리와 아도니람에게 함께 바다 여행을 해

보라고 권했다. 1850년 1월 그들은 증기선을 타고 머귀로 며칠간 여행을 했다. 그가 좋아지자 그들은 그가 바다 공기를 쐴 수 있도록 암허스트에서 한 달 동안 머물렀다.

다른 일은 일어나지 않았다. 12월 초, 에밀리가 기록한대로 아도니람은 앤도버 시절 이래로 그가 투쟁해왔던 자기와의 싸움을 완성시키기 위해 더욱 더 많은 시간을 기도에 힘썼다. 40년 동안 그는 마치 예수께서 기꺼이 하신 것처럼 모든 사람들을 사랑하려고 노력해 왔다. 그는 거듭 거듭 시도했고, 거듭 거듭 실패했다. 40년 간 그는 자기 자신을 사랑하는 것, 자부심을 느끼는 것, 자신의 평가 기준을 가지고 남보다 자신을 높이는 것, 다른 사람보다 자기 아내와 아이들과 부모를 더 사랑하는 것을 죄악이라고 생각했다. 그러나 그는 그런 죄를 너무나 자주 저질렀다. 이제 그는 침대 속에서 매시간 더 나아지기를 기도했고, 자신의 감정을 시험해보면서 그 경과를 매순간 에밀리에게 보고했다.

1월의 어느 날, 그는 베개에서 머리를 일으켜 에밀리에게 말했다. "나는 마침내 승리했소. 이제 나는 그리스도가 속죄한 모든 사람들을 사랑하오. 그리스도가 나로 하여금 그들을 사랑하게 하셨소." 그가 자신을 괴롭히던 격정과 증오와 부러움과 야망이 사라졌다고 고백할 때, 조용한 승리가 그의 목소리에 담겨 있었다. 그는 마침내 말했다. "나는 지금 이 세상과 함께 평화를 누리며 누워 있소. 그리고 더 좋은 것은 내 자신의 양심과도 화평을 누리고 있다는 것이오. 나는 하나님의 눈으로 볼 때, 은혜로운 예수님의 구원의 공로가 아니라면 아무런 희망도 없는 비극적인 죄인이라는 것을 알고 있소. 그러나 이제 나는, 꼭 바로잡아야 할 특별한 죄와 나를 사로잡고 있는 어떤 죄악도 생각나지 않소. 당신은 내가 생각하지 못한 나의 죄를 부디 지적해 줄 수 있겠소?" 에밀리는 말하지 못했다.

이후로 아도니람은 만족스럽게 평화를 누릴 수 있었다. 그러나 암허스트에서 보낸 한 달 동안 에밀리는 그가 점점 더 약해지는 것에 놀랐다. 그는 보는 사람이 없으면 벽이나 가구에 의지해서 걸었다. 붙잡을 것이 없으면 비틀거렸다. 그의 얼굴은 무섭게 수척해갔다. 하루에도 몇 시간씩 강렬한 고통에 시달렸다. 그가 늘 단련해온 강철같은 자제력에도 불구하고 "그의 신음 소리가 집안을 가득 채웠다. 때때로 어떤 무기력이 그에게 스며드는 것 같았다. 그는 24시간을 끝없이 자기도 했고, 방해를 받거나 잠에서 깨어나게 하는 것을 귀찮아했다."

상태가 좋을 땐, 그는 기억 속 이야기를 하며 시간을 보냈다. 그는 에밀리에게 웬햄에서 어린 시절을 보낸 이야기, 플리머스에서의 대학 시절 이야기, 그리고 프랑스에서의 포로 생활, 랑군에서 선교하던 초기 일들에 대해 되풀이해서 에밀리에게 이야기했다. 그는 사전에 대해서도 이야기했다. 완성된 부분은 이미 버마인들과 영어 사용권 사람들 사이에서 의사소통의 다리가 되었다. 완성되지 않은 부분에 대해서는 자신이 해놓은 데까지 표시를 해두었다.

그가 약해질수록 에밀리는 더욱 걱정이 되었다. 그들은 암허스트에 홀로 남아 있었다. 거기에는 의사가 없었다. 그들은 한 달 후 몰메인으로 돌아왔다. 모든 의사는 보다 길게 바다 여행을 더 하라고 권했다. 그러나 그때는 항구에서 멀리 나가는 배가 없었으므로, 의사는 축축하고 건강에 좋지 못한 집에서 이사가라고 권유했다. 이사 후 며칠 동안 아도니람은 회복되는 것 같았다. 그러나 그의 건강은 다시 나빠졌다.

에밀리가 두 번째 임신을 한 지도 상당 시간이 지났다. 아기 때문에 그녀는 몇 달이 걸리는 항해에 그와 함께 갈 수가 없었다. 그들은 아도니람이 홀로 항해를 해야 한다는 사실을 받아들이기 힘들었으나, 살기 위해서는 혼자서라도 바다 여행을 가야 했다. 그의 고통은 참을 수 없을 정도였지만, 에밀리를 홀로 둔다는 것도 참을 수 없었다. 낙담한 그는 몰메인에서 즉시 죽을 수 있기를 하나님께 기원했다. 힘은 급격히 떨어졌다. 지금까지는 이 방에서 저 방까지 천천히 걸어갈 수 있었다. 그러나 어느 날 저녁, 의자에서 일어나다가 쓰러졌다. 만약 에밀리가 잡지 않았다면 바닥으로 뒹굴었을 것이다. 이 일이 있은 후 대부분의 시간을 소파에서 보냈다. 증세는 더욱 불길해졌다. 발이 붓기 시작했다. 발이 붓는다는 것이 무엇을 말하는지 그는 오랜 경험을 통해 알고 있었다. 그럼에도 자신이 죽어가고 있다는 것을 믿지 않았다. 반대로 더욱 열정적으로 바다 여행을 원했다. 뜨거운 계절의 숨 막히는 공기로부터 벗어나 신선한 바다의 미풍을 느끼고 싶다고 에밀리에게 말했다.

3월에 배가 들어온다는 소식이 있었다. 프랑스의 선박인 아리스티드 마리 호가 몰메인에 들어와 4월 3일에 프랑스 섬으로 떠나도록 예정되어 있었다. 아도니람의 여행은 즉시 준비되었다. 에밀리는 그가 다시는 돌아오지 못할 것이라고 느꼈다. 어떤 의미에서는 그가 언제라도 세상을 떠날 준비를 하고 있다는 것을 그녀도 알았다. 그러나 "다시 만나는 것이 저 세상이 될지도 모른다는 것을 잘 알면서도 그를 떠나게 할 수밖에 없다는 것을 견딜 수 없었다." 그녀는 그를 낙담시키지 않고 최후를 준비하게 해야 한다는 사실을 정직하게 받아들였다.

어느 날 밤늦게 기회가 왔다. 그녀가 그의 방에서 사소한 일들을 하느라 바쁠 때, 갑자기 아도니람이 일어나서 마치 아주 건강할 때와 같이 강하고 확신 있는 목소리로 외쳤다. "이제 일을 제발 그만하시오! 당신은 나를 위해 당신 자신을 죽이고 있소. 나는 그것을 용납하지 않을 거요. 당신에게는 도와 줄 사람이 필요해요. 내가 고통 때문에 이기적이 되지만 않았다면 벌써 오래 전에 그렇게 해야 했소."

그의 목소리를 들으며 에밀리는 한동안 일시적으로나마 희망을 가졌다. 그러나 그녀가 아도니람 때문에 과로하는 일은 없다고 대답했을 때, 그의 목소리는 점점 힘이 빠졌다. 그녀가 말했다. "잠시 동안이잖아요. 당신도 아시죠."

그는 그녀의 말을 오해했다. "단지 잠시 동안." 그는 슬프게 중얼거렸다. "별거가 괴로운 일이지만 과거처럼 그렇게 나를 괴롭히지는 않소. 나는 너무 약하오."

"당신은 괴로울 이유가 없어요." 에밀리는 부드럽게 말했다. "당신 앞에는 영광스러운 미래가 있어요. 당신은 내게 자주 말했지요. 슬픈 사람은 남는 사람이지 그리스도와 함께 떠나는 사람이 아니라고 말이에요."

아도니람은 순간 캐묻는 듯한 눈길로 그녀를 보았다. 그리고 그는 쓰러져서 몇 분간 눈을 감고 있었다. 그가 다시 눈을 떴을 때, 아도니람은 그녀를 바라보면서 고요하고 단호하게 말했다. "나는 내가 죽을 것이라고 생각하지 않소. 나는 이 병이 왜 내게 왔는지 알아요. 내가 그것을 필요로 했던 거요. 나는 이 병이 내게 좋은 영향을 주었다고 생각하오. 그리고 나는 이제 회복될 것이고, 보다 훌륭하고 쓸모 있는 사람이 될 것이요."

"그러면 회복되기를 바라는 건가요?" 에밀리는 물었다.

"만약 그것이 하나님의 뜻이라면 그렇소. 나는 사전을 완성하고 싶소. 나는 거기에 많은 노력을 쏟았고 이제 거의 완성이 되었소. 그 일이 내 취향에 맞는 일이 아니었고, 내게 그렇게 만족감을 주는 일은 아니었지만 나는 그 일의 중요성을 과소평가하지는 않소. 그것을 완성하고 나서 우리 계획을 추진할 것이요." 강조하기 위해 음성이 높아졌다. "오! 나는 유용한 사람이 되기 위한 준비를 막 시작한 것 같소."

에밀리는 그에게 상기시켰다. "대부분의 선교사들은 당신이 회복되지 못할 것이라고 생각한답니다."

"나도 알고 있소. 그리고 그들이 나를 늙은이로 여기고, 그런 사람은 무덤덤하게 생을 단념할 것이라고 생각하는 것도 말이오. 그러나 나는 늙지 않았소. 적어도 일에 관해서는 말이오. 당신도 알지 않소. 이렇게 멋진 미래를 계획하고, 이렇게 밝은 희망과 열렬한 마음을 가진 사람은 누구도 세상을 떠나지 않을 거요." 그는 말을 중단했다. 감긴 눈에서는 얼굴을 타고 눈물이 흘러 베개에 떨어졌다.

에밀리는 자신이 구원될 가치가 있는지에 대해 불필요한 의심을 갖고 있거나, 아니면 죽음에 대한 끈질긴 공포, 혹은 가족을 떠나는 것을 비통해 한다고 생각했다. 그녀는 가능한 한 조심스럽게 이런 생각을 말했으나 그는 그게 아니라고 했다. "그렇지 않소. 나는 그것들을 이미 다 아오. 그리고 가슴 속 깊이 느끼고 있소. 내가 말도 못하고 여기 내 침대에 누워 있을 때, 나는 사랑이 넘치고 겸손하신 그리스도와 하늘의 영광스런 장면들을 보았다오. 그런 장면은 죄 많은 우리 인간들이 볼 수 있도록 허락된 것이 아니라고 믿소. 그것은 내가 죽음을 두려워하기 때문이 아니오. 또 나를 이 세상에 묶고 있는 끈들은, 비록 그것들이 매우 달콤하지만, 내가 때로 느끼는 하늘의 장면들과는 비교조차 할 수 없소. 그러나 나는 영원한 지복의 날들로부터 몇 년 더 유예를 얻고자 하오. 나는 그 몇 년을 당신을 위해, 그리고 불쌍한 버마인들을 위해 남겨둘 것이오. 나는 내 일에 지치지 않았고 세상에도 지치지 않았소. 그러나 그리스도께서 나를 하늘로 부르실 때엔 학교로부터 뛰어나오는 소년의 즐거움으로 떠날 것이오. 아마 나는 더 소중한 가정을 위해, 어린 시절의 친구들과 교제를 끊으려고 심사숙고하는 어린 신부와 같은 기쁨을 느낄 것이오. 그녀와 다른 점이 약간 있다면, 나는 미래에 대한 어떤 의심도 없다는 것이오."

"그러면 비록 당신이 승선하기 전에 죽음이 찾아오더라도 갑자기 당신을 데려가지는 않겠군요?" 에밀리가 물었다. "그렇소." 아도니람은 말했다. "죽음은 갑자기 나를 찾아오지 않을 것이오. 그것을 두려워하지는 마오. 나는 그리스도 안에서 강건함을 느끼오. 지금까지 그분은 하늘 문 바로 앞에서 나의 소망을 저버리실 만큼 그렇게 나를 이끌어 오지 않으셨소. 아니오. 아니오. 나는 몇 년 더 살기를 바라오. 만약 그렇게 명받았다면 말이오. 그렇지 않다면 나는 지금 기꺼이 죽겠소. 나는 하나님의 거룩한 뜻에 따라 처분될 수 있도록 나를 송두리째 그분께 바치오."

다음날, 한 방문객은 원주민 기독교인들이 아도니람의 바다 여행을 반대하고 있으며 다른 많은 사람들도 그 의견에 찬성한다고 알려주었다. 에밀리는 그 말로 아도니람이 괴로워할 것이라고 생각했다. 그 방문객이 가고 나서 에밀리는 그에게 아직도 전날 저녁과 같은 느낌이냐고 물었다. "그렇소." 그는 대답했다. "그 생각은 그렇게 금방 없어지는 일시적인 것이 아니오. 그 생각은 몇 년 간 나와 함께 있었고, 내가 믿기로는 끝까지 나와 함께 할 것이오. 나는 하나님의 뜻이라면 오늘도 죽을 준비가 되어 있소. 바로 이 시간에 말이오. 그렇다고 내가 죽음을 열망하는 것은 아니오. 고통당할 때만 제외하고 말이오."

"그러면 당신은 왜 그토록 바다로 가고 싶어하는 거지요?" 에밀리는 물었다. "그것은 당신에게 그다지 중요한 일이 아니지 않겠어요?"

"그렇지 않소." 그는 조용히 대답했다. "내 판단으로는 가지 않는 것은 옳지 않소. 의사는 그것이 범죄라고 말했소. 가지 않는다면 나는 분명 여기서 죽을 거요. 간다면 나는 아마 회복될 수도 있을지 모르오. 이런 경우에 어떻게 하는 것이 좋은지는 의문의 여지가 없소. 비록 나를 사랑하는 마음에서 이 여행을 말린다고 해도 나는 머뭇대지 않을 것이오." 그리고 그는 바다에 묻히게 될 것을 기대하면 즐겁다고 거듭 덧붙여 말했다. 그는 언제나 바다를 사랑했다. 그 광활함, 다양한 변화, 심지어 폭풍우 속에서의 선박의 움직임까지도 … 그는 바다의 자유로움과 드넓음을 사랑했다. 그는 숨막히는 어둠과 협소함, 흙의 무게에 눌려 있기보다 육신을 바람과 조류 속에 둥둥 떠다니도록 바다에 묻기 원했다. 낸시의 죽음 이후 땅에 묻히는 것은 그에게 공포를 느끼게 했다. 그는 에밀리에게 다소 변명조로 자신이 어디에 묻히는가는 실제로 중요하지 않지만 인간에겐 선택할 권리가 있다고 말했다. 그는 여전히 삶에 대한 애착으로 자신이 죽음의 경계에 들어섰다는 것을 받아들이고 싶어하지 않았다. 그러나 한편으로는 세상을 마감하는 것을 원하면서 출항 날짜를 기다렸다. 마지막 순간, 다른 모든 것들은 사라지고 내면에는 본능적인 생의 의지와 믿음만이 남아 있었다.

그의 믿음. 몰메인에서의 마지막 며칠 중 어느 날, 에밀리는 그의 믿음에 확신을 줄 한 사건을 우연히 경험했다. 그녀는 미국에서 부쳐온 《워치맨 앤드 리플렉토》지에서 한 기사를 발견했다. 그것은 독일에서 있었던 일로, 아바에서 선교 활동을 하는 아도니람을 소개한 소책자가 트레비존드에 사는 유태인들을 개종시킨 일과 함께, 이 유태인 중 한 명은 다른 사람들을 위해 그 책을 번역하기도 했다는 내용이었다. 아주 오래 전에 아도니람은 유태인들에게도 선교해야겠다는 생각을 한 적이 있었지만, 에밀리가 알다시피 그는 그것을 그만두었다.

그녀는 그 기사를 아도니람에게 읽어주었다. 그의 눈에 눈물이 고이긴 했지만(당시 그들은 자주 눈물을 흘렸다), 사소한 것으로 받아들이자 그녀는 약간 실망했다. 그러나 이후에 그는 그녀의 손을 잡고 "마치 이 세상에 어떤 존재가 그에게 확신을 준 것처럼" 말했다. "사랑, 이것이 나를 두렵게 하오. 나는 어떻게 생각해야 할지 모르겠소."

"무엇을 말이에요?"

"바로 당신이 지금 막 읽은 것 말이오. 내가 어떤 일에 대해 깊이 관심을 두고 진지하고 열렬하게 기도하지 않았는데도 그 일이 이루어진 것에 대해 말이오. 언젠가, 얼마나 오래 걸리던지, 어떻게 하든지, 어떤 모양으로 건, 결국은 내가 생각했던 것이 이루어 졌소. 그러나 나는 항상 너무 믿음이 적었소. 부디 하나님께서 나를 용서해 주시기를. 그러나 겸손하신 그분은 나를 그의 도구로 사용해주시는 은혜를 베푸셨고 내 마음에서 불신앙의 죄를 닦아 주셨소."

1850년 4월 3일 수요일, 아도니람은 포병대의 지휘관인 로포드 선장이 제공하는 가마에 실려 아리스티드 마리 호에 승선했다. 선교사 회의에서는 인쇄소 책임자인 토마스 라니가 항해 중 그를 수행하도록 임명되었다. 코링가인 하인 바나바는 그의 수종을 들기로 했다. 모든 의사는 즉시 아도니람을 바다로 데려가야 하는 일이 얼마나 중요한지 강조했다. 그리고 그 지방 행정관에게 군대의 짐을 운반하는 증기선 프로서파인 호로 프랑스 범선을 강 하류의 암허스트까지 끌어가게 했다. 그리고 허락이 내려졌다. 그러나 아도니람이 승선했을 때, 군 지휘관은 증기선이 범선을 끌게 하는 것을 거절했다. 프로서파인 호는 군 수송선이라 지방 행정관 관할이 아니었다. 증기선이 또 다른 선박을 끌다가 병사들의 생명이 위태롭게 될까 우려했다.

에밀리는 아도니람과 수요일 내내 갑판 위에서 보냈다. 어두워지자 그녀는 아이들을 돌보러 집으로 갔다. 그러나 목요일에 그녀는 아리스티드 마리 호가 강 아래 조금 떨어진 곳에 있는 것을 보았다. 스티븐스와 스틸슨과 함께 그녀는 배를 타고 그날 많은 시간을 아도니람과 함께 보냈다. 그는 비록 침대를 떠날 수 없었지만, 벌써 약간 좋아지는 것을 느끼고 있었고 음식도 조금 먹을 수 있게 되었다.

에밀리는 약간의 희망을 가졌다. 그녀가 그를 따라 갈 수 없다하더라도 라니와 바나바가 그를 잘 돌볼 것이었다. 그리고 배의 지휘관은 비록 영어를 잘 하지 못할지라도 이해심이 많았다. 그 범선의 선장은 라니와 의사 소통을 하기 위해 불영 사전을 실었다.

금요일에 에밀리는 그를 다시 보았다. 전처럼 좋아 보이지는 않았다. 그녀는 배를 떠나면서 이것이 그를 볼 수 있는 마지막 기회라고 생각했다. 에밀리는 배가 바다에 도달하기까지 그에게 부채질을 해 줄 수 있도록, 여러 해 동안 그의 제자였던 꼬 엥과 꼬 슈웨이 독을 동행시켰다. 그들은 수로안내인이 떠날 때까지 아도니람 곁에 있기로 했다.

그러나 금요일에 아도니람을 본 그들은, 그를 몰메인으로 데려가서 거기서 생을 마감하게 해야 한다고 주장했다. 그들은 아도니람을 바다에서 장사지낸다는 생각에 동감할 수 없었다. 그들은 항상 볼 수 있는 곳에 그의 무덤이 있었으면 했다. 그러나 선택의 여지가 없었다. 머무른다는 것은 치명적이었다. 그들은 그에게 아주 작은 기회라도 줘야 했다. 그래서 스틸슨은 그들에게 무덤이 사람들에게 알려지지 않은 모세의 경우를 상기시키며 위로했다.

토요일, 에밀리는 아리스티드 마리 호가 아직 암허스트에 도달하지 못했다는 이야기를 들었다. 그를 한 번 더 보고 싶은 필사적인 갈망으로 그녀는 아침 일찍 보트를 타고 오후에 그 범선에 도달했다. 그를 보았을 때 그녀의 가슴은 무너졌다. 아도니람은 그녀를 만나서 얼마나 좋은지 낮은 목소리로 겨우 말했다. 밤이 되어 그녀가 떠날 때, 아도니람의 입술은 움직였으나 말이 되어 나오지는 않았다. 그는 라니에게 가능하면 죽고 싶을 정도의 고통에 시달리고 있다고 말했다. 그리고 라니는 그가 너무나 심한 고통에 쌓여 있어 에밀리가 왔다 간 것을 거의 알아차리지 못했다는 것을 알고 있었다.

이것이 에밀리가 그를 마지막으로 본 것이었다. 그녀는 집에 머물러 아이들을 돌보며 반드시 날아올 소식을 두려워하며 기다리는 것 외에는 무엇도 할 수 없었다. 배가 일단 바다로 나가자 그녀는 몇 달 동안 아무 소식도 들을 수 없었다. 그동안 그녀는 심지를 굳게 했다. 어린 두 아이는 아빠가 없어 때때로 울기는 했지만 다행스럽게도 무슨 일이 일어났는지 거의 이해하지 못했다.

일요일에 아리스티드 마리 호는 암허스트에 도착했다. 라니가 놀랄 정도로 아도니람은 좋아졌다. 그는 라니에게 원주민들이 자기 발이 붓는 것을 죽음의 신호로 보고 지나치게 놀란다고 말했다. "그러나 나는 그렇게 생각하지 않소. 의사와 함께 이 증상에 대해서 말한 적이 있소. 내게는 아직 살 날이 많이 남아 있고, 회복될 것이라고 생각하고 있소."

4월 6일 월요일, 아리스티드 마리 호는 바다로 나갔다. 아도니람은 더 나아졌다. 암허스트 교회의 마웅 슈웨이 모웅은 항구에서 승선했다. 그리고 수로안내인이 떠날 때 꼬 엥과, 꼬 슈웨이 독과 함께 육지로 왔다. 그들은 라니로부터의 편지를 에밀리에게 전했다. 그 편지에는 아도니람이 더 나아져 큰 소리로 말하고 약간의 차와 토스트를 먹을 수 있으며 바다 바람으로 원기를 회복했다고 적혀 있었다. 아도니람은 라니에게 "건강해지는 것이 하나님의 뜻임을 굳게 믿고 있다는 것"을 에밀리에게 알려달라고 말했다.

고통은 오고 갔다. 표시 나게 붓고 화요일 오후에는 자주 구토를 했다. 그때부터 식사를 할 수 없었다. 그 밤과 수요일의 공기는 고요하고 뜨거웠다. 라니는 그가 잠을 좀 잘 수 있도록 아편과 심지어 마취제를 주었다. 그러나 그는 거의 포기 상태였다. 무시무시한 고통에 이어 항상 발작적인 구토가 뒤따랐다. 또 한 차례 고통이 엄습하는 동안 아도니람은 그는 진심으로 죽기를 바라며 "즉시 고통이 없는 천국에 가고 싶다"며 신음했다.

수요일 저녁, 라니가 그의 침대 옆에 앉아 있을 때, 아도니람은 말했다. "당신이 여기 있어 기쁘오. 내가 버림받았다고 느끼지는 않소. 당신은 이제 나의 유일한 혈족이오. 내 말은 이 배에 탄 사람 중 유일하게 예수를 사랑하는 사람이라는 거요." 편안한 느낌으로 그는 속삭였다. 그는 그리스도가 가까이 있지 않다는 불안은 없다고 했다. 그리고 통증이나 고통은 자신이 하나님의 뜻에 순종하여 죽음을 준비하도록 그에게 주신 것이라고 말했다.

목요일 아침, 그는 거의 죽은 듯이 보였다. 눈은 흐릿하고 생기가 없었다. 잠들었을 때도 그의 두 눈은 반쯤만 감겨 있었다. 가끔은 극심한 고통 때문에 혼수상태에서 깨어났으며 항상 구토가 뒤따랐다. "이렇게 고통을 받는 사람, 이렇게 힘들게 죽는 사람은 거의 없을 것이다!" 그는 고통 가운데 말했다. 때로 라니는 그가 도움이 된다고 말한 마취제를 주었다. 그 밤의 고통은 너무도 소름끼치는 것이라 라니는 참고 볼 수가 없었다. 때때로 그는 물을 찾았다. 그러나 통증은 물을 마시는 동안만 가라앉을 뿐, 물을 마시고 나면 바로 고통이 다시 찾아왔다.

그날 밤늦게 라니는 그의 몸에 손을 대봤다. 발은 차고 머리는 열로 뜨거웠다. 너무 약해져 거의 말을 할 수 없었다. 그는 원하는 것을 신호로 가리켰다.

금요일 아침이 되자 이제 끝이 멀지 않았음이 분명했다. 정오가 되기 전 잠깐 동안 그의 마음은 방황했다. 그러나 곧 자제력을 찾았다. 오후에 그는 울고 있는 바나바에게 버마어로 말했다. "다 끝났다. 나는 간다." 잠시 후 그는 손으로 아래쪽을 가리키는 신호를 했다. 라니가 그 뜻을 알아차리지 못하자, 그는 라니의 머리를 잡고 귀를 그의 입에 가져다 대고 숨이 차서 말했다. "라니 형제, 나를 바다에 묻어주겠소? 나를 바다에 묻어 주겠소? 빨리!" 아도니람은 바나바에게 영어와 버마어로 "가엾은 부인을 잘 돌보아 달라"고 부탁했다.

이것의 그의 마지막 말이었다.

고통은 그를 떠났다. 그는 조용히 누워 있었고, 라니는 그의 손을 잡았다. 때때로 그는 라니의 손을 잡은 손에 힘을 주었다. 그러나 그 힘은 점점 약해졌다. 바나바는 슬픔을 억누르며 약간 떨어져 서있었다. 배의 관리들은 저녁 식사를 위해 열려 있는 선실 앞을 지나다가 그의 최후를 보기 위해 둘러섰다.

그의 죽음은(라니의 기억에 따르면) 잠드는 것 같았다. 근육의 움직임을 느낄 수 없었으며 호흡이 중단된 고로 그가 죽은 것을 알 뿐이었다. 부드럽게 쥐고 있던 손의 힘은 그의 생명이 사그라짐에 따라 점점 약해지면서 평안한 그의 영혼이 본향을 향해 날아가는 것을 느끼게 했다.

1850년 4월 12일 금요일 오후 4시 15분 아도니람 저드슨은 그의 황금해안에 닿았다.

라니는 썩어질 육체의 눈을 감기고 아도니람의 시신을 다음날까지 기다렸다가 매장할 것을 원했으나 선장이 허락하지 않았다. 배의 목수는 즉시 튼튼한 나무 관을 짜기 시작했다. 관이 가라앉도록 하기 위해 몇 양동이의 모래가 안에 부어졌다. 시신이 안치되고 관은 못질되어 닫혔다.

그날 저녁 8시, 아리스티드 마리 호는 이물을 바람받이로 돌려서 정지했다. 선원들은 모두 조용히 집합했다. 배 왼쪽의 하역구가 열렸다. 마음속 고요함 외에 어떤 기도도 없었다. 선장은 명령을 내렸다. 관은 하역구를 통해 밤바다로 미끄러져 내려갔다.

그 위치는 북위 13도, 동경 93도, 안다만 섬의 바로 옆 동쪽 바다였고, 버마의 산들로부터 서쪽으로 몇 백 킬로미터 떨어져 있는 곳이었다. 그리고 아리스티드 마리 호는 어두운 바다 위로 프랑스 섬을 향해 계속 항해했다.

12. 이후의 일들

1850년 4월 22일, 아도니람이 죽은 지 10일 후, 이 사실을 모른 채 에밀리는 두 번째 아이를 낳고 그녀의 아버지의 이름을 따라 찰스라고 지었다. 하지만 아이는 출산 중에 사망했다. 그녀는 4개월 뒤인 8월말까지도 아도니람의 죽음을 알지 못했다.

그녀는 아도니람이 없는 몰메인에 더 이상 머무를 이유가 없었다. 1851년 1월 22일, 그녀는 헨리, 에드워드, 그리고 에밀리 프랜시스와 함께 영국으로 갔다. 1851년 10월, 그들은 증기선 캐나다 호를 타고 보스턴에 도착했다. 에밀리는 브라운 대학 총장인 프랜시스 웨이랜드 박사와 함께 남편 아도니람의 위대한 전기를 쓰기 위한 자료를 수집하는 일을 맡았지만, 건강이 나빠져 1854년 6월 1일 결핵으로 죽었다.

애비 앤은 교사가 되었고 마침내 낸시 하셀타인과 해리엇 앳우드가 다닌 적 있는 브래드포드 아카데미의 여교장이 되었다.

아도니람 주니어는 내과의사가 되었다. 엘나단과 에드워드는 목사가 되었다. 헨리는 남북전쟁 때 연방 정부를 위해 싸우다가 부상을 당해 장애인이 되었다. 에밀리 프랜시스는 결혼을 했다. 사라와 조지 보드맨의 아들인 조지 D. 보드맨은 목사가 되었다.

아노니람의 여동생 아비가일은 1846년 아도니람이 떠날 때 그의 방을 그대로 보존하면서 1884년까지 플리머스의 오래된 집에서 살았다. 그녀는 만년에 플리머스의 아이들이 빛이 바랜 검정색의 고색창연한 옷을 입고 있는 그녀를 보고, 마치 마녀를 본 듯 공포에 질려 달아날 때까지 자신의 옛 기억들 속에 묻혀 오래오래 살았다.

아도니람 저드슨, 그는 죽었지만 그에 대한 기억은 곳곳에 살아 있었다. 량군의 한 대학에는 그의 이름이 주어졌고, 한 교파의 신문사는 "저드슨 프레스"로 명명했다. 그리고 수십 년이 지난 후 그 전설은 희미해졌다. 비록 그 영향력은 남아 있었지만 새로운 사건들이 사이사이 중첩되면서 이전 기억들을 지워갔다. 이 전기는 시간이 겹겹이 쌓여 더러워진 껍질들을 벗기고, 그 밑에 있던 밝은 그의 모습들을 약간이라도 살려내려는 시도로 쓴 것이다.

| 한눈에 보는 아도니람 저드슨의 생애 |

1788년 8월 9일	0세	매사추세츠 주, 몰든에 있는 퍼스트 회중교회의 목사의 아들로 태어남.
1804년 8월 15일	16세	로드아일랜드 대학(후에 브라운 대학으로 변경) 입학. 1학년을 건너뛰고 2학년으로 시작함.
1808년 8월 15일	20세	연극 무대를 경험해보기 위해 아버지가 물려준 말을 타고 뉴욕으로 떠남.
1808년 9월	20세	우연하게 들어간 한 여관에서, 대학 시절 친한 친구였던 이신론자 제이콥 임스의 죽음을 경험한 뒤로 큰 충격을 받고 하나님의 엄위하심에 대해 두려워하게 됨.
1808년 10월 12일	20세	앤도버 신학교에 2학년으로 입학. 평범한 연구와 사색을 하면서 신학공부에 몰두함.
1808년 12월 2일	20세	자신을 하나님께만 바치기로 결단함.
1809년 6월	21세	브라운 대학에서 교수 자리를 제의받았으나 거절함.
1809년 9월	21세	인도에서의 복음 전파에 관해 뷰케넌 박사가 설교한 설교지 한 장을 우연히 건네받아 동방에 미전도종족에 복음 전하는 일에 관심을 갖기 시작함.
1810년 2월	22세	『아바 왕국으로 간 사절단의 보고서』라는 책을 읽고 버마에 관해 알게 된 후 가을 내내 고민하다가 이곳에 선교사로 나갈 것을 결심함.
1810년 3월~5월	22세	보스턴의 파크 스트리트 교회에서 목회자의 길(담임목사 보좌역)을 제의받았으나 거절. 신학교 내에서 적극적으로 해외선교에 관하여 목소리를 높였으며 그의 생각에 동조하는 동료 몇 명을 만나게 됨(사무엘 뉴엘, 사무엘 노트, 제임스 리차드, 사무엘 밀스, 에드워드 워렌, 루터 라이스 등).
1810년 6월	22세	브래드포드 정기 총회 기간 중 묵게 된 존 하셀타인 집사의 집에서 앤 하셀타인(낸시, 1789년 12월 생)을 만나 사랑에 빠짐.
1810년 9월 24일	22세	앤도버 신학교 졸업.

1811년 1월	23세	런던 선교회와의 협력을 논의하기 위해 영국행 패킷호에 승선함. 그러나 얼마 안 되어 프랑스 민간 무장선에 나포되어 바요네 감옥에 수감됨. 한 미국인의 도움을 받아 가까스로 풀려남.
1811년 9월 18일	23세	우스터에서 미국 선교위원회가 열림. 여기서 아도니람은 곧바로 선교지로 보내줄 것을 강하게 호소함. 여기서 공식적으로 아도니람, 뉴엘, 노트 그리고 홀을 선교사로 임명함.
1812년 2월	24세	5일, 앤 하셀타인과 결혼식을 올림. 6일, 아내 낸시와 함께 태버너클 교회에서 미국인 최초로 해외선교사로 임명받음. 19일, 낸시와 아도니람, 해리엇과 뉴엘이 인도행 카라반 호에 승선하여 배가 출항함.
1812년 4월	24세	항해 도중 '세례'에 관한 원어 연구를 통해 성경은 '세례'가 아닌 '침례'를 말한다고 생각하기 시작함.
1812년 6월 22일	24세	인도 캘커타에 도착함. 도착 후 윌리엄 캐리를 만나 버마와 인도에서의 선교활동에 관해 들음.
1812년 8월말	24세	아도니람과 낸시는 몇 달 동안의 성경 연구와 고민을 거쳐 세례가 아닌 침례를 받고 침례교도가 되기로 함. 9월 2일 두 사람이 침례를 받음.
1813년 7월 13일	25세	버마 랑군에 도착함.
1817년	29세	복음을 전하는 7쪽짜리 소책자를 천 부가량 인쇄함. 3월에 마웅 야라는 사람과 복음에 관해 진지한 대화를 나눔. 5월, 신학교에서 배운 라틴어와 그리스어로 마태복음 번역 완성.
1819년 4월	31세	버마 사람들에게 친숙하게 다가가도록 최초의 '사얏(일종의 휴게소로 기독교 모임용 건물)을 건축함. 4월 4일 일요일에 첫 예배를 드림.
1819년 6월 27일	31세	첫 원주민 신자('마웅 나우')에게 침례를 집전함.
1819년 11월 7일	31세	2,3번째 버마인 개종자(마웅 뜨알라와 마웅 비야이)가 침례를 받음.

1819년 12월 21일	31세	버마의 황제를 만나 종교의 자유를 허락해달라고 간청하기 위해 랑군을 떠남. 다음해 1월 말 경에 황제가 사는 도시인 '새 아바'(아마라푸라)에 도착. 버마에서 기독교를 전파할 수 있도록 요청하기 위해 왕을 알현했으나 거절당함.
1820년 7월	32세	7명의 버마인들이 침례를 받음. 이로서 모두 10명의 버마 현지인들로 교회를 이루게 됨.
1823년 7월 12일	35세	버마어로 신약성경 전체를 번역함. 구약 성경 개관을 마무리함.
1824년 5월	36세	영국과 버마간 전쟁이 시작됨.
1824년 6월 8일	36세	아도니람이 영국의 간첩혐의를 받고 감옥에 갇힘.
1825년 11월 4일	37세	8월에 영국군의 평화조약 문서 번역 및 통역을 시작하고, 11월 4일에 마침내 감옥에서 풀려남(약 1년 6개월). 하지만 포로 신분으로 통역 업무를 계속함.
1826년 10월 24일	38세	아도니람과 14년간의 결혼생활을 함께 한 아내 낸시가 37세에 열병으로 생을 마감함.
1828년 10월	40세	이즈음에 낸시와 아이들의 죽음이 자기 탓이라고 생각하며 금욕적인 생활을 하기 시작함. 정글에 작은 움막을 짓고 거기서 생활하면서 조용한 시간을 보냄.
1831년 3월	43세	카렌족 선교사 보드맨이 죽음. 미망인 사라 보드맨이 계속 사역을 이어감.
1831년 7월말	43세	창세기와 출애굽기 20장과 시편, 솔로몬의 아가와 다니엘서 번역을 끝마침.
1832년~1834년	44-46세	1832년 2월부터 1834년 1월까지 만 2년 동안 세상과 단절하고 구약 전체를 번역함.
1834년 4월	46세	선교사 사라 보드맨과 재혼함.
1835년 9월 26일	47세	구약 성경에 대한 수정을 끝냄. 12월에 구약번역의 마지막 장을 출판사로 송부함.
1837년 3월말	49세	신약 번역본 수정본 마지막 장을 탈고하고 출판사에 보냄.

1840년 10월 24일	52세	수정을 끝낸 버마어 성경의 마지막장을 인쇄소로 보냄. 4절판 크기로 1,200페이지 정도에 달하는 방대한 분량.
1845년 5월	57세	사라의 목숨이 위태로워 미국으로 보낼 결심을 하고 파라곤 호에 탑승함.
1845년 8월 31일	57세	미국으로 가는 배 안에서 사라가 숨을 거둠.
1845년 10월 13일	57세	미국에 도착하여 여러 환영식에 참석하고 대중 연설을 시작함.
1846년 1월 5일	58세	작가인 에밀리 쳐복과 개인적인 교제를 시작함.
1846년 6월 2일	58세	에밀리 쳐복과 결혼식을 올림.
1849년 1월 24일	61세	6백 쪽에 달하는 영어-버마어 사전을 완성함.
1850년 1월	62세	1849년 11월부터 시작된 열병으로 인해 아도니람이 거의 죽음 직전까지 감. 1월에 휴양을 위해 바다 여행을 떠남. 자신과의 싸움에서 승리하여 평화를 누림.
1850년 4월 6일	62세	아도니람을 태운 아리스티드 마리 호가 바다로 나감. 4월 12일 오후 4시 15분 배 위에서 숨을 거둠. 시신은 수장됨.